法医微生物学

主　审：丛　斌
主　编：刘　超　朱波峰
副主编：陈　玲　赵　建

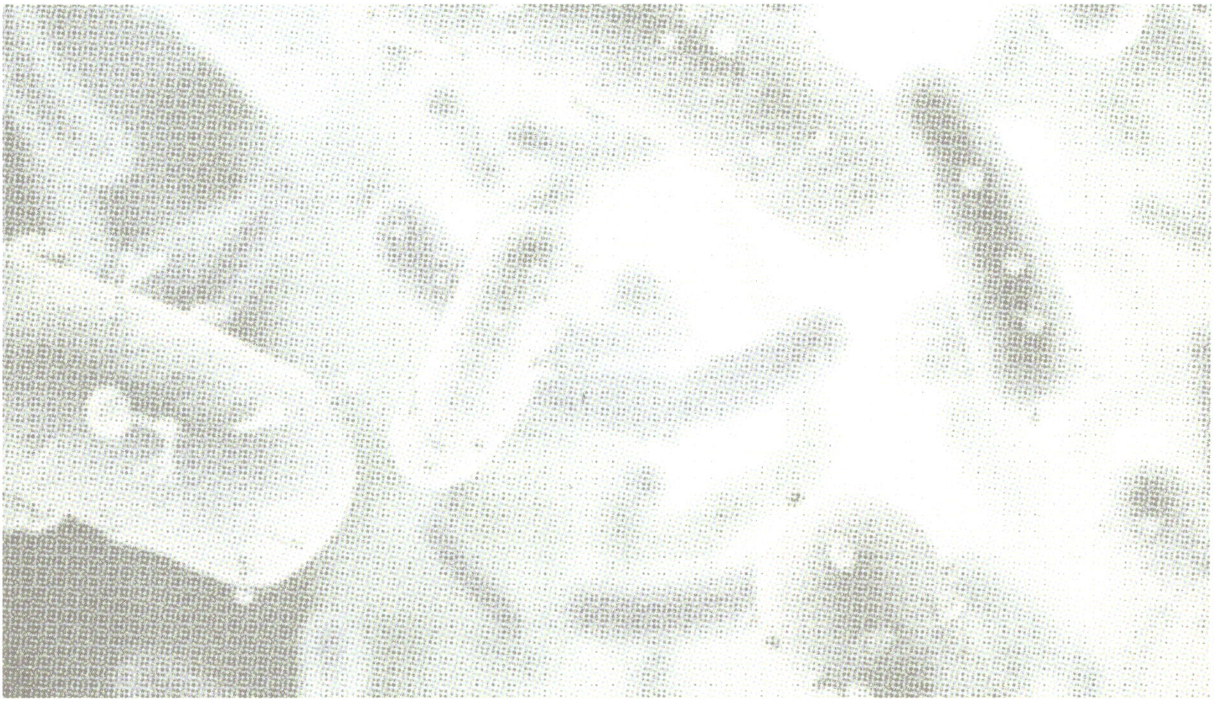

版权所有　翻印必究

图书在版编目(CIP)数据

法医微生物学 / 刘超，朱波峰主编. --广州：中山大学出版社，2024.10. -- ISBN 978-7-306-08289-3

Ⅰ. D919.2

中国国家版本馆CIP数据核字第202493PW34号

FAYI WEISHENGWUXUE

| 出 版 人：王天琪
| 策划编辑：鲁佳慧
| 责任编辑：黎海燕　鲁佳慧
| 封面设计：林绵华
| 责任校对：舒　思
| 责任技编：靳晓虹
| 出版发行：中山大学出版社
| 电　　话：编辑部 020-84111996，84113349，84111997，84110779
| 发行部 020-84111998，84111981，84111160
| 地　　址：广州市新港西路135号
| 邮　　编：510275　　传　真：020-84036565
| 网　　址：http://www.zsup.com.cn　E-mail: zdcbs@mail.sysu.edu.cn
| 印 刷 者：广州市友盛彩印有限公司
| 规　　格：787 mm×1092 mm　1/16　29.25印张　592千字
| 版次印次：2024年10月第1版　2024年10月第1次印刷
| 定　　价：198.00元

如发现本书因印装质量影响阅读，请与出版社发行部联系调换

《法医微生物学》编委会

主　审 丛　斌

主　编 刘　超　朱波峰

副主编 陈　玲　赵　建

编　者（以姓氏笔画为序）

　　　　王萌鸽　牛　勇　石　河　叶林英　伦妙锖

　　　　向青青　刘　宏　刘卫国　刘长晖　刘雪媛

　　　　苏　秦　杜蔚安　李双琳　杨成梁　杨幸怡

　　　　吴伟斌　何美云　汪冠三　陈晓晖　徐曲毅

　　　　黄二文　黄黎涛　梁晓敏　韩晓龙

主编简介

刘超 中国工程院院士，主任法医师，博士研究生导师，享受国务院政府特殊津贴专家。曾任广州市公安局警务技术二级总监（正高级警务技术任职资格），现任广东省毒品实验技术中心（国家毒品实验室广东分中心）专业技术一级岗。荣立个人一等功2次，荣获全国先进工作者、全国优秀科技工作者、全国公安系统二级英雄模范、全国五一劳动奖章、国家有突出贡献中青年专家、全国公安科技先进个人、全国优秀人民警察、广东省南粤突出贡献和创新奖、广东省先进工作者、广东省优秀共产党员等荣誉，先后入选国家百千万人才工程和首批广东省百名南粤杰出人才培养工程。我国法医遗传学的主要创始人，DNA数据库建设的主要发起者和国产化DNA试剂的主要研发者，33年来一直在公安一线从事DNA检验工程技术研究。以国家公共安全重大需求为导向，在疑难检材DNA检验、试剂研发、数据库建设及溺死鉴定等工程技术领域取得重大突破，主要成果达到国际先进水平，先后荣获国家科技进步二等奖4项，在其中3项中作为第一完成人。主编专著6部，以第一作者或通讯作者身份发表论文173篇，制定国家、行业标准10项。获授权发明专利16件。创建法医病理学公安部重点实验室、广东省法医遗传学重点实验室、全国地方公安机关首家博士后科研工作站。培养博士后、博士、硕士41名。率领的技术团队分别被中共中央组织部等授予"全国专业技术人才先进集体"称号，被国务院授予"模范刑事技术所"称号，荣获第一届全国博士后创新创业大赛金奖。

朱波峰 二级教授，研究员，主任法医师，博士研究生导师。南方医科大学法医学院院长，南方医科大学司法鉴定中心主任，广州市法医多组学精准鉴识重点实验室主任。教育部法医学专业教学指导委员会委员，中国遗传学会法医遗传学分会副主任委员，中国法医学会理事和法医物证专业委员会副主任委员，广东省司法鉴定协会副会长，广州市司法鉴定协会监事长，广东省精准医学应用学会法医学分会主任委员。国家自然科学基金国家杰出青年科学基金获得者，国家"万人计划"科技创新领军人才，科学技术部和陕西省中青年科技创新
领军人才，国家卫生健康突出贡献中青年专家，教育部新世纪优秀人才支持计划获得者，广东省"珠江学者"，广东省医学领军人才，广东省最美科技工作者，广东省法医物证鉴识创新研究团队负责人，连续3年入选全球前2%顶尖科学家榜单。主要致力于法医物证鉴识多组学创新研究、疑难复杂亲缘关系鉴定、人体表征分子鉴识、物证检材溯源的基础和应用研究。主持国家自然科学基金项目6项、重大项目课题和重点项目各1项，科学技术部重点研发课题2项。参编教材、专著9部。参与制定司法部行业标准2部。发表SCI论文100多篇。荣获第十二届中国青年科技奖，获省级科学技术奖一等奖1项、二等奖2项。

副主编简介

陈玲 法医学博士，主任法医师，博士研究生导师，博士后合作导师。中国遗传学会法医遗传专业委员会委员，广东省精准医学应用学会法医学分会委员，广东省司法鉴定协会质量工作委员会副主任委员，广东省司法鉴定专家库专家，广东省检验检测机构资质认定主任评审员。2007年以来于南方医科大学从事教学、科研和司法鉴定工作，主要研究方向为遗传标记筛选及检测方法构建、微生物鉴识理论及应用研究。主持高等教育教学研究和改革项目2项，主持国家自然科学基金项目3项，省级、市级科研项目7项。参编人卫版教材1部，作为第一作者或通讯作者发表论文60篇（SCI收录47篇）。获授权发明专利2项。以主要完成人身份获广东省科技进步奖一等奖1项、广东省科技进步奖二等奖1项、公安部科学技术奖二等奖1项。

赵建 生物与医药博士，副高级警务技术任职资格，博士研究生导师，博士后合作导师，享受国务院政府特殊津贴专家。现任广州市刑事科学技术研究所法医科科长。广东省青年联合会、广州市青年联合会委员，*Forensic Science International*编委。主持或参与完成省部级项目6项；以副主编身份参与编写专著3部，参编专著3部、译著1部；作为第一作者或通讯作者发表论文43篇（SCI收录19篇）。获授权发明专利6项、实用新型专利7项。获公安部科学技术奖二等奖1项（排名第一）、国家科学技术进步奖二等奖1项（排名第四）。入选全国公安刑事技术青年人才、广东省公安机关领军专家、广州市高层次人才。荣立个人二等功1次、三等功1次，荣获首届广东省青年科学技术奖创新奖、广东青年五四奖章、广东省五一劳动奖章，荣获广东省特级优秀人民警察、全国公安抗疫先进个人、全国公安机关成绩突出青年民警、全国最美基层民警、全国先进工作者等荣誉。

前　言

2022年，法医学正式被确立为国家一级学科，标志着法医学的发展进入战略转型新阶段和关键期。在全球科技革命向纵深发展与社会治理需求持续升级的双重驱动下，法医学的学科外延呈现不断拓展趋势。这一发展特征主要体现在两个维度：一方面，法医学学科内部呈现多学科交叉融合的创新态势；另一方面，法医学的应用价值已从传统的司法鉴定领域延伸至环境监测、生物反恐等国家安全战略层面。而法医微生物学作为一门新兴交叉学科，在微生物溯源分析、法医微生物学证据链构建等前沿领域展现出独特的应用价值。

法医微生物学的演进历程具有显著的时代特征。最初，法医微生物学研究聚焦于生物安全领域（如炭疽杆菌等病原体的快速甄别），而今在宏基因组学、代谢组学等组学前沿技术的推动下，法医微生物学的研究领域已突破传统病原体检测范畴，形成涵盖微生物群落演替规律、宿主-微生物相互作用机制、时空特异性标记等的多元法医学研究体系。

本书立足于我国法治现代化建设的关键节点，顺应司法证据科学化、精准化的时代诉求，深入探讨了法医微生物学的发展轨迹、技术方法、实验室规范及其在特殊应用场景中的独特作用。第一章系统阐述了微生物的种类与生态分布特征，以及微生物学与法医微生物学的理论基础与发展沿革；第二章全面介绍了微生物形态学检测、蛋白质检测、基因检测及组学分析技术等法医微生物学核心工具和研究方法；第三章对微生物实验室和高通量测序实验室的基本要求进行了详尽说明，以期为法医微生物学检测和研究提供规范性指导，保障实验结果的准确性和可靠性；第四章至第十三章深入探讨了法医微生物学在死亡时间推断、死亡原因推断、溺死鉴定、组织体液类型鉴识、个体识别、个体特征刻画、食品安全事件调查、环境微生物监测以及生物反恐等领域的创新应用效能及发展潜力。

本书系统整合了法医微生物学的基础理论体系与前沿技术方法，以期夯实法医专业人才在微生物证据采集、分析及解释方面的核心素养。同时，搭建跨学科知识融合的桥梁，推动微生物学、信息科学与法医学的深度融合，探索微生物溯源技术在疑难案件中的创新应用范式。这是我国法医微生物学从"经验驱动"迈向"数据驱动"漫长征途中的坚实一步，也是将微生物证据融入司法证据体系的初步探索。

在全面依法治国的战略背景下,司法证据体系正经历从经验判断到科学实证的重要范式转型。本书的编纂具有双重意义:一方面,系统梳理了从传统物证向生物信息证据拓展的重要尝试;另一方面,作为学科建设的关键基础工程,旨在培养具备跨学科视野的新一代法医专业人才,以满足司法实践对科学证据的迫切需求。

在本书编撰的过程中,每一位作者都倾注了大量心血,将自己多年的研究成果和实践经验融入其中,同时得到了众多专家学者的支持与帮助,力求为读者呈现一部既有深度又有广度的专业书籍。特别感谢各位审稿专家对稿件进行了详细、认真的审阅,提出了宝贵的建议。中山大学出版社的编辑团队也为本书的出版给予了专业指导和支持,在此表示衷心的感谢!尽管本书编委会已尽力确保本书内容的准确性和前沿性,但由于学科发展迅速且涉及领域广泛,书中难免存在疏漏之处。我们诚挚地欢迎读者提出建设性意见,以便在后续版本中持续改进和完善。

刘 超

2023年8月25日

目 录

第一章 绪 论

第一节 微生物的种类与分布 / 003
    一、微生物的种类 / 003
    二、微生物的分布 / 005

第二节 微生物学和法医微生物学 / 006

第三节 法医微生物学的发展 / 007

第四节 法医微生物学的研究热点 / 009
    一、死亡原因推断 / 009
    二、死亡时间推断 / 009
    三、死亡地点推断 / 010
    四、个体识别 / 010
    五、个体特征刻画 / 011
    六、组织体液类型鉴识 / 011
    七、反生物恐怖 / 011
    八、食品安全 / 012
    九、环境微生物 / 012

第五节 法医微生物学的前景 / 013

第二章 法医微生物学技术方法

第一节 形态学检测技术 / 019
    一、培养法 / 019
    二、显微镜观测 / 028

第二节　蛋白检测技术 / 036
　　一、免疫测定 / 036
　　二、电泳分离 / 055
第三节　基因检测技术 / 059
　　一、分子杂交 / 059
　　二、聚合酶链反应 / 063
　　三、微阵列 / 066
　　四、测序技术 / 071
第四节　组学分析技术 / 084
　　一、基因组学 / 084
　　二、转录组学 / 088
　　三、蛋白质组学 / 090
　　四、代谢组学 / 093

3 第三章
法医微生物实验室的基本要求

第一节　微生物实验室 / 105
　　一、实验室分区 / 105
　　二、设备 / 107
　　三、人员 / 109
第二节　高通量测序实验室 / 110
　　一、实验室分区 / 110
　　二、设备 / 111
　　三、人员 / 112
　　四、注意事项 / 113

4 第四章
法医微生物学与死亡时间推断

第一节　引言 / 117
第二节　尸体分解相关的微生物群落 / 118

　　　　一、死后微生物群落 / 118

　　　　二、微生物的分解效应 / 119

　　第三节　运用微生物群落推断PMI的理论基础 / 120

　　　　一、不同腐败分解阶段的微生物群落类群及其演替速率不同 / 120

　　　　二、需氧菌和厌氧菌的演替 / 120

　　　　三、尸体微生物群落的空间特异性 / 121

　　　　四、对不同碳源底物的利用 / 121

　　第四节　运用死亡微生物组推断PMI的影响因素 / 121

　　　　一、昆虫 / 122

　　　　二、温度 / 123

　　　　三、尸体水分和环境湿度 / 123

　　　　四、光照和氧气 / 124

　　　　五、土壤 / 124

　　　　六、尸体本身状况相关的变量 / 125

　　第五节　运用死后微生物群落推断PMI的技术方法 / 126

　　　　一、微生物群落的鉴定方法 / 126

　　　　二、根据微生物群落数据推断PMI的分析方法 / 128

　　第六节　运用死后微生物群落推断PMI的研究现状 / 130

　　　　一、微生物时钟 / 130

　　　　二、不同类型尸体样本的PMI推断 / 130

　　　　三、不同类型微生物在PMI推断中的研究 / 132

　　　　四、水中尸体的PMI推断 / 133

　　第七节　运用微生物群落推断PMI的挑战与展望 / 135

5 第五章
微生物组学在死亡原因推断中的应用

　　第一节　概述 / 145

　　第二节　不同死亡原因尸体的微生物群落及代谢组学特征 / 147

　　第三节　根据微生物群落鉴别腐败尸体生前和死后损伤 / 160

第六章 硅藻在溺死鉴定中的应用

第一节　概述　/ 175

第二节　硅藻检验的基本原理　/ 176

第三节　基于膜富集的硅藻检验方法　/ 179

　　一、微波密闭消解组织方法　/ 179

　　二、膜富集设备及方法　/ 185

　　三、扫描电镜观察硅藻法　/ 187

　　四、滤膜透明化法　/ 189

第四节　硅藻的自动识别技术　/ 191

　　一、数量识别　/ 191

　　二、种类识别　/ 198

第五节　硅藻检验鉴定溺死　/ 210

　　一、假阳性　/ 210

　　二、溺死鉴定标准　/ 213

第六节　溺死地点推断　/ 215

　　一、可用于溺死地点推断的标记物　/ 215

　　二、溺死地点推断的方法　/ 216

　　三、影响溺死地点推断的因素　/ 218

　　四、溺死案例与水样的一致性情况　/ 218

　　五、溺死地点推断的动物实验情况　/ 222

第七章 溺死相关浮游生物的DNA检测

第一节　溺死相关藻类及靶基因　/ 230

　　一、线粒体基因　/ 230

　　二、叶绿体基因　/ 231

　　三、核基因　/ 231

第二节　溺死相关细菌及靶基因　/ 239

第三节　溺死相关浮游生物基因检测技术　/ 248
　　一、PCR-变性梯度凝胶电泳技术　/ 248
　　二、实时定量PCR技术　/ 249
　　三、限制性片段长度多态性-PCR技术和末端限制性片段长度多态性技术　/ 249
　　四、随机扩增多态性DNA标记PCR技术　/ 250
　　五、PCR-变性高效液相色谱技术　/ 250
　　六、PCR-CE　/ 250
　　七、PCR-聚丙烯酰胺凝胶电泳技术　/ 251
　　八、宏基因组分析技术　/ 251
　　九、基因芯片　/ 251

第四节　溺死相关浮游生物基因操作方法　/ 252
　　一、PCR-CE检测浮游生物DNA用于溺死鉴定　/ 252
　　二、实时定量PCR检测浮游生物DNA用于溺死鉴定　/ 259
　　三、高通量测序检测原核生物16S rDNA和真核生物18S rDNA用于溺死鉴定　/ 262
　　四、PCR-DGGE法检测浮游生物16S rDNA　/ 271
　　五、PCR-DHPLC法检测硅藻SSU基因以鉴定溺死　/ 274
　　六、制备硅藻18S rDNA基因芯片用于溺死鉴定　/ 279

第八章 人体微生物与组织体液类型鉴识

第一节　概述　/ 301
第二节　人体常见组织体液的微生物群落特征　/ 302
　　一、人体阴道分泌物的微生物群落特征　/ 303
　　二、人体精液的微生物群落特征　/ 303
　　三、人体唾液的微生物群落特征　/ 304
　　四、人体粪便的微生物群落特征　/ 306
　　五、人体皮肤的微生物群落特征　/ 306
　　六、人体毛发的微生物群落特征　/ 307

　　　　　　七、人体血液的微生物群落特征　／ 307

　　　　　　八、人体混合斑的微生物群落特征　／ 308

　　第三节　利用人体微生物进行组织体液鉴识的优势　／ 309

　　第四节　利用人体微生物进行组织体液鉴识的基本思路　／ 310

　　第五节　利用人体微生物进行组织体液鉴识的影响因素　／ 311

　　　　　　一、时间因素　／ 311

　　　　　　二、环境暴露因素　／ 312

　　　　　　三、族群与生物地理因素　／ 312

　　　　　　四、年龄因素　／ 313

　　第六节　利用微生物进行组织体液类型鉴识的方法　／ 314

　　　　　　一、利用人体微生物群落结构进行组织体液鉴识　／ 314

　　　　　　二、利用人体微生物核心菌种组合进行组织体液鉴识　／ 315

　　第七节　展望　／ 316

　　　　　　一、建立可靠的标准化的实验方法　／ 316

　　　　　　二、建立全面的法医微生物数据库　／ 317

第九章　人体微生物与个体识别

　　第一节　概述　／ 327

　　第二节　利用人体微生物进行个体识别　／ 328

　　　　　　一、利用皮肤微生物进行个体识别　／ 328

　　　　　　二、利用肠道微生物进行个体识别　／ 331

　　　　　　三、利用唾液微生物进行个体识别　／ 332

　　　　　　四、利用毛发微生物进行个体识别　／ 333

　　　　　　五、利用阴道微生物进行个体识别　／ 333

　　第三节　利用居住环境的人体微生物进行个体识别　／ 334

　　第四节　展望　／ 335

10 第十章
人体微生物与个体特征刻画

第一节　概述　/ 345
第二节　利用人体微生物进行个体特征刻画的研究进展　/ 346
　　一、利用人体微生物进行个体族群来源刻画的研究进展　/ 346
　　二、利用人体微生物进行个体居住地特征刻画的研究进展　/ 349
　　三、利用人体微生物进行个体生理特征刻画的研究进展　/ 352
　　四、利用人体微生物进行个体病理特征刻画的研究进展　/ 354
　　五、利用人体微生物进行个体行为习惯刻画的研究进展　/ 355
第三节　展望　/ 358

11 第十一章
食品安全的微生物鉴识

第一节　食源性疾病微生物　/ 371
　　一、食源性疾病的常见致病微生物及其检测方法　/ 372
　　二、病原体的溯源技术　/ 378
第二节　变质腐败食品微生物及其检测方法　/ 380
　　一、变质腐败食品的常见细菌　/ 380
　　二、变质腐败食品的常见真菌　/ 382
第三节　食品安全问题中人工圈养动物和野生动物的鉴识　/ 383
　　一、圈养动物和野生动物肠道微生物多样性差异　/ 384
　　二、圈养动物和野生动物肠道代谢相关微生物的差异　/ 384

三、圈养动物和野生动物肠道中致病菌与益生菌的差异 / 385

四、圈养动物和野生动物肠道微生物的抗生素抗性基因的差异 / 386

第四节 研究热点和发展趋势 / 386

第十二章 环境微生物鉴识的司法应用

第一节 环境损害司法鉴定中的微生物溯源 / 395
　　一、环境损害常见类型 / 396
　　二、环境污染微生物溯源技术 / 401
　　三、展望 / 402

第二节 环境微生物用于地点鉴识的研究进展 / 403
　　一、利用土壤微生物群进行地点鉴识 / 403
　　二、利用灰尘微生物进行地点鉴识 / 407
　　三、城市与交通微生物特征与地点鉴识 / 409

第十三章 生物反恐的微生物鉴识

第一节 法医微生物学在生物反恐中的任务 / 426

第二节 微生物恐怖制剂的主要类型 / 427
　　一、细菌 / 428
　　二、真菌 / 429
　　三、病毒 / 429
　　四、微生物毒素 / 430

第三节 微生物恐怖犯罪证据的收集和保存 / 432
　　一、证据样本类型 / 432
　　二、样本的取样策略 / 436
　　三、样本的运输和保存 / 437

第四节　微生物恐怖犯罪证据的鉴定分析方法　/ 438
　　一、直接镜检法　/ 438
　　二、病原体分离培养法　/ 438
　　三、免疫学检测技术　/ 440
　　四、分子生物学技术　/ 441
　　五、微生物毒素分析方法　/ 443
　　六、探测犬　/ 443

第五节　微生物反恐的未来发展　/ 444
　　一、制订生物恐怖的应对处置流程　/ 444
　　二、完善生物恐怖的防护对策　/ 445
　　三、制定法医微生物学实验室质量保证指南　/ 446
　　四、制定法医微生物学方法验证标准　/ 446

第一章 绪 论

第一节
微生物的种类与分布

微生物（microorganism）是存在于自然界的一群体形微小、结构简单、肉眼不可见，须借助显微镜放大数百倍、数千倍、数万倍甚至数十万倍才能观察到的微小生物。微生物及其活动涉及地球上几乎所有生命活动，影响着我们生活的方方面面——它们存在于我们体内、体表和周围环境中。

一、微生物的种类

微生物以单细胞、多细胞、细胞簇或非细胞形态广泛地存在于自然界中。微生物可分为六大类：细菌、古细菌、真菌、原生动物、藻类和病毒。

1. 细菌

细菌是一种单细胞生物。细菌没有细胞核，属于原核生物。细胞壁、细胞膜、细胞质和核质构成了细菌的基本结构，而部分细菌具有特殊结构，如纤毛、鞭毛、菌毛和荚膜。细菌主要以4种形态存在：杆状（芽孢杆菌）、球状（球菌）、螺旋状（螺旋菌）和弯曲状（弧菌）。细菌主要通过无性二分裂方式进行繁殖。基于细胞壁结构的差异进行的分类是细菌分类的主要方式。根据革兰氏染色时细胞壁结构和成分对染色的反应，可将细菌分为革兰氏阳性细菌和革兰氏阴性细菌。根据对气态氧的需要，可将细菌分为专性需氧菌（在有氧环境中生存）、专性厌氧菌（在无氧环境下生存）和兼性厌氧菌（可在两种环境中生存）。根据获得能量的方式，可将细菌分为异养菌和自养菌。异养菌通过消耗有机物获得能量，其中以无生命的有机物（即已死的动植物或腐败的食物）作为能量来源的细菌被称为腐生菌，如铜绿假单胞菌（*Pseudomonas aeruginosa*）；自养菌利用阳光或化学反应的能量合成自身的有机物，如硫细菌。

2. 古细菌

古细菌又称为古菌、古生菌、原细菌或古核细胞，是一种特殊的细菌。古细菌的细胞壁结构与细菌不同，且缺乏肽聚糖。它们是对极端环境具有适应力的原核生物。根据栖息地的不同，古细菌可分为以下几类：产甲烷菌（产甲烷的古细菌）、嗜盐菌（生活在咸水环境中的古细菌）、嗜热菌（生活在极高温度下的古细菌）和嗜冷菌（生活在极寒之地的古细菌）。古细菌以不同的物质为能源，如氢气、二氧化碳和硫黄等。其中一些古细菌利用阳光来产生能量，通过自身视紫红质吸收阳光，经反应后形成能量分子腺苷三磷酸（adenosine triphosphate，ATP）。

3. 真菌

真菌是一类真核细胞型微生物。与细菌不同，真菌的细胞壁主要由几丁质组成。大多数真菌为多细胞结构，如霉菌；少数为单细胞结构，如白色念珠菌（*Candida albicans*）、酵母菌、新生隐球菌等。它们通过从环境中吸收有机物质、与植物共生或寄生在宿主体内获取营养。真菌可形成菌丝这种特征性丝状、管状结构，以帮助其吸收营养物质。

4. 原生动物

原生动物是一类需氧真核单细胞生物。它们拥有细胞核和复杂的细胞器，通过特殊的结构吸收或摄取营养。就数量、生物量和多样性而言，它们构成了世界上最大的生物群。原生动物也被称为原生生物，其并不是一个正式的分类群，而是一个副系群，包括来自不同分支的物种，如纤毛虫、鞭毛虫、变形虫和孢子虫。这些分支是根据它们的运动方式来划分的：鞭毛虫利用自身的鞭状结构前进；纤毛虫具有纤毛，通过纤毛的摆动来运动；变形虫依靠其假足或伪足进行运动；而孢子虫是不运动的。根据营养方式的不同，可将原生动物分为自养型和异养型。原生动物在生态和健康方面发挥着重要作用，如营养循环、食物网动态、共生、生物修复和人类疾病等。

5. 藻类

藻类是通过光合作用获取营养的不含叶绿体的单细胞或多细胞生物。它们分布于不同的水生和陆地环境中，并产生其他生物生存所需的原料，如氧气、碳水化合物。藻类不是一个正式的分类群，而是一个多系群，包括来自多个不同分支的物种，如绿藻、红藻、褐藻、硅藻、甲藻和蓝藻等。藻类的范围可以从单细胞微藻（如小球藻和螺旋藻）到多细胞大型藻类（如海带和海藻）。蓝藻也被称为蓝绿藻，因缺乏细胞核和其他细胞器，故不属于真正的藻类。蓝藻是地球上最古老的光合生物，可追溯至3亿年前，有人认为蓝藻是绿地植物的起源。

6. 病毒

病毒是一种非细胞实体，由蛋白质外壳和内部遗传物质（DNA或RNA）组成。尽管病毒被归为微生物，但它们并非活的有机体。病毒既不能在宿主细胞外繁殖，也不能独立进行新陈代谢。病毒可感染原核和真核细胞而引起细胞病变，导致疾病。据统计，在微生物引起的疾病中，由病毒引起的约占75%。

二、微生物的分布

微生物几乎存在于自然界的每个角落，包括极端的环境，如北极和南极、深海、沙漠和间歇泉等。有研究者认为，生活在地表以下的生物数量与地表或地表以上的相当。许多类型的微生物与其他生物有着密切的共生关系，其中一些微生物与宿主生物是互惠互利的（共生），而另一些则可能对宿主生物体造成损害（寄生）。根据微生物的分布特点，又可以将其划分为人体微生物、环境微生物、死后微生物等。

（一）人体微生物

微生物几乎存在于人体的每个部位，它们与宿主在很长一段时间内共同进化，形成复杂的互惠关系，包括皮肤微生物、肠道微生物、鼻腔微生物等。有时微生物会导致疾病，但大多数时候它们能够与人类宿主和谐相处，为人类提供生存所必需的重要功能。生活在人体内和体表的微生物数量与人体细胞数量为同一数量级。然而，人体微生物群基因组基因数量比人体基因组基因数量高出数个数量级。这为人体微生物组分析在各个科学领域（如法医学）的研究和应用提供了合适的先决条件。据估计，人体微生物群囊括的微生物超过10 000种，形成了极其多样的微生物基因组集合。这种微生物多样性的差异不仅体现在人与人之间，还体现在同一个人的不同身体部位（例如右手和左手）之间。有研究表明，一只手掌表面可以容纳150多种不同的细菌，同一个人左、右手共有的细菌仅占17%，而不同人之间手部共有的细菌仅占13%。

（二）环境微生物

作为法医调查的一部分，土壤、水甚至植物等环境样本都可以提供有价值的线索。土壤调查可以为确定犯罪嫌疑人和犯罪现场提供重要证据，为辅助破案提供方向和范围。环境微生物学研究表明，水和土壤中普遍存在多种微生物，其群落组成因地区而异。特定地理位置的微生物信息可用于追溯某个人最近去过某个位置。随着分子生物学和宏基因组技术的快速发展，我们对微生物地理学分布的认识不断加深，也促进了基于微生物组的地理位置推断的应用。

（三）死后微生物

人死后人体微生物受到许多内源性和外源性因素影响，且易出现死后易位和濒死扩散（死前）。在人死后不久，生活在肠壁中的微生物将进入血液循环系统和淋巴系统，并且可因人体免疫系统活性的丧失而不受阻地迁移至身体的其他器官。如果尸体在死后24 h内被发现并冷藏，则微生物迁移现象发生的规模很小。这种迁移现象将影响法医进行死亡相关的分析，尤其是在推测死后间隔时间（postmortem interval，PMI）时，即确定死者从死亡到尸体被发现的时间。此外，微生物的代谢过程也可能会改变尸体内部的环境条件，从而导致死后微生物群落内的物种组成发生变化。某些具有非典型生化特性的微生物甚至可能会干扰毒理学检测结果。尸体内微生物变化的速度还可能受到尸体被遗弃时的环境因素（温度、湿度、氧浓度）、昆虫和食腐动物等的影响。

第二节

微生物学和法医微生物学

微生物学（microbiology）是一门研究细菌、古细菌、真菌、原生动物、藻类和病毒等微生物的形态结构、生理生化、遗传变异、分类进化和生态分布等生命活动规律，并将其应用于工农业生产、医疗卫生和环境保护等实践领域的学科。

微生物指的是直径一般为1 mm或更小的有机体，是微生物学的主要研究对象。大多数微生物非常微小，只有借助显微镜才能观察到，因此对微生物的研究需要依赖特殊的技术。微生物学是生物学三大学科（另外两个分别是植物学和动物学）中最后发展起来的。微生物在营养循环、生物降解、气候变化、食物腐败、疾病的起因和控制以及生物技术中发挥着关键作用。由于微生物的多功能性，它们可通过多种方式发挥作用：制造药物、生物燃料，清理污染以及生产和加工食品和饮料等。一些著名的微生物学家的研究对现代社会的发展起到了关键的作用，例如18世纪后期，英国医生爱德华·詹纳（Edward Jenner）开发了天花疫苗；1928年，英国细菌学家亚历山大·弗莱明（Alexander Fleming）发现了青霉素；1982年，澳大利亚学者巴里·马歇尔（Barry J. Marshall）和罗宾·沃伦（J. Robin Warren）发现了幽门螺杆菌，并证明该细菌感染胃部会导致胃炎、胃溃疡和十二指肠溃疡；1983年，德国科学家哈拉尔德·楚尔·豪森（Harald zur Hausen）首次发现人乳头瘤病毒和宫颈癌之间的联系。

法医微生物学（forensic microbiology）最初的定义是：通过微生物表型、免疫学、分子生物学和分析化学等各种科学方法，分析与生物恐怖主义、生物犯罪、生物制剂或毒素意外释放等犯罪有关的证据，检测相近微生物菌株间的可能变异，并用来推测特定微生物来源或传播途径以进行归因的一门学科，又称微生物法医学。但随着微生物检测分析技术的发展，法医微生物学的研究内容已扩展至个体识别、体液鉴识、地理位置推断、死亡时间和死亡原因推断等方面。为此，法医微生物学的概念可调整为：法医微生物学是一门通过研究微生物的生命活动规律和生物学特性，对法医学特定问题进行鉴识，为刑事和民事案件提供调查线索的学科。

法医微生物学是医学中的一门新兴学科，在学科分类上既属于医学微生物学的基础研究领域，也与法医学中的鉴定应用领域密切相关，体现了两者之间的交叉融合。掌握法医微生物学的基本理论和应用场景，可更好地为调查案（事）件提供线索。本书将首先介绍微生物学的基本理论与实验方法，再系统阐述如何利用微生物在法医学领域寻找关键线索，包括如何利用微生物推断死亡时间，如何通过检测硅藻及浮游生物DNA鉴定溺死案件，如何通过人体微生物进行组织体液类型鉴识、个体识别及个体特征刻画，如何将微生物应用于食品安全、环境监测、生物反恐等方面，全面展现了基础理论与司法实践紧密结合的独特价值。

第三节

法医微生物学的发展

已知的最早的生物威胁案例可以追溯至数千年前，罗马人曾用腐烂的动物尸体污染敌人的供水系统。在14世纪的卡法战役中，鞑靼士兵将被感染的尸体扔过城墙，让敌人感染瘟疫。生物战也出现在法印战争、第一次世界大战和第二次世界大战等战争中。20世纪后期开始出现以生物制剂作为武器的犯罪，这种犯罪被称为生物犯罪。例如，1984年，美国俄勒冈州达尔斯市多家餐馆发生鼠伤寒沙门氏菌污染食物中毒事件，至少引起751人感染发病，经分子流行病学专家和官方多方调查，证实为一起人为的生物恐怖事件。随后一名恐怖分子承认该事件是由罗杰尼希教的教徒有意用鼠伤寒沙门氏菌污染食物造成的，其目的是影响地方选举的结果。1996

年，得克萨斯州达拉斯的一名医院实验室技术人员故意用志贺氏菌污染松饼并将松饼放在休息室中供其他人食用，致使12人被感染。炭疽是由炭疽杆菌引起的人畜共患的急性传染病，而炭疽杆菌是最臭名昭著的生物威胁因素之一。1993年，日本奥姆真理教在东京传播炭疽杆菌Sterne菌株孢子，幸运的是，该菌株为一种疫苗菌株，没有造成人员感染。2001年，"9·11"事件发生后不到1个月，有人蓄意在美国实施生物恐怖主义行为，以信函作为传播工具，在从纽约到佛罗里达州的东部沿海地区故意散布炭疽杆菌孢子，导致22人感染，其中5人死亡。此次炭疽信函事件中使用的Ames菌株是一种在美国并不常见的菌株，在民众中造成了持续的恐慌。由于这次炭疽杆菌信函事件，时任美国联邦调查局法医DNA实验室主任布鲁斯·卜道尔（Bruce Budowle）首次提出了法医微生物学的定义。当时的法医微生物学专门用于分析生物恐怖主义、生物犯罪等行为，即针对的是以微生物为武器的犯罪事件。

事实上，自19世纪后期，微生物就已被用作法医证据。微生物学的许多早期法医学应用都是为了确定人类和其他动物的死亡原因。这些早期工作大多由著名科学家路易斯·巴斯德（Louis Pasteur）、罗伯特·科赫（Robert Koch）和约瑟夫·李斯特（Joseph Lister）等完成。到20世纪初，法医微生物学引起了人们浓厚的兴趣，主要是因为其在确定死亡原因方面的潜力。当时的法医先锋科学家埃德蒙·洛卡尔（Edmond Locard）提出了使用微生物作为微量证据的想法，他于1910年在法国里昂建立了第一个现代犯罪实验室，对法医科学产生了重大影响。洛卡尔还建立了物质交换定律，即"每一次接触都会留下痕迹"。洛卡尔在多次调查中使用微生物作为微量证据，甚至将巴黎的某些地区与独特的微生物联系起来。因此，20世纪上半叶是法医微生物学激动人心的时期。阿加莎·克里斯蒂（Agatha Christie）在此时期认识到微生物是揭示死亡真相的媒介之一。21世纪初，随着DNA测序和精确、廉价的分子生物技术以前所未有的速度发展，法医微生物学迎来又一个重大的进步阶段。在高通量测序（high-throughput sequencing，HTS）技术即第二代测序技术出现之前，法医科学家们无法研究微生物群，因为表征微生物群所需的测序技术要么耗时长、成本高，要么需要依赖培养技术。而通过高通量测序技术，研究者可以准确、快速、全面地确定样品中所有微生物的DNA序列，并能避免微生物培养引起的实验污染和数据偏差，这已在法医学研究中被证明有用。此后，法医微生物学的应用逐渐扩展至个体识别、体液鉴识、地理位置推断、PMI估计等领域。

第四节

法医微生物学的研究热点

法医微生物学的研究对象是生物恐怖主义袭击、生物犯罪、恶作剧或无意释放生物制剂或毒素的生物证据，任务是在尽可能高的程度上确定相关微生物、生物制剂或毒素的来源，以及肇事者个人或群体。而今，法医微生物学越来越多地被用于其他刑事和民事调查。因此，目前法医微生物学的研究对象已转变为与法医学特定问题相关的微生物。

一、死亡原因推断

微生物可以通过多种方式帮助法医专家进行死亡原因推断。溺死是全球非自然死亡的主要原因之一，可以通过识别尸体肺部或其他器官中的水生微生物来进行溺死鉴定。人溺水过程中，水中的浮游微生物如硅藻、蓝藻、甲藻、金藻、细菌等可通过溺水者的主动呼吸进入肺泡、血液循环，最终在全身各主要器官累积。若在尸体肺、肝、肾、骨髓等多个器官和组织中同时检出与现场水样相同种类的硅藻，则可鉴定为溺死。败血症是一种由引发全身炎症反应的严重感染引起的危及生命的疾病，严重者可引起感染性休克从而导致死亡。通过分子生物学技术［例如聚合酶链式反应（poly chain reaction，PCR）或宏基因组学］检测尸体血液或其他组织中的微生物，可以帮助确定败血症感染的来源和类型。此外，一些毒物，如氰化物或蓖麻毒素，可由微生物（包括细菌和真菌）产生。分析尸体体液或组织中的微生物代谢物或毒素，有助于进行死亡原因确认或排除中毒的可能性。

二、死亡时间推断

死亡时间，或称死后间隔时间（PMI），它的推断是法医学检验的重要任务。人死亡后，与宿主和环境相关的微生物群落在尸体腐败过程中的演替呈现出规律性、时钟性，为PMI的推断提供了新的思路。人类死后微生物组的演替已被证实是人类尸体PMI估计的合适的生物标志。此外，在室外犯罪现场，尸体长时间躺在地上的情况下，与尸体相关的土壤中的微生物群落也可以作为生物标志物，起到辅助PMI推断的作用。不同身体部位（包括脾脏、肝脏、大脑、心脏、血液、骨骼、肠道、皮肤和口腔等）的微生物在人体死亡后可形成具有独特衰变过程的死后微生物群落，通过对微生物衰变过程的表征分析，可进行PMI估计。研究表明，在死后前25 d，PMI估计误差小于1.7 d。然而，尸体本身、微生物、昆虫、食肉动物等生物因素与温度、湿度、氧气、光照、土壤pH等非生物因素会影响死后微生物群落的演替过程，并可误导PMI的估计。但总的来说，根据死后微生物和土壤微生物进行PMI估计，是对当前法医PMI估计方法的有效补充。

三、死亡地点推断

微生物存在于环境的每个角落，如土壤微生物、水生微生物甚至皮肤微生物，都可以辅助法医专家进行死亡地点推断。土壤微生物群落随地理位置、气候、植被和人类活动的影响而变化。通过将尸体或衣服上的土壤微生物组与来自不同地区的参考土壤微生物组进行比较，可以推断死亡地点或移动地点。水生微生物群落也可能因水源、水质和其他环境因素而异。通过将尸体体液或组织中的水生微生物组与来自不同水生环境的背景水生微生物组进行比较，可以推断溺水或抛尸地点。而生活在皮肤表面的微生物群落可以反映个体的个人习惯、生活方式和健康状况。通过将尸体不同部位的皮肤微生物组与来自不同人群的参考皮肤微生物组进行比较，可以推断死者的出生地或旅居史。

四、个体识别

由于人体微生物群落受到许多内部和外部因素（包括但不限于宿主的遗传、性别、营养、生活方式和生活环境等）的影响，因此人体的微生物群落在每个个体上均是独特的，这可作为个体的微生物"指纹"，用于个体识别。在案发现场收集的人体DNA数量和/或质量不足以进行DNA图谱个体识别的情况下，对人体微生物组进行分析可以为调查人员提供新的侦查方向。例如，在处理嫌疑人接触过的样本时，当缺少人体DNA而难以鉴别接触时的情形时，可通过将样本微生物组信息与嫌疑人肢体上的微生物群落信息关联分析而锁定其相互关系，进行同一认定。

五、个体特征刻画

人体微生物由相对稳定栖息的和短暂驻留的微生物组成，其群落结构因个体年龄、地理、饮食、疾病状态和药物使用等各种因素而变化，具有很强的个体特异性。因此，人类微生物组可作为潜在的法医生物标志物。研究特定微生物与个体特征之间的关系，有望利用微生物标志物刻画个体的特征性信息。在一些案件中，可以通过对现场遗留的微生物痕迹进行分析，以获取供者性别、年龄、居住地地理位置等信息，刻画个体形象，缩小嫌疑人范围，为案件的侦破提供线索。例如，胃部幽门螺旋杆菌基因组可为追踪不明尸体的地理来源提供有价值的信息。

六、组织体液类型鉴识

体液斑痕，如血痕、精斑、唾液斑等，是犯罪现场最常见的生物物证检材。明确生物斑痕的组织或体液来源，能够为确定案件性质、进行犯罪现场重建提供重要证据。现行的法医学组织体液鉴定方法主要基于酶学和免疫学原理，针对体液中的特定物质成分能否产生反应来进行判别。这些基于蛋白质标记的检测方法，往往需要较多的检材量，而且单次检测只能针对特定的组织体液。近年来，基于mRNA、microRNA、DNA甲基化等遗传标记进行体液鉴识的方法层出不穷，但这些遗传标记均受环境、年龄、疾病与生活方式等因素的显著影响。随着高通量测序技术的发展，微生物标记在法医学中的应用得到了广泛关注，人体微生物组在组织体液溯源研究中也展现出良好的潜力。研究表明，人体不同部位的微生物群落在物种组成和丰度上存在着很大的差异。因此，基于观察到的特定物种的存在及其丰度特征，可识别特定的体液。但人体微生物会因个体年龄、地理、饮食、卫生、疾病和药物使用等各种体内外因素的影响而产生个体间的差异。了解可能影响组织体液鉴识的因素，是将微生物标记应用于法医组织体液类型鉴识之前需要解决的问题之一。

七、反生物恐怖

检测、识别和追踪危及生命的病原体的来源是法医微生物学最重要的一项任务。病原体的传播既可能是蓄意的，也可能是偶然的，使用可靠和强有力的病原体监测程序可为区分微生物的自发传播和蓄意传播提供重要信息。生物恐怖袭击是指故意释放生物制剂（如细菌、病毒、真菌和毒素等），达到造成恐慌、人员伤亡或经济损失等目的的行为。2001年，距离"9·11"事件2周后，美国炭疽芽孢生物恐怖袭击及之后的"白色粉末"事件所造成的世界范围内的恐慌使得生物恐怖威胁受到极大的关注。在生物反恐中，法医微生物学的研究任务主要是针对威胁社会和人类安全的微生物及其各种包装载体，为反生物恐怖工作者提供调查取证、识别鉴定、追踪来源、确定犯罪分子的技术手段。

八、食品安全

近年来，关于食品安全问题的案例时有报道，其中大部分病例与食源性致病微生物有关。当大规模食品安全事件或食品安全犯罪发生时，需要法医和微生物学专家的介入，为案件侦破提供线索，如分离并鉴定致病的病原体，对病原体进行追踪溯源甚至对事件性质进行定性分析等。此外，法医微生物学还可以在打击食品安全犯罪中协助检测被致病微生物污染的劣质和腐败变质食品，阻止此类不合格食品流入市场，避免食品安全事故的发生。

此外，滥食野生动物不仅会破坏生态环境，而且会对人体健康造成极大伤害，例如严重急性呼吸综合征（severe acute respiratory syndrome，SARS）是一种源于蝙蝠和果子狸的冠状病毒引起的人类传染病。当前野生动物保护执法面临的主要困境之一是野生动物和人工圈养动物的鉴识问题。实践中对于野生动物的鉴定，大多停留在利用形态学或DNA分析技术鉴别物种的阶段，依靠现有技术难以鉴别野生动物的人工繁育种群与野外种群。而利用微生物组鉴识人工圈养动物和野生动物的研究鲜有报道，但基于两者生存环境和饮食条件的差异，其皮肤、口腔和肠道等部位的微生物物种种类与丰度构成比存在显著差异。因此，微生物组研究有望成为鉴别人工圈养动物和野生动物的新思路，在惩治野生动物相关违法犯罪方面提供良好的应用价值。

九、环境微生物

生物性污染是环境损害的重要原因之一，病原微生物通过工厂气溶胶、污水排放等多种途径对空气、水体、土壤等环境产生损害。生物性污染的溯源与防治是保护环境和人类健康安全的重要一环。通过比较生物污染样品与污染源中存在的微生物的生物标记，来判断污染样品与污染源之间的联系，从而确定污染来源。生物性污染溯源可为刑侦人员及环境损害鉴定人员追查、认定生物犯罪事实，快速控制污染源提供线索和证据。

环境微生物还存在其他的法医学应用方向。在法医调查中，土壤、水甚至植物等环境样本都可以提供有价值的线索。环境微生物学研究表明，水和土壤等环境样本中普遍存在多种微生物，不同环境样本中的微生物物种群落组成和结构不同，这成为利用环境样本微生物进行地理位置推断的前提。针对土壤等环境样本的微生物分析可以为确定犯罪嫌疑人和犯罪现场提供重要证据，为破案提供方向和范围。

第五节
法医微生物学的前景

法医微生物学是一个由微生物学、遗传学、生物信息学、法医学、免疫学、群体遗传学、生物化学、分子生物学、流行病学、法庭科学等多个科学领域以及公共卫生和情报交织而成的网络。其研究内容包括非生物证据和生物证据。非生物证据如添加剂、生长培养基、输送装置、情报等，可用于微生物取证、提供调查线索并帮助推断制造和传播方法。非生物证据分析是法医微生物学的一个组成部分，但本书的重点是生物证据。生物证据包括细菌、病毒、原生生物、真菌和毒素等。微生物及其毒素是"理想"的武器，因为它们的培养成本相对较低，如果是地方病或自然发生的感染，则致病微生物易被获取。对许多人来说，仅少量的生物材料就能导致感染甚至死亡。事实上，已知有1 400多种微生物会感染人类，其中一部分微生物会对人类带来毁灭性伤害。监测动植物病原体对生物安全和生物安保也很重要。农业和畜牧业为我们的粮食供应和经济发展提供了基础保障，对这些行业的攻击可能会影响大众的身体健康，并造成国家经济的巨大损失。例如，2001年在英格兰暴发的口蹄疫造成了超过120亿美元的损失。动物/植物性食源性疾病的暴发，可导致局部甚至大范围的感染和死亡，并可能造成食品和农业部门瘫痪。可想而知，蓄意攻击的后果只会更严重。

在刑事和民事案件调查方面，例如在涉及故意暴露的疾病传播或性侵犯案件中，种群遗传学和系统发育学成为建立病毒或细菌传播链的理论基础。系统发育证据已在法庭上用于解释这些涉及传染性微生物的犯罪。通过构建物种和菌株发育系统并结合其他信息（例如感染时间），可以推断疾病的传播范围，并排除未被潜在来源感染的个体。因此，微生物证据可用于评估传播事件，而不仅仅是证明特定微生物的存在。

当前，微生物组作为个体识别、地理位置推断和PMI估计的证据尚未被法庭科学专家接纳。首先，微生物证据的提取、包装、运输、保存等方面还没有标准化的操作原则和规范。其次，用于取证的微生物组分析方法的可靠性还有待提高。与人类DNA标记相比，微生物组的特异性和稳定性有待进一步验证，应通过足够大的样本量和机器学习方法来提高微生物组用于法医实践的可靠性。

微生物体积小、种类多、分布广、功能多样和易变异等特点，使得它们具有为案件侦破提供丰富的信息、成为证据的巨大潜力。此外，随着高通量测序技术和相应的生物信息学方法的发展，开展微生物相关研究的成本日益降低，越来越多的法医科学家进入法医微生物学领域。法医微生物学的应用场景也由原来单一的以微生物为武器（或作案工具）的生物恐怖主义或生物犯罪案件扩展到与此无关的案件，此时微生物只是单纯地起到为破案提供线索和证据的作用。目前，法医学相关微生物的数据量呈指数级增长，有利于建立法医学相关的微生物数据库，便于数据的横向比较，加快将微生物作为法庭科学等多方面应用的证据的进程。

（朱波峰　刘超）

参考文献

［1］BHATIA M, MISHRA B, THAKUR A, et al. Concept of forensic microbiology and its applications［J］. SMU medical journal, 2016, 3（1）: 275-294.

［2］HE Q, NIU X, QI R Q, et al. Advances in microbial metagenomics and artificial intelligence analysis in forensic identification［J］. Frontiers in microbiology, 2022, 13: 1046733.

［3］KOBLENTZ G D, TUCKER J B. Tracing an attack: the promise and pitfalls of microbial forensics［J］. Survival, 2010, 52（1）: 159-186.

［4］KUMARI P, PRAKASH P, YADAV S, et al. Microbiome analysis: an emerging forensic investigative tool［J］. Forensic science international, 2022, 340: 111462.

［5］ROBINSON J M, PASTERNAK Z, MASON C E, et al. Forensic applications of microbiomics: a review [J]. Frontiers in microbiology, 2020, 11: 608101.

[6] SCHMEDES S E, SAJANTILA A, BUDOWLE B. Expansion of microbial forensics [J]. Journal of clinical microbiology, 2016, 54 (8): 1964-1974.

[7] SCHMEDES S, BUDOWLE B. Microbial forensics [J]. Encyclopedia of microbiology, 2019: 134-145.

[8] SPERUDA M, PIECUCH A, BORZĘCKA J, et al. Microbial traces and their role in forensic science [J]. Journal of applied microbiology, 2022, 132 (4): 2547-2557.

[9] URSELL L K, METCALF J L, PARFREY L W, et al. Defining the human microbiome [J]. Nutrition reviews, 2012, 70 (Suppl 1): S38-S44.

[10] WANI A K, AKHTAR N, SENA S, et al. Microbial Forensics: A potential tool for investigation and response to bioterrorism [J]. Health sciences review, 2022, 5: 100068.

[11] ZHANG J, LIU W, SIMAYIJIANG H, et al. Application of microbiome in forensics [J]. Genomics proteomics bioinformatics, 2022, 21 (1): 97-107.

第二章 法医微生物学技术方法

第一节
形态学检测技术

法医微生物学是通过检测微生物的各种特征以推测特定微生物的来源和传播途径，从而提供法律依据的微生物学分支学科。形态学检测是法医微生物学检测的重要方法之一，是最直接、最有效、最简便的鉴定技术，对微生物形态、结构、数量和染色反应等的观测，可进一步为微生物分类和鉴定提供参考依据，进而为法医学鉴定提供科学依据。

一、培养法

微生物具有体积小、面积大、吸收多、转化快、生长旺、繁殖快、适应性强、易变异、分布广、种类多等特点，对于微生物的检测主要通过分离培养和生物学鉴定技术。

微生物培养法是在人为条件下繁殖微生物的手段，根据微生物的种类以及微生物对养料、温度、氧气、水分和酸碱度等环境条件的不同要求，采用不同的培养方法。细菌的分离培养可以采用选择性培养基接种、增菌培养基接种、动物接种等方法，而病毒、衣原体和立克次氏体的分离培养需要采用细胞接种、鸡胚接种和动物接种等方法，生物毒素可以采用动物实验和免疫学试验直接检验。

微生物培养的条件包括培养基（碳源、氮源、水、无机盐等）、适宜的环境条件（温度、pH、氧气等），其中自养型微生物的培养选择无机碳源进行能量供给，异养型微生物的培养选择有机碳源作为能量来源。单个微生物细胞在固体培养基表面形成的细胞群体为菌落，菌落是菌株鉴定的重要依据。单个微生物用肉眼无法观察到，但当其在固体培养基上大量繁殖时，便会形成一个肉眼可见并具有一定形态结构的子细胞群落。不同微生物在同一培养基中生长繁殖，所形成的菌落特征有很大差异，比如菌落的形态、大小、颜色、光泽度、硬度、透明度、边缘特征等会有所不同；而同一种微生物在相同培养条件下，其培养特征有一定的稳定性，因此可以通过这种差异对不同微生物加以区别和鉴定。

（一）培养基种类

培养基是为人工培养微生物而制备的，适合微生物生长、繁殖或积累代谢产物的营养基质。培养基按其成分可分为天然培养基、半合成培养基和合成培养基等，按物理状态可分为液体培养基、半固体培养基、固体培养基等，按微生物种类可分为细菌培养基、放线菌培养基、酵母菌培养基和霉菌培养基等，按用途可划分为基础培养基、营养培养基（又称加富培养基）、鉴别培养基和选择培养基等。

1. 按照培养基成分分类

（1）天然培养基。天然培养基是利用天然来源的有机物配制而成。这类培养基的成分并不十分清楚，含量也不恒定，但配制方便、营养丰富。常用的天然有机物质有牛肉膏、酵母膏、蛋白胨、麦芽汁、豆芽汁、玉米粉、麸皮、牛奶、血清等。实验室常用的天然培养基有用于培养细菌的牛肉膏蛋白胨培养基、培养酵母菌的麦芽汁培养基和培养霉菌的马铃薯培养基等。

（2）半合成培养基。半合成培养基是由一部分已知的化学物质和另一部分天然物质配制而成。这类培养基是在天然有机物的基础上适当加入已知成分的无机盐类，或者是在合成培养基的基础上添加某些天然成分，能更有效地满足微生物对营养物质的需要，如培养霉菌用的马铃薯葡萄糖琼脂培养基。

（3）合成培养基。合成培养基是由各种已知的化学物质按照一定比例配制而成。由于合成培养基成分清晰、含量明确，因此合成培养基一般重复性较强，但价格也相对较高，且微生物在这类培养基中生长较慢。常见的合成培养基有高氏1号合成培养基、察氏（Czapek）培养基等。

2. 按照培养基物理状态分类

（1）液体培养基。液体培养基中不加任何凝固剂。此类培养基的成分均匀，微生物能充分接触和利用培养基中的养料，适用于微生物的生理研究等；由于此类培养基发酵率高、操作方便，也常用于发酵工业。

（2）半固体培养基。半固体培养基是在液体培养基中加入少量凝固剂而使培养基呈半固体状态，一般在液体培养基中加入0.2%～0.5%的凝固剂。半固体培养基可用于观察细菌的运动、鉴定菌种和测定噬菌体的效价等方面。

（3）固体培养基。固体培养基是在液体培养基中加入凝固剂而使培养基呈凝固状态，常用的凝固剂为琼脂，其次为明胶，一般向液体培养基中加入2%左右的凝固剂。固体培养基常用于微生物的分离、鉴定、计数和菌种保存等方面。

3. 按照微生物种类分类

（1）细菌培养基。常用的细菌培养基有营养肉汤培养基和营养琼脂培养基。

（2）放线菌培养基。常用的放线菌培养基为高氏1号培养基。

（3）酵母菌培养基。常用的酵母菌培养基有马铃薯葡萄糖（或蔗糖）琼脂培养基和麦芽汁培养基。

（4）霉菌培养基。常用的霉菌培养基有马铃薯蔗糖培养基、豆芽汁葡萄糖（或蔗糖）琼脂培养基和察氏培养基等。

4. 按照培养基用途分类

（1）基础培养基。基础培养基含有一般细菌生长繁殖所需要的基本营养物质，最常用的基础培养基是天然培养基中的牛肉膏蛋白胨培养基。

（2）营养培养基（加富培养基）。此类培养基在基础培养基中加入某些特殊的营养物质如糖类、血液、血清、动植物组织提取液、酵母浸膏、生长因子、抑制剂等，用以培养对环境要求比较苛刻或对营养要求比较高的微生物，例如培养百日咳杆菌需要含有血液的培养基。营养培养基常用于研究一些致病微生物。

（3）鉴别培养基。在培养基中加入某种试剂或化学药品，使培养条件发生某种变化，从而区别不同类型的微生物，实现快速鉴定的培养基是鉴别培养基。鉴别培养基有糖发酵管、三糖铁培养基、伊红-亚甲蓝琼脂培养基等。

（4）选择培养基。此类培养基是根据微生物对某一种或某一类化学物质的敏感性不同，或是对营养物质的特殊要求，针对微生物的一些物理、化学抗性而设计的培养基。在培养基中加入某些物质后，会抑制不需要的微生物的生长，而有利于所需分离的微生物的生长。利用这种培养基，可以将所需要的微生物从混杂的微生物中分离出来，从而达到分离或鉴别某种微生物的目的。例如分离真菌的马丁氏培养基，加入的孟加拉红和链霉素可以有效抑制细菌和放线菌生长，而对真菌无抑制作用，因而真菌在这种培养基上可以得到优势生长，从而达到分离真菌的目的。

（二）微生物培养方法

微生物培养的主要目的是扩大繁育，不同微生物、不同培养目的所采用的培养方法也不同。由于绝大多数的微生物，例如大多数细菌、霉菌、放线菌等都属需氧微生物，需要在有氧条件下进行培养，因此根据微生物呼吸类型的不同，可将微生物培养方法分为需氧培养法和厌氧培养法两类；根据培养工艺的不同，又可分为间歇培养法和连续培养法。

1. 根据微生物呼吸类型分类

（1）需氧培养法。①振荡培养法：将微生物接种于盛有液体培养基的三角瓶中，放在恒温摇床上进行振荡培养，使空气不断进入培养液中，促进微生物的良好生长。②浅盘培养法：又称表面培养法，在盘内放薄薄一层培养基，使接种的微生物在静止生长状态下依然能够充分接触空气，有利于生长繁殖。这种培养方法多用于发酵工业如制酱、制醋、培养食用菌等生产过程中培养需氧微生物，但此法所需空间大，费时费力，并且容易产生杂菌污染。③深层培养法：在大容积的液体培养基中，通入无菌空气并不断搅拌，使液体培养基中保持一定的溶解氧，保证需氧微生物能够充分接触空气，迅速繁殖并积累代谢产物，适用于需氧微生物的大规模发酵培养。

（2）厌氧培养法。这种培养方法主要用于厌氧菌的扩大培养。一般实验室常用化学还原剂或抽气机吸除培养基中的分子氧，或填充二氧化碳气体，或用静止状态的深层培养法。在实验室中常用厌氧培养罐及抽气机设备，在生产中更多地使用密封式发酵罐或不通风的固体发酵法。

2. **根据培养工艺分类**

（1）间歇培养法。间歇培养法又称分批培养法，即把微生物接种于一定体积的培养基，经过培养后一次收获的培养方法。

（2）连续培养法。连续培养法即不断向培养基中补充新鲜养料，并及时不断地以同样速度排出培养物。此法按照不同的控制方式分为恒浊连续培养法和恒化连续培养法。前者通过不断调节流速而使菌液浊度保持恒定，后者通过控制恒定的流速来保证微生物生长速率的恒定。对于病毒，常采用动植物活体或离体的活组织进行培养。

（三）微生物培养程序

微生物的培养包括培养基的配制、培养基及器材的灭菌、倒平板、接种（菌株扩增鉴定）、培养、观察记录等步骤。不同的微生物对培养基的需求不同，因此在对微生物进行培养之前，首先要根据微生物的种类、培养目的等确定所要配制的培养基的类型。其次，在配制培养基时要注意各营养物质的浓度和比例，确保营养成分的协调。最后，要调节培养基的pH，因为不同的微生物生长的适宜pH有所不同。例如，细菌生长的适宜pH为6.5～7.5，放线菌生长的适宜pH为7.5～8.5，真菌生长的适宜pH为5.0～6.0。此外，在微生物正常的生长代谢过程中，由于营养物质的消耗和代谢产物的积累，培养基中的pH往往会发生改变，因此我们可以在配制培养基时，向其中加入K_2HPO_4/KH_2PO_4缓冲液。

1. **实验器材准备**

（1）仪器：高压蒸汽灭菌器、电热干燥箱、电炉、天平。

（2）器皿：量筒、烧杯、玻璃棒、胶头滴管、灭菌试管、三角烧瓶、无菌培养皿。

2. 常用细菌培养基的制备

（1）肉汤培养基。肉汤培养基是常用的液体培养基，也是制备常用的细菌分离培养基及其他某些培养基的基础。

材料：鲜牛肉（去脂肪和肌腱）、蛋白胨、NaCl、pH试纸、10％ $NaHCO_3$、蒸馏水等。

方法：①肉水配置：将新鲜牛肉500 g切碎或搅碎，加水1 000 mL，放4 ℃冰箱或冷处浸泡过夜，然后煮沸30 min，放凉，使残余的脂肪凝固，再用绒布或滤纸过滤，并将滤液补足为原量。此溶液称为肉水或肉浸液。②称量：1 000 mL肉水中加入蛋白胨10 g、NaCl 5 g，加热溶解，放凉。③调pH：用精密pH试纸测酸碱度，用10％ $NaHCO_3$ 校正pH为7.2左右；pH过高时，可用10％醋酸校正。④分装灭菌：分装于试管中或三角烧瓶中，121 ℃、103.4 kPa高压蒸汽灭菌20～30 min。如用市售的牛肉膏代替新鲜肉水时，可将牛肉膏配制成0.3％～0.5％的水溶液，再按步骤②至④制成培养基。

（2）普通琼脂培养基。普通琼脂培养基是常用的固体培养基，包括普通琼脂平板培养基和普通琼脂斜面培养基两种，前者用于分离纯种细菌，后者用于增殖纯种细菌或保存菌种。琼脂是从海藻中提取的一种多糖，俗称"洋粉"，具有100 ℃溶化、40 ℃凝固的特性。细菌不能分解琼脂，故琼脂无营养作用，仅是固体培养基的凝固剂。

材料：肉水、蛋白胨、NaCl、琼脂等。

方法：①称量：称取肉水200 mL、蛋白胨2 g、NaCl 1 g、琼脂5 g，依次加入三角烧瓶中，加热溶化。②调pH：趁热用pH试纸测酸碱度，用10％ $NaHCO_3$ 校正pH为7.2左右。③灭菌：121 ℃、103.4 kPa高压蒸气灭菌20～30 min。④分装：趁热将熔化的培养基倒入灭菌平皿内，每个平皿倒入约15 mL，凝固后即成普通琼脂平板培养基；如趁热将培养基倒入灭菌试管内，再将试管斜放试验台上，凝固后即成普通琼脂斜面培养基。

（3）牛肉膏蛋白胨培养基。牛肉膏蛋白胨培养基是一种应用广泛的细菌基础培养基，又称普通培养基。它含有一般细菌生长繁殖所需要的最基本的营养物质。基础培养基中含有牛肉膏、蛋白胨和NaCl。其中，牛肉膏为微生物提供碳源、能源、磷酸盐和维生素，蛋白胨主要提供氮源和维生素，而NaCl主要提供无机盐。

材料：牛肉膏、蛋白胨、NaCl、琼脂等。

方法：①称量：分别称取牛肉膏3 g、蛋白胨10 g、NaCl 5 g，置于烧杯中。②溶解：在烧杯中加入少量的蒸馏水，用玻璃棒搅拌均匀，然后加热使其完全溶解。③调pH：先用标准试纸测原始培养基的pH，用1 mol/L NaOH或1 mol/L HCl溶液调pH至7.2，将溶液倒入量筒中，加水定容至1 000 mL。④加琼脂（配制固体培养基）：加入所需量琼脂，加热熔化，补足失水。⑤灭菌：将培养基分装包扎后，121 ℃、103.4 kPa高压蒸汽灭菌20～30 min。⑥分装冷却：迅速将混匀的培养基倒入无菌平皿中，冷却后形成琼脂平板，注意不要产生气泡。⑦无菌检验：将平板置于37 ℃培养箱中培养24～28 h，以检查灭菌是否彻底，若无菌生长即可冷藏，备用于后续微生物培养实验。

（4）血液琼脂培养基。有些细菌对营养要求较高，在普通琼脂培养基上生长不良，可用血液琼脂培养基进行培养。配制血液琼脂培养基的过程中要注意无菌操作。

材料：牛肉膏、蛋白胨、NaCl、琼脂、脱纤血、蒸馏水、无菌玻璃珠、无菌注射器等。

方法：①基础培养基的制备（见牛肉膏蛋白胨琼脂培养基的制备部分内容）。②无菌脱纤血的制备（兔血或羊血）：用无菌注射器无菌抽取动物全血，并立即注入装有无菌玻璃珠（直径3 mm，5～10粒）的无菌三角瓶中，摇动三角瓶10 min左右，即可看到形成的纤维蛋白块黏附在玻璃珠上，上清液即脱纤血。③溶解：将牛肉膏蛋白胨琼脂培养基熔化成液体状态，冷却，并置于水浴锅中保持45 ℃。④加入脱纤血：将制备好的脱纤血按照5%～10%的比例，加入灭菌后的牛肉膏蛋白胨琼脂培养基内，立即摇匀，使脱纤血和培养基充分混合。整个过程注意无菌操作。⑤分装冷却：迅速将混匀的培养基倒入无菌平皿中，冷却后形成血液琼脂平板，注意不要产生气泡。⑥无菌检验：将平板置于37 ℃培养箱中培养24～28 h，以检查灭菌是否彻底，若无菌生长即可冷藏，备用于后续微生物培养实验。

（5）LB（Luria-Bertani）培养基。LB培养基是微生物实验中常用到的培养基，用于培养大肠埃希菌（*Escherichia coli*）等细菌，包括液体培养基和加入琼脂制成的固体培养基。某些加入特定抗生素的LB培养基可用于筛选以大肠埃希菌为宿主的克隆。

材料：胰蛋白胨、酵母提取物、NaCl、琼脂。

方法：①称量：分别称取胰蛋白胨10 g、酵母提取物5 g和NaCl 10 g，置于烧杯中。②溶化：加入所需水量2/3的蒸馏水于烧杯中，用玻棒搅拌，使试剂全部溶化。③调pH：用1 mol/L NaOH溶液调pH至7.2，将溶液倒入量筒中，加水定容至1 000 mL。④加琼脂（配制固体培养基）：加入所需量琼脂，加热熔化，补足失水。⑤灭菌：将培养基分装包扎后，121 ℃、103.4 kPa高压蒸汽灭菌20～30 min。⑥倒平板：待灭菌后的培养基冷却至60 ℃左右时，无菌操作下将培养基倒入培养皿中，待平板冷却凝固后，即成LB培养基平板。⑦无菌检验：将平板置于37 ℃培养箱中培养24～28 h，以检查灭菌是否彻底，若无菌生长即可冷藏，备用于后续微生物培养实验。

3. 灭菌和消毒

1）无菌技术。

（1）实验环境的消毒：对实验操作空间、操作者实验服、手和手腕进行清洁和消毒。

（2）实验器材的灭菌：将培养器皿、接种用具和培养基等器具进行灭菌。

（3）实验过程中的无菌操作：实验操作应在酒精灯火焰周围进行，避免周围空气中其他微生物的污染；此外避免已灭菌器材与周围物品的接触。

2）消毒方法。

（1）日常生活中的物品多采用煮沸消毒法。

（2）对不耐高温的物体，则使用巴氏消毒法。

（3）对接种室、接种箱和超净工作台首先喷洒70%乙醇、3%～5%苯酚或煤酚皂等溶液以增强消毒效果，然后使用紫外灯进行物理消毒。

（4）实验操作者的实验服（尤其是前襟和手臂部位）以及双手和腕部使用75%乙醇进行消毒。

3）灭菌方法。

（1）培养基、无菌水、实验器材等使用高压蒸汽灭菌法灭菌。

（2）实验过程中接种环、接种针、试管口等使用灼烧灭菌法灭菌。

（3）表面灭菌和空气灭菌等多采用紫外线灭菌法。

4. 微生物分离

将特定的微生物个体从群体中或从混杂的微生物群体中分离出来的技术叫作微生物分离。微生物分离技术主要包括稀释法和选择培养法。

（1）稀释法。最常用的稀释法为平板划线法，即借助划线使混杂的微生物群体在平板上分散开，使单位体积或单位面积的微生物得到稀释，以获得单个菌落，从而达到分离的目的，并使此单细胞增殖为一个新的群体。另一种方法为稀释平板分离法，即先把微生物悬液按一系列浓度梯度进行稀释，再分别取少许不同浓度的稀释液，与已熔化并冷却至50℃左右的琼脂培养基混合，混匀后倾入无菌培养皿中，待琼脂凝固后，制成可能含菌的琼脂平板，保温培养一定时间即可观察菌落。

（2）选择培养法。即选用仅适合于所要分离的微生物生长繁殖的特殊培养条件来培养混杂菌体，改变群体中各类微生物的比例，以达到分离的目的；或者通过添加某种抑制剂或抗生素来抑制其他微生物的生长，使目标微生物得以生长繁殖。

5. 微生物的接种

将有菌的材料或单菌落转移到另一无菌的培养基上进行再生长，这个过程即接种。常用的接种工具有接种针、接种环、接种钩、玻璃涂棒、接种圈、接种锄、小解剖刀等。常用的接种方法有以下几种：

（1）划线接种。此法为斜面接种和平板划线中最常用的接种方法。用接种针挑取培养后的单菌落，轻轻地在固体培养基表面作直线形或"W"形的移动（注意不要刺破固体培养基），即完成接种工作。

（2）三点接种。此法为研究霉菌和酵母形态时常用的方法。取少量培养后的微生物轻轻点涂在平板表面上，形成等边三角形的3个点，让其各自独立形成单菌落后，以此来观察和研究微生物的形态。除3个点外，也有点1点或多点进行接种的，比如根霉一般点1点即可，曲霉、酵母可点3~4个点进行接种。

（3）穿刺接种。此法常用于厌氧微生物或兼性厌氧微生物的培养，以检查微生物的运动能力以及保藏厌氧菌种。具体做法是用接种针挑取单菌落后，直线插入半固体培养基中（注意不要插到底部），如果某些微生物具有鞭毛而能运动，则会在穿刺线周围生长，便于微生物的动力学研究。

（4）液体接种。此法为将微生物从斜面培养基接种到液体培养基（如试管或三角瓶等）中的方法。具体做法：用接种环挑取斜面培养基表面的菌落，在送入液体培养基中时，轻轻摩擦摇晃使菌体分散，而后塞上棉塞，再轻轻摇动均匀，即可培养。如果菌种是培养在液体培养基中时，一般用移液管或滴管接种。

（5）浇混接种。此法是相对于固体培养基而言。具体做法是将待接种的微生物先放入无菌培养皿中，然后倒入冷却至45℃左右的固体培养基，迅速轻轻摇匀，待平板凝固之后，放在合适的温度下进行培养。

（6）斜面接种。此法为从已长好微生物的菌种管移接到另一斜面管的方法，多用于需氧微生物的接种。具体做法：一手持菌种管和斜面管，使斜面向上，保持水平；另一手用灼烧灭菌后的接种环（晾凉后）进行接种。

（7）平板接种。即将菌种接至培养皿，是比较常用的接种方法。平板接种的目的是观察菌落形态，分离纯化菌种，活菌计数以及在平板上进行各种试验。平板接种可分为两种：①斜面接平板，又分为划线接种（操作同平板划线分离法）和点接种，其中点接种一般用于观察霉菌和酵母菌；②平板接斜面，一般是将平板分离的单菌落接种到斜面，以便进行鉴定和扩大培养。

6. 菌种保藏

菌种保藏的主要目的是把菌株的优良性状保存下来，防止退化、死亡或杂菌污染。微生物很容易发生变异而引起菌种衰退，要想使其不发生变异而又保持生长能力，必须减缓变异速度，即在保持微生物存活的状态下，同时使其处于代谢最不活跃、相对静止的休眠状态。微生物变异与其所处环境密切相关，适宜的温度、湿度、氧浓度和营养物质能够促进微生物生长。因此，低温、干燥、隔绝空气和缺乏养料等抑制微生物生长繁殖的条件同样也可作为使微生物代谢能力降低，使其暂时处于休眠状态的重要因素。依据不同的菌种和不同的需求，应选择最为合适的保存方法。常用的菌种保存方法有以下几种：

（1）低温保藏法。即将斜面培养或穿刺培养的菌株放置在4 ℃冰箱进行保存，此种方法比较简便。但这种温度条件只能够短暂抑制微生物的生命活动，不能使菌株进入休眠，因此，此法仅适用于微生物培养过程中的短暂保存，不适用于优良菌株的保藏。保存时间一般为3~6个月。

（2）低温定期移植法。即将低温干燥保存的菌种，在一定时间内（一般3~6个月）移植一次。但是连续传代会使一些生产性状发生变异、丢失或减弱，也会使菌株污染杂菌。

（3）冷冻保藏法。此法适用于菌液的较长时间的保存，即将其放置在低温冰箱（−20 ℃）、超低温冰箱（−80 ℃）或液氮中保存。

（4）液状石蜡低温保藏法。此法是在斜面培养物和穿刺培养物表面覆盖灭菌后的液状石蜡，一方面可使菌体与空气隔绝，减弱菌种的生长和代谢；另一方面可防止因水分蒸发而引起的菌种死亡，实现低温状态下较长时间的保藏。液状石蜡低温保藏法适用于不产孢子的菌种。保存时间一般为6~12个月。

（5）甘油冷冻管保藏法。此法适用于菌液的较长时间的保存，即将培养好的菌液转移到灭菌后的甘油冷冻管内，充分混匀后置于−20 ℃或−80 ℃冰箱或冷冻箱中保藏。

（6）载体保藏法。此法即利用干燥、缺氧环境抑制微生物生长这一原理进行微生物保存的方法。例如，将微生物吸附在适当的载体如土壤、沙子、硅胶、滤纸上（这些载体需事先进行灭菌处理），然后用真空泵连续抽气减压，使其干燥。常见的有砂土管干燥保藏法，适用于产孢子的丝状真菌、放线菌、有芽孢的细菌等微生物的保藏，能够保存2~10年或更长时间。

（7）真空冷冻干燥保存法。此法先使微生物在极低温度（约−70 ℃）下快速冷冻，然后进行真空干燥，使微生物始终处于低温、干燥、缺氧的条件下，是迄今为止最有效的菌种保存方法之一。

（8）寄主保藏法。此法适用于目前不能在人工培养基上生长的微生物，比如病毒、立克次氏体、螺旋体等，它们必须在动物、昆虫、鸡胚等活体内感染并传代。此法类似于一般微生物的传代培养保藏法。病毒也可用其他方法如液氮保藏法与冷冻干燥保藏法进行保存。

二、显微镜观测

（一）显微镜的种类

微生物的显微形态学观测最早可追溯到安东尼·菲利普斯·范·列文虎克（Antonie Philips van Leeuwenhoek）发明显微镜。17世纪70年代，列文虎克首次用能放大50~300倍的放大透镜非常清楚地观测许多肉眼所看不见的"非常微小的动物"，即细菌和原生动物。他的发现和描述首次揭示了一个崭新的生物世界——微生物世界，在微生物学的发展史上具有划时代的意义，列文虎克因此被称为微生物学的开拓者。后来，随着显微镜的发展和显微技术的不断创新，人们对微生物的研究也从最初的低水平的形态描述发展到对微生物内部结构的超微剖析。

1. 普通光学显微镜

普通光学显微镜是利用表面为曲面的玻璃或其他透明材料制成的光学透镜可以使物体放大成像的光学原理，把人眼所不能分辨的微小物体放大成像到人眼足以观察的尺寸，以供人们提取微细结构信息的光学仪器。早期的普通光学显微镜仅以光学元件和精密机械元件组合进行放大成像，而现代普通光学显微镜主要由光学系统和机械装置组成。普通光学显微镜的光学系统包括照明系统和成像系统，前者由光源、反光镜和聚光器组成，后者由物镜、目镜组成。普通光学显微镜的机械装置是其重要组成部分，主要由镜座、镜臂、载物台、镜筒、物镜转换器与调焦装置组成，机械装置的作用是固定与调节光学镜头、固定与移动标本等。

普通光学显微镜通常采用两级放大，分别由物镜和目镜完成。被观察物体位于物镜的前方，被物镜作第一级放大后成一倒立的实像，然后此实像再被目镜作第二级放大成一虚像，人眼看到的就是虚像。而显微镜的总放大倍数是物镜放大倍数和目镜放大倍数的乘积，即指直线尺寸的放大比，而非面积比。普通光学显微镜根据照明来源的不同又分为自然光源显微镜和电光源显微镜，无论是自然光源还是人工光源，其波长约为0.4 μm，显微镜的分辨率为波长的1/2，即0.2 μm。而由于肉眼可见的最小物象为0.2 mm，故光学显微镜需要用油（浸）镜放大至少1 000倍，即将0.2 μm的微粒放大成肉眼可见的0.2 mm，才能被人眼观测到。普通光学显微镜可用于细菌、放线菌和真菌等的观察。

2. 暗视野显微镜

暗视野显微镜是光学显微镜的一种，也叫超显微镜，常用于观察未染色微生物的形态和运动能力。暗视野显微镜是相较于明视野显微镜而得名的，二者的主要区别在于聚光器的不同。暗视野显微镜是利用丁达尔（Tyndall）光学效应的原理，在普通显微镜中安装一个中央遮暗的聚光器，使光线不能从中间直接透入聚光器，而只能从四周斜射到载玻片上，故无物体时，观察到的视野是暗黑的；当有物体时，标本在接受来自聚光器边缘的斜射光后可发生散射，使物体发生亮光，反射到物镜内，这样即可在暗视野中观察到明亮的物像及其大小和形态特征，甚至可看到明视野显微镜中看不到的小至4～200 nm的微粒子。由于暗视野显微镜能看到物体的存在、运动和表面特征，因此在某些细菌、细胞等活体检查以及观察和研究点状、线状的细薄结构的微小透明体的轮廓形状中常常使用，但无法分辨物体的细微结构。在临床上，暗视野显微镜常用于检查苍白螺旋体。这是一种病原体检查，对早期梅毒的诊断有十分重要的意义。

3. 相差显微镜

相差显微镜是1935年由荷兰科学家弗里茨·泽尔尼克（Frits Zernike）发明的，该科学家因此获得了1953年的诺贝尔物理学奖。相差显微镜又叫相衬显微镜，和普通显微镜的区别在于用环状光阑代替可变光阑，用带相板的物镜代替普通物镜，并带有一个合轴用的望远镜。相差显微镜主要用于观察活细胞和未染色的生物标本，由于细胞薄而透明，照明光透过透明样品后光强变化很小，导致成像无法被普通显微镜直接观察到。细胞内部结构的差异和各部位的厚度不同，不同结构成分之间的折射率也有不同。当光波通过时，利用相板的光栅作用，改变直射光的光位相和振幅，并利用光的衍射和干涉现象，将光相的差异转换为光强度差，从而观测到标本。因此，相差显微镜可观察微生物形态、内部结构和运动方式等。

4. 荧光显微镜

荧光显微镜是光学显微镜的一种，与普通光学显微镜的主要区别是二者的激发波长、构造（光源、滤光片和聚光器）不同。目前，大多数荧光显微镜使用的是落射光装置，即光源通过物镜投射于样品上，常用高压汞灯作为光源，可发出紫外光或蓝紫光，用以照射被检生物样本，使之发出荧光，然后在显微镜下便可以观察物体的形状及其所在位置。荧光显微镜的滤光片有激发滤光片和吸收滤光片两种。使用蓝光作为发光源的荧光显微镜除了可用于一般明视野聚光器，也可用作暗视野聚光器，以加强荧光与背景的对比。荧光显微镜除用于生物样品中本身经紫外光照射可发荧光的物质（比如叶绿素）的定性和定量研究外，同样适用于对荧光色素染色或与荧光抗体结合的细菌的检测或鉴定。

5. 共聚焦显微镜

共聚焦显微镜诞生于20世纪80年代，最常见的是激光扫描共聚焦显微镜。共聚焦显微镜与荧光显微镜的主要区别是在荧光显微镜成像基础上加装了激光光源和扫描装置，同时利用计算机进行图像处理。传统的光学显微镜使用的是场光源，成像时容易受衍射或散射光的干扰。而激光扫描共聚焦显微镜在传统光学显微镜基础上采用共轭聚焦装置，利用激光束作为光源，经照明针孔形成点光源，由于激光激发后的出射光波长比入射光长，可通过分光镜偏转90°，经过物镜聚焦在样品的焦平面上（x-y轴），样品中的荧光物质在相应波长激光的激发下沿各个方向发射特定波长的荧光，其中一部分荧光经过物镜、分光镜聚焦在物镜的焦点处即到达探测针孔处成像，被探测器接收，而非聚焦光线被探测针孔光栏阻挡，不能通过探测针孔。这样以共聚焦扫描方式对样品被检区域的逐点扫描而获得一系列的光学切片图像，经计算机采集、储存、处理、转换即可合成二维图像。通过调整聚焦点在样品中的深度得到不同深度（z轴）的切片图像，将这些图像进行叠加便可得到清晰的三维重建图像，可以观察不同断层面中细胞成分的变化，即"细胞CT"。激光扫描共聚焦显微镜通过空间针孔来阻挡散焦光来提高显微图像的光学分辨率和对比度，克服了普通荧光显微镜图像模糊的缺点，根据物镜的数值孔径的不同，最小可观察厚度为0.5 μm，且采用的光电倍增管提高了检测灵敏度，可用于微生物的形态结构研究。

6. 电子显微镜

电子显微镜由镜筒、真空装置和电源柜三部分组成。镜筒是主要由电子源、电子透镜、样品架、荧光屏和探测器等部件自上而下地装配成的一个柱体。其中电子透镜的主要作用是聚焦电子，以电子流作为光源，波长与可见光相比差几万倍，大大提高了分辨率，并用磁性电圈作为光学放大系统，放大倍数可达数万倍至几十万倍。真空装置主要用以维持显微镜内的真空状态，保障电子在其路径上不会被吸收或偏向。电子显微镜按结构和用途可分为透射式电子显微镜、扫描式电子显微镜、反射式电子显微镜和发射式电子显微镜等。透射电子显微镜因电子束穿透样品后，再用电子透镜成像放大而得名，分辨率为0.1～0.2 nm，放大倍数为几万至几十万倍，用以观察样品的内部结构。由于电子易散射或被物体吸收，故穿透力低，必须制备更薄的超薄切片（通常为50～100 nm）。扫描电子显微镜（scanning electron microscope，SEM）的电子束不穿过样品，仅以电子束聚焦在样本上，并对样本表面进行扫描而获得立体图像。扫描式电子显微镜的分辨率主要取决于样品表面上电子束的直径，因此不需要很薄的样品。电子显微镜常用于病毒颗粒和细菌超微结构的观察。

（二）细菌的显微观察

1. 未染色标本观察

细菌不经染色直接进行镜检，这种方法主要用于观察生活状态下细菌的形态、动力及运动情况。细菌未染色时呈现无色透明状态,使用显微镜进行观察时,主要靠细菌与周围环境的折光率差异进行观察。不同的细菌因自身结构的差异而呈现各自特征鲜明的形态和运动方式,一般来说有鞭毛的细菌具有动力,运动活跃,镜下可看到细菌有明显的方向性位移;无鞭毛的细菌动力不足,受水分子的撞击而呈不规则布朗运动,镜下能看到细菌只在原地颤动而无明显的位置改变。这种观察活菌动力及运动情况的方法具有一定的鉴定意义。常用的观察方法有悬滴法、压滴法和毛细管法等,通常通过光学显微镜进行观察,如暗视野显微镜或相差显微镜,观察效果较好。

(1)悬滴法。取1块洁净的凹玻片,在凹窝四周涂上少许凡士林,用接种环取微生物悬液置于盖玻片中央,再将凹玻片的凹窝倒合于盖玻片上,使凹窝中央正对液滴,然后迅速翻转载玻片,用镊子轻压盖玻片,使其与凹窝边缘的凡士林粘紧封闭,防止水分蒸发。先用低倍镜找到悬液边缘,再换高倍镜观察。在暗视野下显微镜观测效果更好,若使用的是普通光学显微镜,在换高倍镜观察时,应使聚光器下降,缩小光圈,减少光亮,使背景变暗易于观察。

(2)压滴法。用接种环取一环微生物悬液置于洁净载玻片的中央,用镊子夹起1块盖玻片轻轻覆盖在悬液上,放置盖玻片时应注意先将盖玻片的一端接触悬液,再将另一端缓缓放下,其间避免产生气泡并防止悬液外溢。静止数秒钟后先用低倍镜观察,找到细菌所在位置后置于高倍镜下明视野(或暗视野)观察细菌运动情况。

(3)毛细管法。毛细管法主要用于专性厌氧菌的动力学检查。通常选用60~70 mm长、0.5~1.0 mm孔径的毛细管虹吸专性厌氧菌悬液后,用火焰将毛细管两端熔封,并用塑胶纸将毛细管固定在载玻片上,置高倍镜下暗视野观察。

2. 染色标本检查

细菌标本经染色后,由于细菌与周围环境在颜色上形成鲜明的对比,故在普通光学显微镜下可清楚地观察到细菌的形态特征(如细菌的大小、形状、排列等)和某些特殊结构(如荚膜、鞭毛、芽孢等),并可根据染色反应性对细菌加以分类和鉴定。

1)细菌染色观察的一般程序。

细菌染色观察的一般程序:涂片、干燥、固定、初染、媒染、脱色、复染、镜检。

(1)涂片。制备血液、分泌物、排泄物、穿刺液和液体培养物时,直接在载玻片上做薄膜涂片;对于尸体或感染动物组织,使用在病变局部涂抹采样的棉拭子直接涂片。挑取固体培养基上的菌落制片:一般在载玻片中央放置一接种环生理盐水,再用无菌接种环取固体培养基上少量的培养物与生理盐水磨匀至呈灰白色即可,涂布成直径为1 cm的圆形涂面。

(2)干燥。最好在室温下将涂片自然干燥,或将涂片的标本面向上置于酒精灯火焰远处慢慢烘干(注意不可放在火焰上烤干)。

(3)固定。通常用火焰加热固定,将干燥后的标本涂片迅速通过火焰3次,以手背皮肤接触玻片不烫为佳。固定的目的一方面是杀菌,细菌死亡后,菌体内蛋白结构固定,菌体对染料的通透性增加,便于染色观察;另一方面是使死亡的细菌更易固定在载玻片上,避免在染色或水洗过程中被冲散或冲洗掉。

(4)初染。根据检验目的不同,选择不同的染色方法进行染色。染色时滴加染液,以覆盖标本为度。例如在观察大肠埃希菌和葡萄球菌混合培养物时,初染时滴加碱性染料结晶紫溶液2~3滴于标本涂片上,作用1 min后,用细流水冲洗,甩干。

(5)媒染。媒染过程中常使用媒染剂对标本涂片进行处理。滴加碘液数滴于初染后的玻片上,作用1 min后,用流水冲洗,甩干。媒染剂能够与染料形成不溶性化合物,增强染料和细菌的亲和力,并能引起细菌细胞膜通透性改变,使染料固定于细菌上。常用的媒染剂有明矾、鞣酸、金属盐和碘等,也有用加热法促进着色。

(6)脱色。脱色的目的是去除未结合牢固的染料,用于脱色的化学试剂被称为脱色剂,如乙醇、丙酮等。向媒染后的玻片滴加数滴95%乙醇,轻轻晃动玻片至流下的乙醇呈现无色为止。作用30 s左右后,用流水冲洗,甩干。脱色剂可以查出细菌与染料结合的稳定程度,作为鉴别染色之用。

(7)复染。已脱色处理的细菌进行复染后,由于复染液与初染液的颜色不同而呈鲜明对比,可以以复染液颜色作为细菌结构的观察依据。复染时,滴加数滴稀释石炭酸复红染色液,作用1 min后,用流水冲洗,甩干。最后用吸水纸吸干玻片周围水渍,或经自然风干后,向玻片滴加镜油,用显微镜油镜观察。注意复染不宜太强,以免掩盖初染的颜色。

(8)镜检。在显微镜下,葡萄球菌最后被染成紫色,呈葡萄状排列;变形杆菌被染成红色,单个散在分布。(注意不同培养时间的细菌培养物染色结果有差异,例如葡萄球菌幼龄菌可被染成紫色,而老龄菌可被染成红色。因此,一般用培养18~24 h的细菌培养物进行染色观察。)

2)常用的染色方法。

(1)单染色法。单染色法只用一种染料对微生物染色即可达到简单镜检需求。此法可用于观察细菌的大小、形态与排列方式,但无法显示细菌的结构与染色特性。大多数细菌胞浆内含有酸性物质,可与碱性染料如亚甲蓝、结晶紫和稀释苯酚复红等染液结合实现单一染色。亚甲蓝染色法的具体操作方法：在已干燥和固定好的标本玻片上，滴加适量的亚甲蓝染色液，作用1~2 min后，用清水冲洗干净，沥去多余的水分，吸干或烘干玻片后，将其置于显微镜下观察。

（2）复染色法。复染色法用两种或两种以上颜色的染料组合对细菌进行染色，除可实现对细菌的大小、形态与排列方式的观察外，还可观察到细菌的染色特性，可用于不用细菌种类的鉴别。常用的复染色法有革兰氏染色法和抗酸染色法。

A. 革兰氏染色法。革兰氏染色法是细菌学中广泛使用的一种鉴别染色法。起初为了鉴别肺炎球菌与肺炎克雷伯菌，解决未染色微生物极难在显微镜下观察这一难题，丹麦医师汉斯·克里斯蒂安·革兰（Hans Christian Gram）在1884年建立了革兰氏染色法。染色后的细菌颜色与环境形成鲜明对比，可以清楚地观察到细菌的大小、形态、排列及某些结构特征，因此，革兰氏染色法常被用于对细菌进行分类鉴定。具体操作方法如下：①涂片固定：细菌涂片经火焰固定。②初染：加结晶紫染液染1 min，用清水冲去染液。③媒染：加碘液覆盖涂面1 min，水洗，用吸水纸吸干水分。④脱色：滴加数滴95%乙醇，轻轻摇动约30 s，至无紫色液体滴下为止，清水冲洗，甩干。⑤复染：加数滴稀释苯酚复红或沙黄染液进行复染，作用约30 s，清水冲洗，甩干。⑥镜检：在显微镜下镜检观察结果，革兰氏阳性菌呈紫色，革兰氏阴性菌呈红色。

B. 抗酸染色法。多数细菌可借单染色法或革兰氏染色法而着色，但少数菌属——抗酸性菌，如分枝杆菌属（Mycobacterium）中的细菌，需要借助抗酸染色法才能观察。这主要是因为抗酸性菌与一般菌属不同，其细胞壁含有较厚的脂质层，染料不易渗透，并且一旦透过，也不易为酸性酒精所脱色。抗酸染色法是检查结核杆菌、麻风杆菌、分枝杆菌等抗酸性菌的一种特殊染色法，具有鉴定和诊断价值。常用的抗酸染色法是齐-内染色法（Ziel-Neelsen staining）。具体操作方法如下：①涂片固定：细菌涂片经火焰固定。②初染：一般以浓苯酚复红溶液加温对涂片进行初染。滴加合适量的石炭酸复红溶液，徐徐加热至有蒸气出现（注意切不可使染液沸腾，若染液因蒸发减少时，应随时补充，防止染液蒸干）。持续染5 min（奴卡菌染色需要延长时间），水洗，甩干。③脱色：滴加3%盐酸乙醇脱色，不时摇动玻片至无红色脱落为止，水洗，甩干。④复染：加数滴亚甲蓝复染液复染，作用1 min，水洗，甩干。⑤镜检：显微镜下镜检观察结果，抗酸性菌被染成红色，因菌体有抗酸类脱色的特性，故能保持初染的红色。非抗酸性菌为蓝色，因菌体无抗酸能力，初染的红色被酸类所脱去，故被复染成蓝色。分枝杆菌的细胞壁有特殊的脂类物质——分枝菌酸，分枝菌酸厚且呈蜡质，可以抵御酸性酒精的脱色作用。

C. 金胺-罗丹明荧光染色法。传统的抗酸染色法要经过加热和延长染色时间来促使细菌着色，例如，最具代表性的是用于结核杆菌染色的齐-内染色法，其属于热染法；而金胺-罗丹明荧光染色使用荧光染色液，无须加热，相对抗酸热染液更加安全。该染色法的原理：在室温条件下，金胺-罗丹明荧光染色以及复染后，用含有紫外光源的荧光显微镜观察，这种方法可用低倍镜检，因此较传统的抗酸染色法能更快找出抗酸性菌。具体操作方法如下：①涂片固定：用接种环挑取待检细菌涂布于载玻片上，加热固定。②初染：滴加金胺-罗丹明染色液，避光染色15～30 min后，水洗。③脱色：用酸性脱色液脱色2～3 min，直至涂片无黄色液体流出为止，水洗。④复染：滴加复染液染色2 min，水洗，用滤纸轻轻吸干水分，自然干燥。⑤镜检：置荧光显微镜下观察染色结果。抗酸杆菌呈亮黄色，而其他细菌及背景中的物质呈暗黄色。

（3）特殊染色法。

A. 鞭毛染色。鞭毛是细菌的运动器官，通过鞭毛染色可以观察细菌鞭毛的形态、数量和分布部位等，这些信息是鉴定细菌的重要依据之一。采用改良Ryu染色法，可使用商品化的鞭毛染色液。具体操作方法如下：①配制鞭毛染色工作液：按说明书将鞭毛染色液稀释成鞭毛染色工作液，室温保存待用。②载玻片的处理：将新载玻片浸泡在95%乙醇中。临用时取出，以干净纱布擦干。在载玻片上滴蒸馏水1滴。③制备细菌涂片：用接种环挑取培养物少许，轻触蒸馏水滴顶部，仅允许极少量细菌进入水滴，轻轻摇动玻片使细菌分布均匀，切不可搅动，以免鞭毛脱落。④干燥固定：置35 ℃温箱内自然干燥固定，不能用火焰固定。⑤染色：滴加鞭毛染色工作液染1～2 min，轻轻水洗后，自然晾干。⑥镜检：观察细菌分布少的区域，观察结果为鞭毛和菌体呈紫色，菌体颜色较深。

B. 异染颗粒染色。异染颗粒染色目前常采用的是改良Albert法，操作简单，便于对比鉴定，多用于白喉棒杆菌染色。染色后，菌体一端、两端或中央可见明显的深染颗粒，即异染颗粒。具体操作方法如下：①制备细菌涂片：用接种环挑取少量培养物于载玻片中央。②干燥固定：细菌涂片经火焰固定。③染色：加甲苯胺蓝染色液染色3～5 min，水洗。④媒染：滴加Albert碘液，染色1 min，水洗净后晾干。⑤镜检：观察结果为菌体呈淡蓝色，异染颗粒呈蓝黑色。

C. 荚膜染色。由于荚膜不易被普通染料染色，故常用负染色法（衬托染色法）进行观察，即将菌体用染料着色，从而将未染色的荚膜衬托出来。荚膜是某些细菌在生长到一定阶段时，在细胞壁外面形成的黏液性物质，具有保护细菌抵抗吞噬和消化的作用，可增加细菌的侵袭力。荚膜染色常用Hiss硫酸铜染色法，具体操作方法如下：①染液制备：第一染液为结晶紫乙醇饱和液5 mL和蒸馏水95 mL的混合液，第二染液为20%硫酸铜水溶液。②涂片：取1～2滴蒸馏水于洁净的玻片中央，用接种环挑取少量菌种与水滴充分混匀，涂布面积约1 cm²。③干燥固定：细菌涂片自然干燥，或小心地在酒精灯上高处微微加热，使水分蒸发。④染色：滴加第一染液，作用1 min，其间用镊子夹起玻片一端，将有菌膜的一面朝上，通过微加热使菌体着色。⑤洗脱：用第二染液将涂片上的第一染液洗去，勿再水洗，倾去硫酸铜液，用吸水纸吸干水分。⑥镜检：将玻片置于显微镜下观察。结果为菌体及背景呈紫色，荚膜呈鲜蓝色或不着色。

荚膜染色方法还包括其他染色方法，如黑斯荚膜染色法、密尔荚膜染色法、奥尔特荚膜染色法、湿墨水负染法、干墨水负染法、石炭酸复红液染色法等。

D. 芽孢染色。细菌是否有芽孢以及芽孢的形状和位置是鉴别细菌的重要特征，细菌的芽孢壁比营养细胞的细胞壁结构复杂、致密、通透性低，这一结构特性使芽孢着色和脱色比较困难。由于芽孢具有很强的抗热和抗化学试剂的特性，当采用碱性染料并通过延长染色时间或加热的方法，能够使芽孢着色，而洗脱仅能够洗去菌体颜色，芽孢依然保留初染剂的颜色，以此便可在显微镜下观察芽孢形态。具体操作方法如下：

①涂片：用接种环挑取少量培养24 h左右的芽孢杆菌于洁净的玻片中央。②干燥固定：细菌涂片自然干燥，或小心地在酒精灯上高处微微加热，使水分蒸发。③染色：滴加3～5滴孔雀绿染液于固定后的玻片上，其间用镊子夹起玻片一端，将有菌膜的一面朝上，通过微加热使芽孢着色。加热时间4～5 min，切忌使染液蒸干，必要时可添加少许染液。［这一步可改用饱和的孔雀绿水溶液（约7.6%）染10 min，无须加热。］④洗脱：倾去染液，待玻片冷却后水洗至孔雀绿不再褪色为止。⑤复染：用番红水溶液复染1 min，水洗至水为无色，晾干。⑥镜检：将玻片置于显微镜油镜下观察，芽孢呈绿色，菌体呈红色。

芽孢染色还可使用齐-内染色的苯酚复红液进行初染，以95%乙醇进行洗脱，再用碱性亚甲蓝液进行复染。镜检结果为菌体呈蓝色，芽孢呈红色。

E. 负染。负染色法又称衬托染色法，是背景着色而菌体本身不着色的染色方法。负染色是观察细菌的最简单的染色方法之一，该方法常用于原生动物和水藻的观察。最常见的是墨汁染色法，用来观察真菌及细菌荚膜等。具体操作方法为：取培养物与黑色染色液混合，加上盖玻片（勿产生气泡），轻压。在低倍镜下寻找有荚膜的细菌，再转高倍镜或油镜进行确认，如新型隐球菌可见宽厚透亮的荚膜，背景为黑色。

F. 荧光染色法。经荧光素染色的细菌或荧光素标记的荧光抗体与相应抗原的细菌、病毒结合形成的复合物，在荧光显微镜下可发出荧光。

第二节
蛋白检测技术

一、免疫测定

(一) 免疫沉淀

免疫沉淀 (immunoprecipitation, IP) 是一种利用固定在磁珠或琼脂糖树脂等固相支持物上的特异性抗体与抗原进行小型亲和纯化并富集目标蛋白的方法 (图2-1)。其基本原理是利用抗原蛋白和抗体特异性结合的特点,将抗原 (常为靶蛋白) 从混合体系沉淀下来,从而达到初步分离靶蛋白的目的。免疫沉淀常用于从细胞或组织裂解物中分离用于免疫印迹检测或其他检测技术的蛋白和其他生物分子。

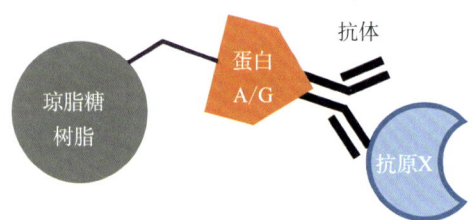

图2-1 免疫沉淀示意

1. 免疫沉淀的类型

1) 按照固相结合物类型分类。

免疫沉淀技术是基于传统亲和色谱纯化的方法改进而来的,主要是在含有目标抗原的细胞裂解液中加入特定的抗体以及固相结合物,形成固相结合物-抗体-抗原复合物,从而实现靶蛋白的分离纯化。免疫沉淀按照固相结合物类型的不同可分为琼脂糖微珠法和磁性微珠法。

(1) 琼脂糖微珠法。琼脂糖微珠,也称琼脂糖树脂,是免疫沉淀实验中的固相支持物常用的材料。传统的琼脂糖微珠是多孔海绵状结构,这使得它具有较大的表面积与蛋白质相互接触,可以直接、高效、快速地结合抗体,继而结合靶蛋白。

琼脂糖微珠法是基于细菌蛋白A/G能够特异性地结合到抗体 (免疫球蛋白) 的Fc片段上这一特性而分离靶蛋白的方法。蛋白A/G或第二抗体 (简称二抗) 通常是预先偶联在琼脂糖微珠上，再与含有抗原的溶液发生抗原-抗体反应后，抗原即被吸附到琼脂糖微珠的蛋白A/G上，再通过低速离心，就可以从含有目的抗原的溶液中将目的抗原与其他抗原分离，此时得到的是琼脂糖微珠-蛋白A/G或二抗-抗体-目的蛋白复合物，沉淀经过洗涤后，重悬于电泳上样缓冲液，煮沸5～10 min，在高温及还原剂的作用下，抗原与抗体解离，再次离心收集上清液，即得到抗体、目标蛋白和少量杂蛋白。（图2-2）

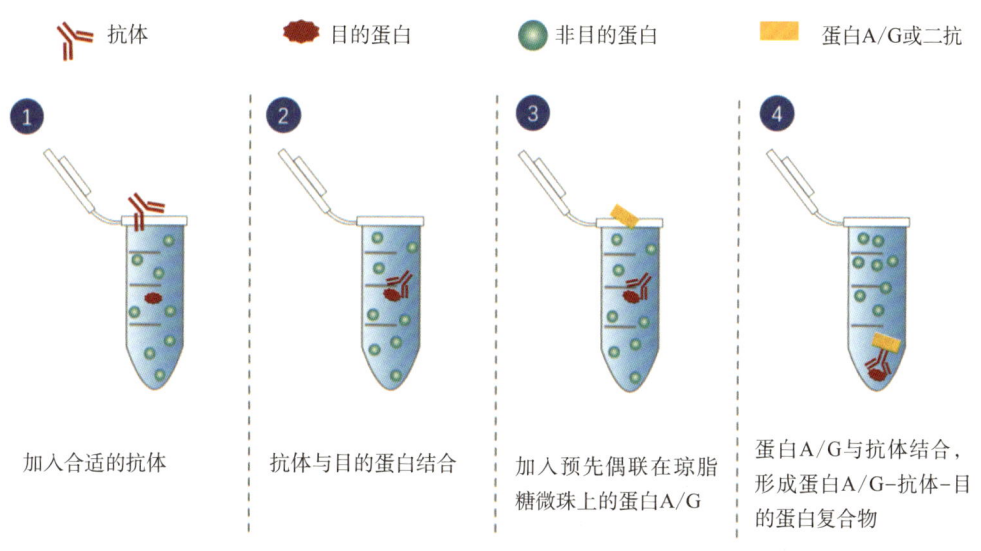

图2-2　琼脂糖微珠法示意

一般来说，在免疫沉淀实验中，琼脂糖微珠的荷载量相对于抗体的量常常是饱和的，这就导致未被抗体覆盖的琼脂糖微珠可以非特异性结合任何可黏附的物质，引起背景信号升高。另外，在获取目标蛋白时，由于必须通过离心从样品和缓冲液中分离沉淀树脂或者使用微量离心过滤管保留树脂，这限制了琼脂糖微珠法的可扩展化或自动化程度。

（2）磁性微珠法。目前，磁性微珠（如Dynabeads™和Pierce™磁珠）法（图2-3）已经大幅取代琼脂糖微珠法，成为免疫沉淀和其他微量亲和纯化方法的首选。这是由于磁性微珠是磁性球形固体，抗体的结合发生在磁性微珠的表面，尽管磁性微珠不是多孔的，理论上结合蛋白的数量要明显低于琼脂糖微珠，但磁性微珠（直径1～4 μm）明显小于琼脂糖微珠（直径50～150 μm），即相同体积的磁性微珠数量比琼脂糖微珠多，因而磁性微珠拥有足够的抗体结合表面积，可与高容量的抗体结合。磁性微珠的优势有：①抗体结合在磁性微珠表面，所需的洗涤次数较少，可防止目标蛋白的流失。②相比琼脂糖微珠需要较长的孵育时间，磁性微珠上的抗体与目标蛋白很快接触，孵育时间减少。③减少洗涤次数和孵育时间也意味着减少目标蛋白被蛋白酶水解的机会。④相较于离心富集，磁力架能够快速分离沉淀和上清液，从而减少了目标蛋白的丢失。总的来说，磁性微珠法操作简便，可以实现自动化免疫沉淀，不仅节省了工作量和时间，还可以应用于高通量筛选。

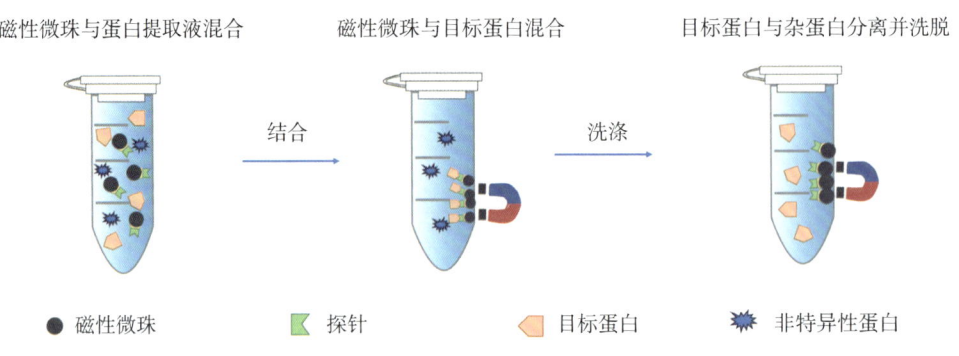

图2-3　磁性微珠法示意

尽管磁性微珠法有很多优势，但是磁性微珠法仍无法完全取代传统的琼脂糖微珠法。当样品体积小于2 mL，并需要分离特定蛋白质和蛋白复合物时，或进行手动和自动化标准IP、免疫共沉淀（coimmunoprecipitation，CoIP）、染色质免疫沉淀（chromatin immunoprecipitation，ChIP）、染色质免疫沉淀测序（chromatin immunoprecipitation sequencing，ChIP-Seq）、RNA免疫沉淀（RNA immunoprecipitation，RIP）、牵出试验（pull-down experiment）并立即用于后续检测分析时，磁性微珠法是最佳选择。当样品体积大于2 mL，并需要纯化大量目的蛋白用于多种下游分析时，建议选择成本较低的琼脂糖微珠法。

2）按抗体结合方式分类。

（1）预固定抗体。如图2-4所示，预先将特定抗体固定在不溶性支持物（如磁性微珠）上，随后将其与含有目标蛋白的细胞裂解液共同孵育，可见目标抗原结合到固定抗体上，形成抗原-抗体免疫复合物。随后，将免疫复合物从固相支持物上洗脱，最终得到目标抗原。

（2）游离抗体。如图2-4所示，直接将游离的未结合抗体与含有目标抗原的细胞裂解液孵育，获得抗原-抗体免疫复合物，然后利用固相支持物（如磁性微珠）回收复合物，随后进行洗脱得到目标抗原。

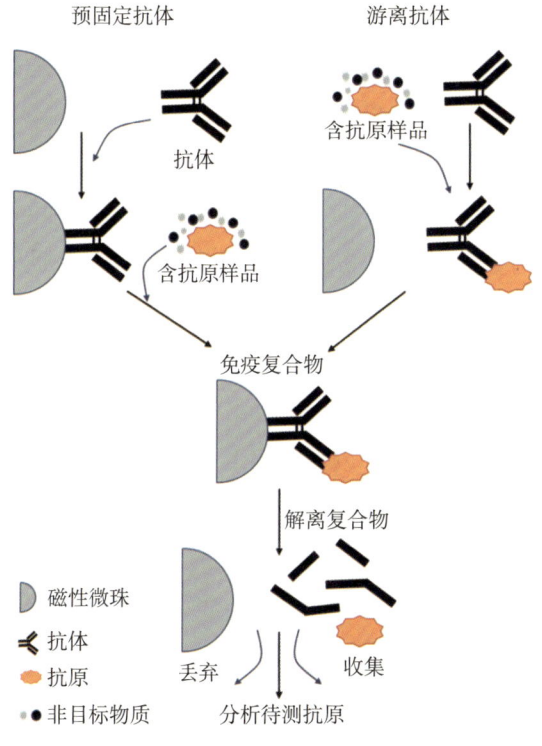

图2-4 预固定抗体和游离抗体的免疫沉淀示意

虽然预固定抗体法更常用于免疫沉淀，但是如果目标蛋白浓度较低、抗体与抗原的结合亲和力较弱，则使用游离抗体形成免疫复合物的方法更好。

2. 免疫沉淀实验流程

免疫沉淀实验的操作步骤比较多，包括蛋白样品处理、抗体-微珠孵育、抗体-微珠复合物洗涤、目标蛋白的鉴定分析等（图2-5）。要得到一个比较好的实验结果，不仅需要高质量的抗体，还需要严格控制实验流程中每个关键步骤，确保实验的质量。

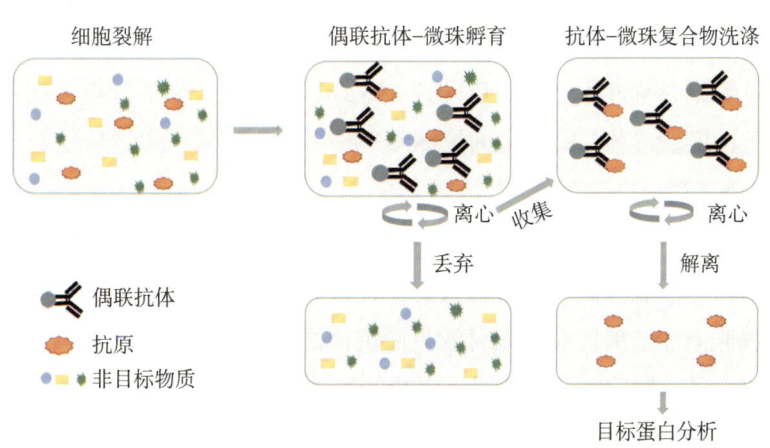

图2-5 免疫沉淀实验流程

1）样品处理。

收集细胞，加入适量细胞免疫沉淀裂解缓冲液（含蛋白酶抑制剂），于冰上或者4 ℃裂解30 min，12 000 r/min离心30 min后取上清液备用。

样本处理这一步至关重要，决定了免疫沉淀实验的成败。免疫沉淀实验本质上是处于天然构象状态的抗原和抗体之间的反应，而样品处理的质量决定了抗原-抗体反应中的抗原的质量、浓度以及抗原的天然构象状态。除此之外，最为关键的是裂解液的成分。下面以常用的RIPA裂解液为例（主要含有离子缓冲液、NaCl、甘油、去垢剂以及各类蛋白酶抑制剂等）来说明其各主要成分的用途，进而根据不同的实验目的和不同的蛋白质特性来帮助选择最佳的裂解液。

（1）离子缓冲液：多为Hepes或Tris-HCl，pH为7.4左右。

（2）NaCl：NaCl的主要作用是维持细胞生理浓度，不会破坏蛋白质之间的相互作用。由于细胞内部的NaCl浓度并不是均一的，因此最佳的NaCl浓度要视所分析的蛋白的亚细胞定位来决定。

（3）甘油：甘油具有黏性，有助于稳定蛋白质之间的相互作用，一般添加浓度为10%左右。

（4）去垢剂：去垢剂对于免疫沉淀实验尤其是免疫共沉淀实验非常关键，去垢剂的重要作用是裂解细胞膜和细胞器膜，释放蛋白，使目标蛋白能够与抗体反应。用于免疫沉淀实验的去垢剂应比较温和，以保证目标蛋白的活性。同时，由于不同去垢剂对不同性质的蛋白质的相互作用的影响程度不一样，需要根据目标蛋白的特性选择去垢剂的种类和浓度。

（5）蛋白酶抑制剂：裂解液中的去垢剂在释放目的蛋白的同时，也释放出许多蛋白酶，因此，需要添加蛋白酶抑制剂来防止目的蛋白的降解。一般通过添加EDTA抑制金属蛋白酶活性，通过添加蛋白酶抑制剂混合物（protease inhibitor cocktail）抑制蛋白酶活性。

2）抗体-微珠孵育。

取少量细胞裂解液用于蛋白质印迹（Western blot，WB）分析，剩余裂解液备用于免疫沉淀实验。将1 μg相应的抗体和10~50 μL 蛋白A/G微珠加至细胞裂解液中，在4 ℃下缓慢摇晃孵育过夜。

获得细胞裂解液后，首先离心去除不可溶的膜组分后，取上清液进行抗体-微珠（琼脂糖微珠或磁性微珠）孵育实验。一般为避免蛋白A/G微珠非特异性吸附杂蛋白而造成假阳性结果，在加入目的蛋白抗体之前，预先将蛋白A/G微珠与细胞裂解液孵育数小时，然后取上清液用于后续的抗体-微珠孵育。

在选择蛋白A/G微珠类型时，考虑到其对不同类型的抗体亲和力的不同，要结合第一抗体（简称一抗）的种属和Ig亚型，选择合适的蛋白A/G微珠。一般推荐使用蛋白A微珠和蛋白G微珠的混合物，这样可以达到最佳实验效果。另外一个关键点在于选择合适的阴性对照，一般选用等量的IgG，但更为合适的是选择针对胞内其他无关目的蛋白的一抗做对照。例如做膜蛋白A的免疫沉淀，可以选择没有相互作用的膜蛋白B来做阴性对照。

3）抗体-微珠复合物洗涤。

免疫沉淀反应后，离心（4 ℃，3 000 r/min，5 min），弃上清液，富集蛋白A/G微珠，蛋白A/G微珠用1 mL洗脱缓冲液洗3～4次，最后加入15 μL的2×十二烷基硫酸钠（sodium dodecyl sulfate，SDS）加样缓冲液，煮沸变性10 min。

洗脱缓冲液除甘油这一成分外，其他成分和裂解液相似。抗体-微珠复合物洗涤主要是为了去除免疫沉淀实验非特异性吸附。洗涤后的产物中主要有抗体、目的蛋白、蛋白A/G微珠以及其他非特异性作用蛋白。加入SDS加样缓冲液以及煮沸变性是为了去除目标蛋白与蛋白A/G微珠之间的非共价结合，以去除蛋白A/G微珠。

此外，若针对免疫沉淀或蛋白质之间结合比较牢固的免疫共沉淀实验，可以考虑使用低浓度（0.2%～0.5%）的SDS洗涤抗体-微珠复合物，这样可以去除绝大部分非特异性相互作用。

4）目标蛋白分析。

针对获取的目标蛋白可以利用SDS聚丙烯酰胺凝胶电泳（SDS polyacrylamide gel electrophoresis，SDS-PAGE）、WB或质谱进行分析鉴定。

免疫沉淀的靶蛋白若被同位素标记，则在免疫沉淀后经SDS-PAGE，只需压片即可检测到靶蛋白的存在；若靶蛋白未被同位素标记，在经免疫沉淀和SDS-PAGE后，尚需借助银染或WB进行鉴定。

抗体、目的蛋白、蛋白A/G微珠三者之间是以非共价键结合在一起，可经含巯基乙醇的加样缓冲液煮沸变性后解离。由于蛋白A/G与微珠以共价键结合，变性无法改变结合状态，因此可通过离心去除蛋白A/G微珠，产物只剩抗体、目的蛋白、少量非特异性吸附蛋白。经SDS-PAGE后，目的条带就只显示目的蛋白和抗体两种蛋白。

另外，在WB显色反应中，由于巯基乙醇会破坏抗体重链（55 kD）与轻链（25 kD）之间的二硫键，从而不仅能检测到目的蛋白，还有可能检测到重链和轻链分子。若目标蛋白大小与二者相近，则会影响结果判断。针对上述情况，通常有两种解决办法：

（1）选择不同种属的抗体分别进行IP实验和WB实验，这样再选择一个种属交叉反应较弱或无种属交叉反应的二抗进行WB实验，就可以大大减弱重链和轻链分子的WB信号。

（2）使用交联剂将抗体和蛋白A/G微珠交联，然后通过添加不含巯基乙醇的加样缓冲液处理目的蛋白-抗体-微珠复合物，最后离心去除抗体-微珠复合物，上清液中只留下目的蛋白。

（二）免疫共沉淀

免疫共沉淀（CoIP）是经典的利用抗体从样本中捕获靶蛋白及其相互作用蛋白、复合体的技术。CoIP与免疫沉淀技术的原理与方法大致相似，两者均是以抗原和抗体的特异性结合为基础来研究两种蛋白质在完整细胞内生理性相互作用的方法（图2-6）。不同的是，免疫共沉淀采用的是非变性条件，能够保留蛋白相互作用及复合体在细胞内的"内源"状态。即当细胞是在非变性条件下被裂解时，细胞内存在的许多蛋白质-蛋白质间的相互作用被保留下来，假如用蛋白质X的抗体免疫沉淀X，那么与X在体内相结合的蛋白质Y也能被沉淀下来。

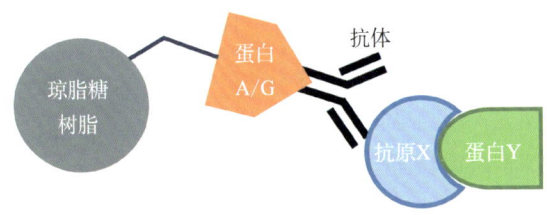

图2-6　免疫共沉淀示意

CoIP除了能够测定两种目标蛋白是否在体内结合，也能测定特定蛋白质新的作用蛋白。CoIP与IP两种检测方法的选择主要取决于检测目标是初级靶分子（抗原）还是次级靶分子（相互作用蛋白）。

1. CoIP实验基本原理

CoIP与IP的原理与方法大致相似，不同的是CoIP得到的是目标蛋白Y-抗原X-抗X抗体-蛋白A/G微珠复合物，经变性解离最后获得的是X-Y抗原（或二者的分离物）、抗X抗体。

2. CoIP实验流程

（1）提取蛋白：制备细胞裂解液，提取蛋白。

（2）抗体与微珠结合：抗X抗体与蛋白A/G（于微珠上）混合孵育（蛋白A/G有一个很重要的特性就是能与抗体的Fc段结合）。

（3）抗体-抗原反应：抗体-蛋白A/G复合物与细胞裂解液孵育（若细胞中有

与兴趣蛋白结合的目标蛋白,就可以形成复合物Y-X-抗X抗体-蛋白A/G微珠)。

(4)获取目标蛋白:经变性聚丙烯酰胺凝胶电泳(polyacrylamide gel electrophoresis,PAGE),复合物分离(X-Y抗原、抗X抗体)。

CoIP实验流程如图2-7所示。

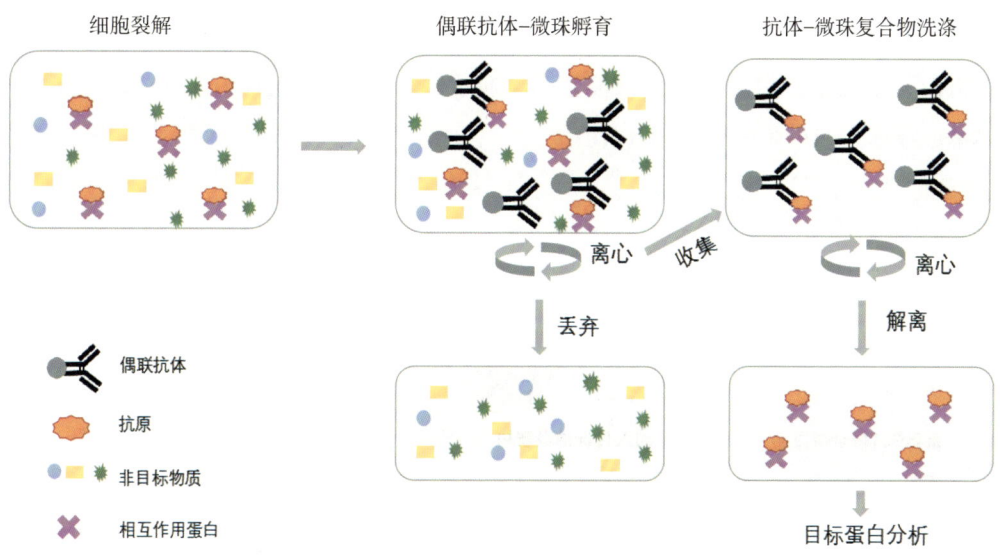

图2-7 免疫共沉淀实验流程

3. CoIP的缺点

(1)对弱的或短暂的蛋白质相互作用,可能无法检测。

(2)正常生理条件下的两种蛋白质可能不是直接相互作用,而是通过中间介质连接,可能无法鉴定这一相互作用。

(3)用WB检验时,必须事先预测目标蛋白,选择相应的检测抗体,若预测不正确,则得不到实验结果。

(4)需要通过对蛋白质进行定位来确定蛋白间相互作用是发生在细胞内,还是因为细胞裂解发生。

(三)牵出试验

牵出试验是针对无法找到可用的抗体的靶蛋白、无法进行IP,而发展的用于证实预测的两种蛋白质相互作用是否存在的检测方法,也可用作未知的蛋白质与蛋白质相互作用的初筛测定。牵出试验与IP和CoIP的不同之处在于,牵出试验不是基于抗原-抗体相互作用,其诱饵蛋白是通过标签而不是抗体固定在亲和基质上。

1. 基本原理

牵出试验（图2-8）是基于谷胱甘肽S-转移酶蛋白（glutathione-S-transferase，GST）与谷胱甘肽（glutathione，GSH）的结合：首先将GSH固定在琼脂糖微珠上，形成GSH-琼脂糖微珠，再将已知蛋白与GST融合表达，充当一种"诱饵蛋白"，并亲和固化在GSH亲和树脂上；当环境中存在与已知蛋白相互作用的目标蛋白时，便可从中捕获与之相互作用的目标蛋白，形成"琼脂糖微珠-GSH-GST-诱饵蛋白-捕获蛋白"复合物，洗脱后复合物被分离，通过SDS-PAGE电泳分析，筛选相应的目的蛋白或证实两种蛋白间的相互作用。

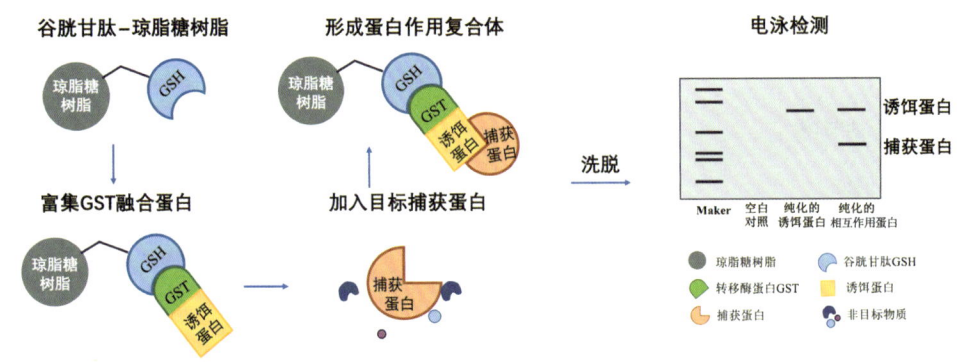

图2-8 牵出试验原理

2. 牵出试验流程

（1）表达纯化诱饵蛋白，用固定化亲和配体将诱饵蛋白与固相基质稳定结合。

（2）去除未结合的蛋白。

（3）将诱饵蛋白与待测细胞裂解液进行混合孵育，获得琼脂糖微珠-GSH-GST-诱饵蛋白-捕获蛋白复合物。

（4）去除未结合的蛋白。

（5）洗脱目标蛋白。

（6）运用SDS-PAGE分离目标蛋白。

（四）酵母双杂交

酵母双杂交是一种在酵母细胞内分析蛋白质相互作用的技术，该技术利用了DNA结合域（binding domain，BD）和转录激活域（activation domain，AD）共同作用时能启动转录的这一特性。酵母双杂交有两种常用的系统：LexA和Gal4。在LexA系统中，BD由一个完整的原核蛋白LEXA构成，AD则由一个含88个氨基酸的酸性大肠埃希菌多肽B42构成，它在酵母中可以活化基因的转录；在Gal4系统中，GAL4蛋白上2个不同的结构域（1-147aa与768-881aa）分别构成BD和AD。

酵母双杂交的基本原理是将目标蛋白和待测蛋白分别与BD和AD两个结构域融合表达，接着将两个载体共同导入酵母菌株（AH109）中。在酵母细胞中，两个蛋白的相互作用使BD和AD在空间上靠近，从而激活报告基因 *lacZ* 的表达。与大肠埃希菌采用抗生素筛选的策略不同，酵母双杂交系统常采用营养标记作为报告基因，如 *his3*、*ura3*、*lacZ* 和 *ade2* 等，对应的宿主菌则是相应营养缺陷型细胞，因此必须在含有该营养的培养基中生长。Gal4系统中的酵母菌种经过了基因改造后既不能产生GAL4，也不能合成亮氨酸（leucine，Leu）、色氨酸（tryptophan，Trp）、组氨酸（histidine，His）、腺嘌呤（adenine，Ade），因此，酵母在缺乏这些营养的培养基（SD-Leu-Trp-His-Ade，四缺培养基）上无法正常生长。只有当有相互作用的蛋白促使BD和AD两个结构域融合时，报告基因的表达才被激活，从而通过功能互补，使酵母细胞能够在不含营养标记的培养基中生长，以此验证蛋白间是否存在相互作用。同样，也可以通过显色反应进一步确认是否有相互作用。

酵母双杂交除用于检验一对已知蛋白（或结构域）间的相互作用外，也可用已知功能的蛋白基因筛选cDNA文库，寻找新的相互作用蛋白。相比免疫沉淀，酵母双杂交能更好地检测微弱或短暂的蛋白质相互作用，因为酵母双杂交通过基因表达产物使信号级联放大，而免疫沉淀在洗脱的过程中可能导致弱相互作用蛋白丢失，降低相互作用信号。此外，用于酵母双杂交的材料广泛，不同组织、器官、细胞类型和特殊分化时期的材料都可用于构建cDNA文库。但酵母双杂交存在操作繁杂、假阳性率和假阴性率高等缺点，往往需要结合其他方法对结果进行精确判断。

（五）细菌双杂交系统

细菌双杂交系统是研究大肠埃希菌中蛋白质间相互作用的方法，其基本原理与酵母双杂交基本相同，任何具有强相互作用的两个蛋白质分别与BD和AD融合，利用蛋白质间的相互作用，使BD与AD结合，从而调控报告基因的表达。

选择具有强相互作用的两个蛋白质，其中一个待检测蛋白质（bait）结合到BD上，另一个目标蛋白质（targen）结合在细菌RNA聚合酶（RNA polymerase，RNAP）的一个亚单位上，DNA结合蛋白质是从λ细菌噬菌体中得来的CⅠ蛋白质（λcⅠ），细菌RNAP亚单位是α亚单位。然后将分别指导λcⅠ和α融合蛋白质合成的两个质粒共同导入一个大肠埃希菌株中，其中包含1个启动相连报告基因表达的检测启动子。当报告基因 *lacZ* 被诱导表达后，结合在DNA上的λcⅠ融合蛋白和聚集在RNAP上的α融合蛋白的相互作用稳定了RNAP与检测启动子的结合，从而激活 *lacZ* 的转录。报告基因的表达可以通过生化或者遗传学的方法进行检测。

该方法的优点是研究周期短、操作简单，能够产生容量更大的文库，同时假阳性率和假阴性率均较低。此外，一些真核的蛋白质可能对酵母细胞产生毒害，但是在细菌中这种可能性会降低。

（六）免疫组织化学染色

免疫组织化学染色（immunohistochemistry staining，IHC，简称免疫组化），就是应用免疫学技术结合组织化学产生的检测方法，即应用免疫学中抗原与抗体特异性结合的原理，通过标记抗体的显色剂（荧光素、酶、金属离子、同位素）来对组织细胞内抗原（多肽和蛋白质）进行定位、定性及定量的技术。

实验流程：先将组织或细胞中的某种化学物质提取出来作为抗原，通过免疫动物获得相应的特异性抗体；由于抗原与抗体结合无法直接观察，需借助组织化学的方法对抗体进行标记，再用此抗体去探测组织或细胞中的同类抗原物质；若抗原与抗体发生特异性结合，则会发生显色反应，将抗原和抗体的结合部位暴露出来。

免疫组化中常用的抗体有两种，一种是由B淋巴细胞分泌的单克隆抗体，是应用细胞融合杂交瘤技术免疫动物获得；另一种是多个B淋巴细胞分泌的抗体混合物，即多克隆抗体，是将纯化后的抗原直接免疫动物后，从动物血液中所获得的免疫血清。单克隆抗体特异性强；多克隆抗体特异性弱，容易产生抗体的交叉反应。

常用的免疫组化方法有以下几种：

1. 直接法

直接法又称一步法，即直接将酶[如辣根过氧化物酶（horseradish peroxidase，HRP）]标记在特异性的抗体上，然后用被标记的抗体与组织细胞中的抗原结合即可使显色剂显色。（图2-9）该方法中的抗体虽然成本比较低，但灵敏度较差。

2. 间接法

间接法又称二步法、三步法或多步法，即先将特异性一抗与组织细胞中的抗原结合，再将酶标记的二抗与一抗结合，然后用显色剂显色。（图2-10）

3. 过氧化物酶-抗过氧化物酶复合物法

过氧化物酶-抗过氧化物酶复合物（peroxidase-anti peroxidase complex，PAP）法是通过高特异性的抗过氧化物酶抗体（简称抗酶抗体）与过氧化物酶（如HRP）形成可溶性的PAP。PAP与二抗连接，以抓取与抗原结合的一抗。最终PAP中的酶发生显色反应。（图2-11）该法灵敏度较高，背景染色较轻；缺点是非特异性染色反应增加。

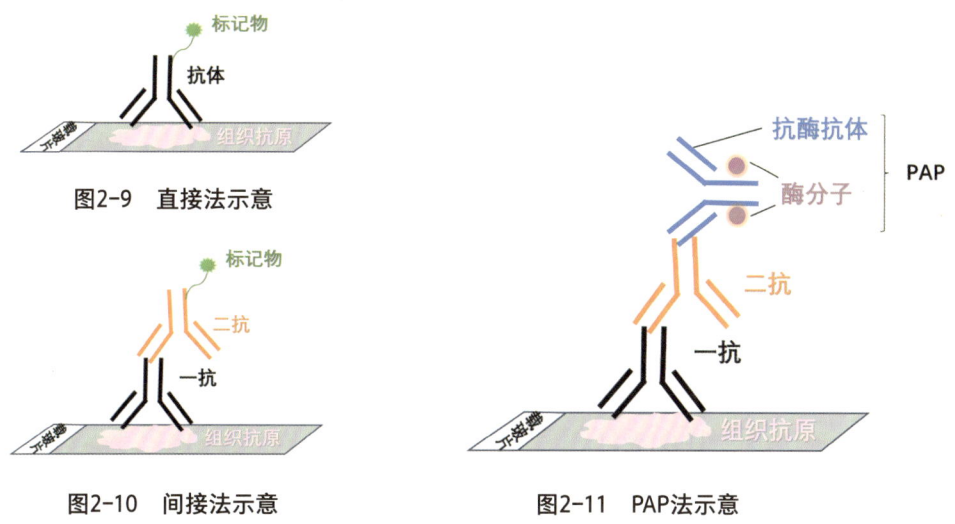

图2-9　直接法示意

图2-10　间接法示意

图2-11　PAP法示意

4. 双PAP法

双PAP法又称双桥法，是在PAP法的基础上再重复结合二抗和PAP复合物。

5. 亲和素-生物素-过氧化物酶复合物

亲和素-生物素-过氧化物酶复合物（avidin-biotin-peroxidase complex，ABC）法是基于与过氧化物酶（如HRP）结合的生物素对亲和素（又称抗生物素蛋白）具有高度亲和力的特性，三者可以形成亲和素-生物素-过氧化物酶复合物，即ABC（图2-12）。由于生物素与亲和素亲和力极强，故ABC法比PAP法更为敏感。且生物素与亲和素具有与多种标记物结合的能力，可用于双重或多重免疫染色。

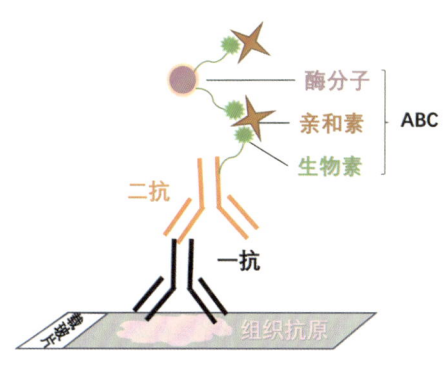

图2-12　ABC法示意

实验流程：

（1）石蜡切片按常规脱蜡至水，冰冻切片经冷丙酮固定，用磷酸盐缓冲液（phosphate buffer solution，PBS）洗。

（2）加3% H_2O_2甲醇液，在室温下作用20 min后，充分水洗。

（3）用PBS洗，加牛血清白蛋白或与二抗的物种来源一致的正常血清，在室温下孵育15 min。

（4）加一抗（即用型或浓缩型），于4 ℃孵育过夜或于37 ℃孵育1 h。

（5）用PBS洗后，加生物素化二抗，于37 ℃孵育30 min。

（6）用PBS洗后，加ABC（1∶100，使用前30 min将等量的亲和素和酶标生物素混合，稀释配制成ABC），于37 ℃孵育 20 min。

（7）用PBS洗后，经3，3′-二氨基联苯胺（3，3′-diaminobenzidine tetra hydrochloride，DAB）/H_2O_2显色。

（8）常规脱水、透明，用中性树胶封固。

6. 链霉亲和素-生物素-过氧化物酶复合物法

链霉亲和素-生物素-过氧化物酶复合物法（streptavidin-biotin-peroxidase complex，SABC）与ABC法类似，主要是在二抗上标记生物素，再将其与亲和素以及标记了HRP的生物素聚合，来进行信号的放大。不同之处是SABC法用链霉亲和素代替了ABC法ABC中的亲和素，获得SABC。由于链霉亲和素与生物素的亲和力更高，而且SABC复合物不需在使用前配置，所以SABC法比ABC法更加灵敏和简单，但同样会引起非特异性染色反应增加。

实验流程：

（1）切片按常规进行二甲苯脱蜡、梯度酒精脱水：①将切片置于二甲苯中，于60 ℃孵育10 min，共重复2次；②置于100%乙醇中孵育2次，每次5 min；③置于95%乙醇中孵育2 min；④置于80%乙醇中孵育2 min；⑤置于70%乙醇中孵育2 min；⑥用蒸馏水洗5 min；⑦用PBS冲洗3次，每次3 min。此步的目的是确保抗体等其他试剂能够充分与组织中抗原等结合发生反应，若脱蜡、脱水不完全，易出现局部反应和浸洗不全而产生非特异性背景着色。

（2）细胞通透与封闭内源性过氧化物酶。向预热的40 mL PBS中加120 μL Triton X-100加热几分钟；在临用前向其中加400 μL 的30% H_2O_2孵育15 min后用PBS冲洗3次，每次3 min。细胞通透的目的是使抗体能够充分地进入胞内进行结合反应。一般用Triton X-100、蛋白酶K等通透液；封闭内源性过氧化物酶的主要目的是降低内源性过氧化物酶的活性。在传统的ABC法和链霉亲和素-过氧化物酶（stretavidin-peroxidase，SP）法中，免疫组化反应结果容易受到内源性过氧化物酶的干扰，必须用过氧化氢等进行灭活。

（3）抗原修复，暴露抗原决定簇。由于组织中部分抗原在甲醛或多聚甲醛固定过程中，发生了蛋白之间交联及醛基的封闭作用，从而失去抗原性；通过抗原修复，使得细胞内抗原决定簇重新暴露，提高抗原检测率。常用的修复方法一般从强到弱分为三种：高压修复、微波修复、胰酶修复（酶消化方法一般用于细胞内抗原）。其中，微波修复应用高频电磁波打开蛋白质间的交联键，具体流程：将切片放入0.01 mol/L柠檬酸钠缓冲溶液（pH为6.0）后，用微波炉高火加热4 min至沸腾后取出，冷却至室温后再加热，重复4次，每次间隔补足液体，防止干片，用PBS冲洗3次，每次3 min。

（4）封闭特异性蛋白。具体流程：将切片取出，用滤纸吸干组织周围水分，用免疫组化笔在组织周围画上圈，往圆圈内组织滴入5%羊血清（与二抗的物种来源一致）后放入湿盒中，于室温下孵育10~30 min。组织切片上有些剩余的位点可以与一抗非特异性结合，造成后续结果的假阳性。封闭血清一般是和二抗属同一物种来源的，血清中有一些动物自身的抗体，预先能和组织中有交叉反应的位点发生结合。

（5）一抗孵育。具体流程：甩去切片上的羊血清，用滤纸擦干组织周围残留血清，再加入已稀释的一抗（1∶250、1∶500、1∶1 000）后，放入湿盒中室温孵育1 h，然后于4 ℃孵育过夜，从冰箱中取出后需在37 ℃复温45 min。一抗可以特异结合底物，识别出待检测物质。一抗和底物结合与否，肉眼不可观察。

（6）二抗孵育。具体流程：将一抗倒掉并用PBS洗5次，每次5 min；用滤纸将圆圈周围的水吸去，加入已稀释的二抗后放入37 ℃恒温烤箱中30 min；用PBS洗5次，每次5 min。二抗可以和一抗结合，并带有可以被检测出的标记（如荧光、放射性、化学发光或显色基团），作用是检测一抗与抗原形成的免疫复合物。

（7）SP反应。具体流程：加入SP复合液后放入37 ℃烤箱中30 min；用PBS洗5次，每次5 min。SP法是在ABC法的基础上进一步改良的，使标记了HRP的链霉亲和素（而非ABC）与生物素结合。SP染色法的特点是灵敏特异性低，成本低。

（8）DAB/H_2O_2反应显色。在免疫组化中，由于抗原与抗体所形成的复合物本身没有颜色，不能直接观察，只能借助于其他某些化学基团的显色作用使复合物显色，通常在添加HRP标记的方法中，显色剂为DAB，DAB在HRP催化下显色。

（9）复染、脱水、透明、封片、显微镜观察。具体流程：①复染。用PBS冲洗3次，每次3 min，再用双蒸水（ddH_2O）洗5 min；加一大滴苏木素染液（胞核蛋白染几秒，胞浆或胞膜蛋白染20 s），用自来水冲洗后，用双蒸水洗5 min，再用氨水反蓝5 min。复染目的是形成细胞轮廓，从而更好地对目标蛋白进行定位，常用的试剂为苏木素。切片复染完后用流水振洗，然后置于盐酸酒精中数秒（动作一定要快）后拿出再用流水振洗，再放入氨水中反蓝即可。②脱水。50%乙醇脱水1～2 min，70%乙醇脱水1～2 min，95%乙醇脱水1～2 min，100%乙醇脱水1～2 min；重复2次。③透明。二甲苯孵育1～2 min，重复1～3次。④中性树胶封片。⑤显微镜下观察。

7. 标记链霉亲和素-生物素

SP法又称标记链霉亲和素-生物素（labeled streptavidin biotin，LSAB）法，其基本原理与ABC法类似，不同之处是LSAB法用的是标记了HRP的链霉亲和素。由于链霉亲和素分子量较ABC小，因而链霉亲和素穿透组织的能力强、反应速度快，更容易与二抗上的生物素结合，因而LSAB法的敏感性比ABC法高，反应所需的时间比ABC法短。与SABC法相比，LSAB法直接在亲和素上加上HRP标记，提高灵敏度的同时降低了SABC法的非特异性。（图2-13）

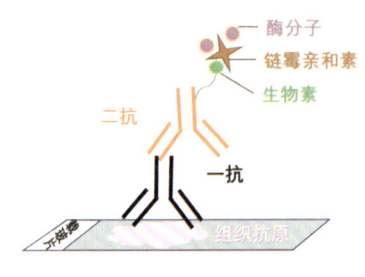

图2-13　LSAB法示意

实验流程：

（1）常规切片，二甲苯脱蜡，梯度酒精脱水。

（2）细胞通透、阻断内源性过氧化物酶。

（3）抗原修复，暴露抗原决定簇。

（4）封闭非特异性蛋白。

（5）加一抗4 ℃孵育过夜，用PBS冲洗3次，每次5 min（用PBS缓冲液代替一抗做阴性对照）；滴加生物素标记二抗，于37 ℃孵育30 min，PBS冲洗3次，每次5 min。

（6）滴加HRP标记的链霉素抗生物素工作液（SP复合物），于37 ℃孵育30 min，用PBS冲洗3次，每次5 min。

（7）DAB/H_2O_2反应显色，用自来水冲洗后，加苏木素复染，常规脱水、透明、干燥、中性树胶封固。

8. 增强聚合物一步法

增强聚合物一步（enhanced polymer one step，EPOS）法属于酶标聚合物法，也属于直接法。EPOS法利用酶标聚合物技术，将HRP标记在葡聚糖聚合物上，然后与一抗连接而形成EPOS一抗，再用EPOS一抗特异性和组织细胞抗原结合，最后使一抗上的酶参与显色反应（图2-14）。由于EPOS所用聚合物上能结合较多数量的酶，能与显色剂发生较强的显色反应，具有高敏感性。此外，EPOS一抗没有生物素的存在，背景清晰。但EPOS法的缺点是EPOS一抗种类较少，难以普及。

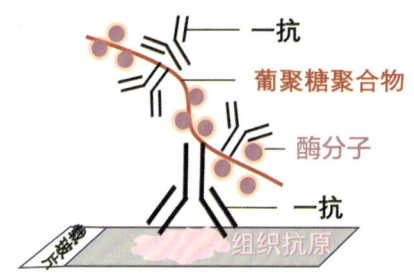

图2-14 EPOS法示意

9. 酶标聚合物法

酶标聚合物（labelled dextran polymer，LDP）法也属于二步法。利用酶标聚合物技术将HRP或碱性磷酸酶标记在葡聚糖聚合物上，然后与二抗连接而形成EnVision二抗。在特异性一抗和组织细胞抗原结合后，再用EnVision二抗与抗原-抗体复合物中的一抗结合，最后通过EnVision二抗上的酶参与显色反应。这一检测体系也被称为EnVision法（图2-15）。由于EnVision二抗中的聚合物可以连接更多的二抗和酶，能发生较强的显色反应，因此LDP方法的敏感性高于ABC、LSAB等方法。此外，LDP法中的二抗没有生物素的存在，非特异性背景染色极低。

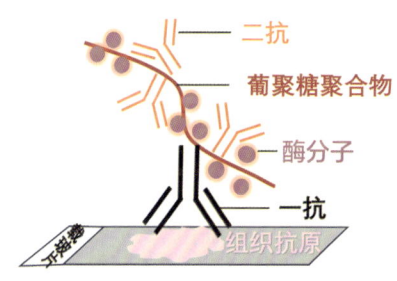

图2-15 EnVision法示意

10. 催化信号放大法

催化信号放大（catalyzed signal amplification，CSA）法应用一种放大试剂生物素化酪胺，与链霉亲和素-生物素-HRP复合物连接，在HRP的作用下形成大量的生物素沉积物，再加入链霉亲和素-HRP复合物后，HRP又能够与生物素沉积物大量聚合，聚合的HRP与显色剂起反应（图2-16）。本方法通过2次生物素-链霉亲和素-HRP反应，即在第三步应用了SABC法的SABC-HRP，在第五步应用了LSAB法的链霉亲和素-HRP复合物，聚合示踪物质（HRP催化底物生物素化酪胺沉积在抗原-抗体结合部位），使原始信号得到几何级放大，因此敏感性比EPOS法、EnVision法、PAP法、LSAB法和SABC等方法高，特别适用于检测较弱的组织抗原，但其仍存在非特异性背景染色问题。

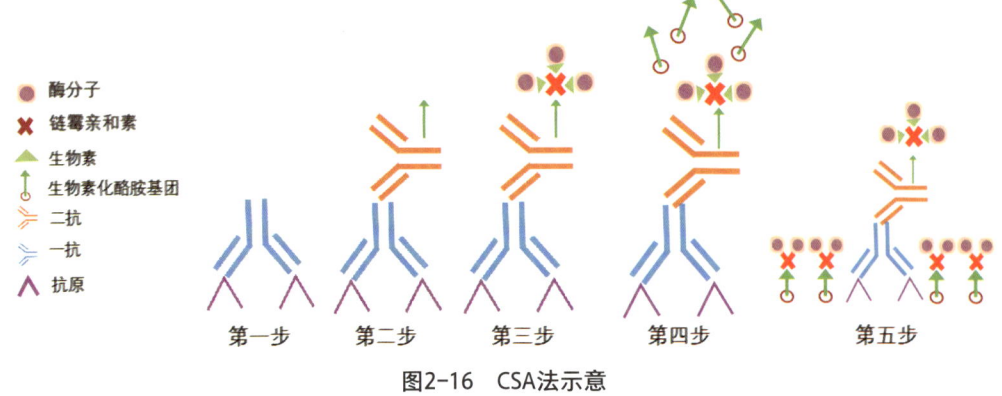

图2-16　CSA法示意

实验流程：

（1）常规脱蜡至水，必要时用抗原修复处理。

（2）3% H_2O_2甲醇液处理15 min。

（3）正常封闭血清，室温孵育20 min，甩干。

（4）滴加特异性一抗，于4 ℃孵育过夜或于37 ℃孵育1 h。

（5）用PBS洗后，滴加生物素化二抗，于37 ℃孵育30 min。

（6）用PBS洗（一定要充分），滴加链霉亲和素-HRP，于37 ℃孵育20 min。

（7）用PBS洗，滴加生物素化酪胺基团分子，于37 ℃孵育20 min。

（8）用PBS洗（一定要充分），滴加链霉亲和素-HRP，于37 ℃孵育20 min。

（9）用PBS洗后，加DAB/H_2O_2显色。

（10）用苏木素衬染细胞核，脱水、透明、封片，显微镜下观察。

（七）蛋白质印迹

蛋白质印迹（WB）又称免疫印迹（immunoblot），是在蛋白质电泳分离和抗原、抗体检测基础上发展起来的蛋白质检测技术。WB原理如图2-17所示。WB具有分析容量大、敏感度高、特异性强等优点，主要用于检测蛋白质特性、表达与分布等，比如用

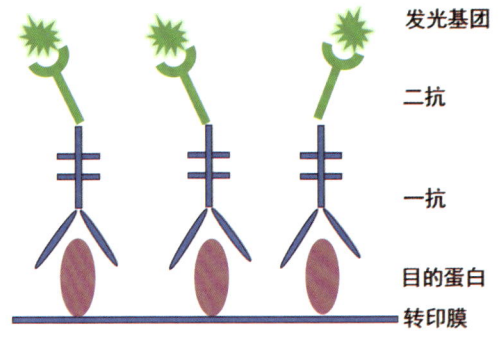

图2-17　蛋白质印迹原理示意

于特异性蛋白检测、特异性蛋白半定量分析、抗体活性检测、基因在蛋白水平的表达研究、疾病早期诊断等。

WB一般流程是先制备蛋白样品,通过SDS-PAGE分离蛋白质,将分离后的蛋白从凝胶转移到固相支持物硝酸纤维素膜或聚偏二氟乙烯膜上,然后依次用特异性抗体(探针)和酶标或同位素标记的二抗(显色标记)作用后,加入能形成不溶性显色物的酶反应底物,使区带染色。通过底物显色或放射自显影,来分析着色的位置和着色的深度,获得特定的蛋白质在所分析的细胞或组织中的表达情况。

(八)酶联免疫吸附试验

酶联免疫吸附试验(enzyme-linked immunosorbent assay,ELISA)检测是基于已知抗原或抗体与酶标记的抗体或抗原在固相支持物表面结合,通过显色反应定量测定抗原、抗体的技术(图2-18),主要用于测定大分子抗原和特异性抗体,具有快速、灵敏、简便等特点。

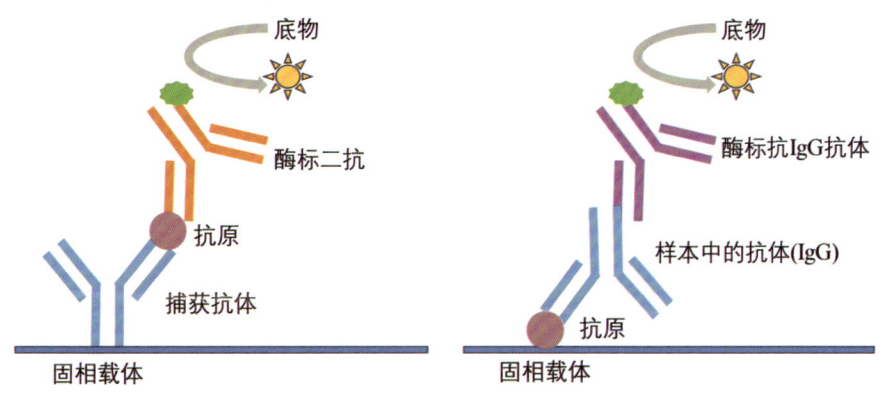

图2-18 酶联免疫吸附试验原理示意

ELISA的一般实验流程:包被抗原或抗体,洗涤后加受检标本(待测抗体或抗原)与固相载体表面的抗原或抗体发生反应;再经洗涤后,使固相载体上的抗原-抗体复合物与其他物质分开;加入酶标记的抗原或抗体,通过免疫反应而结合在固相载体上,此时固相载体上的酶量与标本中受检物质的量呈一定的比例;加入酶反应的底物后,底物被酶催化形成有色产物,产物的量与标本中受检物质的量直接相关,故可根据显色的深浅进行定性或定量分析。由于酶的催化效率很高,间接地放大了免疫反应的结果,使测定方法达到很高的敏感度。ELISA按照检测目的可分为直接法(测定抗体)、间接法(测定抗体)、双抗体夹心法(测定大分子抗原)、竞争抑制法(测定小分子抗原或抗体)。(图2-19)

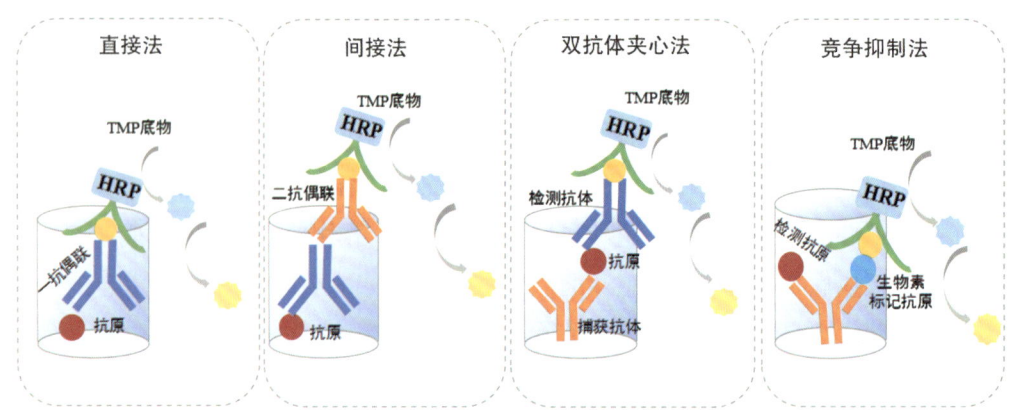

图2-19　ELISA法示意

（1）直接法。直接法即将酶标抗原或抗体与包被在酶标板上的抗体或抗原结合形成酶标抗原-抗体复合物，加入酶反应底物，测定产物的吸光度，从而计算出包被在酶标板上的抗体或抗原的量。

（2）间接法。间接法是测定抗体最常用的方法，首先将抗原包被于固相载体上，加入含有被测抗体（一抗）的样本，抗原与抗体结合后形成固相抗原-抗体复合物，然后加入酶标抗抗体（二抗），从而使抗体间接标记上酶，经孵育洗涤后，加底物显色。底物降解的量即待测抗体的量，其可用目测确定或用紫外分光光度计进行定量测定。间接法多用于人的传染病、寄生虫病以及其他疾病的血清学诊断。如用酶标抗人IgM，可用于上述疾病的早期诊断。

（3）双抗体夹心法。双抗体夹心法是测定抗原常用的方法，首先将捕获抗体包被于固相载体上，加入含有待测抗原的样品，经孵育洗涤后，抗原与包被于固相载体上的特异性抗体结合，形成固相抗原复合物，再加入酶标特异性抗体，再一次经孵育洗涤后形成抗体-抗原-酶标抗体复合物，加底物显色后进行测定，底物降解的量即待测抗原的量。也可以像间接法一样利用酶标二抗形成抗体-抗原-一抗-酶标二抗复合物。前者称为直接夹心法，后者称为间接夹心法。

双抗体夹心法要求待测抗原必须有两个可以与抗体结合的部位，一端要与包被于固相载体上的抗体结合，而另一端则要与酶标特异性抗体结合。因此，此法不适用于分子量小的抗原，多用于霍乱肠毒素的测定、HbSAg及HbS的测定。

（4）竞争抑制法。竞争抑制法既可以用于测定抗原也可以用于测定抗体。以测定抗原为例，首先将特异性抗体吸附于固相载体表面，将其分成两组：一组加酶标抗原和待测抗原的混合液，另一组只加酶标抗原，再经孵育洗涤后加底物显色。由于待测抗原与酶标抗原竞争与固相抗体结合，因此这两组底物降解量之差，即所要测定的未知抗原的量。这种方法所测定的抗原只要有一个结合部位即可，因此，对小分子抗原如激素和药物的测定常用此法。该法的优点是耗时短，因为只有一个孵育洗涤过程；但其缺点是需要用较多的酶标记抗原。

（九）染色质免疫沉淀

染色质免疫沉淀（ChIP）是研究体内DNA与蛋白质相互作用的实验方法，用于鉴定基因组中与DNA结合蛋白（如转录因子和组蛋白）结合的区域。在ChIP分析中，在活细胞状态下，首先通过甲醛固定DNA-蛋白质复合物；然后采用微球菌核酸酶剪切DNA，形成一定长度范围内的染色质小片段；随后通过抗原-抗体特异性结合反应富集、沉淀这些小片段；再通过NaCl、蛋白酶K解除蛋白质和DNA的交联，分离蛋白，纯化DNA；最后采用PCR鉴定、测序、微阵列分析或采用其他方法进行检测。

ChIP主要实验流程：

（1）DNA-蛋白质复合物固定：用1%甲醛处理，使蛋白质与DNA交联固定。

（2）DNA切割：细胞裂解后采用微球菌核酸酶消化形成染色质小片段。

（3）免疫沉淀：抗原-抗体反应富集、沉淀这些小片段。

（4）解除DNA-蛋白交联：NaCl、蛋白酶K处理，解除DNA-蛋白交联。

（5）DNA纯化回收。

（6）DNA分析鉴定：采用1.8%琼脂糖凝胶电泳、反转录PCR（reverse transcription PCR，RT-PCR）对DNA进行进一步分析。

（十）RNA免疫沉淀

RNA免疫沉淀（RIP）与ChIP相似，不同的是，免疫沉淀把RNA结合蛋白及其结合的RNA分离出来。随后，通过RT-PCR和cDNA测序对免疫沉淀所得的RNA进行鉴定。

二、电泳分离

（一）电泳技术的基本原理

电泳（electrophoresis）是指带电粒子在电场的作用下，向着与其电性相反的电极移动的现象。电泳分离是指在一定pH条件下带有电荷的生物分子（如氨基酸、多肽、蛋白质、核苷酸、核酸等），在惰性支持介质（如滤纸、醋酸纤维素、琼脂糖凝胶、聚丙烯酰胺凝胶等）中，在电场作用下，向对应的电极方向按照不同的速度迁移，形成狭窄的区带，从而实现物质分离的技术。电泳主要靠不同溶质在电场中移动速度不同而实现物质的分离。物质颗粒在电场中的移动速度取决于物质的带电性质及其颗粒大小和形状；物质颗粒在电场中的移动方向则取决于物质所带电荷的种类。

泳动度（迁移率）指带电质点在单位强度电场下的泳动速度，除与物质种类、所带净电荷的数量、颗粒大小以及形状有关外，还与电场强度（电压）、缓冲液（成分、pH、离子强度）、支持介质（电渗作用、吸附作用）及温度有关。

（二）电泳的分类

1. 按形状分类

电泳按支持介质的形状可分为U型管电泳、柱状电泳、平板电泳。

2. 按载体分类

（1）纸电泳。纸电泳是用滤纸作为支持介质的一种早期电泳技术，分辨率比凝胶介质电泳要低，但由于纸电泳操作简单，所以仍有很多应用，特别是在血清样品的临床检测和病毒分析等方面。纸电泳使用水平电泳槽。分离氨基酸和核苷酸时常用pH为2.0~3.5的酸性缓冲液，分离蛋白质时常用碱性缓冲液。选用的滤纸必须厚度均匀，常用国产的新华滤纸和进口的Whatman 1号滤纸。点样位置是在滤纸的一端距纸边5~10 cm处。样品可点成圆形或长条形，其中长条形的分离效果较好。点样量为5~100 mg或5~10 mL。点样方法有干点法和湿点法。湿点法适用于较浓样品液，在点样前先将滤纸用缓冲液浸湿再点样，不宜多次点样。干点法可以用于较稀的样品，点样时可用吹风机吹干后多次点样，在点样后再用缓冲液和喷雾器将滤纸喷湿。电泳完毕后记下滤纸的有效使用长度，然后烘干滤纸，用显色剂显色。定量测定的方法有洗脱法和光密度法。洗脱法是将确定的样品区带剪下，用适当的洗脱剂洗脱后进行比色或分光光度测定。光密度法是将染色后的干滤纸用光密度计直接定量测定各样品电泳区带的组分含量。

（2）醋酸纤维薄膜电泳。醋酸纤维薄膜电泳与纸电泳相似，只是换用了醋酸纤维薄膜作为支持介质。将纤维素的羟基乙酰化为醋酸酯，溶于丙酮后涂布成有均一细密微孔的薄膜，即醋酸纤维薄膜，其厚度为0.1~0.15 mm。醋酸纤维薄膜电泳与纸电泳相比有以下优点：①醋酸纤维薄膜对蛋白质样品吸附极少，无"拖尾"现象，染色后蛋白质区带更清晰。②快速省时。由于醋酸纤维薄膜亲水性比滤纸小，吸水少，电渗作用小，电泳时大部分电流由样品传导，所以分离速度快，电泳时间短，完成全部电泳操作只需90 min左右。③灵敏度高，样品用量少。例如，血清蛋白电泳仅需2 mL血清，点样量甚至仅需0.1 mL，仅含5 mg的蛋白样品也可以得到清晰的电泳区带。临床医学用于检测微量异常蛋白的改变。④应用面广，可用于检测那些纸电泳不易分离的样品，如胎儿甲种球蛋白、溶菌酶、胰岛素、组蛋白等。⑤醋酸纤维薄膜电泳染色后，用乙酸、乙醇混合液浸泡后可制成透明的干板，有利于光密度计和紫外分光光度计扫描定量及长期保存。

（3）琼脂糖凝胶电泳。琼脂糖是从海藻中提取出来的一种线状高聚物，是由D-半乳糖和3,6-脱水-L-半乳糖结合的链状多糖。琼脂糖凝胶多用于平板电泳，常用浓度为1%～3%，琼脂糖浓度的大小决定了琼脂糖凝胶的孔径大小。制作时将称量好的琼脂粉于1×TE缓冲液中加热煮沸至溶液变为澄清，注入模具后于室温下冷却凝聚即成琼脂糖凝胶。由琼脂糖制备的琼脂胶由于孔径较大，对大多数蛋白质来说，其分子筛作用微不足道，因此被广泛应用于核酸的研究，分离范围比较广，支持200 bp～50 kb的DNA。

（4）聚丙烯酰胺凝胶电泳（PAGE）。PAGE以聚丙烯酰胺凝胶作为支持介质，多用于管状电泳。聚丙烯酰胺凝胶是由单体的丙烯酰胺和甲叉双丙烯酰胺聚合而成，聚合后的产物无毒，但这两种物质具有中枢神经系统毒性，配制时要注意避免直接接触皮肤。丙烯酰胺和甲叉双丙烯酰胺的浓度决定了凝胶的孔径大小，低浓度的凝胶具有较大的孔径，如3%的聚丙烯酰胺凝胶对蛋白质没有明显的阻碍作用，可用作平板等电聚焦电泳或SDS-PAGE的浓缩胶，也可以用于分离DNA；高浓度凝胶具有较小的孔径，对蛋白质有分子筛的作用，可以用于根据蛋白质的分子量进行分离的电泳中，如10%～20%的凝胶常用作SDS-PAGE的分离胶。

未加SDS的天然PAGE可以使生物大分子在电泳过程中保持天然的形状和电荷，依据生物大分子电泳迁移率的不同和凝胶的分子筛作用将其分离，因而可以得到较高的分辨率，尤其是蛋白质和酶等生物大分子在电泳分离后仍能保持生物活性，对于生物大分子的鉴定有重要意义。此法是在凝胶上进行2份相同样品的电泳，电泳后将凝胶切成两半，一半用于活性染色，对某个特定的生物大分子进行鉴定；另一半用于所有样品的染色，以分析样品中各种生物大分子的种类和含量。

PAGE应用广泛，其主要的优点有：①可以通过调整原料浓度，从而得到不同孔径大小的凝胶，用于分离不同分子量的生物大分子。②把分子筛作用和电荷效应结合在同一方法中，达到更高的灵敏度。③由于聚丙烯酰胺凝胶是由—C—C—键结合的酰胺多聚物，侧链只有不活泼的酰胺基—CO—NH$_2$，没有带电的其他离子基团，化学惰性好，电泳时不会产生电渗。④由于可以制得高纯度的单体原料，因而电泳分离的重复性好。⑤聚丙烯酰胺凝胶透明度好，便于拍照和复印。⑥聚丙烯酰胺凝胶机械强度好，有弹性，不易碎，便于操作和保存。⑦聚丙烯酰胺凝胶无紫外吸收，不染色就可以用于紫外波长的凝胶扫描作定量分析。⑧聚丙烯酰胺凝胶可以作为固定化酶的惰性载体。

PAGE分离蛋白质最初是在玻璃管中进行的，又称为柱状电泳。但由于各个玻璃管的不同以及灌胶时的差异使每管的分离条件会有所差异，因此对各管样品进行比较时可能会出现较大误差。后来发展起来的垂直平板电泳一次最多可以容纳20个样品，电泳过程中样品所处的条件比较一致，便于对样品进行比较，重复性也更好，所以垂直平板电泳目前应用得更为广泛，常用于蛋白质以及DNA序列分析过程中DNA片段的分离、鉴定。

（5）SDS-PAGE。SDS-PAGE是最常用的定性分析蛋白质的电泳方法，特别是用于检测蛋白质纯度和测定蛋白质分子量。电泳前要在待测样本中加入SDS和β-巯基乙醇，在沸水浴中煮3~5 min，使SDS与蛋白质充分结合，以使蛋白质完全变性和解聚，并形成棒状结构，结合后的蛋白质-SDS复合物带有大量的负电荷。SDS即十二烷基硫酸钠，是一种去污剂（阴离子表面活性剂），可以断开分子内和分子间的氢键，破坏蛋白质分子的二级和三级结构；强还原剂β-巯基乙醇可以断开半胱氨酸残基之间的二硫键，破坏蛋白质的四级结构。

3. 按照分离原理分类

（1）移动界面电泳（moving boundary electrophoresis）。不同的离子成分在均一的缓冲液系统中分离成独立的区带，可以用染色等方法显示出来，如用光密度计扫描可得出一个个互相分离的峰。

（2）区带电泳（zone electrophoresis）。区带电泳只能起到部分分离的作用，如将浓度对距离作图，则得出一个个台阶状的图形。

（3）等速电泳（isotachophoresis）。在电泳达成平衡后，各区带相随，分成清晰的界面，以等速移动。按浓度对距离作图也可得到台阶状图形，但不同于上述移动界面电泳，它的区带没有重叠，而是分别保持。

（4）等电聚焦电泳（isoelectric focusing）。由多种具有不同等电点的载体两性电解质在电场中自动形成pH梯度。被分离物则各自移动到其等电点相应的位置，形成很窄的区带，分辨率很高。

4. 根据操作方式分类

（1）连续系统。缓冲液的离子成分、pH、凝胶浓度、电位梯度都相同，带电颗粒电泳时仅具有电荷效应、分子筛效应。

（2）不连续系统。缓冲液离子成分、pH、凝胶浓度、电位梯度不连续，带电颗粒电泳时具有浓缩效应、电荷效应、分子筛效应。

分子筛效应是指分子量或分子大小和形状不同的蛋白质通过一定孔径分离胶时，由于受阻滞的程度不同而表现出不同的迁移率。一般来说分子量小则阻力小，移动快；分子量大则阻力大，移动慢。电荷效应是指电荷量不同，迁移率不同。

第三节

基因检测技术

一、分子杂交

（一）基本原理

分子杂交是指具有一定同源序列的两条核酸单链（DNA或RNA），在一定条件下按碱基互补配对原则经过退火处理，形成新的双螺旋结构的过程。其基本原理：DNA变性，即双链DNA在经过加热、改变pH等理化因素作用后，双螺旋之间的氢键断裂，双螺旋结构打开，变成单链DNA；经过复性（消除变性条件如退火）后，两条单链（DNA-DNA或DNA-RNA）可以重新结合，恢复原来的双螺旋结构（图2-20）。分子杂交可用于检测生物样本中是否含有特定生物分子，比如使用已知序列的单链核酸片段作为探针，去查找各种不同来源的基因组DNA分子中的同源基因或同源序列。其中，被检测对象可以是克隆后的基因产物，也可以是细胞总DNA或总RNA。而探针必须经过同位素或生物素标记，以便示踪和检测。

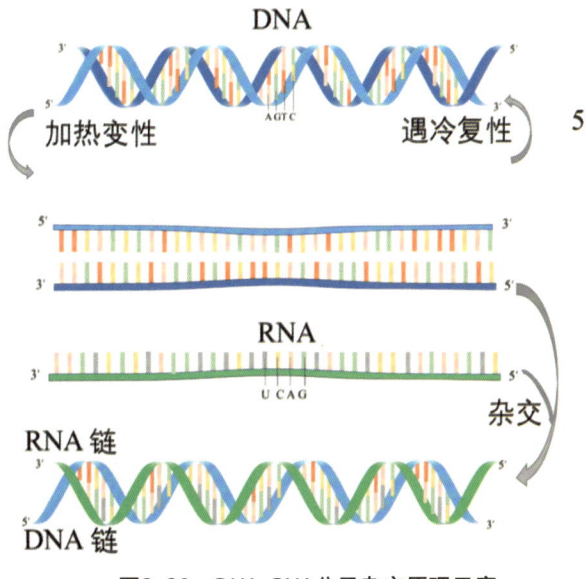

图2-20 DNA-RNA分子杂交原理示意

（二）分子杂交类型

1. 按照探针类型分类

（1）DNA印迹，即Southern blot。Southern blot于1975年由英国生物学家埃德

温·迈勒·萨瑟恩（Edwin Mellor Southern）建立。Southern blot是研究DNA图谱的基本技术，基本方法是将DNA样本用限制性内切酶消化成DNA片段，再经琼脂糖凝胶电泳分离，然后经碱变性、Tris缓冲液中和，在高盐下通过毛吸作用将DNA从凝胶中转印至硝酸纤维素滤膜（或尼龙膜）上，烘干固定后与^{32}P标记的探针进行杂交，利用放射自显影确定与探针互补的每条DNA带的位置，从而可以确定在众多酶解产物中含某一特定序列的DNA片段的位置和大小。（图2-21）

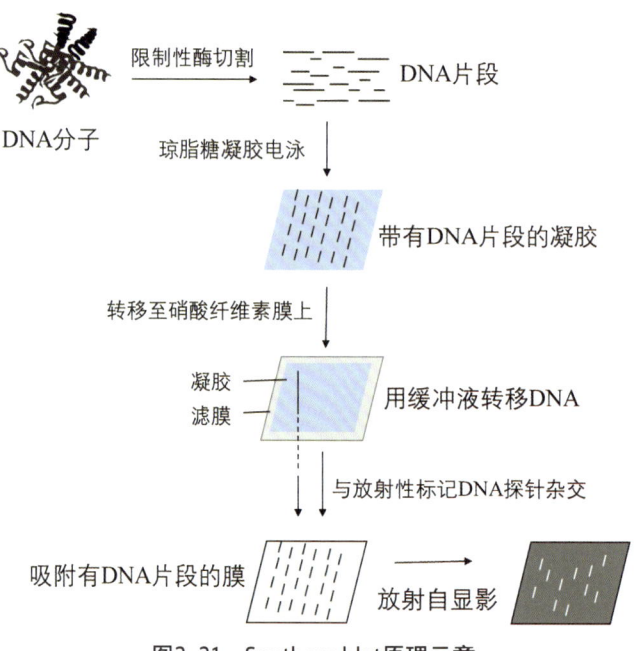

图2-21 Southern blot原理示意

（2）RNA印迹，即Northern blot。Northern blot探针为DNA或cDNA，是一项用于检测特异性RNA的杂交技术，于1977年由斯坦福大学的詹姆斯·阿尔温（James Alwin）、戴维·肯普（David Kemp）和乔治·斯塔克（George Stark）发明，其基本原理和操作过程与Southern blot十分类似，用于分析DNA-RNA杂交。根据相对分子大小的不同，通过变性，用琼脂糖凝胶或者聚丙烯酰胺凝胶电泳分离总RNA，将分离后的RNA印迹转移到尼龙膜或硝酸纤维素膜上，再与标记的探针进行杂交反应，通过杂交结果可以对RNA进行定量或定性分析。（图2-22）

Northern blot的灵敏度要高于基因芯片，与定量PCR（quantitative PCR，qPCR）相比也有较高的特异性，可以有效地减少实验结果的假阳性，因此被认为是检测基因表达的准确方法。

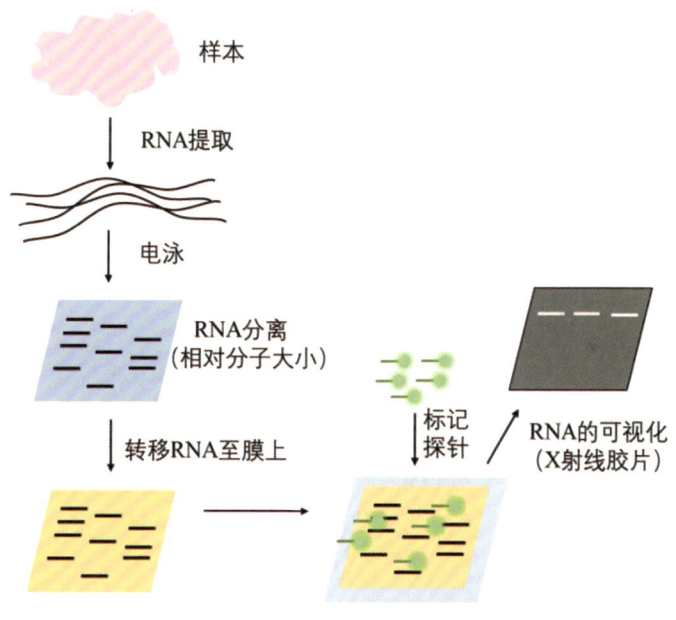

图2-22 Northern blot原理示意

（3）蛋白质印迹。蛋白质印迹（WB）用于检测特定蛋白质在复杂混合物（如细胞裂解液、组织提取物等）中的存在、含量以及修饰状态。它是基于抗原-抗体特异性结合的原理，将蛋白质从凝胶转移到固相载体（如硝酸纤维素膜或聚偏二氟乙烯膜）上，然后用特异性抗体进行检测的方法。经典的WB流程包括样品准备、凝胶电泳、凝胶到膜的转移以及待测蛋白的免疫染色。（图2-23）

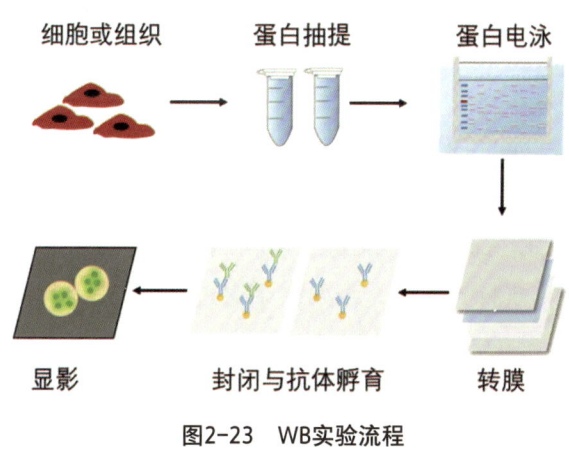

图2-23 WB实验流程

2. 按照支持物不同分类

1）固相杂交。

固相杂交是指参加反应的一条链被预先固定在固相支持物上，另一条反应核酸则游离在溶液中进行杂交反应；杂交反应结束后，杂交分子留在固相支持物上。其中，固相支持物包括硝酸纤维素膜、尼龙膜、乳胶颗粒、磁珠、微孔板、芯片等。

固相杂交最为常用，其特点：①杂交后，游离片段容易经漂洗除去；②支持物上留下的杂交物容易检测；③能防止靶DNA自我复性。

固相杂交按样本制备过程又可划分为以下几种：

（1）原位杂交。原位杂交包括菌落原位杂交、噬菌斑原位杂交、细胞原位杂交和组织块原位杂交。即在细胞或组织结构保持不变的条件下，原位裂解细胞，用标记的已知核苷酸片段按碱基互补配对原则，与待测细胞或组织中相应的基因片段相结合（杂交），所形成的杂交体经显色反应后，在光学显微镜或电子显微镜下观察细胞内相应的核酸分子。该方法无须分离DNA、RNA或蛋白质，可在细胞涂片、组织切片以及分裂中期染色体带中检测DNA或RNA，并且可同时处理大量样品，常用于筛选目的基因或检测某类细胞或组织中是否存在某一特定的核酸或蛋白序列。

（2）斑点杂交。先分离DNA、RNA或蛋白质，然后不经凝胶电泳直接将样品液点在固体基质上，与放射性标记进行杂交，放射自显影后，判断是否有杂交及杂交强度。该法主要用于基因缺失或拷贝数变异的检测，以及定性和半定量分析。

（3）狭缝杂交。狭缝杂交与斑点杂交的原理和操作流程相同，只是印迹形状不同。由于直接将RNA样品点在硝酸纤维素膜上会产生圆斑，不便于比较，且孔较小不易清理，故该法多采用狭槽的装置点样。

（4）印迹转移杂交。先纯化样品，然后使不同大小的分子在凝胶上分离，转移到固体基质上，与探针杂交。该法可检测出目标分子的分子量。用于转移的方法有扩散法、毛细管法、电泳转移法、真空转移法。根据转移对象的不同分为Southern blot、Northern blot和WB。

（5）夹心杂交。夹心杂交利用两种探针与待测DNA结合，先将不带标记的探针固定在基质上，然后用待测样品与之杂交，洗去非特异性结合后，再与第二种带标记的探针杂交。该方法特异性强，经两次杂交过程能对粗制DNA样品作出可靠检测。

2）液相杂交。

液相杂交即参加反应的两条核酸链都游离在溶液中，与固相杂交相比，液相杂交反应后的溶液中不易去除过量未杂交的探针，误差较高。

二、聚合酶链反应

聚合酶链反应（PCR）是一种特殊的体外DNA复制技术，用于短时间内大量扩增特定的DNA片段。

（一）发展历程

20世纪60年代末，人们致力于研究基因的体外分离技术。但是，由于核酸的含量较少，一定程度上限制了DNA的体外操作。

1971年，哈尔·葛宾·科拉纳（Har Gobin Khorana）最早提出核酸体外扩增的设想。但是由于当时的基因序列分析方法尚未成熟，还未发现具有热稳定性的DNA聚合酶，寡核苷酸引物的合成仍处在手工或半自动合成阶段，因此这种想法只停留在设想阶段。

直到1985年，美国科学家凯利·穆利斯（Kary Mullis）发明了PCR技术，并因此而获得1993年的诺贝尔化学奖。

最初的PCR技术不成熟，操作复杂，成本高昂。1988年初，科拉纳通过对所使用的酶的改进，提高了扩增的真实性。而后，Saiki等人从嗜热杆菌内提取到一种耐热的DNA聚合酶，使得PCR技术的扩增效率大大提高。也正是此酶的发现使得PCR技术得到了广泛的应用，成为遗传学与分子生物学分析的基石。

在以后的几十年里，PCR方法被不断改进：它从一种定性的分析方法发展到定量测定，从原先只能扩增几个kb的基因到目前已能扩增长达几十个kb的DNA片段。到目前为止，PCR及其衍生技术已有十几种，例如，将PCR与反转录酶结合成为反转录PCR，将PCR与抗体等相结合成为免疫PCR等。

（二）基本原理

1. 常规PCR

基于生物进化过程中DNA的半保留复制，以双链DNA为模板，在高温下变性解成单链，然后在DNA聚合酶、引物和dNTP的参与下，退火复性，根据碱基互补配对原则复制延伸成双分子拷贝，完成一轮体外复制。经过多个循环的扩增反应，就可得到大量与模板相同的核酸分子。

（1）PCR反应原料。引物、酶、dNTP、模板和Mg^{2+}（大部分以缓冲液为溶剂）。

（2）PCR反应程序。①DNA变性（90~96 ℃）：双链DNA间的氢键在高温下断裂，形成单链DNA。②退火（复性）（40~65 ℃）：系统温度逐渐降低，促使引物与DNA模板结合，形成局部双链。③延伸（68~75 ℃）：在Taq酶（最适温度为72 ℃）的作用下，以dNTP为原料，从引物的5′端至3′端延伸，合成与模板互补的DNA链。每一个循环经过变性、退火和延伸，DNA数目即增加一倍。④终延伸（72 ℃）：所有循环结束后，反应在72 ℃维持5～15min，使引物延伸完全，并使单链产物退火成双链。

2. 反转录PCR

在反转录PCR（RT-PCR）中，以RNA为研究对象，首先经反转录酶的作用以RNA为模板合成cDNA；再以cDNA为模板，扩增合成目的片段。操作步骤：首先提取总RNA，在反转录酶的作用下将RNA转化为cDNA，然后通过PCR扩增cDNA。利用cDNA扩增技术，可以对样本数量有限或低丰度表达的RNA进行进一步研究。RT-PCR的常见应用包括表达基因检测、转录物变异检测，以及克隆和测序用cDNA模板制备。在RT-PCR实验中，提取高质量、高纯度、高完整性的RNA至关重要。一步法和两步法是两种最常用的RT-PCR方法，每种方法都具有各自的优缺点。

一步法RT-PCR即在单个反应管中将第一链cDNA合成（反转录）和后续PCR反应结合在一起。该反应设置可简化工作流程、减少结果差异，并将污染的可能性降至最低。一步法RT-PCR简化了大量样本的处理，适用于高通量应用。但是，一步法RT-PCR采用基因特异性引物进行扩增，将分析局限于每个RNA样本中的几个基因。由于反应需兼顾反转录和扩增条件，因此，一步法RT-PCR的灵敏度和效率在某些情况下可能较低。但是，在RT-PCR中使用基因特异性引物，有助于目标cDNA的得率最大化，并使扩增背景最小化。

两步法RT-PCR包含两个独立反应，首先进行第一链cDNA合成（反转录），然后在单个反应管中通过PCR扩增第一步骤中所得cDNA。因此，两步法RT-PCR可用于检测单个RNA样本中的多个基因。RT和PCR反应独立进行，可对每个步骤的反应条件进行优化，使反转录引物选择和PCR反应建立更灵活。与一步法RT-PCR相比，两步法RT-PCR的缺点包括多个步骤延长了工作流程，增加了样本处理和操作步骤以及提高了污染和结果变异的可能性。

定量反转录聚合酶链反应（quantitative reverse transcription PCR，qRT-PCR）是对初始模板RNA进行定量分析的技术。qRT-PCR与RT-PCR工作流程相似，首先将RNA转化为cDNA，然后进行PCR扩增。主要区别在于，qRT-PCR在扩增对数期通过荧光法测定扩增cDNA的水平。最常见应用之一是对细胞和组织在经历一段时间或某个事件后（如药物治疗）的实时mRNA水平进行定量分析。qRT-PCR比RT-PCR的灵敏度更高，因此，qRT-PCR也常用于检测研究样本中是否存在反转录病毒（RNA病毒）。

3. 实时定量PCR

实时定量PCR（real time quantitative PCR，RT-qPCR）与前述定量反转录聚合

酶链反应的英文缩写虽然相似，但原理却不相同，区别在于模板分子是否经过反转录。实时定量qPCR属于第二代PCR技术。与常规的PCR技术相比，可对起始模板DNA进行定量，同时可以对整个扩增反应进行实时监控。

常规PCR虽然可以实现产物的回收和定性分析，但是只能通过条带的灰度对产物进行粗略定量。相比之下，实时定量PCR具有许多常规PCR无法比拟的优点：①对扩增反应进行实时监测；②对初始DNA进行定量；③灵敏度高。实验通过在体系中加入荧光物质，再用信号检测仪（实时定量PCR仪）进行信号的采集和显示来实现对扩增反应的实时监控。经典的实时定量PCR有染料法（非特异性荧光标记）和荧光探针法（特异性荧光标记）两种。

（1）染料法。染料法中使用的荧光物质是可与DNA结合的发光化学染料。常用的荧光标记染料是SYBR Green Ⅰ，它可以结合到双链DNA分子的小沟上。当它处于游离态时，只能发出微弱的荧光，而当与DNA结合时，会随着DNA双链的延长不断地结合到DNA上，荧光强度会猛烈地增强。（图2-24）

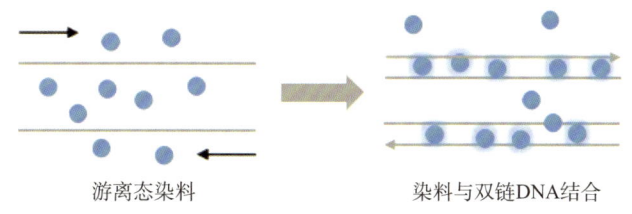

图2-24　SYBR Green Ⅰ荧光探针法

（2）荧光探针法。荧光探针法中使用的探针是一段用发光基团标记的寡核苷酸序列，最常见的是TaqMan探针。在探针的5′端具有一个荧光基团，在3′端具有一个淬灭基团。探针完整时，荧光基团发射出的荧光会被淬灭基团吸收掉。在PCR退火过程中，引物和探针会结合到DNA上。延伸过程中，TaqDNA聚合酶除发挥5′—3′ DNA聚合酶活性外，还会发挥5′—3′ DNA外切酶活性，将TaqMan探针从DNA上水解掉，此时，荧光基团会脱离DNA，由于其与淬灭基团的距离增大，检测系统会检测到荧光基团所发射的荧光。荧光的强弱与双链DNA的浓度有关。（图2-25）

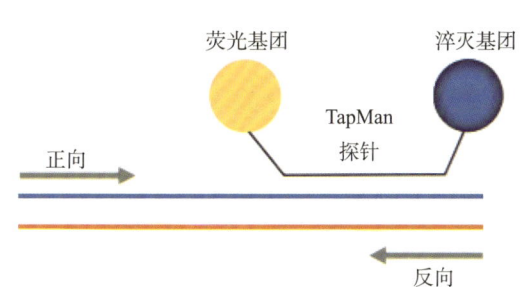

图2-25　TaqMan荧光探针法

染料法与荧光探针法的区别如表2-1所示。

表2-1 两种经典实时定量PCR方法的比较

	染料法	荧光探针法
荧光标记	SYBR Green I 等非特异性荧光标记	TaqMan 探针等特异性荧光标记
分子结构	嵌合型核酸染料	寡核苷酸探针
优点	成本低，适用范围广，可与任何序列的双链 DNA 结合	特异性高，检测低丰度基因时的可信度高
缺点	特异性低	价格昂贵
适用对象	多个目的基因的表达量分析	病原体检测，特定目标基因分析

4. 数字PCR

数字PCR技术路线多为基于微液滴平台的数字PCR技术。其工作原理是：首先通过微液滴生成仪将待测样品均分到大量直径为微米级的"油包水"微液滴中，体积为皮升级，数量为十万到百万级。由于微液滴数量足够多，微液滴之间被油层相互隔离，因此每个微液滴相当于一个"微型 PCR 孔"，微液滴中只含有待测样品的单分子DNA；针对这些单分子DNA在每个微液滴中进行PCR扩增反应，完成荧光标记和信号放大。通过微液滴分析仪对每个微液滴荧光信号进行检测，有荧光信号的微液滴判读为1，意味着有1个初始 DNA 分子；没有荧光信号的微液滴判读为 0，意味着没有初始 DNA 分子。根据泊松分布原理实现对核酸样本的绝对定量。

三、微阵列

（一）概念及原理

微阵列主要是指DNA微阵列，也叫寡核苷酸微阵列，用以研究以基因序列为分析对象的微阵列的生物芯片被称为基因芯片或DNA芯片，是人类基因组计划（Human Genome Project，HGP）在实施的过程中，生物学家受到计算机芯片的启迪，融微电子学、生命科学、计算机科学和光电化学为一体，在原来核酸杂交（Northern blot、Southern blot）的基础上发展起来的一项新技术，它是第三次技术革命（基因组革命）中的主要成果之一。该技术的原理是在固相支持物（硅片、玻片、聚丙烯或尼龙膜等）上集成大量已知序列的寡核苷酸作为基因探针，形成微阵列，待测生物细胞或组织中大量核酸序列被人工标记上不同的荧光或同位素，二者在一定条件下杂交，通过检测相应位置杂交探针即可获得靶片段的信息，通过计算机分析，实现基因信息的快速检测。主要流程有：

（1）芯片的制备。DNA芯片的制备方法有很多种，主要有光引导原位合成法、化学喷射法、接触式点涂法、原位DNA控制合成法、非接触微机械印刷法TOPSPOT和软光刻复制法等。主要目的是将探针按一定顺序排列在固相基质（玻璃片或硅片）上。实验中所用到的芯片一般是直接从公司购买。

（2）样品的制备。样品的制备包括样品DNA或RNA的提取、分离、提纯、质检。

（3）文库制备。利用PCR技术对靶基因片段扩增以及对靶基因标记（将带有Cy3或Cy5荧光素的dUTP或dCTP加入新合成的DNA链中），获得一定长度的具有荧光标识的目标片段。

（4）杂交与洗涤。使带有荧光标记的gDNA或cDNA文库与芯片上的探针结合，洗去未结合的核酸片段。芯片杂交属固相-液相杂交，影响杂交的因素诸多，其中包括靶标浓度、探针浓度、杂交双方的序列组成、盐浓度、温度及洗涤条件。

（5）芯片信号的检测与分析。样品中靶基因与固定在芯片上的探针发生特异性杂交而结合在芯片上的不同点，荧光素分子受特定波长的激发光照射出特定波长的荧光。通过特定的扫描仪获取杂交后的信号。用于芯片扫描的芯片扫描仪有激光共聚焦扫描仪和电荷耦合器件芯片扫描仪，得到的数据用一个专门处理系统来对其进行处理，包括芯片数据的统计分析和生物学分析、芯片数据库积累和管理、芯片表达基因的国际互联网上检索和表达基因数据库分析等。

（二）商业化的芯片

目前市场上主要用到的芯片大多来自美国Affymetrix公司、美国Agilent公司、瑞士罗氏NimbleGen公司和美国Illumina公司。前三者主要采用第二代基因芯片技术，Illumina公司主要采用第三代基因芯片技术。按照应用领域的不同，商业化芯片主要有以下几种：

1. DNA微阵列

检测样本的基因型DNA，用于基因型鉴定的检测。

2. cDNA微阵列

cDNA微阵列或称表达谱芯片（expression array），将样本中的mRNA转为cDNA后进行检测，用于基因转录水平的检测与比较。

3. miRNA微阵列

microRNA（miRNA）是一类长度约为22 nt的单链内源性高度保守的非编码小RNA，其结合特异性信使RNA（mRNA），并通过降解mRNA或抑制mRNA翻译来调节基因表达。miRNA微阵列芯片原理是将待测样品miRNA的3′端标记上荧光集团，与固定在固相支持物上的高密度已知序列探针杂交，通过信号检测和数据处理，获得miRNA表达谱，用于检测miRNA相关的基因调控机制。

4. 基于微阵列的染色质免疫沉淀

基于微阵列的染色质免疫沉淀（ChIP on chip，又称ChIP-chip）是将染色质免疫沉淀（ChIP）技术与芯片方法相结合，通过对目的蛋白结合的DNA片段的纯化与检测，从而获得蛋白质与DNA相互作用的信息，用于大规模挖掘顺式调控信息；同时，广泛应用于胚胎干细胞，一些疾病（如癌症、心血管疾病和中枢神经紊乱）的发生机制，以及转录结合因子动力学、染色体结构组分的分布、组蛋白的修饰、组蛋白修饰蛋白和染色体重建等方面的研究。

5. 比较基因组杂交芯片

基于微阵列的比较基因组杂交（array-based comparative genomic hybridization，aCGH）或称染色体芯片（chromosomal microarray analysis，CMA），能够在全基因组水平进行扫描，可检测染色体不平衡的拷贝数变异，尤其是对检测基因组微缺失、微重复等基因组失衡异常等方面具有突出优势。其基本原理是先分别将样本与正常人基因组DNA打碎，再利用双色荧光杂交的策略，用红色荧光（Cy5荧光素）对样本基因组DNA片段进行标记，而对照的正常人基因组DNA片段用绿色荧光（Cy3荧光素）标记，再将这些标记后的片段作为探针，与高密度的涵盖整个人类基因组的DNA芯片进行杂交。通过这两组探针的竞争杂交，再利用共聚焦显微镜等数码摄像系统对结果进行扫描，并对芯片上每个点（对应人类基因组的不同位置）的发光强度进行比较。红绿色荧光强度均等的区域是样本细胞与正常细胞均具有的正常部分，而以红色荧光为主的部分即样本染色体区域重复的部分，以绿色荧光为主的部分则是样本染色体缺失的部分，以此对染色体不平衡的拷贝数变化进行定量研究。CGH芯片也有一定的缺陷，其对拷贝数不变的染色体易位、单亲二倍体和杂合性缺失等无法检测；另外，CGH芯片检测的最小DNA重复或缺失为3~5 Mb，故对低水平的DNA重复或缺失无法检测。

6. SNP芯片

单核苷酸多态性（single nucleotide polymorphism，SNP）是指基因组水平上由单个核苷酸的变异所引起的DNA序列多态性而发展的遗传标记，SNP芯片是含有大量SNP位点序列的高密度芯片，与CGH技术相比，除可检测染色体拷贝数变化外，还可获得SNP信息、检测基因多态性。另外，SNP芯片是采用寡核苷酸探针合成的方法，探针更短，分辨率更高，可检测几十kb的微小重复或缺失，并且SNP芯片是将样本DNA与芯片杂交，不需要以正常人基因组DNA作参考，避免了两种荧光染料间的干扰。

以Illumina的生物芯片为例。Illumina的生物芯片由两部分组成：玻璃基片和微珠。在玻璃基片上，通过光蚀刻的方法，蚀刻出许多个排列整齐的小孔，每个小孔的尺寸都在微米级，这些小孔是容纳微珠的地方。小孔的大小与微珠正好相匹配，一个小孔正好容纳一个微珠。微珠是芯片的核心部分，每个微珠的表面都各偶联了一种序列的DNA片段。每个微珠上有几十万个片段，而每个微珠上的片段都是同一种序列。这个长度为73个碱基的DNA片段由两部分组成：一是靠近珠子的23个碱基的5′端Address序列，是标识微珠的标签序列，相当于微珠的"身份证"号码（ID号）；一是远离微珠的50个碱基的3′端的probe序列，作用是与目标DNA进行互补杂交。address序列与probe序列一一对应。

Illumina的生物芯片系统，主要是由芯片、扫描仪和分析软件组成，扫描仪用来扫描2种荧光颜色（红色和绿色），而单碱基类型有A、C、G、T 4种。探针的设计有两种情况：

（1）SNP位点为一种基因分型。如果一个SNP位点的野生型是"G"，突变型是"A"，那么设计一个探针即可，探针的3′端的最末一个碱基紧挨着SNP位点，但不覆盖SNP位点，让下一个延长的碱基按照碱基互补配对原则，与该SNP位点杂交。四种带标记的双脱氧核苷酸中，A、T两种碱基用DNP（二硝基苯）进行标记，C、G两种碱基用生物素来标记。

在实验过程当中，目标片段与探针互补杂交，然后聚合酶将四种带标记的双脱氧核苷酸中的一种加在探针的3′末端，接着加入绿色荧光标记的链霉亲和素和红色荧光标记的抗DNP的抗体。其中绿色荧光标记的链霉亲和素与生物素特异地结合，让带生物素的C、G碱基显出绿色；红色荧光标记的抗DNP的抗体与DNP结合，让带DNP的A、T碱基显出红色。进一步加入生物素标记的抗链霉亲和素的抗体和DNP标记的抗异种抗体Fc端的抗体，使荧光信号得到进一步的级联放大。抗体结合后，经过清洗，把游离的抗体都清洗掉。在扫描仪下进行扫描。如果发出的光是绿光，就说明这个SNP结合的位点，是个"G"碱基的纯合子。如果发出的是红光，就说明这个SNP位点是个"A"碱基的纯合子。如果既有红光、又有绿光，而且两种颜色的光的强度差不多，就说明这个SNP位点是一个"A"和"G"的杂合子。

（2）SNP位点为两种基因分型。这种情况下，在设计探针的时候，最后一个碱基是盖在SNP位点上的，并且要设计2种探针，如果SNP位点是"A"和"T"，那么探针也设计"A"和"T"，并且分别盖在SNP位点上。这2种探针在与目标DNA片段结合的时候，如果最后一个碱基是互补的，那么接下来的延伸反应就会发生，新的带标签的双脱氧核苷酸就会被加到探针链上，然后被荧光抗体染色，在激光扫描的过程当中就会发光。反之，如果最后一个碱基是不互补的，那么接下来的延伸反应就不会发生，也就不会有标签加到探针链上，荧光抗体也就不会将之染色，在后面的激光扫描当中就不会发光。

激光扫描的结果：如果末尾是A碱基的探针发光，而末尾是T碱基的探针不发光，那么说明目标SNP位点上是一个"T"的纯合子，反之则是"A"的纯合子；如果A和T的探针都发光，而且发光强度差不多，那说明SNP位点上是一个"A"和"T"的杂合子。

7. 基因甲基化芯片

利用甲基化芯片分析基因组的表观遗传模式。以单核苷酸分辨率对CpG岛、非CpG和差异甲基化位点以及调控区域的变化进行定量。Illumina公司的Infinium甲基化实验根据亚硫酸氢盐转化基因组DNA的高度多重基因分型检测CpG岛的胞嘧啶甲基化。非甲基化的胞嘧啶碱基经亚硫酸氢盐处理后转化为尿嘧啶，而甲基化的胞嘧啶碱基保持不变。在该实验分析中，利用两种位点特异性探针来检测这些化学特性不同的基因位点，一种设计针对甲基化基因位点（M型微珠），另一种设计针对非甲基化基因位点（U型微珠）。探针的单个碱基延伸包含标记ddNTP，后者随后用荧光试剂染色。通过计算甲基化位点对非甲基化位点的荧光信号之比来确定检测位点的甲基化水平。

8. 微流控芯片

微流控芯片（microfluidic chip）是一类新型液滴操纵技术的统称，准确地控制纳升级液滴来实施复杂的实验室实验方案，这一创新免去了流程中的大部分手动步骤，例如测序文库制备、验收、标准化。常见液滴操纵技术有介电润湿（electrowetting-on-dielectric，EWOD）、介电泳、声表面波、静电力、磁力液滴操纵技术等。其中介电润湿型液滴操纵技术运用了液滴在疏水化表面的介电润湿现象即电湿效应。电湿效应是通过外加电压来改变液体表面浸润性的能力，使水滴在疏水表面上自然地形成珠状液滴，但在液滴与绝缘电极之间施加电压后，液滴开始在疏水表面铺展开来。数字微流体利用电湿效应来控制液滴，将电信号施加于电极阵列上，以此确定每颗液滴的大小和位置，连续开关相邻电极上的电压，计液滴移动。因此，微流控芯片具有液体流动可控、消耗试样和试剂极少、分析速度呈十倍上百倍地提高等特点，它可以在几分钟甚至更短的时间内同时分析上百个样品，并且可以在线实现样品的预处理及分析。

四、测序技术

测序技术即对多聚体中单体排列顺序进行测定的方法，如测定DNA、寡肽、多糖链基本组成单位残基（核苷酸、氨基酸、单糖等）的排列顺序。DNA测序是对DNA分子一级结构的分析。在法医学领域，对不同法医物证检材的DNA序列进行分析比对可以为法医生物学检材的个体识别鉴定等提供线索。

常用的DNA测序技术有第一代测序技术、第二代测序技术、第三代测序技术等。本部分将对DNA测序技术的发展、测序原理及应用进行介绍。

（一）第一代测序技术

第一代测序技术包括Sanger双脱氧核苷酸链终止法（double nucleotide chain termination method）和Maxam化学降解法。Sanger双脱氧核苷酸链终止法是一种经典的DNA测序技术，使用的是1975年由弗雷德里克·桑格（Frederick Sanger）和艾伦·库尔森（Alan Coulson）开创的链终止法。该法利用DNA聚合酶，以待测DNA单链为模板复制出大量DNA片段，同时用一种"终止核苷酸"ddNTP干涉此DNA复制过程。2001年完成的首个人类基因组图谱就是以改进了的Sanger双脱氧核苷酸链终止法为基础进行测序的。Maxam化学降解法使用的是由艾伦·马克萨姆（Allan Maxam）和沃尔特·吉尔伯特（Wakter Gilbert）于1976—1977年发明的化学链降解法，该测序方法采用特殊的化学试剂将靶DNA链降解，产生一系列长短不同的片段，然后对片段的末端碱基进行分析以获取DNA的序列信息。近年来，DNA测序技术不断发展，应用PCR扩增原理的DNA循环测序技术建立后，DNA测序已经实现高效化与自动化。在此过程中，Sanger双脱氧核苷酸链终止法得到了不断改进。

1. Sanger双脱氧核苷酸链终止法

1）基本原理。

DNA模板在DNA聚合酶、寡核苷酸引物、4种单脱氧核苷酸dNTP（dATP，dTTP，dCTP，dGTP）存在的条件下复制时，如果在DNA复制反应体系中按比例加入双脱氧核苷酸（$2'$，$3'$-ddNTP），只要ddNTP掺入链末端，该链就停止延长，链末端掺入dNTP的片段可继续延长。一般在1个DNA模板的测序反应中设置4组反应体系：A、T、C、G。每组反应对应1种碱基，各组体系中除加入dNTP外，还分别加入相应的ddATP、ddTTP、ddCTP、ddGTP。反应从一段寡核苷酸引物结合到被测序DNA模板上开始，通过DNA聚合酶选择正常dNTP加入而继续延伸合成链或选择ddNTP而终止合成链，各组反应分别产生以相应ddNTP结束的不同长度的一系列合成链混合物。反应终止后，通过PAGE的4个泳道进行分离，分别分离各组反应体系中长短不一的DNA片段（长度相邻者仅差1个核苷酸），根据DNA片段3′端的ddNTP，便可依次阅读靶DNA片段的核苷酸排列顺序。（图2-26）

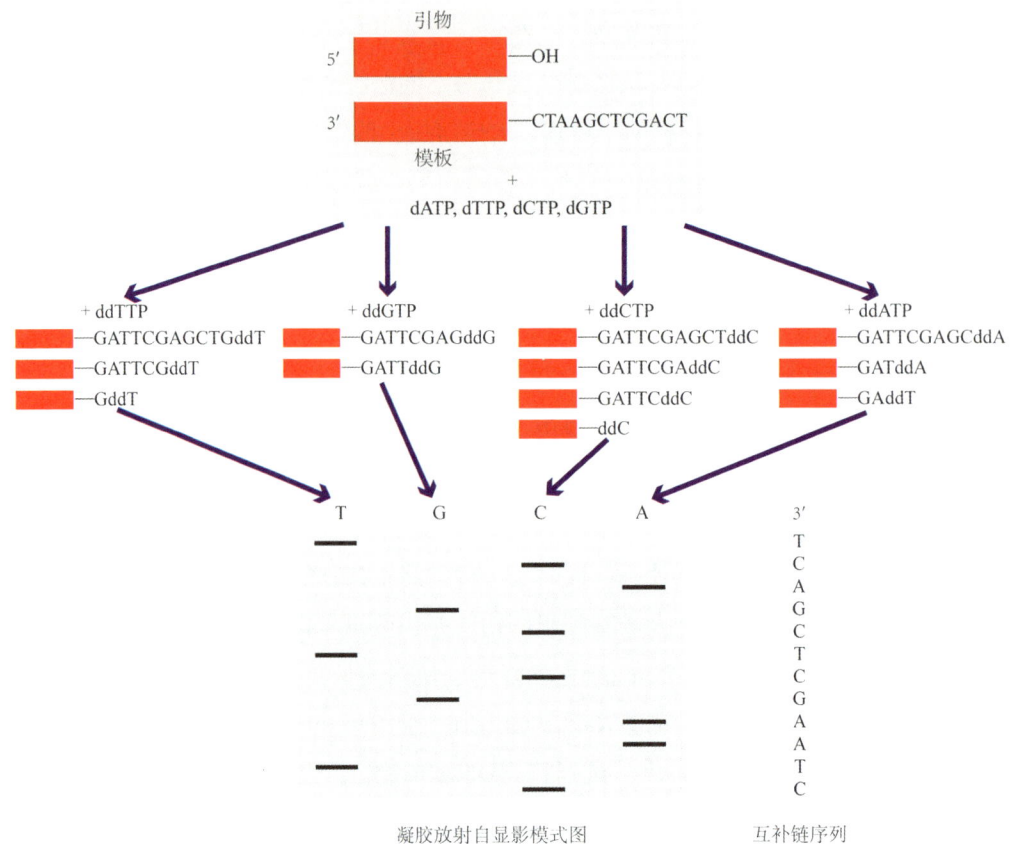

图2-26 Sanger双脱氧核苷酸链终止法测序基本原理示意

2）基本操作步骤。

Sanger双脱氧核苷酸链终止法测序有3个主要步骤：准备待测序的DNA模板；进行DNA链合成反应，即测序反应；通过PAGE进行电泳分离DNA片段，显带并读取序列信息。

（1）DNA模板的准备。常用的技术是将靶DNA片段插入噬菌体M13或者质粒载体构建重组DNA，再经过克隆增殖与纯化，获得含靶DNA片段的重组体。然后以靶DNA片段两端侧翼的载体已知序列作为测序反应的引物，引导测序反应。由于克隆载体的序列是已知的，所以可以引导任何靶DNA片段的测序反应，故被称为"通用引物"。

（2）DNA链合成反应。在4个反应管中加入适量的引物2 ng/μL、模板DNA、0.5 mmol/L dNTP、10 mmol/L ddNTP、反应缓冲液（10 mmol/L Tris-HCl，pH为

8.0；10 mmol/L $MgCl_2$）和DNA聚合酶。反应体系先在55 ℃水浴中孵育30 min，然后缓慢降至室温，使模板DNA与引物结合并延伸。较早的dNTP标记物为^{32}P，因为其具有放射性，有的实验室改用非同位素标记物，如生物素、碱性磷酸酶等。DNA聚合酶常用的有大肠埃希菌DNA聚合酶Klenow片段、T7聚合酶、测序酶和Taq DNA聚合酶等。

（3）电泳及显带。

A. 电泳分离合成的DNA片段。编号为A、T、C、G的4管反应产物分别加样于比邻的4个点样槽，稳压1 800 V，60 ℃电泳。待载样指示剂溴酚蓝电泳至凝胶底部即停止电泳。由于每一反应管中只加一种ddNTP，则该管中各种长度的DNA都终止于该种碱基处。所以凝胶电泳中该泳道不同带的DNA 3′末端都为同一种ddNTP。

B. 放射自显影和序列分析。取出凝胶，80 ℃抽真空烤干凝胶，与X胶片直接接触曝光24 h。胶片显影及定影后，从电泳谱带读取DNA序列信息。

2. DNA自动测序技术

研究人员在多年实践中对Sanger双脱氧核苷酸链终止法进行不断改进，目前自动化测序已经成为DNA测序的主流技术。DNA自动测序技术是于20世纪80年代末建立的一种高效、快速、自动化的序列测定技术，该测序技术是以4种荧光染料基团分别作为4种ddNTP终止链的标记物，即4种被ddNTP终止的DNA片段分别带上4种不同的颜色。

荧光染料基团作为标记物的基本要求：①经过激光诱发的吸收光谱波长在可见光波长的范围内，不影响DNA片段的延伸反应，不影响标记后DNA片段的电泳性质；②4种荧光的吸收光波长和激发光波长要有明显的差异以便于检测。

荧光染料基团的掺入方式有两种：一种是将荧光染料预先标记在测序反应通用引物的5′端，随后测序反应在4个反应管中分别进行，特定的荧光染料与相应的反应管中的ddNTP是对应关系。例如荧光示踪染料6-FAM标记的通用引物总是与ddATP加在同一个反应管中，因此由ddATP终止的所有延伸链都带有6-FAM。这种方式被称为Dye-Primers。另一种方式是将荧光染料基团连接在ddNTP上，4种荧光染料基团分别与4种ddNTP底物连接，反应产生的4组DNA片段分别由特定ddNTP所终止，并且标记有4种不同的荧光染料基团。这种方式被称为Dye-Terminators。对于这两种方法，前者要求反应在4个反应管中分别进行，而后者的4组反应可以在同一反应管中完成。这两种方法都能确定4种荧光与4种ddNTP所终止的DNA片段之间的对应关系，这是后来从电泳中检测标记物信号以及最终序列信息判读的基础。

无论是PAGE还是毛细管电泳（capillary electrophoresis，CE）平台，都配置了激光束激发系统和荧光信号收集检测系统。当DNA片段电泳通过检测窗口时，在激光束的激发下，DNA片段的电泳时间和被激发的荧光的波长、强度等信号都被记录，由计算机自动处理数据，最后在屏幕上显示出每一DNA模板的各终止片段电泳分离的模拟图像。不同颜色的峰标示各自标记的碱基及其排列顺序。

（二）第二代测序技术

第二代测序技术又称高通量测序技术、大规模平行测序（massively parallel sequencing，MPS）技术、下一代测序技术（next generation sequencing，NGS），是对第一代测序技术的划时代变革的核心。它克服了第一代测序技术操作步骤烦琐、效率低和速度慢等缺点，是对传统测序技术一次革命性的创新与改良，可同时对几十万至几百万条DNA分子进行测序。

高通量测序技术的核心思路是边合成边测序，即通过捕捉新合成的DNA片段末端的标记来确定DNA序列。高通量测序技术自诞生至今经历了一系列的技术改良，以边合成边测序为原理的高通量测序平台主要有：Roche公司的454 GS FLX焦磷酸测序平台、Illumina公司的Hiseq/Miseq系列测序仪、Thermo Fisher Scientific公司的Ion Torrent测序仪以及华大智造DBNSEQ系列测序仪。这些测序平台的共同特点是测序通量高，读取长度从几十个到几百个碱基不等，不同的测序平台一次实验可以读取的碱基数从1 Gb到几十Gb不等。目前，基于高通量测序技术已经开发出了应用于法医遗传学研究的试剂盒，可被应用于SNP、短串联重复序列（short tandem repeat，STR）、微单倍型、线粒体基因组和法医微生物等的检测。

1. 焦磷酸测序技术

1）基本原理。

焦磷酸测序平台是最早上市的高通量测序平台。焦磷酸测序技术的原理是引物与模板DNA退火后，在DNA聚合酶、ATP硫酸化酶、荧光素酶和腺三磷双磷酸酶这4种酶的协同作用下，将引物上每一个dNTP的聚合与一次荧光信号的释放偶联起来，通过检测荧光的释放和强度，达到实时测定DNA序列的目的。

在每一轮测序反应中，反应体系中只加入1种dNTP。如果它刚好能和DNA模板的下一个碱基配对，则会在DNA聚合酶的作用下，添加到测序引物的3′末端，同时释放出一个分子的焦磷酸（pyrophosphoric acid，PPi）。在ATP硫酸化酶的作用下，生成的PPi可以和反应底物5′-磷酰硫酸结合形成ATP；在荧光素酶的催化下，生成的ATP又可以和荧光素结合形成氧化荧光素，同时产生可见光。通过微弱光检测装置及处理软件可获得一个特异的检测峰，峰值的高低则和相匹配的碱基数呈正比。如果加入的dNTP不能和DNA模板的下一个碱基配对，则上述反应不会发生，也就没有检测峰。反应体系中剩余的dNTP和残留的少量ATP被腺三磷双磷酸酶降解。待上一轮反应完成后，加入另一种dNTP，使上述反应重复进行，根据获得的峰值图即可读取准确的DNA序列信息。

2）基本操作步骤。

（1）DNA文库制备。首先利用喷雾法将待测的目的DNA分子打断成300~800 bp的片段，然后在DNA片段的5′端加上一个磷酸基团，3′端变成平端，并在片段两端分别加上不同的接头，组成目的DNA的待测文库。加上接头的目的是使DNA片段在生物素和链霉亲和素的作用下，同含有过量链霉亲和素的磁珠特异性结合。

（2）乳液PCR。焦磷酸测序技术在DNA扩增过程中将单链DNA结合在"水包油"的磁珠上，并在上面孵育、退火。

A. 乳液PCR。在PCR反应前，将包含PCR所有反应成分的水溶液注入高速旋转的矿物油表面，水溶液瞬间形成无数个被矿物油包裹的小水滴。这些"水包油"包被的磁珠表面含有与接头互补的DNA序列，单链DNA序列能够特异地结合在磁珠上。目的DNA片段固定到一个磁珠上之后，将磁珠包被在单个油水混合小滴（乳滴），在这个乳滴里进行独立的扩增，没有其他的竞争性或者污染性序列的影响，从而实现了所有目的DNA片段进行平行扩增的乳液PCR。

B. DNA扩增产物的富集。当反应完成后，可以破坏孵育体系并将带有DNA片段的磁珠富集下来。之后，将磁珠上的DNA片段进行扩增，每个小片段都将被扩增约100万倍，从而达到下一步测序所要求的DNA量。

（3）焦磷酸测序。

测序前，需要先用一种聚合酶和单链结合蛋白处理带有DNA的磁珠，接着将磁珠放入PTP（pico titer plate）反应板上。PTP反应板含有160多万个由光纤组成的小孔，每个小孔只能容纳一个磁珠，构成一个独立的PCR体系。该体系包括焦磷酸测序所需要的所有底物，而所有的DNA模板都结合在孔中水油包被的磁珠上。

测序开始时，放置在4个单独试剂瓶里的4种碱基，依照T、A、C、G的顺序依次循环进入PTP反应板，每次只进入1个碱基。如果发生碱基配对，就会释放一个PPi分子。PPi在ATP硫酸化酶的催化下与腺苷酰硫酸反应生成ATP，ATP与荧光素反应产生荧光，光信号的最大波长约为560 nm。

反应释放出的光信号实时被仪器配置的高灵敏度电荷耦合器件照相机捕获到。有一个碱基和测序模板进行配对，就会捕获到一分子的光信号，由此一一对应，就可以准确、快速地确定待测模板的碱基序列，读长可为近500 bp。反应结束后，游离的dNTP会在双磷酸酶的作用下降解ATP，从而导致荧光淬灭，以使测序反应进入下一个循环。

3）焦磷酸测序技术的特点。

与传统测序技术相比，焦磷酸测序技术的优点：①高通量性：每一次循环反应，可产生大于1 Gb的数据，读取10亿个碱基。②效率高：每一次循环反应仅需1 d。③精读范围大：可精读18 bp以上的重复序列。④方向多元：可进行400 bp长度的末端双向测序。

焦磷酸测序技术的缺点：因为无法准确测量同聚物的长度，可能会引入错误的插入和缺失。即由于没有终止元件来终止反应，如果被测序片段中含有几个连续的相同碱基，在测序时会连续发出同样的光信号，信号会不断发出，这样就无法确定重复的碱基的长度。

2. Illumina测序技术

1）基本原理。

Illumina测序技术是目前最主流的高通量测序技术之一，其核心技术是桥式PCR和可逆末端终止。

桥式PCR通过模板DNA的扩增获得大规模分子簇，以达到荧光检测所需的信号要求（单条DNA所激发的荧光强度较低，难以被检测到）。桥式PCR是在Illumina公司系列测序仪流动槽表面发生的扩增反应。在流动槽生产过程中，它的表面包被了2种不同的寡核苷酸，通常被称为"P5"和"P7"。桥式PCR的第一步是将单链测序文库（带有互补的接头末端）上样到流动槽中。当文库沿着表面"流动"时，文库中的单个分子与互补的寡核苷酸结合。当连接片段的另一端弯曲，与表面的另一条互补寡核苷酸"形成桥"时，完成启动。反复的变性和延伸循环（与PCR类似）使得单个分子在局部被扩增成数百万个独特的克隆簇。这个"成簇"的过程发生在高通量测序仪内置的簇模块中。

Illumina测序反应是可逆终止化学反应。DNA片段加上接头之后，可以随机地附着于固相载体表面，并且在固相载体的表面经过桥式PCR。这样就形成了数千份相同的单分子簇，被用作测序模板。测序采取边合成边测序的方法，和模板配对的ddNTP原料被添加上去，不配对的ddNTP原料被洗去，成像系统能够捕捉荧光标记的核苷酸。

在测序体系中，用的是4种含有荧光标记的ddNTP。这些特殊的ddNTP的3′—OH被化学方法所保护，一次只会被添加一个碱基。同时，在dNTP被添加到合成链上后，所有未使用的游离dNTP和DNA聚合酶会被洗脱掉。接着，再加入激发荧光所需的缓冲液，用激光激发荧光信号，并由光学设备记录荧光信号，最后利用计算机分析，将光学信号转化为测序碱基。荧光信号记录完成后，再加入化学试剂淬灭荧光信号并去除dNTP 3′—OH保护基团，以便能进行下一轮的测序反应。

2）基本操作步骤。

（1）DNA文库制备。将目的DNA分子打断成100～200 bp的片段，随后将不平整的末端补齐成平末端。

（2）末端修饰和添加接头。

A. 末端补齐后使用Klenow酶在3′端加上一个特异性碱基A。

B. 3′端加A后用连接酶加上特异性接头，它和流动槽表面包被的"P5"和"P7"是互补的。

C. 对连接好接头的DNA混合物（DNA文库）进行PCR扩增，以保证DNA样品浓度能够达到上机的要求。

（3）DNA模板的随机附着和桥式PCR扩增。

A. 锚定桥接和预扩增。Illumina测序反应在检测芯片（flow cell）中进行，检测芯片可分成8个泳道（lane），每个泳道的内表面有无数的被固定的单链接头。将上述步骤中得到的带接头的DNA片段变性成单链，随后与测序通道上的接头引物结合，使DNA文库随机连接到固相基质检测芯片上。随后加入dNTP和DNA聚合酶，就会以DNA文库为模板合成一条新的互补链。

B. 在检测芯片中加入NaOH溶液使DNA双链解链，随后DNA文库那条链被冲走，新合成的链由于与种植在泳道内表面的引物连接，所以会被保留。

C. 在检测芯片中加入中和液体中和碱液，使环境变为中性。此时DNA链的另外一端会弯曲下来与另一个锚定在检测芯片上的引物发生互补杂交。加入DNA聚合酶和dNTP，DNA聚合酶沿着第二个引物合成出一条新的DNA链。

D. 再加入碱液，使DNA两条链解开，然后再加入中和液，两条DNA单链会和新的引物杂交互补，再加DNA聚合酶和dNTP，又从新的引物合成新的链。

E. 连续重复步骤D，DNA链的数量会以指数方式增长。

（4）测序反应。

A. 测序反应与Sanger双脱氧核苷酸链终止法测序类似，加入用4种不同荧光标记并结合了可逆终止剂的dNTP。固相基质上每个孔有8道独立检测的位点，所以一次可以并行8个独立文库，可容纳数百万个模板克隆，可把多个样品混合在一起检测，每个固相基质上一次可读取10亿个碱基。

B. DNA簇与单链扩增产物的通用序列杂交，由于终止剂的作用，DNA聚合酶每次循环只延伸1个dNTP。每次延伸所产生的光信号被标准的微阵列光学检测系统分析测序，下一次循环中把终止剂和荧光标记基团裂解，然后继续延伸dNTP，实现边合成边测序。

3）Illumina测序技术的特点。Illumina测序技术每次只添加1个dNTP，能够很好地解决同聚物长度的准确测量问题。它的主要测序错误来源于碱基的替换,目前它的测序错误率仅在0.7%~1%。它的主要缺点是光信号衰减和移相使序列读长较短。

3. Ion Torrent测序技术

Ion Torrent测序是以半导体芯片为载体,通过检测DNA链在合成时释放的H^+引发的pH变化,把化学信号转变成电信号,从而获取碱基信息的边合成边测序技术(原理见图2-27)。Ion Torrent系列测序平台有Ion PGM、Ion Proton、Ion S5和Ion S5 XL。这几款测序仪对应可使用的芯片有Ion 520、Ion 530和Ion 540。

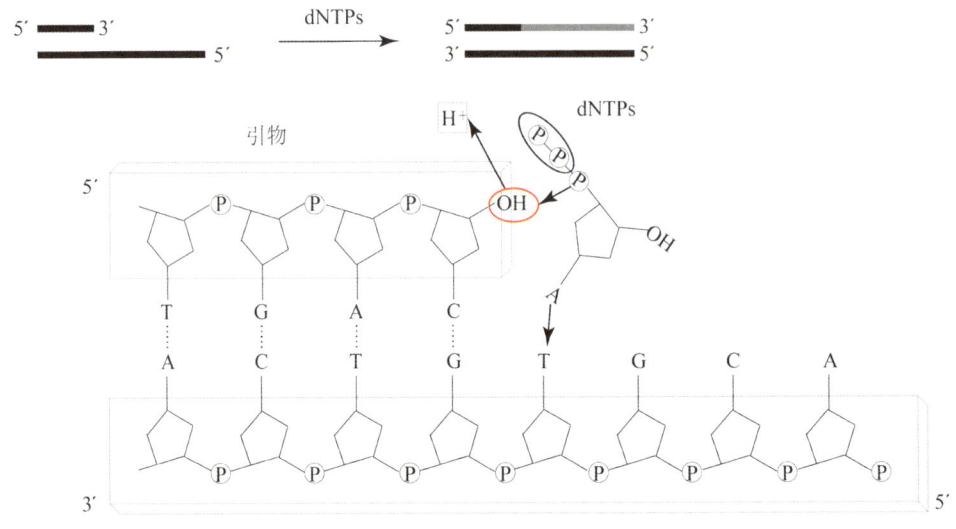

图2-27 Ion Torrent测序技术的原理

1)基本原理。

Ion Torrent测序主要利用后光学原理,直接检测H^+,无须荧光检测。Ion Torrent平台采用半导体芯片测序原理,使用了一种高密度半导体小孔芯片,该芯片置于一个离子敏感层和离子感受器之上,每当有核苷酸分子被掺入时就会释放出H^+,导致局部可检验的pH发生变化,而离子感受器就会探测到这种变化,从而将其转换为数字信号。如果待测DNA链上有两个相同的碱基,则检测到双倍电压,芯片则记录两个相同的碱基。如果模板上的核苷酸与微芯片流的核苷酸不匹配,则检测不到电压,也不会记录碱基。

2)基本操作步骤。

(1)DNA文库制备。

A. 目的DNA片段扩增。按照Ion Torrent测序基本流程说明书对模板DNA进行多重PCR扩增。随后加入FuPa试剂对扩增引物序列进行消化。

B. 制备标签系列(barcode)-接头(adapter)混合溶液,制备完成后开始进行加接头反应。扩增得到目的DNA片段后，需要在序列两端加上P1接头和X接头/A接头。P1接头序列与测序磁珠上的引物序列互补，用于文库与测序磁珠相连。X接头、A接头是测序起始端，二者的差别是X接头带有标签序列而A接头不带。如果文库构建时使用的是A接头，无法区分不同文库，因此测序时一张芯片只能放一种文库。如果文库构建时使用的是X接头，可通过不同标签系列区分不同文库，因此测序时一张芯片可以放多个文库。

C. 文库的纯化。首先准备70%乙醇溶液，随后向每个文库中加入1.5倍文库总体积的磁珠纯化试剂（AMPure XP Reagent）。将离心管置于磁力架两侧，静置约2 min，待溶液变澄清，随后小心地弃掉上清液。接下来向每个离心管中加入适量最新配制的70%乙醇进行洗涤，如此重复洗涤2次。随后向离心管中加入Low-TE缓冲液充分浸润并分散磁珠。最后将离心管置于磁力架两侧，静置至少2 min，随后将含有纯化的文库的上清液转移至无菌PCR扩增管中备用。

D. 使用实时定量PCR进行文库定量。

（2）模板制备。Ion Torrent测序平台的模板制备利用的是乳液PCR，也称油包水PCR。油包水PCR包括油相和水相。其中水相是核心，油相起到分隔作用。水相中包括了DNA文库、引物、酶、Master Mix和测序磁珠这5种PCR反应的主要成分。这些磁珠的表面，共价连接了许多的PCR引物，这个引物的序列正好和文库的P1接头是互补的。水相中的另外一个成分是游离的PCR引物，它的5′端标记了生物素，这个引物的序列与A接头或者X接头相一致。

目前Ion Torrent测序系统常使用Ion Chef平台进行自动模板制备。

A. 在Torrent Suite软件上创建新的测序运行程序，选择所需的分析插件、参照序列、目标区域bed文件、热点区域bed文件以及芯片类型，并编辑样本名及对应的标签序列。

B. 将纯化后的文库稀释到相同文库浓度。把同一张芯片上的待测文库按照等体积混合到一起，随后分别吸取适量文库混合液加入对应的Ion Chef文库样本管。

C. 按照说明书要求准备模板、制备所需耗材，并将试剂盒和耗材按照要求放入Ion Chef仪器对应的位置。

D. 确认所有试剂盒和耗材正确安装后，合上Ion Chef仪器门，等待仪器扫描所有耗材和试剂的条形码以验证它们的兼容性，随后开始进行自动模板制备。模板制备流程结束后取出待测芯片。

（3）测序反应与结果判读。目前Ion Torrent测序系统常使用的测序平台为Ion S5/Ion S5 XL系统。

A. Ion S5/Ion S5 XL系统初始化。待仪器门、芯片夹、试剂盒夹打开后，清空废液池，安装新的试剂瓶和试剂盒。关上Ion S5/Ion S5 XL仪器门，开始运行仪器（初始化）。

B. 初始化结束后，放入待测芯片，关闭芯片夹和仪器门，核对自动弹出的测序运行程序是否正确。核对无误后，开始进行芯片的测序反应。

C. 仪器会自动将数据传送到Ion Torrent测序系统预装分析套件的计算机服务器上，通过信号处理和碱基算法分析，产生单次读长的相关DNA序列。

3）Ion Torrent测序技术的特点。

Ion Torrent测序技术基于扩增子富集技术制备文库时，对起始样本量要求较低。同时，在测序过程中无须检测荧光信号，无须拍照，直接记录碱基合成时的H^+信号，因此测序速度很快，测序速度基本上只取决于待测片段的长度。并且，由于无须特殊修饰的dNTP和昂贵的激光器、成像等设备，极大降低了测序成本。另外，该法可达到极小的测序偏差和高测序覆盖均衡度。Ion Torrent测序技术的缺点为测序通量还不够大，增加半导体芯片的容量将有望提高测序仪的处理能力。

4. 华大测序技术

目前，中国基因测序产业的规模与创新研究正快速发展，华大基因、吉因加、泛生子等以基因测序服务为主的公司在全球市场占有一席之地。此外，在技术壁垒更高的基因测序平台和设备方面，华大智造也实现了国产化突破。

1）基本原理。

华大智造测序仪采用先进的DNBSEQ测序技术，通过仪器气液系统先将DNA纳米球（DNA nanoball，DNB）泵入规则阵列芯片并加以固定，再泵入测序模板及测序试剂。测序模板与芯片上DNB的接头互补杂交，在DNA聚合酶的催化下，测序模板与测序试剂中带荧光标记的探针相结合。然后相机采集由激光器激发不同荧光基团所发射的光信号，光信号经过处理后转换成数字信号，并传输到计算机进行处理，即可获取待测样本的碱基序列信息。

2）基本操作步骤。

（1）制备DNB。

A. 依据文库插入片段大小和预期产出数据量选择合适的测序试剂盒。

B. 从测序试剂盒中取出DNB制备缓冲液、DNB快速聚合酶混合液Ⅱ、TE缓冲液和DNB终止缓冲液，置于冰盒上约0.5 h备用。

C. 按照建库说明书要求准备DNB制备反应体系1，按照DNB制备反应条件1进行PCR反应。当PCR仪达到4 ℃后取出PCR管，加入DNB制备反应组分2（DNB快速聚合酶混合液Ⅱ和DNB聚合酶混合液Ⅱ），按照DNB制备滚环扩增条件进行PCR反应。当PCR仪达到4 ℃后取出PCR管加入DNB终止缓冲液。操作全程，DNB都要置于冰上；制备好的DNB可置于4 ℃保存备用，并于4 h内使用。

D. DNB制备完成后，取用2 μL DNB进行浓度检测。

（2）加载DNB。

A. 从冰箱中取出测序载片彩盒，将载片从彩盒中取出。此时不要拆开真空包装袋。

B. 将载片在室温环境下放置1～24 h。使用前再打开载片真空包装袋，开始DNB加载。

C. 准备DNB加载体系，根据测序读长不同选择相应DNB加载缓冲液。

D. 依据实际需求和实验室条件选择相应的DNB加载方式，如测序仪加载、MGIDL-200RS全自动样本加载和MGIDL-200H便携式加样器加载等。

（3）测序反应。

A. 准备测序试剂槽，检查其完整性和解冻程度，随后将试剂槽颠倒混匀。

B. 提前取出dNTP混合液、dNTP混合液Ⅱ和DNA聚合酶混合液置于冰上或4 ℃备用。

C. 按照说明书要求在测序试剂槽对应位置轻戳出一个直径约2 cm的加样孔位。将DNA聚合酶混合液加入准备好的dNTP混合液中，混匀后将混合液全部加到1号孔中。同时将DNA聚合酶混合液加入准备好的dNTP混合液Ⅱ中，混匀后将混合液全部加到2号孔中。

D. 使用配套的透明封口膜将1号和2号加样孔封住；试剂槽水平放置在桌面上，双手握住两侧，顺时针与逆时针分别摇晃10～20次，以保证试剂充分混匀。试剂槽混匀后，撕掉1号和2号孔位的封口膜。

E. 依据单端测序或双端测序等不同测序方式及测序读长设置相应的测序程序。按照说明书要求放置测序试剂槽和加载成功DNB的载片，复核信息后开始测序。

F. 测序完成后测序仪会自动进行标签序列拆分（如有选择性地拆分标签序列）和FASTQ文件输出。

3）华大测序技术的特点。

华大智造测序仪使用的DNBSEQ测序系统具有高准确性、低序列重复率和低标签跳跃率等特点。DNBSEQ系列测序系统采用的核心技术包括DNA纳米球测序技术、CoolMPS技术等。DNA纳米球测序技术利用通过滚环扩增将DNA片段扩增形成纳米级的DNA球，实现承载DNA和信号放大，具有快速、高效和成本低廉等特点。而CoolMPS技术是全球首个基于抗体的大规模平行测序方法。CoolMPS技术使用的dNTP未在碱基上标记荧光，新合成链中的碱基为天然碱基，可有效避免传统测序方法中的DNA"疤痕"积聚对后续测序准确性的影响，荧光信号更强，聚合反应效率更高，测序准确性更高，测序潜力更大。

（三）第三代测序技术

第三代测序技术又被称为单分子测序技术或从头测序技术（de novo sequencing）。在DNA测序时，无须经过PCR扩增，可实现对每一条DNA分子进行单独测序。第三代测序技术的发明人是斯蒂芬·特纳（Stephen Turner）和乔纳斯·考尔拉赫（Jonas Korlach）博士，该技术可被应用于基因组测序、甲基化研究和突变鉴定（SNP检测）等研究方向。目前，第三代测序技术以单分子荧光测序和纳米孔测序为代表。

1. 单分子荧光测序

单分子荧光测序的代表性技术为美国太平洋生物（Pacific Biosciences，PacBio）的SMRT（single molecule real time sequencing）技术。

1）基本原理。

PacBio SMRT技术也应用了边合成边测序的思路，并以SMRT芯片为测序载体（如同flow cell）。用不同荧光标记A、C、G、T这4种碱基，在碱基的配对阶段，不同的碱基加入会发出不同的荧光，根据荧光的波长与峰值可判断进入的碱基类型。

DNA聚合酶是实现超长读长的关键之一，读长主要与酶的活性保持有关，它主要受激光对其造成的损伤所影响。PacBio SMRT技术的一个关键点在于如何将反应信号与周围游离碱基的强大荧光背景区别出来。此技术利用了零模波导孔（zero model Waveguide，ZMW）原理。如同微波炉壁上可看到的很多密集小孔，这些小孔的直径有严格要求，如果直径大于微波波长，能量就会在衍射效应的作用下穿透面板从而泄露出来（光波的衍射效应），从而与周围小孔相互干扰（光波的干涉）。如果孔径能够小于波长，那么能量就不会辐射到周围，而是保持直线状态，从而可起到保护的作用。同理，在一个反应管（SMRT Cell：单分子实时反应孔）中有许多这样的圆形纳米小孔，即ZMW，外径为100多纳米，比检测激光波长小（数百纳米），激光从底部打上去后不会穿透小孔进入上方的溶液区，能量会被限制在一个小范围，正好足够覆盖需要检测的部分，使得信号仅仅只是来自这个小反应区域，孔外过多的游离dNTP依然留在黑暗中，从而实现将背景噪音降到最低的目的。

PacBio SMRT技术除能够检测普通的碱基之外，还可以通过检测相邻两个碱基之间的测序时间，来检测碱基的表观修饰情况，如甲基化。因为假设某个碱基存在表观修饰，则通过聚合酶时的速度会减慢，那么相邻两峰之间的距离会增大，我们可以通过这个时间上的差异来检测表观甲基化修饰等信息。

2）基本操作步骤。

（1）DNA文库制备。基因组DNA经过片段化和末端修复后，将发夹式接头连接到双链DNA分子两端，形成环状的SMRT bell结构。随后，测序引物通过退火结合至接头区域，DNA聚合酶结合至引物-模板复合物，无须PCR扩增即可完成文库构建，直接用于单分子实时测序。

（2）测序反应。将待测序文库加入芯片后，文库随机进入ZMW孔。文库上的DNA聚合酶被固定在ZMW底部的玻璃板上，溶液中充满许多游离的4种带不同颜色荧光基团的dNTP，这些荧光基团标记在dNTP的磷酸基团上。

SMRT测序反应过程中，当游离dNTP足够靠近底部时被固定在ZMW底部的酶捕获，若dNTP与模板链成功配对，此时会被激发光照射发出荧光，并被信号采集器记录下来。合成完成后，荧光基团随着磷酸基团自然脱落，开启新一轮测序反应。

（3）结果判读。不同荧光标记的dNTP结合在每个孔的单分子模板上时可激发出不同波长的荧光，根据荧光的波长与峰值可判断加入的dNTP种类。此外，可通过检测两个相邻碱基之间的测序时间来实现碱基修饰的检测，即如果碱基存在修饰，则通过聚合酶时的速度会减慢，相邻两峰间的距离会增大。

3）PacBio SMRT测序技术的特点。

PacBio SMRT测序技术使用的DNA聚合酶具有很高的活性，可以实现长读长检测，通常可以读取10 kb及以上。PacBio SMRT测序速度快，每秒约10个碱基，通量可达7 Gb/d。但反应中产生的每个错误都会被记录下来，因此PacBio SMRT技术测序错误率比较高。

2. 纳米孔测序技术

纳米孔测序技术的代表性公司为英国牛津纳米孔公司（Oxford Nanopore）。相关的测序平台有MinION、GridION和PromethION。2021年12月，成都齐碳科技有限公司发布了自主研发的纳米孔基因测序仪QNome-3841及配套芯片和试剂。

（1）基本原理。纳米孔测序采用的是电泳技术，借助电泳驱动单个分子逐一通过纳米孔来实现测序。由于纳米孔的直径非常细小，仅允许单个核酸聚合物通过，而A、T、C、G的带电性质不一样，通过电信号的差异就能检测出通过的碱基类别，从而实现测序。

（2）纳米孔测序技术的特点。纳米孔测序技术的读长比PacBio SMRT测序技术长得多，基本在几十至上百kb。纳米孔测序能够直接读取出甲基化的C，而不必像高通量测序那样需要事先对基因组进行重亚硫酸盐处理，这是因为存在甲基化的碱基激发的电流强度是不同的。对于MinION来说，最大的特点除极小的体积之外，就是数据是可实时读取的,并且起始DNA在测序过程中不被破坏。该测序技术的缺点是存在非随机的测序错误,错误率通常在5%~15%。

第四节 组学分析技术

一、基因组学

一个物种单倍体细胞中的一套完整的遗传物质被称作该物种的基因组,包括细胞核基因组和细胞质基因组。基因组学(genomics)是基于全基因组测序(whole genome sequencing,WGS)来研究生物体内基因组的分子特征的一门学科,是现代遗传学的一个新的分支学科,是伴随噬菌体Φ-X174、嗜血流感菌(*Haemophilus influenzae*)等物种基因组计划及人类基因组计划实施过程形成的一门包含结构基因组学、功能基因组学、比较基因组学、宏基因组学、营养基因组学的交叉学科。该学科以基因组为单位,通过基因表达测量和基因功能鉴定等方法提供基因组信息及相关数据,通过生物信息学、遗传分析等手段研究基因组的组成、结构、表达调控机制、进化规律和生物学意义,试图解决生物、医学和工业领域的重大问题。

(一)结构基因组学

结构基因组学是重点研究基因组位置和结构,并构建高分辨率的遗传图谱(连锁图谱)、物理图谱、序列图谱(分子水平的物理图谱)和转录图谱的学科。

1. 遗传图谱

遗传图谱(genetic map)又称连锁图谱(linkage map),指基因或DNA分子标记在染色体上的相对位置与遗传距离,用厘摩(cM)表示。1 cM的遗传距离表示在100个配子中有1个重组子。通过遗传图谱可分清各基因或分子标记之间的相对距离与方向。构建遗传图谱时所用的遗传标记主要包括形态标记、细胞学标记、免疫生化标记和DNA分子标记。前3种标记都是以基因表达的结果(表现型)为基础,是对基因的间接反映;而DNA分子标记则是DNA水平遗传变异的直接反映,无表型效应,不受环境影响,也不受基因表达与否的限制,能对各发育时期的个体、组织器官,甚至细胞进行检测。

1)形态标记。

形态标记主要是形态性状,又称为表型性状,指明确显示生物遗传多样性的外观性状,包括质量和数量性状,如株高、颜色、白化症等。形态标记数量少,易受环境、检材外观、组织类别、发育阶段、鉴定人的主观经验等因素影响,且大多数突变是致死的。由于性状的表达本身就受基因控制,因此形态标记本质上就是基因标记的外在表现。

2)细胞学标记。

细胞学标记能够明确表示遗传多态性的染色体结构特征和数量特征。细胞学标记主要指染色体核型、带型和数量特征的变异等,反映了染色体在结构上和数量上的遗传多态性。细胞学标记虽不像形态标记易受环境影响,但其变异十分有限、数量比较少,难以获得相应的标记材料,观测和鉴定比较困难,费时费力,并且由于标记对生物体的成长发育不利,常伴有对生物不好的表型效应。

3)免疫学标记和生化标记。

免疫学标记主要是血清学标记,受抗体特异性和痕量样本限制。生化标记又称为蛋白质标记,是利用蛋白质的多态性作为遗传标记,例如同工酶、等位酶和贮藏蛋白。生化标记的优点是不受环境影响,且数量较多。缺点是此类标记有组织特异性,受发育时间的影响,反映的是编码区域的表达信息;且此类标记数量有限,不能很好地覆盖整个基因组。

4)DNA分子标记。

DNA分子标记简称分子标记,是一种以DNA多态性为基础的遗传标记,此类标记克服了上述遗传标记的限制,不受环境和时间的影响,遍布整个基因组,数量丰富、稳定遗传、多态性强,多为共显性,且操作简单、易于实现自动化。

随着分子生物学的发展,到目前为止,普遍认为分子标记经历了三代的发展。

(1)第一代分子标记。第一代分子标记主要是以Southern blot为核心的限制性片段长度多态性(restriction fragment length polymorphism,RFLP),利用限制性内切酶消化基因组DNA,由于变异引起的碱基差异会使得酶切位点发生增减,从而形成大小不等、数量不同的分子片段。经电泳分离、Southern blot、放射自显影显示检材的多态性图谱。第一代分子标记的多态性水平依赖内切酶种类与数量,对DNA质量与拷贝数有比较高的要求;其缺点是对操作人员的人身安全有一定程度的影响。

(2)第二代分子标记。第二代分子标记主要有两大类。第一大类是基于PCR的分子标记,根据所用引物的差异又分为基于随机引物的标记和基于特异引物的标记。基于随机引物的标记包括DNA随机扩增多态性（random amplified polymorphic DNA，RAPD）和内部简单重复序列（inter simple sequence repeats，ISSR）。RAPD技术利用一个人工合成的随机寡核苷酸序列为引物对未知序列基因组进行非定点扩增，通过凝胶电泳分析DNA的多态性。RAPD技术简单、检测迅速、灵敏度高、特异性强、模板用量少；其缺点是RAPD为显性遗传，不能区分杂合和纯合，存在共迁移问题，稳定性和重复性差。ISSR技术是在微卫星分子标记基础上发展起来的，利用一段长度为16~18 bp的重复序列作为引物对简单重复序列（simple sequence repeats，SSR）之间的序列进行扩增。ISSR技术引物设计较SSR技术简单，对未知序列进行扩增时，较PFLP技术、RAPD技术、SSR技术能提供更多的遗传信息，被广泛应用在遗传作图、基因定位、遗传多样性、进化、系统发育等方面；其缺点是PCR引物的设计和扩增条件的摸索需要较长时间且ISSR标记呈显性遗传，不能区分显性纯合基因型和杂合基因型，在多基因控制的复杂性状中，也无法直接解释分子标记与表型性状之间的关联。基于特异引物的标记包括SSR和序列标记位点（sequence tagged site，STS）。SSR往往是一段由6~8个核苷酸为基本单元组成的串联重复序列，由于重复次数的不同和重复程度的不完全，每个位点具有多态性。设计SSR特异性引物必须知道重复序列两端的信息，且该重复区域保守性低，限制了SSR在其他物种中的应用，依赖遗传背景开发。STS是一种等位点标记，是将RFLP标记与PCR相结合的技术，由于STS在不同基因组间具有特异性，引物的设计是个难点，操作过程对设备、条件和操作要求比较严格。

第二大类是基于PCR和限制性酶切技术相结合的分子标记，包括扩增片段长度多态性（amplified fragment length polymorphism，AFLP）和放大剪切序列多态性（cleaved amplified polymorphic sequence，CAPS）。其中，AFLP通过限制性酶切片段的选择性扩增来显示片段长度的多态性，而CAPS通过对PCR扩增片段的限制性酶切来揭示扩增区段的多态性。AFLP和CAPS对基因组纯度和反应条件要求高。

（3）第三代分子标记。第三代分子标记主要是指SNP标记，是基因组水平上由单个核苷酸变异引起的DNA序列多态性。第三代分子标记从分子水平上对单个核苷酸的差异进行检测。目前检测SNP标记最常用的方法是RAPD法和DNA芯片法。

2. 物理图谱

物理图谱（physical map）指各遗传标记之间或DNA序列两点间的实际顺序，以物理距离来表示遗传标记在DNA分子上的位置而构成的位置图，以实际的碱基对或百万碱基对长度来度量其物理距离。用于确定各遗传标记间物理距离的物理图谱有两种：①以已定位的STS为位标，以DNA实际长度为图谱距离的基因组图谱；②以酵母人工染色体（yeast arltficial chromosome，YAC）或细菌人工染色体（bacterial artificial chromosome，BAC）连续克隆重叠群组成的物理图谱。

用于物理作图的方法主要有：①限制酶作图，即将限制性酶切位点标定在DNA分子上的相对位置，但只能应用于相对较小的DNA分子；②克隆作图；③荧光原位杂交；④STS作图。关键环节是从染色体上获取大分子DNA，再进行大片段DNA的克隆，最后进行物理作图形成物理图谱。

国际人类基因组测序策略：构建BAC克隆；经限制性酶处理获得指纹；根据指纹重叠方法组建BAC克隆重叠群；根据STS标记将BAC克隆重叠群标定在物理图上；每个BAC克隆内部采用鸟枪法测序并完成组装；将BAC插入顺序与BAC克隆指纹重叠群对比，将以阅读的顺序锚定在物理图上。

克隆重叠法：将基因组DNA切割成长度为0.1~1 Mb的大片段，克隆到YAC或BAC载体上，然后进行亚克隆，分别测定单个亚克隆的序列，再装配连接成连续的DNA分子，这是一种自上而下的测序策略。

3. 序列图谱

序列图谱指的是基因组DNA碱基的排列顺序图谱，包括转录序列、调控序列和功能未知序列，可以看作分子水平的物理图谱。获取一个物种的基因组序列图谱，通常利用全基因组测序手段。全基因组测序分为两种：

（1）从头测序。不需要任何参考基因组信息即可对某个物种的基因组进行测序，利用生物信息学分析方法进行拼接、组装，获得该物种的基因组序列图谱，从而推进该物种的后续研究。

（2）重测序。重测序是对有参考基因组物种的不同个体进行的基因组测序，并在此基础上对个体或群体进行差异性分析。其主要用于辅助研究者发现SNP位点、拷贝数变异、插入/缺失突变等变异类型，以较低的价格将单个参考基因组信息扩增为生物群体的遗传特征。全基因组重测序在人类疾病和动植物育种研究中广泛应用。

4. 转录图谱

转录图谱是利用表达序列标签作为标记所构建的分子遗传图谱。对从cDNA文库中随机挑取的克隆进行测序，所获得的部分cDNA的5′端或3′端序列称为表达序列标签，一般长300~500 bp。一般来说，mRNA的3′端非翻译区（3′-UTR）是代表每个基因的比较特异的序列，将对应于3′-UTR的表达序列标签进行放射性杂交定位，即可构成由基因组成的STS图。

（二）功能基因组学

功能基因组学是分子生物学的重要分支领域，旨在通过整合基因组测序数据，系统研究基因及其表达产物的功能、调控机制与相互作用网络。功能基因组学的核心在于突破传统单一基因研究的局限，利用高通量技术揭示生命活动的动态规律，并为疾病机制、生物进化等研究提供支撑。

（三）比较基因组学

比较基因组学是一门通过运用数理理论和相应的计算机程序，对不同物种的基因组进行比较分析来研究基因组大小和基因数量、基因排列顺序，编码序列与非编码序列的长度、数量及特征以及物种进化关系等生物学问题的学科。

（四）宏基因组学

宏基因组学又称元基因组学，是一门针对环境中所有遗传物质展开研究，通过运用数理理论和相应的计算机程序，对不同物种的基因组进行比较分析来研究基因组大小和基因数量、基因排列顺序，编码序列与非编码序列的长度、数量及特征以及物种进化关系等生物学问题的学科。

（五）营养基因组学

营养基因组学（nutrigenomics）是研究营养素和植物化学物质对机体基因的转录、翻译及代谢机理的一门科学。其主要包括两个方面：一方面是研究营养素对基因表达调控的影响，另一方面是研究基因（单基因突变、基因多态性、DNA甲基化变异等）对营养素吸收、代谢和生理功能的影响，以及二者之间相互作用对疾病发生发展的影响。

二、转录组学

转录组学（transcriptomics）是一门从RNA水平上研究基因转录和转录调控规律的学科。转录组即特定时空下一个细胞内由DNA转录出来的全部RNA的总和，包括mRNA和非编码RNA（rRNA、tRNA、snRNA、snoRNA、scRNA）。与基因组不同，转录组由于是基因的转录产物，受时间和空间的限定，即同一细胞在不同的生长时期和不同的生长环境下，其基因转录情况不完全相同，因此，通过转录组学技术可以研究特定条件下基因的表达信息，进而推断相应未知基因的功能，揭示基因的作用机制，用于疾病的筛查与诊断。转录组是连接基因组遗传信息与具有生物功能的蛋白质组的必然纽带，因此转录水平上的调控是研究得最多的，例如无参考基因组的大规模功能基因的发掘、非编码区域功能研究、转录本结构研究、基因转录水平研究、全新转录区域研究。目前用于转录组学研究的技术方法主要有基于杂交技术的芯片技术（包括cDNA芯片和寡聚核苷酸芯片），基于序列分析的基因表达系列分析（serial analysis of gene expression，SAGE）和大规模平行标签测序（massively parallel signature sequencing，MPSS）。

基因芯片（微阵列技术）是建立在Southern blot基础上，基于核酸探针（人工合成的碱基序列）互补杂交技术原理而研制的。其基本原理是利用核酸探针识别基因混合物中的特定基因，当探针与靶基因杂交后，荧光检测仪便可检测到探针上预先连接的信号源（可检测的物质），由此便可获得样品分子的数量和序列信息。基因芯片按应用领域的不同可分为表达谱芯片、测序芯片和诊断芯片。其中，表达谱芯片用于分析基因的功能、疾病的发生机理、发育模式调控机理，以及药物研究和筛选（用药前后机体不同组织器官基因表达差异）等；测序芯片主要用于测定DNA序列；诊断芯片主要用于检测基因变异和诊断疾病。但是，基因芯片无法同时大量地分析组织或细胞内基因组表达的情况，并且由于芯片的基因探针是预先设计好的，可能会漏掉非靶标或表达丰度低的基因片段。

基因芯片根据探针类型可分为寡聚核苷酸芯片和cDNA芯片（表2-2）。cDNA是以从某一生长阶段或生长条件下的细胞中分离到的全部mRNA为模板，在反转录酶的作用下合成的DNA，反映的是正在表达的基因的遗传信息，具有细胞、组织、器官特异性和时空特异性。cDNA文库是分离基因的重要手段，但要测序所有的cDNA克隆，费时费力。寡核苷酸基因芯片最早由Affymetrix公司开发研制，目前已成为功能基因组研究中最主要的技术手段。寡核苷酸芯片原理与cDNA芯片类似，主要通过碱基互补配对原则进行杂交，来检测对应片段是否存在以及存在量的多少，区别在于寡核苷酸芯片固定的探针为特定的DNA寡聚核苷酸片段，而cDNA芯片的为cDNA。寡核苷酸芯片按照应用方向的不同，可分为两类：一类是用于检测基因的表达情况的表达谱芯片，另一类是用于检测特定基因是否存在的检测芯片。

表2-2 寡聚核苷酸芯片和cDNA芯片的比较

比较内容	寡聚核苷酸芯片	cDNA 芯片
DNA 类型	寡核苷酸	cDNA
DNA 长度	小于80个碱基	500～3 000个碱基
DNA 链	单链	双链
DNA 制备	预合成或原位合成	PCR产物
连接方式	共价键	共价键或离子键
应用	基因表达谱、突变等	基因表达谱

SAGE是近年来发展的以测序为基础的分析特定组织或细胞类型中基因群体表达状态的一项技术。SAGE技术的理论依据是一个短的寡核苷酸序列（12 bp）含有鉴定一个转录物特异性的足够信息，可以作为区别转录物的标签（tag），当这些标签串联在一起，形成大量多联体，通过对多联体进行测序，并通过SAGE软件分析，可确定表达的基因种类和丰度。SAGE的显著特点是可快速高效地、接近完整地获得基因组的表达信息。SAGE可以定量分析已知基因及未知基因的表达情况，在疾病组织、癌细胞等的差异表达谱的研究中，SAGE可以帮助获得完整转录组学图谱，发现新的基因及其功能，获得基因的作用机制和调控通路等信息。

MPSS是对SAGE的改进，不必预先知道基因的序列，便能在短时间内检测任何生物体的细胞或组织内全部基因的表达情况，即可以捕获完整的转录组，并且结果以数字资料的形式输出，容易整合进庞大而复杂的数据库，是功能基因组研究的有效工具。MPSS是2000年左右由悉尼·布伦纳（Sydney Brenner）等人建立，并由美国Lynex公司商品化的一种基因克隆新技术，具有高通量、高特异性、高敏感性，尤其对低丰度转录子高度敏感等优势，但因其需要配套的软硬件较为昂贵，应用受限。MPSS技术对于识别致病基因、揭示基因在疾病中的作用、分析药物的药效等方面都非常有价值，该技术的发展将在基因组功能方面及其相关领域研究中发挥巨大的作用。

三、蛋白质组学

蛋白质组（proteome）这一概念最早由澳大利亚科学家于1994年提出，是指一种细胞或一个组织的基因表达的全部蛋白的总和，这些蛋白质是由RNA分子指导合成的基因组表达终产物。蛋白质组学（proteomics）是蛋白质和基因组研究在形式和内容两方面的结合，两者既相互对应又有显著不同，对某一物种而言，其基因组是确定的，但不同组织器官基因的表达却有显著变化。蛋白组学的研究目标是对机体或细胞的所有蛋白质进行鉴定和结构功能分析，致力于研究某一物种、个体、器官、组织或细胞在特定条件、特定时间所表达的全部蛋白质图谱，在这个过程中通常会用到蛋白电泳和质谱分析。

1. **蛋白质组学研究的一般流程**

1）制备样品，破碎、沉淀蛋白并去除杂质。

蛋白质组学研究的通常是单一的细胞类型，而一般待研究的样本多为各种细胞和组织的混合的临床样本。另外，目前双向凝胶电泳一般只能分辨1 000～3 000个蛋白质点，而样品中的蛋白种类可达10万种以上，因此需要对样本进行预处理，尽可能去除核酸和干扰蛋白，保留较多的待分析蛋白，并保证其处于完全溶解状态。

（1）样品的破碎。样品破碎原则是最小限度地减少蛋白水解和降解，有温和破碎法和剧烈破碎法两种。其中，温和破碎法针对不同类型的样本有不同的处理方式，例如：对培养的细胞使用渗透压冲击，对细菌采用液氮反复冻融，对酵母和霉菌利用去污剂降解，对植物、细菌、真菌等分别使用纤维素酶/果胶酶、溶菌酶、溶壁酶降解。剧烈破碎法适用于细胞壁较难裂解的样本，对带细胞壁的微生物使用弗氏细胞压碎器使细胞在剪切力作用下破碎，对固体组织或其他微生物样本使用液氮研磨或磨珠研磨破坏细胞壁。

（2）样品的沉淀。该步骤主要目的是在获得可溶性蛋白的同时，去除杂质、浓缩样品并抑制蛋白酶活性。常用的方法有硫酸铵沉淀、三氯乙酸沉淀、丙酮沉淀、醋酸铵/甲醇/苯酚抽提，对于疏水性特别强的蛋白质如膜蛋白可以用硫脲、SDS及新型两性表面活性剂（如磺基甜菜碱）等沉淀。

（3）杂质的去除。样品中的核酸、脂质、多糖、盐、离子去污剂、其他固体颗粒等都被视为杂质，去除时应尽量减少目标蛋白的损失和引入蛋白修饰（化学性降解）。核酸会被银染色法染色，并且在电泳时会产生干扰条带，也会在等电点聚焦（isoelectric focusing，IEF）时同蛋白质一起沉淀，影响结果判读，可以使用脱氧核糖核酸酶/核糖核酸酶处理、苯酚/氯仿抽提、超声机械破碎、超高速离心、蛋白质沉淀等方法去除核酸；脂质使蛋白质不易溶解且会影响其分子量及等电点，可用丙酮沉淀去除脂质；多糖阻塞胶体，影响蛋白质沉淀、聚焦，可用三氯乙酸、硫酸铵或醋酸铵/甲苯/苯酚沉淀、超速离心和高pH等方法去除多糖；盐使胶体导电能力增强，共聚焦不易发生，可用透析、胶体过滤、沉淀或重新悬浮等方法减少盐的干扰；离子去污剂如SDS，使蛋白质带负电不能聚焦，可用丙酮沉淀或将含SDS的蛋白溶于含两性或非离子去污剂（如CHAPS、Triton X-100、NP-40等）缓冲液中并使SDS终浓度小于0.25%；固体杂质主要是会阻塞胶体，影响蛋白质沉淀、聚焦，使用过滤的方法去除固体杂质。

（4）样品的溶解。样品中的蛋白质复合物和高聚体会在接下来的双向凝胶电泳（two-dimensional gel electrophoresis，2-DE）中显示出新的蛋白点而干扰单个多肽点的识别，因此，应保证样品在电泳过程中保持溶解状态，即通过变性剂（尿素、硫脲等）改变氢键结构，使蛋白疏水中心暴露伸展；通过表面活性剂（离子去污剂SDS、非离子去污剂TritonX-100和NP-40、两性离子去污剂CHAPS）溶解疏水基团；通过还原剂（含自由巯基的DTT或β-巯基乙醇、不带电荷的磷酸三丁酯）使变性蛋白进一步伸展溶解；通过起载体作用的两性电解质［浓度应小于0.2%（w/v），浓度过高会使IEF的速度降低］建立pH梯度并在IEF过程中稳定电流和pH平衡。上述手段可以破坏蛋白质复合物间的作用力从而将其分解成多肽。

2）通过2-DE。第一向电泳是等电点聚焦电泳，根据蛋白质的等电点不同进行分离，通常在pH梯度为3.0～10.0的胶条上进行；第二向电泳是SDS-PAGE，按蛋白质的分子量大小进行分离（图2-28）。经过2次分离后，可以得到蛋白质分子的等电点和分子量信息；最后取蛋白点进行质谱分析。2-DE具有较高的分辨率和灵敏度，已成为蛋白质特别是复杂体系中的蛋白质检测和分析的一种强有力的生化手段。

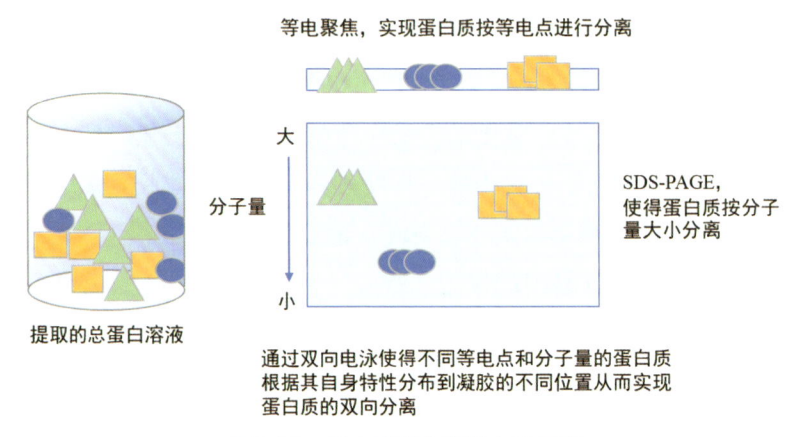

图2-28　蛋白质双向凝胶电泳示意

2. 蛋白质组学的研究内容

蛋白质组学是人类基因组计划研究发展进程中形成的交叉学科，是一门从整体水平研究细胞内蛋白质的组成、结构、翻译后修饰，以及蛋白质相互作用及其自身特有的活动规律的学科。蛋白质的研究内容主要有两个方面：

（1）结构蛋白质组学。主要是蛋白质表达模型的研究，包括蛋白质的氨基酸序列分析、空间结构解析、种类分析以及数量确定。例如在蛋白质鉴定方面，可以利用一维电泳和二维电泳并结合WB等技术，利用蛋白质芯片和抗体芯片及免疫共沉淀等技术对蛋白质进行鉴定研究。

（2）功能蛋白质组学。功能蛋白质组学主要是蛋白质功能模式的研究，包括蛋白质功能及蛋白质间的相互作用。可以利用基因敲除和反义技术分析基因表达产物——蛋白质——的功能，另外对蛋白质在细胞内的定位研究以及对蛋白质修饰（如磷酸化、甲基化、泛素化、糖基化、酶原激活等）的研究也可以帮助了解蛋白质功能；研究蛋白质间的相互作用比如寻找药物靶分子、疾病关键蛋白和标志蛋白等对基础医学疾病病理研究、疾病的诊断及药物治疗，尤其是肿瘤研究方面具有重要意义。

四、代谢组学

代谢组学（metabolomics）是继基因组学和蛋白质组学之后新近发展起来的一门学科，是系统生物学的重要组成部分。代谢组学最早由杰里米·柯克·尼科尔森（Jeremy Kirk Nicholson）教授提出，并将代谢组学定义为"生物系统对生理和病理刺激以及基因改变的代谢应答的定量测定"。

代谢组学是研究生物体系（细胞、组织或生物体）受外部刺激（环境改变或基因变异）后所有代谢产物的变化及其随时间的变化趋势的一门科学，是结构基因组学和蛋白质组学的延伸。代谢组是生物体某一时刻细胞内所有代谢物的集合，例如多肽、碳水化合物、脂类、核酸以及异源物质的催化产物，能够准确地反映时下生物体系的状态，且位于系统生物学的最下游，是生物体系整体功能或状态最终结果的表现。生物体的代谢变化与细胞的营养状态、药物和环境污染物的作用相关，因此代谢组学易受外界因素影响。

代谢组学分析可以指示细胞、组织或器官的生化状态，协助阐释新基因或未知基因的功能，并且可以解释生物各代谢网络间的关联性，帮助人们更系统地认识生物体。代谢组学关注的生物体内的内源化合物可用于疾病的诊断和药物筛选，通过对小分子化合物进行定量、定性的研究，揭示其与疾病、毒性、基因修饰或环境因子的影响。

与基因组、转录组和蛋白质组相比，代谢组学的优点：①基因表达的微小变化在代谢层面会得到放大，更容易被检测到；②代谢物的种类要远小于基因和蛋白的数目，且各生物体系中代谢产物相似，因此检测技术更通用；③代谢组学技术不需要建立全基因组测序和大量表达序列标签的数据库，成本较低。

（一）代谢组学实验流程

代谢组学的研究思路是利用高通量、高灵敏度与高精确度的现代分析技术对细胞提取物、组织提取物和生物体液中随时间变化的代谢物浓度进行检测，结合有效的模式识别方法进行定性、定量和分类，并将这些代谢信息与病理生理过程中的生物学事件关联起来，从而了解机体生命活动的代谢过程。

代谢组学实验流程一般分为样品预处理、数据采集和数据分析3个阶段。具体可分为如下步骤：

1. 生物样品收集与制备

生物样品收集与制备是代谢组学研究的第一阶段，也是重要环节之一。代谢组学的研究对象很广，包括细胞提取物、组织提取物和生物体液。其中，生物体液比较常用，包括尿液、血液、唾液、组织提取液及活体组织等。样品的浓度、pH等会影响实验结果的输出。化合物的分离步骤常用的方法为液-液萃取、固相萃取、固相微萃取、亲和色谱。常用的化合物的分离技术为气相色谱、液相色谱、毛细管电泳。

2. 核磁共振波谱获取

核磁共振（nuclear magnetic resonance，NMR）波谱分析法在研究代谢产物中的成分、表征和研究海量的代谢信息及其变化规律方面有很大优势，其中，核磁共振氢谱分析法对含氢化合物均有响应，能给出精细的代谢物成分图谱即代谢物指纹图谱，从而得到丰富的生理、病理、药理和毒理等生物信息。此外，还可能用到光谱、质谱、电化学等技术手段。

3. 数据预处理

原始NMR波谱往往由于溶剂峰、溶剂峰压制后的残余峰和基线畸变等因素的影响而不能直接用于多元数据统计分析，因此，通常需要对NMR谱进行预处理。数据预处理的步骤如下：NMR波谱去噪、溶剂峰消除、调相与基线校正，NMR波谱分段积分、归一化、标准化。数据预处理包括行处理（针对单个样本）与列处理（针对所有样本的某一个变量）。通常，行处理在前，剔除一些对数据分析没有意义的变量；列处理在后，根据要求对保留下来的变量进行变换。

4. 模式识别分析

在模式识别方法中，主成分分析法（principal component analysis，PCA）最为常用和有效。通过找到一种空间变换方式，把经标准化后的原始变量按一定的权重经线性组合而成新的变量，这些变量具有以下性质：①每个主成分之间都是正交的；②每个主成分之间的相关系数为零，即互不相关；③第一个主成分包含了数据集的绝大部分方差即贡献率，第二个次之，依次类推。

5. 特征代谢物识别和生物分析

这是代谢组学的最后一步，也是关键步骤之一。通过主成分分析得到特征变量，对这些变量进行分析研究，并结合NMR波谱归属信息，就可以获得全面的代谢物信息及代谢紊乱标记物。根据已知的特征代谢物，结合生物、化学、医学手段可以进行疾病诊断、药理分析和药物毒性跟踪等。

（二）代谢组学样本处理常用的研究方法

1. 液-液萃取

液-液萃取又称溶剂萃取或抽提，用于分离均相液体混合物，即通过液体混合物中各组分在某溶剂中溶解度的差异，从而实现分离和提取液体混合物中的组分的目的。该过程涉及原溶液、溶质、稀释剂、萃取剂、萃取相、萃余相、萃取液、萃余液等。其中原溶液为欲分离的原料溶液；原溶液中欲萃取的组分为溶质，其余成为稀释剂；为萃取溶质而加入的溶剂称为萃取剂；萃取过程中形成的两相，含萃取剂较多的称为萃取相，含稀释剂较多的称为萃余相；萃取相脱溶剂后的溶液称为萃取液，萃余相脱溶剂后的溶液称为萃余液。工业上常用液-液萃取的方法，例如：以醋酸乙酯为溶剂萃取醋酸，制备无水醋酸；以醋酸丁酯为溶剂萃取青霉素产品；以环砜为溶剂从石油轻馏分中提取环烃；以轻油为溶剂从废水中脱酚；以丙烷为溶剂从植物油中提取维生素。

2. 固相萃取

固相萃取利用固体吸附剂将液体样品中的目标化合物吸附，与样品的基体和干扰化合物分离，然后再用洗脱液洗脱或加热解吸附，达到分离和富集目标化合物的目的。鉴于固相萃取实质上是一种液相色谱发展而来的分离技术，与液-液萃取相比，固相萃取不需要大量互不相溶的溶剂，处理过程中不会产生乳化现象，它采用高效、高选择性的吸附剂（固定相），能显著减少溶剂的用量，简化样品的处理过程，同时所需费用也有所减少。一般说来，固相萃取所需时间为液-液萃取的1/2，费用为液-液萃取的1/5。固相萃取的缺点是：目标化合物的回收率和精密度要低于液-液萃取。

3. 固相微萃取

固相微萃取是在固相萃取技术上发展起来的一种微萃取分离技术，是一种集采样、萃取、浓缩和进样于一体的无溶剂样品微萃取新技术，属于非溶剂型选择性萃取法。与固相萃取技术相比，固相微萃取不仅操作简单、成本更低，也克服了固相萃取回收率低、吸附剂孔道易堵塞的缺点，因此成为目前所采用的样品前处理技术中应用最为广泛的方法之一。固相微萃取有三种基本的萃取模式：

（1）直接萃取，即通过搅拌将目标组分直接从样品基质中转移到插入其中的萃取固定相（涂抹在石英纤维上）中。

（2）顶空萃取，即先将被分析组分从液相中扩散穿透到气相中，再将被分析组分从气相中转移到萃取固定相中。

（3）膜保护萃取，即利用特殊材料制成的保护膜对目标组分进行萃取，主要目的是在分析很脏的样品时避免萃取固定相受到损伤，对难挥发性物质组分的萃取富集更为有利。

4. 亲和色谱

亲和色谱也称为亲和层析，是利用生物分子间亲和吸附和解离的原理建立起来的色谱方法。亲和色谱中两个进行专一结合的分子互为配基，如抗原和抗体，抗原可认为是抗体的配基,反之抗体也可认为是抗原的配基。将一个水溶性配基在不伤害其生物学功能的情况下与水不溶性载体结合为亲和吸附剂,这个过程称为配基的固相化。用此亲和吸附剂填充色谱柱,当含有被分离物质的混合物随着流动相流经色谱柱时,亲和吸附剂上的配基就有选择地吸附能与其结合的物质,而其他的蛋白质及杂质不被吸附,从色谱柱中流出,使用适当的缓冲液使被分离物质与配基解吸附,即可获得纯化的目的产物。

亲和色谱法的基本过程:①配基固相化。将与纯化对象有专一结合作用的物质,连接在水不溶性载体上,制成亲和吸附剂后装柱(称亲和柱)。②亲和吸附。将含有纯化对象的混合物通过亲和柱,纯化对象吸附在柱上,其他物质流出色谱柱。③解吸附。用某种缓冲液或溶液通过亲和柱,把吸附在亲和柱上的欲纯化物质洗脱出来。

(三)代谢组学混合物分离常用的研究方法

1. 气相色谱

气相色谱(gas chromatography,GC)是以气体为流动相的色谱分离方法,适用于挥发性好、沸点较低、热稳定性好的中小分子化合物的分析,流动相只具有运载样品分子的作用。气相色谱法按照两相状态可分为气固色谱法和气液色谱法,按照固定相性质可分为柱色谱法、纸色谱法和薄层色谱法(薄板层析法),按动力学分类又可分为冲洗法、顶替法、迎头法。

气相色谱最初被安东尼·特拉福德·詹姆斯(Anthony Trafford James)和阿彻·约翰·波特·马丁(Archer John Porter Martin)用于检测脂肪酸的分离,并产生了第一个气相色谱检测器。气相色谱的原理:利用试样中各组分在色谱柱中的气相和固定相间的分配系数不同,当汽化后的试样被载气(惰性气体N_2或He,也叫流动相)带入色谱柱中运行时,各组分由于物理化学性质(沸点、极性及吸附性质)的差异,在其中的两相间进行反复多次(103~106)的分配(吸附—脱附—放出);由于固定相对各种组分的吸附能力不同(即保存作用不同),因此各组分在色谱柱中的运行速度就不同,经过一定的柱长后便彼此分离,按顺序离开色谱柱进入检测器,产生的离子流信号经放大后,在记录器上描绘出各组分的色谱峰。气相色谱仪基本构造包括载气系统、进样系统、分离系统(色谱柱)、检测系统、柱温箱、数据系统(工作站)。

2. 液相色谱

液相色谱(liquid chromatography,LC)是以液体为流动相的色谱分离方法,适用于高沸点、大分子、热不稳定性物质的分析,流动相具有运载样品分子和选择性分离的双重作用。经典液相色谱，流动相在常压下输送，固定相柱效低，周期长。现代液相色谱引用了气相色谱的理论，改用高压输送流动相，将具有不同极性的单一溶剂或不同比例的混合溶剂、缓冲液等流动相泵入装有固定相的色谱柱，在柱内各成分被分离后，进入检测器进行检测，从而实现对试样的分析。现代液相色谱因具有分析速度快、分离效能高、自动化操作等特点，被称作高效液相色谱（high performance liquid chromatography，HPLC）。

3. 超临界流体色谱

超临界流体色谱（supercritical fluid chromatography，SFC）是在20世纪80年代发展起来的色谱方法。超临界流体扩散系数和黏度接近于气相色谱，溶质传质阻力小，可获得快速高效分离；另外，超临界流体的密度与液体类似，超临界流体色谱能够在较低温度下分离和分析热不稳定性、相对分子量大的物质。超临界流体色谱兼具气相、液相色谱的优点，且柱效和分离效率更高。超临界流体是在高于临界压力与临界温度时物质的一种状态，性质介于液体和气体之间，其密度随温度和压力升降而变化，据此可调节组分分离，类似于气相色谱的程序升温和液相色谱的梯度淋洗。

4. 高效毛细管电泳

高效毛细管电泳（high performance capillary electrophoresis，HPCE）是继高效液相色谱之后又一重大发展。毛细管电泳利用带电粒子在直流电场作用下于一定介质中所发生的定向运动，由于不同离子所带电荷及性质不同、迁移速率不同，从而达到分离样品组分的目的。高效毛细管电泳比传统电泳技术分离效率高、分析速度快、仪器简单、分析样品用量少，使分析科学从微升水平进入纳升水平，目前已被广泛应用于核酸、蛋白质、多肽、有机化合物、无机离子、中性分子等的分析，在临床医学诊断、卫生防疫、环境监测、食品安全等领域得到广泛应用。

（四）代谢组学常用的检测技术

1. 红外光谱技术

样本在受到频率连续变化的红外光照射时，分子吸收某些频率的辐射，并由分子振动运动或转动运动引起偶极矩的净变化，产生的分子振动或转动能级从基态到激发态的跃迁，从而形成的分子吸收光谱称为红外光谱（infrared spectrum，IR），又称为分子振动-转动光谱。红外光区波长范围0.7~1 000 μm，根据仪器和应用的不同又分为近红外区（光谱区0.76~2.5 μm）、中红外区（光谱区2.5~25 μm）、远红外区（光谱区25~1 000 μm）。一般说的红外光谱指的是中红外区的红外线光谱。红外光谱仪也称红外分光光度计，它与紫外-可见分光光度计相似，也是由光源、单色器、吸收池、检测器和记录系统组成。目前主要有两类红外光谱仪，它们是色散型红外光谱仪和傅里叶变换红外光谱仪（Fourier transform infrared spectrometer，FTIR）。

（1）色散型红外光谱仪。色散型红外光谱仪的组成部件与紫外-可见分光光度计相似，但各部件的结构、所用材料及性能等与紫外-可见分光光度计不同，排列顺序也不同。红外光谱仪的样品池一般放在单色器前面，以便使红外发射的和从池室来的杂散光的影响减到最小；而紫外-可见分光光度计的样品是放在单色器之后。由于色散型红外光谱仪主要以棱镜或光栅作为色散元件，能量受限，这类仪器扫描时间长，灵敏度、分辨率和准确性都较低。

（2）傅里叶变换红外光谱仪。傅里叶变换红外光谱仪属于干涉型红外光谱仪。它与色散型红外光谱仪的主要区别在于用迈克尔逊（Michelson）干涉仪系统取代了单色器。傅里叶变换红外光谱仪主要由光源（硅碳棒、高压汞灯）、干涉仪（定镜、动镜和分束器构成）、检测器、电子计算机和记录器等组成。不同于色散型红外光谱仪分光的原理，傅里叶变换红外光谱仪是基于对干涉后的红外光进行傅里叶变换的原理而开发的红外光谱仪，经光源发出的光被分束器（类似半透半反镜）分为两束，一束经透射到达动镜，另一束经反射到达定镜。两束光分别经定镜和动镜反射再回到分束器，动镜以恒定速度作直线运动，因而经分束器分束后的两束光形成光程差，产生干涉。干涉光在分束器会合后通过样品池，通过样品后含有样品信息的干涉光到达检测器，然后通过傅里叶变换对信号进行处理，最终得到透过率或吸光度随波数或波长变化的红外吸收光谱图。傅里叶变换红外光谱仪具有信噪比高、重现性好、扫描速度快、分辨率高、灵敏度高和波长精确度高等特点，可对样品进行定性和定量分析，适合于与气相色谱和液相色谱联用。

2. 核磁共振波谱分析法

核磁共振（NMR）是原子核的一种物理现象，简单来说就是具有核子顺磁性的物质选择性地吸收电磁能量，使处于静磁场中的原子核在另一交变磁场作用下产生共振，使原本杂乱无章的原子核一起按照外磁场方向排列而运动，当外磁场磁力消失后，原子会回到原状态。整个过程通过计算机系统采集这些信号，再经过数字重建技术转换成NMR波谱。

其基本原理是原子核本身有自旋运动，在恒定的磁场中，自旋的原子核将绕外加磁场作回旋转动，叫进动。进动有一定的频率，与所加磁场的强度呈正比。如在此基础上再加一个固定频率的电磁波，并调节外加磁场的强度，使进动频率与电磁波频率相同。这时原子核进动与电磁波产生共振，叫NMR。当NMR时，原子核吸收电磁波的能量，记录下的吸收曲线就是NMR波谱。由于不同分子中原子核的化学环境不同，将会有不同的共振频率，产生不同的共振谱。记录这种波谱即可判断该原子在分子中所处的位置及相对数目，用以进行定量分析及分子量的测定，并对有机化合物进行结构分析。

NMR波谱分析法可以深入物质内部而不破坏样本，可以直接研究溶液和活细胞中相对分子质量较小（20 000 D以下）的蛋白质、核酸以及其他分子的结构，具有迅速、准确、分辨率高等优点，被广泛应用在物理、化学、生物、地质、医学及材料等学科。

3. 质谱

质谱是一种在高真空系统中测量离子荷质比（电荷-质量比）的方法，依据该方法获得目标物质量数信息的分析仪器称为质谱仪。质谱的基本原理是化合物进入质谱仪后，发生离子化（例如高能电子轰击、化学电离、场致电离、激光等），生成不同荷质比的带电离子，在加速电场的作用下通过质量分析器，具有不同质量的离子会出现不同的路径，通过精确估计这些离子的路径和速度，就可以十分准确地计算出初始原子的质量，进而得到按质荷比大小依次排列的质谱图，以此确定样品的相对分子质量或分子结构。

质谱法应用范围广，可以测定有机物和无机物，样品形态可以是气体、液体或是固体；另外，质谱灵敏度高、样品用量少，能够实现多组分同时检测，分析速度快。质谱分析法可用于相对分子量与原子量的测定、有机化合物结构分析、无机元素分析、同位素分析等。

4. 气质联用技术

气质联用技术即气相色谱-质谱（gas chromatography-mass spectrometry，GC-MS）法，是将气相色谱仪与质谱仪通过适当接口相结合，其中气相色谱仪相当于质谱仪进样系统，质谱仪则相当于气相色谱的检测器，借助计算机技术，进行联用分析的技术。GC-MS的基本原理是待测样本经气相色谱仪后，因各组分的保留时间不同而被分离为单一组分；流出柱子的各组分经过分子分离器接口，除去载气，进入质谱仪离子源被离子化，并转变为离子，经质谱质量分析器进行检测记录质谱图。GC-MS是最成熟的两谱联用技术，色谱仪具有很强的分离混合物的能力，但是对化合物定性能力差，而质谱本身无分离混合物的能力，但是可以用于测定化合物的相对分子质量和化学结构，因此GC-MS联用兼具气相色谱和质谱的优势，被广泛用于食品、环境、石油化工、生物医药等领域的复杂组分的定性和定量分析。

5. 液质联用技术

液质联用又叫液相色谱-质谱（liquid chromatography-mass spectroscopy，LC-MS）法，是将液相色谱仪与质谱仪通过接口连接，以液相色谱仪作为分离系统，质谱仪为检测系统，借助计算机技术，进行联用分析的技术。LC-MS的基本原理是待测样本经液相色谱系统与流动相分离，被离子化后，经质谱的质量分析器将离子碎片按质量数分开，经检测器得到质谱图。液质联用体现了色谱和质谱优势的互补，将色谱对复杂样品的高分离能力，与质谱具有的高选择性、高灵敏度及能够提供相对分子质量与结构信息的优点结合起来，在药物分析、食品分析和环境分析等许多领域得到了广泛的应用。与GC-MS相比，LC-MS可以分析强极性、难挥发、热不稳定性好的化合物。

参考文献

[1] 李付广.医学免疫学与微生物学常用实验方法［M］.郑州：郑州大学出版社，2008.

[2] 陆德源.医学微生物学［M］.5版.北京：人民卫生出版社，2001.

[3] 杨瑞馥，宋亚军.微生物法医学：理论与技术［M］.北京：化学工业出版社，2005.

[4] 余倩，许欣.卫生微生物检验学（细菌学分册）［M］.成都：四川科学技术出版社，2003.

[5] ARDUI S, AMEUR A, VERMEESCH J R, et al. Single molecule real-time （SMRT） sequencing comes of age：applications and utilities for medical diagnostics［J］. Nucleic acids research，2018，46（5）：2159-2168.

[6] BØRSTING C，MORLING N. Next generation sequencing and its applications in forensic genetics［J］. Forensic science international：genetics，2144，18：78-89.

[7] BUDOWLE B，SCHUTZER S，MORSE S. Microbial forensics［M］.3rd ed. Washington, D.C.：Academies Press，2020.

[8] CANO R J，TORANZOS G A. Environmental microbial forensics［M］. Washington, D.C.：ASM Press，2017.

[9] CARTER D O，TOMBERLIN J K，BENBOW M E，et al. Forensic microbiology ［M］. Chichester，West Sussex：John Wiley & Sons，2017.

[10] Committee on Science Needs for Microbial Forensics：Developing an Initial International Roadmap，Board on Life Sciences，Division on Earth and Life Studies，et al. Science needs for microbial forensics：developing initial

international research priorities [M]. Washington, D. C.: National Academies Press, 2014.

[11] RALEBITSO-SENIOR T K. Forensic ecogenomics: the application of microbial ecology analyses in forensic contexts [M]. Washington, D. C.: Academies Press, 2018.

[12] RONAGHI M. Pyrosequencing sheds light on DNA Sequencing [J]. Genome research, 2001, 11（1）: 3-11.

[13] VAN DIJK E L, AUGER H, JASZCZYSZYN Y, et al. Ten years of next-generation sequencing technology [J]. Trends in genetics, 2014, 30（9）: 418-426.

[14] WANG Z, QIN L, LIU J, et al. Forensic nanopore sequencing of microhaplotype markers using QitanTech's QNome [J]. Forensic science international: genetics, 2022, 57: 102657.

第三章
法医微生物实验室的基本要求

微生物相关的法医学应用研究逐步成为目前的研究热点。微生物实验室和高通量测序实验室是法医微生物学研究的重要平台，它们的结合可以为法医学提供更加准确、高效和全面的技术支持。传统的微生物实验室主要从微生物的遗传、代谢、生长、分布等方面进行研究，通过微生物的鉴定、分离、培养等技术手段，可以对微生物在法医学中的应用提供技术支持。例如，对病原微生物的鉴定和分析，可以为刑事案件中的病原体检测和溯源提供支持；对微生物在尸体分解中的作用进行研究，可以为刑事案件中的死亡原因鉴定提供依据等。而高通量测序实验室则通过高通量测序技术，快速、高效地获得微生物基因组、转录组等生物分子信息，从而为法医学中的微生物检测、溯源、鉴定等提供更加全面、准确的数据支持。例如，通过对微生物基因组的测序和分析，可以快速鉴定出病原微生物的种类、亚型和来源；通过对微生物转录组的分析，可以了解微生物在不同环境下的表达规律和功能等。因此，微生物实验室和高通量测序实验室的结合，有助于发展法医微生物实验室，加强微生物在法医学中的应用和研究，为司法和公共安全等领域提供更加科学、可靠的技术支持和决策依据。

第一节

微生物实验室

一、实验室分区

在微生物实验室中，分区非常重要，因为不同区域的洁净程度直接关系到微生物实验结果的可靠性和准确性。因此，实验人员必须严格遵守不同区域的操作规程和注意事项，以确保实验结果的准确可靠。

（一）无菌区

无菌区是微生物实验室中最重要的区域之一，也是对洁净要求最严格的区域。该区域用于处理高洁净度的微生物实验，如培养细胞、制备培养基和分装无菌物品等，该区域应该尽可能减少微生物的存在，以确保实验结果的准确性。在这个区域内，需要注意以下内容：

1. **安全防护**

无菌区需要使用适当的防护装备，如手套、口罩和实验室外套，以防止微生物污染。实验人员应遵守实验室的安全规程，并注意自身的卫生和清洁。

2. **环境准备**

在进入无菌区之前，应进行适当的准备工作，如开启紫外线灯、关闭实验室门、消毒操作台和实验室设备等。实验人员应该注意环境的无菌性，避免微生物污染。

3. **无菌技术**

在无菌区进行微生物操作时，需要使用无菌技术，如火焰消毒和酒精消毒，避免微生物污染。实验人员需要接受相应的无菌技术培训，以确保操作规范和准确。

（二）半无菌区

半无菌区是用于处理较低级别的微生物实验的区域，如处理临床标本、培养病原微生物、进行鉴定和检测等。这个区域的主要目的是防止微生物的传播和污染，所以要求比普通区严格。在这个区域内，需要注意以下内容：

1. **安全防护**

进入半无菌区需要穿戴适当的防护装备，如手套、口罩和实验室外套等，以减少微生物污染。

2. **环境准备**

在进入半无菌区之前，需要进行必要的环境准备，如启动净化器、消毒操作台等，以保持区域的相对无菌状态。

3. **无菌技术**

在半无菌区进行操作时需要使用无菌技术，如火焰消毒、酒精消毒等，以确保操作的相对无菌性。

4. **控制进出**

进入半无菌区的人员应该尽量减少出入，以避免微生物污染。

（三）普通区

普通区是微生物实验室中最基本的区域，用于进行一些简单的实验和操作，如准备培养基、取样、记录等。这个区域的要求相对较低，在这个区域内，需要注意以下内容：

1. 安全防护

在普通区进行操作时需要穿戴适当的防护装备，如手套、口罩和实验室外套等，以减少微生物污染。

2. 清洁卫生

在普通区需要保持干净整洁，避免微生物污染。

二、设备

微生物实验室是用于研究微生物的特性和行为的专门实验室，通常用于检测和分析微生物的生长、代谢、病原性、抗性等方面的特性。为了进行这些实验，微生物实验室需要使用各种不同类型的设备和仪器。本部分将介绍微生物实验室常用的设备及其功能。

（一）基础设备

1. 清洁台

清洁台是微生物实验室中最基础、最重要的设备之一，其作用是保护实验操作区域的卫生和安全。清洁台可以通过空气过滤、紫外线杀菌等方式，降低细菌和其他微生物在实验室中的污染风险。

2. 培养箱

培养箱是用于培养微生物的设备。培养箱通常用于创建特定的环境条件，如恒温、恒湿、适宜的二氧化碳浓度等，以支持微生物生长和繁殖。通常，培养箱可用于培养各种类型的微生物，如细菌、真菌等。

3. 恒温水浴锅

恒温水浴可以保持试管、培养皿、烧杯等实验器皿中的溶液在恒定的温度下。这对于某些微生物的生长和培养是非常重要的。通常，恒温水浴可用于培养微生物、准备培养基等。

4. 倒置显微镜

倒置显微镜是用于观察培养的细胞和细菌的设备。相较于普通显微镜，倒置显微镜可以直接观察培养皿底部的细胞，因此在观察细胞生长、细胞分裂等方面非常有用。

（二）生物化学实验设备

1. 离心机

离心机可以用于离心分离和沉淀微生物和细胞等物质。离心机有不同的转速和容量等级，可用于分离和提取微生物和其他生物样品中的各种分子和化合物。

2. 液相/气相色谱仪

液相/气相色谱仪是分析微生物和其他生物样品中化学分子的常见设备。通过将样品注入色谱柱中，液相/气相色谱仪可以分离和分析样品中的各种化合物和分子。它可以用于分析微生物代谢产物、分离和鉴定细菌和真菌中的化合物等。

3. 紫外-可见光谱仪

紫外-可见光谱仪可以用于测量样品中各种化合物和分子的光学性质，如吸收和发射谱，用于分析微生物代谢产物、测量微生物细胞密度等。

（三）分子生物学实验设备

1. PCR仪

PCR仪是一种用于扩增DNA片段的设备。PCR仪可以在短时间内扩增出足够数量的目标DNA片段，从而为DNA测序、克隆和其他分子生物学实验提供样品。PCR仪通常有不同的容量和控制系统，以满足不同实验的需要。

2. 电泳装置

电泳装置可以用于分离和检测DNA、RNA和蛋白质等分子。电泳装置通常有不同的电场和电极设计，可用于分析DNA序列，分离和检测蛋白质等。

3. 分子克隆设备

分子克隆设备包括DNA酶切、连接、转化等实验所需的各种仪器。这些设备通常用于构建基因工程菌株、制备DNA文库等。

4. 实时定量PCR仪

实时定量PCR仪可以用于检测定量PCR反应产生的荧光信号。它可以精确测量样品中的DNA量，并快速分析PCR反应中目标DNA的存在和数量。

（四）其他设备

1. 生物安全柜

生物安全柜是一种用于保护实验者、样品和环境的设备。它可以在实验操作区域和实验室外建立屏障，防止微生物和其他病原体的泄露和传播。

2. 高压灭菌器

高压灭菌器是一种用于消毒实验器皿、培养基等物品的设备。高压灭菌器可以在高压和高温下灭活微生物和其他病原体，从而确保实验室环境的卫生和安全。

3. 冷冻离心机

冷冻离心机是一种用于分离和沉淀样品中分子和颗粒的设备。它可以在低温下高速旋转，分离样品中的组分，并在温度控制条件下保存样品。

4. 电子显微镜

电子显微镜是一种用于观察微生物细胞、组织和分子结构的设备。它可以提供高分辨率的显微图像，并帮助研究微生物的形态、结构和功能等。

5. 冷冻干燥机

冷冻干燥机是一种用于冻干微生物和其他生物样品的设备。冷冻干燥法可以保存微生物和其他生物样品，同时保持生物样品的完整性和生物活性。

6. 振荡器

振荡器是一种用于混合和振荡实验样品的设备。它可以在不同的速度和振幅下对样品进行振荡和混合，促进样品中的反应和混合。

三、人员

微生物实验室处理的样本可能携带潜在的病原体，因此，微生物实验室的工作需要人员必须遵循特定的标准操作程序和安全措施，以确保实验室的工作环境安全并防止样本交叉污染。在微生物实验室中，对人员的要求非常严格，这些要求包括5个方面。

（一）培训和教育

所有在微生物实验室工作的人员都必须接受相关的培训和教育。培训内容包括实验室安全措施、操作规程、样本处理、实验室清洁和消毒、废弃物管理等方面的知识。实验室还应定期进行培训和演习，以确保所有人员都能够正确地执行操作。

（二）专业背景

微生物实验室的工作需要由相关专业背景的人员进行，如微生物学、生物化学、分子生物学等。具有这些专业背景的人员可以更好地理解微生物学的基础知识，并且能够正确地识别和处理样本。

（三）个人卫生和健康

所有在微生物实验室工作的人员都必须保持良好的个人卫生和健康状况，包括在进实验室之前洗手、穿戴实验室所规定的衣着和防护装备，不在工作过程中饮食、抽烟等。

(四)实验室安全

所有在微生物实验室工作的人员都必须遵守实验室的安全规定,包括正确使用防护设备、遵循操作规程、遵循实验室标识等。如果发生意外事故或样本泄露,必须立即报告给主管或安全管理人员。

(五)团队合作

微生物实验室的工作需要密切的团队合作,人员之间需要相互配合,遵循实验室的规章制度,确保实验室工作的顺利进行。此外,每个人员都需要尊重其他人员的工作和安全,避免不必要的交流和干扰。

第二节

高通量测序实验室

一、实验室分区

高通量测序是一种快速、准确的检测手段,推动了微生物学研究的进步。在实验室中,高通量测序通常需要在多个区域进行操作,包括样本准备区、文库制备区、文库检测与质控区、电泳区。这些区域需要严格遵循无菌操作和污染控制的原则,以确保实验结果的准确性。在不同的区域中,实验室技术人员需要掌握不同的操作技能和注意事项,以确保实验顺利进行并得到高质量的数据。

(一)样本准备区

样本准备区用于样本的提取和准备,包括DNA或RNA的纯化、质量检测和样本预处理等。

(二)文库制备区

文库制备区用于将纯化后的核酸样本或PCR产物转化为适用于测序平台的文

库。该区域需精准执行片段化（宏基因组）、末端修复、接头连接、筛选纯化等多步反应，确保文库质量符合测序要求。

（三）文库检测与质控区

文库检测与质控区用于对制备完成的文库进行系统性检测与评估，通过多维度技术手段验证文库质量，确保其符合测序仪上机要求，此部分关系到测序数据的准确性、可靠性。

（四）测序区

测序区用于将制备完成的文库转化为数字化的序列数据，该区域须严格控制环境参数，确保测序仪器稳定运行，并对原始数据进行初步质量评估与安全存储。

二、设备

高通量测序实验室是一种重要的生命科学实验室，专门用于快速、高通量地进行基因组、转录组、蛋白质组等生物大分子的测定和分析。为了保证实验结果的准确性和可靠性，高通量检测实验室需要配备相关设备。以下是高通量测序实验室所需的主要设备及其作用：

（一）基因组分析设备

基因组分析设备包括基因芯片、DNA测序仪等。基因芯片是一种用于分析DNA序列的微型芯片，可以同时分析成千上万个基因。DNA测序仪则是一种用于测定DNA序列的设备，可以在短时间内获得大量DNA序列信息。

（二）转录组分析设备

转录组分析设备包括测序仪、qPCR仪等，可以帮助研究人员了解RNA的表达情况和调控机制。qPCR仪是一种用于定量PCR反应的设备，可以快速、精准地测定RNA的表达水平。

（三）蛋白质组分析设备

蛋白质组分析设备包括质谱仪、双向凝胶电泳仪等。质谱仪是一种用于分析蛋白质的设备，可以快速、高效地确定蛋白质的分子量、结构和功能等信息。双向凝胶电泳仪是一种用于分离和分析蛋白质的设备，可以将复杂的蛋白质混合物中不同的成分分离，有助于鉴定和定量蛋白质。

（四）样品制备设备

样品制备设备包括DNA/RNA提取仪、蛋白质提取仪等。DNA/RNA提取仪可以帮助研究人员从生物样品中提取DNA/RNA分子，为后续的分析提供样品。蛋白质提取仪可以帮助研究人员从生物样品中提取蛋白质分子，为后续的分析提供样品。

（五）自动化仪器

自动化仪器包括液处理仪、样品分装仪等。液处理仪可以自动处理和分配液体，减少操作时间和错误率。样品分装仪可以自动分装和存储样品。

（六）数据分析设备

数据分析设备包括计算机集群、数据存储设备等。计算机集群可以加速数据处理和分析，支持高通量数据处理和计算密集型分析。数据存储设备则可以存储和管理大量的数据，为后续的数据分析提供支持。

（七）其他设备

其他设备包括离心机、超速离心机、pH计、温度计等。这些设备通常用于实验的前期和后期处理，如样品离心、试剂制备等。

三、人员

高通量测序实验室需要各种专业技术人员，从实验设计、样品处理到数据分析和解读，需要有一支高素质的团队来完成。以下是高通量测序检测实验室的人员要求：

（一）具备相关实验室经验

高通量测序实验室技术人员须熟悉实验室安全操作规范，常规的分子生物学实验技术（如PCR、DNA纯化等）。

（二）熟悉高通量测序技术

熟悉高通量测序技术是高通量测序实验室技术人员的必要要求。要求技术人员熟悉高通量测序平台的原理、操作流程及相关数据分析。

（三）具备数据分析能力

高通量测序技术产生的数据量庞大，技术人员需要具备数据处理和分析的能力。要求熟悉常见的数据分析软件，能够对高通量测序数据进行质量控制、数据清洗、注释、分析等工作。

（四）具备严格的实验室管理意识

实验室管理是高通量测序实验室不可或缺的一部分，技术人员需要具备严格的实验室管理意识，确保实验室的安全、卫生，并做好设备的维护和管理工作。

四、注意事项

高通量测序实验室是一种高精度、高技术含量的实验室，需要注意以下5项基本原则：

（1）全程防污染：从微生物样本采集到检测，环节多且复杂，整个流程中的人员、仪器、材料、环境等因素均可能导致样本污染，防污染意识应贯穿高通量测序的全过程。

（2）全程设置对照：在样本采集、核酸提取、扩增、测序等检测环节应设置阴性对照和阳性对照。阴性对照包括样本采集空白对照、核酸提取空白对照、无模板扩增对照，阳性对照包括核酸提取阳性对照、核酸扩增阳性对照。

（3）全面相同配置：在同一研究项目中的同一环节使用相同的试剂、耗材，以及相同的技术方案或操作规范。

（4）全面规范操作：编制作业指导书和实验室安全规定，在高通量测序的整个流程中按照公认且经过本实验室有效性验证的方法进行操作。

（5）全面规范记录和报告：记录样本DNA浓度、DNA投入量、样本序列数、测序深度等质控结果，测序平台和方法，数据分析涉及的注释方法、软件、参数、流程和数据库版本，样本物种组成及相应丰度等测序结果，以确保数据的完整性和可追溯性。

（杨成梁　刘昕　陈玲）

参考文献

［1］《临床分子病理实验室二代基因测序检测专家共识》编写组. 临床分子病理实验室二代基因测序检测专家共识［J］.中华病理学杂志，2017，46（3）：145-148.

［2］北京市临床检验中心，北京医学会检验医学分会，首都医科大学临床检验诊断学系，等.高通量测序技术临床规范化应用北京专家共识（第一版肿瘤部分）［J］.中华医学杂志，2020，100（9）：648-659.

［3］翟俊斌，曹小利，沈瀚.全基因组测序技术的发展及其在临床微生物实验室的应用前景［J］.检验医学与临床，2018，15（3）：414-417.

［4］段云峰，王升跃，陈禹保，等.微生物组测序与分析专家共识［J］.生物工程学报，2020，36（12）：2516-2524.

［5］李金明.高通量测序技术［M］.北京：科学出版社，2018.

［6］中国合格评定国家认可委员会.检测和校准实验室能力认可准则在微生物检测领域的应用说明［EB/OL］.（2022-12-26）［2024-11-22］.https://www.cnas.org.cn/rkgf/sysrk/rkyyzz/2022/12/910348.shtml.

［7］周庭银，胡继红，吴文娟，等.临床微生物检验标准化操作程序［M］.2版.上海：上海科学技术出版社，2024.

第四章 法医微生物学与死亡时间推断

第一节

引 言

死后间隔时间（PMI）即死亡时间，对于法医学调查具有重要意义，然而，快速、准确地推断死亡时间一直是法医学实践中的重点和难点。早期PMI的判定一般不难，可通过尸温、超生反应或其他各种早期尸体现象综合进行推断。由于尸体的自溶和腐败，准确推断晚期PMI较为困难。国内外研究者也一直在探索客观、准确、高效的晚期PMI推断方法，包括生物化学、法医谱学分析、法医影像学、法医昆虫学、组学分析、人工智能等新技术，取得了一定的研究进展。虽然这些方法在应用于PMI推断时各有局限性，但它们的成果对于法医学死亡时间调查仍有重大进步意义。其中，利用死后微生物组信息进行PMI推断是法医微生物学的研究热点之一，这使法医学PMI调查向前迈进了重要的一步。

微生物几乎无处不在，它们不仅存在于各种外界环境中，还存在于人体体表及体内外各种体孔、体腔中，如鼻腔、口腔、外耳道、呼吸道、消化道、生殖道等。人体中的微生物数量惊人，仅在成人肠道中的数目就达到了$10^{12} \sim 10^{14}$个。因此，可认为微生物是人体的组成部分之一，它们与人体的健康和疾病密切相关。人体微生物组计划（human microbiome project，HMP）逐步诠释了人体胃肠道、口腔、皮肤等部位的微生物群落多样性，为其他学科提供人体微生物学数据信息和技术支持，为人体死后尸体初始微生物群落的探索提供参考。

结合微生物学和法医学两门学科的专业知识和特性，法医学者将微生物组分析应用于法医学调查中，并致力于研究微生物介导的尸体腐败分解过程。哺乳动物尸体是生态系统中一个重要的、集中的营养物质来源，微生物可以有效地循环利用这些营养物质。虽然驱动哺乳动物尸体分解的各种微生物是复杂多样且动态变化的，但在相似环境条件下，不同哺乳动物尸体分解过程中的微生物群落变化可能呈现出一定程度的可重复性。因此，哺乳动物尸体分解的过程反映了微生物在不同阶段的代谢功能和分解途径，其中可能包括可预测的微生物群落演替规律。这为利用与尸体相关的腐败微生物群落进行PMI推断提供了生态学依据，使利用微生物组学方法进行PMI推断成为可能。通过高通量测序技术挖掘微生物群落信息及其与PMI之间的相关性，并利用机器学习算法建立PMI推断模型，增加PMI推断的客观性和精确性，理论上证明了使用微生物组数据推断PMI的可行性。

已有研究对与死后尸体的皮肤、肠道、骨骼等器官组织及相关土壤微生物进行分析，将微生物群落数据与PMI相关联，并建立回归模型来推断PMI。基于微生物群落数据建立的回归模型在一定程度上提供了可量化的错误率，因此，利用微生物群落数据进行PMI推断是一种有价值的法医学PMI调查手段。但是，利用微生物组进行PMI推断也存在一些关键科学瓶颈和局限性。首先，在什么死亡时间段内的哪些身体部位的微生物群落能最准确地反映实际PMI；其次，什么机器学习算法能建立最稳固的模型进行PMI推断；最后，哪些环境变量或生物因素需要考虑在内，使回归模型能更准确地预测PMI。这些问题都需要深入研究并解决。

第二节　尸体分解相关的微生物群落

一、死后微生物群落

与人体、动物尸体腐败分解相关的死后微生物群落可分为两个核心部分：内源性微生物群落和外源性微生物群落。内源性微生物群落也叫死亡微生物群落，它们可分布在腐败尸体的不同部位，主要是存在于尸体血液和内部器官（如肠道、心、脑、肺、肝、脾）中的腐败细菌和真菌。死亡微生物组描述了尸体内部器官中的微生物群落动态。初步的研究表明，死亡微生物组可能在腐败尸体器官中存在重要的演替变化，从而有助于确定PMI。通过死亡微生物组推断PMI应考虑个体差异性和地理特异性。

虽然居住在尸体表面的或者通过扩散或随环境介质迁移至尸体表面的外源性微生物群落暴露于外部环境，可能受到多种因素的影响，但随着时间的推移，它们的群落结构、相对丰度和多样性等群落特征能在较长时间内保持稳定。此外，外源性微生物组相比死亡微生物组易于获取且可进行非侵入性取样，因此，可分析外源性微生物群落的动态变化进行PMI推断，可利用此类微生物作为微生物学证据进行法医学调查。

死亡微生物组和外源性微生物组是具有潜在应用价值的法医学工具，具有准确估计PMI的巨大潜力。

二、微生物的分解效应

哺乳动物死后，由机体组织自身酶类催化的自溶停止后，微生物主导的腐败分解过程便开始了。此时，尸体本身形成了一个微环境，从腐烂到整合或散射营养物质的各个阶段，尸体被转化为物质和能量从而引发了周围环境的化学和生态变化。此外，环境的差异（如温度、湿度、尸体衣着等）和昆虫等生物因素都对微生物主导的尸体腐败分解产生影响，其中一些可作为整个分解过程的催化剂。机体死亡后，免疫系统停止运作，尸体内部体温也立即发生变化，从而促进微生物的定殖和生长变化。机体死亡后，当内部氧气耗尽时，肺部和胃肠道系统中的厌氧微生物群落增殖并定殖在局部组织中，然后通过淋巴管和血管到达整个身体，如链球菌、肠杆菌和梭状芽孢杆菌等细菌的增殖会加速尸体分解。这些微生物将碳水化合物、脂质、蛋白质发酵为有机酸和气体，导致尸体的颜色变化，产生腐败气味和膨胀。

尸体腐败分解是一个复杂的过程，从最初出现的腐败征象到其后的软组织液化、减少，其实质是三大营养物质（蛋白质、碳水化合物、脂质）的分解代谢。分解微生物群落具有降解氮化合物的基因和途径，它们将氮化合物降解为NH_4^+、NO_2^-、NO_3^-等释放到空气中，一些参与氮循环的细菌类群，如着色杆菌科（Chromatiaceae）、根瘤菌科（Rhizobiaceae）等在分解过程中丰度增高。尸体蛋白质的分解速率取决于温度、湿度、微生物活性以及机体自身的组织结构特性，例如，上皮细胞和神经元等软组织蛋白分解快，而骨组织中的胶原蛋白和角蛋白分解慢。参与蛋白质分解的微生物主要包括芽孢杆菌、微球菌、假单胞菌、胃肠道硫酸盐还原菌等。

第三节
运用微生物群落推断PMI的理论基础

在腐败分解过程中，虽然微生物种类的演替是复杂的，涉及微生物群落的分类和功能变化，以及尸体产生的挥发性有机化合物组成的变化，但是微生物在不同分解阶段有一些重叠特征，微生物及其代谢产物的出现，仍有可探寻的时间演替规律。因此，可研究与尸体分解相关的总微生物群落、功能微生物群落的演替规律，据此进行PMI的计算、推断。目前研究发现的微生物群落演替规律有以下4种。

一、不同腐败分解阶段的微生物群落类群及其演替速率不同

虽然尸体腐败分解是一个连续的过程，但可将其进行阶段性划分，如Payne将腐败分解过程划分为6个阶段，包括新鲜期、肿胀期、腐败活跃期、腐败进展期、干化期和白骨化期；Megyesi将腐败分解过程划分为4个阶段，包括新鲜期、腐败早期、腐败晚期和白骨化期。已有研究表明，在腐败分解过程中，特定分解阶段存在特定细菌类群，这种演替规律是确定的而不是随机的。目前的研究表明，腐败早期，微生物生长繁殖活跃，群落的相对丰度和多样性较高；而随着时间的推移，微生物的多样性逐渐降低；进入白骨化阶段后，寄居于骨骼的微生物演替变慢。因此，尸体在不同腐败阶段，微生物群落的演替速率存在很大的差异。

二、需氧菌和厌氧菌的演替

正常人体中需氧菌主要分布在体表和呼吸道的黏膜壁上，厌氧菌和兼性厌氧菌主要分布在胃肠道。人体死亡后，血液循环和呼吸作用停止，需氧菌将体内残余氧气耗尽后，肺部和胃肠道的厌氧微生物增殖并定殖在局部组织中，然后通过淋巴管和血管到达整个身体组织，尸体微生物群落则转变成了以厌氧菌为主。厌氧菌分解代谢产生尸胺、腐胺、硫化氢、氨等气体导致尸体腹部膨胀。腹部高压和其他嗜尸性昆虫活动导致尸体表皮破裂，尸体再次暴露于有氧的空气中，需氧菌又得以增殖。

三、尸体微生物群落的空间特异性

人体微生物的数量惊人，人体微生物群落的多样性在胃肠道、口腔、阴道和皮肤中递减。肠道是人体微生物数量和种类最丰富的部位，甚至在胃肠道的不同区段和同一肠段黏膜层的不同深度中，微生物的分布都有差异。人体死亡后，由于机体各组织致密程度和厚度的差别，以及微生物组成的差异，人体各部位腐败分解到达白骨化阶段的速率不同。例如，头部、上肢和足部远心端组织白骨化快，而臀部和大腿组织白骨化慢。

四、对不同碳源底物的利用

已有研究表明，在腐败分解过程中，驱动特定微生物类群分解不同底物产生代谢产物的这一过程不是随机的。梭状芽孢杆菌可将碳水化合物分解为醇类和乙酸、乳酸等有机酸，真菌可将蔗糖分解代谢产生柠檬酸、草酸、葡萄糖醛酸，苯酚是黄单胞菌科分解代谢的副产品。在有氧条件下，不饱和脂肪酸被细菌和真菌分解为酮和醛类；在无氧条件下，饱和脂肪酸和不饱和脂肪酸被梭状芽孢杆菌水解和氢化。糖类能被一般细菌种属利用，如肠杆菌属、葡萄球菌属、链球菌属、梭菌属、乳杆菌属、棒杆菌属等都可以利用糖类作为能源。细胞内的水溶性小分子蛋白质或片段较容易被假单胞菌属、硝化细菌、微球菌和蛋白酶降解。细胞外基质的蛋白和胶原蛋白能够在特定范围的pH下被嗜热菌降解。脂类一般能被假单胞菌属、埃希菌属、梭菌属、链球菌属的细菌降解。此外，半胱氨酸、蛋氨酸等含硫氨基酸可被短杆菌属、棒杆菌属、微球菌、金黄色葡萄球菌、节杆菌和乳杆菌分解。

第四节
运用死亡微生物组推断PMI的影响因素

尸体腐败分解是一个复杂的过程，受到尸体的个体特征（如体型、年龄、健康状况）、微生物、昆虫、食肉动物等生物因素，以及温度、湿度、氧气、光照、土壤pH等非生物因素的影响。微生物对自身以外的环境变化极其敏感，这些生物或环境因素通过影响死亡微生物而影响分解速率，从而影响PMI推断的准确性。因此，在应用法医微生物学方法推断PMI时，对这些影响因素应予以高度重视。法医学实践中尸体实际情况复杂、受影响因素多变，每种因素都可能单独地影响PMI模型的建立或多种因素产生联合作用影响PMI的推断，因此，建立多影响因素下的PMI推断模型是未来利用微生物群落推断PMI的重点。

一、昆虫

哺乳动物尸体可以作为微生物、昆虫与其他食肉动物的营养物质来源，在微生物、昆虫与其他食肉动物之间，甚至是同一物种之间，都存在复杂的相互作用，如竞争和共生。例如，昆虫消化腐败尸体产生的物质，可以进一步促进微生物分解哺乳动物尸体，而这些过程都会受到环境因素的影响。

已有学者进行了微生物-昆虫相互作用对PMI推断影响的研究。Crooks等人研究了大肠埃希菌和金黄色葡萄球菌对丝光绿蝇（*Lucilia sericata*）、红头丽蝇（*Calliphora vicina*）及反吐丽蝇（*Calliphora vomitoria*）存活和生长速度的影响，以了解微生物-昆虫的相互作用，进而改进最小PMI的估计。该研究发现，不同蝇类幼虫的生长速度受到不同细菌饮食的影响，反吐丽蝇在大肠埃希菌和混合细菌饮食中体长最长、质量最大，红头丽蝇在金黄色葡萄球菌饲料中体长最长、质量最大。

昆虫活动也会对微生物群落产生影响，昆虫的定殖和幼虫的发育可能通过直接或间接的竞争作用降低细菌分类单元的丰度。其可能的机制是在尸体分解过程中，嗜尸性昆虫运输到尸体上的细菌，通过竞争等作用影响尸体腐败微生物群落丰度，并且随时间的推移，由于昆虫的定殖和侵蚀导致微生物群落物种丰度下降，随后昆虫定殖者的幼虫发育可能会通过在尸体上直接或间接的竞争作用破坏已建立的微生物群落。蝇类可能通过分泌具有抗生素特性的化学物质直接影响微生物种类；同样地，微生物也可产生毒素（如肉毒杆菌毒素）以防止食肉动物等的竞争。Weatherbee等人研究了猪尸体表面相关的、环境中嗜尸性双翅目幼虫内部的以及定殖于猪尸体上的双翅目幼虫群的微生物组，发现多个蝇类物种在群体中的相对丰度发生了变化，群体中某些丽蝇科（Calliphoridae）昆虫的存在可能与微生物群落的时间变化有关，表明环境、微生物和昆虫幼虫之间存在显著的相互作用。因此，在利用微生物群落信息进行PMI推断时，应考虑昆虫和食肉动物的存在与否，以及它们之间的相互作用，且应作为未来相关研究的重要特征进行验证。

二、温度

温度是影响微生物生长和存活最重要的影响因素。最利于厌氧菌产生腐败分解效应的温度范围在21～38 ℃，而在4 ℃以下时其活性会受到抑制。较高的温度可以增加死亡微生物的活性，增加尸体的腐败气体的产生，从而吸引更多的昆虫和食肉动物，进而加剧腐败进展。已有研究表明，温度是微生物分解回归模型的重要环境特征，在同一环境中的不同季节分别使用相应季节的PMI模型时，预测精度优于随机水平。Iancu等人研究寒冷季节户外猪尸体的细菌群落演替规律，发现冷杆菌（*Psychrobacter*）和γ变形菌（Gammaproteobacteria）栖息在非常低温度的土壤中，甚至在10 ℃下也能繁殖；还发现冷杆菌属物种持续、多产地生长时的温度与调查过程中的最低温度相对应。虽然大多数细菌能够耐受低温并在寒冷天气中存活，但它们的增殖和代谢活动在0～5 ℃时受抑制。之后，Iancu等人又研究了温暖季节猪尸体分解过程中细菌群落的演替规律，以确定它们的存在或发生时间是否有助于估计PMI。该研究采用主成分分析方法反映温暖季节实验中空气温度、土壤温度和相对湿度对分解阶段动态的影响，结果显示：第一主成分轴与空气和土壤温度呈高度的直接相关，与相对湿度呈高度的负相关；第二主成分轴与气温呈负相关，与土壤温度和相对湿度高度相关。以上研究均表明，温度是尸体腐败微生物群落推断PMI研究中不可忽视的因素。

同样地，温度还会影响昆虫及食肉动物繁殖、生长。例如昆虫的生长和发育在寒冷环境中受到抑制，甚至会死亡。有研究表明，丽蝇虫卵在温度低于4 ℃时不能孵化，幼虫在温度低于16 ℃和高于30 ℃时不能化蛹。

三、尸体水分和环境湿度

尸体本身缺乏水分或周围环境中湿度较低通常会限制微生物的活动。水分含量越高的尸体腐败越快，如幼儿较老人腐败快，生前有脱水状况的尸体腐败较慢。

在腐败后期，若尸体没有受外界水分（如雨水）的渗入，相对干燥的腐败尸体的微生物群落多样性将降低，大部分细菌会死亡或形成芽孢。与干燥环境相比，在潮湿环境下，微生物代谢尸体有机物产生的挥发性有机化合物（挥发性脂肪酸、有机酸、有机氮、酚类等）释放得更早、数量更大、多样性更高，从而吸引更多的昆虫和其他食肉动物进一步加快腐败进展。此外，干燥环境下，昆虫虫卵存活率低并抑制幼虫的生长；而随着相对湿度从25%增加至70%，虫卵孵化以及成虫羽化的成功率增加。

四、光照和氧气

太阳光中的短波紫外线（UVC）虽具强杀菌性，但被臭氧层吸收而无法到达地表；实际到达地表的长波紫外线（UVA）和少量中波紫外线（UVB）穿透力弱，主要抑制尸体表面微生物（如皮肤表层细菌）的生长，对深层组织微生物的影响有限。光照带来的热辐射会导致尸体周围温度升高，从而加快腐败进展；此外，光照还通过影响昆虫产卵进而影响腐败进展。有研究表明，光照会影响昆虫在尸体上的定殖种类和分布模式，多数尸食性昆虫（如家蝇、丽蝇）偏好在遮荫环境产卵以避免幼虫脱水死亡，阳光直射可能抑制其定殖。相比被遮蔽的腐败尸体，阳光直射的腐败尸体的昆虫数量更多。

根据细菌对氧的需求，可将细菌分为专性需氧菌、兼性厌氧菌、专性厌氧菌。例如铜绿假单胞菌、结核分枝杆菌等专性需氧菌需要氧气进行呼吸和产能。尸体缺氧时，金黄色葡萄球菌等兼性厌氧菌和梭状芽孢杆菌等专性厌氧菌利用有机碳发酵途径代谢可用底物，从而产生大量的气体和液体。随后尸体表皮破裂，氧气流入，专性厌氧菌减少，专性需氧菌和兼性厌氧菌增加。

五、土壤

土壤会影响微生物的演替从而影响尸体腐败分解速率。Metcalf等人的研究表明，在分解开始前，尸体微生物群落丰度很低，土壤可能是尸体腐败分解过程中的微生物的主要来源，而尸体腐败分解不受土壤类型的影响。尸体下土壤的理化性质可能影响微生物群落在表型和系统发育方面的多样性。在酸性土壤中，植物产生高水平的单宁，单宁通过与土壤中有机物中的蛋白质和碳水化合物结合来抑制尸体微生物的活性。土壤温度在适宜的范围内升高，微生物活性会增加，当温度从12 ℃上升到22 ℃时，微生物活性会增加大约2倍。土壤基质电位（土壤颗粒之间水分的吸力）可作为微生物活动的标准参考点，在基质电位大于−0.01 MPa时，即土壤干燥时，微生物的运动受限，从而减缓或抑制尸体腐败分解；同样地，基质电位小于−0.1 MPa时，即土壤潮湿时，土壤中气体扩散减慢，微生物活性下降。此外，水分还降低了土壤二氧化碳和氧气的交换速率，使其无法满足需氧微生物的需求。与没有微生物的"原生土壤"相比，存在微生物的"条件土壤"分解速率更快，能更好地分解利用尸体。Lauber等人将老鼠尸体放置在无菌土壤和有微生物群落的土壤上，结果表明放置在有微生物群落土壤上的尸体到达分解晚期的速度比放置在无菌土壤上的尸体快2~3倍。

当尸体腐败分解过程由微生物和昆虫主导时，大量的营养物质和微生物进入尸体周围土壤，对尸体周围土壤环境微生物群的生态产生特定的影响。随着尸体腐败分解的进展，尸体下土壤微生物群落和尸体微生物群落趋于相似，可减少它们之间的互相干扰。分解可以改变土壤的微生物群落结构，尸体下面的土壤及周围其他土壤微生物群落表现出随时间的可识别的演替模式。在被埋藏哺乳动物尸体分解过程中，尸体周围土壤的微生物群发生了可预测的变化。表层土壤微生物群落的分类群丰度、多样性和均匀度呈下降趋势；而与埋藏尸体密切接触的周围土壤，表现出相反的特征，即丰度增加、多样性一致、均匀度降低。

六、尸体本身状况相关的变量

死者的死亡原因、衣着情况、生前的健康状况、药/毒物史、伤口等情况都有可能对死后微生物群落产生影响。猝死、机械性窒息（ligature stangulation，LS）等死亡原因的尸体因血液呈流动性，腐败细菌易于繁殖和流动，因此尸体腐败较快；而大失血尸体腐败慢。尸体上的衣物可能会增加腐败分解速度。生前患败血症、脓毒血症和部分传染性疾病的死者，体内已存在大量细菌，故尸体腐败较快。吗啡和氰化物中毒的尸体腐败快，而砷、汞中毒的尸体腐败较慢。存在开放性伤口的尸体腐败快，这些开放性伤口可能是外部微生物和昆虫的入口。尸体本身状况相关的变量是如何对运用死后微生物群落推断PMI产生影响以及产生什么影响，需要进行系统的研究。

第五节

运用死后微生物群落推断PMI的技术方法

一、微生物群落的鉴定方法

传统的微生物培养方法不仅对环境条件、操作技术要求高，且某些已知菌种和大量未知菌种无法人工培养，故该方法无法满足法医学对死后微生物群落的研究需求。基质辅助激光解吸电离飞行时间质谱（matrix-assisted laser desorption ionization time-of-flight mass spectrometry，MALDI-TOF MS）产生的特定指纹也可用于菌株分型。虽然MALDI-TOF MS是一种快速、简单、便宜的鉴定细菌定殖情况的方法，但其主要局限于微生物在不同培养条件下的生长能力，技术要求高。此外，实时定量PCR技术可检测某一种微生物的变化，但一种或几种微生物的变化难以解释法医学实际案例中死后微生物群落的整体结构及其变化规律。测序技术的发展，打破了上述微生物群落鉴定的局限性。高通量测序（HTS）推动了基因组学和遗传学的发展，产生了大量的可用于法医学等领域的测序数据。高通量测序技术能全面、准确地反映微生物群落物种多样性及其分布与功能，使人们对微生物群落有了新的认知并重新定义了不同的微生物群落。

HTS技术不需要分离和培养目标微生物，能对一个微生物物种或群落的转录组和基因组全貌进行精确分析，可直接对与尸体相关的微生物群落进行测序，从而获得测序样本的全部物种分类和丰度信息。HTS具有高通量、高精度和大规模自动化能力等优势，是目前微生物相关研究的全面、快速的技术方法之一，也是法医微生物最理想的、最合适的分析技术。即使是丰度较低的目标微生物，也能被HTS及其相关的生物信息学技术检测出来，HTS在鉴定和表征微生物群落结构特征方面的能力不断增强，扩大了法医微生物的鉴定范围和力量。HTS主要通过16S rDNA扩增子测序、18S rDNA和内部转录间隔区（internal transcribed spacer，ITS）测序、宏基因组测序、全基因组测序、元转录组学和DNA宏条形码技术等来鉴定、识别微生物群落。

（一）16S rDNA扩增子测序

16S rRNA是细菌核糖体RNA的小亚基，该亚基的编码基因是16S rDNA。16S rDNA分子相对稳定，大小适中，功能高度保守，序列不同位置的变异速率不同，因此一般选择16S rDNA作为分子标记进行细菌或古菌群落结构和功能分析。16S rDNA的保守区反映细菌物种间的亲缘关系，高变区可反映细菌物种间的差异，可根据保守区序列设计通用引物并对细菌进行鉴定分类。虽然16S rDNA测序技术的细菌分类水平和功能分辨率有限，不能将所有细菌准确地区分到种水平，但目前对死后细菌群落的研究大多是基于该技术。目前用于16S rDNA深度测序的高变区域主要有V4区、V3—V4区和V4—V5区。与原核生物相比，16S rDNA在真菌和其他真核生物中更保守，且提供的系统发育信息和物种划分能力十分有限，故一般不使用16S rDNA作为真菌群落物种水平分析的分子标记。

（二）18S rDNA测序和ITS测序

真核生物群落多样性研究常用的分子标记是18S rDNA和ITS，所有真核生物中均有18S rRNA。18S rRNA是真核生物核糖体RNA的小亚基，该亚基的编码基因是18S rDNA；ITS是真核生物中18S rDNA和28S rDNA之间的非转录区，ITS1位于真核生物核糖体rDNA序列的18S和5.8S之间，ITS2位于真核生物核糖体rDNA序列5.8S和28S之间。

18S rDNA的保守区允许设计高度通用的引物对广泛的真核生物进行物种鉴定；高变区可利用公共数据库中的序列数据进行物种鉴定，V4—V5区域可提供准确的系统发育信息，描述整个18S rDNA的可变性，而V9区域不能检索到高分类水平的特定类群，不能代表18S rDNA的变异情况。由于18S rDNA在进化速率上比较保守，在系统发育研究中较适用于种以上水平的分类。ITS不编码核糖体成分，种内变异相对较低，在进化过程中选择压力较小，进化速率为18S rDNA的10倍，属于中度保守的区域，利用它可进行种及种以下水平的分类。真菌群落多样性研究常用的区域是18S rDNA V4区、V9区，以及ITS1区。可通过选择引物同时扩增18S rDNA和ITS，通过分析18S rDNA序列，先在较高级别物种水平上确定样本的属，再根据ITS序列，将真菌归类到种或亚种水平。

（三）宏基因组测序

宏基因组测序以特定环境中的整个微生物群落为研究对象，提取环境微生物总DNA进行研究，在基因组水平解读微生物群体的丰度和多样性。它能探索更大的序列空间和遗传多样性，提供进化特征和生物地理学信息，具有更高的分类能力，从而揭示微生物群落的全貌。鸟枪法宏基因组学是对样本中存在的所有微生物基因组的非靶向测序，可用于分析微生物群落的分类组成和功能潜力，并恢复全基因组序列，还可同时分析古细菌、病毒、噬菌体和真核生物。它是一种快速、精度高、可靠、便宜的测序技术，已有研究者基于该技术进行菌株水平上的微生物鉴定并表征其功能特征。

（四）元转录组学

元转录组学从RNA水平研究基因的表达情况，研究整个微生物群落在某一功能状态下基因组产生的全部转录物的种类、结构和功能，不同微生物构成的群落及其相互关系。元转录组学通过直接测量在特定时间和地点产生的RNA转录本并提供有关特定物种存在的信息来揭示微生物群落的功能潜力，可使用元转录组学反映死后微生物群落的结构和功能变化。基于RNA的群落分析更能描述微生物群落中的代谢活性成员，使用RNA数据预测的代谢途径，可用作参与腐败分解微生物群落演替的生物标志物。元转录组学为鉴定和分析微生物群落的特异变种的关键功能基因提供了新方法。

（五）DNA宏条形码技术

在真菌多样性研究中，由于ITS序列在部分真菌类群中不能准确地鉴定多数物种，可适当地选择辅助DNA条形码，以提高真菌类群的物种识别能力。DNA宏条形码技术使用通用引物对样品中生物总DNA的一段具有鉴定信息的基因片段（即DNA条形码）进行大规模扩增，使用高通量测序技术实现大规模快速测序。该技术依据可靠的DNA条形码数据库，通过其中的参照序列对比后进行物种识别，能够监测到隐匿的真菌物种，可获取更为完整的真菌物种信息。

二、根据微生物群落数据推断PMI的分析方法

基于高通量测序标记基因（16S rDNA、18S rDNA或ITS）的数据对每个微生物类群进行分析，并作为预测特征通过训练、测试回归模型来学习微生物组结构和分解时间点之间的关系。机器学习算法在计算能力和大数据处理方面具有相当大的优势，能分析大量的具有巨型DNA序列的微生物组数据集，可建立一个基于微生物测序数据的PMI推断模型。用于建立PMI推断模型的机器学习算法包括随机森林、人工神经网络、支持向量回归、K近邻回归（K-neighbors regression，KNR）等，它们

各有优势和局限性，实际应用时可根据数据的类型和实际情况选择合适的机器学习算法建立PMI推断模型。

随机森林可自动提取数据特征集，具有直接实施性和高度可解释性。研究表明，随机森林回归（random forest regression，RFR）可以在不同物种尸体的不同部位皮肤，以及与尸体相关土壤的基因标记数据集中实现准确的PMI估计。Metcalf等人使用RFR预测了PMI，在分解早期（前两周）回归模型的误差为2~3 d；此外，他们还用一种与土壤相关的细菌数据来训练回归模型，并预测其他与土壤相关样本的PMI时，对PMI的估计仍然准确。Dmitrijs等人利用RFR预测夏季和冬季的死后浸没时间（postmortem submersion interval，PMSI），结果表明夏季的平均绝对误差（mean absolute error，MAE）为（20.59±4.89）累计日度（accumulated degree days，ADD），冬季的MAE为（17.87±2.48）ADD。利用随机森林回归模型预测PMI，优点在于性能优异、易于并行化计算，回归精度较高；而局限性是具有系统偏差。Johnson等人使用支持向量回归、KNR、套索回归、RFR和贝叶斯岭回归等模型，建立人类腐败尸体鼻腔和耳道中的微生物群的PMI推断模型。其结果发现：精确至属和科的完整的数据集更适合训练回归量，基于KNR的模型显示出更高的准确性，KNR模型以±55 ADD的平均误差预测了样本的PMI，并且在更长的PMI内有用。KNR算法简单直观、模式识别性能好，但对大数据集的可扩展性较低。线性回归可以解释每个特征对模型的贡献度，但易违反结果和特征之间线性的强假设。支持向量机（support vector machine，SVM）能较好地处理高维数据，但若相关性低则性能差。Liu等人将支持向量机递归特征消除模型、RFR模型和人工神经网络（artificial neural network，ANN）模型应用于小鼠3种不同器官的死后微生物数据集，并使用PMI预测的MAE和拟合优度检验来评估模型的性能和精度，其研究结果表明，ANN模型结合盲肠的死后微生物数据集为最优组合，在24 h内的MAE为（1.5±0.8）h，在15 d内的MAE为（14.5±4.4）h。

机器学习算法是一个从大型微生物数据集中获取有用信息的强大工具，其可通过综合考察、挖掘、分析微生物群落多维度大数据，评估、识别数据的多变模式，建立准确、高效的模型，进一步提升法医微生物学PMI推断方法的精确性。

第六节
运用死后微生物群落推断PMI的研究现状

一、微生物时钟

"微生物时钟"是基于已知死亡时间与相应尸体样本微生物组数据建立的回归模型。国内外研究者做了大量的研究工作,回答了"微生物时钟"在什么样本类型或身体部位有最准确的微生物时钟序列、什么时间段的"时钟"最准确、哪些变量会影响模型的准确性等问题。Metcalf等人的研究发现,基于腹腔微生物数据建立的PMI推断模型的MAE最大,而头部皮肤的MAE最小。相比腹腔样本,皮肤样本能提供更多有用的信息来推断PMI。Belk等人的研究也表明,基于微生物的PMI推断,与尸体相关的土壤和皮肤样本是较优的样本,比较不同位置的皮肤样本可以帮助确定微生物时钟最准确的取样部位。有许多研究发现,与分解晚期相比,分解早期的微生物群落演替快、多样性高,可能是最准确的时间框架,并且在分解早期过程中提高采样频率可以提高模型的精度。Zhang等人通过研究发现,直肠微生物群的变化相对缓慢,而尸体相关土壤微生物群的演替最快,与PMI的线性回归拟合度最高,并且在腐败分解后期不同部位样本的微生物群落趋于相似。最新研究表明,比较埋葬在土壤里和暴露于空气中的尸体,虽然氧气、湿度和光照等环境条件不同,但它们分解过程中的微生物群落演替规律相似。虽然环境因素是微生物群落聚集的重要驱动因素,但不同埋藏条件下的死后"微生物时钟"以及与暴露于空气中的死后"微生物时钟"是否相同,还需要进一步研究。

二、不同类型尸体样本的PMI推断

(一)动物尸体样本的PMI推断

为探索基于与尸体相关的微生物群落推断PMI方法的准确性和全面性,大量动物实验性研究开展于控制相关变量和理想环境条件中,实验动物包括小鼠、大鼠、猪等。Li等人通过高通量测序表征了大鼠死后30 d肠道微生物群落结构和多样性变化，其研究结果表明肠道微生物分类群有明显的时间演替规律。Dong等人研究了小鼠口腔微生物群落在腐败分解过程中的变化，结果发现特异性细菌分类群与PMI显著相关，建立了它们与PMI的线性回归模型，得出γ变形菌纲和变形杆菌属是推断PMI的最佳物种。该研究结果为口腔微生物群落作为PMI推断的法医学工具提供了证据。

动物实验的研究范围较广，实验内容不局限于实验动物本身，还包括与实验动物分解相关的各种因素，如与尸体相关的土壤、温度与湿度等环境条件，尸体腐败产生的挥发性化合物，等等。Metcalf等人结合微生物群落、代谢功能的重建和土壤生态化学以了解不同土壤基质上腐败小鼠尸体的微生物分解过程，结果发现小鼠尸体的分解微生物群落主要来自土壤且具有相当的重复性。该研究明确了分解微生物群落的起源，并解释了哺乳动物尸体的分解如何影响微生物群落代谢能力，为法医学利用微生物组推断PMI提供了新的依据。Pascual等人结合了16S rDNA扩增子测序和气相色谱-质谱分析，分析了自然环境下猪尸体腐败早期的细菌群落结构和代谢产生的挥发性有机化合物。通过拟合最佳多元线性回归模型，将乙酸、吲哚、苯酚的产生与肠杆菌科、蒂西氏菌科（Tissierellaceae）和黄单胞菌科的活性相联系。该研究将某些特定细菌类群与代谢功能相联系，为未来利用化学生态学进行PMI推断的研究提供了新的视角。

（二）人类尸体样本的PMI推断

人类尸体骨骼表面依然存在与分解相关的微生物分类群，具有个体内差异和个体间差异。例如，Damann等人探究了分解晚期的微生物群落变化，发现部分白骨化遗骸存在与人类肠道相关的细菌，而完全白骨化遗骸的细菌组成与土壤微生物群落特征相似。这提示了运用微生物群落推断腐败晚期尸体PMI不能忽视骨骼微生物群落的这些差异。

肠道是人类微生物最丰富的器官组织，且在哺乳动物尸体腐败分解过程中，肠道微生物组发挥了重要作用。腐败尸体中99.2%的微生物具有肠道起源，如拟杆菌、厚壁菌、变形杆菌、放线菌、酸杆菌和绿弯菌等。并且肠道菌群在不同死亡原因的陆地尸体中保持稳定。因此，利用人类死后肠道微生物群落信息推断PMI具有重要意义。例如，Cobaugh等人通过16S rDNA扩增子测序表征自然环境条件下人类腐败尸体的盲肠菌群的变化，研究结果显示，随着时间的推移，盲肠菌群丰度显著增加，而多样性则显著降低。Cobaugh等人分析了人类腐败尸体下土壤的细菌群落结构，该研究表明在整个腐烂过程中，在自然土壤中丰度低而在尸体下土壤中丰度显著增加的腐生细菌使它们可成为PMI估计的生物标志物。Hu等人从死亡5~192 h的人类尸体的阑尾和横结肠中分别采集微生物样本，运用阑尾微生物群落建立了PMI推断模型，并确定了每个样本的实际PMI和预测PMI之间的差异，该研究表明使用人类阑尾微生物群落信息推断PMI优于横结肠。

与人类肠道和口腔微生物群落相比，皮肤微生物组受宿主环境的影响更大，皮肤微生物的稳定性与皮肤部位有关。例如皮脂腺区域的细菌和真菌群落的稳定性最大，而干燥部位细菌群落的相对变化较大，稳定性最差的部位是足部。放线菌门、厚壁菌门（Firmicutes）和变形菌门等能在湿度较低的环境中生长，所以它们可以在人类皮肤及其接触的表面存活。虽然皮肤微生物组可能受到环境因素和其他生物因素的影响，但其群落特征依然能在较长一段时间内保持稳定，其中一些低丰度的关键分类群随着时间的变化能保持较高的区分能力，并且随着时间的推移其相对丰度趋于稳定，变异系数低且广泛存在于各个部位的皮肤。由于皮肤微生物组具有时间稳定性，其用于法医学PMI推断的能力毋庸置疑。已有研究表明，比较不同位置的皮肤可以帮助确定推断PMI的准确的取样部位。Johnson等人建立了基于人类腐败尸体鼻腔和耳道中的微生物群估计PMI的回归模型，结果发现在鼻腔和耳道中，精确至科和属水平的微生物群落的完整数据集能推断较长的PMI，显示出更高的准确性。

人体其他器官组织用于PMI推断的法医学调查性能和效力也在逐步研究中，并取得了一定的研究成果。Lutz等人分析了40例PMI为24~432 h的死者的脑、心脏、肝脏、脾脏、前列腺和子宫的微生物群落结构。该研究发现子宫和前列腺的细菌群落α多样性显著较高，表现出与非生殖器官显著不同的微生物群落组成。此研究表明，子宫和前列腺可能是人类尸体分解过程中最晚腐败的器官，提示子宫和前列腺的死后微生物群落可用于腐败晚期的PMI推断。

三、不同类型微生物在PMI推断中的研究

（一）细菌群落

细菌是微生物的主要类群，由于尸体腐败分解过程主要由细菌主导，且细菌的16S rDNA具有良好的时钟特性，故法医微生物学主要集中于用细菌群落演替规律推断PMI。有大量的研究证明，细菌群落变化可用于PMI的估计，且建立的回归模型效果较好。例如，Hu等人从人类尸体的阑尾和横结肠中分别采集菌群样本，运用阑尾菌群建立了一个决定系数（R^2）=0.910、MAE=（25.79±0.43）h的随机森林回归模型，表明可使用人类阑尾细菌群落演替估计PMI。Zhang等人研究了埋藏于土壤

里的SD大鼠尸体的直肠、皮肤以及尸体周围土壤的细菌群落，结果显示细菌群落在分解过程中呈现出规律的演替模式，建立的随机森林回归模型解释了直肠、皮肤和尸体相关土壤样本细菌群落变异的84.55%、81.67%、86.83%，它们在分解60 d内的MAE分别为2.06 d、2.13 d和1.82 d。

众多研究表明，基于细菌群落数据建立的回归模型在一定程度上提供了较准确的PMI推断结果和可量化的错误率。因此，利用细菌群落信息进行PMI推断是一种有价值的法医学PMI调查手段。今后在对细菌群落主导的腐败分解过程进行深入研究时，可重点关注细菌的基因表达模式、阐明细菌与昆虫共同作用的生态网络机制等，准确地将特定细菌群落与特定腐败分解阶段相联系，从而建立更准确的PMI推断模型。

（二）真菌群落

一般在哺乳动物尸体腐败后期，环境中的毛霉菌、白地菌、青霉菌等真菌转移至尸体组织，形成霉斑、霉尸。有研究者探究了真核生物群落与尸体腐败分解的关系，虽然目前关于真核生物群落在尸体腐败分解过程中的研究较少，但其重要性不可忽视。例如，Metcalf等人检测了在实验室环境中小鼠尸体的细菌和真核生物群落，发现仅基于真核生物群落建立的PMI推断模型效果不亚于基于细菌群落建立的PMI推断模型。Fu等人通过DNA宏条形码技术方法研究了室内外猪尸体分解过程中的真菌组成及其演替模式，结果发现该方法表征的真菌群落多样性能区别尸体腐败分解的环境（如室内、室外），并观察到子囊菌、木囊菌和脂多菌属等在腐败尸体真菌群落中占主导地位。该研究结果表明可将这些特定的真菌分类群与PMI相联系并作为PMI推断的指标，尤其是在尸体严重腐败的情况下，真菌具有相当大的PMI预测潜力。Forger等人研究1703 ADD（60 d）猪尸体腐败分解模型的真核生物群落的结构特征，发现利用科水平的真核生物分类数据，随机森林模型解释了89.58%的ADD的变化，均方根误差（root mean square error，RMSE）为177.55 ADD（约为6 d）。该研究结果显示了真核微生物群落在尸体腐败分解过程和PMI估计中的重要性。

四、水中尸体的PMI推断

水中尸体的PMI，即死后浸没时间（PMSI），可根据腐败分期、尸体现象、理化方法、生物膜等方法进行推断。水中尸体腐败分解受到自身及其所处水环境的影响，包括水体理化因素、尸体穿着及尸体是否负有重物等非生物因素，还包括昆虫、食肉动物、腐败细菌与藻类的相互作用等生物因素，这些因素都会影响PMSI的推断。水中尸体体表会形成生物膜，即附着于基质表面、由胞外聚合物包裹的具有三维结构的微生物群体，其中包含细菌、真菌、藻类和原生动物等。胞外聚合物能协助微生物抵抗环境变化，因此生物膜展现出利用水中尸体上生物膜形成过程中的微生物群落演替规律推断PMSI的潜能。

Benbow等人通过宏基因组测序方法表征了夏季、冬季河流中猪尸体皮肤的细菌群落变化规律，结果显示，两个季节的细菌的属的丰度均显著增加，不同季节的细菌群落存在显著差异，表明连续描述整个细菌群落变化反映的浸没后时间可作为估计PMSI的指标。Lang等人使用自动核糖体间隔基因分析技术对比2条淡水河流中猪尸体上的生物膜细菌群落，发现死后3~7 d猪尸体皮肤固有的细菌群落转变为以环境为基础的生物膜细菌群落，死后14~17 d猪尸体上生物膜的细菌群落存在演替。该研究证实水中尸体生物膜的细菌群落显示出与PMSI相关的演替规律。

为评估微生物群落推断水中尸体PMI方法的准确性，相当数量的研究利用机器学习算法建立了PMSI推断模型。例如，Kaszubinski等人揭示了非流动水生环境中猪尸体的死后微生物群落组成变异性，建立了R^2=0.975、误差为±3 d的随机森林回归模型以估计PMSI，并确定了几个重要分类群可作为未来推断PMSI的指标分类群。Xu W等人利用第三代全长测序技术检测溺水大鼠皮肤表面的细菌群落，发现尸体皮肤表面的细菌有规律的演替模式，绿弯菌门和梭杆菌属仅出现在PMI的前7 d，可用于确定PMSI是否超过1周。该研究利用细菌群落数据结合尸体腐败分解征象，将PMSI锁定在具体的时间段内，为利用细菌生物膜估计水中尸体的PMI提供了重要参考价值。Cartozzo等人将猪尸体浸没于淡水河中6322 ADD（353 d），每250 ADD取猪尸体的肋骨和肩胛骨进行测序，结果显示细菌群落丰度存在差异，每种类型骨骼微生物群落的系统发育多样性随ADD的增加而增加。对比肩胛骨样本，使用肋骨样本拟合的PMSI推断模型更准确，模型的均方根误差分别为498.87 ADD和472.31 ADD。Zhang等人对生前溺死小鼠和死后入水小鼠的肠道微生物群落进行了研究，结果表明溺死小鼠和死后入水小鼠的肠道细菌群落的时间变化没有差异，并建立了MAE=（0.018±0.165）d的PMI推断模型。虽然该研究结果表明不能区分生前入水和死后入水的细菌群落，但仍可以使用尸体的肠道微生物群落变化规律进行PMI推断。

利用生物膜微生物群落变化规律进行PMSI推断是水中尸体PMI准确推断研究的一个良好开端，可以更全面地探索水生微生物群落在法医学中的应用。然而目前对于使用微生物群落推断PMSI的研究仍处于动物性实验阶段，还没有水中人类尸体的微生物群落研究验证此方法；此外，水中微生物群落可能会受到流域地理位置、季节变化的影响，限制了其在法医学调查中的应用。因此，微生物群落推断水中尸体PMSI的研究还需要进一步深入检验、验证。

第七节
运用微生物群落推断PMI的挑战与展望

微生物组在法医学领域有着巨大的应用潜力，与死后尸体相关的微生物群落不仅能应用于估计陆地、水中尸体的死亡时间，还能帮助确定死亡原因、死亡地点；人体皮肤、头发及体液微生物组等在个体识别及生物检材识别方面还可作为刑事案件的辅助证据。然而，现阶段利用微生物组进行PMI推断时仍面临一些挑战，亟待解决。

（1）尸体的微生物群落变化会受到环境因素和生物因素的影响，因此，在未来研究中应充分探究各因素对微生物组的动态影响，综合探讨各影响因素的变化规律对于准确关联PMI和微生物群落变化具有重要意义。

（2）微生物组鉴定过程中的不同阶段可能会影响结果的准确性，因此，有必要为样本的采集、处置和保存制定标准，进一步验证所有方法的灵敏度、特异性、重复性和检测限等性能，并创建可靠、全面、公开可用的基准数据库。

（3）应用人工智能技术辅以推断PMI不能只注重提升某一机器学习算法的效率与准确度，应扩大研究范围，优化和标准化用于微生物群落分析的机器学习算法，生成一个全面的数据集来训练、测试和建立具有更大样本量的健壮模型，保证PMI推断模型的普适性和可靠性。

（4）用微生物组学方法推断PMI对研究成本和技术要求较高，因此，解决关于微生物组现有的知识、技术和数据等问题，在用高通量测序检测微生物的基础上，研发和筛选出低成本且操作便捷的微生物组学推断方法势在必行。

（向青青　黄二文　汪冠三）

参考文献

［1］中国合格评定国家认可委员会. 检测和校准实验室能力认可准则在微生物检测领域的应用说明［EB/OL］.（2022-01-12）［2024-05-08］. http://www.cnas.org.cn/rkgf/syskr/rkyyzz/2022/01/907368.shtml.

［2］BELK A, XU Z Z, CARTER D O, et al. Microbiome data accurately predicts the postmortem interval using random forest regression models［J］. Genes（basel）, 2018, 9（2）: 104.

［3］BENBOW M E, PECHAL J L, LANG J M, et al. The potential of high-throughput metagenomic sequencing of aquatic bacterial communities to estimate the postmortem submersion interval［J］. Journal of forensic sciences, 2015, 60（6）: 1500-1510.

［4］BOHNERT S, REINERT C, TRELLA S, et al. Metabolomics in postmortem cerebrospinal fluid diagnostics: a state-of-the-art method to interpret central nervous system-related pathological processes［J］. International journal of legal medicine, 2021, 135（1）: 183-191.

［5］BYARD R W, TSOKOS M. The challenges presented by decomposition［J］. Forensic science, medicine, and pathology, 2013, 9（2）: 135-137.

［6］CARTER D O, YELLOWLEES D, TIBBETT M. Cadaver decomposition in terrestrial ecosystems［J］. Naturwissenschaften, 2007, 94（1）: 12-24.

［7］CARTOZZO C, SINGH B, SWALL J, et al. Postmortem submersion interval（PMSI）estimation from the microbiome of sus scrofa bone in a freshwater lake［J］. Journal of forensic sciences, 2021, 66（4）: 1334-1347.

［8］CHRISTOFFERSEN S. The importance of microbiological testing for establishing cause of death in 42 forensic autopsies［J］. Forensic science international, 2015, 250: 27-32.

［9］CHU H, FIERER N, LAUBER C L, et al. Soil bacterial diversity in the Arctic is not fundamentally different from that found in other biomes［J］. Environmental microbiology, 2010, 12（11）: 2998-3006.

［10］COBAUGH K L, SCHAEFFER S M, DeBruyn J M. Functional and structural succession of soil microbial communities below decomposing human cadavers［J］. PLoS One, 2015, 10（6）: e0130201.

［11］COCKLE D L, BELL L S. Human decomposition and the reliability of a

'Universal' model for post mortem interval estimations [J]. Forensic science international, 2015, 253: 131-136.

[12] CROOKS E R, BULLING M T, BARNES K M. Microbial effects on the development of forensically important blow fly species [J]. Forensic science international, 2016, 266: 185-190.

[13] DAMANN F E, WILLIAMS D E, LAYTON A C. Potential use of bacterial community succession in decaying human bone for estimating postmortem interval [J]. Journal of forensic sciences, 2015, 60(4): 844-850.

[14] DMITRIJS F B, GUO J K, HUANG Y C, et al. Bacterial succession in microbial biofilm as a potential indicator for postmortem submersion interval estimation [J]. Frontiers in microbiology, 2022, 13: 951707.

[15] DONG K, XIN Y, CAO F, et al. Succession of oral microbiota community as a tool to estimate postmortem interval [J]. Scientific reports, 2019, 9(1): 13063.

[16] FINLEY S J, PECHAL J L, BENBOW M E, et al. Microbial signatures of cadaver gravesoil during decomposition [J]. Microbial ecology, 2016, 71(3): 524-529.

[17] FORGER L V, WOOLF M S, SIMMONS T L, et al. A eukaryotic community succession based method for postmortem interval (PMI) estimation of decomposing porcine remains [J]. Forensic science international, 2019, 302: 109838.

[18] FU X, GUO J, FINKELBERGS D, et al. Fungal succession during mammalian cadaver decomposition and potential forensic implications [J]. Scientific reports, 2019, 9: 12907.

[19] GALLOWAY A, BIRKBY W H, JONES A M, et al. Decay rates of human remains in an arid environment [J]. Journal of forensic sciences, 1989, 34(3): 607.

[20] GILL C O, JONES T. Microbiological sampling of carcasses by excision or swabbing [J]. Journal of food protection, 2000, 63(2): 167-173.

[21] GRIFFITHS R I, THOMSON B C, JAMES P, et al. The bacterial biogeography of British soils [J]. Environmental microbiology, 2011, 13(6): 1642-1654.

[22] GUO J, FU X, LIAO H, et al. Potential use of bacterial community succession

for estimating post-mortem interval as revealed by high-throughput sequencing [J]. Scientific reports, 2016, 6: 24197.

[23] HEATON V, LAGDEN A, MOFFATT C, et al. Predicting the postmortem submersion interval for human remains recovered from U.K. waterways [J]. Journal of forensic sciences, 2010, 55 (2): 302–307.

[24] HERNANDEZ-ROMERO D, SANCHEZ-RODRIGUEZ E, OSUNA E, et al. Proteomics in deaths by drowning: diagnostic efficacy of apolipoprotein A1 and alpha-1 antitrypsin, pilot study [J]. Diagnostics (basel), 2020, 10 (10): 747.

[25] HIGHET A R, GOLDWATER P N. Staphylococcal enterotoxin genes are common in *Staphylococcus aureus* intestinal flora in Sudden Infant Death Syndrome (SIDS) and live comparison infants [J]. FEMS immunology & medical microbiology, 2009, 57 (2): 151–155.

[26] HU L, XING Y, JIANG P, et al. Predicting the postmortem interval using human intestinal microbiome data and random forest algorithm [J]. Science & justice, 2021, 61: 516–527.

[27] IANCU L, CARTER D O, JUNKINS E N, et al. Using bacterial and necrophagous insect dynamics for post-mortem interval estimation during cold season: novel case study in Romania [J]. Forensic science international, 2015, 254: 106–117.

[28] IANCU L, SAHLEAN T, PURCAREA C. Dynamics of necrophagous insect and tissue bacteria for postmortem interval estimation during the warm season in Romania [J].Journal of medical entomology [J], 2016, 53 (1): 54–66.

[29] JERMAKOW K, RORAT M. Post-mortem microbiology: retrospective analysis of infections caused by *Enterococcus* strains [J]. Pathogens, 2022, 11 (2): 204.

[30] JOHNSON H R, TRINIDAD D D, GUZMAN S, et al. A machine learning approach for using the postmortem skin microbiome to estimate the postmortem interval [J]. PLoS One, 2016, 11 (12): e167370.

[31] KASZUBINSKI S F, RECEVEUR J P, WYDRA B. Cold case experiment demonstrates the potential utility of aquatic microbial community assembly in estimating a postmortem submersion interval [J]. Journal of forensic sciences, 2020, 65 (4): 1210–1220.

[32] LANG J M, ERB R, PECHAL J L, et al. Microbial biofifilm community variation in flowing habitats: potential utility as bioindicators of postmortem submersion intervals [J]. Microorganisms, 2016, 4(1): 1.

[33] LAUBER C L, METCALF J L, KEEPERS K, et al. Vertebrate decomposition is accelerated by soil microbes [J]. Applied and environmental microbiology, 2014, 80(16): 4920-4929.

[34] LI H, YANG E, ZHANG S, et al. Molecular characterization of gut microbial shift in SD rats after death for 30 days [J]. Archives of microbiology, 2020, 202(7): 1763-1773.

[35] LIU R, GU Y, SHEN M, et al. Predicting postmortem interval based on microbial community sequences and machine learning algorithms [J]. Environmental microbiology, 2020, 22(6): 2273-2291.

[36] LOGUE J B, STEDMON C A, KELLERMAN A M, et al. Experimental insights into the importance of aquatic bacterial community composition to the degradation of dissolved organic matter [J]. The ISME journal, 2016, 10(3): 533-545.

[37] LUCCI A, CAMPOBASSO C P, CIRNELLI A, et al. A promising microbiological test for the diagnosis of drowning [J]. Forensic science international, 2008, 182(1): 20-26.

[38] LUTZ H, VANGELATOS A, GOTTEL N, et al. Effects of extended postmortem interval on microbial communities in organs of the human cadaver [J]. Frontiers in microbiology, 2020, 11: 569630.

[39] MAGOC T, SALZBERG S L. FLASH: fast length adjustment of short reads to improve genome assemblies [J]. Bioinformatics, 2011, 27(21): 2957-2963.

[40] METCALF J L, XU Z Z, BOUSLIMANI A, et al. Microbiome tools for forensic science [J]. Trends in biotechnology, 2017, 35(9): 814-823.

[41] METCALF J L, XU Z Z, WEISS S, et al. Microbial community assembly and metabolic function during mammalian corpse decomposition [J]. Science, 2016, 351(6269): 158-162.

[42] MORITZ A R. Classical mistakes in forensic pathology [J]. The American journal of forensic medicine and pathology, 1956, 26(12): 1383-1397.

[43] OLIVEIRA M, AMORIM A. Microbial forensics: new breakthroughs and future

prospects [J]. Applied microbiology and biotechnology, 2018, 102 (24): 10377-10391.

[44] OSBORNE C A, ZWART A B, BROADHURST L M, et al. The influence of sampling strategies and spatial variation on the detected soil bacterial communities under three different land-use types [J]. FEMS microbiology ecology, 2011, 78 (1): 70-79.

[45] PASCUAL J, VON HOERMANN C, ROTTLER-HOERMANN A, et al. Function of bacterial community dynamics in the formation of cadaveric semiochemicals during in situ carcass decomposition [J]. Environmental microbiology, 2017, 19 (8): 3310-3322.

[46] PAYNE J A. A summer carrion study of the baby pig sus scrofa linnaeus [J]. Ecology, 1965, 46 (5): 592-602.

[47] PECHAL J L, CRIPPEN T L, BENBOW M E, et al. The potential use of bacterial community succession in forensics as described by high-throughput metagenomic sequencing [J]. International journal of legal medicine, 2014, 128 (1): 193-205.

[48] REED H B. A study of dog carcass communities in Tennessee, with special reference to the insects [J]. American midland naturalist, 1958, 59 (1): 213-245.

[49] ROUSK J, BAATH E, BROOKES P C, et al. Soil bacterial and fungal communities across a pH gradient in an arable soil [J]. The LSME journal, 2010, 4 (10): 1340-1351.

[50] THOMAS T B, FINLEY S J, WILKINSON J E, et al. Postmortem microbial communities in burial soil layers of skeletonized humans [J]. Journal of forensic and legal medicine, 2017, 49: 43-49.

[51] WANG L, ZHANG F, DONG W, et al. A novel approach for the forensic diagnosis of drowning by microbiological analysis with next-generation sequencing and unweighted UniFrac-based PCoA [J]. International journal of legal medicine, 2020, 134 (6): 2149-2159.

[52] WANG W, XU S, REN Z, et al. Application of metagenomics in the human gut microbiome [J]. World journal of gastroenterology, 2015, 21 (3): 803-814.

[53] WANG Y, WANG M, LUO C, et al. Dynamics of insects, microorganisms

and muscle mRNA on pig carcasses and their significances in estimating PMI[J]. Forensic science international, 2021, 329: 111090.

[54] WANG Y, WANG M, XU W, et al. Estimating the postmortem interval of carcasses in the water using the carrion insect, brain tissue RNA, bacterial biofilm, and algae[J]. Frontiers in microbiology, 2022, 12: 774276.

[55] WEATHERBEE C R, PECHAL J L, BENBOW M E. The dynamic maggot mass microbiome[J]. Annals of the Entomological Society of America, 2017, 110(1): 45-53.

[56] WEBER M A, KLEIN N J, HARTLEY J C, et al. Infection and sudden unexpected death in infancy: a systematic retrospective case review[J]. The Lancet, 2008, 371(9627): 1848-1853.

[57] YI Y, HUANG W, GE Y. Exopolysaccharide: a novel important factor in the microbial dissolution of tricalcium phosphate[J]. World journal of microbiology & biotechnology, 2008, 24(7): 1059-1065.

[58] ZHANG K, YAN H, LIU R, et al. Exploring metabolic alterations associated with death from asphyxia and the differentiation of asphyxia from sudden cardiac death by GC-HRMS-based untargeted metabolomics[J]. Journal of chromatography B, 2021, 1171: 122638.

第五章 微生物组学在死亡原因推断中的应用

第一节

概　述

死亡原因推断是法医学的主要任务之一。准确的死亡原因推断将为案件的侦查、定性提供依据和线索，并为起诉和审判提供科学证据。尸体解剖、组织病理切片等经典的形态学检查方法，是传统法医学死亡原因推断的重要基础。近年来，国内外学者将法医病理学与医学影像学、分子生物学、生物化学、微生物学以及人工智能等多学科交叉融合，为死亡原因推断提供了新的思路和方法。本章主要介绍微生物组学在死亡原因推断中的应用。

在人类生命的过程中，人体微生物组发挥着与健康相关的许多重要功能，包括营养获取、病原体防御和免疫防御等。国内外已有众多研究将微生物群落与人类健康和疾病联系在一起。在法医学中，与人类遗骸相关的死后微生物群落演替模式已被证明是可预测的，适用于PMI推断，为案件侦查提供微生物视角的证据。作为法医学中一种重要的生物标志物，微生物也可以在死亡原因推断中发挥作用。Jermakow等人提出在尸检过程中若观察到无法解释的炎症反应，应当考虑进行微生物学检测以识别或排除感染性疾病导致的死亡，肯定了微生物学检测在死亡原因推断中的辅助价值。Christoffersen等人应用微生物检测回顾性研究了42例尸体，从检测出的微生物类型、组织学发现和死亡原因等方面进行分析，在37例尸体中发现了51种不同的微生物，其中细菌种类最为丰富；有19例的死亡原因与微生物相关，而其中14例尸体的组织学结果也支持微生物在死亡中起到了决定性作用。

微生物在婴儿猝死综合征（sudden infant deaths syndrome，SIDS）的诊断中也有重要的应用。在发达国家，SIDS占婴儿死亡原因的40%～50%，在出生的第1个月和一年之间呈现出最大的发病率。在法医学中，确定SIDS的机制至关重要，因为它可能是婴儿死亡的主要原因。虽然国内外学者对死亡原因进行了广泛的尸检调查，但仍有约40%的婴儿猝死（sudden and unexpected infant death，SUDI）由于当时没有合适的病因来解释而被记为SIDS。然而在近些年里，人们对归类为SIDS的死亡原因有了更多的了解。绝大多数SIDS婴儿死于睡眠状态，一般多发生在3:00—10:00，且出现中枢性呼吸障碍，如呼吸的生理反射过度及迷走神经功能异常，被认为是导致SIDS发生的重要机制。许多学者认为感染是SUDI的主要原因之一，但是由于当时的诊断能力有限，引起感染的病原体还未被发现。SIDS的病理学和流行病学都发现感染性病因与金黄色葡萄球菌超抗原肠毒素有关。金黄色葡萄球菌肠毒素已在包括澳大利亚在内的5个国家的超过半数的SIDS婴儿的组织或血清中检出。在SUDI病例中，没有显著炎症反应的情况下，在各种无菌或非无菌部位（例如肺）发现产毒细菌可以解释这些基于毒血症事件的死亡。这在生物学上是合理的，因为一些分离的物种可以产生强效毒素（例如金黄色葡萄球菌的热原毒素和大肠埃希菌的可溶性毒素），这些毒素可能通过类似于在中毒性休克综合征中观察到的方式导致死亡。

Geraldine等人对一具已腐败的生前患脑膜炎球菌病的尸体案例进行研究，尸检发现尸体呈现弥漫性绿色变色、四肢脱水、皮肤滑脱以及躯干和四肢出现大理石花纹。其主要病理改变是躯干和四肢皮肤，以及心外膜的瘀点出血。尸体外表并没有发现脑膜炎的迹象。在组织学上，因为死后自溶已发生，无法确定脑膜炎的存在。毒理学检查的结果也均为阴性。采集心血、尿液、脑脊液和粪便样本，从血培养中分离出了弗氏柠檬酸杆菌，而粪便和尿液培养结果则呈阴性。脑脊液的检查显示肠杆菌等微生物过度生长，其中主要是柠檬酸杆菌和大肠埃希菌。由于尸体已经腐烂，虽然分离出的这些细菌不足以解释这名死者的死亡原因，但是PCR结果显示感染因子——脑膜炎奈瑟球菌血清群B——的存在。根据以上发现，脑膜炎奈瑟球菌感染被鉴定为死亡原因。

Lucci等人为探究粪便大肠菌群和粪便链球菌作为溺死鉴定指标的可能性，采集和分析了5例淡水溺死者、5例海水溺死者以及3例死后入水者的左心室、右心室、股动脉和股静脉血液样本，结果在溺死者的血液样本及溺液培养基中都发现了粪大肠菌群和粪链球菌群，而在死后入水尸体中没有检测到它们，表明粪大肠菌群和粪链球菌群可作为溺死鉴定的标志物。高通量测序技术也可能是溺死鉴定的一种潜在方法。通过高通量测序技术检测溺死组和死后入水组大鼠的细菌群落，并用基于非加权的UniFrac的主坐标分析（principal co-ordinates analysis，PCoA）处理数据，结果显示该方法能够清楚地区分溺死组和死后入水组大鼠的皮肤、肺、血液和肝脏标本。硅藻和浮生生物在溺死鉴定中的应用将在后续章节单独介绍。

在法医实践中，确定腐败尸体的死亡原因仍然是一个挑战。尸体在发生腐败后，人体原有的组织结构被破坏，尸体的组织形态学等特征逐渐模糊、难以观察，以至于靠传统的方法无法直接进行死亡原因的判断，对法医进行检验和鉴定产生了较大的影响。人体死亡后，保护内部器官和生理体液环境免受细菌定殖的屏障不起作用时，胃肠道中的微生物开始增殖，随后迁移到身体的其他器官，例如肝脏、心脏、脾脏、大脑。缺氧条件会导致组织自溶和营养物质的释放，为一些厌氧菌生长和发育提供了优良的培养基。这个过程通常被认为是尸体膨胀阶段的开始。厌氧菌活动会产生大量气体，这些气体的积累可能导致体腔膨胀，甚至破裂。体腔破裂后，缺氧环境转变为有氧环境，导致厌氧微生物种类减少，需氧微生物占主导地位。由于包括氧气在内的营养资源的消耗，所有腐败过程都会随着时间的推移而显著减慢。微生物在腐败的过程中起到主要作用，凡是有利于腐败细菌滋长的因素均能加速尸体的腐败。除微生物活动外，还可观察到一些昆虫和脊椎动物以腐败的尸体为食的现象。

猝死、机械性窒息等快速死亡的尸体，其血液通常在死后12小时内保持明显流动性，腐败细菌易于繁殖和转移，故腐败较快；大失血或脱水的尸体则腐败较慢；患败血症或部分有传染性疾病的尸体腐败也比较快；中毒尸体腐败进展因毒物种类不同而异，不同种类的毒物与不同的细菌相互作用可呈现出不同的变化。因此，不同死亡原因导致机体的理化变化可能会通过影响腐败过程中尸体细菌种类、演替和代谢，从而改变尸体腐败进程，反映出不同死亡原因尸体的腐败征象差异。

微生物组学的主要研究对象是由微生物群落及周围环境组成的动态微生态系统。微生物群落的演替模式可以在一定程度上反映环境与宿主的相互影响关系。基于这一特点，探寻微生物组学在法医学个体识别、体液鉴定与PMI推断等方面的价值是当前研究的热点之一，而在死亡原因方面的研究则相对较少。尸体腐败导致难以依靠宏观表征来推断死亡原因时，微生物组学在死亡原因推断方面表现出较大的应用潜力。当下微生物组学的兴起，微生物组学和死亡原因推断相关的应用为我们提供了新的视角。

第二节

不同死亡原因尸体的微生物群落及代谢组学特征

腐败会导致尸体的形态学改变，进而使得推断PMI和死亡原因成为一个棘手的问题。国内外的法医学者已经开发了许多基于形态学变化、昆虫学和微生物学的方法来推断PMI，也一直试图找到一些指标来进行腐败尸体的死亡原因推断。但是由于腐败导致了组织器官的形态学改变，使得指示死亡原因的典型尸体征象消失或者被质疑。

腐败尸体的死亡原因推断仅在几种特殊类型的尸体中取得了进展，如水中腐败尸体的溺死鉴定。对于其他类型的尸体或者死亡原因，仍然缺乏有效的指标和方法。

哺乳动物尸体碳氮比很低，水含量很高，为微生物生长和繁殖提供了良好的条件。腐败是指微生物过度生长导致的组织降解过程，可引发一系列可预测的事件，为确定PMI提供了一个有价值的指标。微生物对其栖息地的微环境变化很敏感。尸体腐败过程也受到多种可变因素的影响，例如温度、湿度、掩埋、创伤，甚至死亡原因。不同的死亡原因会导致组织和器官的微环境变化。例如，急性心源性猝死尸体肾脏的总含水量与中毒、火场死亡和高温死亡完全不同，勒死和其他原因死亡尸体的面部皮肤血液含量也有差异。因此，微生物群落演替不仅可以推断PMI，甚至可以反映微生物群落生长地的微环境特征，并提示可能的死亡原因。

机械性窒息（LS）、失血性休克（hemorrhagic shock，HS）和有机磷农药中毒（organic phosphorus insecticides poisoning，OPP）又分别可以导致典型的微环境变化，如局部充血、大量失血和出现外源性有毒物质。由于微生物对周围微环境的敏感性，不同死亡原因导致的微环境变化可能会引发特征性微生物群落的形成，以及微生物功能基因表达和代谢物差异的产生。

采用动物实验进行尸体腐败研究，设置腐败期限为20 d，分别在死亡当时（初始对照组）和死后第2 d、第4 d、第6 d、第8 d、第10 d、第12 d、第16 d、第20 d，共计9个时间点进行取样。在每个采样时间点，对每只实验动物的皮肤、盲肠和尸体下方土壤进行采样，通过16S rDNA测序、宏基因组测序和代谢组检测，结合生物信息学，分析不同死亡原因尸体的微生物群落、功能基因表达和代谢物差异。

在腐败过程中，相对丰度排名前20位的细菌在门水平和属水平上的变化趋势明显（图5-1）。变形菌门（Proteobacteria）和厚壁菌门是整个腐败过程中的优势菌门。在LS组的皮肤样本中（面部、胸部和腹部），死后第2 d、第4 d、第6 d、第8 d、第10 d、第12 d、第16 d、第20 d 8个时间点的变形菌门相对丰度逐渐增加，分别为3.44% ± 0.50%、9.63% ± 2.18%、20.31% ± 4.3%、77.85% ± 4.09%、82.70% ± 3.49%、95.23% ± 1.34%、96.81% ± 0.66%、95.03% ± 2.27%；而厚壁菌门相对丰度随着时间的推移逐渐降低，由第2 d的87.03% ± 2.18%下降到第20 d的4.77% ± 2.25%。在第8 d和第10 d，变形菌门的相对丰度增加到50%以上，成为主要的菌门。LS组在第8 d最早出现优势门的交替，OPP组在第10 d出现优势门的交替。在属水平上，变形菌门中的变形杆菌属（Proteus）为优势属，厚壁菌门中的葡萄球菌属（Staphylococcus）为优势属。在腐败过程中，变形杆菌属相对丰度增加，葡萄球菌属相对丰度降低，与两者在门水平变化趋势相同。例如，LS组皮肤样本中变形杆菌相对丰度由1.08% ± 0.21%增加至78.49% ± 5.27%，葡萄球菌属相对丰度由79.65% ± 3.20%

降低至4.47%±2.22%。HS组和OPP组的结果相似。在盲肠和土壤样本中，变形菌门相对丰度也有着与皮肤样本相似的增加趋势（图5-2、图5-3）。

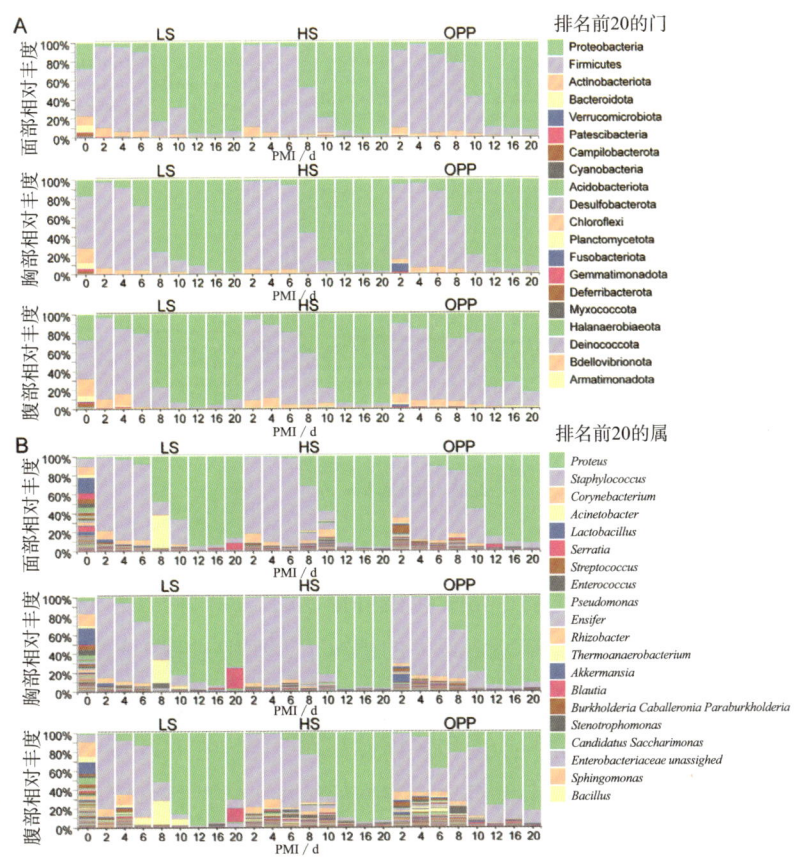

图5-1　3种死亡原因尸体皮肤样本在门水平（A）和属水平（B）相对丰度排名前20的菌群

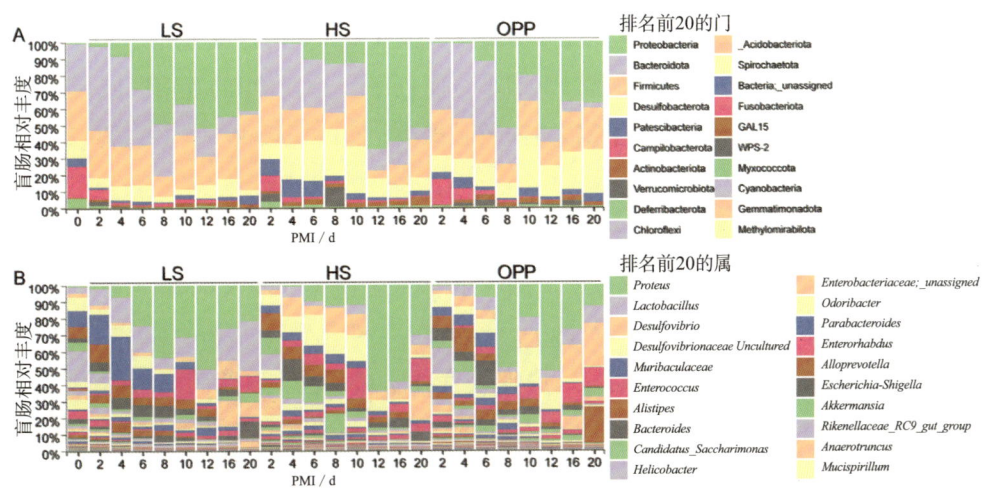

图5-2　3种死亡原因尸体盲肠样本在门水平（A）和属水平（B）相对丰度排名前20的菌群

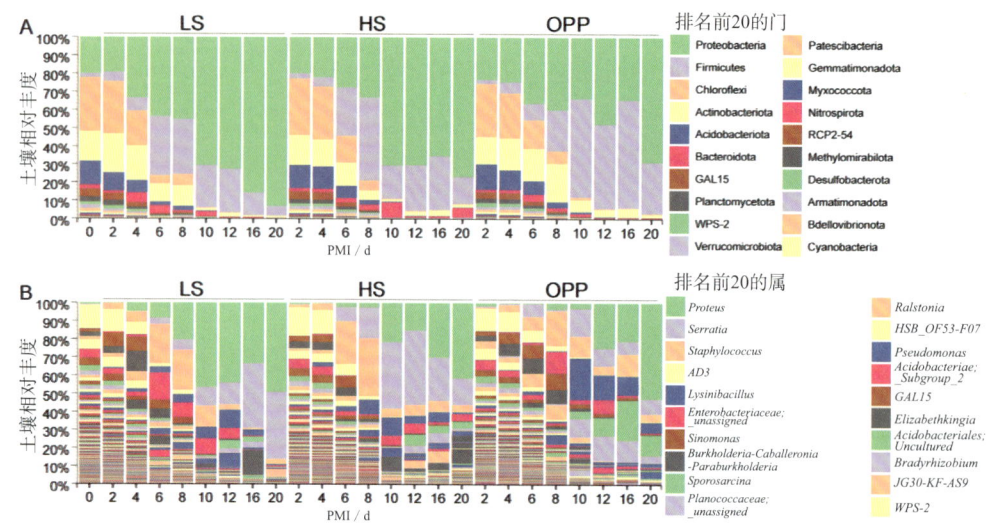

图5-3 3种死亡原因尸体下方土壤样本在门水平（A）和属水平（B）相对丰度排名前20的菌群

尸体腐败过程中获得的微生物群落变化是可重复的。与国内外其他研究结果相比，这些小型哺乳动物尸体在控制环境条件的情况下，腐败过程中的菌群变化与一些大型哺乳动物尸体相似，可以为了解法医实践中人体腐败过程提供参考。随着腐败过程的进行，每种样本中菌群的丰度和多样性都在下降。在水环境中的猪尸体、陆地环境中的老鼠尸体腐败过程中也得到了类似的结果。皮肤样本中的变形菌门和厚壁菌门，盲肠样本中的拟杆菌门（Bacteroidetes）和放线菌门（Actinobacteria）的相对丰度在腐败过程中也呈现相似且显著的变化趋势，也可用于推断PMI。

从图5-4可以看出，皮肤样本可以基于死亡原因被聚类。在第2 d、第4 d和第6 d，来自每种死亡原因的皮肤样本被分别聚类，但在95%置信区域有部分重叠。第8 d，HS组的置信区域扩大，在第10 d则缩小，而且覆盖了OPP组的置信区域。在第12 d、第16 d和第20 d，每种死亡原因再次单独聚类，重叠区域很少，并在第12 d完全分为3个聚类。

根据腐败过程的征象变化，尸体腐败可以分为新鲜期（死亡当时，fresh）、肿胀期（第2 d至第4 d，bloat）、腐败发展期（第6 d至第10 d，active decay）和高度腐败期（第12 d至第20 d，advanced decay）。

尸体从第2 d开始进入肿胀期，下腹壁轻度肿胀和变色。厚壁菌门为优势门，占皮肤样本细菌群落的80%以上。皮肤样本的细菌群落通过基于非加权的UniFrac的PCoA，发现3种死亡原因可以分别单独聚类，说明菌群差异在腐败早期就已经出现。在腐败发展期，肿胀继续发展，尸体的主要部分呈现为典型的潮湿外观，变色

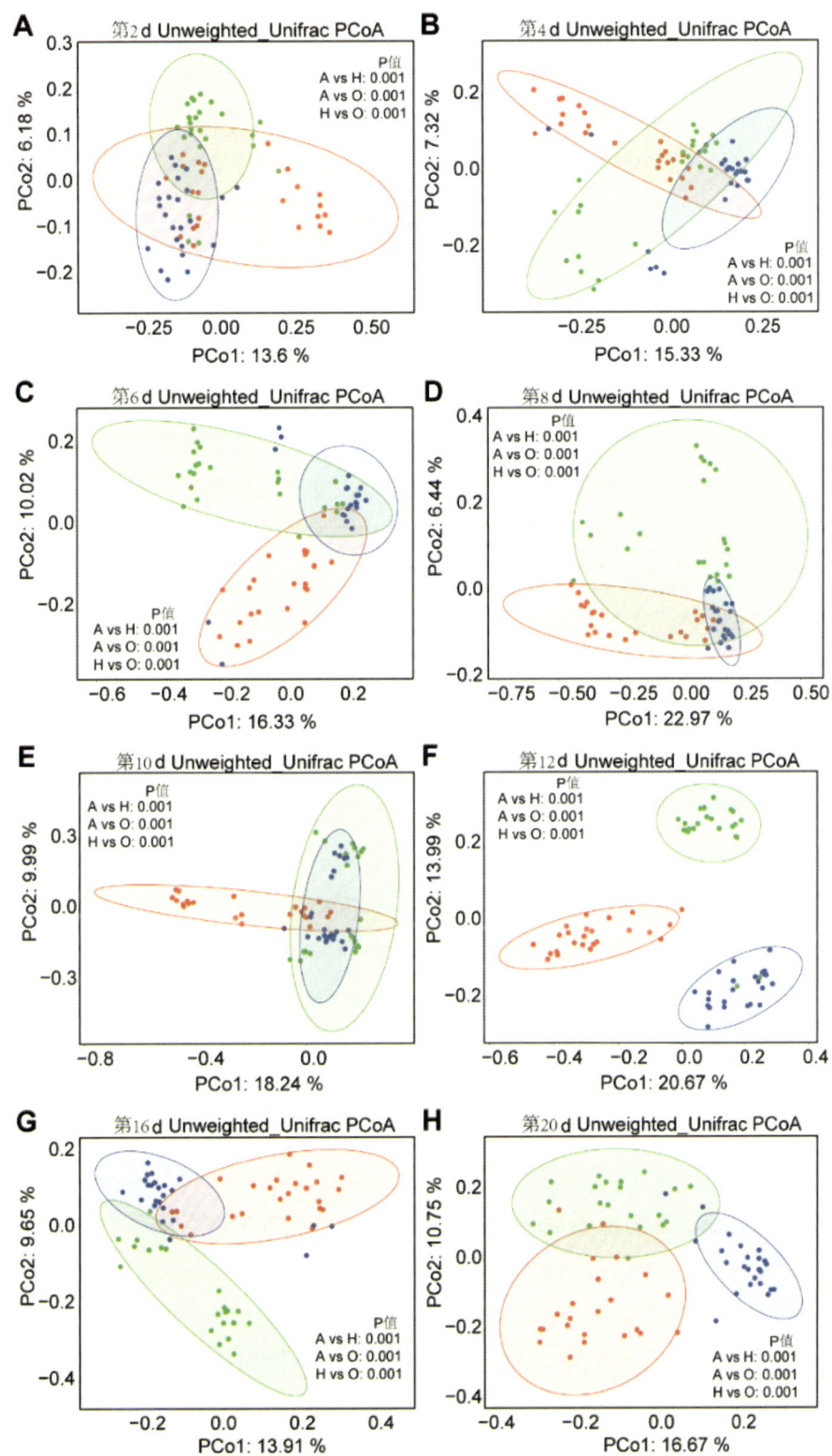

图5-4 基于非加权的UniFrac距离的尸体皮肤菌群PCoA

逐渐蔓延至整个尸体。在每种死亡原因的所有类型样本中，菌群组成的变化都比其他时期更为明显。在高度腐败期，尸体腹部塌陷，皮肤开始干燥。菌群组成的变化不明显，进入一个相对稳定的状态。来自相同死亡原因的样本聚类形成独立的簇，而不同死亡原因的样本的簇则彼此分离。细菌栖息地（尸体）微环境中的营养物质（如碳和氮）在菌群的长期竞争中被大量消耗（如尸体组织塌陷）。剧烈的菌群演替持续大约2周时间，每种死亡原因的菌群都形成了自己的特征，表现为相对独立的簇。说明了不同死亡原因的尸体菌群存在差异，在分析腐败尸体死亡原因方面具有潜在的价值。

LS组、HS组和OPP组样本的菌群在尸体腐败过程中都发生了显著变化。与新鲜尸体解剖时观察到的形态变化相比，菌群组成和演替规律为分析腐败尸体的死亡原因提供了一个新的方法。例如，LS通常导致面部皮肤出现密集的出血点和内部器官充血，而HS尸体则可观察到组织器官的大量失血。血液的再分配改变了尸体组织的微环境营养成分，这可能是导致不同死亡原因尸体菌群组成和演替差异的原因。尸体的菌群几乎可以在所有取样时间点区分3种死亡原因。

动物尸体组织主要有碳水化合物、脂肪、蛋白质、维生素、微量元素等成分。在微生物代谢作用下，碳水化合物分解生成醇类、有机酸和二氧化碳等，脂肪代谢生成脂肪酸、甘油、醛等，蛋白质则分解成胺类、硫化氢、吲哚等具有毒性的恶臭味物质。通过消耗尸体组织中的营养物质，微生物得以繁殖生长，继而导致尸体在感观上发生可以见到、闻到的腐败变化。生物胺是动物尸体组织腐败过程中的重要产物，由微生物的脱羧酶去除氨基酸的羧基后生成。尸体腐败过程与氨基酸的代谢密切相关，例如，酪氨酸、缬氨酸、亮氨酸、异亮氨酸、苯丙氨酸等多种氨基酸的代谢或生物合成。酪氨酸脱羧后生成酪胺，苯丙氨酸脱羧后生成苯乙胺，赖氨酸脱羧后生成尸胺，鸟氨酸脱羧后生成腐胺，精氨酸脱羧后也可以生成腐胺，腐胺可以进一步代谢为亚精胺。

在动物实验中发现的鸟氨酸脱羧酶（ornithine decarboxylase）、精氨酸脱羧酶（arginine decarboxylase）和赖氨酸脱羧酶（lysine decarboxylase）基因表达情况如图5-5所示。HS组的鸟氨酸脱羧酶、精氨酸脱羧酶基因表达强度在肿胀期、腐败发展期和高度腐败期表现为逐渐增加的趋势，而赖氨酸脱羧酶基因表达强度则逐渐降低。OPP组的鸟氨酸脱羧酶、赖氨酸脱羧酶基因表达强度在肿胀期、腐败发展期和高度腐败期表现为先降低后增加的趋势；而精氨酸脱羧酶基因表达强度则逐渐增加。相对于HS组，在肿胀期，OPP组的鸟氨酸脱羧酶、精氨酸脱羧酶和赖氨酸脱羧酶基因表达上调；在腐败发展期和高度腐败期则基本表现为下调。在3个时期，每种氨基酸脱羧酶的基因表达强度在2种死亡原因组之间均存在统计学差异：在肿胀期，OPP组的3种氨基酸脱羧酶基因表达强度显著高于HS组；在腐败发展期和高度腐败期，则显著低于HS组（高度腐败期的赖氨酸脱氢酶基因除外）。

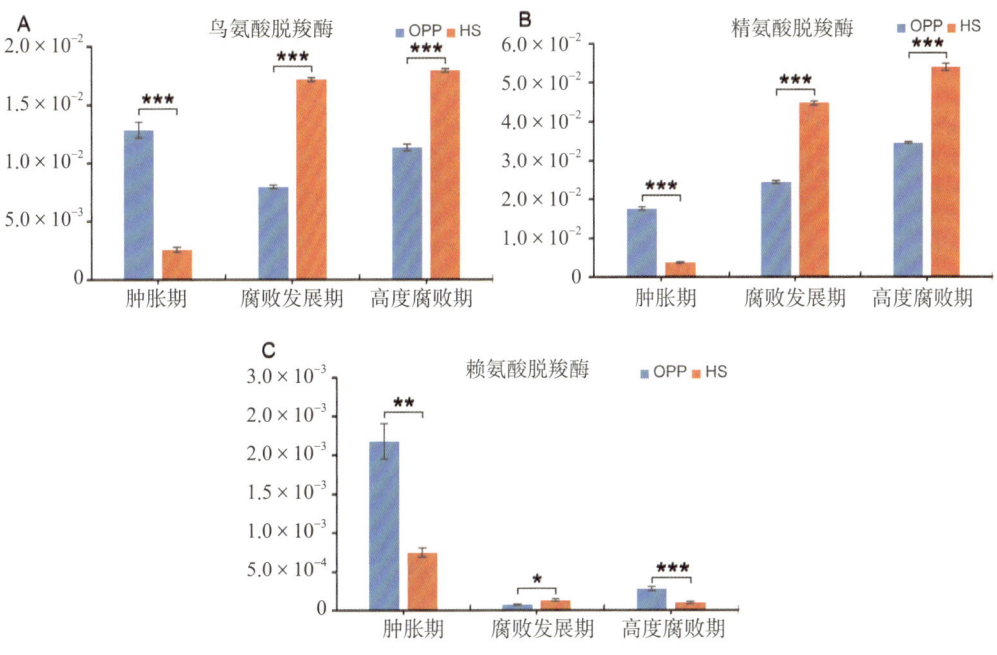

图5-5 部分脱羧酶基因在各组的表达分布

A：鸟氨酸脱羧酶基因。B：精氨酸脱羧酶基因。C：赖氨酸脱羧酶基因。采用曼-惠特尼U检验进行基因表达的差异分析，＊表示$P<0.05$，＊＊表示$P<0.01$，＊＊＊表示$P<0.001$。

OPP组由于外源性有机磷农药的介入，也可能会对尸体腐败微生物的功能基因表达带来影响。假单胞菌属（*Pseudomonas*）、不动杆菌属（*Acinetobacter*）、黄杆菌属（*Flavobactrum*）、苍白杆菌属（*Ochrobactrum*）、甲基杆菌属（*Methylobacterium*）等已被证明具有降解有机磷的作用，被称为解磷微生物。解磷微生物通过其分泌的磷酸酶、植酸酶等使有机磷降解成为可溶性磷。

磷酸酶基因表达情况如图5-6所示。HS组的酸性磷酸酶（acid phosphatase）A类（class A）、碱性磷酸酶（alkaline phosphatase）D和组氨酸磷酸酶（histidinol-phosphatase）的基因表达强度在肿胀期、腐败发展期和高度腐败期表现为逐渐降低的趋势，而酸性磷酸酶B类（class B）的基因表达强度则增加。OPP组的酸性磷酸酶A类、碱性磷酸酶D和组氨酸磷酸酶基因表达强度在肿胀期、腐败发展期和高度腐败期表现为先降低后增加，而酸性磷酸酶B类的基因表达强度则逐渐增加。OPP组的酸性磷酸酶B类、碱性磷酸酶D和组氨酸磷酸酶基因在3个时期几乎都表现为上调。这3种酶基因在2种死亡原因组的表达强度几乎都有统计学差异，OPP组的酸性磷酸酶B类、碱性磷酸酶D（腐败发展期除外）和组氨酸磷酸酶基因表达强度大于HS

组。在3个时期,酸性磷酸酶B、碱性磷酸酶D的基因表达强度在2种死亡原因之间均存在统计学差异,主要表现为OPP组的基因表达强度大于HS组。

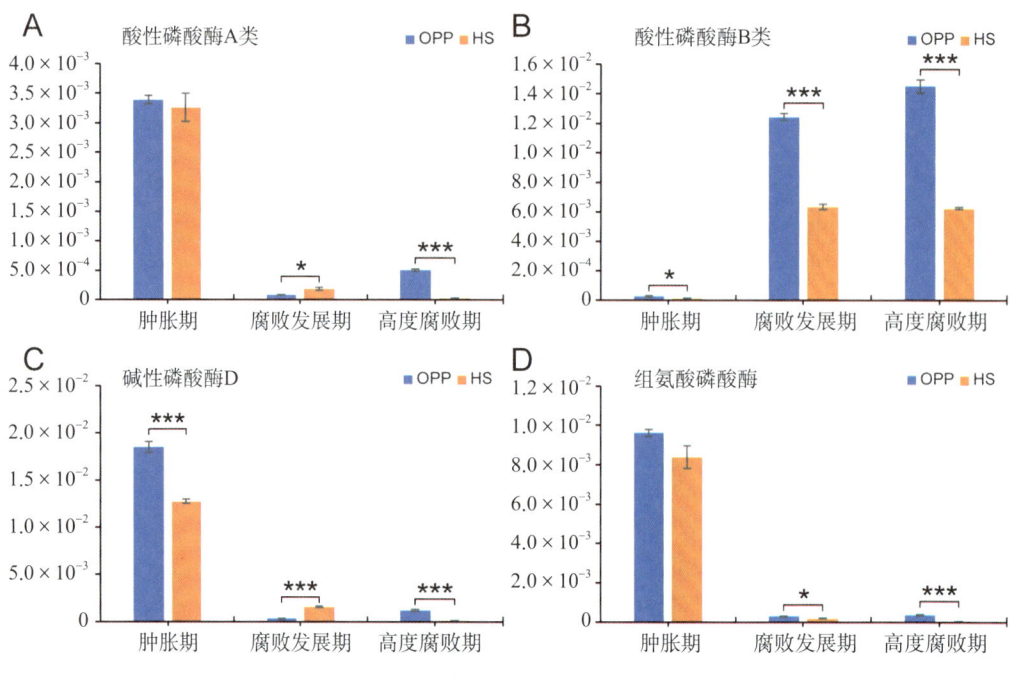

图5-6 部分脱羧酶基因在各组的表达分布

A: 酸性磷酸酶A类基因。B: 酸性磷酸酶B类基因。C: 碱性磷酸酶D基因。D: 组氨酸磷酸酶基因。采用曼-惠特尼U检验进行基因表达的差异分析,*表示$P<0.05$,＊＊＊表示$P<0.001$。

宏基因组学是微生物组学研究常用方法之一。通过随机将DNA打断、扩增、组装,获得整个基因组的序列信息。去除宿主基因后,可以直接对检测样本中所有微生物的基因组进行研究,包括细菌、古菌、病毒和真菌。与16S rDNA扩增子测序相比,宏基因组测序数据提供了更高精度的物种组成信息,同时还能提供功能基因的相关信息。在法医学领域,宏基因组学研究主要关注个体识别、生物斑迹溯源、药物滥用、PMI推断等方面,较少涉及死亡原因,特别是腐败尸体的死亡原因推断。

将宏基因组学测序得到的unigenes在KEGG数据库进行比对和功能注释,发现HS组和OPP组样本中主要存在鸟氨酸脱羧酶基因、精氨酸脱羧酶基因和赖氨酸脱羧酶基因。在肿胀期、腐败发展期和高度腐败期,2种死亡原因的鸟氨酸脱羧酶、精氨酸脱羧酶基因的表达出现不同程度的上调或者下调,而且两组之间存在统计学差异。就尸体征象而言,肿胀期的HS组与OPP组难以区分,而OPP组的脱羧酶基因表达上调,说明其微生物分解氨基酸的活跃程度也高于HS组,但是微生物活动导致的尸体腐败征象尚未在大体观察上表现出来。在腐败发展期,HS组尸体开始出现明显腐败，腐败程度与OPP组出现显著差异，OPP组和HS组完全分离，说明OPP组微生物功能活动与HS组的差异开始在尸体征象上体现。从肿胀期到腐败发展期的过程中，微生物群落发生了剧烈变化，这3种脱羧酶基因表达情况也体现出了一致的结果，OPP组的基因表达整体从肿胀期的上调变成腐败发展期和高度腐败期的下调，可能是OPP组的微生物肿胀期的高活跃度导致营养物质消耗，随后在腐败发展期和高度腐败期的活跃度降低。而HS组的微生物则在腐败发展期和高度腐败期变得更加活跃。在高度腐败期，HS组和OPP组均显著腐败，但尸体征象上仍然存在显著差异；两者形成完全独立的两个簇。在腐败过程中，3种脱羧酶基因的表达情况与尸体征象的发展一致，说明了氨基酸代谢可能是不同死亡原因尸体征象差异形成的原因之一。

OPP组的酸性磷酸酶B类、碱性磷酸酶D和组氨酸磷酸酶基因在肿胀期、腐败发展期、高度腐败期的表达强度整体高于HS组，说明OPP组微生物的有机磷代谢相关基因表达强度增加。碱性磷酸酶是目前研究较多的一种脱磷酸酶，是在自然环境中水解有机磷的重要物质。微生物的碱性磷酸酶分为A、D、X 3种，由不同的基因编码，可以将有机磷分解成正磷酸盐。在肿胀期，分解有机磷细菌的碱性磷酸酶基因大量表达，以降解外源性有机磷或者组织本身的有机磷；而在腐败发展期和高度腐败期，因有机磷已被大量消耗，碱性磷酸酶基因表达下降。这与细菌解磷过程中酸性磷酸酶、碱性磷酸酶活性的变化趋势一致。组氨酸磷酸酶具有与碱性磷酸酶类似的作用，组氨酸残基攻击磷原子，形成磷酸组氨酸中间体后发生水解，生成无机磷酸盐。但是酸性磷酸酶B类却出现了相反的变化趋势，可能是由于它主要催化来自各种有机磷酸酯底物（如核苷酸和糖磷酸盐）的磷酸基水解，而这些底物主要在腐败发展期和高度腐败期产生。

微生物产生的代谢物可以影响尸体征象，形成特殊气味，是研究尸体腐败的重要指标之一。代谢组学检测具有高分辨率、高准确率的特点，可以同时检测成百上千种小分子量代谢物质，为研究尸体腐败过程中的生物标志物以及微生物的代谢功能特征提供了新的手段。前面已经阐述了死亡原因对尸体征象、菌群多样性、功能基因表达的影响，发现了不同死亡原因对微生物与相关尸体征象的影响。为进一步了解尸体腐败过程中的代谢物特征及其在不同死亡原因尸体中的差异，研究者进行了非靶向代谢组学检测，分析不同死亡原因对代谢物的影响（图5-7至图5-9）。

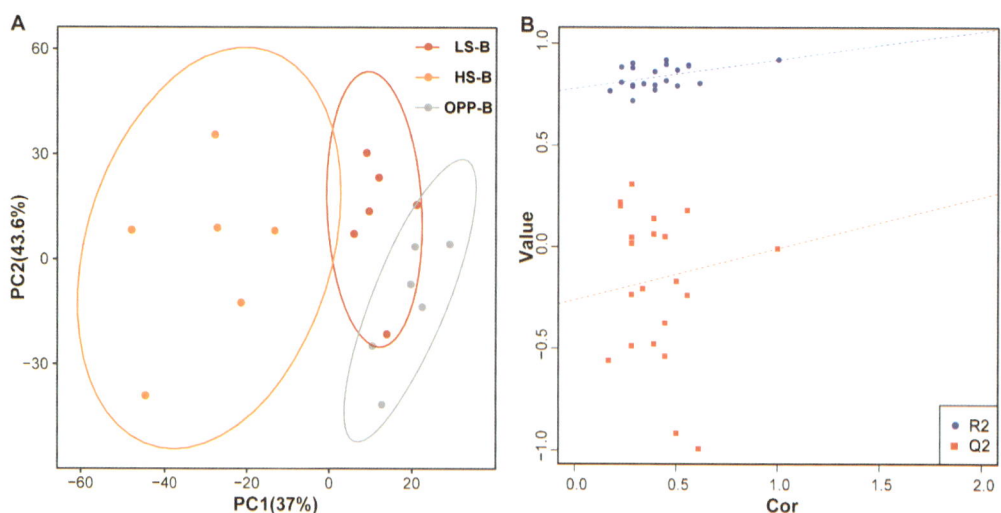

图5-7 3种死亡原因肿胀期样本的代谢物偏最小二乘法-判别分析

A：偏最小二乘法-判别分析得分图。B：置换检验图。

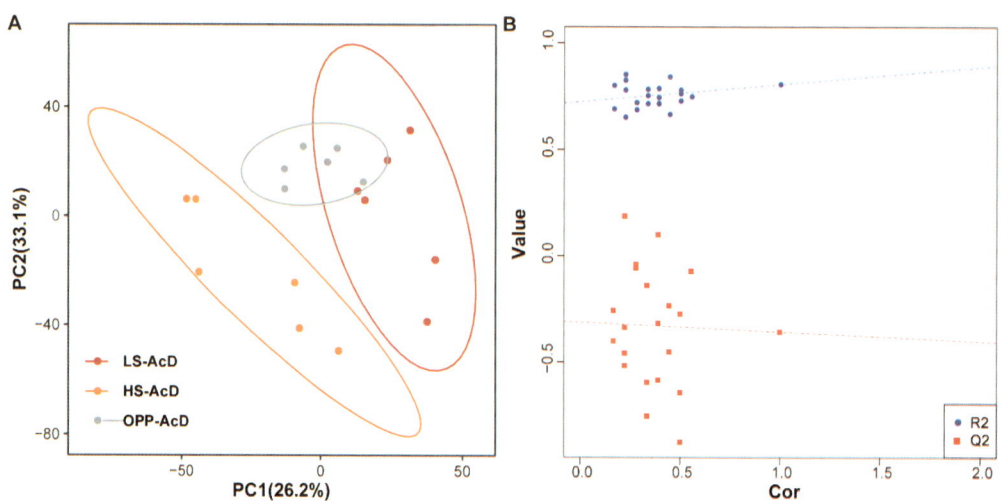

图5-8 3种死亡原因腐败发展期样本的代谢物偏最小二乘法-判别分析

A：偏最小二乘法-判别分析得分图。B：置换检验图。

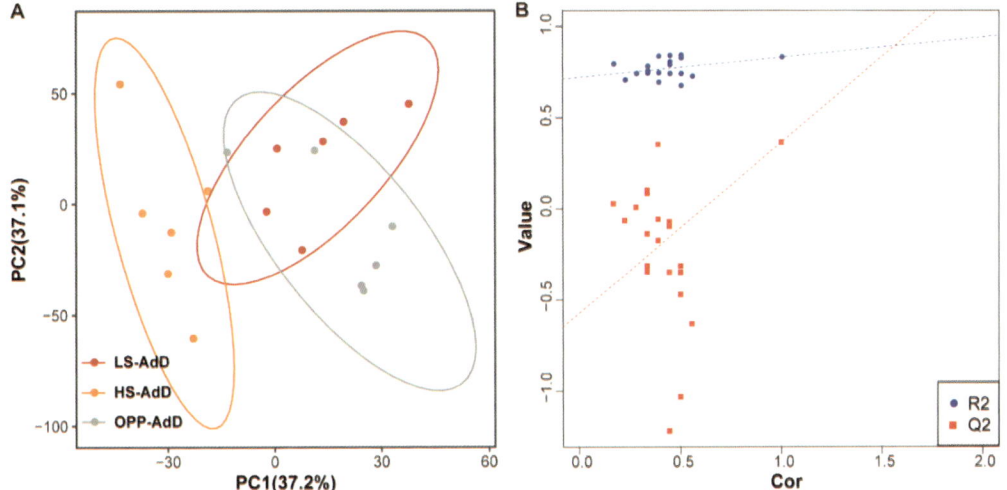

图5-9 3种死亡原因高度腐败期样本的代谢物偏最小二乘法-判别分析

A：偏最小二乘法-判别分析得分图。B：置换检验图。

在腐败过程3个时期共同的差异代谢物仅21个，包括3-氨基甲酰-2-吡嗪甲酸、O，O-二乙基磷酰氨基硫代酸盐、油酰乙醇胺、高碘酸、3-氯-4-吗啉基-1，2，5-噻二唑和三氟乙脒等（表5-1）。利用这21个共同的差异代谢物绘制热图（图5-10），热图显示不同死亡原因尸体的差异代谢物表达在同一时期明显不同。

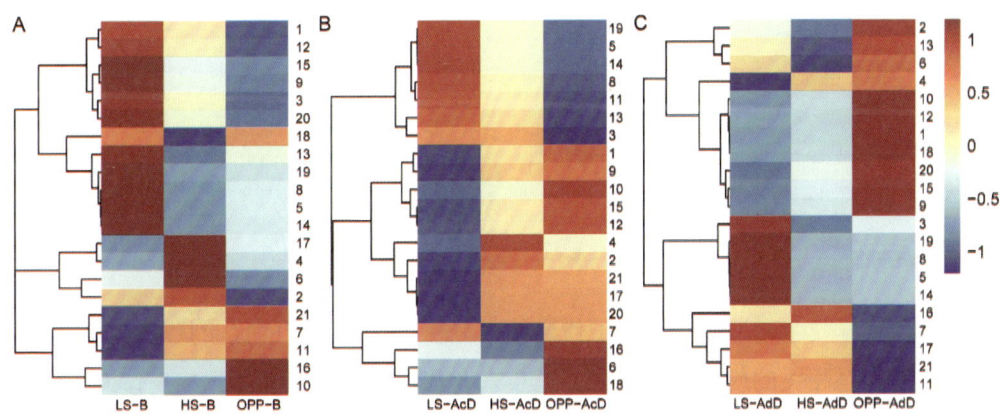

图5-10 与死亡原因相关的21个共同差异代谢物在3个时期的热图

A：肿胀期。B：腐败发展期。C：高度腐败期。

表5-1　热图序号对应的差异代谢物名称

序号	差异代谢物
1	（2R）-2-（{（2S）-2-[（2-{[（2S，3R，4R，5S，6R）-3-乙酰氨基-2, 5-二羟基-6-（羟甲基）四氢-2H-吡喃-4-基]氧基}丙酰基）氨基}-3-甲基丁酰基}氨基）-5-氨基-5-氧戊酸
2	（2R）-2-羟基-3-[（1Z）-1-十四烯-1-基氧基]丙基 2-（三甲铵）乙基磷酸酯
3	1-乙氧基-4-{[4-（4-丙基环己基）苯基]乙炔基}苯
4	2E，4E，6E，8E，10E，12E，14E，16E-十八碳八烯酸
5	3-氨基甲酰-2-吡嗪甲酸
6	5-[（3Z，6Z，9Z，12Z，15Z，18Z）-二十一碳-3，6，9，12，15，18-六烯-1-基]间苯二酚
7	brasiliamide C
8	二氨基-N-氨基甲酰甲亚胺
9	L-苏氨酰-L-异亮氨酰-L-赖氨酰-N^5-（氨基亚甲基）-L-鸟氨酰甘氨酸
10	N-（4-十二烷基苄基）-2-（甲基丙烯酰氧基）-N，N-二甲基乙氨基
11	N，N'-[1，2-乙二基双（磺酰二基-2，1-乙二基）]双（N-丁基-1-丁胺）
12	N，N-二苄基-2-异丙烯基苯胺
13	未命名
14	O，O-二乙基磷酰氨基硫代酸盐
15	OKDdia-PG
16	油酰乙醇胺
17	高碘酸
18	磷脂酰丝氨酸（O-20:0/0:0）
19	3-氯-4-吗啉基-1，2，5-噻二唑
20	TMC-86B
21	三氟乙脒

代谢组学技术通过研究小分子代谢物来分析生物系统中的代谢状态，揭示与疾病或健康问题相关的代谢物的变化。近年来，代谢组学已经在筛选疾病诊断标志物方面发挥了重要作用，也成了建立法医学早期PMI和早期死亡原因推断指标的重要工具。例如，LS引起了碳水化合物代谢相关物质的显著变化，反映了体内细胞无法接受或利用氧气，影响了供能物质的有氧氧化过程；OPP引发了三羧酸循环障碍，也导致了氨基酸代谢以及核苷酸代谢发生改变；而HS也可以导致N-乙酰天冬氨酸、胆碱化合物等的变化。

不同的死亡原因除引起代谢物变化外，还会导致组织器官含水量、含血量的变化。此方面的研究主要关注死亡早期代谢物的变化，对腐败尸体的研究则较少。由于微生物对环境敏感，不同死亡原因导致的微环境变化可能会影响尸体微生物的生长以及导致其代谢物的差异性表达。

不同死亡原因的尸体腐败过程中微生物的差异代谢物主要有甘油磷脂、苯及其取代衍生物、羧酸及其衍生物，反映了随着LS、HS和OPP导致的尸体微环境变化，微生物产生的一些特定的代谢变化。但遗憾的是，目前关于腐败尸体代谢组学的研究较少。不同死亡原因尸体腐败过程中的代谢物变化既缺乏相关文献支持，也基本没有相似领域的文献可以参考。

LS组、HS组和OPP组的代谢物可以独立成簇，但是LS组和OPP组的有逐渐靠近、重叠的趋势。这与尸体形态学变化所表现出来的基本一致，LS组和OPP组的面部腐败征象在腐败发展期、高度腐败期的尸体大体征象上都比较类似。这可能是因为尸体腐败后发生的颜色变化主要是受蛋白质分解和变性的影响。例如，尸绿是由蛋白质分解产生的H_2S与组织中的血红蛋白结合后形成的硫化氢血红蛋白所呈现出来的颜色。两种死亡原因代谢物的相似也导致了尸体面部皮肤腐败征象的相对一致。从差异代谢物富集的KEGG通路来看，肿胀期和腐败发展期存在部分重叠，腐败发展期和高度腐败期存在部分重叠，但是没有在3个时期均被同时富集的通路。这说明在腐败过程中，微生物的代谢仍然处于动态变化之中，肿胀期和高度腐败期因间隔时间太长而表现为截然不同的代谢通路。从代谢物来看，3个时期的差异代谢物主要还是甘油磷脂、苯及其取代衍生物、羧酸及其衍生物，只是羧酸及其衍生物从肿胀期的22.73%下降到高度腐败期的16.22%，可能是由于羧酸类物质是微生物重要的碳源，在腐败过程中一直被不断地利用而减少。

在肿胀期、腐败发展期和高度腐败期共有21个共同差异代谢物，这些代谢物在热图中表现的3种明显不同的表达模式，非常直观地呈现出了3种死亡原因组之间的代谢物差异，说明通过代谢物分析可以有效地区别3种死亡原因。OPP组和HS组之间的差异代谢物更多，样本的聚类分析显示各组的样本基本能够被分别独立聚为一类，说明了死亡原因对代谢物表达有显著影响。

腐败尸体死亡原因推断是法医学的难点之一。通过尸体16S rDNA测序、宏基因组测序和代谢组检测，发现了LS、HS和OPP尸体的腐败征象差异，识别了3种死亡原因尸体的微生物群落、功能基因表达和代谢物差异及三者相互之间的关系，初步了解不同死亡原因的尸体差异性腐败征象的形成机制，为腐败尸体死亡原因推断提供了新的思路和方法。下一步，应当更加深入研究微生物与尸体征象的相互作用机制，探索多种死亡原因腐败尸体的生物标志物，推动微生物在人类尸体死亡原因推断的应用，为打击犯罪、维护社会公平正义贡献力量。

第三节
根据微生物群落鉴别腐败尸体生前和死后损伤

在腐败尸体死亡原因推断中,生前损伤和死后损伤的鉴别是法医学实践中的难点之一。一般情况下,法医病理学家们根据损伤后发生的宏观变化或生化反应是否发生来鉴别腐败尸体生前和死后损伤。红细胞外渗和中性粒细胞浸润通常被认为是生前损伤的标志之一。一些生化指标,如炎症介质、细胞因子、纤维连接蛋白、纤维蛋白和纤维蛋白形成能力的检测,也被用于生前和死后损伤的鉴定。例如,黏附分子CD15可以在伤后存活时间较短者的皮肤生前损伤创口中检测到,而在死后损伤中没有发现;此外,IL-8还被发现是皮肤创口活力的特定标记物,可以识别生前损伤和死后损伤。然而,因创口的形态和生化变化受腐败分解影响,上述指标可能不再起作用,导致这些鉴别方法失效。微生物群落因其随时间的连续性和对环境变化的敏感性而在法医学中得到应用。基于16S rDNA扩增子测序的微生物群落广泛应用于法医学PMI推断、个体识别和组织体液鉴定等,而基于微生物群落来区分损伤类型的研究很少。由于微生物对其周围环境敏感,生前和死后损伤之间微环境的差异可能会导致微生物群落的差异,为鉴别生前和死后损伤提供了一个新的角度。

向青青等人通过动物实验研究了微生物群落在区分生前和死后损伤中的应用,发现在损伤形成后的第6 d至第9 d,创口类型因腐败分解而无法用形态学方法进行鉴别时,创口的细菌群落差异却越来越明显。属水平的生物标志物能有效区分损伤类型,其中肠球菌属(*Enterococcus*)和肠杆菌属(*Enterobacter*)仅存在于生前损伤组,而葡萄球菌属和不动杆菌属仅存在于死后损伤组。这说明通过检测创口细菌群落的差异,可以判断尸体损伤是在死前还是死后发生的。在研究中,他们通过肉眼观察、组织病理学检查和微生物学调查来探究小鼠生前损伤和死后损伤。结果表明,在形态学或生化技术不充分的情况下,创口中的细菌群落可以作为区分生前和死后损伤的指标。

在不同时间点分别拍摄生前损伤组、死后损伤组的创口照片(图5-11)。创口形成的第2 d、第3 d,观察到生前损伤组(AI组)创口边缘轻微收缩,周围皮肤组织轻微红肿；此外，创腔内可见红肿和出血（图5-11A）。然而，死后损伤组（PI组）创口周围皮肤未见红肿，创腔内未见水肿或出血（图5-11B）。在伤后第4 d至第7 d，因腐败分解导致的生前损伤创口内聚集了腐败液体，创口周围皮肤组织呈绿色且范围越来越大（图5-11A）。与生前创口相比，在死后创口中观察到创口周围皮肤组织变色程度轻、范围小（图5-11B）。在第8 d、第9 d，两种不同类型损伤创口的皮肤组织都变绿了，宏观上没有明显差异，创口的类型无法通过肉眼检查轻易鉴别。这些发现表明，肉眼检查可以判断新鲜尸体上的创口是生前还是死后形成；然而，一旦尸体腐烂，粗略的肉眼观察就无法鉴别损伤的类型。

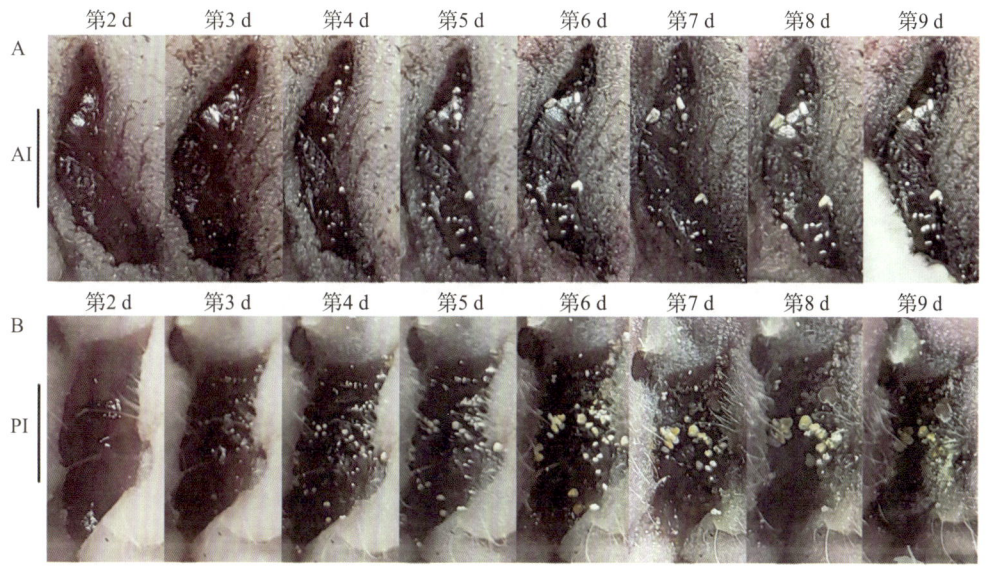

图5-11　AI组和PI组在每个时间点的创口宏观检查

如图5-12所示，创后形成的第2 d至第7 d，在AI组中可观察到真皮层和表皮层出血，胶原纤维部分断裂，鳞状上皮细胞坏死，在角膜层和真皮层聚集有大量外渗的血小板。而在PI组中只观察到表皮层的鳞状上皮细胞坏死，未损伤皮肤组织的表皮和真皮层细胞及胶原纤维形态正常。到第8 d、第9 d，皮肤组织结构逐渐模糊，细胞形态结构逐渐不完整。组织病理学检查无法区分这3种不同类型的皮肤。

观察细菌群落的结构特征，在门水平上，相对丰度排名前10的门在两组中基本相同，厚壁菌门和变形菌门是两组中相对丰度最大的门，随着腐败的进展，变形菌门的相对丰度逐渐增加而厚壁菌门的相对丰度逐渐下降。在AI组中，梭杆菌门（Fusobacteria）排在第9位；而在PI组中，脱铁杆菌门（Deferribacteres）排在第9位（图5-13A和B）。在创口形成的第7 d，PI组厚壁菌门的相对丰度略高于AI组，而

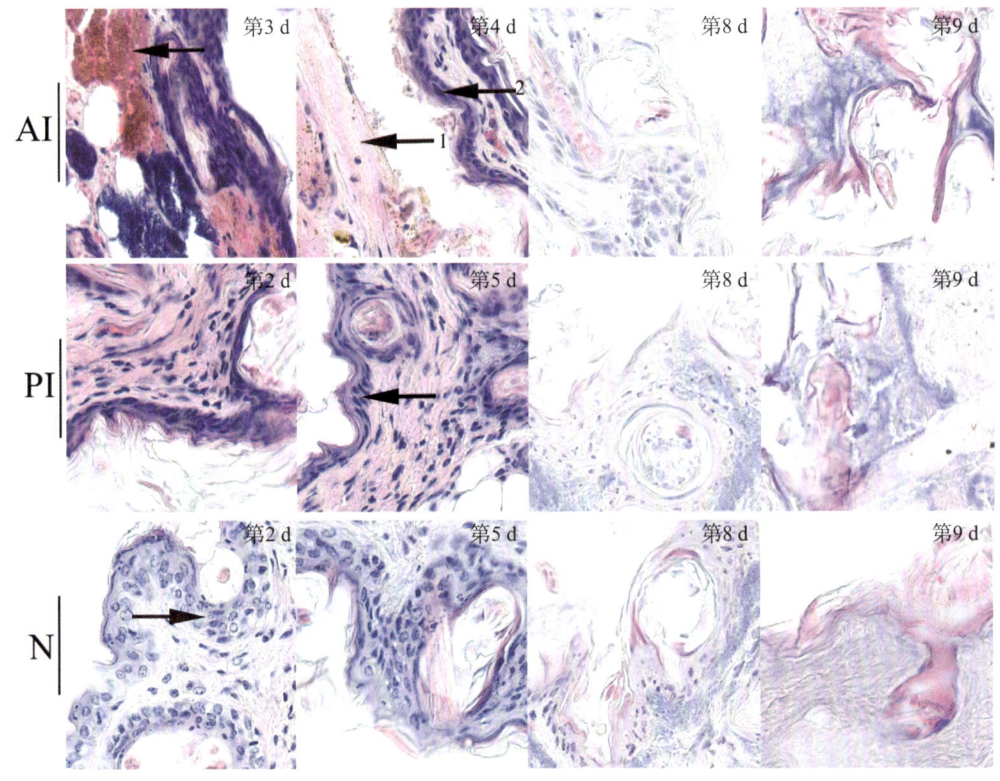

图5-12　AI组、PI组和未损伤皮肤组织（N）组的组织病理学结果

AI组样本：第3 d、第4 d、第8 d、第9 d，箭头指示皮肤组织出血；箭头1和2分别指向含有许多血小板和坏死的复层鳞状上皮细胞的渗出液。PI组样本：第2 d、第5 d、第8 d、第9 d，箭头指示坏死的复层鳞状上皮细胞。N组样本：第2 d、第5 d、第8 d、第9 d，箭头指示坏死的复层鳞状上皮细胞。所有图片的放大倍数为400倍。

变形菌门的相对丰度较低（图5-13A和B）。在属水平上，相对丰度排名前10的细菌属在两组中存在差异。两组相对丰度前4的细菌属是相同的，都是葡萄球菌、变形杆菌、肠球菌和沙雷氏菌属，而相对丰度排名前5至前10的属是不同的（图5-13C和D）。两组中葡萄球菌和变形杆菌的相对丰度表现出相同的变化趋势，前者逐渐下降，后者逐渐增加。AI组细菌群落相对丰度的变化幅度大于PI组。例如，随着创口分解的进展，沙雷菌的相对丰度稳步增加，而肠球菌的相对丰度则在早期逐渐增加，后来逐渐下降。进一步比较两组在门水平（图5-14A）和属水平（图5-14B）的细菌群落组成和相对丰度。如图5-14所示，两组在各采样时间点的细菌群落组成和相对丰度不同。

在AI组中，各时间点之间的香农（Shannon）指数没有统计学差异（图5-13E），表明在整个腐败分解过程中，死后损伤创口细菌群落的α多样性没有明显变化；而PI组第3 d、第4 d的Shannon指数最低（图5-13E），表明死后损伤创口的

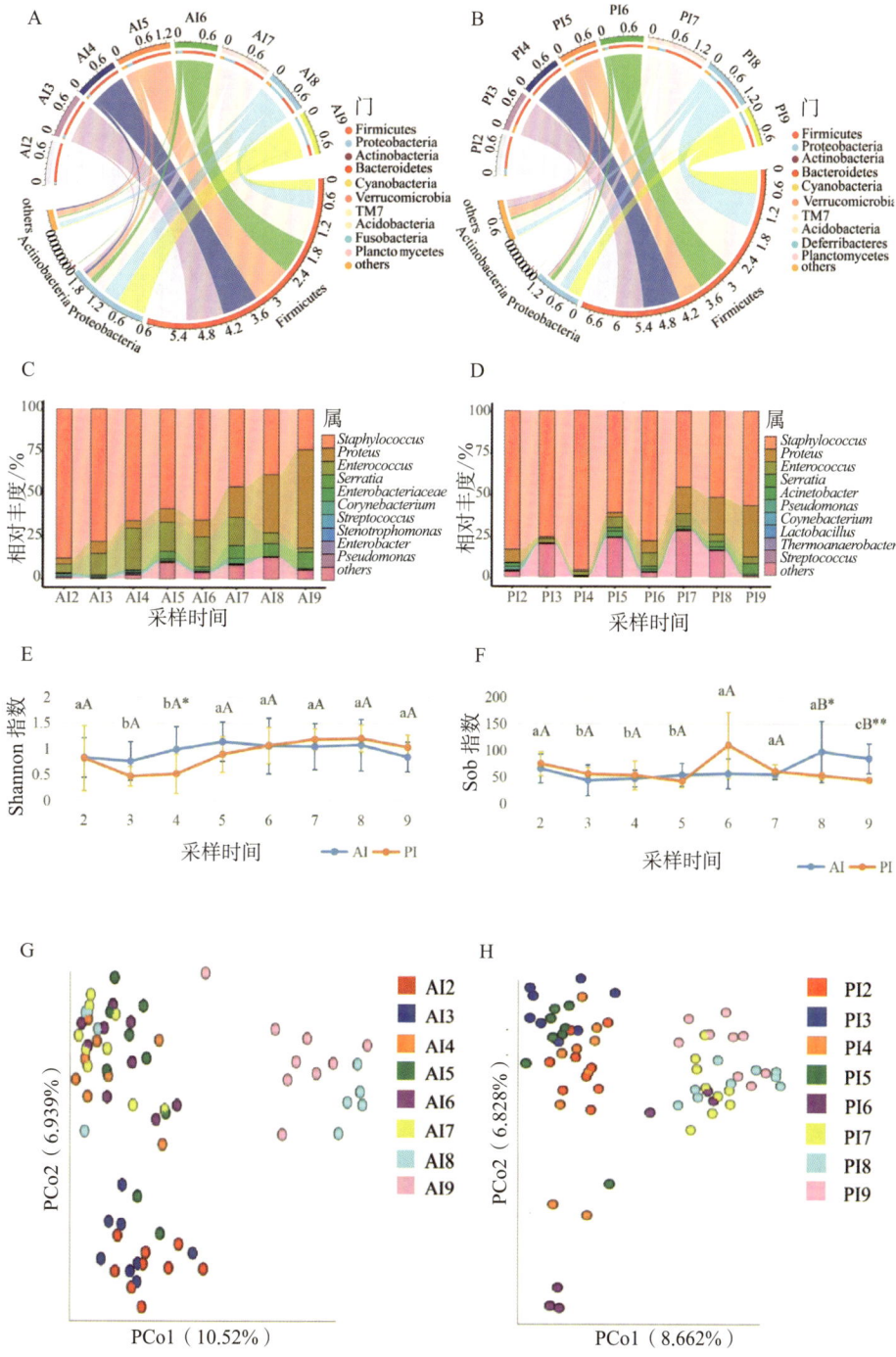

图5-13 AI组和PI组细菌群落的演替模式

AI组（A）和PI组（B）的门水平弦图。在属水平上，显示了来自AI组（C）和PI组（D）的冲积图。两组各采样时间的Shannon（E）和SOb（F）指数折线图中，不同小写字母表示AI组不同时间点经过Tukey Kramer检验后的差异；不同大写字母代表Tukey Kramer检验后PI组不同时间点的差异；两组（AI组和PI组）在同一时间点的差异在 t 检验后用*（P值<0.05）或**（P值<0.01）标记。基于Jaccard指数的AI组（G）和PI组（H）的PCoA结果。

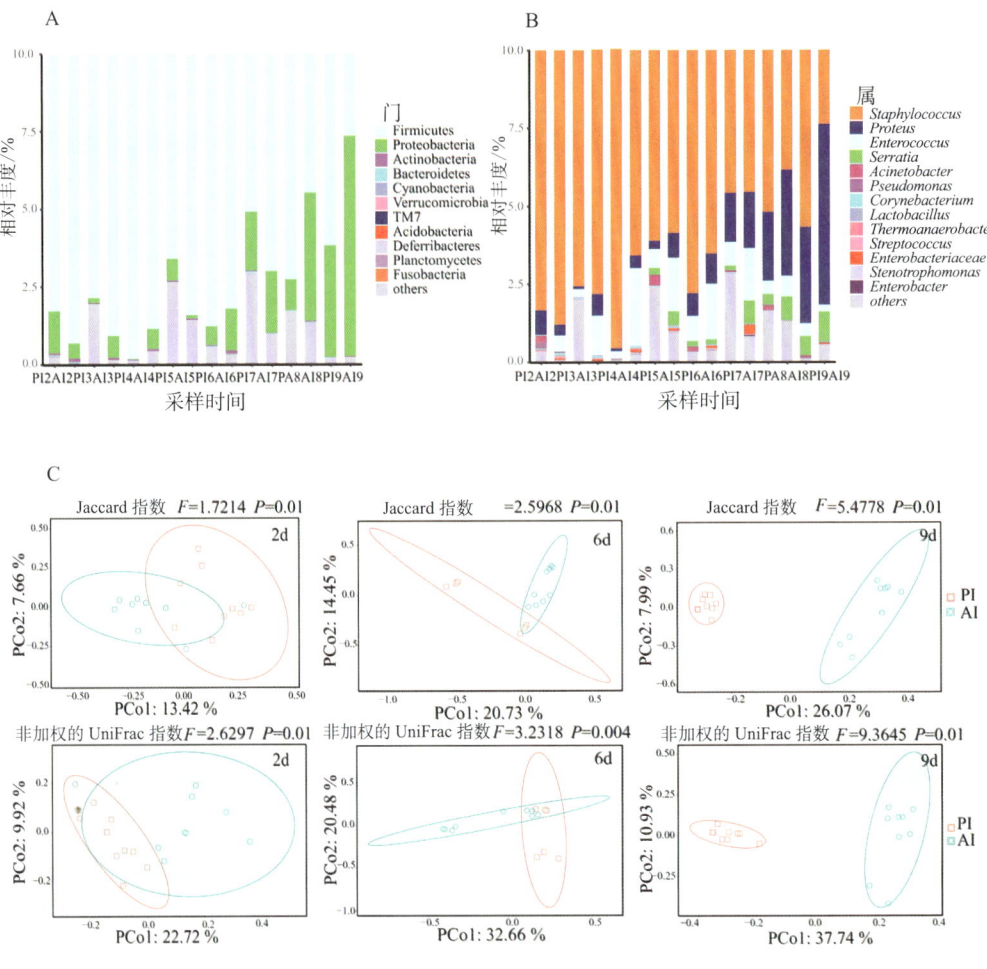

图5-14 每个样本时间的AI组和PI组的细菌群落组成

分别确定了每个采样时间在门（A）和属（B）级别的两个组群的群落构成。基于Jaccard的PCoA结果，以及两组中第2个、第6个和第9个采样日的非加权UniFrac距离（C），进行成对的PERMANOVA分析以确定差异。

细菌群落的α多样性表现为可变化的趋势，可能最初先下降然后随着腐败分解过程的发展而增加。采用 t 检验对Sob指数和Shannon指数进行统计学分析，进一步比较两组间各采样时间点细菌群落α多样性的变化。损伤形成第4 d，AI组的Shannon指数高于PI组，第8 d、第9 d，AI组的Sob指数高于PI组（图5-13E和F）。采用Jaccard指数、非加权的UniFrac指数、Bray-Curtis指数、加权的UniFrac指数描述两组细菌群落的β多样性。结果表明，基于Jaccard指数差异有统计学意义，即在整个腐败分解过程中，两组细菌群落的β多样性差异具有统计学意义。基于Jaccard指数的PCoA二维图展示了细菌群落的β多样性变化（图5-13G和H）。生前损伤创口和死后损伤创口的细菌群落在整个腐败分解过程中表现出了不同的演替模式，AI组的样本聚集成了3个簇，PI组的样本聚集成了2个簇。成对PERMANOVA检验显示，两组在各时间点的β多样性差异显著，基于Jaccard指数的PCoA可以更清楚地展示两组物种的变化（图5-14C）。这一发现表明，随着创口的腐败分解，生前损伤创口和死后损伤创口之间的细菌群落结构差异更加明显。

采用线性判别分析（linear discriminant analysis，LDA）效应大小（LDA effect size，LEfSe）（*LDA* >2）确定两组细菌群落的演替特征。分析结果表明，大部分关键物种主要为科和属水平的物种（图5-15）。值得注意的是，假单胞菌目（Pseudomonadales）、克雷伯菌属（*Klebsiella*）、厚壁菌门、莫拉菌科、普雷沃菌属（*Prevotella*）、梭菌纲（*Clostridia*）、S24_7科某种和肠杆菌目（Enterobacterales）在PI组损伤形成的第2 d至第9 d高表达。同样，在每个时间点，假单胞菌目、黄单胞菌科（Xanthomonadaceae）、海迪茨氏菌属（*Dietzia*）、巨球型菌属（*Megasphaera*）、多形单胞菌属（*Pleomorphomonas*）、根瘤菌属（*Rhizobium*）和肠杆菌目在AI组中高表达。结果表明，通过识别这些不同的细菌种类确定腐烂尸体的创口类型是可行的。

LEfSe分析的可视化图可以更直观地显示组间各水平的不同物种。通过LEfSe分析，两组在各时间点均发现在目、科和属水平上不同丰度的物种，这些物种大部分主要在死后损伤创口中发现（图5-16）。在每个时间点，AI组中丰度最大的分别是乳杆菌目（Lactobacillales）、肠杆菌科某种、乳杆菌属（*Lactobacillus*）、窄食单胞菌属（*Stenotrophomonas*）、α变形菌门和变形菌门。PI组中丰度最高的为变形杆菌属、乳杆菌科（Lactobacillaceae）、葡萄球菌属、莫拉菌科、假单胞菌目、假单胞杆菌、不动杆菌属和葡萄球菌属。结果表明，使用上述细菌可以判断创口是在生前还是死后形成，在属水平上的生物标志物可以区分损伤类型（图5-16）。其中，AI组仅检出肠球菌属、肠杆菌属、窄食单胞菌属和黄杆菌属（*Flavobacterium*），PI组仅检出变形杆菌属、乳杆菌属、葡萄球菌属和不动杆菌属。

微生物群落在法医学中用于估计PMI、确定死亡原因和犯罪地点等。基于高通量技术进行16S rDNA、18S rDNA和ITS测序来鉴定或表征微生物群落，其中，16S rDNA常被选择作为细菌或古菌群落结构和功能分析的分子标记。由于损伤创口腐败分解，用于鉴别生前损伤创口和死后损伤创口的传统标记可能不再有用，肉眼观察和组织病理学检查不能区分腐败后期（损伤形成的第8 d至第9 d）生前损伤创口和死后损伤创口的区别。生前损伤创口和死后损伤创口细菌群落的差异在创口形成后第6 d至第9 d越来越明显。LEfSe分析表明，在属水平，肠球菌属、肠杆菌属、窄食单胞菌属和黄杆菌属仅出现在AI组，而变形杆菌属、乳杆菌属、葡萄球菌属和不动杆菌属等生物标志物仅出现在PI组。根据观察到的生活反应，可以通过常规形态

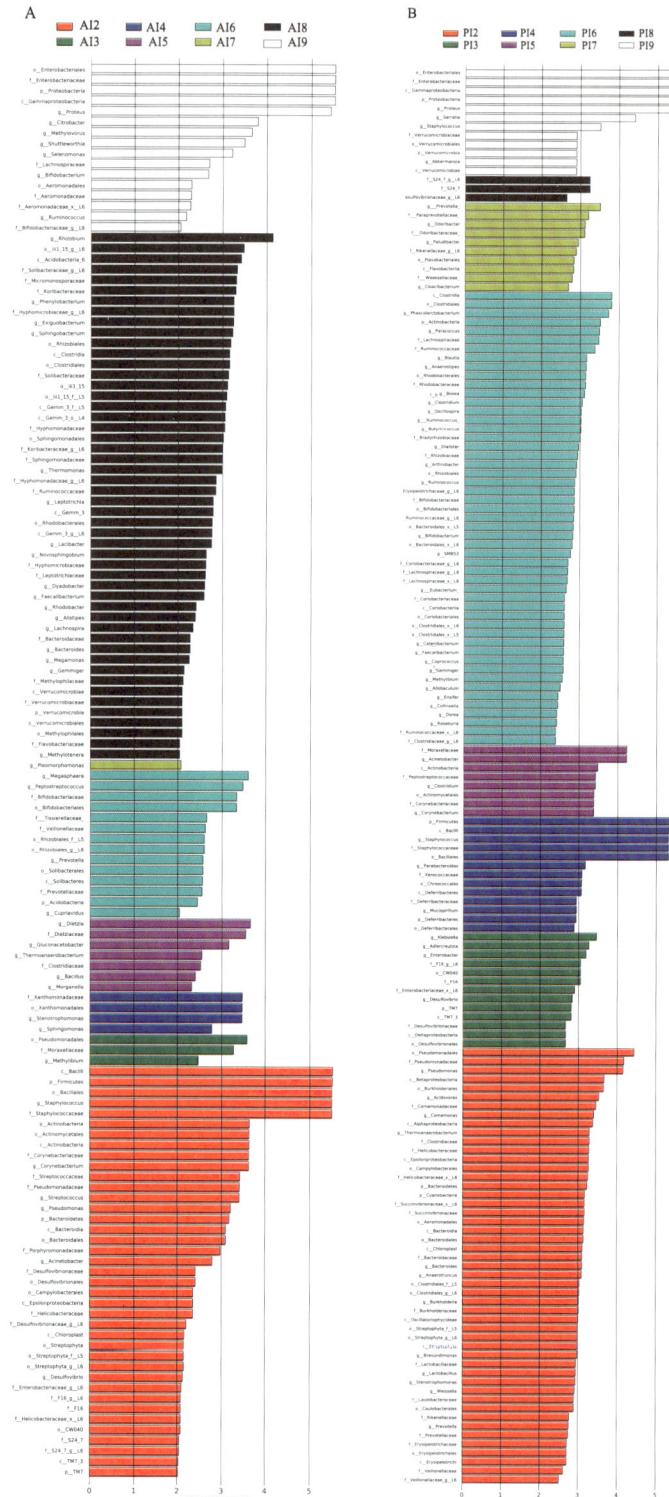

图5-15 AI组和PI组细菌群落的差异物种

采用LEfSe (LDA> 2)确定AI组和PI组细菌群落的差异物种。AI组(A)、PI组(B)分别在不同腐败阶段（8个采样时间点）的差异物种。

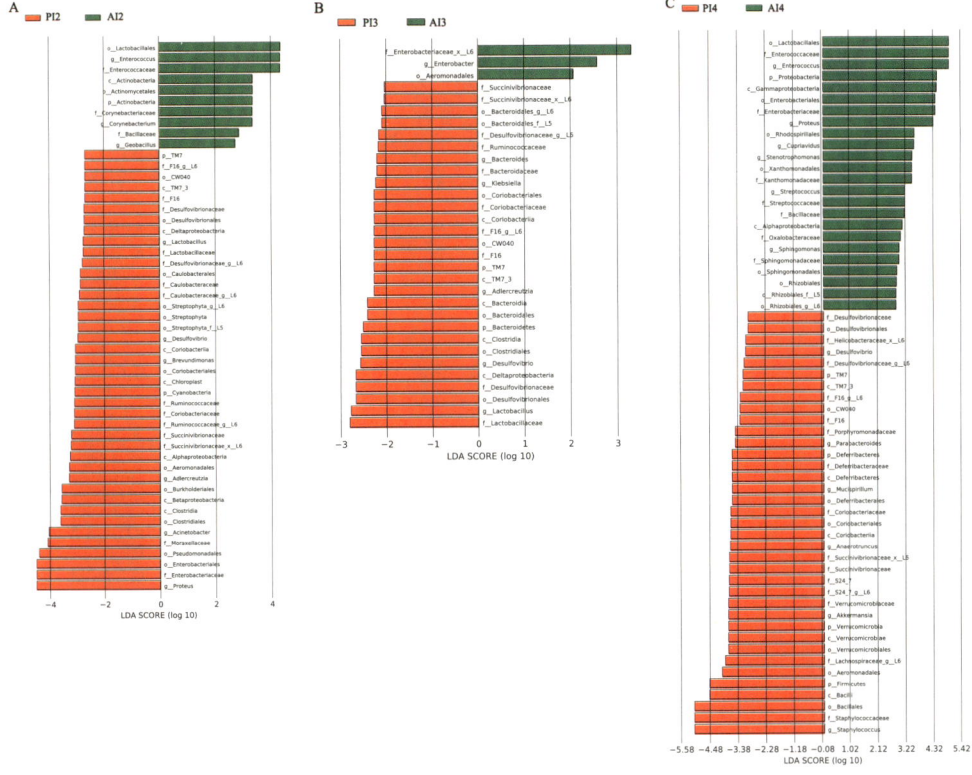
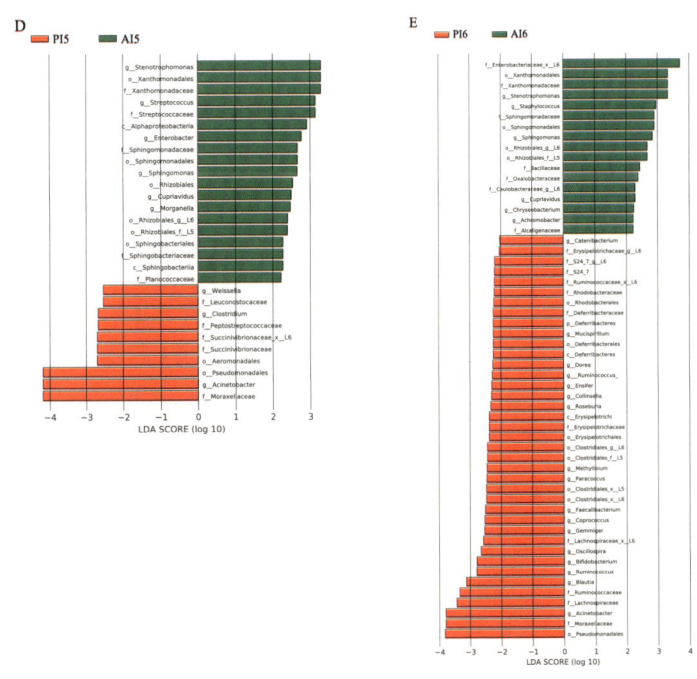

第五章 微生物组学在死亡原因推断中的应用

167

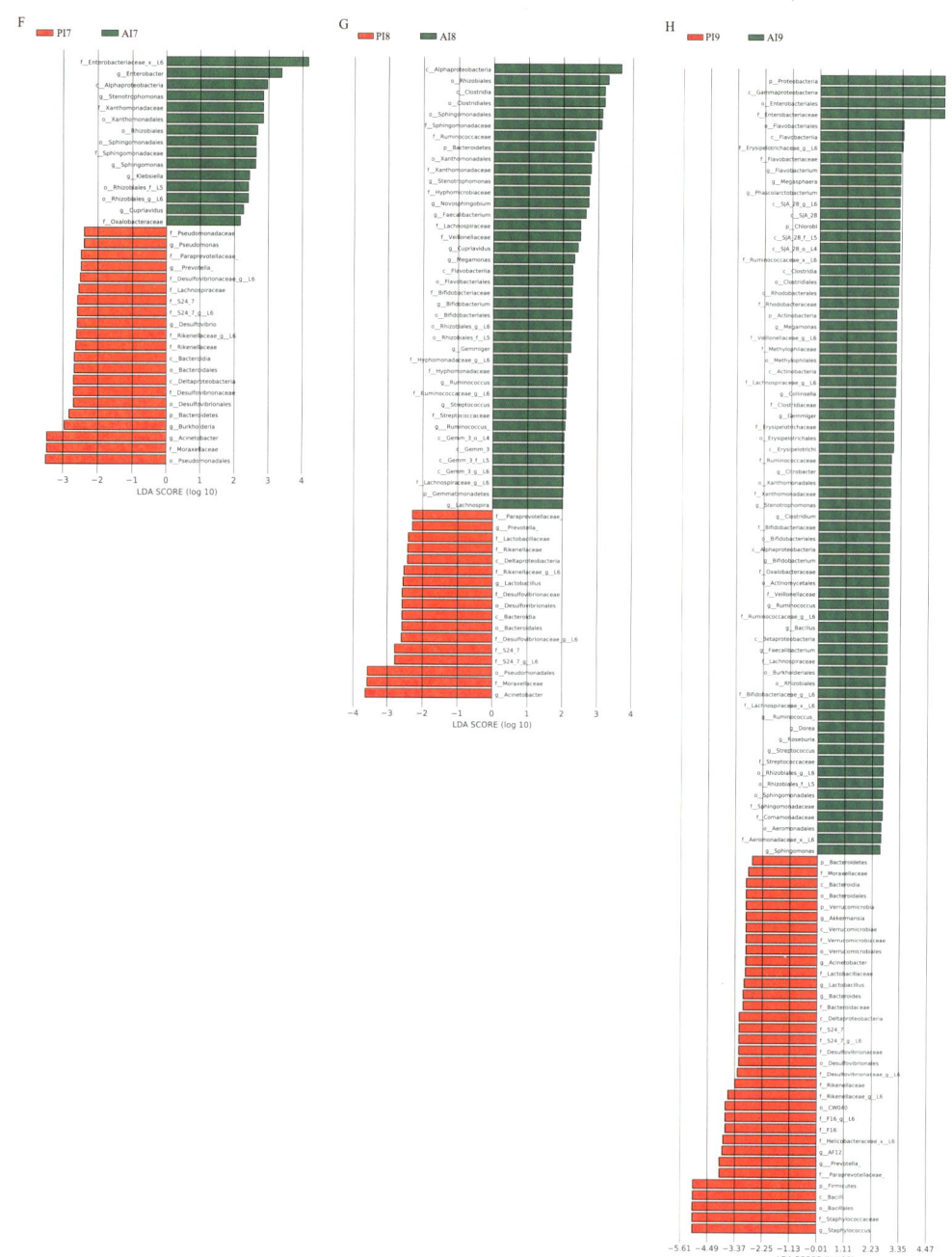

图5-16 AI组和PI组细菌群落的发展变化

采用LEfSe（LDA>2）确定AI组和PI组细菌群落的发展变化。在腐败第2 d(A)至第7 d(F)、第8 d(G)、第9 d(H)AI组和PI组的差异物种。

学技术确定新鲜尸体的生前损伤创口和死后损伤创口。组织病理学检查发现，生前损伤（平均伤后存活时间为10 min）创口组织有出血和渗出，受损的表皮和真皮中积累了大量的血小板，但无中性粒细胞浸润等炎症反应。但随着腐烂的发展，从损伤形成第8 d开始，组织病理学检查很难鉴别两种不同类型的创口。早期的研究也证实根据形态学检查鉴别腐败尸体损伤类型效果欠佳。

创口细菌群落随腐败进展表现出一定的演替模式，当肉眼检查和组织病理学检查不再起作用时，生前和死后损伤创口的细菌群落仍有一些差异。结果表明，在不同的损伤类型中，可以根据细菌群落识别腐败尸体的创口类型。生前和死后损伤创口中厚壁菌门和变形菌门的变化相同（图5-13A、B、C、D），随着腐败的进展，变形菌门逐渐成为主要菌群。以往的研究也发现，在整个腐败过程中，厚壁菌门的相对丰度逐渐减少，而变形菌门的相对丰度逐渐增加并成为优势菌群，与本研究中细菌群落演替规律一致。但这与其他研究中的细菌群落变化形成了对比，根据这些研究，厚壁菌门是丰度最高的门，其丰度在腐败分解过程中逐渐增加，而变形菌门是相对丰度第二的门，其丰度逐渐下降。不同研究中的取样频率、微生物群落的环境条件可能导致这一结果的不同。

生前损伤创口和死后损伤创口中细菌群落的演替模式都受到腐败分解的影响（图5-13和图5-14）。Carter等人表明，由于营养物质的消耗，当需氧微生物耗尽组织中的残余氧时，组织中的微生物群落将会被破坏，转为以厌氧微生物为主，细菌的多样性和丰度都有所下降。而向青青等人的研究表明，细菌多样性可能不会随着创口腐败的进展而逐渐降低（图5-13E和F）。其他研究表明，细菌多样性在第5 d至第10 d有小幅增加。在该研究中，死后损伤创口细菌群落的α多样性在第3 d和第4 d最低，第5 d之后有所增加（图5-13F）。Hu等人也证明了在分解过程中，随着PMI的增加，细菌多样性指数先上升后下降，最后由于营养物质的耗竭，当需氧微生物耗尽组织中的残余氧时，组织中的微生物群落将以厌氧菌为主，细菌多样性将减少。而由于该研究中的分解过程时间较短，不足以使营养物质耗尽，这可能是菌群多样性没有呈现逐渐降低的演替规律的原因。在整个分解过程中，PI组的细菌群落丰度和均匀性略低于AI组（图5-13E和F），并且随着腐败的进展，两组细菌群落结构的差异越来越明显（图5-14C）。可能是两种不同创口类型之间的营养差异导致了这一现象。众所周知，尸体的状态（如体重、营养水平等）会影响尸体腐败分解的速度。AI组的创口积聚了一定量的营养物质（如血液），而PI组的创口周围缺乏这种营养物质。

通过LEfSe分析发现了不同时间点用于鉴别生前损伤创口和死后损伤创口的生物标记物（图5-15）。结果表明，或许可以用细菌群落来估计创口形成时间。

LEfSe分析还用于计算两组在每个采样时间点上不同物种的效应量大小，结果表明大多数物种在目、科和属水平上（图5-16）。Johnson等人的研究证明，精确至科或属水平上的微生物群落数据对研究目的最有用。因此，我们利用属水平上的指示物种以更准确地区分损伤类型。AI组中最常见的可作为生物标志物的细菌为肠球菌属、肠杆菌属、窄食单胞菌属和黄杆菌属，PI组中最常见的细菌为变形杆菌属、乳杆菌属、葡萄球菌属和不动杆菌属。Tong从早期创口中培养出葡萄球菌、芽孢杆菌、不动杆菌和肠杆菌。根据Heitkamp等人的研究，肠球菌是大腿创口中最常见的细菌，葡萄球菌、不动杆菌和肠杆菌也是创口感染常见的定殖菌。这些研究表明，上述的肠球菌、肠杆菌、葡萄球菌和不动杆菌可以区分生前和死后损伤创口。在我们的研究中，葡萄球菌和不动杆菌被发现是死后创口的潜在生物标志物，而肠球菌和肠杆菌是生前创口的潜在显著性生物标志物。

已有研究表明环境因素（如室内外条件，温度和湿度等）会影响微生物群落变化。虽然在法医实践中，尸体可能发现于各种不同的环境情况中，但微生物群落分析为鉴别腐败尸体的生前和死后损伤创口提供了一种具有前景的方法，特别是在通过肉眼观察和组织病理学检查难以确定腐败尸体创口类型时。

（苏秦　韩晓龙　赵建）

参考文献

［1］CARTER D O，YELLOWLEES D，TIBBETT M.Cadaver decomposition in terrestrial ecosystems［J］.Naturwissenschaften，2007，94（1）：12-24.

［2］CASSE J M，MARTRILLE L，VIGNAUD J M，et al.Skin wounds vitality markers in forensic pathology：an updated review［J］.Medicine，science and the law，2016，56（2）：128-137.

［3］CERVERÓ-FERRAGUT S，LÓPEZ-RIQUELME N，MARTÍN-TOMÁS E，et al.Quantitative analysis of blood cells and inflammatory factors in wounds［J］.Journal of wound care，2017，26（3）：121-125.

［4］CHRISTOFFERSEN S. The importance of microbiological testing for establishing cause of death in 42 forensic autopsies［J］.Forensic science international，2015，250：27-32.

［5］DÍEZ LÓPEZ C，VIDAKI A，KAYSER M.Integrating the human microbiome in the forensic toolkit: current bottlenecks and future solutions [J].Forensic science international: genetics, 2022, 56: 102627.

[6] GAUCHOTTE G, WISSLER M P, CASSE J M, et al.FVIIIra, CD15, and tryptase performance in the diagnosis of skin stab wound vitality in forensic pathology [J].International journal of legal medicine, 2013, 127 (5): 957-965.

[7] HEITKAMP R A, LI P, MENDE K, et al. Association of *Enterococcus* spp. with severe combat extremity injury, intensive care, and polymicrobial wound infection [J].Surgical infections, 2018, 19 (1): 95-103.

[8] HU L, XING Y, JIANG P, et al.Predicting the postmortem interval using human intestinal microbiome data and random forest algorithm [J].Science & justice, 2021, 61 (5): 516-527.

[9] JERMAKOW K, RORAT M. Post-mortem microbiology: retrospective analysis of infections caused by Enterococcus strains [J]. Pathogens, 2022, 11: 204.

[10] JOHNSON H R, TRINIDAD D D, GUZMAN S, et al.A machine learning approach for using the postmortem skin microbiome to estimate the postmortem interval [J].PLoS One, 2016, 11 (12): e167370.

[11] JOHNSON H R, TRINIDAD D D, GUZMAN S, et al.Amachine learning approach for using the postmortem skin microbiome to estimate thepostmortem interval [J].PLoS One, 2016, 11 (12): e0167370.

[12] LI H, YANG E, ZHANG S, et al.Molecular characterization of gut microbial shift in SD rats after death for 30 days [J].Archives of microbiology, 2020, 202 (7): 1763-1773.

[13] LUCCI A, CAMPOBASSO C P, CIRNELLI A, et al. A promising microbiological test for the diagnosis of drowning [J]. Forensic science international, 2008, 182: 20-26.

[14] MAUJEAN G, GUINET T, FANTON L, et al.The interest of postmortem bacteriology in putrefied bodies [J].Journal of forensic sciences, 2013, 58 (4): 1069-1070.

[15] METCALF J L, XU Z Z, WEISS S, et al.Microbial community assembly and metabolic function during mammalian corpse decomposition [J].Science, 2016, 351 (6269): 158-162.

[16] OLIVEIRA M, AMORIM A.Microbial forensics: new breakthroughs and future

[17] PECHAL J L, SCHMIDT C J, JORDAN H R, et al.A large-scale survey of the postmortem human microbiome, and its potential to provide insight into the living health condition [J].Scientific reports, 2018, 8（1）: 5724.

[18] PECHAL J L, SCHMIDT C J, JORDAN H R, et al.Frozen: thawing and its effect on the postmortem microbiome in two pediatric cases [J].Journal of forensic sciences, 2017, 62（5）: 1399-1405.

[19] PEYRON P A, COLOMB S, BECAS D, et al.Cytokines as new biomarkers of skin wound vitality [J].International journal of legal medicine, 2021, 135（6）: 2537-2545.

[20] POLLANEN M S, PERERA S D C, CLUTTERBUCK D J.Hemorrhagic lividity of the neck: controlled induction of postmortem hypostatic hemorrhages [J]. The American journal of forensic medicine and pathology, 2009, 30（4）: 322-326.

[21] SEGATA N, IZARD J, WALDRON L, et al.Metagenomic biomarker discovery and explanation [J].Genome biology, 2011, 12（6）: R60.

[22] SIMMONS T, ADLAM R E, MOFFATT C.Debugging decomposition data: comparative taphonomic studies and the influence of insects and carcass size on decomposition rate [J].Journal of forensic sciences, 2010, 55（1）: 8-13.

[23] SIVALOGANATHAN S. Ante-mortem injury or postmortem?: diagnosis using histamine as a marker [J].Medicine, science and the law, 1982, 22（2）: 119-125.

[24] SPICKA A, JOHNSON R, BUSHING J, et al.Carcass mass can influence rate of decomposition and release of ninhydrin-reactive nitrogen into gravesoil [J]. Forensic science international, 2011, 209（1-3）: 80-85.

[25] STREJC P, PILIN A, KLÍR P, et al.The origin, distribution and relocability of supravital hemorrhages [J].Soudni lekarstvi, 2011, 56（2）: 18-20.

[26] TONG M J .Septic complications of war wounds [J].JAMA, 1972, 219（8）: 1044-1047.

第六章 硅藻在溺死鉴定中的应用

第一节
概　述

水中尸体是法医学实践中常见的类型。对于新鲜的水中尸体，可通过水性肺气肿、口鼻部蕈样泡沫等溺死的典型征象进行溺死鉴定。然而水中腐败尸体的死亡原因鉴定，由于各种溺死征象已不复存在而成为法医学难题之一。国内外学者研究了大量可能用于溺死鉴定的指标，包括硅藻、花粉、叶绿素、蓝藻、绿藻、异物颗粒、血液化学成分等。除硅藻外，大部分的指标难以在法医学实践中应用，特别是难以应用于腐败的水中尸体。

硅藻（图6-1）是一种水生单细胞生物，大小一般在1～500 μm。硅藻种类繁多，超过15 000种。淡水硅藻和海水硅藻各占一半。其外形多种多样，有圆形、椭圆形、线形、四方形、三角形、六边形及八面形等。硅藻广泛分布于各种自然水体，如江、河、湖、海、沟渠、水坑等，具有复杂的种群动态与生态学特性。种群随月份发生周期性的改变，相对于夏季和冬季，春季和秋季时硅藻生长更为旺盛。同时，硅藻的生长与水质密切相关，任何水体只要水质发生变化，硅藻种类和数量也会相应发生改变，因此硅藻是水质监测中的一种重要指示物。

硅藻具有一般植物细胞的基本结构，由细胞壁、细胞质和细胞核组成，其细胞壁的化学组成、形态结构与其他生物细胞有显著差异。硅藻细胞壁含果胶质和硅质而不含纤维素，主要由无结晶的、不易破坏的含水硅酸（$SiO_2 \cdot H_2O$）构成，也有报告指出其由二硅酸钠（$Na_2Si_2O_5$）构成。硅藻细胞壁的强弱因硅量的多少而异，细胞壁含硅多者可占细胞重量的50%，少者则仅占4%。硅藻细胞壁由上、下两个半

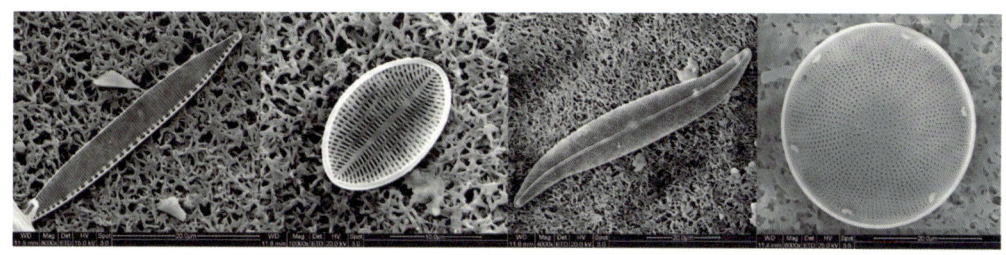

图6-1　硅藻

资料来源：刘超. 溺死法医诊断学［M］. 广州：中山大学出版社，2018.

壳相套叠而成，上、下两面称壳面，侧面上、下壳相互套合的部分称壳环。上、下两半套合而成的细胞壁和壳面有对称分布的花纹，硅藻的形态及壳面花纹是其形态学分类的依据，也是显微镜下识别硅藻种类的基本要点。

根据壳面花纹结构形态的不同，可将硅藻分为中心纲和羽纹纲。

中心纲硅藻：中心纲硅藻壳面花纹呈向心圆放射状排列，不具有壳缝或假壳缝。绝大部分为海产浮游种类，淡水中很少。共分3个目：①圆藻目：细胞呈圆盘形、鼓形，无角状突起。②根管藻目：细胞呈圆柱形，常具有长角或棘刺。③盒形藻目：细胞呈小盒形，具有2个以上明显的圆形隆起或角状凸起，具有长棘刺。

羽纹纲硅藻：羽纹纲硅藻壳面花纹左右对称，呈羽纹状排列，具有壳缝或假壳缝。绝大部分淡水硅藻属于此纲，根据其壳面、壳缝的有无和形态特征分为5个目：①无壳缝目：细胞左右对称，壳面花纹呈羽状排列，形成假壳缝而无真壳缝。②短壳缝目：细胞壳面呈直线形或呈弓形，两端具有很短的壳缝。③单壳缝目：细胞有上、下两个壳面，一个壳面具有壳缝，另一个壳面具有假壳缝。④双壳缝目：细胞上、下两个壳面都具有真壳缝。⑤管壳缝目：细胞壳面具有管状壳缝。

硅藻因其分布广泛和高度的抗腐耐酸能力而备受法医学者的关注。细胞壁的硅质含量越高，耐酸能力越强，即使被浓硫酸或浓硝酸煮沸，甚至高温烧灼也不易破坏。由于硅藻有此特性，因此在尸体高度腐败时也能保持其原形，是溺死鉴定非常好的指示物。

第二节

硅藻检验的基本原理

硅藻鉴定溺死的原理如图6-2所示。

溺水过程中，水被吸入并使肺泡扩张。溺液中的硅藻穿过肺泡-毛细血管屏障（图6-3），进入肺毛细血管，回流至左心房；再通过主动脉播散至各器官组织（如肝、肾、骨髓）。因此，如在尸体肝、肾、骨髓等脏器组织中检出硅藻，则表明死者生前吸入溺液，意味着：①死者入水前有呼吸；②溺水导致死亡，或溺水是死亡原因之一。

如果一具非溺死的尸体，死后被置于水中，硅藻也可以被动地进入气管、支气管及肺泡。然而，由于心跳停止，硅藻不能进入其他器官组织。

非溺死者体内也可以检测到一定量的硅藻，它可能有2个来源。一是死后浸泡在水中，在水压的作用下，水中的硅藻通过气管、支气管进入到肺组织内；水压越大，浸泡时间越长，进入到肺组织内的硅藻也就越多。二是生前通过呼吸道吸入或者消化道摄入。由于呼吸道对外源性颗粒具有清除机制，陆地上死亡者体内的硅藻主要来源于消化道。生活饮水、河鲜、海鲜等食物内都有硅藻。随食物进入到消化道内的硅藻，会进入血液循环

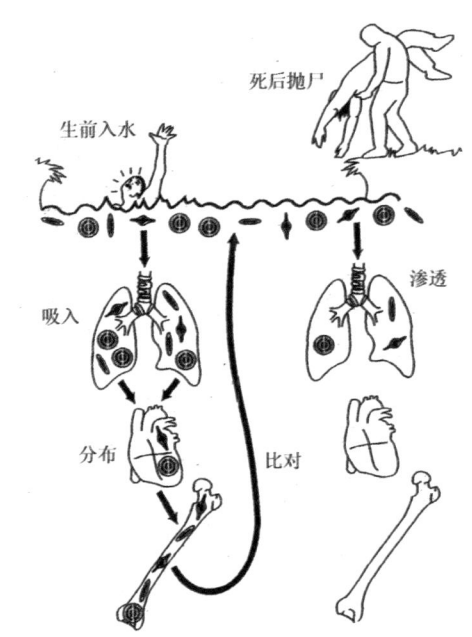

图6-2 硅藻鉴定溺死原理示意

资料来源：刘超. 溺死法医诊断学[M]. 广州：中山大学出版社，2018.

并沉积到各组织器官，其进入途径可能是肝门静脉或毛细淋巴管。

溺死者肝、肾、肺组织，以及水样的硅藻的平均数量分别约为17个/10 g、15个/10 g、103 688个/10 g和10 488个/10 g，肺组织的硅藻数量显著高于水样和肝、肾组织。肝、肾组织中发现的中心纲和羽纹纲硅藻比例约为3∶7，显著低于肺组织和水样中的5∶5，说明拥有较小短径的羽纹纲硅藻更容易通过气-血屏障进入人体内部组织，其中数量较高的前三种羽纹纲硅藻为舟形藻、棱形藻和桥弯藻。肝、肾组织的硅藻不仅数量显著低于水样和肺组织，其长径和短径都显著小于水样、肺组织的硅藻。过去基于光镜观察研究发现肝、肾等组织内2/3的硅藻长径小于15 μm，骨髓中大多数硅藻的最大长径小于20 μm；也有学者在肝、肾等组织内只发现了长径小于30 μm的硅藻。而基于扫描电镜观察发现肝组织、肾组织及肺组织内硅藻的平均长径分别为17.39 μm、16.75 μm和19.49 μm，平均宽径分别为6.06 μm、5.82 μm和7.76 μm。光镜和电镜得到的研究结果基本相似，说明了只有小型的硅藻才能通过气-血屏障进入体循环。气-血屏障对进入体循环硅藻的数量、种类及大小起到了选择透过性的作用。同时，肺组织与水样的硅藻数量变化密切关联，呈正相关趋势；肝、肾组织的硅藻数量和肺组织、水样的硅藻数量无线性相关性；而肝组织与肾组织硅藻均来自通过气-血屏障进入体循环的硅藻，两者的数量呈正相关。肺组织的硅藻数量显著高于肝、肾组织及水样，其原因是溺水过程中呼

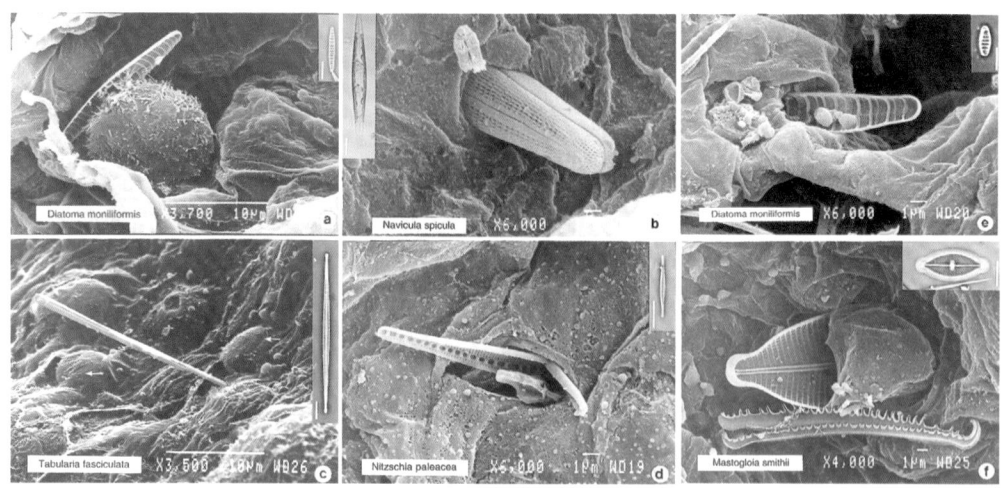

图6-3 硅藻穿过肺泡膜

资料来源：刘超.溺死法医诊断学［M］.广州：中山大学出版社，2018.

吸加深加快，大量的水吸入肺组织中，再加上肺组织气-血屏障对硅藻的选择透过性，使硅藻储存、富集在肺组织中。

非溺死者体内硅藻有两个来源：一是死后浸泡，二是生前呼吸道吸入或者消化道摄入。死后浸泡者没有经历溺水的过程，缺乏肺组织对水样硅藻的富集。因此，在死后入水尸体肺组织内检测到的硅藻数量应该小于水样中硅藻的数量或者两者大致相当。

对陆地（非溺死）尸体的研究发现，其肝、肾组织检出的硅藻属可达4个属，10 g组织中的硅藻数量最高可达8个。在大小方面，穿过消化道进入肝、肾组织的硅藻与消化道内的硅藻长径、短径没有统计学差异。

通过对实验兔进行灌胃来模拟硅藻进入胃肠道的过程，并提取组织进行硅藻检验，发现只有极少数的硅藻能穿过胃肠道屏障进入实验兔体内，而且硅藻可以通过血管和淋巴管进行转移。在实验兔的淋巴液和门静脉血中均检出硅藻，表明硅藻已通过胃肠道屏障，并可能通过血液和淋巴管到达其他器官，这并非偶然。颗粒物穿过胃肠屏障被证明是跨肠细胞和通过微皱褶细胞（M细胞）跨Peyer斑进行的。Peyer斑是肠绒毛中上皮下淋巴样滤泡的集合，分布在整个肠道中，具有淋巴细胞、巨噬细胞和树突状细胞；其传出淋巴管最终通过肠系膜淋巴结进入胸导管。卵泡被淋巴相关上皮包裹，其中分布着大量的M细胞，M细胞对病毒、细菌、异物等具有吞噬作用。研究者在淋巴液中检出硅藻，且灌胃0.5 h、1 h、2 h后淋巴液中的硅藻数量大于门静脉血中的硅藻数量（$P<0.05$）。硅藻可以进入淋巴管的可能原因是：肠上皮下层传出淋巴管的密度大于毛细血管；且与毛细血管不同，毛细淋巴管具有独特

的结构特征，其由单层内皮细胞构成，基底膜不完全，使其具有极强的渗透性，从而允许来自肠道的大分子和颗粒穿过管壁进入毛细淋巴管的管腔。硅藻液灌胃后，淋巴液的硅藻检验阳性率和硅藻数量呈先上升后下降的趋势，1 h左右达到峰值，表明大多数硅藻在通过胃肠道屏障后，大约需要1 h才能到达肠系膜根部的淋巴管。进入实验兔体内的所有硅藻具有一个显著特征，即76.24%的硅藻是中心纲硅藻，这个比例显著高于硅藻液，且长径更小而宽径更大（$P<0.05$）；相对硅藻数量最低的两个硅藻属是直链藻和针杆藻，这两种硅藻与其他硅藻相比长径更大而宽径更小。这些硅藻大小和形状的结果说明了硅藻通过胃肠道上皮的方式是被胃肠道屏障摄取而非穿透。这与在溺死研究中的结论不同。在肺、肝和肾中也检出了硅藻，表明硅藻在体内存在迁移和重新分布。在溺死过程中，硅藻随溺液被吸入肺部，一些硅藻穿过肺泡-毛细血管屏障进入肺血管，然后硅藻进入远处的器官，如肝脏、肾脏和骨髓。与溺死过程中硅藻的移动类似，上皮移位后的硅藻需要循环系统的帮助才能到达肺、肝和肾等内部器官。因此，认为硅藻有2条转移途径：①通过胃肠道的吸收血管进入门静脉而进入肝脏；②通过淋巴管进入胸导管，并通过静脉到达右心，而后进入肺中。在主动脉血和肾脏中也检出了硅藻，表明硅藻参与了体循环。

第三节

基于膜富集的硅藻检验方法

针对传统硅藻检验方法存在灵敏度低、样品处理烦琐、检验效率低等不足，广州市刑事科学技术研究所建立了微波消解、滤膜富集、自动化扫描电镜联用的法医学硅藻检验新方法。《法庭科学　硅藻检验技术规范　微波消解-真空抽滤-显微镜法》（GA/T 1662—2019）已经颁布实施。

一、微波密闭消解组织方法

（一）微波消解原理

微波是介于红外线和无线电波之间的电磁辐射，具有交替电场及磁场（或是电波及磁波），以大约300 000 km/s的光速传播，频率在300 MHz～300 GHz，即波长在1 mm～100 cm的范围内。为了防止民用微波对无线电通信、广播、电视和雷达等造成干扰，微波中波长在1～25 cm的波段专门用于雷达，其余部分用于电讯传输。国际上规定，工业、科学研究、医学及家用等民用微波的频率为（2 450±50）MHz。因此，微波消解仪器所使用的频率基本上都是2 450 MHz，家用微波炉的也如此。

当微波通过样品时，导致极性分子和带电粒子（离子、水合离子等）随微波频率快速运动。在2 450 MHz的微波条件下，分子每秒钟变换方向2.45×10^9次。分子与周围分子相互碰撞摩擦，产生热量，使样品温度升高。这种加热方式与传统的电炉加热方式截然不同。传统电炉加热是通过热辐射、对流与热传导等方式传递能量，整个样品温度不均一，靠近热源的部分温度高，远离热源的部分温度低。而且在热量传递过程中，许多热量都发散到周围环境中，导致能量利用率低。微波加热时，微波可以穿透样品的内部，使整个样品各个部分同时产生热效应，加热快速、均匀，大大缩短了加热的时间。微波加热直接作用到物质内部，因而提高了能量利用率。另外，极性分子和带电粒子在电磁场中快速地运动，使试剂与样品表面的接触更充分，交变的电磁场相当于高速搅拌器，提高了化学反应的速率，使得消化速度更快。因此，微波消解能力较强，能消解许多传统方法难以消解的样品。

（二）微波密闭消解技术

微波密闭消解技术是20世纪末分析化学中的一个重大突破，在降低劳动强度、解放了生产力的同时，提高了劳动生产的效率。

从器官组织中提取硅藻，要求把器官组织的有机质消解成溶液，以便于分离出所需的硅藻颗粒。传统的消解技术采用电炉或电热板加热，时间为7～72 h，样品消解所耗时间占硅藻检验总时间的60%以上。人们在通风柜，甚至在实验室天台上，用浓酸在电炉或电热板上分解样品，不仅需要的时间长，而且浓酸挥发、腐败尸体组织散发出大量有害气体，损害操作者的健康，对实验室内其他设备也有影响。

怎样才能加快消解速度、缩短制样的时间，已成为法医工作者迫切希望解决的问题。微波密闭消解技术的引入，极大地改善了法医硅藻检验器官组织的消解过程。

1975年，微波加热技术开始应用到分析化学中，随后，在其他方面也迅速发挥作用。微波密闭消解不仅提高了消解能力，而且大大缩短了消解时间，具有传统的消解方法所无法比拟的优点：

（1）加热快、升温高，消解能力强，大大缩短了消解时间。消解各类样品可在几分钟至二十几分钟内完成，比电炉或电热板消解速度快10～100倍。

（2）消耗试剂少，空白值低。消解一个样品一般只需8 mL的酸溶液，只有传统方法用酸量的几分之一。因为密闭消解酸不会挥发损失，不必为保持酸的体积而继续加酸，节省了试剂。

（3）避免了样品的污染，提高了分析的准确度。采用密闭的消解罐，避免了样品之间的相互污染和外部环境的污染。而在电热板上加热时，数个盛装组织的容器相互靠近，易因液体喷溅而相互污染。

（4）微波消解系统能准确控制并实时显示反应过程中密闭罐内的压力、温度和时间3个参数，反应的重复性好、准确度高。

（5）改善了工作环境，降低了劳动强度。由于消解样品速度加快，分析时间缩短，劳动强度显著降低，工作效率提高。

（6）节能环保。相对于传统的消解技术，微波密闭消解不仅酸用量和酸气排放量少，耗电量亦少，如消解2 g组织，用1.5 kW的电热板加热需1~2 h，而用600 W微波加热，只需20 min。

（三）微波消解组织的方法

为建立脏器组织样品的微波密闭消解方法，要重点考虑3个方面的因素。

1. 样品量

微波密闭消解中，通常受微波消解罐最大承受压力的限制，样品量不能过大。对于硅藻检验，既要求样品量满足检验灵敏度要求，又要保证消解过程安全。在检验灵敏度方面，研究发现，一般情况下肺组织2 g、肝肾组织10~20 g，可使溺死尸体的硅藻检验得到阳性结果，而当肝、肾组织样品量小于10 g时，溺死尸体硅藻检验阳性率显著下降。在安全性方面，样品与酸在密闭系统中反应，产生的气体导致消解罐内压力增大，若样品量过大，反应过于激烈，易导致消解罐内压力瞬间增大，引发爆炸，因此对样品量的控制应高度重视。研究表明，每个消解罐中脏器组织样品一般不应超过3 g，脂肪含量较高的骨髓等样品不应超过0.5 g。应注意的是，脏器组织样品量选择还与不同品牌消解仪的结构、性能特点、使用要求有关，检验实践中应根据仪器厂家的推荐参数及硅藻检验的要求合理确定样品量。

2. 微波消解所用酸种类及用量

消解的目的是通过酸溶解组织而分离出耐酸的硅藻。消解常用的酸包括HNO_3、HCl、HF、H_2O_2等，这些都是良好的微波吸收体。研究者采用HNO_3和H_2O_2混合酸对脏器组织进行微波消解，采用HF清除消解罐残留的硅藻。

HNO_3，70%水溶液（w/w），在常压下的沸点为120 ℃。在0.5 MPa下，温度可达176 ℃，它的氧化电位显著增大，氧化性增强，能对无机物及有机物进行氧化作用。

H_2O_2，30%水溶液（w/w），常压下沸点为107 ℃，氧化能力随介质的酸度增加而增加。H_2O_2分解产生的高能态活性氧对有机物质的破坏特别有利。

HF，38.3%水溶液（w/w），常压下沸点为112 ℃，在密闭容器中达180 ℃，会产生约 0.8 MPa 的分压，能有效地使硅酸盐变成可挥发的SiF_4，可以用于清除消解罐中残留的硅藻。

3. 微波加热的功率与时间

分解组织所需的能量取决于样品的重量、组成、试剂（酸）的种类及用量、容器的耐压耐温能力以及消解仪内样品的个数。例如，密闭体系中不同组成的介质加热速度不同，离子强度和极性大的体系升温快，所需微波功率相对较低，时间较少；而样品个数多，所需的微波功率大、时间长。为了避免最初的反应过于激烈，产生大量气体，建议采用梯度微波消解程序，例如，10 min 内功率从 0 W 上升到 300 W，保持5 min，然后10 min内功率从300 W上升到600 W，保持5 min后停止微波辐射。梯度消解程序可以使消解反应先平缓再逐步加速，使罐内压力和温度不致增加过快而发生危险。

（四）消解温度与时间对硅藻检验结果的比较

将肝组织分为80份，每份2 g，每份肝组织与2 mL水样混合，往每份肝组织与水样的混合物中分别加入8 mL 65%浓硝酸溶液和2 mL 30% H_2O_2溶液。40份样本按消解温度100 ℃、120 ℃、140 ℃、160 ℃、180 ℃平均分为5组，每组8份，每组消解时间均为 60 min；40份样本按消解时间为40 min、50 min、60 min、70 min、80 min平均分为5组，每组8份，均使用微波消解-真空抽滤-扫描电子显微镜联用法进行硅藻检验。

当消解时间固定在 60 min 时，100 ℃、120 ℃、140 ℃的硅藻的回收数量分别与 180 ℃之间的差异有统计学意义（$P<0.05$）。在 140 ℃以下，硅藻回收数量随着消解温度的增加而呈增加趋势；当温度达到 140 ℃时，增加消解温度，硅藻的回收数量开始降低。（表6-1）

表6-1 硅藻回收数量随消解温度的变化情况（$n=8$, $\bar{x} \pm s$）

消解温度 /℃	硅藻回收数量 / 个
100	24 461.25 ± 3 572.83 [①]
120	24 834.13 ± 3 244.71 [①]

续表 6-1

消解温度 /℃	硅藻回收数量 / 个
140	28 797.50 ± 6 009.67[①]
160	20 088.00 ± 2 528.57
180	9 244.75 ± 487.59

[①]与 180 ℃ 比较，$P<0.05$。
资料来源：刘景建，杜宇坤，赵建，等. 消解温度与时间对硅藻检验结果的影响[J]. 法医学杂志，2022，38（1）：77-81.

不同消解时间的硅藻回收数量之间差异有统计学意义（$P<0.05$），但40 min、50 min、60 min之间的硅藻回收数量之间差异无统计学意义（$P>0.05$）。当消解时间为40 min时，硅藻的回收数量为（20 650.88 ± 1 950.27）个，当消解时间达 80 min 时，硅藻的回收数量仅为（16 284.25 ± 1 777.11）个（表6-2），硅藻回收数量随着消解时间的延长而降低。方差分析结果显示，当消解温度为 140 ℃时，在设定的时间范围内随着消解时间的增加，硅藻的回收数量呈逐渐降低的趋势。

表6-2　硅藻回收数量随消解时间的变化情况（$n=8$，$\bar{x} \pm s$）

消解时间 /min	硅藻回收数量 / 个
40	20 650.88 ± 1 950.29[①②]
50	19 550.75 ± 1 298.56[①②]
60	18 983.50 ± 1 333.33[②]
70	17 561.88 ± 1 722.18
80	16 284.25 ± 1 777.11

[①]与 70 min 相比，$P<0.05$。
[②]与 80 min 相比，$P<0.05$。
资料来源：刘景建，杜宇坤，赵建，等. 消解温度与时间对硅藻检验结果的影响[J]. 法医学杂志，2022，38（1）：77-81.

当消解时间为 60 min 时，滤膜上的残留物质量在100 ℃、120 ℃、140 ℃与 180 ℃消解温度之间的差异均有统计学意义（$P<0.05$），滤膜上的残留物质量在100 ℃、120 ℃与 160 ℃消解温度之间的差异均有统计学意义（$P<0.05$）。任意两组之间的统计学分析见表6-3。当消解时间一定时，在设立的温度范围内，随着消解

温度的升高，滤膜上的残留物质量呈现降低趋势。

表6-3　滤膜上的残留物质量随消解温度的变化情况（$n=8$，$\bar{x} \pm s$）

消解温度 /℃	滤膜上的残留物质量
100	2.27 ± 0.79 [①②]
120	1.88 ± 0.58 [①②]
140	1.48 ± 0.29 [①]
160	0.83 ± 0.34
180	0.60 ± 0.28

① 与 180 ℃ 比较，$P<0.05$。
② 与 160 ℃ 比较，$P<0.05$。
资料来源：刘景建，杜宇坤，赵建，等. 消解温度与时间对硅藻检验结果的影响［J］. 法医学杂志，2022，38（1）：77-81.

在140 ℃下设置了5个消解时间（表6-4），随着消解时间的增加，滤膜上的残留物质量有减少趋势，但各组滤膜上的残留物质量之间的差异无统计学意义（$P>0.05$）。

表6-4　滤膜上的残留物质量随消解时间的变化情况（$n=8$，$\bar{x} \pm s$）

消解时间 /min	滤膜上的残留物质量 /mg
40	1.03 ± 0.30
50	0.91 ± 0.32
60	0.87 ± 0.42
70	0.76 ± 0.38
80	0.74 ± 0.28

资料来源：刘景建，杜宇坤，赵建，等. 消解温度与时间对硅藻检验结果的影响［J］. 法医学杂志，2022，38（1）：77-81.

研究发现，于消解时间 60 min 时硅藻的回收数量随着消解温度的升高，呈现先升高再降低的趋势。这可能是由于温度的升高，一些硅藻的壳环或连接处被打开，导致硅藻的数量增加。当消解温度升高到 140 ℃时，硅藻的回收数量可高达（28 797.50 ± 6 009.67）个。在这个温度下，可能所有的硅藻壳面都已分开或者连接处全部断裂。当温度再升高时，一些耐受不了高温的硅藻就被破坏，导致硅藻回收数量下降。

当消解温度为140 ℃时，硅藻的回收数量随着消解时间的增加呈现下降的趋势。可能的原因是随着消解时间的增加，一些硅藻无法耐受长时间高温而碎裂。对方差分析后的结果进行两两比较，结果表明40 min、50 min、60 min比较适合组织消解。

当消解时间为 60 min 时，随着消解温度的增加，滤膜上的残留物质量呈降低的趋势。这说明当消解时间一定时，随着消解温度的增加，消解能力越来越强。产生这种现象的可能原因是随着消解温度的增加，在微波的作用下，组织内的分子运动加快，分子之间的碰撞摩擦速度也增加，反应速度加快。与此同时，温度的增加意味着热能的增加，能量作用于组织样品，增加了反应的速度。另一个可能的原因是，消解罐内发生一系列的化学反应，随着反应温度的增加，化学平衡向生成消解液的方向移动，单位时间内化学反应速率加快。因此，在相同的消解时间内，随着消解温度的增加，滤膜上的残留物质量呈现减小的趋势。

当消解温度为 140 ℃时，随消解时间的增加，滤膜上的残留物质量的变化无统计学意义（$P>0.05$），尚不能说明消解时间越长，消解能力越强。产生这种情况的可能原因是，当消解温度一定时，消解罐内的分子运动、分子之间的碰撞以及单位时间内所获得的热量都没有发生改变，消解罐内化学反应的速率也没有发生显著改变；随着反应时间的增加，反应的底物会随着反应的进行而有一定的减少，但减少的量并没有温度升高时明显。因此，在表6-4中可以看到，随着消解时间的增加，滤膜上的残留物质量有减小的趋势，但各组滤膜上的残留物质量之间的差异无统计学意义（$P>0.05$）。

在进行硅藻检验时，消解时间为 60 min 时，随着消解温度增加，热量逐渐超过硅藻的耐受限度，最终导致硅藻回收数量下降，而硝酸对组织的消解能力增强。消解温度为 140 ℃时，随着消解时间增加，超过硅藻对热的耐受时限，导致硅藻回收数量下降，但硝酸对组织的消解能力未见增强。综上所述，当消解温度为140 ℃，消解时间为40 min、50 min、60 min有利于硅藻检出。

二、膜富集设备及方法

（一）膜富集技术的原理

组织被消解成为溶液后，需要将硅藻颗粒与液体进行分离，将硅藻富集起来。膜富集技术（又称膜分离技术）是指天然或人工合成的高分子薄膜以压力差、浓度差、电位差和温度差等外界能量位差为推动力，对双组分或多组分的溶质和溶液进行分离、分级、提纯和富集的方法。常用的膜分离方法有微滤、超滤、纳滤、反渗透和电渗析等。

膜分离技术的根本原理在于选择透过性。制备膜元件的材料通常是有机高分子材料或陶瓷材料，其孔隙结构为物质选择性透过分离膜提供了前提，膜孔径决定了混合体系中能透过分离膜物质的粒径大小。

膜富集技术具有简单、高效、造价低、易于操作的优点。

（二）膜富集硅藻的方法

建立膜富集硅藻的方法，要从5个方面着手考虑。

1. 膜的材料

微波消解组织的过程中，采用了HNO_3和H_2O_2的混合液，反应完成后的消解液仍然具有很强的氧化性，因此实验操作者在选择滤膜时首先应考虑的是滤膜材质的耐酸性和抗氧化性。经对多种材质的滤膜进行实验研究，目前硅藻检验中常用的滤膜为尼龙滤膜和聚醚砜滤膜。实际上，聚醚砜滤膜的耐酸性和抗氧化性均不如尼龙滤膜，但是由于聚醚砜滤膜经过透明化处理后可以适用于光学显微镜观察，所以仍然是硅藻检验主要使用的滤膜类型之一。

2. 滤膜孔径

膜孔径的选择主要根据要分离的目标颗粒物大小。自然界中的硅藻大小一般在2～500 μm。理论上，为确保所有硅藻都被富集在滤膜上，滤膜孔径应足够小。然而滤膜孔径越小，消解液中悬浮的杂质颗粒也越容易堵塞滤膜孔，使抽滤阻力增大、抽滤效率降低。研究表明，使用0.45 μm孔径的微孔滤膜能有效富集硅藻，且抽滤效率高。滤膜富集硅藻原理见图6-4。

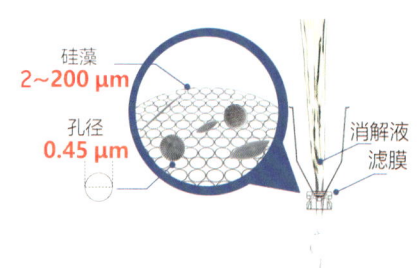

图6-4　滤膜富集硅藻原理

资料来源：刘超. 溺死法医诊断学[M]. 广州：中山大学出版社，2018.

3. 有效过滤面积

有效过滤面积是指过滤过程中液体与滤膜实际接触的部分。有效过滤面积增大，虽然可以缩短过滤时间，但是硅藻在滤膜上分布得更加分散，需要观察分析的面积也变得更大，后期观察的时间也相应增加。所以，有效过滤面积需要在一个适当的范围。研究发现，有效过滤区域直径为14～18 mm最为适宜，在保证过滤效率的同时，也保证了观察的效率。

4. 过滤压力

滤膜孔径小，液体几乎无法在自然重力下通过滤膜。因此，通过在滤膜下方使用真空泵，增大滤膜两侧的压力差来帮助液体滤过。真空泵的压力范围建议在200～400 mmHg。压力太小会导致过滤效率低下；压力过大会导致滤膜在支撑网的空洞部分塌陷，使滤膜不平整，影响观察，同时会增加真空泵的负荷，可能导致仪器损坏。

5. 抽滤时间和硅藻回收率

水样和肺组织的抽滤时间一般在20 min左右，肝、肾组织一般在70 min左右（表6-5）。如果组织消解不完全，会造成抽滤时间延长。如果发现抽滤速度减慢，可以用吸管吸取无水乙醇，插入至滤膜上方，挤压出无水乙醇冲洗滤膜表面，这样可以溶解脂肪等不易消解的杂质，加快过滤速度。

膜富集的硅藻回收率显著增加，基本都大于100%（表6-6），说明部分硅藻的两个壳面在消解过程中分离，使观察到的硅藻数量增加。

表6-5 滤膜富集所需时间（均数±标准差）

样本		例数/例	时间/min	P[①]
标准硅藻溶液		50	20.6 ± 1.1	A
溺死者尸体	肺	15	22.4 ± 2.8	B
	肝	15	71.1 ± 3.0	C
	肾	15	73.3 ± 3.9	C

①组间字母不同表示 $P < 0.05$，组间字母相同表示 $P \geqslant 0.05$。
资料来源：刘超. 溺死法医诊断学［M］. 广州：中山大学出版社，2018.

表6-6 膜富集和离心的硅藻回收率

硅藻类型	回收率/%		P
	膜富集	离心	
舟形藻	106.8 ± 14.7	61.5 ± 7.7	<0.01
菱形藻	113.8 ± 28.0	62.1 ± 8.7	<0.01
小环藻	108.3 ± 10.2	64.2 ± 6.7	<0.01
针杆藻	107.0 ± 11.2	59.8 ± 7.5	<0.01
异极藻	106.0 ± 9.4	60.5 ± 5.1	<0.01

资料来源：刘超. 溺死法医诊断学［M］. 广州：中山大学出版社，2018.

三、扫描电镜观察硅藻法

（一）扫描电镜原理

扫描电镜是一种重要的现代显微技术，其基本原理为：从电子枪发射出的电子，经加速电压加速，经过3个磁透镜三级缩小，形成一束很细的电子束（即电子探针），聚焦在样品表面；在第二聚光镜和物镜之间有一组扫描线圈，使电子探针在样品表面扫描，电子和样品发生作用，激发出许多重要的信号如二次电子、背散射电子等；这些信号经收集、放大和处理，最终成像在显示系统上。

从样品表面几纳米至几十纳米的区域逸出二次电子，能量较低（0~50 eV）。其产率和样品成分有关，与样品的表面形貌也密切相关，所以扫描电镜是研究样品表面形貌的最有力工具。背散射电子能量值接近于入射电子的能量，发射深度约为 1 μm。背散射电子像与样品的原子序数密切相关，与样品的表面形貌也有一定关系。

（二）扫描电镜观察的特点

1. 景深大、成像立体感强

在相同的放大倍数下，扫描电镜景深比光学显微镜大几百倍，比透射电镜大几十倍（图6-5），可以观察样品的三维空间结构，甚至深孔里面的形貌，图像立体感，真实感强，易于识别和解释。

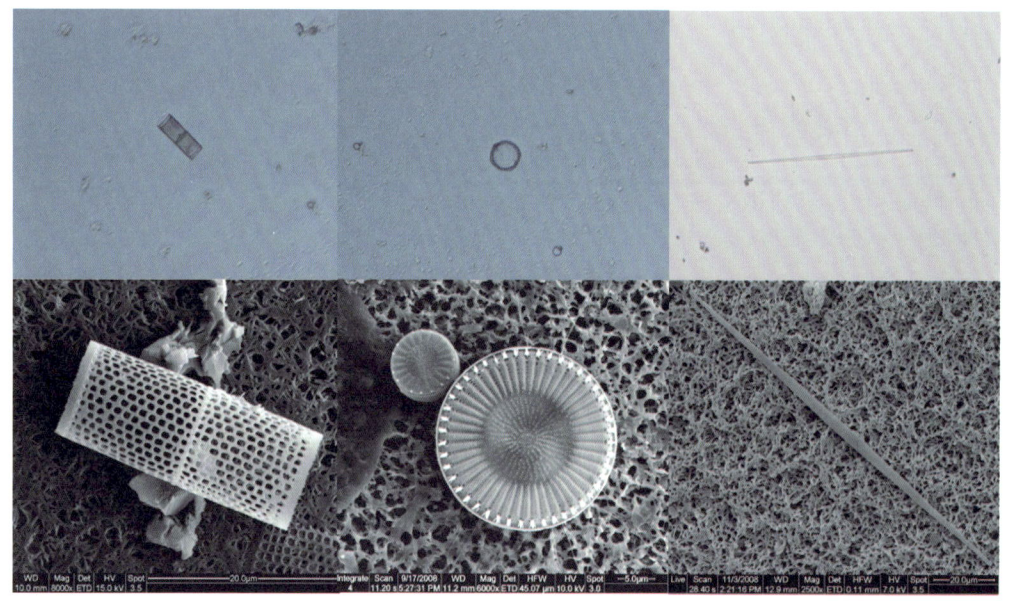

图6-5　光镜与电镜观察效果比较

资料来源：刘超.溺死法医诊断学[M].广州：中山大学出版社，2018.

2. 放大倍数大且可连续变化

扫描电镜放大倍数大，且可连续变化，因此可实现对样品从宏观到微观的连续观察、分析。

3. 分辨本领高

人眼的分辨本领一般为0.2 mm，光学显微镜的分辨本领为0.2 μm；而钨灯丝扫描电镜的分辨本领可达3.5 nm；场发射枪扫描电镜的分辨本领可达0.6 nm，已十分接近透射电镜，但其结构比透射电镜更简单，操作、观察更方便。

4. 对分析样品具有广泛的适用性

对肉眼不可见的微粒到大至150 mm、厚至20 mm的样品均可用扫描电镜进行显微分析。分析样品的种类包括了各种有机和无机的物质。环境扫描电镜还可以对含水的新鲜样品直接进行动态观察。

5. 具有微区元素成分分析功能

除可观察样品微观形貌外，在扫描电镜上安装能谱仪附件，还可对样品微区进行元素成分定性定量分析。

（三）扫描电镜观察硅藻的方法

建立扫描电镜观察硅藻的方法，要从2个方面着手考虑。

（1）可分区、自动拍摄区域照片。以人工方式，手动移动样品台观察，劳动强度大，而且容易遗漏或者重复观察某些区域。在可分区、自动拍摄区域照片的电镜下，拍摄前将样品分为数百个，甚至数千个区域，扫描电镜自动拍摄、储存这些区域的照片。观察时，只需要观察这些照片，不需要再手动移动样品台。

（2）放大倍数。扫描电镜的放大倍数可达数十万倍，完全可以满足硅藻观察的需求。这里说的放大倍数是指扫描电镜自动拍摄时的放大倍数。设置的倍数越大，扫描电镜一个视野观察到的区域就越小，拍摄的照片就越多，耗时越长。反之，倍数越小，一个视野观察到的区域就越大，拍摄的照片就越少，耗时越短；但是倍数越小，越容易观察不清楚硅藻，造成漏检。研究发现，放大倍数在400～600倍时进行自动扫描较为适宜，既能有效地发现滤膜上的硅藻，又能尽可能地节省时间。

四、滤膜透明化法

聚醚砜微孔滤膜具有一定的化学稳定性，可用于酸性液体的过滤。由于聚醚砜具有可溶于强极性溶液的特点，使用丁香酚-乙酸试剂可使聚醚砜透明，满足光镜下观察的要求。

（一）透明化试剂的配制

透明化试剂为用丁香酚和乙酸按照3∶7的体积比配制的混合液，透明化试剂放置时间不宜过长。

（二）滤膜透明化的步骤

（1）未使用过的载玻片，中心滴加2~3滴透明化试剂。

（2）将干燥后的滤膜置于载玻片中心。

（3）在滤膜上滴加1~2滴透明化试剂，加盖盖玻片。

（三）光学显微镜观察

（1）将滤膜透明化得到的玻片置于光学显微镜下，以20倍或40倍物镜观察。

（2）采用人工识别方式或计算机自动化识别方式对滤膜上的硅藻或所拍摄的图片进行检查、分类和统计处理。

（3）某些视场中的微型硅藻需使用60倍物镜甚至100倍油镜来观察其细微结构（图6-6）。

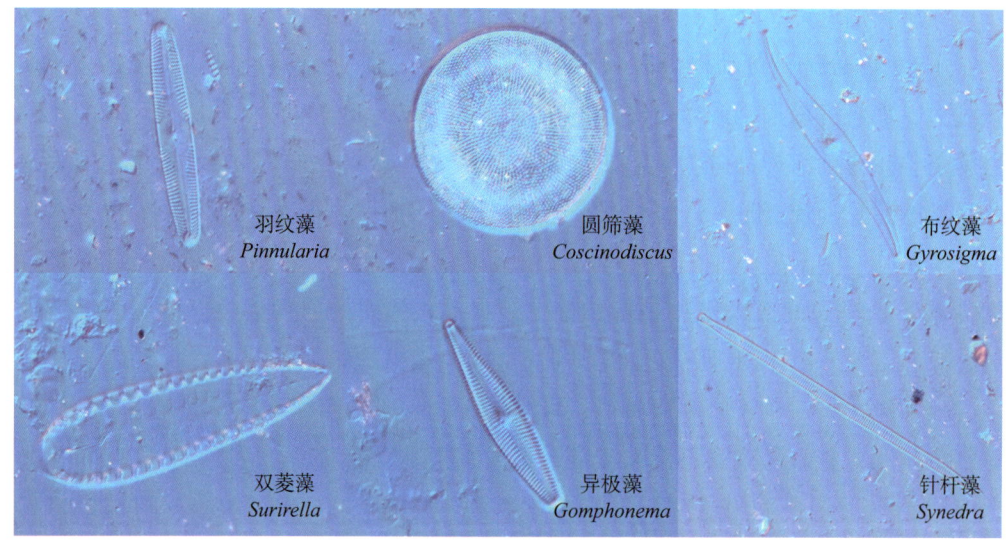

图6-6　滤膜透明化后观察硅藻效果

资料来源：刘超.溺死法医诊断学［M］.广州：中山大学出版社，2018.

（4）记录样本中硅藻总数和硅藻种类。

注意：水系膜的耐酸性较弱，消解液抽滤时要经过充分稀释（用50 mL以上超纯水稀释）；抽滤完成后禁止添加无水乙醇干燥；抽滤完成后必须再次添加足量的超纯水稀释（50 mL以上），滤膜上不能有任何硝酸残留，否则会与透明化试剂反应，造成制片失败。

透明化后的滤膜会因氧化而变黄，不适宜长期保存。

膜富集法与光镜观察相结合，一方面，将硅藻富集在滤膜上，避免了离心造成的硅藻损失；另一方面，采用光学显微镜观察弥补了电镜成本高、在基层难以普及的缺点。

第四节
硅藻的自动识别技术

在传统的硅藻检验工作流程中，主要是依赖人工操作来完成对图像上硅藻的检测。该过程非常烦琐、耗时，对技术人员要求较高、容易误检。人工智能（artificial intelligence，AI）被逐步应用于解决类似问题，其中深度学习特别是卷积神经网络（convolutional neural networks，CNN）已被证明其在支持生物识别和数字取证技术方面有显著优势。

司法鉴定科学研究院团队将编写的人工智能深度学习算法与全切片扫描系统进行结合，真正实现了全涂片硅藻及其碎片的快速、准确识别及分类，总体准确率均高达95%以上；且基于该技术实现了尸体溺死地点的准确推断，其准确率达92%。该团队开发了智能化硅藻鉴识软件系统（DiatomNet V1.0），能够在400倍光镜下对整张涂片（半径大于1.5 cm）进行自动化识别，最快可在25 min内完成。南京医科大学陈峰团队构建了基于YOLOv3的硅藻电子显微镜图像识别模型，在 0.4、0.6、0.8 的阈值下，验证集和测试集上的平均精确率（precision）分别为 94.8%和94.3%，平均召回率（recall）分别为 81.2% 和 81.5%；识别速度是人工识别速度的9倍以上，显著减少了人工识别的工作量。

一、数量识别

（一）法医硅藻自动检测技术的测试

广州市刑事科学技术研究所团队研发了基于扫描电子显微镜图像的法医硅藻自动检测系统，该AI模型具有高效、快速等特点（图6-7、图6-8）。硅藻AI搜索系统以RetinaNet这一视觉目标检测神经网络框架作为AI模型基础，在速度和准确率之间有很好的平衡。RetinaNet比Faster R-CNN等著名的Two-stage算法检测模型更快，而且RetinaNet引入了特征金字塔和焦点损失代价函数来改善类别不平衡的问题，从而提高了查准率性能，可以提高法医学硅藻检验工作者的检验效率。硅藻AI搜索系统由图像预处理模块、图像识别模块和结果展示模块等组成，进行图像处理时RetinaNet基于Python 3和PyTorch 1.2开源机器学习算法库实现。人工操作该系统时只需选择扫描电子显微镜扫描的图片、选择硅藻AI搜索系统标注后图片保存位置以及自定义筛选该系统识别的阈值。其中，阈值指的是硅藻AI搜索系统搜索筛选硅藻的概率，概率越高，筛选出来的目标是硅藻的可能性就越大。

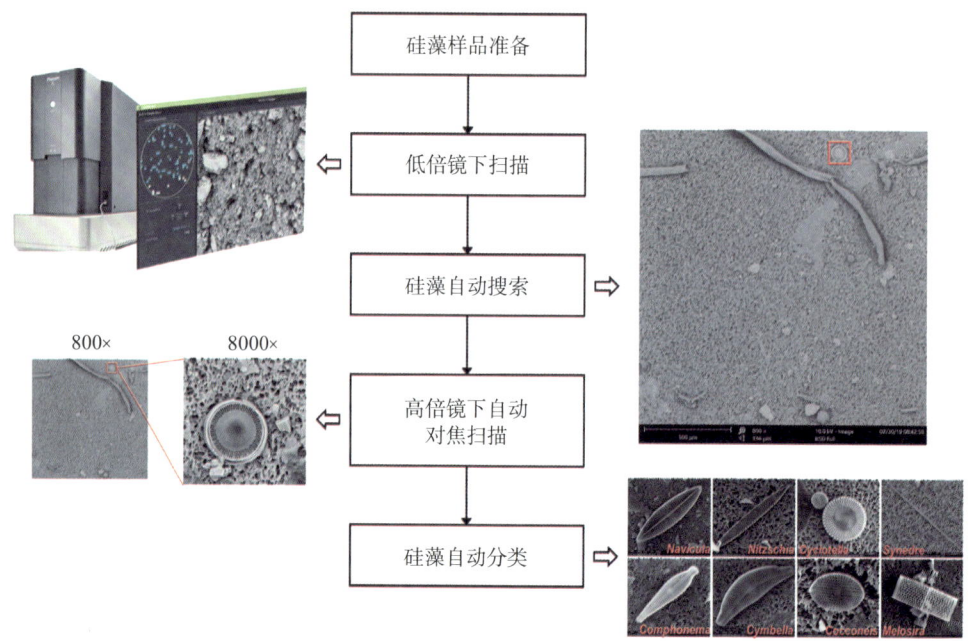

图6-7　硅藻自动检测和分类工作流程

资料来源：余丹媛. 基于扫描电镜的硅藻自动搜索技术在溺死诊断中的应用［D］.广州：中山大学，2022.

放大倍数设置为800倍（图片像素为1 024×1 024），扫描滤膜半径为8 mm，扫描每个样品所用时间为1 h，分别扫描12例肝、肾样品并各自单独保存，得到视场图片共计359 465张。其中，最多的1个样品包含31 929张图片，另外11个样品图片均为29 776张。分别在0.5、0.7和0.9检测阈值下自动搜索硅藻，记录扫描图片总数、标注图片总数和标注目标总数（硅藻AI搜索系统识别为硅藻的数目）。

专家人工识别：2位从事硅藻检验5年以上的法医将以上图片以人工方式检测硅藻，并记录检测到的硅藻总数，将2人复核一致确认的硅藻数目作为实际检测到的硅藻数。

使用召回率和精确率评价系统性能。召回率是指模型预测出的硅藻真阳性数量占硅藻真阳性总体数量的比例。精确率是指模型预测出硅藻真阳性数量占模型预测硅藻阳性的总数量，代表模型判断硅藻的准确率。召回率越高，模型对硅藻的检出率越高，漏检率越低；精确率越高，模型对硅藻预测的准确率越高，识别错误率越低。

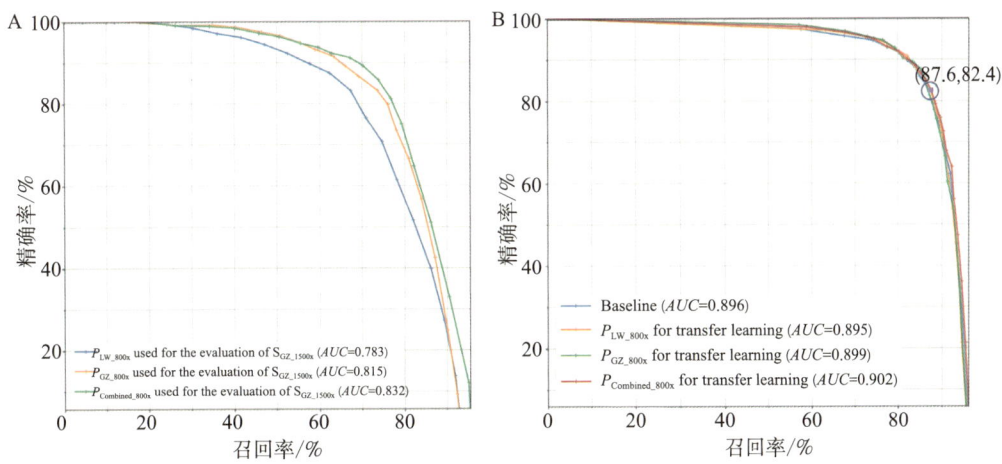

图6-8　基于$S_{GZ\_1500\times}$性能研究绘制的精确率-召回率曲线

广州市刑事科学技术研究所团队在实验中使用了3组电镜图像数据集，其图像放大倍数分别为800倍、1 500倍、800倍，这些数据集分别被命名为$S_{GZ\_800\times}$、$S_{GZ\_1500\times}$和$S_{LW800\times}$（由LabWorld公司内部使用）。$P_{LW\_800\times}$、$P_{GZ\_800\times}$、$P_{GZ\_1500\times}$分别为基于$S_{LW\_800\times}$、$S_{GZ\_800\times}$、$S_{GZ\_1500\times}$训练的RetinaNet模型名称，$P_{Combined\_800\times}$是在$S_{LW\_800\times}$和$S_{GZ\_800\times}$的组合上训练的RetinaNet模型。

A：使用$P_{LW\_800\times}$、$P_{GZ\_800\times}$和$P_{GZ\_1500\times}$评估$S_{GZ\_1500\times}$。B：用$P_{LW\_800\times}$、$P_{GZ\_800\times}$和$P_{GZ\_1500\times}$对$S_{GZ\_1500\times}$进行4倍交叉验证的初始化训练。

资料来源：余丹媛. 基于扫描电镜的硅藻自动搜索技术在溺死诊断中的应用［D］. 广州：中山大学，2022.

$$召回率 = \frac{TP}{CP}, \quad 精确率 = \frac{TP}{TP+FP}$$

其中，TP（ture positive）是真阳性的数量，即模型预测出是硅藻且经专家确认的硅藻数量；FP（false positive）是假阳性的数量，即模型预测出是硅藻，而专家判断为非硅藻的数量；TP+FP是模型预测出的硅藻总数，即硅藻AI搜索系统标注的检测目标数；CP（conditional positive）是条件阳性的数量，即专家识别出的实际硅藻数量。

用硅藻AI搜索系统检出图片中不含检测目标的图片数与所检测到的所有图片数的比值表示硅藻AI搜索系统的图片排除率（exclusion rate，ER），ER越大说明模型节省的工作量越多。

$$ER = \frac{m}{n}$$

其中，m指模型检测出不含检测目标的图片数，n指模型检索的所有图片数。

此外，比较硅藻AI搜索系统标注每例样品中硅藻和人工复核该系统标注的硅藻所用时间以及人工肉眼逐一查找每例样品中硅藻所用的时间，以此评估硅藻AI搜索系统的检验效率。

(二)硅藻AI搜索系统检测标注和专家确认硅藻情况

硅藻AI搜索系统在12例来自溺死者的肝、肾组织样品中均检出硅藻,分别是平板藻、短缝藻、等片藻、异极藻、针杆藻、菱形藻、舟形藻、直链藻、桥弯藻、曲壳藻、布纹藻、小环藻、圆筛藻、双菱藻、冠盘藻和海链藻,共16种,硅藻阳性率为100%。在0.5、0.7和0.9阈值下硅藻AI搜索系统标注的含有检测目标的图片数分别为(1 268.67 ± 323.21)张、(967.75 ± 383.31)张和(306.50 ± 260.36)张,3组数据间差异有统计学意义($P < 0.05$,表6-7),即随着搜索阈值的增加,该系统标注的含有检测目标的图片越来越少。3个阈值下硅藻AI搜索系统标注的目标总数分别为(3 365.25 ± 2 190.30)个、(1 865.33 ± 1 278.96)个和(373.83 ± 358.89)个,3组数据间差异具有统计学意义($P < 0.05$,表6-7),即随着阈值的增加,该系统标注的目标总数越来越少。

表6-7 硅藻AI搜索系统和专家确认的硅藻情况

阈值	$n-m$[①] ($\bar{x} \pm s$)/张	$TP+FP$[②] ($\bar{x} \pm s$)/个	TP[③] [M($P_{25} \sim P_{75}$)]/个
0.5	1 268.67 ± 323.21	3 365.25 ± 2 190.30	28.00(13.00 ~ 361.00)
0.7	967.75 ± 383.31[④]	1 865.33 ± 1 278.96[④]	26.00(11.25 ~ 343.75)
0.9	306.50 ± 260.36[④⑤]	373.83 ± 358.89[④⑤]	15.5(9.25 ~ 239.50)

① $n-m$ 为硅藻AI搜索系统标注出含有硅藻的图片数。
② $TP+FP$ 为硅藻AI搜索系统标注的硅藻总数。
③ TP 为硅藻AI搜索系统标注的实际硅藻数量。
④ 与阈值0.5相比,$P < 0.05$。
⑤ 与阈值0.7相比,$P < 0.05$。
资料来源:余丹媛. 基于扫描电镜的硅藻自动搜索技术在溺死诊断中的应用[D]. 广州:中山大学,2022.

在0.5、0.7和0.9的阈值下硅藻AI搜索系统标注的硅藻数量分别为28.00(13.00~361.00)个、26.00(11.25~343.75)个和15.50(9.25~239.50)个,而经专家确认所有图片中的硅藻数量为30.00(14.25~387.25)个。3个阈值下硅藻AI搜索系统标注的目标中实际检出硅藻数与专家确认的硅藻数之间的差异均无统计学意义($P > 0.05$)。

(三)硅藻召回率

硅藻召回率最高可达100%,最低为45.71%(表6-8)。方差分析结果显示,不同阈值下硅藻AI搜索系统的硅藻召回率差异具有统计学意义($P < 0.05$)。不同

阈值下硅藻AI搜索系统的硅藻召回率趋势性检验结果亦显示差异具有统计学意义（$P<0.05$）。方差分析结果和趋势性检验结果综合显示，随着硅藻AI搜索系统检出硅藻阈值的增加，其检测硅藻召回率逐渐降低。

表6-8　硅藻AI搜索系统的硅藻召回率

阈值	召回率（$\bar{x}\pm s$）/%	最小值/%	最大值/%
0.5	91.12 ± 6.16	78.57	100.00
0.7	84.00 ± 10.48[①]	64.29	100.00
0.9	56.95 ± 9.00[①②]	45.71	69.23

①与阈值0.5相比，$P<0.05$。
②与阈值0.7相比，$P<0.05$。
资料来源：余丹媛. 基于扫描电镜的硅藻自动搜索技术在溺死诊断中的应用［D］. 广州：中山大学，2022.

（四）硅藻精确率

在0.5、0.7和0.9的阈值下，精确率低时仅1.02%（0.68%～9.11%）的硅藻能够被准确地识别出来，而精确率高时有10.20%（5.47%～41.23%）的硅藻能被准确地识别出来（表6-9）。不同阈值下硅藻AI搜索系统的硅藻精确率差异具有统计学意义（$P<0.05$）。随着搜索阈值的增加，硅藻AI搜索系统对硅藻的精确率也随之增加（表6-9，图6-9）。

（五）图片排除率

方差分析和趋势性检验结果都显示，不同阈值下硅藻AI搜索系统的ER差异具有统计学意义（$P<0.05$，表6-10）。综合方差分析结果和趋势性检验结果，随着硅藻AI搜索系统检测阈值的增加，硅藻AI搜索系统的图片ER越来越高。

表6-9　硅藻AI搜索系统的硅藻精确率

阈值	精确率[M（$P_{25}\sim P_{75}$）]/%	最小值/%	最大值/%
0.5	1.02（0.68～9.11）	0.32	16.83
0.7	1.92（1.19～15.58）[①]	0.62	24.64
0.9	10.20（5.47～41.23）[①②]	3.42	53.15

①与阈值0.5相比，$P<0.05$。
②与阈值0.7相比，$P<0.05$。
资料来源：余丹媛. 基于扫描电镜的硅藻自动搜索技术在溺死诊断中的应用［D］. 广州：中山大学，2022.

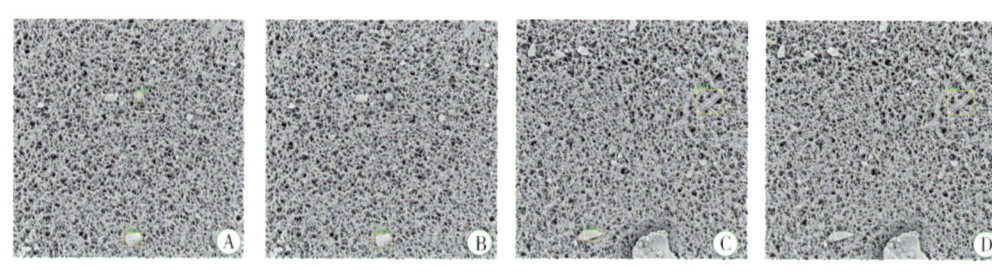

图6-9 不同阈值下硅藻的标注情况

A：阈值为0.5。B：阈值为0.7。C：阈值为0.7。D：阈值为0.9。A与B为同一视野，C与D为同一视野。

资料来源：余丹媛. 基于扫描电镜的硅藻自动搜索技术在溺死诊断中的应用[D]. 广州：中山大学，2022.

表6-10 硅藻AI搜索系统的图片ER（$n=12$，$\bar{x} \pm s$）

单位：%

阈值	ER/%	最小值/%	最大值/%
0.5	95.76 ± 1.09	93.98	97.17
0.7	96.77 ± 1.30[①]	94.58	98.45
0.9	98.97 ± 0.88[①②]	97.37	99.72

①与阈值0.5相比，$P < 0.05$。
②与阈值0.7相比，$P < 0.05$。
资料来源：余丹媛. 基于扫描电镜的硅藻自动搜索技术在溺死诊断中的应用[D]. 广州：中山大学，2022.

（六）硅藻AI搜索系统的优势与不足

判断水中尸体为溺死抑或死后入水，是案件定性的关键，也是法医工作的重点。溺死鉴定通常是排他性的，需要综合尸检、案情调查、现场勘查和实验室检验等排除其他可能死亡原因后综合判断。实验室进行硅藻定量分析是溺死鉴定结果评价的重要基础。微波消解-真空抽滤-扫描电镜联用法在法医学实践中取得了良好的应用效果，具有硅藻回收率高、准确性高等特点。但是基于扫描电子显微镜的硅藻观察，肝、肾组织的硅藻数量少，在滤膜上的分布区域分散。因此，当滤膜在扫描电子显微镜下被划分成众多视场后，其中绝大部分观察视场是无硅藻的图片，使得观察者需要耗费大量的时间和精力对肝、肾组织滤膜上的少量硅藻进行搜索确认，难以满足大量的检验需求。随着人工智能在法医科学中的逐步应用，建立基于人工智能算法的法医硅藻自动检测解决方案成为硅藻检验研究的一个重要趋势。鉴于此，可研发基于扫描电镜的硅藻自动搜索技术，建立硅藻AI搜索系统，对滤膜上的硅藻进行自动化检测。

一般来说，水中尸体肺组织的硅藻数量较高，在扫描电子显微镜下较容易发现硅藻。因此，仅选用硅藻数量较少的肝、肾组织进行检测。在设定的3个不同阈值下，硅藻AI搜索系统在溺死者尸体的12例样品中均检出硅藻，硅藻检验阳性率为100%，而且硅藻AI搜索系统与专家确认检出的硅藻数量之间的差异无统计学意义（$P > 0.05$），说明硅藻AI搜索系统检测硅藻的敏感性高。虽然随着阈值的增大，硅藻AI搜索系统的硅藻召回率逐渐降低，但精确率呈增高的趋势，不含检测目标的图片也被排除得更多，需要观察确认的图片数量也显著降低。当然，在这部分被排除的图片中也有部分含有硅藻（假阴性），但漏检的硅藻数量并不显著。引起假阴性结果的原因可能是：①硅藻过小，基础特征不明显（图6-10A）；②硅藻破碎，导致硅藻特征不完整（图6-10B）；③硅藻被其他杂质遮挡（图6-10C）；④硅藻重叠（图6-10D）。

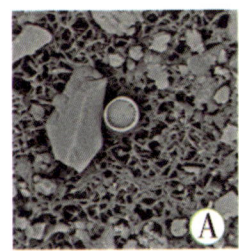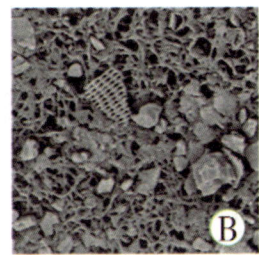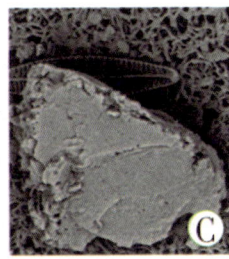

图6-10 常见硅藻漏检情况

A：硅藻过小。B：硅藻破碎。C：硅藻被杂质遮挡。D：硅藻重叠。
资料来源：余丹媛.基于扫描电镜的硅藻自动搜索技术在溺死诊断中的应用[D].广州：中山大学，2022.

同时，硅藻AI搜索系统相比于人工逐个识别硅藻更节省时间，识别每例样品所花费的时间仅为人工识别的1/7，工作效率远高于经验丰富的法医硅藻检验专家。

该系统也存在一定的不足：①针对应用CNN深度学习框架的硅藻自动检测模型，数据总量直接影响训练模型效能，数据太少可导致过度拟合。因此，需要海量硅藻图片训练。目前训练数据仍显不足，需要进一步扩大训练数据库，加强系统对硅藻的识别能力。②硅藻识别能力还取决于深度学习框架具体学习到的图片内容，如有新背景的图片抑或新种类硅藻出现，将对系统的识别能力产生影响。在系统标记的目标中，硅藻碎片占据了很大部分，所以有必要对现有的硅藻数据库进行补充、扩建，并进一步进行训练使系统能够有效地区别完整硅藻与碎片硅藻。③由于系统仍处于初步研究阶段，功能较少，未来须挖掘人工智能深度学习算法应用潜能，进一步优化硅藻AI搜索系统。

二、种类识别

如前文所述,广州市刑事科学技术研究所团队采用深度学习对象检测框架RetinaNet,对扫描电子显微镜(SEM)检测硅藻的效果进行了初步评估。但获得的 SEM 图像的数量存在限制,因此该团队采取了数据增强策略,通过将单个大小为1 024×1 024的SEM图像随机裁剪为包含至少一个硅藻用于训练的本地大小为512×512的区域,将一个训练集图像拆分为4个512×512的图像补丁,并改编了另一个基于AI的对象检测框架YOLOv5(YOLOv5 GitHub Repository, https://github.com/ultralytics/yolov5.)。这是深度学习架构YOLO的最新版本。其与RetinaNet最大的区别是,RetinaNet-101型号有超过$5.532×10^7$个参数,而中等YOLOv5型号更紧凑,只有大约$2.104×10^7$个参数,这意味着计算更少、速度更快,而且,YOLOv5在准确性方面已被证明优于RetinaNet。

无论是RetinaNet还是YOLOv5目标检测方法,都包含属于深度神经网络范围的CNN结构。传统的神经网络即全连接网络,完全基于相邻神经元沿传播方向的连接(图6-11)。全连接网络的数学形式可以表示为$y = f(\sum_{i=0}^{n} \omega_i \cdot x_i + b)$,其中,$\omega_i$是可学习参数的权重;$b$是一个常数值或作为偏置因子的可学习参数;$f$是一个激活函数,如sigmoid或softmax函数,涉及网络中的非线性。在实际应用中,全连接网络在处理图像分类、检测和分割等任务方面存在一些问题,特别是当全连接网络较深时,由于计算量太大,容易出现过拟合。相比之下,CNN是多种类型的神经计算层的组合,包括卷积层、池化层和前面提到的全连接层。卷积层对输入进行卷积并将结果传递给下一层,与全连接层相比,输入由一组具有有限数量的可学习参数的卷积核过滤(图6-12)。因此,卷积层的自适应允许构建具有更好拟合能力的深度神经网络。池化层用于对局部特征(例如2×2特征)进行投票来对特征图进行下采样,池化方式如平均池化和最大池化等。

通过研究新的深度学习技术,更好地提升基于 SEM 的硅藻检测技术性能,并开发用于实践的人工智能引擎。

为了综合评估硅藻检测和识别模型的准确性,收集了以下3类样本数据:①5种实验室培养的硅藻液样本,分别为圆筛藻、桥湾藻、舟形藻、菱形藻和针杆藻;②从肺采集的组织样本;③从肝和肾采集的组织样本,并使用微波消解-真空过滤-扫描电镜联用法对这些硅藻液样本进行预处理。

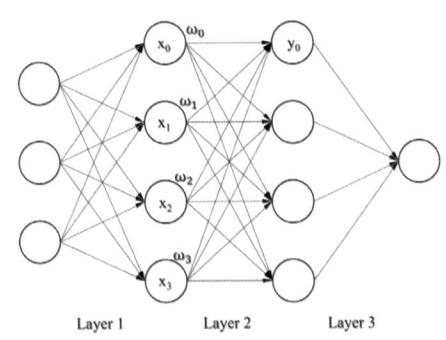
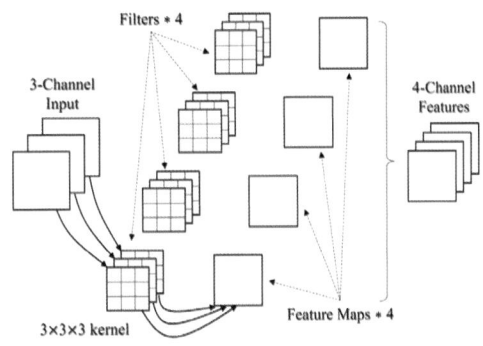

图6-11 具有3个FC层的全连接网络　　图6-12 卷积层工作示意

资料来源：YU W，XIANG Q，HU Y，et al. An improved automated diatom detection method based on YOLOv5 framework and its preliminary study for taxonomy recognition in the forensic diatom test［J］. Frontiers in microbiology，2022，13：963059.

通过交叉验证来评估经过训练的AI模型在肝和肾样本扫描图像上的检测性能，并验证该模型方案在日常法医学硅藻检验鉴定溺死工作中的效率。尽管通过微波消解的预处理步骤已经减少或去除了杂质，但肺组织样本中仍含有各种杂质。这些杂质使得图像的背景变得非常复杂，检测和识别肺部样本SEM图像中的硅藻具有挑战性，因此，可以利用对这些溺死案例中收集的肺部样本扫描图像的检测效果来评估该AI方案在一些极端条件下的检测效能。

此外，5种标准硅藻液样本与从溺死者的肺、肝和肾组织中收集的样本之间的明显区别在于，从实验室培养的硅藻中获得的SEM图像受到杂质干扰的影响较小。因此，5种标准硅藻液样本适用于定量分析对硅藻检测和识别性能的潜在上限。

将微波消解和真空过滤结合的硅藻检验方法具有更高的效率和更好的过滤质量，取代了传统基于酸消解和离心的预处理方法。使用PhenomXL台式SEM采集这些处理样本的SEM图像。放大倍数为1 500倍，像素分辨率为0.33 μm，视场为336 μm。每张扫描图像像素为1 024×1 024，由2位具有丰富的硅藻检验经验的法医病理学家进行硅藻的位置标记和属识别。

每种标准硅藻液样本扫描了约2 000张图像，但约46%的图像不含有硅藻，具体情况见表6-11。

表6-11 标准硅藻样本的SEM扫描图像信息

硅藻属	扫描图像数/张	含有硅藻的图像数/张	硅藻数/个
圆筛藻	2 018	630	812
桥湾藻	2 084	672	921
舟形藻	1 966	930	1 356
菱形藻	1 999	1 476	6 515
针杆藻	1 875	1 622	5 741
合计	9 942	5 330	15 345

资料来源：YU W, XIANG Q, HU Y, et al. An improved automated diatom detection method based on YOLOv5 framework and its preliminary study for taxonomy recognition in the forensic diatom test［J］. Frontiers in microbiology，2022，13：963059.

对于肺组织样本，将所有扫描图像混合在一起，以训练基于大型数据集的硅藻检测AI模型。总共有2 343张图像，1 783张图像至少包含一个硅藻，硅藻总数为5 899个。如表6-12所示，肝脏和肾脏组织中总共包含11个样本。从以前的工作中选取了两组图像，第一组以800倍（图像集1）的放大倍数扫描，第二组以1 500倍（图像集2）的放大倍数扫描。此外，还有从9例溺死案例中随机选择的肝组织样本（图像集3至图像集5）和肾组织样本（图像集6至图像集11）的图像。

表6-12 肝和肾组织样本的SEM扫描图像信息

图像集	含有硅藻的图像数/张	硅藻数/个
1	904	2 789
2	938	1 168
3	8	8
4	509	597
5	108	113
6	3	3
7	1 687	2 125
8	54	56
9	69	72
10	58	60
11	35	39
合计	4 373	7 030

资料来源：YU W, XIANG Q, HU Y, et al. An improved automated diatom detection method based on YOLOv5 framework and its preliminary study for taxonomy recognition in the forensic diatom test［J］. Frontiers in microbiology，2022，13：963059.

与标准硅藻液样本相比，肺、肝、肾组织的样本来自真实案例，不同种类硅藻的数量分布不同，可用于训练多类识别AI模型，该模型可以较好地推断所有目标属。肺和肝、肾组织样本数据的标签信息如图6-13所示，"碎片"表示不完整的硅藻，"其他"表示实际案件中涉及的那些不常见的硅藻属。因此，仅根据当前样本进行硅藻检测性能评估的研究。

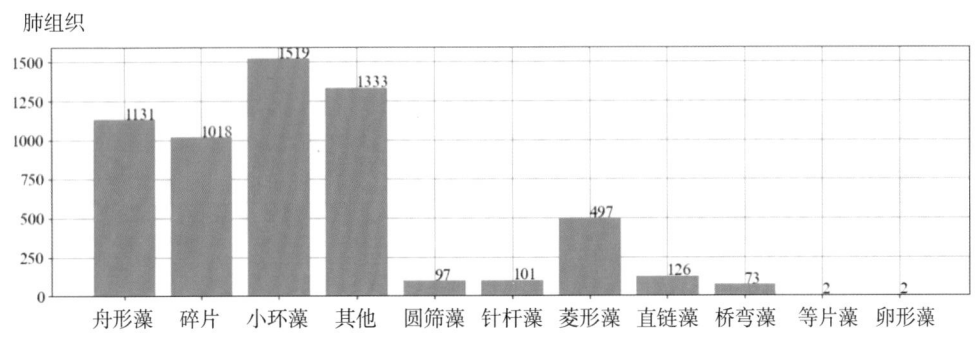

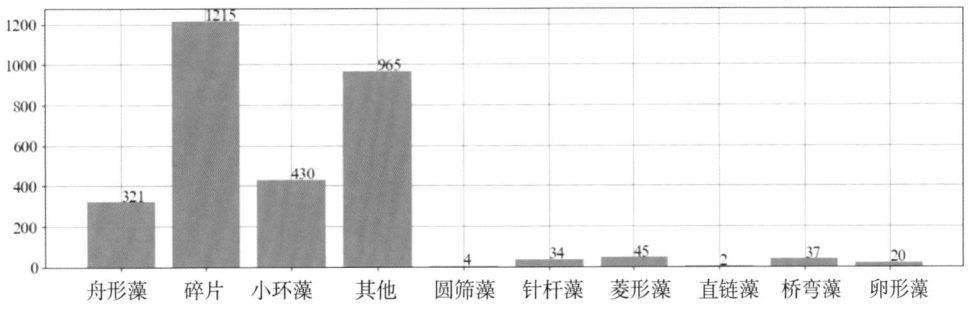

图6-13 肺和肝、肾组织中不同硅藻属的数量分布

资料来源：YU W，XIANG Q，HU Y，et al. An improved automated diatom detection method based on YOLOv5 framework and its preliminary study for taxonomy recognition in the forensic diatom test［J］. Frontiers in microbiology，2022，13：963059.

（一）YOLOv5

与RetinaNet框架相同，YOLOv5也是一个单阶段目标检测框架，它以一批调整大小的三通道SEM图像作为输入，可以直接预测硅藻位置和硅藻属。作为YOLOv5检测解决方案的一部分，子回归模型预测每个硅藻的位置。另外，它有一个经过训练的子分类模型，可以识别候选目标是否为具有预测置信度的真实硅藻。YOLOv5根据模型层和参数的数量分为4种模型结构，从小到超大，选择一个中型模型YOLOv5m进行训练和测试，以评估给定图像数据的性能。YOLOv5m模型的网络架构如图6-14所示，该架构可以分解为主干网络和连接到检测预测部分的颈部结构。主干网络的构建基于Focus模块和CSP模块，而颈部结构是RetinaNet中FPN结构的增强，增加了一个称为PAN的结构用于自下而上的路径聚合。FPN结构和PAN结构的组合最初用于图像分割，以缩短底层和顶层特征之间的路径信息。它首先被应用到YOLOv4中，然后在YOLOv5框架中这种结构又被稍作修改，将一些CBL模块替换为基于CBL构建的CSP模块。

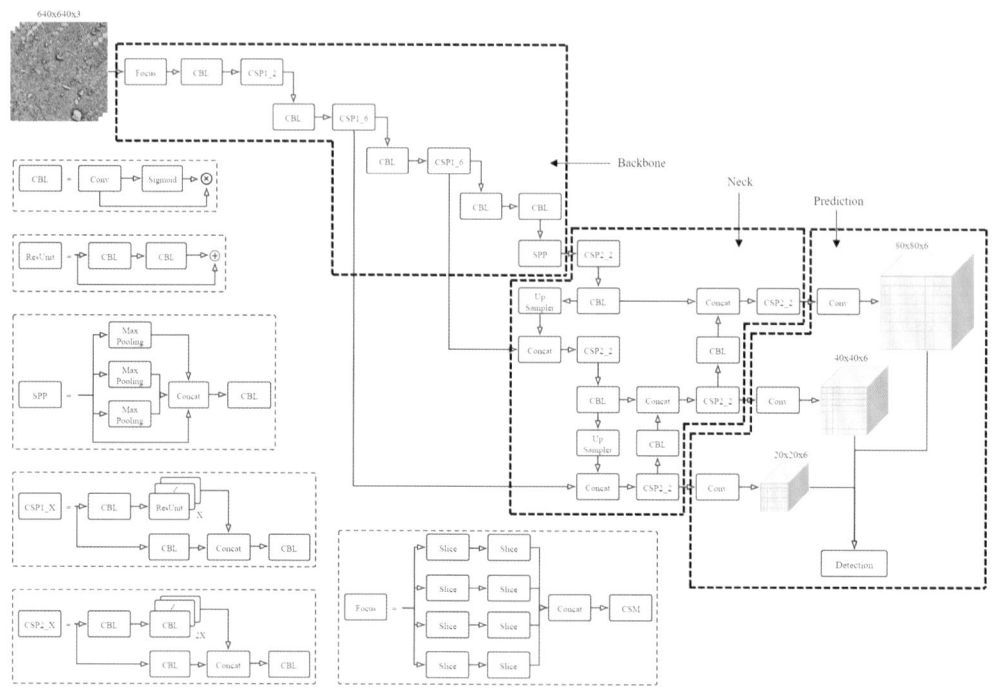

图6-14　YOLOv5m架构

资料来源：YU W，XIANG Q，HU Y，et al. An improved automated diatom detection method based on YOLOv5 framework and its preliminary study for taxonomy recognition in the forensic diatom test［J］. Frontiers in microbiology，2022，13：963059.

根据之前的工作，还计算了召回率及精确率，以评估训练好的YOLOv5m模型在数据采集部分中提到的图像数据上的性能。

精确率-召回率曲线是另一个指标，用于反映给定数据上训练模型的整体性能。通过手动设置不同的推断置信度阈值并将它们绘制成精确率-召回率曲线，获得了一组精确率-召回率测量值。在此，根据以下步骤提出更详细的精确率-召回率曲线定义：

（1）按降序对训练的AI模型输出的所有硅藻候选目标的置信度（即概率）进行排序。

（2）随着0.01这样的小变化，将置信度阈值从0更新到1。阈值是根据其置信度接受检测到的对象为硅藻的下限。对于每个阈值，计算精确率-召回率测量值，然后通过改变置信度阈值可以得到一组精确率-召回率测量值。

（3）根据这些测量值绘制出平滑曲线。

（4）精确率-召回率曲线下的面积（area under curve，AUC），也称为平均精确度（average precision，AP），是评估模型整体准确度的指标。较高的AUC表示在相同的测试数据集上可能有更好的性能，理想情况下，AUC为1。

通过训练后的YOLOv5m模型对SEM图像的预测不仅取决于已经提到的置信度阈值的推断设置，还取决于IoU阈值的推断设置。该阈值作为硅藻候选目标与正确标注的数据之间的重叠水平的下边界，以决定候选目标是否可以被确定为硅藻。还有两个与IoU阈值相关的评估指标——$AP@0.5$和$AP@0.5\sim0.95$，它们是测量的一部分。指标$AP@0.5$是IoU阈值为0.5时的平均精确度，指标$AP@0.5\sim0.95$是IoU阈值设置从0.5到0.95对应的所有AP的平均值（mean average precision，mAP），间隔为0.05。

为了评估硅藻识别在标准硅藻液样本上的性能，引入了另外两种评估方法：mAP和混淆矩阵。对于每个硅藻属，都有一个$AP@0.5/AP@0.5\sim0.95$，mAP本质上是计算所有类的平均精确度的平均值。因此在多类硅藻识别中，除了$AP@0.5$和$AP@0.5\sim0.95$，还可以获得每个属的$mAP@0.5$和$mAP@0.5\sim0.95$。混淆矩阵是一种观察不同硅藻属之间隐性相关的方法，它展示了一个矩阵中的关系，其中每行之和是一个属的实际数量，每列包括每个属对特定硅藻类别的预测结果，正确预测和错误预测的数值与其计数一起汇总，并按每个类进行细分。这可以帮助找出哪些类别难以区分，并指导我们进一步设计更合理的算法进行区分。每个类别的召回率可以根据公式直接从混淆矩阵中计算出来。

（二）对5种标准硅藻液样本的研究结果

对可用图像进行了四重交叉验证，以评估单类硅藻检测和多类硅藻识别。根据一张图像是否包含至少一种硅藻，将每个属的图像分为2类，将每个类别的图像统一分为4组，然后将所有标记有相同索引的图像混合进行四重交叉验证。在每一重验证中，选择1组进行验证，其余3组用于训练。在训练前，所有模型均在图像数据集ImageNet中学习预训练参数的初始化。

对于单类硅藻检测，在置信度阈值为0.5时取得的结果如图6-15B所示。可以发现，输入图像像素800×800在精确率方面略优于640×640，Best-800模型实现的召回率达到了94.0%，而相应的精确率为91.4%。此外，无论哪种模型，$AP@0.5$始终在0.95左右，这证明了训练后的YOLOv5m模型在处理标准样本方面的能力。精确率-召回率曲线如图6-15A所示，5个属的检测案例如图6-15C所示。值得注意的是硅藻的大小差异很大，这证明了YOLOv5m架构能够大规模识别硅藻。

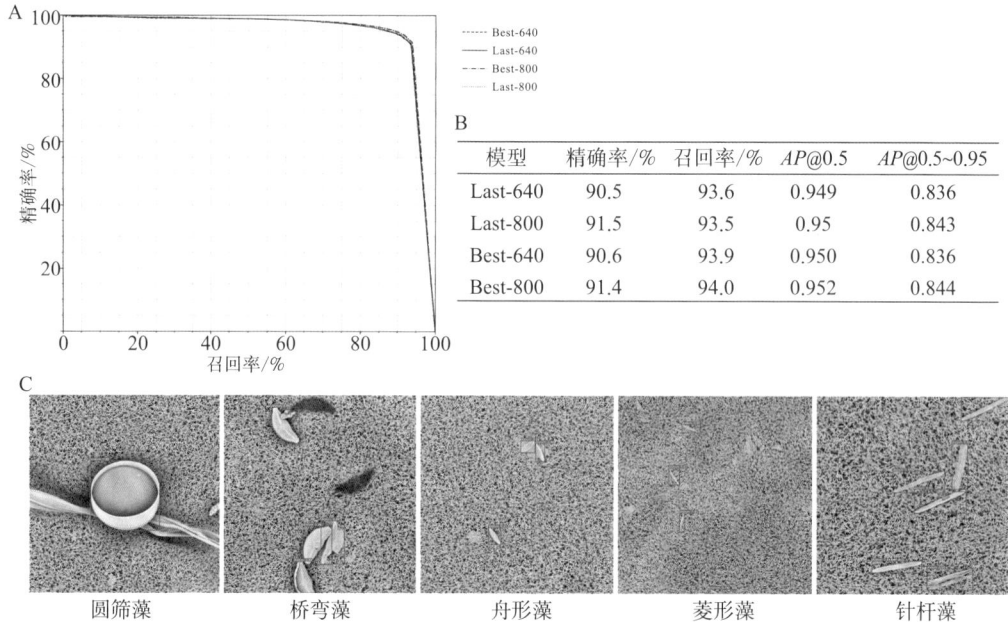

图6-15 精确率-召回率曲线、精确率和召回率以及5个测试属

A：在置信度阈值0.5和IoU阈值0.5下的单类硅藻检测的精确率-召回率曲线。B：不同模型在置信度阈值0.5下的精确率和召回率。C：5个测试属。

资料来源：YU W，XIANG Q，HU Y，et al. An improved automated diatom detection method based on YOLOv5 framework and its preliminary study for taxonomy recognition in the forensic diatom test［J］. Frontiers in microbiology，2022，13：963059.

在法医学硅藻检验中，召回率应该比精确率更重要，可以通过一些后期处理措施来纠正假阳性，例如检测之后进行个体分类。由于精确率和召回率通常是分别代表假阴性率和假阳性率的一对测量值，因此调整置信度阈值可获得不同的结果。当置信度阈值设置为0.4时，Best-800模型实现的召回率略高于95.0%，而相关的精确率为90.0%。

对于多类硅藻识别，包括硅藻检测和每个带有属标签的候选目标硅藻的分类，从每个属的AP结果中计算了$mAP@0.5$和$mAP@0.5\sim0.95$，结果如图6-16所示。与之前的单类硅藻检测相比，Best-640模型和Best-800模型之间没有显著差异，而Last-640模型的平均召回率比Last-800模型高1%。为了获得每个模型对属识别的性能，绘制了5种硅藻属的精确率-召回率曲线（图6-16）。Last-640模型识别菱形藻和针杆藻的$AP@0.5$明显优于Last-800模型，导致Last-640模型整体AP优于Last-800模型。此外，可以注意到Best-800模型在每个属的识别表现都相似，$AP@0.5$的方差小于Best-640模型。

图6-16显示了Last-640和Best-640模型混淆矩阵的归一化结果，可以在其中发现不同硅藻属之间的一些隐藏相关性。例如，Last-640模型将菱形藻错误识别为针

杆藻的概率为45%，而这两个属的硅藻形状看起来非常相似。此外，在标准硅藻液样本中，针杆藻非常小，而且很容易被识别为背景。在假阳性结果中，超过80%的目标被Best-640模型错误识别为菱形藻。同样，超过30%和65%的目标被Best-640模型错误识别为菱形藻和针杆藻。总之，混淆矩阵可以显示潜在的内部类混淆，是一个可以用于改进模型方案的有用工具。

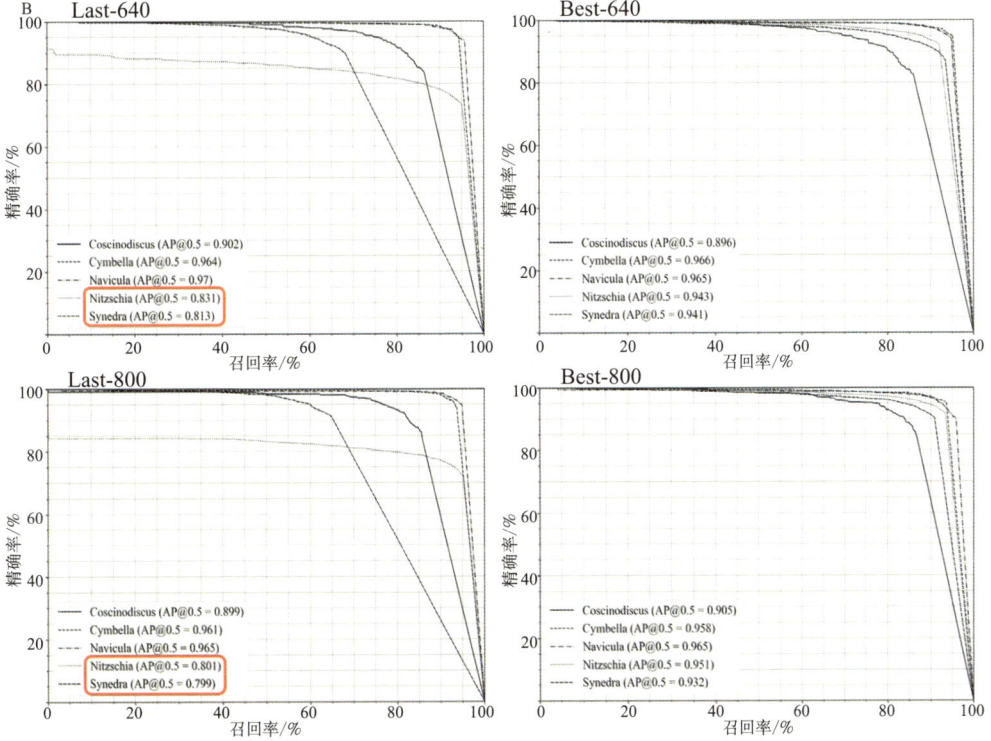

图6-16 Last-640、Last-800、Best-640和Best-800模型属识别结果

资料来源：YU W，XIANG Q，HU Y，et al. An improved automated diatom detection method based on YOLOv5 framework and its preliminary study for taxonomy recognition in the forensic diatom test [J]. Frontiers in microbiology, 2022, 13: 963059.

（三）对肺组织样本的研究结果

对溺死案例的肺组织样本进行评估时，由于溺死者的肺组织包含许多杂质，因此在测试图像中有效区分硅藻和其他物体是非常具有挑战性的。因此，对肺组织样本的研究可视为在硅藻检验最难案例中应用性能的评价。

同样将在给定的肺组织样本的SEM扫描图像分成4组并进行交叉验证。如前所述，由于存在"碎片"和"其他"两个干扰指标，以及不同属硅藻的数量不等，不适合开展多类硅藻识别研究，因此只关注对图像中硅藻的检测搜索。根据对硅藻液样本上训练的模型的指称，比较Last-640、Best-640、Last-800和Best-800模型的结果。交叉验证的每次训练都始于YOLOv5m模型的初始化，该模型在硅藻液样本的SEM扫描图像上进行预训练，学习硅藻的一些一般特征。

图6-17A为精确率-召回率曲线，图6-17B为置信度阈值0.5获得的结果。通过将输入YOLOv5m的图像像素从 640×640 增加到 800×800，召回率显著提高。因此，Last-800/Best-800 模型比对应的 Last-640/Best-640 模型表现更好，因为纹理和形态信息更丰富。从数值上看，Best-800 模型的最佳召回率在80.0%以上，相应的，$AP@0.5$接近0.800。图6-17C—F定性地说明了 Best-800 模型实现的几个检测案例，并在测试图像上添加了每个候选目标硅藻的置信度评分。

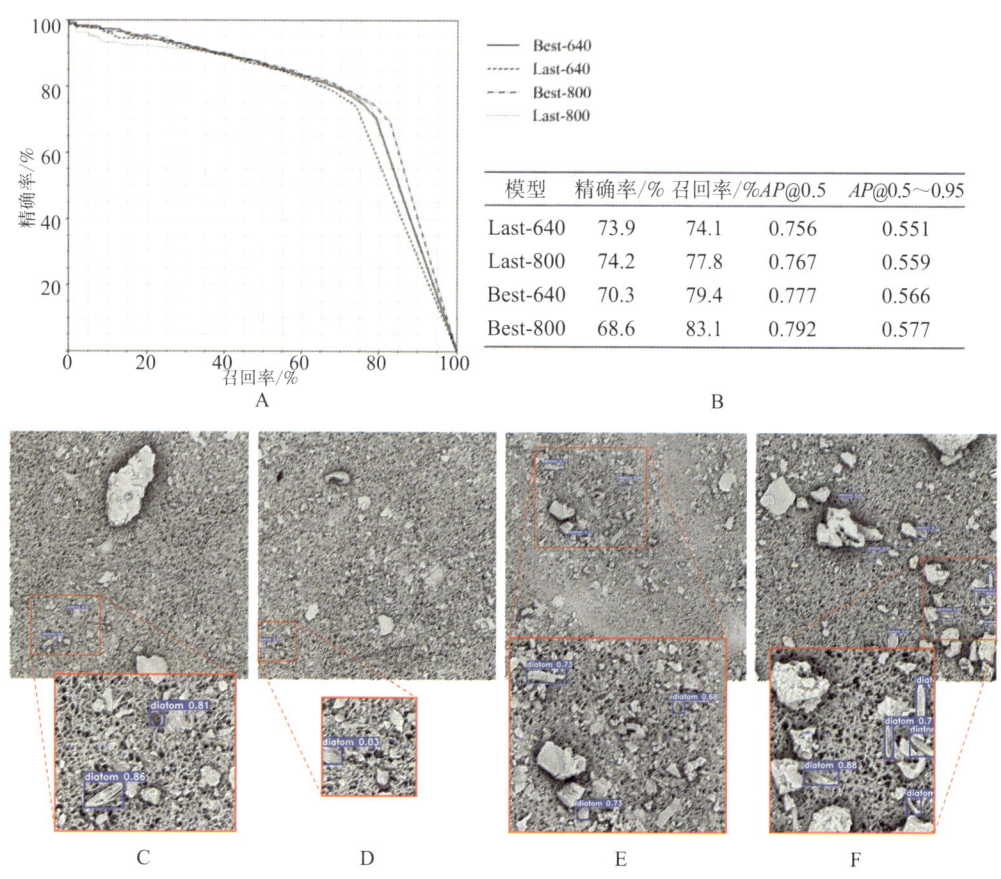

图6-17　肺样本定量结果（A、B）以及通过Best-800模型获得的定性案例（C—F）

资料来源：YU W，XIANG Q，HU Y，et al. An improved automated diatom detection method based on YOLOv5 framework and its preliminary study for taxonomy recognition in the forensic diatom test［J］. Frontiers in microbiology，2022，13：963059.

(四)对肝、肾组织样本的研究结果

评估溺死者的肝和肾组织的扫描图像数据。由于已经提到的每种硅藻的数量分布不均匀以及大部分硅藻被标记为"其他"和"碎片",可用的SEM图像无法满足多类硅藻识别研究的要求。因此,通过四重交叉验证对单类硅藻检测进行评估,只考虑输入图像像素800×800。初始化交叉验证的每个训练并使用在ImageNet数据集上预先训练的权重,以减少迁移学习的影响。文中使用的图像数据集由11个样本组成,这些样本在图像背景的复杂级别上有明显的变化,如图6-18所示。部分样本的图像背景与之前的肺组织样本一样差,理想情况是预处理步骤后只剩下硅藻,因此考虑了一般情况,以便对模拟的常规案例进行公平的评估。

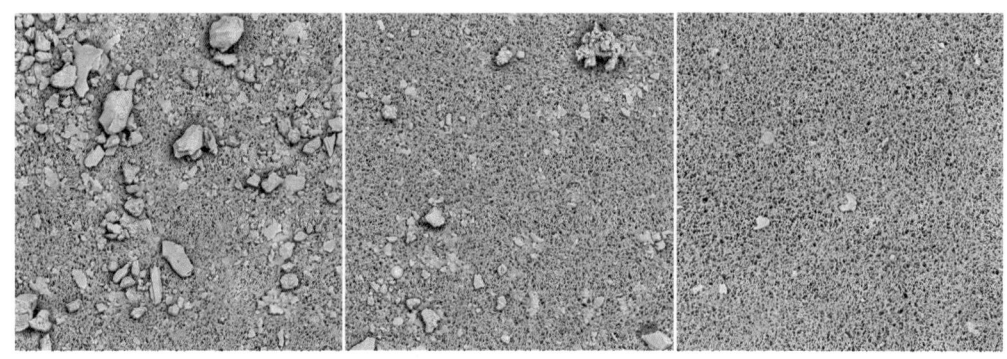

图6-18 从肝、肾组织样本中采集的3个不同背景的图像

资料来源:YU W,XIANG Q,HU Y,et al. An improved automated diatom detection method based on YOLOv5 framework and its preliminary study for taxonomy recognition in the forensic diatom test [J]. Frontiers in microbiology,2022,13:963059.

对图像数据进行评估后,所有定量结果如图6-19A、B所示。与RetinaNet-101架构相比,YOLOv5m在置信度阈值0.5处的精确率得分84.3%和召回率高于86.0%之间取得了平衡。对于相同的阈值,RetinaNet-101-Last-800型号精确率更高,因此假阴性率远高于YOLOv5m型号。图6-19C—F显示了YOLOv5m-Last-800模型和RetinaNet-101-Last-800模型预测的两对硅藻检测结果。

由于从YOLOv5m/RetinaNet-101模型预测的硅藻候选目标将同时通过IoU阈值和以经验方式定义的置信度阈值进行过滤,因此,以探索两个阈值参数对精确率和召回率的影响来指导实践。把一个阈值保持在0.5,另一个阈值从0.1更新为0.5,每次增加0.1,观察其性能趋势。精确率和召回率如表6-13和表6-14所示。其中,精确率和召回率在IoU阈值≤0.5时保持稳定;当IoU阈值高于0.5时,平均精确率如图6-19所示,同一模型的$AP@0.5$和$AP@0.5～0.95$下降。精确率和召回率的不变性质表明,大多数真阳性和相应的基数彼此重叠良好。当将置信度阈值逐渐从0.1更新

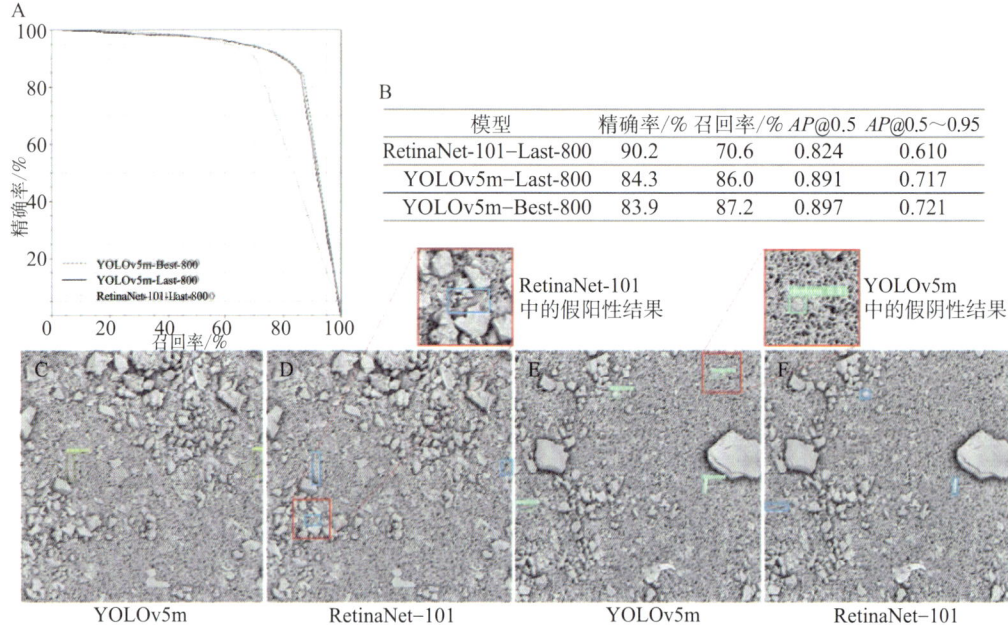

图6-19 两种模型的评估结果,以及两例溺死案例定性比较

YOLOv5m-Last-800模型和RetinaNet-101-Last-80。模型之间对肝和肾组织样本扫描图像的评估结果,以及两例溺死案例的定性比较。

资料来源:YU W,XIANG Q,HU Y,et al. An improved automated diatom detection method based on YOLOv5 framework and its preliminary study for taxonomy recognition in the forensic diatom test [J]. Frontiers in microbiology,2022,13:963059.

为0.5时,精确率增加,而相应的召回率降低。RetinaNet-101-Last-800模型的精确率和召回率在低置信度阈值0.1处接近,而YOLOv5m-Last-800模型在阈值0.5处接近平衡,这更适用于实际应用。总之,表6-13和表6-14中的结果表明,硅藻与杂质的区分性训练要比硅藻的自动检测更困难。

表6-13 置信度始终为0.5,IoU阈值从0.1更改为0.5的精确率和召回率

IoU 阈值	YOLOv5m-Last-800		RetinaNet-101-Last-800	
	精确率/%	召回率/%	精确率/%	召回率/%
0.1	84.3	85.8	90.5	70.5
0.2	84.3	85.9	90.5	70.5
0.3	84.3	86.0	90.5	70.5
0.4	84.3	86.0	90.5	70.6
0.5	84.3	86.0	90.2	70.6

资料来源:YU W,XIANG Q,HU Y,et al. An improved automated diatom detection method based on YOLOv5 framework and its preliminary study for taxonomy recognition in the forensic diatom test [J]. Frontiers in microbiology,2022,13:963059.

表6-14 IoU固定为0.5，将置信度阈值从0.1更改为0.5的精确率和召回率

置信度阈值	YOLOv5m-Last-800		RetinaNet-101-Last-800	
	精确率/%	召回率/%	精确率/%	召回率/%
0.1	70.7	91.4	77.8	80.0
0.2	76.4	89.9	84.7	76.4
0.3	79.6	88.7	87.4	73.7
0.4	81.9	87.5	89.1	72.3
0.5	84.3	86.0	90.2	70.6

资料来源：YU W, XIANG Q, HU Y, et al. An improved automated diatom detection method based on YOLOv5 framework and its preliminary study for taxonomy recognition in the forensic diatom test [J]. Frontiers in microbiology, 2022, 13: 963059.

基于上述研究，广州市刑事科学技术研究所团队受深度学习在各个领域取得巨大成功的启发，收集不同来源的样本，并通过微波消解和真空过滤预处理等步骤生成大型图像数据集，以及通过扫描电子显微镜获取图像来训练基于深度学习的硅藻检测模型，并采用众所周知的目标检测架构的工程优化版本——YOLOv5，提出了一种人工智能解决方案来协助硅藻检验以应用于法医学溺死鉴定。如果用于训练的图像数据伴有边界框注释以及硅藻属标签，就可以训练多类硅藻识别模型，不仅可以预测硅藻候选目标的位置，还可以预测其最可能的种类。

以上收集了3组样本，通过交叉验证用于不同的评估目的。所有扫描图像的尺寸都是1 024×1 024像素，除了从之选取的肝组织样本（800倍放大倍数），其他所有图像都是在1 500倍放大倍数下扫描得到的。对于5个特定硅藻属样本，评估了方案的单类硅藻检测能力和多类硅藻识别能力。对于单类硅藻检测，因为该组图像受到杂质污染较少，可以通过其达到YOLOv5m模型的能力上限。结果显示，IoU阈值设置为0.5和置信度阈值设置为0.4时，召回率为95.0%，精确率为90.0%，$AP@0.5$约为0.950。对于多类硅藻识别，额外的硅藻分类使其更具挑战性。当相应的精确率为90.0%时，获得了约92.0%的最佳召回率。每个硅藻属的识别难度是不同的，菱形藻和针杆藻最容易被误认，几乎所有的假阳性都来自这两个属。

从收集溺死案例中提取肺组织样本和肝、肾组织样本，以评估AI解决方案在法医学溺死鉴定一般情况下的性能。一些干扰标签和不同属硅藻数量分布不均使其不适用于多类硅藻识别的评估，因此研究中只关心单类硅藻检测问题。对肺组织样本图像的研究旨在评估由于存在各种杂质而导致背景复杂的条件下的方案效能，这

表明在此类情况下可能达到方案效能的下限。再将原始图像分辨率调整为800×800和640×640，分别作为训练和测试的输入数据集，并进行对照研究。结果显示，在置信度阈值为0.5时，最佳召回率在83.0%以上，$AP@0.5$可以达到0.80。精确率为70.0%表明在背景复杂的条件下，肺组织样本假阳性率较高，并且当前模型预测的候选目标可以通过单个AI模型进一步细化。

在给定的肝和肾组织扫描图像上测试了训练后的YOLOv5m模型性能。与之前采用的RetinaNet-101架构相比，在相同阈值设置下对两个框架进行了四重交叉验证。当置信度阈值和IoU阈值均为0.5时，RetinaNet-101的精确率（90.0%）高于YOLOv5m的精确率（84.0%），而RetinaNet-101的召回率（71.0%）远低于YOLOv5m的召回率（86.0%），YOLOv5m的$AP@0.5$几乎可以达到0.900。此外，当YOLOv5m和RetinaNet-101的置信度阈值分别为0.5和0.1时，精确率和召回率之间取得了平衡，这表明RetinaNet-101更倾向于精确率，因此YOLOv5m更具有优越性。此外，还使用来自肝和肾组织样本的图像训练YOLOv5m模型，并将其应用到法医学实践。

由于不同属硅藻数量均匀分布是训练的先决条件，因此需要对更多新样本的扫描图像进行标注，同时生成更多的合成训练图像，这就需要整合多类硅藻识别功能，以便完成硅藻检测识别AI方案。

第五节

硅藻检验鉴定溺死

一、假阳性

在讨论硅藻检验鉴定溺死之前，需要对假阳性问题有充分的理解。假阳性是导致硅藻检验结果有争议的两个原因之一（另一个是假阴性，见本章第四节相关内容）。假阳性有两个来源：一是实验室污染，二是原本存在于人体组织的硅藻。

（一）实验室污染

硅藻普遍存在于生活环境中，比如实验室的自来水，经过自来水冲洗的器皿、器械等。过去有学者认为，硅藻检验过程中的污染是不可避免的。在硅藻检验中，理想的状态是接触样品的所有器皿器械均为一次性使用，避免反复使用带来的硅藻污染。实际上，除微波消解罐的内管是重复使用的外，其他的器材（如试管、手术刀等）均实现了一次性使用。微波消解罐的内管可以通过氢氧化钠/氢氟酸来消除可能残留的硅藻。这样，实验室污染的问题可以被有效地解决。另外，应当在每一次的实验中设置空白对照，用以确保样品不被污染。

（二）存在于人体组织中的硅藻

一些研究发现非溺死者的组织中也含有硅藻。从表6-15可以知道，非溺死者各器官组织的硅藻检验阳性率不一。研究者根据这些结果认为，非溺死者组织内可能含有生前摄入的硅藻，这些硅藻进入体内的途径并非溺水。然而，一个同样合理的解释是，某些（不一定是全部）可疑的硅藻来源于实验室，而非原来的人体组织。

表6-15 非溺死者不同器官硅藻检验的阳性率

器官	案例数 阳性	案例数 阴性	阳性率/%	研究者
肺	23	5	78	Otto（1961年）
	1	18	4	Porowski（1966年）
	5	28	16	Koseki（1968年）
	0	15	0	Neidhart, Greendyke（1967年）
	7	13	35	Schneider（1969年）
	6	16	28	Timperman（1969年）
	4	29	12	Calder（1984年）
肝	1	29	3	Mueller（1963年）
	21	1	95	Spitz, Schneider（1964年）
	1	30	3	Koseki（1968年）
	6	14	30	Schneider（1969年）
	6	12	33	Timperman（1969年）
肾	1	18	5	Porowski（1966年）
	3	21	12	Neidhart, Greendyke（1967年）
	2	14	12	Calder（1984年）
骨髓	1	18	5	Porowski（1966年）
	15	1	94	Schellman, Sperl（1979年）
	18	12	60	Calder（1984年）

资料来源：刘超.溺死法医诊断学［M］.广州：中山大学出版社，2018.

对于非溺死者组织内是否存在硅藻，有个重要的问题需要思考：是否存在一种硅藻进入非溺死者体内的合理机制？

一般来说，硅藻进入体内的途径只有两种：呼吸道和胃肠道。

呼吸道对于硅藻的进入有多重阻挡和防御机制。能悬浮于空气中的硅藻大小一般在100 μm以下（50 μm以上的硅藻肉眼可见），它们可以进入鼻腔，但是会被鼻毛和鼻腔黏膜细胞的纤毛阻挡。鼻腔黏膜细胞分泌的黏液也可以将这些硅藻粘住，使其不能继续前进。10～50 μm的硅藻可以更进一步到达咽喉。而10 μm以下的硅藻就可以进入上呼吸道，这些硅藻被黏液和纤毛阻挡，积累越多，分泌的黏液就越多，到达一定程度就形成痰被排出体外。如果硅藻小于2.5 μm，无法被上呼吸道阻挡，则可以进入肺泡。在肺泡，又有巨噬细胞吞噬进入肺内的异物。自然界中最小的硅藻大小是2 μm，绝大部分硅藻的大小在5～30 μm的范围内。因此，空气中的硅藻从肺大量进入体循环几乎不可能。而且在人类生活的空气环境中，一般是不含有硅藻的，进一步支持了硅藻不会通过肺进入体循环的解释。

硅藻普遍存在于日常食物中，比如饮用水、海鲜。硅藻通过胃肠黏液进入体内的经验证据是，肝脏可能含有硅藻及类似硅藻的微粒，这表明肝门静脉可能由于消化食物而含有硅藻。但不明确的是，微粒物质是如何进入肝门静脉的。肝门静脉通常接受通过细胞膜传递的可溶物，或者胃肠道有溃疡造成静脉血管暴露。如果胃肠道内的硅藻要进入周围器官，必须在血液中经历一个难以想象的过程。肝门静脉中的硅藻首先需通过肝血窦进入下腔静脉，再进入右心腔，之后穿过肺内毛细血管床，回到左心腔，再进一步转移至动脉系统，并最终滞留于周边器官组织。整个过程中，硅藻必须绕开肝血窦中的巨噬细胞、肺毛细血管床等诸多部分。

研究发现，部分非溺死者的肺、肝、肾中含有极少量的硅藻。综合国内外其他学者的研究，我们得出这样一个结论：硅藻不是普遍存在于非溺死的人体组织中；如果部分人体组织含有硅藻，其数量也是极低的。

在认可硅藻可以进入人体组织的前提下，过去的学者一般采用"一致性标准"来甄别：从组织中发现的硅藻，具有法医学意义的前提是其种类必须与溺液中的硅藻种类一致。也就是说，硅藻检验必须表明尸体组织内所发现的硅藻是尸体所处位置、入水位置或疑似入水位置水中硅藻种群的一部分。

实际上，"一致性标准"在这几年也已经被挑战。近些年的研究发现，溺死者组织内检出的硅藻往往与水样中的硅藻种类不一致，这与水环境的变化有关：①尸体发现处的水样不能完全等同于入水位置的水。②硅藻种群的动态变化，溺水时吸入的硅藻多为浮游硅藻。一般的河流的流速是1.5 m/s，因此即使是在入水位置提取的水样，实际上也已经是几十公里，甚至几百公里的上游流下来的水了，也不能完全等同于入水时的水。

另外，组织内硅藻与提取的水样中的硅藻一致时，也有可能指示入水位置，而不能单纯地用于排除溺死。

二、溺死鉴定标准

传统硅藻检验鉴定溺死受争议的原因主要有2个：①在一部分，甚至大部分溺死者的器官组织中不能检出硅藻；②在一部分非溺死者的器官组织中可以检出硅藻。实际上，这个争议就是争论假阴性和假阳性的问题。假阴性，也就是溺死者器官组织中硅藻检出率低的问题，目前采用膜富集的方法可以完全解决。但是假阳性结果却直接动摇了硅藻检验的基本原理，得到阳性结果时难以正确地分析结果。为了解决这个争议，法医学者们做出了大量的努力。有学者提出"一致性标准"。也有学者提出，设定一个非溺死者器官组织中硅藻数量的最大值，用来排除器官组织中可能原本存在的和检验过程中污染的硅藻；或者设定一个基础的数值，只有当硅藻检出数量大于该数值时，才被认为有意义。例如，德国的学者认为，在肝、肾或骨髓中检出硅藻支持溺死。然而要鉴定溺死，还需要满足：10 g肺组织的消解液沉淀物中硅藻数量大于20个/100 μL，至少一个10 g其他组织的消解液沉淀物中硅藻数量大于5个/100 μL。

但是，不同的环境（地区、水域、季节等）影响了水体中硅藻的数量，在不同水体中的硅藻数量也大不相同。比如，在珠江的广州市区段，硅藻数量可以达到10 000个/mL，而井水、自来水或者西部高原地区的河流中，每毫升水中硅藻数量却只有几个。另外，不同实验室中检验方法的差异，也可以导致检验结果所示的硅藻数量不同。所以，采用同样的一个最大值或者基础数值普遍应用于不同水体中的尸体显然是不合理的。

在《法医病理学》（丛斌主编，人民卫生出版社2016年版）载明的硅藻检验结果鉴定溺死的标准是：肺组织（一般取肺膜下肺组织）检出硅藻，肝、肾、牙齿和骨髓等器官也有硅藻，且硅藻种类与实地水样一致。这个原则与过去国外对于硅藻检验鉴定溺死的"一致性标准"相同，仅有定性要求，而无定量规定，没有反映出器官组织中硅藻数量关系在溺死鉴定中的应用价值。

另外，单独在肺内检出硅藻，不能作为溺死的依据。原因是在死后入水的尸体，硅藻可以在水压的作用下通过上呼吸道进入肺脏外围的细支气管。这是一条被世界法医学者们普遍认可的原则。由于溺死者生前在入水时有主动呼吸，溺液被反复吸入肺组织，该过程可持续6 min左右。这个过程中，肺组织起到了富集硅藻的作用，大量的硅藻停留在肺组织中。而死后入水时，溺液被动进入死者肺组织，虽

然能检出硅藻，但由于缺乏富集作用，死者肺组织中的硅藻在数量上不会比溺液中的更多。（图6-20）

据此，为了消除不同水体中硅藻数量的差异，在这里引入了"肺/水比值"（L/D比值）的概念，即同等质量的肺组织和溺液中硅藻数量的比值。如表6-16所示，溺死者肺组织中的硅藻数量平均为溺液中的107.5倍，而死后入水者肺组织中的硅藻数量仅为溺液中的0.34倍，两者存在显著差异。基于死后入水者肺组织中硅藻数量应该不会比溺液中的硅藻数量更多的理论，将"L/D比值=1"设置为溺死常数，用于评价溺死鉴定的"特异性"，即符合该比值条件下的溺死案例数与总案例数的比值来表示

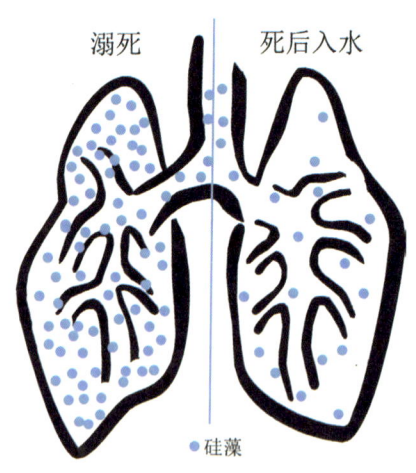

图6-20 溺死与死后入水者肺中的硅藻差异

资料来源：刘超. 溺死法医诊断学[M]. 广州：中山大学出版社，2018.

其在区别溺死与死后入水中的价值。如表6-16所示，当L/D比值>1时，其特异性为0.98，也就是说在该比值条件下，98%的案例为溺死案例；当L/D比值>2时，所有案例均为溺死案例；当L/D比值<1时，溺死鉴定的特异性仅为0.74，不能有效地区别溺死和死后入水。

表6-16 水中尸体的L/D比值及其特异性

组别	L/D比值					合计
	$\bar{x} \pm S$	中位数	<1	>1	>2	
溺死	107.53 ± 814.20	3.51	32	83	72	115
死后入水	0.34 ± 0.41	0.27	11	2	0	13
合计	—	—	43	85	72	107
特异性	—	—	0.74	0.98	1.00	—

资料来源：刘超. 溺死法医诊断学[M]. 广州：中山大学出版社，2018.

综上所述，利用传统硅藻检验结果鉴定溺死需要满足：①必要条件：在肺、肝、肾、骨髓等组织中检出硅藻。②支持性条件：肺组织中的硅藻数量大于溺液中的硅藻数量（L/D比值>1）。③支持性条件：口鼻蕈样泡沫、气管内异物、水性肺气肿等溺水征象。④支持性条件：无其他导致死亡的机械性损伤。⑤毒物、毒品、酒精、药物等致死性因素被排除。

需要注意的是，上述条件②是作为支持性证据，而不能单独作为鉴定溺死的依据；条件②在井水、自来水等硅藻数量低的水体中是不适用的，因为在数量低的情况下，计算倍数关系可能存在较大的误差。在上述条件中，并没有将器官组织中的硅藻种类和溺液中的硅藻种类关系作为一个必要条件或支持性条件。以往认为，器官组织中的硅藻种类必须要与溺液中的硅藻种类一致，但是在实际应用中发现，不少溺死案例并不符合要求。因为水体中的硅藻处于动态变化的过程中，大部分在尸体发现地和发现时提取的现场水样并不能完全反映出死者入水时水体的硅藻种群情况，仅有极少部分的案例能够明确死者的入水点和入水时间。器官组织中与溺液中的硅藻种类更多的是反映入水点的情况，并不能作为鉴定溺死的依据。在数量上，如果没有发生突然的大规模污染或季节变化等造成硅藻数量急剧改变的条件，某个水域在相当长的一段时间内硅藻数量会相对稳定。

第六节

溺死地点推断

水中尸体是法医学实践中常见的类型之一。由于水中尸体的发现地往往不是实际落水点，即非溺死地点，这不利于在实际办案中寻找尸源。因此，法医学者们提出了推断水中尸体溺死地点的依据。

一、可用于溺死地点推断的标记物

作为溺死地点推断的标记物需要满足：溺液中比较普遍存在、具有明显的区域性特征。标记物在溺液中比较普遍存在，才可以在不同水环境下的溺死者组织器官中检测到；标记物具有明显的区域性特征，才可以用以区别溺死的地点。因此，异物颗粒和硅藻成为法医学水中尸体溺死地点推断的最常用标记物。

（一）异物颗粒

异物颗粒是指存在于溺液中，不存在于人体或人体含量较少的外源性物质，如含硅、铝、钙、铬等的无定形颗粒或细小颗粒集落。在溺死过程中，溺液中的有机颗粒和无机颗粒，随着溺液进入肺组织，突破肺-血屏障进入血液，分布到各个组织器官。通过对水中尸体组织器官和可疑溺液中的异物颗粒进行分析，可以推断溺死的地点。

（二）硅藻

硅藻是广泛分布于水中的一种单细胞藻类，全世界约有16 000多种，体长一般在2～200 μm。绝大部分硅藻的细胞壁均高度硅质化、抵抗力强而不易被破坏，使用浓硫酸、浓硝酸消解组织器官有机质后可以观察到硅藻细胞壁。水域中的硅藻种类受环境影响很大，硅藻种类本身即水环境监测的重要指标之一，具有明显的区域性特征。硅藻进入人体的原理和异物颗粒一样，通过分析水中尸体组织器官和可疑溺液中的硅藻种类，也可以进行溺死地点推断。

（三）其他浮游微生物

溺液中的其他浮游生物，如蓝藻、绿藻、细菌等也可以在溺死过程中进入人体组织和器官。这些浮游微生物也具有区域性特征，可用于溺死地点分析。

二、溺死地点推断的方法

（一）通过异物颗粒推断溺死地点

异物颗粒在水域中的分布比较广泛，但是具有区域特征性的异物颗粒只存在于特定的水域中，如化工厂、钢铁厂、军工厂的排污口河段等。这为溺死地点推断提供了有力的证据，但同时也限制了该方法的广泛应用。

通过对溺死者组织和可疑溺死地点的异物颗粒元素（硅、铝、铬、铁、钛、钼、镍等）进行比对，采用扫描电镜-能谱仪进行分析，寻找与组织器官中异物颗粒元素组成最相似的水域，可以有效地推断溺死地点。例如，钢厂排污口附近富含铁元素，那么铁元素就可以成为推断该位置为溺死地点的有价值的指示物。

（二）通过硅藻推断溺死地点

通过硅藻检验推断溺死地点的先决条件是掌握了水环境中硅藻的区域性特征。为此，国内外法医学者进行了大量的调查研究，分析所在地区的硅藻分布情况。其中，中国、日本、印度的报道最多。

1. 水域硅藻基本情况调查

Kakizaki等人对日本宫崎地区大淀河河口的硅藻数量、大小、种类进行了调查，发现淡水中的大型羽纹纲硅藻很难在海水中被找到；中心纲硅藻的数量在靠近海水的区域有增加，海水中常见大型的中心纲硅藻；来源于淡水和海水的硅藻很容易根据硅藻种类区别，而淡盐水（河海之间）中的硅藻就很难被区分；河口同一地点的硅藻群落每月都会有变化，甚至涨潮、落潮时均有不同，在进行溺死地点推断时要慎重。Thakar等人对印度的部分湖、池塘、运河和河流进行了连续2年的分析，发现不同地点的硅藻种类和数量变化显著；部分硅藻具有地点特异性，仅在某些地点可以被发现；有些硅藻四季都存在，但是比例随着季节变化而变化。国内法医学者在北京、上海、宁波、苏州、沈阳、东莞、贵阳等地的调查也得出类似的结论。

2. 推断溺死地点的方法

（1）硅藻种类一致性和常见硅藻种类相对丰度一致性分析。Ludes等人通过分析肺组织和溺液中的硅藻种类一致性及常见硅藻种类相对丰度一致性，发现虽然肺组织的硅藻群落可以作为溺死地点推断的指示性指标，却不能作为结论性的证据。

（2）现代模拟分析。现代模拟分析技术的基本原理是通过相似性或相异性测量，对肺组织或衣物和所有可疑溺死地点的硅藻群落进行数值比较。与肺组织或衣物中硅藻群落最相似的可疑溺死地点水样，可以推断为实际的落水地点。

（3）聚类分析。聚类分析是在相似的基础上收集数据来分类，用作描述数据，衡量不同数据源间的相似性，以及把数据源分类到不同的簇中。通过对可疑溺死地点的水样进行分析，将其分入类似的集群中，与肺组织和衣物的硅藻进行比较，在推断溺死地点的应用中有良好的应用前景。

（4）Sprensen相似系数和平方弦距离（squared-chord distance，SCD）分析。通过对肺组织和可疑溺液的硅藻种类进行Sprensen相似系数分析和硅藻相对丰度的差异系数分析，判断两者的相似度，实际案例应用显示分析结果与死者实际溺死地点基本一致。

（5）除趋势对应分析。除趋势对应分析是一种群落排序方法，应用该方法分析肺组织与可疑溺死地点的硅藻群落的相似性，从而推断出溺死地点。该方法在实际应用中也有良好的效果。

（三）通过其他浮游生物推断溺死地点

与异物颗粒和硅藻一样，具有区域性特征的浮游生物都可以作为溺死地点推断的标记物。例如，海水与淡水中存在的细菌种类差别明显，淡水中的主要细菌是气单胞菌属，海水中的主要细菌是杆菌属、弧菌属，在海水和淡水中溺死者脏器的细菌种类会出现明显的差别。在污染程度不同的水域中溺死，粪大肠菌及粪链球菌也可能成为溺死的标志细菌。

通过PCR扩增组织器官和溺液中的浮游生物，对产物的电泳条带多样性进行分析。不同溺液的扩增产物具有明显差异，溺死者肺组织与溺死地点的水样扩增产物有显著的相似性，而与非溺死地点水样差异显著。

三、影响溺死地点推断的因素

（一）影响异物颗粒变化的因素

异物颗粒不仅广泛存在于水域中，也广泛存在于空气中。样本暴露在空气中可能会受到一定的污染，应尽量缩短样本在空气中的暴露时间。取材过程中，金属工具接触样本也可能导致金属元素残留，影响分析结果。另外，人体自身的病灶和生理学沉积，如硅肺、钙化灶等，也会对结果分析有一定的干扰。

（二）影响浮游生物变化的因素

浮游生物对温度、光照、流速、pH、盐度和电解质等的变化敏感，短期内可产生群落的变化。受环境影响，不同水域的浮游生物产生了具有区域性特点的群落结构，这也是进行溺死地点推断的基础。但是，群落变化速度快，也向溺死地点推断发起了严峻的挑战，因为检验时无法掌握死者溺水时该地点的浮游生物群落特征，这也可能导致溺死地点推断的错误结论。

在溺死地点推断方面，水域浮游生物的动态监测和地区性数据库的建立，是溺死地点推断的基础。因此，今后应加强基础研究：①研究浮游生物的四季变化，淡水、海水群落特征，湖泊、河涌、河流群落的基本分布，为溺死地点推断奠定坚实的基础；②结合分子生物学技术，如PCR技术、高通量测序技术等，增加溺死鉴定的标记物，如蓝藻、绿藻、裸藻、真菌等；③对多种标记物进行共同分析，以提高溺死地点推断的准确性。另外，溺死地点涉及浮游生物种群的统计分析，与统计学家、生物学家的合作也是将来的趋势。

四、溺死案例与水样的一致性情况

对93例溺死者肝脏、肾脏、肺组织和水样进行分析，以评估器官和水样本在鉴定溺死时的硅藻一致性。其中，有30例溺死者的溺死地点是明确的，采集了这些溺死地点的水样。另外63例溺死者的溺死地点未知,水样是在发现尸体后24 h内在发现尸体处采集的。

肝、肾与肺组织的硅藻类型一致性较高。93例溺死者的器官和水样中硅藻类型的一致性为48%~73%(表6-17)。明确溺死地点的30例溺死者的器官和水样中硅藻类型的一致性为57%~67%(表6-18)。肝、肾和肺组织硅藻类型的一致性无统计学差异($P>0.05$),各脏器(肝、肾、肺)与水样硅藻类型的一致性无统计学差异($P>0.05$)。

表6-17　器官和水样中硅藻类型的一致性[①]

样品	一致性	不一致性
肝－肺[②]	72%	28%
肾－肺[②]	65%	35%
肝－水样[③④]	73%	27%
肾－水样[③⑤]	62%	38%
肺－水样[④⑤]	48%	52%

[①] 一致性指样品中的硅藻类型完全被另一种硅藻所包含。
[②] $\chi^2=1.216$,$P=0.270$。
[③] $\chi^2=2.460$,$P=0.117$。
[④] $\chi^2=11.928$,$P=0.001$。
[⑤] $\chi^2=3.677$,$P=0.055$。
资料来源:LI H, KANG X, ZHENG D. et al.Are diatom types or patterns in the organs and water samples of drowning cases always consistent? [J]. Australian journal of forensic sciences, 2025, 54(3):376-385.

表6-18　溺死地点确定的30例溺死者的器官和水样中硅藻类型的一致情况

样品	一致性	不一致性
肝－肺[①]	60%	40%
肾－肺[①]	57%	43%
肝－水样[②③]	67%	33%
肾－水样[②④]	63%	37%
肺－水样[③④]	67%	33%

[①] $\chi^2=0.069$,$P=0.793$。
[②] $\chi^2=0.073$,$P=0.787$。
[③] $\chi^2=0.000$,$P=1.000$。
[④] $\chi^2=0.073$,$P=0.787$。
资料来源:LI H, KANG X, ZHENG D. et al.Are diatom types or patterns in the organs and water samples of drowning cases always consistent? [J]. Australian journal of forensic sciences, 2025, 54(3):376-385.

使用硅藻在属水平的相对频率对肺组织和水样进行聚类分析（图6-21）。当聚类距离为0—5、5—10和10—15时，分别有35/93、50/93和79/93个溺水案例可归为一个聚类。随着聚类距离的减小，可归为一个聚类的案例数有减少的趋势。从表6-17和表6-19可以看出，在某些情况下，如案例1、5、8等，肺组织和水样中的硅藻类型是一致的，但它们的硅藻模式并不聚类。有些案例，如案例4、6、16等，肺组织和水样中硅藻的频率相似，但硅藻类型不一致。

图6-21　肺组织和水样中硅藻的树状图

1L和1W为案例1的肺组织和水样；2L和2W为案例2的肺组织和水样，以此类推。

资料来源：LI H，KANG X，ZHENG D. et al.Are diatom types or patterns in the organs and water samples of drowning cases always consistent？［J］. Australian journal of forensic sciences，2025，54（3）：376-385.

表6-19　根据肺部组织和水样中的硅藻分类的案例

欧氏距离	聚类案例的数量	未分类的案例数量
0—5	35	58
5—10	50	43
10—15	79	14

资料来源：LI H，KANG X，ZHENG D. et al.Are diatom types or patterns in the organs and water samples of drowning cases always consistent？［J］. Australian journal of forensic sciences，2025，54（3）：376-385.

聚类的情况：基于不同的距离，肺部组织和水样中的相对硅藻频率是相似的。

图6-22为4例典型案例肺组织和水样中硅藻类型的百分比。在案例3中，肺组织（3L）和水样（3W）中的硅藻种类不同，两种样品的频率不同；案例22中的类型是一致的，但频率不同；案例39（39L、39W）中的类型一致，可聚类；案例61中的类型不一致，但相对频率在肺组织（61L）和水样（61W）中相似。

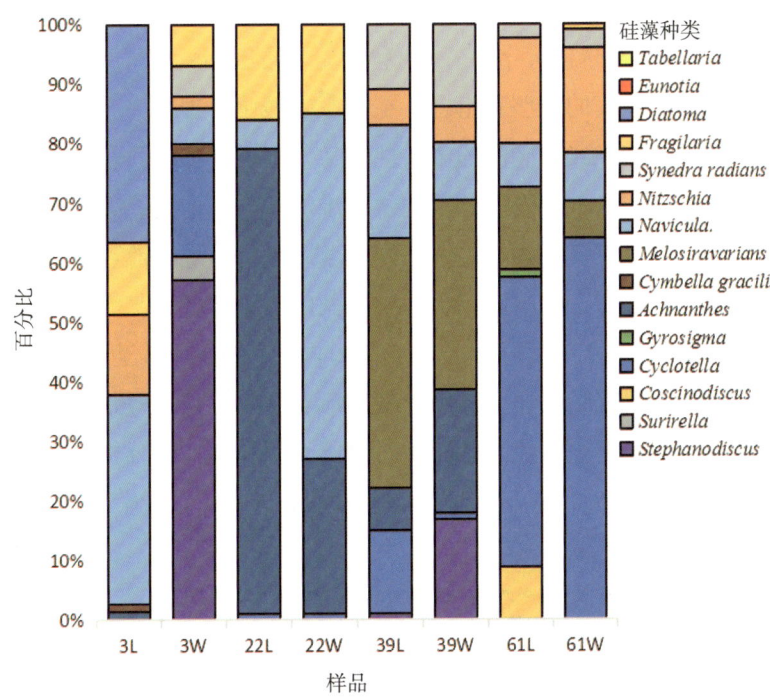

图6-22　4例典型案例肺部组织和水样中硅藻的类型分布

资料来源：LI H，KANG X，ZHENG D. et al.Are diatom types or patterns in the organs and water samples of drowning cases always consistent？［J］. Australian journal of forensic sciences，2025，54（3）：376-385.

硅藻样品的一致性评价有几种不同的方法。在类型一致性和聚类分析上都得出了相似的结论。如表6-17所示，在所有溺水案例中，器官与水样之间硅藻类型的一致性为60%～70%。然而，在已知溺死地点的案例中，肺组织和水样的一致性为67%，并没有显著增加。在最近的研究中，对溪流中硅藻群落的特殊性和多样性有了很好的认识。不同硅藻类型的比例随季节或地点的变化而有显著差异。

应用聚类分析评价肺组织和水样中硅藻图案的一致性。一般而言，肝脏和肾脏组织中硅藻的检出较少，因此在聚类分析中硅藻类型比较的比例不具有代表性。聚类分析根据硅藻种类和比例的相似性将数据划分为不同的聚类。如果肺组织和水样中硅藻图形的相对频率相似，则将其划分为相似的簇，并创建嵌套的簇系列，可以用层次结构或树状图表示，然后用于推断两个样本的一致性。如表6-19所示，在器官样本和水样中，硅藻的一致性得到了类似的结果。不论已知或未知溺死地点，在许多案例中，肺组织和水样中的硅藻类型或模式不一致。

如图6-22所示，在案例39中，肺组织和水样具有相同的7种硅藻类型，并且具有相似的硅藻图形。然而，在案例22中，肺组织和水样具有相同的4种硅藻类型，而硅藻的比例却有很大的不同。虽然水样取自溺死地点，但不同硅藻的频率比存在显著差异。肺组织与水样硅藻的不一致性可能是由于水样的多样性和死者死前进入肺的硅藻所致。水样受到温度、pH、水速和河流性质等环境因素的影响，这些因素可能在短时间内改变硅藻的类型和组合。在法医实践中，很难对溺液进行取样，因为水总是在移动，这就导致了硅藻的多样性。从空气、食物和饮水中进入体循环的硅藻，也可能导致器官和水样之间硅藻测试结果的差异。但是，如果肺组织和水样中的硅藻类型和模式具有良好的相关性，则可以用来指示溺死地点。13号案例是在鱼塘里发现的，结果显示，肺组织和水样中硅藻的类型和模式与河流中的硅藻有明显的不同。因此推断案件13的溺死地点是鱼塘，同时警方的调查也证实了这一点。

虽然部分溺死者器官和水样的硅藻类型和形态基本一致，但是肺中的硅藻类型不需要与所获得的水样完全匹配。然而，对硅藻类型和模式的分析确实为推断溺死地点提供了有价值的信息，展示出了良好的应用前景。

五、溺死地点推断的动物实验情况

溺死鉴定是法医科学中最难解决的问题之一。多器官硅藻的存在被认为是鉴定溺死的可靠指标。在溺死过程中，溺死介质中的硅藻被吸入肺泡，部分硅藻通过肺泡-毛细血管屏障渗透到血液中。最后，硅藻会迁移到远处的器官，如肝脏、肾脏和骨髓。理论上，根据溺死者体内硅藻的运动路径，溺死者器官中硅藻的种类和形态应该与溺死者的介质相一致。这种一致性可以作为溺死地点的证据。然而，硅藻在器官和溺液中的一致性仍存在争议。有学者认为，器官和溺液中硅藻的一致性应是鉴定溺死的必要条件之一。在之前的研究中，发现溺死者器官和溺液中的硅藻并不总是一致的。对此，可能的解释是溺水环境的快速变化和未知的溺死地点。

对家兔肺组织和4个不同溺死地点的溺液采用硅藻类型一致性、聚类分析、相似系数和SCD等方法分析肺组织和溺液中硅藻类型和模式的一致性。在溺水组16只家兔肺组织中共检出15个属的硅藻，其中检出最多的6个属分别为小环藻属（*Cyclotella*）、菱形藻属（*Nitzschia*）、直链藻属（*Melosira*）、针杆藻属（*Synedra*）、海链藻属（*Thalassiosira*）、舟形藻属（*Navicula*）。4个地点的溺液共检出12个属的硅藻。肺组织与淹水培养基硅藻类型的频繁一致性为25%~75%。

4个地点的溺液硅藻类型一致性差异无统计学意义。

将同一溺死地点的肺组织与溺液的相似系数归为已知溺死地点组，不同溺死地点的肺组织与溺液的相似系数归为未知溺死地点组。已知溺死地点组的相似系数为 0.757 13 ± 0.093 63，未知溺死地点组的相似系数为 0.715 13 ± 0.116 57。两组相似系数差异无统计学意义。已知溺死地点组 SCD 为 0.122 76 ± 0.052 340，未知溺死地点组 SCD 为 0.147 19 ± 0.078 53。两组 SCD 比较差异无统计学意义。

硅藻多年来被认为是鉴定溺死的有力证据。硅藻检验不仅可以作为从水中打捞上来的尸体溺水的阳性鉴定，还可以根据硅藻的生态类型提供溺死地点的证据。一些研究人员推荐将器官和溺液之间硅藻类型和模式的一致性用于推断溺死地点。理论上，在已知溺死地点的情况下，肺组织中检测到的硅藻类型应该与溺液相对应。从硅藻类型的角度分析，肺和溺水培养基中硅藻类型的一致性为25%～75%，即样本中的硅藻类型不完全包含在另一个样本中，这表明肺部的硅藻类型与溺水时溺液的硅藻类型不完全一致。

一般来说，已知溺死地点组的硅藻相似性应高于未知溺死地点组的相似性。有学者用这种方法成功地支持了溺死地点的证据，但也有学者报道不能支持这一结果，可能的解释是：①河流中的硅藻群落相对稳定，各个地点之间的距离不够大，无法识别不同的溺死地点；②在研究中应用更多的案例，以获得更多的数据来发现差异。

之前的研究将溺死者器官和溺液中硅藻的不一致归因于溺水环境的快速变化和未知的溺死地点。因此，为了避免环境变化的影响，需要在容器内通过动物实验验证，然而，也得出了同样的结论，即肺组织中的硅藻类型和模式与溺液不完全匹配。可能的原因有2个：①10～50 mL的溺液样本不能作为溺死地点或容器内水样的代表样本，更多溺液/更多容器不同位置的水样应当被检测。②溺死过程中硅藻的富集可能会影响硅藻的种类和形态，导致肺组织与溺液的硅藻种类和形态不一致。

综上所述，肺组织中的硅藻类型和模式与溺液并不总是一致的，肺组织中硅藻的种类和形态有时与溺死地点以外的水样一致。在法医学实践中，应当运用不同的统计学方法进行分析，谨慎推断溺死地点。

（赵建　石河　刘超）

参考文献

［1］BERGLUND B E. Handbook of holocene palaeoecology and palaeohydrology［M］. London：John Wiley & Sons，1986.

［2］CHEN X, ZHOU W, LUO G, et al. Spatial and temporal variations of the diatom communities in megacity streams and its implications for biological monitoring［J］. Environmental science and pollution research, 2020, 27: 37581-37591.

［3］Deng J, He D, Zhuo J, et al. Deep learning network-based recognition and localization of diatom images against complex background［J］. Journal of Southern Medical University, 2020, 40（2）: 183-189.

［4］DETTMEYER R B, VERHOFF M A, SCHÜTZ H F. Forensic medicine: fundamentals and perspectives［M］. Heidelberg: Springer, 2014.

［5］Fischer S, Bunke H. Automatic identification of diatoms using decision forests［M］//Perner P. Machine learning and data mining in pattern recognition. Berlin: Springer, 2001: 173-183.

［6］Gloria B, Oscar D, Anibal P, et al. Automated diatom classification（Part A）: handcrafted feature approaches［J］. Applied sciences, 2017, 7（8）: 753.

［7］HORTON B P, CORBETT R, CULVER S J, et al. Modern saltmarsh diatom distributions of the Outer Banks, North Carolina, and the development of a transfer function for high resolution reconstructions of sea level［J］. Estuarine, coastal and shelf science, 2006, 69（3-4）: 381-394.

［8］KAKIZAKI E, KOZAWA S, SAKAI M, et al. Numbers, sizes, and types of diatoms around estuaries for a diatom test［J］. The American journal of forensic medicine and pathology, 2011,32（3）:269-274.

［9］KAKIZAKI E, KOZAWA S, SAKAI M, et al. Numbers, sizes, and types of diatoms around estuaries for a diatom test［J］. The American journal of forensic medicine and pathology, 2011, 32（3）: 269-274.

［10］LIN T Y, DOLLAR P, GIRSHICK R, et al. Feature pyramid networks for object detection［M］// 2017 IEEE conference on computer vision and pattern recognition.Honolulu: IEEE, 2017: 936-944.

［11］LIU S, QI L, QIN H, et al. Path aggregation network for instance segmentation［M］// 2018 IEEE/CVF conference on computer vision and pattern recognition. Salt Lake City: IEEE, 2018: 8759-8768.

［12］LUDES B, COSTE M, NORTH N, et al. Diatom analysis in victim's tissues as an indicator of the site of drowning［J］. International journal of legal medicine, 1999, 112（3）: 163-166

［13］Ludes B, Coste M, North N, et al. Diatom analysis in victim's tissues as an indicator of the site of drowning [J]. International journal of legal medicine, 1999, 112 (3): 163-166.

[14] Pollanen M S, Cheung C, Chiasson D A. The diagnostic value of the diatom test for drowning, I. Utility: a retrospective analysis of 771 cases of drowning in Ontario, Canadas [J].Journal of forensic sciences, 1997, 42 (2): 281-285.

[15] REDMON J, DIVVALA S, GIRSHICK R, et al. You only look once: unified, real-time object detection [M] // 2016 IEEE conference on computer vision and pattern recognition.Las Vegas: IEEE, 2016: 779-788.

[16] THAKAR M K, SINGH R. Diatomological mapping of water bodies for the diagnosis of drowning cases [J]. Journal of forensic and legal medicine, 2010, 17 (1): 18-25.

[17] THAKAR M K, SINGH R. Diatomological mapping of water bodies for the diagnosis of drowning cases [J]. Journal of forensic and legal medicine, 2010, 17 (1): 18-25.

[18] Yu W, Xue Y, Knoops R, et al. Automated diatom searching in the digital scanning electron microscopy images of drowning cases using the deep neural networks [J]. International journal of legal medicine, 2021, 135 (2): 497-508.

[19] ZHANG P, KANG X, ZHANG S, et al. The length and width of diatoms in drowning cases as the evidence of diatoms penetrating the alveoli-capillary barrier [J]. International journal of legal medicine, 2020, 134 (3): 1037-1042.

[20] Zhao J, Liu C, Bardeesi A S A, et al. The diagnostic value of quantitative assessment of diatom test for drowning: an analysis of 128 water-related death cases using microwave digestion-vacuum filtration-automated scanning electron microscopy [J]. Journal of forensic sciences, 2017, 62 (6): 1638-1642.

[21] Zhao J, Liu C, Hu S, et al. Microwave digestion: vacuum filtration-automated scanning electron microscopy as a sensitive method for forensic diatom test [J] .International journal of legal medicine, 2013, 127 (2): 459-463.

[22] ZHAO J, MA Y, LIU C, et al. A quantitative comparison analysis of diatoms in the lung tissues and the drowning medium as an indicator of drowning [J]. Journal of forensic and legal medicine, 2016, 42: 75-78.

[23] ZHAO J, XU L, KANG X, et al. Research progress on determination of drowning site [J]. Journal of forensic medicine, 2018, 34 (1): 55-59.

第七章
溺死相关浮游生物的 DNA 检测

栖息于海洋、湖泊及河川等水域的生物中，有一类生物自身完全没有移动能力，即使有也非常弱，因而不能逆水流而动，而是浮在水中生活，这类生物总称为浮游生物（plankton）。

浮游藻的藻体仅由一个细胞所组成，因此也称为单细胞藻。这类生物是一类具有叶绿素，能够进行光合作用，并生产有机物的自养型生物，主要包括蓝藻门、硅藻门、金藻门、黄藻门、甲藻门、隐藻门等。中国已发现的（包括已报道的和已鉴定、未报道的）淡水藻类共约9 000种。

浮游细菌是指水体中营浮游生活的原核生物类群，主要类型包括自养细菌和异养细菌及古细菌，总体上异养细菌的数量要远大于自养细菌。尽管绝大多数的浮游细菌（常见为气单胞菌、弧菌、发光杆菌等）个体大小只有0.2~2 μm，但是它们在水生生态系统生物地球化学循环中具有极其重要的作用，整个淡水生态系统中的物质循环和能量流动几乎完全依赖于浮游细菌的作用。

人溺水过程中，水中的浮游微生物如硅藻、蓝藻、甲藻、金藻、细菌等可通过溺水者的主动呼吸进入肺泡，水进入肺泡使肺泡扩张，造成毛细血管膜的微小损伤，微小的浮游生物可穿过损伤的血管膜，进入肺静脉循环。负载浮游生物的血回流到左心，浮游生物就会随着血液循环进入肝、肾、骨髓等器官和组织。若为死后入水，由于心脏停止跳动，血液停止流动，则浮游生物不会进入体循环。因此，通过检测肺以外的体循环脏器中的浮游生物，可判断是否为溺死或推断落水点。此外，人体喉部、口腔中的正常菌群（唾液链球菌、血链球菌）在溺水过程中，随溺液进入血液循环可到达各脏器。因这些菌群存在于人体特定部位，当一些案例的水中细菌与藻类较少或不存在时（如溺死在浴缸中），通过检测溺死者封闭脏器中的正常菌群推断溺死是非常有效的方法。

运用形态学特征来区分单个微生物（例如硅藻）是很难的。尽管它们会有一些相似的形态学特征，但受外界环境条件变化（温度、酸碱度、日照、涨潮、交汇口等）以及水质污染等因素的影响，水中浮游微生物群落中同一种群的藻类经常会发生基因变异；同时，具有相同的基因信息和序列的菌株也会有不同的形态学特征。对于微生物来说，基因信息是最重要的鉴别种群和个体之间差异的物质，但通过菌株培养获取大量DNA的方法难度大、操作复杂。1980年以来，基于基因检测技术逐渐建立的分子生物学分类技术，使人们能够从分子水平认识生物物种分化的内在原因和物质基础以及各类生物的分子进化历史，比起传统的分类方法，能获得更准确直观的结论。

随着分子生物学技术的发展，即便在不使用分离菌株和培养基的情况下，也可通过有效的DNA提取和PCR扩增获得自然环境中微生物基因组特定区域的DNA序列，因此，利用分子分类方法找到恰当的靶基因显得尤为重要。选择有代表性的基因片段作为分类标准，再结合不同的分子生物学技术，从而可区分种、属等之间的差异。此基因片段既具有该生物独有的特征核苷酸序列（即个性），又包含着该生物所属类群的共有核苷酸序列（即共性）。该方法为解决溺死鉴定和溺死地点推断问题提供了可能性和研究方向。

调查溺死相关浮游生物特定靶基因，研究溺死相关浮游生物的基因检测技术，建立检测溺死相关微生物基因的技术方法，在溺死鉴定及落水点推断方面均有良好的研究应用前景。本章着重介绍溺死相关藻类及靶基因、溺死相关细菌及靶基因、溺死相关浮游生物基因检测技术、溺死相关浮游生物基因操作方法。

第一节
溺死相关藻类及靶基因

除硅藻外，蓝藻、绿藻、甲藻和绿藻也存在于溺死者脏器中。目前，溺死相关藻类靶基因的研究，主要为线粒体基因组（mitochondrial DNA，mtDNA）、叶绿体基因组（chloroplast DNA，cpDNA）和核基因组（nuclear DNA，nDNA）的基因序列。

一、线粒体基因

由于线粒体基因的高重排率和低突变率，使得它可以成为分子分类的基因之一，其中细胞色素c氧化酶亚基Ⅰ（cytochrome c oxidase subunit Ⅰ，COⅠ）基因是藻类分子分类研究中的主要目标。COⅠ基因能够保证足够的变异，并且比较容易用通用引物扩增，它的DNA序列本身很少存在插入和缺失，同时它还拥有蛋白质编码基因所共有的特征，即密码子第3位碱基不受自然选择压力的影响，可以自由变异。Ehara等人利用COⅠ基因对8种硅藻进行了系统进化研究，说明了它们之间的系统关系。

二、叶绿体基因

任何两种植物的cpDNA至少有30%的同源性，而且同源性越高，它们在分类群中亲缘关系就越近，根据cpDNA的检测也可以对藻类进行分类。目前，常用的叶绿体基因是核酮糖-1，5-二磷酸羧化/加氧酶大亚基基因（*rbcL*），叶绿体23S rRNA基因的V结构域（UPA）。*rbcL*片段易于扩增和测序，可用于远缘属间及科级以上分类群的研究；UPA片段则具有较高的通用性，非常适用于藻类的研究。植物叶绿体相关基因在细胞中的分布如图7-1所示。

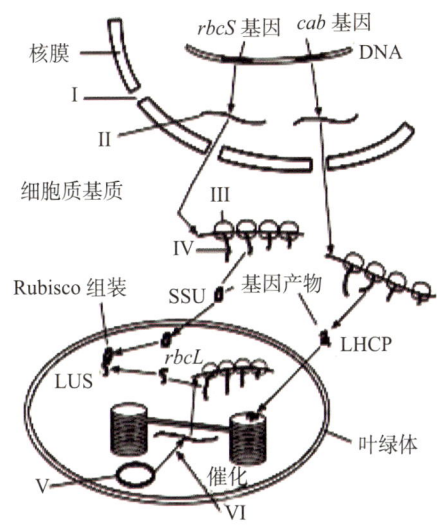

图7-1 叶绿体相关基因分布

三、核基因

核基因是目前研究最多的用于分子分类的基因。真核细胞核基因结构如图7-2所示。因为rDNA不同区段所承受的进化选择压力不同，致使各区段的保守性差异明显，所以特别适用于生物分类的研究。其中，研究最多的为16S rDNA（真核生物为18S rDNA）、ITS。16S rDNA（或18S rDNA）基因区的DNA序列是中度保守的，适合不同属间的分类；ITS为中度保守区域，其保守性表现为种内相对一致，种间差异比较明显，适合属下种间的分类。Gucht与Riemann等人通过对群落中某些物种的16S rDNA的PCR产物进行变性梯度凝胶电泳分析，说明不同地域的群落组成和物种的季节演变。傅润熹等人针对硅藻16S rDNA设计引物，通过PCR检测出了夏冬两季溺死兔器官中的硅藻。Liz等人通过硅藻形态学18S rDNA，首次建立了长江南京段硅藻的形态和DNA数据库，对硅藻的法医学应用具有重要意义。Zhao等人基于18S rDNA对四川水域中的硅藻种群多样性进行了研究。胡蝶等人对云南滇池水体中的硅藻种群多样性进行了研究。Jiang等人针对中国常见的169种硅藻，研发了一种检测硅藻18S rDNA特定基因片段的硅藻微阵列，在溺死鉴定中具有一定的应用价值。苟万里等人利用ITS序列设计特异性探针对中肋骨条藻（*Skeletonema costatum*，SK）进行定量PCR检测。

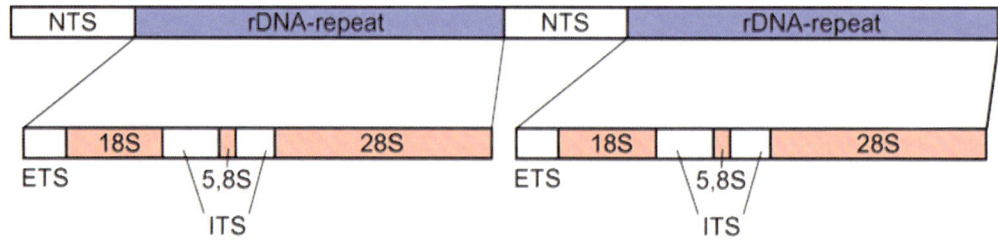

图7-2 真核细胞核基因结构

上述基因在藻类中普遍存在，检测1个基因不一定能区分不同藻类种属，因此，需要多个不同的藻类特定基因对溺死样本中可能含有的不同藻类进行分类；可同时检测与溺死相关的浮游生物的多种不同靶向基因，以提高检测的准确性。

Sumiko Abe分别针对纤细裸藻（*Euglena gracilis*，EG）和中肋骨条藻的叶绿素基因设计了4对引物（表7-1）。

表7-1 针对纤细裸藻和中肋骨条藻的叶绿素基因设计的4对引物

引物名	序列（5′—3′）	产物大小/bp
EG1-Forward	ATGTGGCGCCAAGGAATGTTTGT	185
EG1-Reverse	ACCCAATGCCAAATAGCAGC	
EG2-Forward	ATGTGGCGCCAAGGAATGTTTGT	194
EG2-Reverse	TCCCAATAAACCCAATGCCA	
SK1-Forward	ATCGCTCAGCTTGCCTTCCT	265
SK1-Reverse	CATCCCACTCGAAGTCAATG	
SK2-Forward	ACCCGTGCCGGAATCCACCT	232
SK2-Reverse	CATCCCACTCGAAGTCAATG	

资料来源：ABE S, SUTO M, NAKAMURA H, et al. A novel PCR method for identifying plankton in cases of death by drowning［J］. Medicine, science and the law, 2003, 43（1）: 23-30.

PCR反应体系（50 μL）：1 μL DNA，5 μL缓冲液，5 μL $MgCl_2$（25 mmol/L），1 μL 引物（10 mmol/L），4 μL dNTP 混合物（2 mmol/L），0.25 μL聚合酶，去离子水。

扩增条件：94 ℃预变性10 min；94 ℃变性30 s，58 ℃退火30 s，72 ℃延伸30 s，40个循环。

琼脂糖凝胶电泳：取8 μL扩增产物进行2%琼脂糖凝胶电泳，电泳结束后在紫外光检测仪上照相。

4对引物对靶物种的特异性验证：其他浮游生物（角毛藻，小环藻，舟形藻，海链藻）、蔬菜（小松菜，菠菜，香菜）、人体血液提取DNA作为标准株。4对引物对不同物种的PCR扩增结果见表7-2。EG1和EG2引物可检测海水和淡水硅藻，SK2引物可检测到来自海水的5种硅藻，SK1仅可检测中心硅藻纲的硅藻。

表7-2 4对引物对不同物种的检出结果

物种	EG1	EG2	SK1	SK2	海水/淡水①
眼虫藻	+②	+	−③	+	淡水
中肋骨条藻	+	+	+	+	海水
纤细角毛藻	−	+	+④	+	海水
梅尼小环藻	+	+	+	+	海水/淡水
小环藻	+	+	+	−	淡水
海链藻	+	+	+	+	海水
不定舟形藻	+	+	−	+	海水
微型舟形藻	+	+	−	−	淡水
具模舟形藻	+	+	−	−	淡水
盐生舟形藻	+	+	−	−	海水
小松菜	−	−	−	−	蔬菜
菠菜	−	−	−	−	蔬菜
香菜	−	−	−	−	蔬菜
人	−	−	−	−	−

①浮游生物的来源。
②"＋"表示PCR产物的长度与预期长度一致。
③"−"表示PCR产物的长度与预期长度不一致。
③检测到2条PCR产物条带，一条与预期长度一致，另一条不一致。
资料来源：ABE S, SUTO M, NAKAMURA H, et al. A novel PCR method for identifying plankton in cases of death by drowning [J]. Medicine, science and the law, 2003, 43（1）: 23-30.

该方法的灵敏度试验表明，引物EG1或EG2的检测下限为2 fg的EG-DNA；而SK1或SK2的检测下限为0.2 pg的SK-DNA（图7-3）。

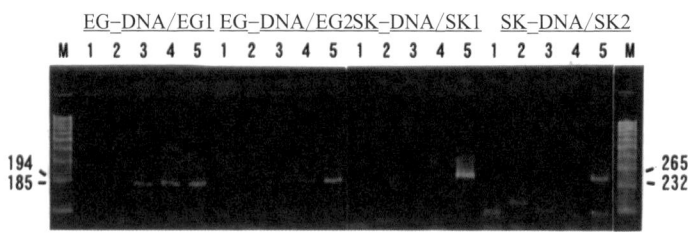

图7-3 用4对引物对不同量的DNA进行PCR,产物的电泳结果

泳道1:阴性对照。泳道M:DNA marker。泳道2—5:分别以0.2 fg、2 fg、20 fg、0.2 pg纯化的DNA为模板进行PCR。

资料来源:ABE S,SUTO M,NAKAMURA H,et al. A novel PCR method for identifying plankton in cases of death by drowning [J]. Medicine, science and the law, 2003, 43(1): 23-30.

从海港发现失踪21 d的29岁男性尸体心血中提取DNA进行PCR扩增(图7-4)。EG1引物可以从5 mL的血液中检测到硅藻DNA。对从1 mL的血液中提取的DNA进行PCR,4对引物的检测结果均为阴性。

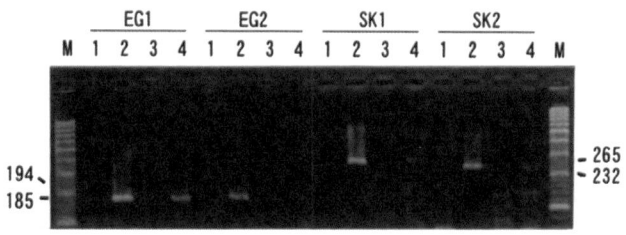

图7-4 尸体心血样品PCR产物电泳结果

泳道M:DNA marker。泳道1:阴性对照。泳道2:阳性对照(0.2 pg EG-DNA或SK-DNA)。泳道3:PCR检测从1 mL血液中提取的DNA。泳道4:PCR检测从5 mL血液中提取的DNA。

资料来源:ABE S,SUTO M,NAKAMURA H,et al. A novel PCR method for identifying plankton in cases of death by drowning [J]. Medicine, science and the law, 2003, 43(1): 23-30.

海港内发现一名严重腐烂10 d的67岁男性尸体,提取组织匀浆中的DNA,获得的PCR扩增产物电泳结果如图7-5所示。使用4对引物检测从在尸体发现地港口收集的1 mL海水中提取的DNA,结果与预期相符(图7-5)。使用SK1、SK2、EG1、EG2引物分别扩增从1 g和5 g肺、肝、肾组织中提取的DNA,SK1和SK2引物的扩增效率较高。

分别检测在沉入河中7 d后发现的43岁的女性尸体和失踪36 h后在河流中发现的46岁女性的尸体。PCR检测从10 g肺、肝和肾组织中提取的DNA(图7-6)。EG1引物能检测到46岁女性尸体全部组织中的浮游生物DNA,EG2引物则皆未检测到浮游生物DNA。

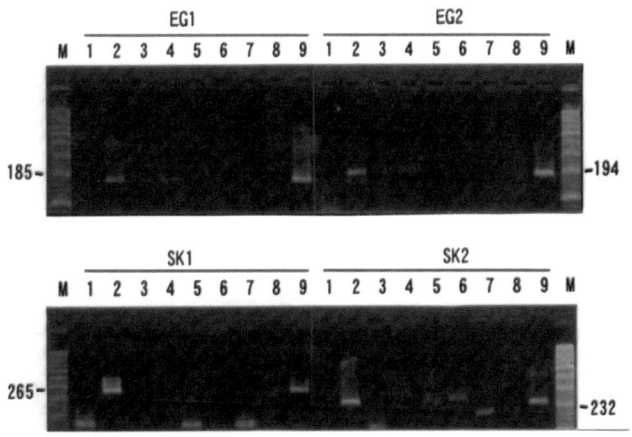

图7-5 尸体肺、肝和肾样品PCR产物电泳结果

泳道M：DNA marker。泳道1：阴性对照。泳道2：阳性对照（0.2 μg EG-DNA或SK-DNA）。泳道3：PCR检测从1 g肺组织中提取的DNA。泳道4：PCR检测从5 g肺组织中提取的DNA。泳道5：PCR检测从1 g肝组织中提取的DNA。泳道6：PCR检测从5 g肝组织中提取的DNA。泳道7：PCR检测从1 g肾组织中提取的DNA。泳道8：PCR检测从5 g肾组织中提取的DNA。泳道9：PCR检测从潜水地点收集的1 mL水中提取的DNA。

资料来源：ABE S，SUTO M，NAKAMURA H，et al. A novel PCR method for identifying plankton in cases of death by drowning [J]. Medicine, science and the law, 2003, 43 (1)：23-30.

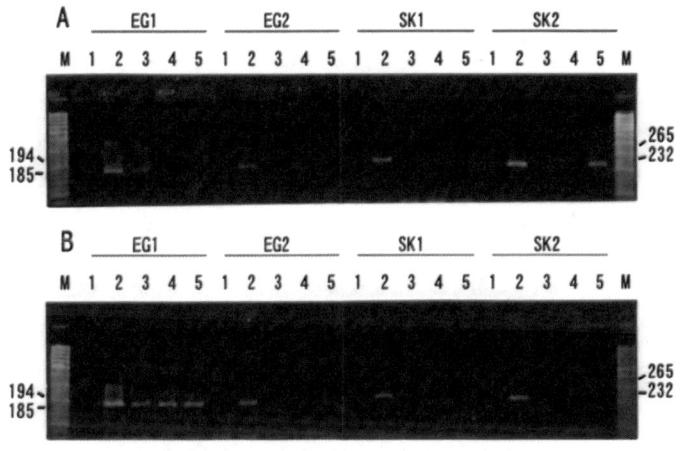

图7-6 尸体肺、肝、肾样品PCR产物电泳结果

A：使用4种引物检测沉入河中7 d女性尸体的肺、肝、肾样品。B：使用4种引物检测失踪36 h，发现于河流中女性尸体的肺、肝、肾样品。

泳道M：DNA marker。泳道1：阴性对照。泳道2：阳性对照（0.2 μg EG-DNA或SK-DNA）。泳道3：PCR检测从10 g肺组织中提取的DNA。泳道4：PCR检测从10 g肝组织中提取的DNA。泳道5：PCR检测从10 g肾组织中提取的DNA。

资料来源：ABE S，SUTO M，NAKAMURA H，et al. A novel PCR method for identifying plankton in cases of death by drowning [J]. Medicine, science and the law, 2003, 43 (1)：23-30.

Tie J等从10例海水溺死者和43例淡水溺死者的脏器中取样研究，包括肺、肝、肾组织，同时收集尸体发现处的水样及3例非溺死者脏器做对照样本。

使用植物基因组DNA提取试剂盒提取眼虫藻的DNA。使用紫外-可见分光光度计测量双链DNA在260 nm和280 nm波长处的吸光度，进行定量。根据GenBank提供的眼虫藻16S rDNA序列（位点AJ289785），设计用于扩增浮游植物16S rDNA的特异性引物（表7-3）。组织样本直接使用本研究中开发的消化缓冲液孵育20 min，取1 μL用于PCR扩增。

表7-3　16S rDNA引物

引物名	序列（5′—3′）	产物大小/bp
Forward	CGTCTGATTAGCTAGTTGGT	310
Reverse	CCCAATAATTCCGGATAACG	

资料来源：TIE J, UCHIGASAKI S, HASEBA T, et al. Direct and rapid PCR amplification using digested tissues for the diagnosis of drowning [J]. Electrophoresis, 2010, 31 (14): 2411-2415.

PCR 扩增体系为 25 μL，包含1.0 μL DNA 模板，1 μL（25 mmol/L）引物，50 mmol/L KCl，10 mM Tris-HCl（pH 8.3），1.5 mmol/L $MgCl_2$，200 μmol/L dNTP，1.25 U AmpliTaq Gold DNA聚合酶。扩增程序：94 ℃变性 30 s，60 ℃退火 30 s，72 ℃延伸 30 s，共30个循环。PCR产物用5%聚丙烯酰胺凝胶电泳（C=3%）30 min。用溴化乙锭（ethidium bromide，EB）进行染色，紫外照相。结果（图7-7、图7-8）表明，眼虫藻16S rDNA被成功扩增，溺死者组织和水样中均检测出浮游生物DNA。其中眼虫藻基因组的16S rDNA特定片段扩增显著，而细菌、真菌、其他藻类无扩增产物。究其原因，眼虫藻体积比硅藻小，更易进入血液循环并进入内封闭器官。溺死样本的肺、肝和肾组织均为阳性，非溺死样本组织均为阴性，且眼虫藻标准株DNA和溺死现场水样均为阳性。

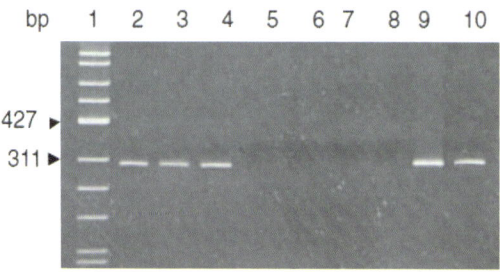

图7-7　溺死和非溺死者肺、肝和肾组织样本16S rDNA PCR扩增产物PAGE结果

泳道1：DNA marker（φX174DNA的 *Hinf* Ⅰ限制酶切片段）。泳道2—4：采用PCR分别检测溺死者的肺、肝和肾组织的DNA。泳道5—7：采用PCR分别检测非溺死者肺、肝和肾组织DNA。泳道8：阴性对照（蒸馏水）。泳道9：眼虫藻DNA。泳道10：溺水点水样DNA。

资料来源：TIE J, UCHIGASAKI S, HASEBA T, et al. Direct and rapid PCR amplification using digested tissues for the diagnosis of drowning [J]. Electrophoresis, 2010, 31 (14): 2411-2415.

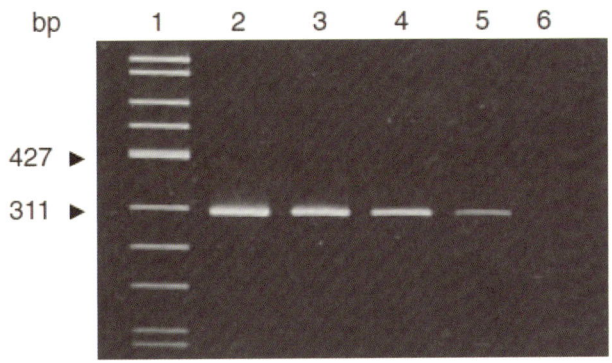

图7-8 眼虫藻16S rDNA PCR扩增产物PAGE结果

泳道1：DNA marker（φX174DNA的 *Hinf* I 限制酶切片段）。泳道2—6：分别以10 ng、1 ng、100 pg、10 pg和1 pg眼虫藻DNA进行PCR，其DNA总量 > 10 pg可被检出。

资料来源：TIE J, UCHIGASAKI S, HASEBA T, et al. Direct and rapid PCR amplification using digested tissues for the diagnosis of drowning [J]. Electrophoresis, 2010, 31（14）: 2411-2415.

彭帆等人基于PCR-毛细管电泳（CE）技术检测硅藻叶绿体 *rbcL* 基因，并在35例尸体样本中得到成功应用。引物序列如表7-4所示。

表7-4　*rbcL* 基因的引物序列

引物名	序列（5′—3′）	产物大小 /bp
rbcL-Forward	CTCAACCATTCATGCG	197
rbcL-Reverse	CTGTGTAACCCATAAC	

资料来源：ABE S, SUTO M, NAKAMURA H, et al. A novel PCR method for identifying plankton in cases of death by drowning [J]. Medicine, science and the law, 2003, 43（1）: 23-30.

使用引物rbcL对21种标准藻株、5种浮游水生标准菌株、3种人体共生标准菌株和人类DNA进行扩增，其中舟形藻、菱形藻、小环藻、变异直链藻、针杆藻和骨条藻6种硅藻的CE检测结果为阳性，DNA片段为197 bp，其他为阴性。分型图谱如图7-9所示。

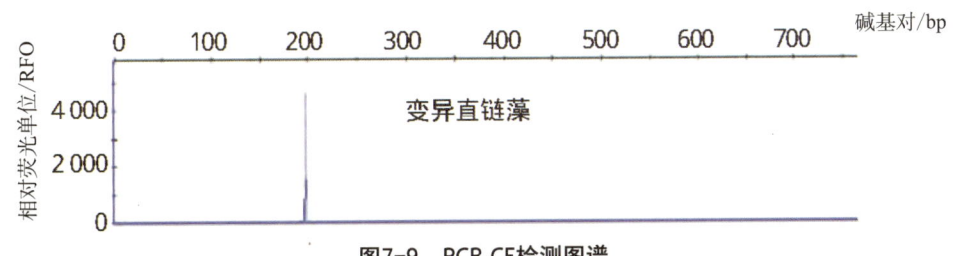

图7-9　PCR-CE检测图谱

资料来源：彭帆，刘超，徐曲毅，等.溺死相关硅藻 *rbcL* 基因检测技术研究 [J].重庆医科大学学报，2018，43（1）: 98-102.

使用PCR-CE检测30例溺死者组织样本，肺脏、肝脏和肾脏硅藻检出率分别为100%、63.3%和53.3%，检测总阳性率为83.3%。

李欢等利用绿藻chlB基因和蓝藻nieS基因，建立了PCR-CE检测体系，并将25例尸体肺组织样本的检验结果进行比较，结果发现引物chlB和引物nieS（表7-5）检出率均为95%，两种方法检出率无统计学差异（$P > 0.05$）。（图7-10）

表7-5　PCR-CE体系的引物序列

引物名	序列（5′—3′）	产物大小/bp
chlB-Forward	TATTGGTATTCTTACGCTTGGT	197
chlB-Reverse	ATTAAATTAAACCAAGCGTTTGGT	
nieS-Forward	ATCCGGAATTATTGGGCGTAAAG	182
nieS-Reverse	ACGCTTTCGCCACCGATGTTCTTC	

资料来源：李欢，徐曲毅，刘超，等.绿藻 ChlB 基因和蓝藻 NIES 基因在溺死相关浮游生物检测中的应用［J］.法医学杂志，2021，37（1）：58-64.

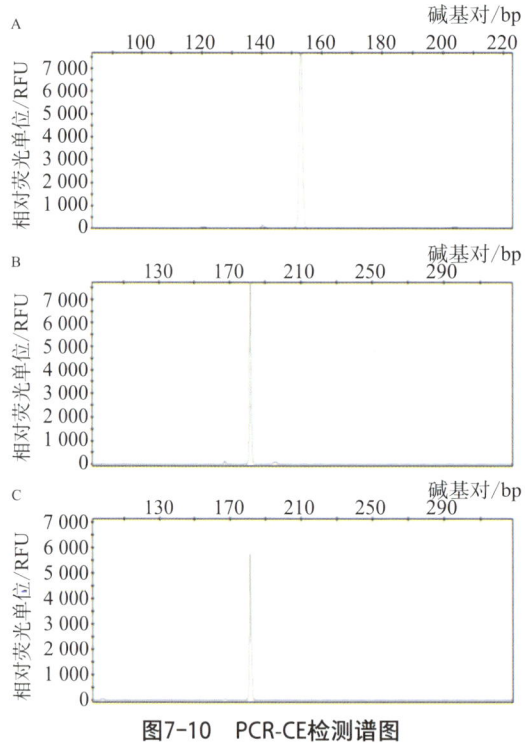

图7-10　PCR-CE检测谱图

A：引物 chlB 扩增蛋白核小球藻DNA。B：引物 nieS 扩增产毒微囊藻（toxic *microcystis*）DNA。C：引物nieS扩增铜绿微囊藻（*Microcystis aeruginosa*）DNA。

资料来源：李欢，徐曲毅，刘超，等.绿藻*ChlB*基因和蓝藻*NIES*基因在溺死相关浮游生物检测中的应用［J］.法医学杂志，2021，37（1）：58-64.

第二节
溺死相关细菌及靶基因

由于细菌（0.2～2 μm）比硅藻（2～20μm，可在内脏和骨髓中发现）直径更小，更易在呛水时通过肺部进入人的体循环，一些细菌甚至可以在血液中生存和繁殖。据相关报道，世界某些地区已将水中细菌作为溺死指标。Mishulsky的第一个相关报道，溺死者组织中对恶臭假单胞菌和荧光假单胞菌的检测率达44%（43/97×100%）。目前，主要研究的溺死相关细菌中，淡水细菌为气单胞菌［嗜水气单胞菌（*Aeromonas hydrophila*）及杀鲑气单胞菌（*Aeromonas salmonicida*）等］、粪便细菌（粪大肠埃希菌及粪链球菌），海水细菌为弧菌、发光杆菌。此外，人体自体细菌也是研究目标之一。在溺水过程中，溺液可冲刷人体喉部、口腔中的正常菌群，如唾液链球菌、血链球菌等，使之随溺液进入人体血液循环到达各脏器。

气单胞菌属于弧菌科，气单胞菌属。气单胞菌属根据有无运动力可分为两类：一类是嗜冷性、非运动性的气单胞菌，另一类为嗜温性、运动性的气单胞菌。嗜水气单胞菌属第二类，在气单胞菌属中是最重要的，它是气单胞菌的模式种属。

嗜水气单胞菌是两端钝圆，直形或略弯，革兰氏阴性、发酵型的短杆菌，大小为（0.8～1.0）×（1.0～3.5）μm；大多数能在37 ℃下生长，在液体培养基中具极生单鞭毛，能运动，无芽孢，无荚膜，兼性厌氧。生长的适宜pH为5.5～9.0，最适生长温度为25～30 ℃；在普通营养琼脂培养基上生长良好，菌落呈圆形，边缘整齐，表面湿润，隆起，光滑，半透明，乳白色至奶黄色；菌落的大小与培养时间及温度有关，菌落小的只有针尖大小，大的直径可达3～4 mm；一般不产生色素，大多数菌株有溶血性，在血琼脂平板上形成β溶血环；培养产物的气味变化很大，有的没有，有的则气味很强。

（一）溺死相关细菌形态学检测

2010年，Kakizaki等人检验了一具浸没在海水中的高度腐烂女性尸体，该尸体遭遇台风大雨后，腹部及胸膜处都暴露在外环境，由于高度腐烂及污染，尸体解剖以及硅藻检验都不能确定死亡原因，显示尸体内各个器官均检出淡水硅藻。他们采用细菌培养检验，结果在尸体的各个器官检出邻单胞菌（淡水细菌），未检出海水细菌（弧菌、发光杆菌）。硅藻检验和细菌培养检验的结果都证明了该死者溺死于低盐度的淡水或者咸淡水，而非溺死于海水。

2011年，Kakizaki等人通过琼脂培养基培养、细胞色素c氧化酶活性测试以及嗜水气单胞菌的同源分析，检验了21例浸没尸体以及4例位于水环境附近的非溺死者尸体，结果为2例发现于浸没在海水或河口的尸体体内检出淡水细菌（气单胞菌）阳性，其中有1例尸体高度腐烂，且硅藻检验证明这2具尸体先溺死于低盐度淡水域随后漂至海水中；另外在2例浸没在水中尸体的血样中检出代表性细菌（气单胞菌、弧菌、发光杆菌）阴性，其中有1例尸体高度腐烂；7例发现于淡水的尸体体内检出气单胞菌阳性；4例发现于海水的尸体体内检出弧菌和（或）发光杆菌阳性；4例发现于陆地的非溺死者体内的水生细菌检验结果为阴性。这表明检出的浮游细菌可反映呛入溺液的类型，浮游细菌不容易入侵死后再被浸入水中的尸体。

水体浮游细菌只有部分能在溺死者体内存活甚至繁殖。海水溺死者体内的浮游细菌主要是弧菌属细菌、发光杆菌属细菌；淡水溺死者体内的浮游细菌主要是气单胞菌属细菌。海中发现的其中2例死者最终确定为淡水溺死，而后尸体漂入大海。这2例的细菌检验仅仅检出了气单胞菌属和邻单胞菌属（淡水浮游细菌类型）细菌，这说明死后细菌入侵并不容易发生，因为在淡水溺死后漂入大海的溺死者的体内只发现淡水细菌，有助于在推断过程中缩窄溺死发生的区域。气单胞菌是引起淡水中遇溺而送医院获救的幸存者肺炎的主要原因。实际案例中溺死者遗体的血液培养获得的嗜水气单胞菌是最常见的气单胞菌，也是最常见的浮游细菌。因此，除明显的溺死案例外，非溺死而被抛尸至水中的尸体也可根据细菌检验结果推断死亡原因。

此外，在居民区和附近的水体环境中，粪便细菌是普遍存在的。Lucci等人评估了这种细菌作为溺死过程中呛水标识的可能性。通过粪大肠埃希菌、粪链球菌的筛选培养基，在所有（52名）溺死者血液中鉴定出粪大肠埃希菌、粪链球菌。相反，在对照组30名非溺死者血液中没有发现粪大肠埃希菌、粪链球菌。因此，证实了溺死者血液中的粪大肠埃希菌、粪链球菌是来自水环境（外源），而不是来自他们自身的肠道（内源）。

就敏感性而言，粪便细菌检验具有非常好的应用前景（可筛选出血液中携带粪便细菌的溺死者）。而死后微生物入侵肺部和进入体循环导致假阳性结果的可能性依然有待探讨。Lucci等人另外检验了3名非溺死者（2人头颅损伤，1人脑出血，而且尸体浸泡在水中的时间分别为3 h、3 d、4 d），从他们的心脏、股动脉和血管两侧提取的血液样品中并未培养出粪便细菌，而水样却能在粪大肠埃希菌琼脂筛选培养基（M-FC培养基）上培养出25~28 CFU/100 mL的菌落，在粪链球菌琼脂筛选培养基中培养出24~80 CFU/100 mL的菌落。虽然仅检验了3名死者，没有产生假阳性的结果，数据还不充分，但是，这些案例还是值得注意。

在血液中检验浮游细菌有以下优点：当肺部的硅藻密度过低时，浮游细菌检验依然准确有效，因为有报道使用水样表明硅藻的密度与浮游细菌的密度不是呈正相关的。另外，浮游细菌更小，入侵到人体循环比硅藻更加容易，而且，浮游细菌能在一定条件的血液中存活以及繁殖。这种方法易于操作，受到试剂和玻璃器皿污染的可能性低，加上血液中的一小部分溺死相关细菌的繁殖，会竞争性抑制其他死后入侵或者污染的细菌的繁殖。

（二）溺死相关细菌基因检测

2009年，Suto等人建立了一种新的PCR方法来检验19例3 d内溺死者的心血样本中细菌的基因。他们设计了SL1、SN1、AH1 3对引物（表7-6），分别来检验19例溺死案件中死者（死后3 d之内）的唾液链球菌、血红链球菌（通常存在于人体喉咙中）及嗜水气单胞菌（遍布于淡水）。结果表明，在所有血样中检验出SL-DNA，在部分血样中检验出AH-DNA，这种PCR方法有高度的特异性和敏感性，可用于溺死鉴定。

表7-6 SL1、SN1、AH1 3对引物序列

引物名	序列（5′—3′）	产物大小/bp
SL1-Forward	CCAGCGGTACCAAAGGTAAA	223
SL1-Reverse	GCACTCATCCAATTGTCACG	
SN1-Forward	GGAAGAAACGGGTGTCGTAA	152
SN1-Reverse	AAGGCGCCTTCCAGACTGATA	
AH1-Forward	GAACGACGCCTATCAGGAA	201
AH1-Reverse	ACGGAGATAACGGCAATCAG	

资料来源：SUTO M, KATO N, ABE S, et al. PCR detection of bacterial genes provides evidence of death by drowning [J]. Legal medicine, 2009, 11 (Suppl 1): S354-S356.

PCR混合物的总体积为25 μL，由1μL DNA模板、1 μL引物（各10 μmol/L）、10.5 μL无核酸酶的水和12.5 μL GoTaq GreenMaster Mix组成。扩增条件如下：SL1和SN1，94 ℃预变性10 min，94 ℃变性30 s，53 ℃退火30 s，72 ℃延伸30 s，共38个循环，最后72 ℃再延伸10 min；AH1，94 ℃预变性10 min，94 ℃变性30 s，61 ℃退火30 s，72 ℃再延伸30 s，共35个循环，最后72 ℃再延伸10 min。反应结束

后取10 μL PCR产物进行2%琼脂糖凝胶电泳。结果见表7-7。19例3 d内溺死者的心血样本中都检测到了SL1-DNA，有几例含有AH1-DNA；在心血和气管拭子样本中检测到SL1-DNA，而在现场采集的水样中则没有。这些结果表明唾液链球菌通过呼吸道入侵血液。血红链球菌较唾液链球菌的检出率低，可能是由于样本中血红链球菌的数量少于唾液链球菌。另外，使用常规的酸消解方法进行分析和硅藻PCR方法检测浴缸中溺死者的心血样本，没有发现浮游生物，但是使用检测唾液链球菌DNA的PCR方法发现心血样本中SL1-DNA呈阳性。

表7-7 以常规的酸消解方法进行硅藻分析和以PCR方法鉴定浮游生物DNA的结果

方法	心血	37 ℃孵育的心血	气管	肺	肝
酸消解	N.T.[①]	N.T.	N.T.	–[②]	–
EG1	–	N.T.	N.T.	–	–
SK1	–	N.T.	N.T.	–	–
SL1	+[③]	+	+	N.T.	N.T.
SN1	–	–	+	N.T.	N.T.
AH1	–	–	+	N.T.	N.T.

① N.T.，即not test，表示样本未经测试。
② "–"表示阴性。
③ "+"表示阳性。
资料来源：SUTO M，KATO N，ABE S，et al. PCR detection of bacterial genes provides evidence of death by drowning [J]. Legal medicine, 2009, 11 (Suppl 1): S354–S356.

新型PCR方法对唾液链球菌、血红链球菌DNA的检测具有特异性和敏感性，对在不含自然水体浮游生物的水中溺死的情况非常有用。

2009年，Aoyagi等人认为水生细菌用于鉴定溺死比浮游生物更有效，因为细菌在自然环境中的体型更小、数量更多，更容易从肺部进入系统循环到达内封闭的组织器官。

针对温和气单胞菌设计两对引物，引物序列见表7-8。

表7-8 温和气单胞菌引物系列

引物名	序列（5'—3'）	产物大小/bp
Forward（first PCR）	TAAAGGGAAATAATGACGGCG	249
Reverse（first PCR）	GGCTGTAGGTATCGGTTTTCG	

续表 7-8

引物名	序列（5′—3′）	产物大小/bp
Forward（nested-PCR）	GGGAGAAGAGCTCCATCAAG	182
Reverse（nested-PCR）	GTTGGTGGCCTTGTCGTACT	

资料来源：AOYAGI M，IWADATE K，FUKUI K，et al. A novel method for the diagnosis of drowning by detection of Aeromonas sobria with PCR method［J］.Legal medicine，2009，11（6）：257-259.

PCR扩增：每25 μL反应体系中有缓冲液、2.5 mmol/L $MgCl_2$、0.2 mmol/L dNTP（各2.5 mmol/L）混合物、0.5 μL（10 μmol/L）引物、0.025 U/μL Taq DNA聚合酶和2 μL DNA模板。扩增条件如下：95 ℃预变性5 min；95 ℃变性30 s，59 ℃退火30 s，72 ℃延伸30 s，共30个循环；最后72 ℃再延伸7 min。

琼脂糖凝胶电泳：1 μL PCR扩增产物通过在2%琼脂糖凝胶电泳中分离并通过溴化乙锭染色显现。

针对水生的温和气单胞菌（Aeromonas sobria，一种广泛存在于淡水的细菌）的特异性DNA片段，采用PCR方法检测32例淡水溺死案件保存的血液样本，结果如图7-11、图7-12所示。从第1轮PCR案例13和案例31样本的PCR产物电泳结果（数据未显示）中可观察到249 bp的条带。

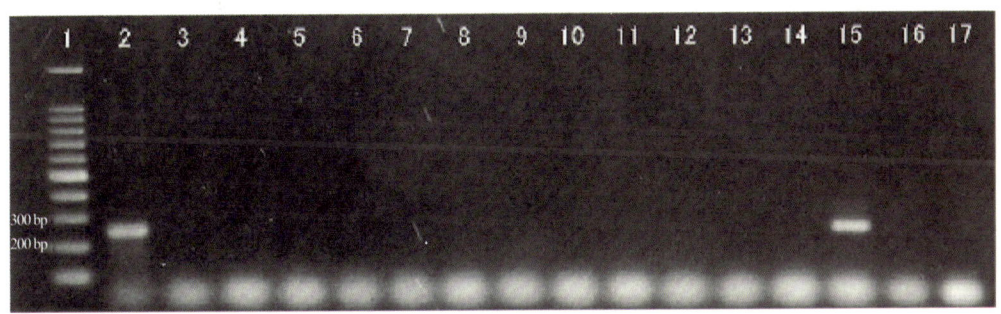

图7-11 用2%琼脂糖凝胶进行第一轮PCR后的电泳结果

泳道1：100 bp DNA ladder。泳道2：阳性对照。泳道3—16分别为案例1—14样本的PCR产物电泳结果。泳道17：阴性对照。

资料来源：AOYAGI M，IWADATE K，FUKUI K，et al. A novel method for the diagnosis of drowning by detection of Aeromonas sobria with PCR method［J］.Legal medicine，2009，11（6）：257-259.

对32例淡水溺死案件保存的血样，采用PCR方法来检测温和气单胞菌的特异性DNA。结果27例为阳性，只有5例为阴性。阴性结果的原因可能是血样储存时间过长或PMI太短。结果表明，检测温和气单胞菌特异性DNA可应用于溺死鉴定。

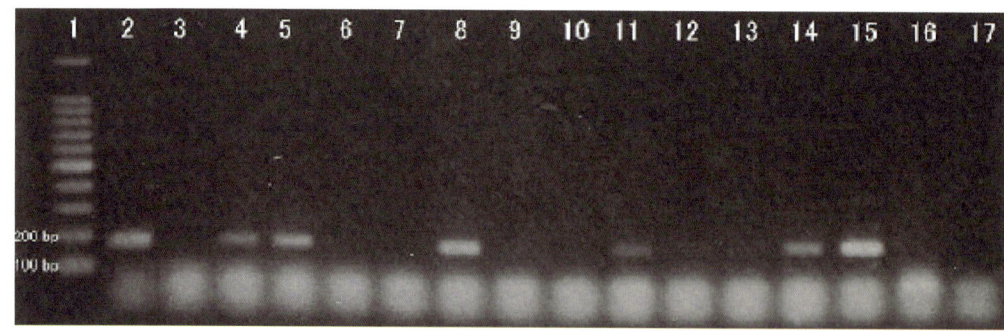

图7-12　用2%琼脂糖凝胶进行巢式PCR后的电泳结果

泳道1：100 bp DNA ladder。泳道2：阳性对照。泳道3—15分别为案例1—14样本的PCR产物电泳结果。泳道16：阴性对照。泳道17：阴性对照。

资料来源：AOYAGI M，IWADATE K，FUKUI K，et al. A novel method for the diagnosis of drowning by detection of Aeromonas sobria with PCR method [J]. Legal medicine, 2009, 11 (6): 257-259.

2012年，Uchiyama等人针对3种淡水细菌（气单胞菌，弧菌，发光杆菌）设计了9对引物和探针（表7-9、表7-10、表7-11），用多重TaqMan实时定量PCR法来检验溺死相关脏器中气单胞菌属的存在与否。

表7-9　3对气单胞菌引物和探针序列

引物名	序列（5′—3′）	产物大小/bp
Aa-Forward	AATGCCTGGTATACCCATCCG	
Aa-Reverse	TACGGCCCGATGACGAAG	65
Aa-Probe	FAM-CCGAACTGGAACCACA-BHQ-MGB	
Ag-Forward	GTTCCACTTCACCACMGAGCAG	
Ag-Reverse	GTTGTTGGTGAAGCAGTARACCC	96
Ag-Probe	NED-AACGAYGCCTATCAGGAA-BHQ-MGB	
Ac-Forward	CGCACATACGAGCTCACCTCC	
Ac-Reverse	GTGATTCATGTATTGCTGGGCG	90
Ac-Probe	Cy5-ACAAGATTGCCAAGGTGGACTATCGCGC-BHQ	

资料来源：UCHIYAMA T，KAKIZAKI E，KOZAWA S，et al. A new molecular approach to help conclude drowning as a cause of death: simultaneous detection of eight bacterioplankton species using real-time PCR assays with TaqMan probes [J]. Forensic science international, 2012, 222 (1-3): 11-26.

表7-10　3对弧菌引物和探针序列

引物名	序列（5′—3′）	产物大小/bp
Vk-Forward	GATGCTGAAGCTGCACAAGTG	
Vk-Reverse	GGAAATCTTGGTTATCAATGCTTTC	85
Vk-Probe	FAM-ATCGTGAAAGTCATCAAC-BHQ-MGB	

续表 7-10

引物名	序列（5′—3′）	产物大小/bp
Vt-Forward	CCTTGGATTCCACGCGTTATT	
Vt-Reverse	ATCTGACGGAACTGAGATTCCG	94
Vt-Probe	NED-ATTTGCGTACTGCTGTTTA-BHQ-MGB	
Vv-Forward	ATCATGAATAAAACTATTACGTTACTTAGTGCATT	
Vv-Reverse	GCTTCTTACTTGAGAGGCACTGACC	114
Vv-Probe	Cy5-CTCACGCTGCCGAGCCAACATTGT-BHQ	

资料来源：UCHIYAMA T, KAKIZAKI E, KOZAWA S, et al. A new molecular approach to help conclude drowning as a cause of death: simultaneous detection of eight bacterioplankton species using real-time PCR assays with TaqMan probes [J]. Forensic science international, 2012, 222 (1-3): 11-26.

表7-11 3对发光杆菌引物和探针序列

引物名	序列（5′—3′）	产物大小/bp
Pu-Forward	CAGACGTCCAGCCTAATGTTGA	
Pu-Reverse	CTTCGCCTGCCACAACTTC	63
Pu-Probe	FAM-ATTGTTATCGGTCCCGGTAC-BHQ-MGB	
Ps-Forward	TGAAGAACGCTGACGGCTCT	
Ps-Reverse	AACAGTTAGTAGCGGAGTTACGCC	98
Ps-Probe	NED-TTGCCCAATCACAGAAGA-BHQ-MGB	
Pl-Forward	TTAGATCAAATGTCAAAAGGCCG	
Pl-Reverse	TTGTACCATCCATAATCATGGTGTG	142
Pl-Probe	Cy5-TTGGTGTTGTGCGTGGCTTGTACCAC-BHQ	

资料来源：UCHIYAMA T, KAKIZAKI E, KOZAWA S, et al. A new molecular approach to help conclude drowning as a cause of death: simultaneous detection of eight bacterioplankton species using real-time PCR assays with TaqMan probes [J]. Forensic science international, 2012, 222 (1-3): 11-26.

PCR扩增体系（25 μL）：含有1×TaqMan基因表达主混合物（Applied Biosystems），10 μmol/L引物，5 μmol/L探针和1 μL（100 ng）细菌基因组DNA模板（或内部阳性对照）。

7500实时PCR系统（Applied Biosystems）的扩增条件：预变性50 ℃ 2 min；95 ℃ 10 min，95 ℃ 15 s，58 ℃ 1 min，40个循环。

以上述引物检验13例淡水溺死者的血样、内脏器官以及相应的水样。与此同时，辅以硅藻检验法及琼脂糖培养法来联合鉴定溺死。结果表明，PCR法鉴定出11例阳性，硅藻检验法鉴定出8例阳性。

2015年，Rutty等人使用Uchiyama设计的TaqMan探针检测浮游细菌并应用于溺死鉴定。

PCR扩增体系（20 μL）：含有1 × SensiFast™ Probe No-ROX mix，8 pmol/L引物，4 pmol/L探针和5 μL DNA。以靶向浮游细菌基因组DNA作为阳性对照。

实时定量PCR扩增条件：预变性95 ℃ 5 min；95 ℃ 10 s，58 ℃ 50 s，40个循环。

采用多重TaqMan实时定量PCR法检验20例水中成人和儿童（4例浴池，12例淡水，2例海水和2例咸淡水）尸体。这20例尸体中有16例被鉴定为溺死，实时定量PCR法检测为阳性符合这一结论。在其他非溺死的4个案例中，荧光定量PCR检测结果为阴性。该方法为快速溺死鉴定提供了一个辅助方法。

2018年，朱晓琳等人针对气单胞菌 *hlyA*、*aerA* 和 16S rDNA 的同源序列设计特异性引物，经过 PCR和CE检测分析，建立了淡水溺死者脏器样本中的气单胞菌分子生物学检验方法，并以此作为淡水溺死鉴定的辅助指标。

引物序列见表7-12。

表7-12　hlyA、aerA 和 16S rDNA引物序列

引物名	序列（5′—3′）	产物大小 /bp
hlyA-2	GTGCCCAGAAGGTGAGTTTCA	150
	TTGGCACGAACCCCTTGT	
aerA-1	GCCATCAAGGTCAGCAACTTC	180
	GGTGACGTCATAGCCGGATT	
P16S[①]	GAAAGGTTGATGCCTAATACGTA	668
	CGTGCTGGCAACAAAGGACAG	

① P16S 为 16S rDNA 的引物。

资料来源：朱晓琳.PCR-CE 检测浮游生物 DNA 用于诊断溺死的研究［D］.广州：广东工业大学，2019.

PCR 扩增总体积 20 μL，包括：DNA 模板 1 μL，Pre-mix Taq 10 μL（含 1 μL Taq DNA 聚合酶），上下游引物各 0.75 μL（浓度均为 10 μmoL/L），扩增水 7.5 μL。PCR扩增条件为：94 ℃预变性10 min；94 ℃变性40 s，61 ℃退火30 s，72 ℃再延伸40 s，共35个循环；最后72℃再延伸10 min。每对引物的检测图谱分别如图7-13至图7-15所示。

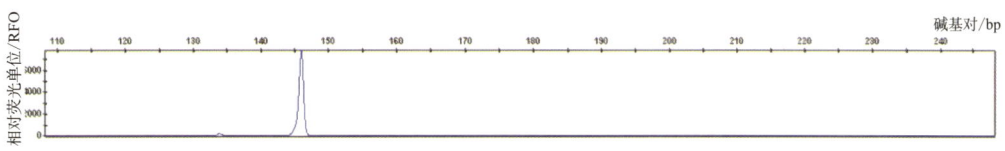

图7-13　引物 hlyA-2 扩增杀鲑气单胞菌CE检测谱图

资料来源：朱晓琳.PCR-CE检测浮游生物DNA用于诊断溺死的研究［D］.广州：广东工业大学，2019.

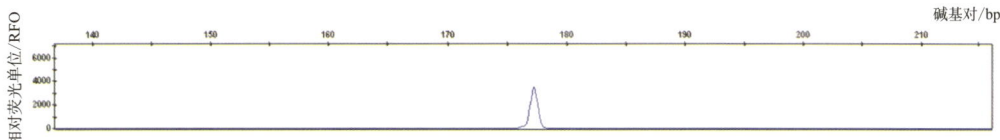

图7-14　引物aerA-1 扩增杀鲑气单胞菌CE检测谱图

资料来源：朱晓琳.PCR-CE检测浮游生物DNA用于诊断溺死的研究［D］.广州：广东工业大学，2019.

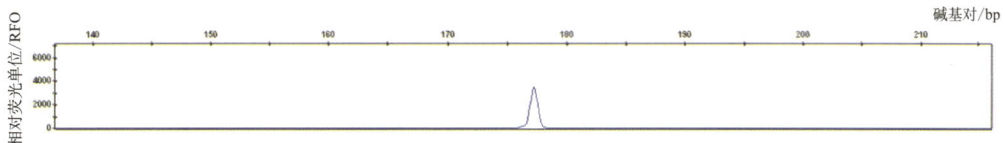

图7-15　引物P16S 扩增杀鲑气单胞菌CE检测谱图

资料来源：朱晓琳.PCR-CE检测浮游生物DNA用于诊断溺死的研究［D］.广州：广东工业大学，2019.

以引物 hlyA-2、aerA-1 和 P16S 构建的PCR-CE检测16例溺死实验猪样本，陆地死亡及死后抛尸组实验猪的脏器组织样本结果均为阴性，溺水点水样则为阳性。生前入水组总阳性率分别为 80%、70%、50%，见表7-13。

表7-13　PCE-CE检测生前入水实验猪脏器组织中气单胞菌的阳性率

引物	生前入水（$n=10\%$）			总阳性率/%
	肺	肝	肾	
hlyA-2	100%	60%	60%	80%
aerA-1	80%	50%	60%	70%
P16S	60%	40%	40%	50%

资料来源：朱晓琳.PCR-CE检测浮游生物DNA用于诊断溺死的研究［D］.广州：广东工业大学，2019.

浮游生物DNA检测技术具有更快速、方便的优点，但是此类技术目前还不够成熟。随着研究的不断深入，一定会有越来越多的浮游生物基因被挖掘出来，相关的技术方法将成为溺死鉴定的新方法。

第三节
溺死相关浮游生物基因检测技术

用PCR技术检测尸体的不同器官中含有的浮游生物基因与水中含有的浮游生物基因，同时借助分子分类学这一生物学方法对浮游生物进行种类区分，从而更迅速、直观地分析和得出结果。

一、PCR-变性梯度凝胶电泳技术

PCR-变性梯度凝胶电泳技术（denatured gradient gel electrophoresis，DGGE）是一种把大小相同但碱基序列组成不同的DNA片段分开的技术。不同碱基组成的DNA片段具有不同的解链温度，当将大小相同的DNA片段在含有梯度变性剂的聚丙烯酰胺凝胶中进行电泳时，由于对变性剂的耐受程度的不同，导致不同的DNA片段在相应的变性剂浓度下进行部分解链，解链后的DNA分子迁移速度急剧下降，不同的DNA片段会滞留在凝胶的不同位置，从而将其分开。

提取浮游生物的基因，用特定的引物进行PCR扩增，将扩增后的产物（最好为200～700 bp）进行DGGE，不同DNA片段滞留的位置不同，通过对图谱分析来鉴定藻类。Berglund等人用2对群特异性引物对25株金藻及6种微型浮游生物的18S rDNA进行PCR，两对引物都有较好的特异性，用DGGE对PCR产物进一步分析发现，自然样品中的浮游生物的主要条带均属于金藻。

DGGE技术的优化：DGGE有一个高温解链的过程，为了避免双链DNA分子完全解链，在引物的5'端引入一个30～50 bp的GC夹，形成人工的高温解链区，从而提高检测的精度；也可以对电泳的时间和变性剂的浓度进行优化，先用WINMELT软件对扩增片段低熔解区域的T_m值进行估算，并根据T_m值对每种藻的变性剂浓度进行计算，在得出的数值的左右各选相差2个单位进行实验，从而选出一个适合的条件进行后续的实验；也可以设计多对引物综合分析进行鉴定或者用几种技术一起来分析一种引物扩增的结果。

随着研究的不断深入，人们在此基础上，又发展出了恒定变性凝胶电泳、瞬时温度梯度电泳和温度梯度凝胶电泳用以进行藻类的分子鉴定。

二、实时定量PCR技术

实时定量PCR技术是在PCR定性技术基础上发展起来的核酸定量技术。它是一种在PCR反应体系中加入荧光基团,利用荧光信号积累实时监测整个PCR进程,最后通过标准曲线对未知模板进行定量分析的方法。

针对某浮游生物的基因设计出高特异性的引物,使用实时定量PCR技术扩增检测案件检材全基因组DNA,若Ct(cycle threshold)≤35,且呈现典型的扩增曲线,则为阳性结果;若$Ct>35$,或者无扩增信号,则为阴性结果。例如,Tengs等人比较了多个 *Gymnodinium galatheanum* Braarud株系的核糖体小亚基(ribosomal small subunit,SSU)基因和色素体DNA序列,发现后者较前者高变,并以此为依据设计了藻种特异性探针,建立了该藻种的实时定量PCR检测技术,该技术能高度特异性地对自然水样中的藻种进行检测,检测的最小细胞数量为每毫升水样2.5个。

实时定量PCR技术的优化。先用普通的PCR仪检测引物对目标浮游生物是否有特异性,并且一定要使用针对某一浮游生物种类设计的高特异性引物;由于不同的DNA提取方法的结果有很大差别,因此需优化DNA的提取方法,从而发挥实时定量PCR技术的最大效能。实时定量PCR技术具有特异性强、灵敏度高等优势,但存在检测成本高、荧光探针保存时间短等不足。

三、限制性片段长度多态性-PCR技术和末端限制性片段长度多态性技术

限制性片段长度多态性-PCR(PCR-restriction fragment length polymorphism,PCR-RFLP)技术是指用特异设计的PCR引物扩增目标,然后对扩增产物进行酶切处理,再检测其多态性。由于不同藻株基因组的限制性内切酶的酶切位点不同,其酶切片段的大小发生了变化,而这种变化可以通过特定图谱或探针杂交进行检测,从而比较不同藻株的DNA水平的差异,并对藻株进行分类。Chen等人用此法对一些蓝藻的*cpcBA*基因进行分析后发现,通过*Hinf*、*Ddef*、*Aluf*、*Taqf* 4种酶切图谱能清楚地辨别出藻种,并认为这种方法能快速鉴定出蓝藻类别。

大多的PCR-RFLP技术是通过通用引物扩增检测的,但不同的物种扩增条件存在差异,所以可用标准株设计正交实验来对扩增条件和酶切反应中的条件进行优化,建立不同藻类最适合的PCR-RFLP条件。

末端限制性片段长度多态性(terminal-restriction fragment length polymorphism,T-RFLP)技术是指用16S rDNA的保守区段设计通用引物,用荧光物质标记其中一

个引物的5'末端,提取待分析的样品总DNA作为模板进行PCR扩增;将产物用相应的限制性内切酶消化,用自动测序仪检测消化的PCR产物,比对标准株PCR扩增产物,从而可以比较不同藻株,并对藻株进行分类。T-RFLP技术存在一定的限制性,在结果图谱中,一个荧光峰至少代表一个或几个亲缘关系比较近的种株,并不太清楚具体的峰来自一个或两个物种,并且不同酶消化结果会产生差异,因此单一方法只能是一个大致的推测,并不是确定的结果,所以还需要结合其他方法进行进一步的确定。

四、随机扩增多态性DNA标记PCR技术

随机扩增多态性DNA标记PCR(random amplified polymorphic DNA-PCR,RAPD-PCR)技术利用一系列约10个核苷酸长度的随机序列寡核苷酸作为引物,以生物基因组DNA作为模板进行PCR扩增,将扩增产物进行凝胶电泳,通过电泳结果来分析DNA序列的多态性及目的藻类的种属。Neilan等人用此方法分析了产毒蓝藻的特点,并得出理想的结果,因此该技术可用于藻类种属鉴定。

RAPD-PCR也存在一定的技术限制性,由于RAPD的重复性不佳,需要增加样本量和细致标准化操作来解决问题,还可以回收凝胶上具有种特异性的条带,测定序列沿模板方向延长产物的长度来提高特异性,通过电泳分离的片段大小鉴定样本中微生物的种属。RAPD需要在无菌条件下进行。

五、PCR-变性高效液相色谱技术

PCR-变性高效液相色谱(PCR-denaturing high performance liquid chromatography,PCR-DHPLC)技术是利用样品分子和离子对固定相亲和力的差异,在随流动相洗脱的不同大小或者不同序列的核苷酸片段分子在固定相上移动速率不同而达到分离的目的。PCR结合DHPLC技术是新近发展起来的高灵敏度、高通量检测新技术,将DNA样品注入并在缓冲液携带下通过专用的DNA分离柱,得到分离的待检藻类的特有基因序列,设计PCR引物进行扩增,以DHPLC技术可分离核酸扩增片段,能快速、高通量检测藻类。余政梁等人采用PCR-DHPLC法检测硅藻SSU基因,评估其在溺死鉴定中的应用价值。

六、PCR-CE

CE是一类以毛细管为分离通道,以高压直流电场为驱动力的新型液相分离技

术。将PCR结合CE，用以快速鉴定物种DNA。首先以特异性引物对藻类进行扩增，然后采用CE系统对扩增片段进行分析，扩增DNA产物因片段大小差异而分离，再与标准株结果比对，从而大致确定所属藻种（属）。由于扩增出来的相同大小的片段可能不只包括一个单纯的种属，所以还需要进一步通过测序等技术进行确认。

七、PCR-聚丙烯酰胺凝胶电泳技术

聚丙烯酰胺凝胶是由丙烯酰胺单体相互聚合成多条长链，再与甲叉双丙烯酰在引发剂和加速剂的作用下交联而成的凝聚胶多孔聚合物。凝胶孔径的大小可通过控制单体和交联剂的浓度来调节，从而满足不同分子量物质的分离要求。由于不同的DNA分子质量不同，可根据电泳的条带出现的位置来区别。把从浮游生物中提取的DNA通过PCR扩增后，再进行PAGE，将PCR产物片段谱带与标样数据库对比，从而确定所属藻种（属）。

PCR-PAGE也存在一定的技术限制性，虽然它的检测成本低，但如果仅判断凝胶上的谱带大小，当产物条带较弱，扩增片段大小近似时，该技术的分辨力就会受到限制。

八、宏基因组分析技术

使用454焦磷酸测序的宏基因组分析技术等新一代测序技术，能更全面地鉴定广谱微生物。Kakizaki等人使用焦磷酸454测序平台对来自2名溺死者的血液和各种器官的样品进行了宏基因分析，检出各种水生浮游生物的DNA：蓝藻细菌、硅藻、隐藻，以及硅藻鞭纲、金藻纲和共球藻纲的藻类。在这些浮游生物中，水生细菌例如气单胞菌和弧菌占了绝对优势，这表明浮游细菌可作为呛水的优秀指标。因为宏基因组检验成本高、数据分析尚不成熟，所以还需要深入研究溺死浮游生物的相关基因，才能推动宏基因组分析技术的大规模应用。

九、基因芯片

基因芯片具有较高的特异性和灵敏度，可以实现不同微生物种属的高特异性和高灵敏度分析。Jiang等人开发了硅藻18S rDNA基因芯片，通过扫描芯片杂交荧光，计算相对定量百分比，可以有效判断出菱形藻、舟形藻等淡水资源中的优势物种，为进一步应用硅藻解决在司法鉴定、环境水体浮游植物生物多样性研究以及藻类生

物多样性分类学鉴定等方面的问题奠定基础。

除以上的主要技术方法外，还有被成功用于蓝藻分类的长末端重复序列技术和短串联重复序列技术等。因此，在应用过程中，要根据不同检测技术的优势，结合使用，方可快速准确地对藻类进行分类。

第四节

溺死相关浮游生物基因操作方法

对于水中尸体的死亡原因鉴定，传统检测方法不够灵敏且耗时。近年来，有多种检测方法采用分子生物学技术检测尸体不同脏器中含有的水生浮游生物，从而进行溺死鉴定，结果相对可靠，可辅助加强证据力度，有较好的法医学应用前景。

一、PCR-CE检测浮游生物DNA用于溺死鉴定

除硅藻外，蓝藻和其他浮游细菌亦可作为溺死鉴定的靶向标记。因此，研发针对多种溺死相关靶物种，筛选更多溺死相关浮游生物遗传标记，寻找灵敏、快速、特异的溺死鉴定新方法十分必要。

（一）材料

1. 标准株样本

5种水生气单胞菌［舒氏气单胞菌（*Aeromonas schubertii*）、嗜水气单胞菌、维氏气单胞菌（*Aeromonas veronii*）、温和气单胞菌、杀鲑气单胞菌］，6种人体常见共生菌［长双歧杆菌（*Bifidobacterium longum*）、大肠埃希菌、白色念珠菌、惰性乳杆菌（*Lactobacillus iners*）、格氏乳杆菌（*Lactobacillus gasseri*）、变形链球菌（*Streptococcus mutans*）］。

12种硅藻［舟形藻、变异直链藻（*Melosira varians*）、脆杆藻（*Fragilaria sp.*）、小环藻、菱形藻、针杆藻、中肋骨条藻、旋链角毛藻（*Chaetoceros curvisetus*）、多列拟菱形藻（*Pseudo-nitzschia multiseries*）、三角褐指藻（*Phaeodactylum tricornutum*）、威士海链藻（*Thalassiosira weissflogii*）、隐秘小环藻（*Cyclotella cryptica*）]，8种蓝藻[产毒微囊藻、铜绿微囊藻、水华束丝藻（*Aphanizomenon flos-aquae*）、念珠藻（*Nostoc* sp.）、鱼腥藻（*Anabaena* sp.）、单歧藻（*Tolypothrix* sp.）、聚球藻（*Synechococcus* sp.）、钝顶螺旋藻（*Spirulina platensis*）]。

8种常见非人源性生物（猫、狗、猪、牛、羊、鸡、鸭、兔），人类基因组标准品9947A（女）和9948（男）。

2. 溺死动物模型

随机选取珠江广州段4个取水点采集水样，在每个取水点距岸边1 m、水下0.5 m处收集水样100 L。选用38只普通级新西兰大白兔作为实验对象（雄兔，1.8～2.5 kg）。

将实验兔随机分为甲、乙、丙3组：①甲组为溺死组（$n=16$），实验兔耳缘静脉注射3%苯巴比妥钠，0.05 mg/kg，麻醉后沉入水中，等待实验兔缓慢溺死，并将其浸泡在水中24 h后解剖；②乙组为死后浸泡组（$n=16$），将实验兔麻醉后采用空气栓塞法处死，检查无生命体征后将其浸泡在水中24 h后解剖；③丙组为空白对照组（$n=6$），将实验兔麻醉后采用空气栓塞法处死，于解剖台放置24 h后解剖。为避免样本间交叉污染，每只实验兔均采用一次性器械解剖，分别保存完整肺、肝、肾组织，用液氮速冻，并及时送往实验室，于-80 ℃保存。

3. 尸体组织样本

选取225例案件尸体（193例溺死者，32例陆地死者）的肺脏、肝脏和肾脏组织样本作为检测样本。除肺脏外，至少在尸体的肝脏或肾脏任一组织中有位点检出才算阳性，计算检验阳性率（%）。

（二）方法

1. DNA提取

取组织样本约500 mg剪碎，加入PowerBead管中，同时加入10 μL 蛋白酶K（20 mg/mL），放入恒温混匀仪，56 ℃裂解2 h。使用强力土壤DNA提取试剂盒提取标准株和组织中浮游生物DNA。

2. PCR扩增及CE

使用引物扩增硅藻、绿藻和气单胞菌等特异性片段，引物对序列见表7-14。

表 7-14 浮游生物检测体系选择的基因座信息

序号	基因座引物名称	引物序列（5′—3′）	引物浓度/（μmol/L）	荧光标记
1	rpoD-A Forward	CCCCCAACGCATCATGC	0.2	FAM
2	rpoD-A Reverse	CAAGTTTGAAGTGGCCAACA	0.2	
3	rbcL-A Forward	ATTAGGTTTATCTGGTAAAAACTAC	0.5	FAM
4	rbcL-A Reverse	TTCTCTCCAACGCATGAA	0.5	
5	rpoD-B Forward	TTCACCTCGGCATAGGTCAG	2.5	FAM
6	rpoD-B Reverse	GTACGCGCAACCTAGCAACAC	2.5	
7	cbr Forward	GAAAGCTAGGGGAGCGAAT	0.2	FAM
8	cbr Reverse	GCGTGCGTACTCCCCAGGCG	0.2	
9	rbcL-B Forward	TACAGTTGTTGGTAAATTAGAA	0.5	FAM
10	rbcL-B Reverse	GTGCATTTGACCACAGTGG	0.5	
11	hlyA-A Forward	TCGCGAGATCTCGGGT	1.5	HEX
12	hlyA-A Reverse	GAGCTGGCGCTGCTGGCTGA	1.5	
13	aer-A Forward	CAATATATTGGGGTTGCTATGCA	0.2	HEX
14	aer-A Reverse	AGCGAAGCTGGTCTGGATAG	0.2	
15	upa Forward	GGGCGGTCGCCTCCC	0.2	HEX
16	upa Reverse	CACCGTCAGATCACTAAGAGGCA	0.2	
17	aer-B Forward	CGAAGAGCTCTCCGGGCTT	0.1	HEX
18	aer-B Reverse	TGGCACTCCGACAAGATGGCG	0.1	
19	hlyA-B Forward	CCACGTGGCCTTCTACCTCA	0.1	HEX
20	hlyA-B Reverse	TATCTTGGCATCCGGCGT	0.1	
21	aer-C Forward	AGCCACCAACTGGTCCAAGACCAAC	1.5	HEX
22	aer-C Reverse	TATCTTCACCGGGATCTTGGAGC	1.5	
23	hlyA-C Forward	CGCGAGATCTCGGGT	0.6	HEX
24	hlyA-C Reverse	GATCTTGAACTCGGTGCTG	0.6	

资料来源：XIAO C, XU Q, LI H, et al. Development and application of a multiplex PCR system for drowning diagnosis [J].Electrophoresis, 2021, 42（11）: 1270-1278.

PCR扩增总体系为25 μL，内含ReactionMix 10 μL，引物2 μL（10 μmol/L），热启动C-Taq酶1 μL（5 U/μL），去离子水11 μL（1 ng/L），DNA模板1 μL。PCR热循环参数：95 ℃预变性2 min；94 ℃变性30 s，59 ℃退火60 s，72 ℃延伸30 s，共30个循环；最后，72 ℃再延伸10 min。

使用3500 XL遗传分析仪进行CE检测：①将去离子甲酰胺与分子内标记物AGCU Marker SIZ-500按照100∶3体积比混合，配成电泳缓冲液；②96孔板中每孔加入10 μL电泳缓冲液和1 μL扩增产物；③3 600 r/min离心30 s后等待上机检测；④打开3500 XL遗传分析仪软件，新建样本信息电泳表，选择相应荧光，电泳程序设置进样时间为10 s、进样电压为3 kV；⑤打开3500 XL遗传分析仪舱门，将96孔板放入托板中，等待10 s后仪器指示灯变绿，连接电泳表，点击"Start Run"开始电泳。

（三）结果

1.引物特异性验证

使用浮游生物检测体系对12种硅藻、8种蓝藻和5种水生气单胞菌检出阳性，在人体共生菌、常见动物和人类DNA样本中均未检测到扩增产物（表7-15）。

表7-15 Plankton浮游生物检测体系种属特异性测试结果

序号	标准株	rpoD-A	rbcL-A	rpoD-B	cbr	rbcL-B	hlyA-A	aer-A	upa	aer-B	hlyA-B	aer-C	hlyA-C
1	舟形藻	−	+	−	−	+	−	−	+	−	−	−	−
2	直链藻	−	+	−	−	+	−	−	+	−	−	−	−
3	脆杆藻	−	+	−	−	+	−	−	+	−	−	−	−
4	小环藻	−	+	−	−	+	−	−	+	−	−	−	−
5	菱形藻	−	+	−	−	+	−	−	+	−	−	−	−
6	针杆藻	−	+	−	−	+	−	−	+	−	−	−	−
7	中肋骨条藻	−	+	−	−	+	−	−	+	−	−	−	−
8	旋链角毛藻	−	+	−	−	+	−	−	+	−	−	−	−
9	多列拟菱形藻	−	+	−	−	+	−	−	+	−	−	−	−
10	三角褐指藻	−	+	−	−	+	−	−	+	−	−	−	−
11	威氏海链藻	−	+	−	−	+	−	−	+	−	−	−	−
12	隐秘小环藻	−	+	−	−	+	−	−	+	−	−	−	−
13	产毒微囊藻	−	−	−	+	−	−	−	−	−	−	−	−
14	铜绿微囊藻	−	−	−	+	−	−	−	−	−	−	−	−
15	水华束丝藻	−	−	−	+	−	−	−	−	−	−	−	−
16	念珠藻	−	−	−	+	−	−	−	−	−	−	−	−
17	鱼腥藻	−	−	−	+	−	−	−	−	−	−	−	−
18	单歧藻	−	−	−	+	−	−	−	−	−	−	−	−
19	聚球藻	−	−	−	+	−	−	−	−	−	−	−	−
20	钝顶螺旋藻	−	−	−	+	−	−	−	−	−	−	−	−
21	舒氏气单胞菌	+	−	+	−	−	+	+	−	+	+	+	−
22	嗜水气单胞菌	+	−	+	−	−	+	+	−	+	+	+	+

续表 7-15

序号	标准株	rpoD-A	rbcL-A	rpoD-B	cbr	rbcL-B	hlyA-A	aer-A	upa	aer-B	hlyA-B	aer-C	hlyA-C
23	维氏气单胞菌	+	−	+	−	−	+	+	−	+	+	+	+
24	温和气单胞菌	+	−	+	−	−	+	+	−	+	+	+	+
25	杀鲑气单胞菌	+	−	+	−	−	+	+	−	+	+	+	+
26	长双歧杆菌	−	−	−	−	−	−	−	−	−	−	−	−
27	大肠埃希菌	−	−	−	−	−	−	−	−	−	−	−	−
28	白色念珠菌	−	−	−	−	−	−	−	−	−	−	−	−
29	惰性乳杆菌	−	−	−	−	−	−	−	−	−	−	−	−
30	格氏乳杆菌	−	−	−	−	−	−	−	−	−	−	−	−
31	变形链球菌	−	−	−	−	−	−	−	−	−	−	−	−
32	猫	−	−	−	−	−	−	−	−	−	−	−	−
33	狗	−	−	−	−	−	−	−	−	−	−	−	−
34	猪	−	−	−	−	−	−	−	−	−	−	−	−
35	牛	−	−	−	−	−	−	−	−	−	−	−	−
36	羊	−	−	−	−	−	−	−	−	−	−	−	−
37	鸡	−	−	−	−	−	−	−	−	−	−	−	−
38	鸭	−	−	−	−	−	−	−	−	−	−	−	−
39	兔	−	−	−	−	−	−	−	−	−	−	−	−
40	9947A	−	−	−	−	−	−	−	−	−	−	−	−
41	9948	−	−	−	−	−	−	−	−	−	−	−	−

资料来源：XIAO C, XU Q, LI H, et al. Development and application of a multiplex PCR system for drowning diagnosis [J]. Electrophoresis, 2021, 42（11）：1270−1278.

2. 溺死动物模型检测结果

溺死组（$n=16$）分别有16例肺、12肝和11例肾组织有位点检出，根据检测原则，鉴定为溺死的共有14例，鉴定准确率为：14/16=87.5%。死后浸泡组（$n=16$）中除了2例肺组织样本中有部分藻类或菌类位点检出，其余样本的检测结果均为阴性，鉴定为非溺死的共有16例，准确率为：16/16=100%。对照组（$n=6$）样本均无特异性片段扩增。综上，利用此法鉴定准确的共有36只，准确率达94.74%。

3. 尸体组织样本检测结果

经浮游生物检测体系检测，32例非溺死者的肺脏、肝脏和肾脏均无特异性扩增峰出现，均为阴性检验结果。193例溺死样本中共有176例肺组织样本、170例肝组织样本和165例肾组织样本检出阳性，检出率分别为91.92%、88.08%和85.49%（表7-16）。通过浮游生物检测体系鉴定为溺死的样本共有178例，溺死检出率为92.23%。

结果显示，这些引物能同时检测其他与溺死相关藻类，具有较高的阳性率、灵敏度及特异性，操作简便、易于推广，在溺死鉴定中有良好的应用前景。

表7-16 浮游生物检测体系对溺死者组织样本检出率（$n=193$）

单位：%

引物名称	肺组织检出率	肝组织检出率	肾组织检出率
rpoD-A	49.74%	21.24%	35.23%
rbcL-A	28.49%	4.15%	12.95%
rpoD-B	53.88%	30.05%	43.52%
cbr	85.49%	79.79%	82.38%
rbcL-B	18.65%	2.59%	11.39%
hlyA-A	69.95%	43.01%	52.33%
aer-A	48.71%	23.32%	30.57%
upa	30.57%	8.81%	18.13%
aer-B	50.78%	27.46%	37.31%
hlyA-B	58.03%	34.72%	40.93%
aer-C	49.74%	27.97%	39.89%
hlyA-C	44.56%	21.76%	32.64%
总检出率	91.92%	88.08%	85.49%

资料来源：XIAO C, XU Q, LI H, et al. Development and application of a multiplex PCR system for drowning diagnosis [J]. Electrophoresis, 2021, 42（11）: 1270-1278.

二、实时定量PCR检测浮游生物DNA用于溺死鉴定

筛选4类常见溺死相关浮游生物（硅藻、蓝藻、绿藻和水生气单胞菌）的靶基因，设计特异性引物，建立一种实时定量 PCR 检测方法，扩增已知藻种和菌种标准株，观察引物特异性。利用该方法，确定组织样本中硅藻的特异性基因片段，以达到快速、全面、准确地鉴定溺死的目的。

rbcL 基因：叶绿体核酮糖-1,5-二磷酸羧化酶大亚基基因，是植物叶绿体进行光合作用的关键基因片段，长度约1 400 bp。目前*rbcL*基因序列的信息比较清楚，已被广泛用于植物和藻类的分类研究。根据现有对该基因的研究报道及其在硅藻研究中的作用，选用该基因作为检测硅藻的靶基因。

psbA 基因：编码光系统中心蛋白 D1 的光合作用基因，长度约1 200 bp，其编码产物D1蛋白是光系统Ⅱ反应中心的两个核心蛋白之一，在有氧光合作用过程中发挥了重要的作用。学者们对蓝藻*psbA*基因进行了大量的研究，发现 88%的蓝藻均含有该基因。

chlB 基因：叶绿素还原酶亚基B，是原叶绿素还原酶的一个组成部分，长度约1 500 bp。该基因可作为检测以蛋白核小球为主的绿藻门类浮游生物。

rpoD 基因：RNA聚合酶σ因子，全长约800 bp。有学者选用该基因作为管家基因，在气单胞菌分类鉴定中发挥着重要作用。

（一）材料

1.标准株样本

5 种水生气单胞菌（舒氏气单胞菌、嗜水气单胞菌、维氏气单胞菌、温和气单胞菌、杀鲑气单胞菌），6 种人体常见共生菌（长双歧杆菌、大肠埃希菌、白色念珠菌、惰性乳杆菌、格氏乳杆菌、变形链球菌）。

12种硅藻（舟形藻、直链藻、脆杆藻、小环藻、菱形藻、针杆藻、中肋骨条藻、旋链角毛藻、多列拟菱形藻、三角褐指藻、威士海链藻、隐秘小环藻），8 种蓝藻（产毒微囊藻、铜绿微囊藻、水华束丝藻、念珠藻、鱼腥藻、单歧藻、聚球藻、钝顶螺旋藻）。

8种常见非人源性生物（猫、狗、猪、牛、羊、鸡、鸭、兔），人类基因组标准品9947A（女）和9948（男）。

2.尸体组织样本

225例尸体组织样本（肺、肝、肾），其中生前溺水尸体32例。

（二）方法

1. 引物设计

从NCBI上获取硅藻、蓝藻、绿藻和水生气单胞菌对应的上述靶基因序列，在MultAlin网站进行序列比对，获取各靶基因的保守序列，从而在保守区间设计引物（表7-17）。

表7-17 浮游生物靶基因及引物信息表

检测基因	检测物种	引物名称	序列（5′—3′）
rbcL	硅藻	rbcL–Forward	ATTAGGTTTATCTGGTAAAAACTAC
		rbcL–Reverse	TTCTCTCCAACGCATGAA
psbA	蓝藻	psbA–Forward	AAGTTGTGCGCGTTACGTTC
		psbA–Reverse	GCTGCACACGGTTACTTTGG
chlB	绿藻	chlB–Forward	TATTGGTATTCTTACGCTTGGT
		chlB–Reverse	ATTAAATTAAACCAAGCGTTTGGT
rpoD	水生气单胞菌	rpoD–Forward	CCCCCAACGCATCATGC
		rpoD–Reverse	CAAGTTTGAAGTGGCCAACA

资料来源：余仲昊.实时荧光定量PCR检测溺死相关浮游生物体系建立及验证［D］.广州：南方医科大学，2022.

2. DNA的提取

根据强力土壤DNA提取试剂盒说明书提取各藻种、菌种标准株和尸体组织脏器DNA，置于-20 ℃保存待检。

3. 引物特异性验证及实时定量PCR检测

以12种硅藻、8种蓝藻、13种绿藻、5种水生气单胞菌、6种人体共生菌、8种常见非人源性生物和2种人类基因组DNA为模板，以超纯水为阴性对照，验证引物rbcL、psbA、chlB、rpoD的特异性。

4. 实时定量PCR检测实际案例

上述引物对225例尸体组织DNA样本进行扩增，使用QuantStudio™ 7 Flex实时定量PCR仪进行检测。

25 μL 实时定量PCR反应体系：NuHi® Robustic SYBR Green Mix 12.5μL，混合引物4 μL（5 μmol/L），DNA模板1 μL（1 ng/L），无菌水7.5 μL。反应条件：预变性95 ℃ 300 s；95 ℃ 5 s，60 ℃ 25 s，40个循环；熔解曲线分析95 ℃ 60 s，60 ℃ 60 s，升温至95 ℃，升温过程中收集信号。

检测标准：若$Ct \leqslant 30$，且呈现典型的扩增曲线，熔解曲线呈单峰，峰高且尖，则为阳性结果。

（三）结果

1. 引物特异性验证结果

图7-16A显示，引物rbcL扩增以上55种硅藻DNA样品中，仅有12种样品扩增为阳性，其余样品扩增均为阴性。图7-16B显示引物psbA对6种蓝藻扩增为阳性，其余样品扩增为阴性，包括2种蓝藻，分别为产毒微囊藻和单歧藻。图7-16C显示引物chlB扩增8种绿藻为阳性，其余样品扩增为阴性，5种绿藻扩增为阴性，分别为丝藻、新月藻、空星藻、亚小双星藻和四片藻。图7-19D显示rpoD对5种水生气单胞菌均扩增为阳性，其余样品均无条带。

2. 实际案件检验结果

通过引物rbcL、psbA、chlB和rpoD检验193例溺死者组织样本，结果显示，共有181例肺组织检出阳性（阳性率为93.78%），171例肝组织检出阳性（阳性率为88.60%），179例肾组织检出阳性（阳性率为92.75%），总体鉴定准确184例，准确率为95.34%。32例非溺死者组织样本均未检出扩增产物，准确率高达100%。

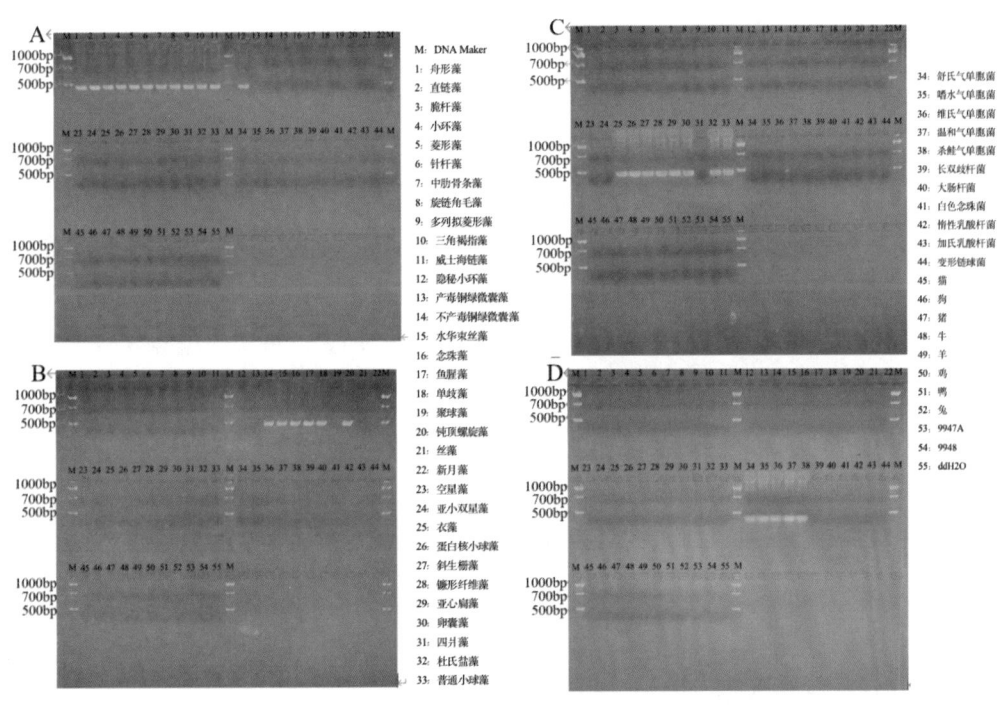

图7-16　4对引物对55种样本的2%琼脂糖电泳条带图谱

A：rbcL。B：psbA。C：chlB。D：rpoD。

资料来源：余仲昊.实时荧光定量PCR检测溺死相关浮游生物体系建立及验证［D］.广州：南方医科大学，2022.

三、高通量测序检测原核生物16S rDNA和真核生物18S rDNA用于溺死鉴定

通过16S rDNA和18S rDNA测序从分子层面分别获取浮游细菌和包含硅藻在内的浮游真核微生物的种群和丰度信息，有助于建立特定水域中浮游微生物种群的背景数据库，进而为溺死地点的推断提供基础数据。

（一）材料

1.水样采集

从珠江广州段随机等距离选取了4个取水点（分别记为W1、W2、W3和W4，相邻取水点间隔25～30 km，取水点的具体范围为上游的佛山三江源景观点附近至下游的入海口附近）进行水样采集：①每个取水点采集3份水样，每份500 mL；使用HL-6多联真空抽滤仪将水样微生物富集到0.22 μm孔径的滤膜上，再将滤膜封装于无菌离心管中，用液氮速冻，于−80 ℃冰箱保存。②每个取水点同时采集100 L水样进行溺死动物模型的构建。

2.动物模型构建

将水样运输至南方医科大学实验动物管理中心以进行实验，选用38只普通级新西兰大白兔作为实验对象（雄兔，1.8～2.5 kg，由南方医科大学实验动物管理中心提供）。

将实验兔随机分为甲、乙、丙3组：①甲组为溺死组（$n=16$），实验兔耳缘静脉注射3%苯巴比妥钠，0.05 mg/kg，麻醉后置入水中，等待实验兔缓慢溺死，并将其浸泡在水中24 h后解剖；②乙组为死后浸泡组（$n=16$），将实验兔麻醉后采用空气栓塞法处死，检查无生命体征后将其浸泡在水中24 h后解剖；③丙组为空白对照组（$n=6$），将实验兔麻醉后采用空气栓塞法处死，于解剖台放置24 h后解剖。为避免样本间交叉污染，每只实验兔均采用一次性器械解剖，分别保存完整肺、肝、肾组织，用液氮速冻，并及时送往实验室置于−80℃保存。

（二）方法

1. DNA提取和PCR扩增

按照强力土壤DNA提取试剂盒说明书提取动物模型肺组织和水样浮游微生物群落总DNA；采用针对16S rDNA的V4—V5区（Forward：5′-CCTACGGGNBGCASCAG-3′。Rererse：5′-GACTACNVGGGTATCTAATCC-3′）的引物进行PCR扩增；采用针对18S rDNA的V4—V5区（Forward：

5′-CCAGCASCYGCGGTAATTCC-3′。Rererse：5′-ACTTTCGTTCTTGATYRA-3′）的引物进行PCR扩增。

PCR反应体系为：2×KAPA HiFi HotStart Ready Mix buffer 12.5 μL，DNA 2.5 μL（5 ng/μL），正反向引物各5 μL（1 μmol/L）。PCR反应程序为：预变性95 ℃，3 min；变性95 ℃，30 s，退火55 ℃，30 s，延伸72 ℃，30 s，共25个循环。

2. 建库和测序

将同一样本的PCR产物混合后以2%琼脂糖凝胶回收，利用AxyPrep DNA凝胶回收试剂盒纯化回收产物，并用Quantus™荧光计对回收产物检测定量。使用NEXTflex™ DNA快速建库试剂盒建库，再以Illumina Miseq PE300平台测序。

3. 数据分析

使用fastp软件（V 0.20.0）对原始测序数据进行质控，再经FLASH软件（V 1.2.7）拼接序列，最后利用QIIME2软件进行后续的18S rDNA扩增子分析，其中使用Deblur去噪并生成特征表，以SILVA数据库（https://www.arb-silva.de/）进行注释分析，使用R语言进行维恩图的作图和分析。

（三）结果

1. 16S rDNA β多样性

为了分析不同位点水样中的生物多样性是否足以区分这4个位点的水样，采用PCoA来评估4个水样之间的分类和系统发育关系是否有显著的空间多样性。结果表明，在运用4种不同距离算法（包括Jaccard、Bray Curtis、非加权的UniFrac和加权的UniFrac）计算时，4个地点的水样均可以独立形成紧密有序的聚类（图7-17）。以非加权的UniFrac算法为例，在主成分PCo1上，4号位点和其余3个位点距离较远，表明4号位点的微生物分布情况和其他3个位点中的微生物分布情况具有差异。而在PCo2上，1号、2号和3号距离较远且单独聚类，表明这3个位点中的微生物分布情况也是能够区分开来的。上述实验结果，表明珠江这4个不同地点的水样具有独特的群落结构，且应用生物信息学分析可以将彼此的群落组成情况区分开来，表明使用微生物测序方法进行溺死地点区分具有一定的可行性。

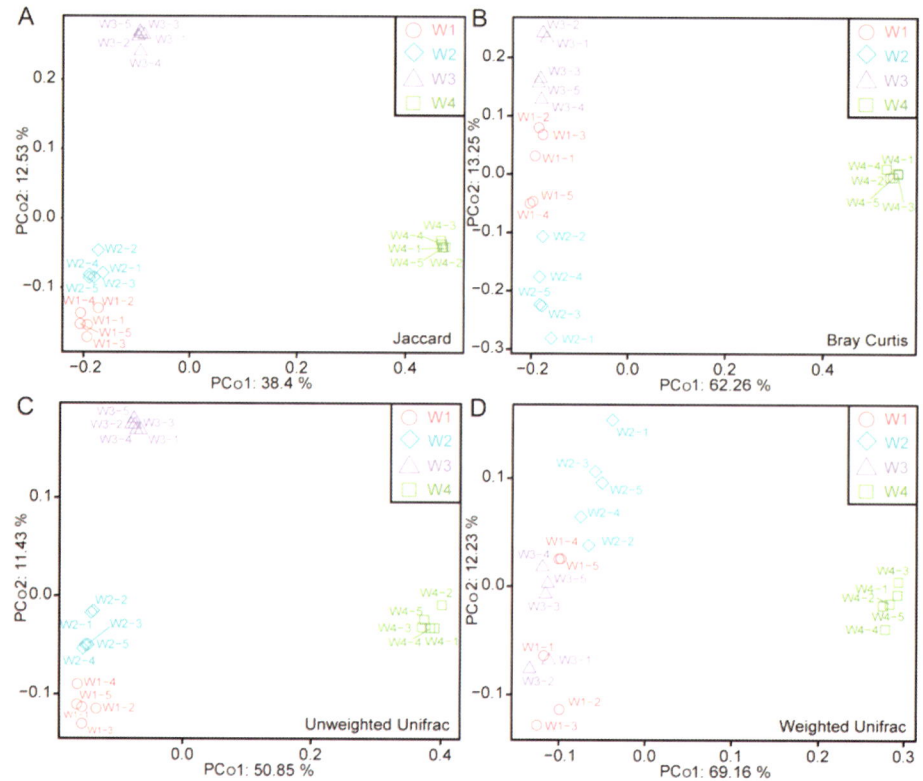

图7-17 珠江4个地点水样16S rDNA测序结果β多样性分析

W1、W2、W3、W4分别代表1—4号取水点，W1-1、W1-2、W1-3、W1-4代表1号取水点的4个重复样本，以此类推。

资料来源：余仲昊.实时荧光定量PCR检测溺死相关浮游生物体系建立及验证［D］.广州：南方医科大学，2022.

2. 16S rDNA序列物种注释

为了进一步区分水样的群落结构，我们将运算分类单元（operational taxonomie unit，OTU）标注到Silva 138数据库中，相似性达到99%。采用门水平和属水平分类对4个取水点的样品进行区分（图7-18、图7-19）。在门水平分类中，多个样本共有的最丰富的门包括变形菌纲（Proteobacteria）、放线菌纲（Actinobacteriota）、拟杆菌纲（Bacteroidota）和植物菌纲（Plantomycetota），但比例不相同（图7-18）。此外，蓝藻和疣微菌门（Verrucomicrobiota）在W1、W2和W3中富集，而在W4中丰度较低。在W4中，Thermoplasmatota门、泉古菌门（Crenarchaeota）和Marinimicrobia门丰度最高，呈现相反的趋势。在属水平分类上，W4的样本中红杆菌科（Rhodobacteraceae）和黄杆菌科（Flavobacteriaceae）丰度较高（图7-19）。在W1中，孢鱼菌科（Sporichthyaceae）丰度较高，这说明不同取水点的水样具有独特的群落结构。

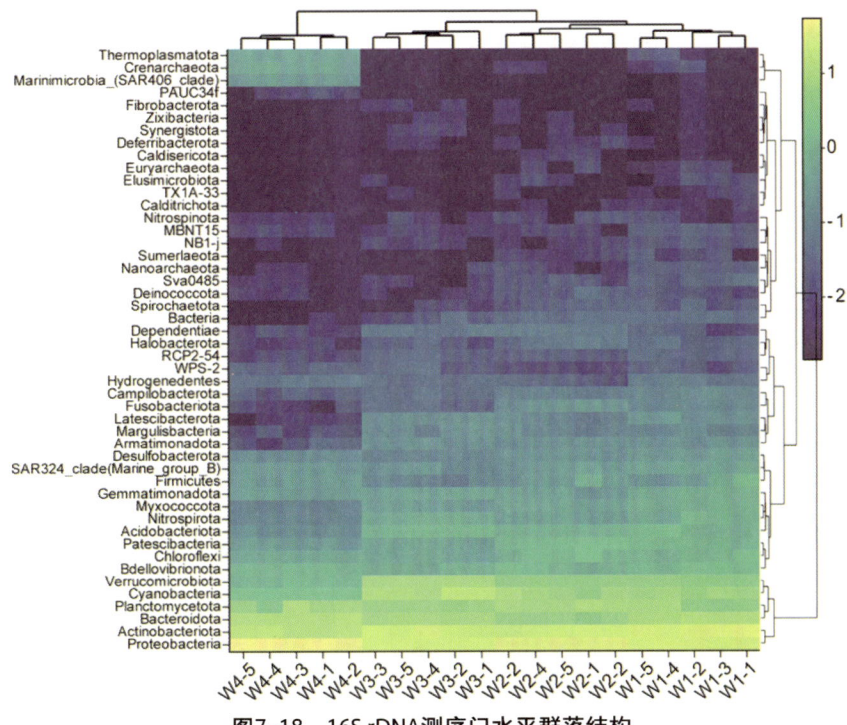

图7-18　16S rDNA测序门水平群落结构

资料来源：苏秦，余仲昊，徐曲毅，等.珠江广州段浮游真核微生物分布及其法医学意义[J].刑事技术，2022，47（6）：593-598.

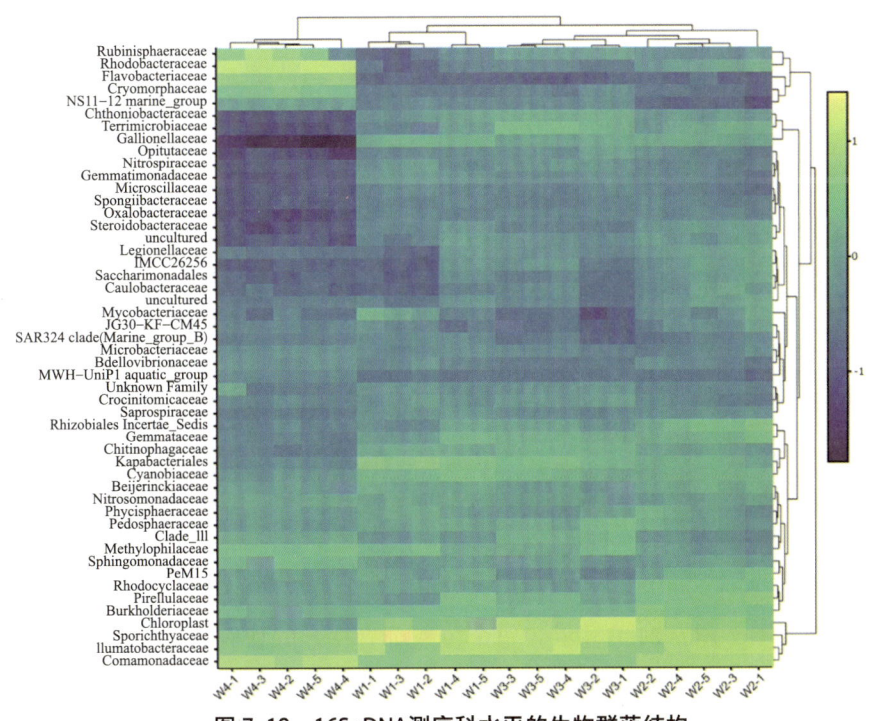

图7-19　16S rDNA测序科水平的生物群落结构

资料来源：苏秦，余仲昊，徐曲毅，等.珠江广州段浮游真核微生物分布及其法医学意义[J].刑事技术，2022，47（6）：593-598.

3. 溺死动物模型16S rDNA验证分析

为了探究通过群落结构检测是否能达到区分溺死动物模型的目的，对每组溺死样本进行PCoA。分析结果显示，使用Jaccard距离算法计算的组表现出最大的差异（PERMANOVA，$P=0.001$），4个不同位点的溺死组基本能够聚在一起（图7-20A）。其中，1号溺死组的溺死样本（DL1）和4号溺死组的溺死样本（DL4）的差异较大，在其他3种距离算法中也可以进行区分；而2号溺死组溺死样本（DL2）和3号溺死组溺死样本（DL3）的差异较小，与其他两组不能进行较好的区分。为了进一步分析溺死样本和水样之间的生物群落关系，对这4组样本进行PCoA，结果表明，在加权的UniFrac距离算法计算中，PCo1可以将溺死样本和水样区分开来，DL1和DL4的PCo2分别与W1和W4相似（图7-20B）。这说明不同溺死组内的溺死样本和水样具有较高的一致性，通过群落结构可以用来确定溺死地点。

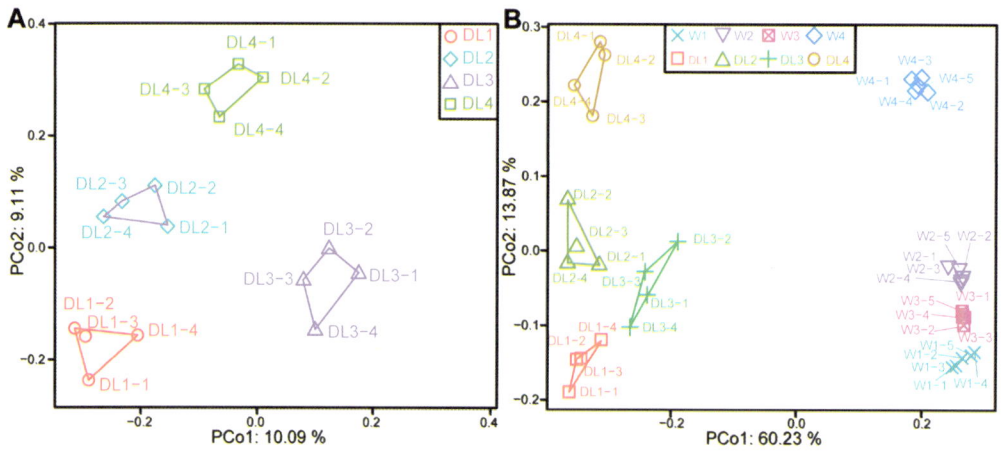

图7-20　溺死样本与水样PCoA

DL1、DL2、DL3、DL4分别代表1—4号溺死组，W1、W2、W3、W4分别代表取水点。DL1-1、DL1-2、DL1-3、DL1-4代表1号溺死组的4个不同样本，W1-1、W1-2、W1-3、W1-4代表1号取水点的4个重复样本，以此类推。A：溺死样本Jaccard分析。B：溺死样本与水样加权的UniFrac分析。

资料来源：苏秦，余仲昊，徐曲毅，等.珠江广州段浮游真核微生物分布及其法医学意义[J].刑事技术，2022，47（6）：593-598.

在4个位点水样的4 952个OTU中，共有1 513个被成功注释到"种"水平。水样物种OTU维恩图（图7-21）显示，每个位点都有特异的独有物种，W1、W2、W3和W4四个位点特异的独有物种OTU数量分别为30、32、17和169。为了评估这些特异的独有物种是否会出现在相应的溺死样本中，在所有的溺死样本种水平上再次进行Upset图分析。结果显示，1号、2号和4号溺死组样本中分别检测出3种、1种和6

种存在于相对应水样中的特异物种（图7-22），并且这些物种没有在其他组的溺死样本及水样中出现。然而，在空白对照组中检测到了一些共存于4个水样中的物种，表明在溺死动物模型构建中可能存在实验性污染，导致了假阳性结果的出现。上述结果表明，在水样中发现的特异物种，可在相应的溺死动物样本中检出，表明水样和相应的溺死动物样本存在较高的一致性；但将不同位点特有物种应用到溺死地点推断中，需要注意实验性污染，以避免假阳性结果的出现。

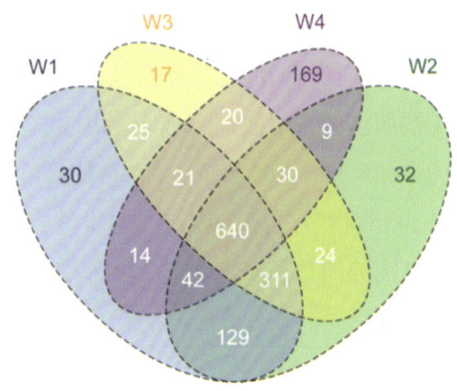

图7-21　珠江4个地点水样16S rDNA测序种水平物种数量维恩图

资料来源：苏秦，余仲昊，徐曲毅，等.珠江广州段浮游真核微生物分布及其法医学意义[J].刑事技术，2022，47（6）：593-598.

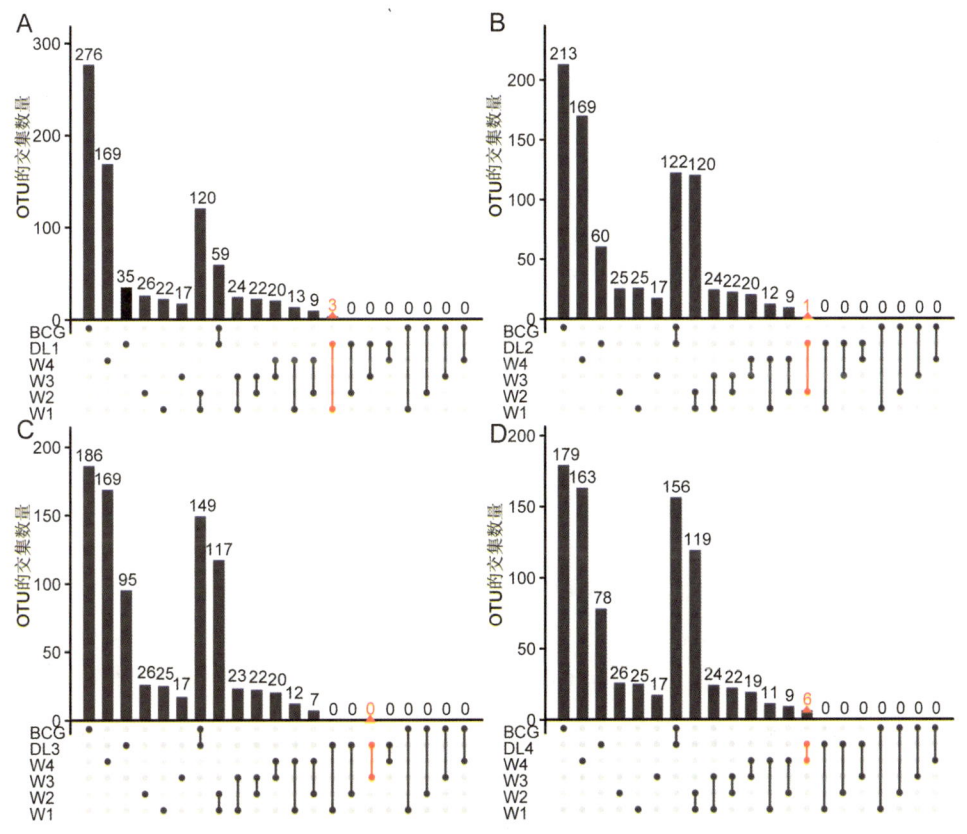

图7-22　4个地点溺死样本和水样的UpSet图

A：溺死肺样本1，DL1。B：溺死肺样本2，DL2。C：溺死肺样本3，DL3。D：溺死肺样本4，DL4。

资料来源：苏秦，余仲昊，徐曲毅，等.珠江广州段浮游真核微生物分布及其法医学意义[J].刑事技术，2022，47（6）：593-598.

4. 18S rDNA α 多样性

18S rDNA的测序分析结果显示珠江流域（广州段）水样中观测到的OTU数量（按照97%的相似性阈值）平均为（483.73±39.06）个。其中，W1的OTU数目最多为（638.33±1.67）个，而W4数目最少为（298.33±10.73）个（图7-23A）。W1的Shannon指数最高，W2和W3次之，W4最低（图7-23B）。这些结果表明，随着取水点离入海口越近，被检测到的浮游真核微生物种类和物种分布的均匀度均越低。

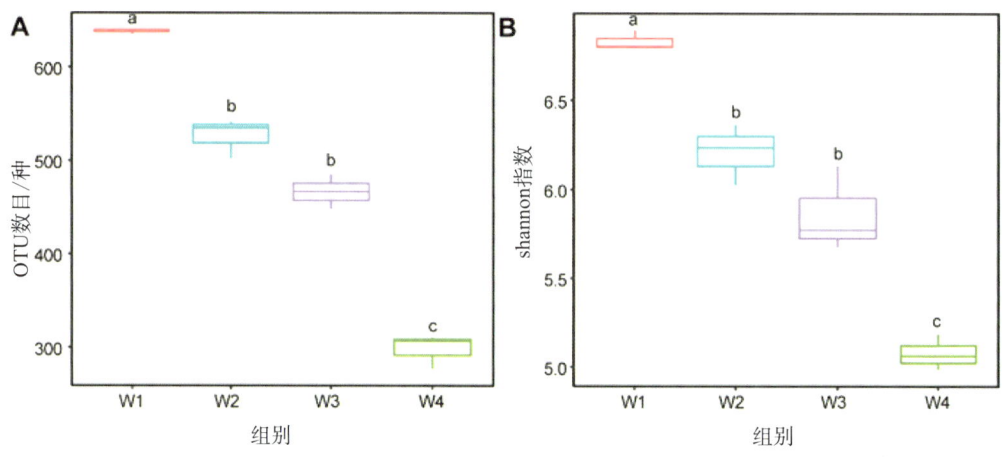

图7-23　4个取水点18S rDNA α 多样性指数

A：观测到的OTU数目。B：shannon指数。不同的字母表示存在统计学差异（$P<0.05$）。
资料来源：苏秦，余仲昊，徐曲毅，等.珠江广州段浮游真核微生物分布及其法医学意义[J].刑事技术，2022，47（6）：593-598.

5. 18S rDNA β 多样性分析

采用PCoA对数据降维后进行β多样性分析，确定不同取水点的微生物物种的异质性。分别采用非加权的UniFrac距离和Jaccard距离以及加权的UniFrac距离和Bray Curtis距离进行计算。其中，非加权的方法仅考虑浮游生物成员在群落中存在与否，而不考虑其丰度高低；加权的方法须考虑浮游微生物成员的丰度情况。结果显示，取水点W4在各种算法中均与另外3个取水点存在显著差异，这与α多样性的结果一致（图7-24）。虽然取水点W1、W2和W3在各种算法中也呈现出各自组内一致性且与其他取水点存在差异的趋势，但是W2在非加权算法中与W3更为接近（图7-24A，7-24C），而在加权算法中则与W1更为接近（图7-24B，7-24D）。这些结果表明，W4的物种构成与另外3组存在显著差异，而W2的物种构成种类与W3的接近，但W2的优势物种分布与W1的更接近。

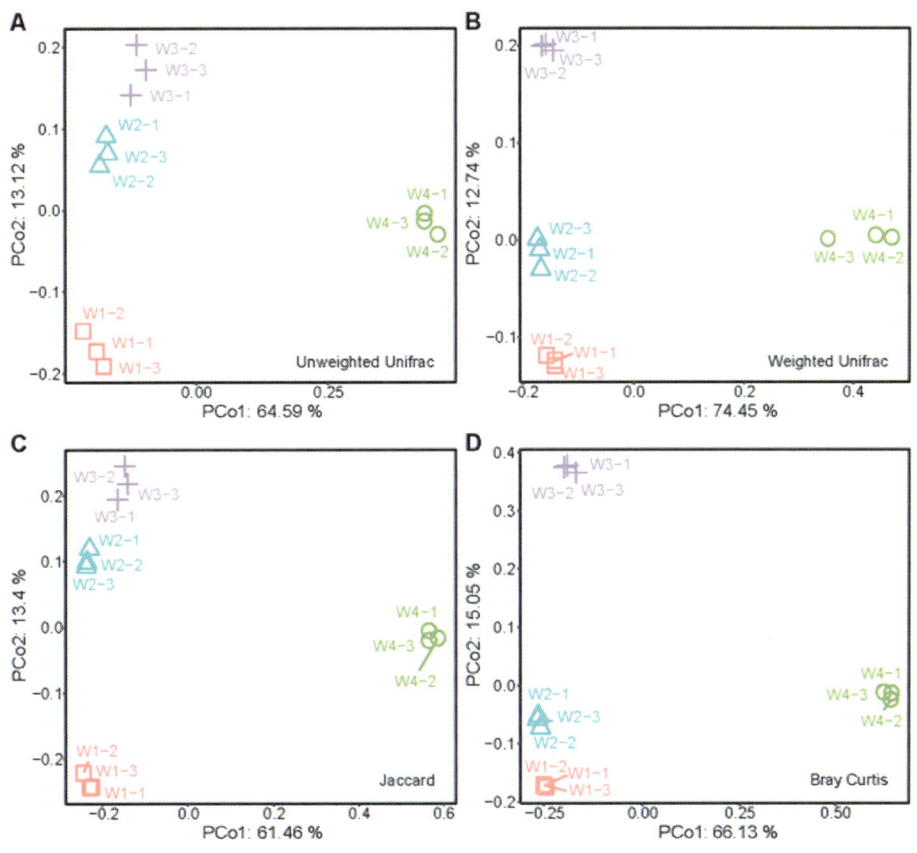

图7-24 4个取水点18S rDNA β 多样性指数

A：非加权的UniFrac距离。B：加权的UniFrac距离。C：Jaccard指数。D：Bray Cruits距离。W1、W2、W3、W4分别代表取水点。W1-1、W1-2、W1-3、W1-4代表1号取水点的4个重复样本，以此类推。

资料来源：苏秦，余仲昊，徐曲毅，等.珠江广州段浮游真核微生物分布及其法医学意义[J].刑事技术，2022，47（6）：593-598.

6. 18S rDNA序列物种注释

对各取水点的样本进行门水平分类群注释，按12个样本的丰度排序，每个取水点的3个样本取均值展示（图7-25）。从序列特征推断的优势微生物分类群依次为硅藻门、纤毛虫门、绿藻门、丝足虫门、隐藻门、皮胆虫门、囊泡虫门、褐藻门、壶菌门、甲藻门、隐真菌门和轮虫动物门等。硅藻门为排序第一的微生物类群，但在不同组别中比例并不相同：取水点W3的最高比例为46.33%，取水点W4的最低比例为10.28%，而W1和W2的比例分别为24.25%和21.22%。对取水点W4的门水平群落组成分析的结果显示，取水点W4含有较大比例的皮胆虫门类属，而这类微生物在其他3个取水点比例极低，这显示硅藻门的比例在取水点W4中有所降低。结合β多样性分析的结果，不同取水点的微生物群落组成存在显著差异，应可为不同地点溺死的鉴别提供可行性。

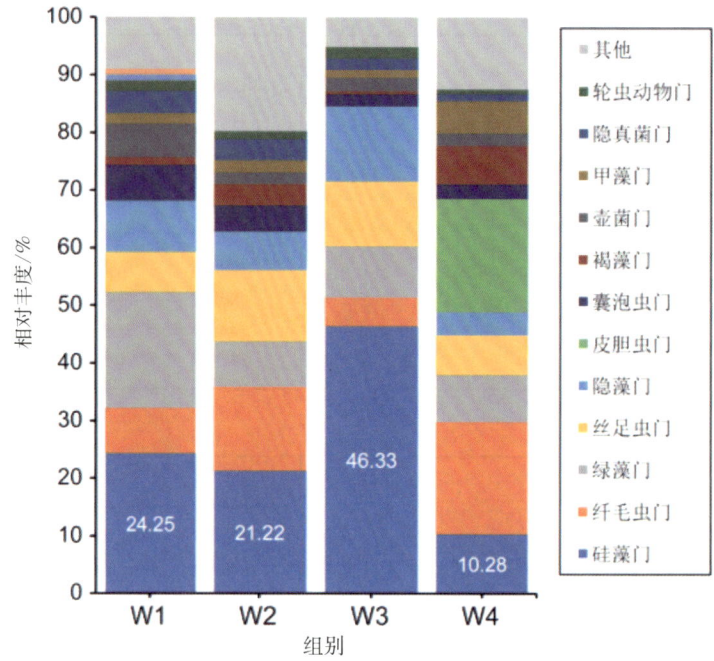

图7-25 18S rDNA测序门水平上物种相对丰度分布

资料来源：苏秦，余仲昊，徐曲毅，等.珠江广州段浮游真核微生物分布及其法医学意义[J].刑事技术，2022，47（6）：593-598.

由于硅藻门在门水平为排序第一的优势微生物类群，且其对溺死案例的死亡原因鉴定具有重要意义，因此对各取水点的硅藻进行属水平的丰度统计。结果如表7-18所示，辐环藻属为取水点W1、W2和W3的优势硅藻属，但在W4的丰度低，仅占0.69%。而骨条藻属和 *Bacillariophyceae* 属在取水点W4的丰度比其他3个取水点高，分别为39.88%和15.88%。此外，取水点W4还有3个特有硅藻属，分别为圆筛藻属、细柱藻属和泥生藻属。取水点W1中有一个特有硅藻属（脆杆藻属），而W2和W3中并不存在特有硅藻属。经分析，所有硅藻属的丰度在4个取水点中的丰度均存在统计学差异。

表7-18 珠江4个地点水样中硅藻属的相对丰度分布

单位：%

硅藻属	W1	W2	W3	W4
辐环藻属	47.23 ± 3.3[①]	52.50 ± 0.81[①]	77.07 ± 0.91[②]	0.69 ± 0.39[③]
小环藻属	28.22 ± 2.76[①]	28.56 ± 1.17[①]	12.35 ± 0.51[②]	13.43 ± 0.46[②]
骨条藻属	10.15 ± 0.88[①]	7.48 ± 0.33[①]	2.78 ± 0.1[②]	39.88 ± 2.65[③]
海链藻属	7.53 ± 0.35[①②]	6.55 ± 0.34[①]	5.41 ± 0.26[①]	9.17 ± 1.38[②]

续表 7-18

硅藻属	W1	W2	W3	W4
Bacillariophyceae	0.03 ± 0.02①	0.01 ± 0.01①	0.33 ± 0.02①	15.88 ± 0.56②
沟链藻属	2.74 ± 0.22①	3.74 ± 0.42②	0.95 ± 0.07①	0.20 ± 0.20③
圆筛藻属	0①	0①	0①	7.19 ± 2.41②
细柱藻属	0①	0①	0①	5.73 ± 0.88②
菱形藻属	1.59 ± 0.14①	0.58 ± 0.04②	0.53 ± 0.11②	1.95 ± 0.23①
曲舟藻属	0①	0.02 ± 0.02①	0.12 ± 0.03①	3.49 ± 0.42②
舟形藻属	0.49 ± 0.23①	0.01 ± 0.01①	0.14 ± 0.01①	1.16 ± 0.32②
Fistulifera	0.92 ± 0.09①	0.18 ± 0.04②	0.05 ± 0.03②	0.35 ± 0.27②
碟星藻属	0.44 ± 0.06①	0.06 ± 0.03②	0.12 ± 0.02①②	0.22 ± 0.22①②
泥生藻属	0①	0①	0①	0.64 ± 0.20②
中藻属	0.27 ± 0.05①	0.27 ± 0.02①	0.08 ± 0.03①	0②
Roundia	0.23 ± 0.03①	0.02 ± 0.02②③	0.07 ± 0.01①	0③
脆杆藻属	0.10 ± 0.04①	0②	0②	0②
冠盘藻属	0.07 ± 0.02①	0.01 ± 0.01②	0②	0②

①②③用于标记组间的统计学差异（$P < 0.05$）。
资料来源：苏秦，余仲昊，徐曲毅，等.珠江广州段浮游真核微生物分布及其法医学意义［J］.刑事技术，2022，47（6）：593-598.

由于在取水点W2和W3中没有发现特有的硅藻属，因此我们将范围扩大到所有浮游真核微生物物种上。通过维恩图（图7-26）发现，W4中的特有物种最多（98种），其次为W1（27种），而W2和W3的特有物种最少，分别为7种和6种，这与硅藻属分析的结果类似。这些结果表明，当分类水平细化到种水平时，各取水点相应的特异物种种类增多。

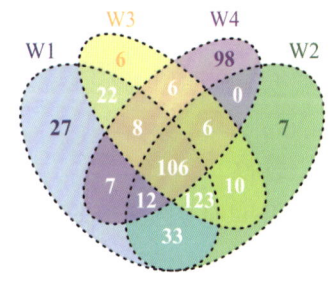

图7-26 水样特有浮游真核微生物物种在种水平上的维恩图

资料来源：苏秦，余仲昊，徐曲毅，等.珠江广州段浮游真核微生物分布及其法医学意义［J］.刑事技术，2022，47（6）：593-598.

四、PCR-DGGE法检测浮游生物16S rDNA

何方刚等通过PCR-DGGE法检测浮游生物16S rDNA，分析扩增产物的DGGE

图谱得出不同水域水样扩增产物存在明显差异：溺死动物肺组织与相应溺死地点水样的扩增产物有显著相似性，与非溺死地点水样扩增产物有显著差异。结果表明，PCR-DGGE法检测浮游生物16S rDNA具备可用于溺死鉴定的潜力，而且可通过比较推断溺死地点，在法医学溺死鉴定中有较好的应用前景。通过藻类特异性引物对组织样本中基因组DNA进行扩增，对扩增产物进行DGGE图谱分析，可降低PCR杂质影响，更准确和有效地体现溺死者脏器内的藻类分布。

针对浮游生物16S rDNA设计特异性引物，采用PCR-DGGE法检测实验兔脏器样本中的浮游生物，将检测结果与水样检测结果对比，进行溺死地点推断。

（一）材料

1. 试剂

Percoll溶液、5% Chelex-100、6%聚丙烯酰胺、7M尿素、甲酰胺、0.5%溴酚蓝、0.5%二甲苯青、70%丙三醇、Premix Taq酶、超纯水。

2. 样本

（1）藻类：铜绿微囊藻，梅尼小环藻（*Cyclotella meneghiniana*），水华鱼腥藻（*Anabaena flos-aquae*），粘球藻（*Gloeocapsa* sp.）。

（2）实验兔组织（肺、肝、肾）：30只试验兔，雌雄不限，随机分配，分为3组，包括溺死组12只、死后浸泡组12只、空白对照组6只。

（3）水样：湖北省武汉市东湖、墨水湖和月湖的水样。

（二）方法

1. 引物

采用Nubel等人报道的扩增浮游生物16S rDNA的引物，由上海生工生物技术服务有限公司合成，引物序列见表7-19。

表7-19 扩增浮游生物16S rDNA序列引物

引物名称	引物序列（5'—3'）
CYA-F	GGGGATYTTCCGCAATGGG
CYA-R（a）	GACTACTGGGGTATCTAATCCCATT
CYA-R（b）	GACTACAGGGGTATCTAATCCCTTT

资料来源：何方刚，黄代新，刘良，等.PCR-DGGE法检测浮游生物16S rDNA在溺死鉴定中的应用[J].中国法医学杂志，2008（4）：234-237.

2. 浮游生物的分离及其DNA的提取

（1）浮游生物分离。根据Terazawa等人报道的方法进行改良。取8 mL Percoll溶液与2 mL组织匀浆液或心血混匀后，转移至10 mL离心管中，离心后吸去上层组织层，在下层液体加入一定体积的超纯水混匀，再离心。弃上清液，向沉渣中加入5 mL超纯水，重新悬浮。最后，弃上清液，沉淀用于DNA提取。

（2）DNA提取。向沉淀中加入5% Chelex-100 180 µL，于-80 ℃冷冻30 min，取出后立即于56 ℃水浴箱中解冻，重复冻融1次，然后按常规Chelex-100法提取DNA。

3. PCR扩增

PCR引物总反应体积为10 µL，含200 µmol/L dNTPs、50 mmol/L KCL、10 mmol/L Tris-HCl（pH 8.3）、1.5 mmol/L $MgCl_2$、0.5 µmol/L CYA引物、Taq DNA聚合酶、模板DNA。

PCR热循环参数：95 ℃预变性2 min；94 ℃变性45 s，60 ℃退火50 s，72 ℃延伸1 min，共38个循环；最后，72 ℃再延伸10 min。

4. 梯度凝胶电泳检测

扩增产物用2%琼脂糖凝胶分离后用溴化乙锭显色。DGGE检测采用Bio-Rad公司的DCode通用突变检测系统。变性梯度凝胶采用6%的聚丙烯酰胺，变性剂浓度范围为20%~60%。扩增产物加入等体积的DGGE载样缓冲液混匀，当1×TAE电泳缓冲液升温至60 ℃时上样。电泳条件：150 V、60 ℃电泳6 h，电泳后常规进行银染显带。

（三）结果

1. 浮游生物16S rDNA基因分析

CYA引物扩增的产物大小为487 bp（含GC夹），各组检测结果见图7-27。

2. 实验兔组织脏器检测结果

实验结果表明：溺死组（$n=12$）肺、肝、肾、血和脑的检出率分别为100%、83%、75%、83%和42%，死后浸泡组（$n=12$）肺、肝、肾、血和脑的检出率分别为100%、83%、75%、83%和42%，对照组（$n=6$）肺、肝、肾、血和脑的结果均为阴性。

3. DGGE检测结果

以武汉地区常见的浮游生物——梅尼氏小环藻、铜绿微囊藻、水华鱼腥藻、粘球藻——经CYA引物扩增的产物混合物作为分子标记。不同地点水样和溺死动物肺组织中浮游生物的检测结果见图7-28。

本实验中，在有浮游生物存在的样本中，均能扩增出487 bp的16S rDNA基因片段（图7-27），经DGGE分析后显示出多条电泳条带（图7-28），即各个样本的产物中存在数个长度相同但碱基序列有差异的片段，表明样本中有多种浮游生物存在。

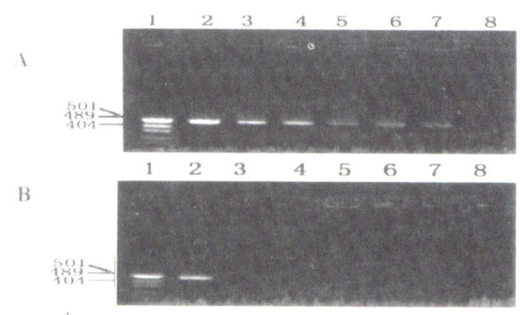

图7-27 溺死组（A）和对照组（B）不同组织浮游生物16S rDNA扩增产物琼脂糖电泳结果

泳道1：DNA marker（PUC 19 DNA的*Msp*Ⅰ的限制酶切片段）。泳道2：水样DNA。泳道3—7：肺、肝、肾、心血和脑组织DNA。泳道8：阴性对照。

资料来源：何方刚，黄代新，刘良，等.PCR-DGGE法检测浮游生物16S rDNA在溺死鉴定中的应用［J］.中国法医学杂志，2008（4）：234-237.

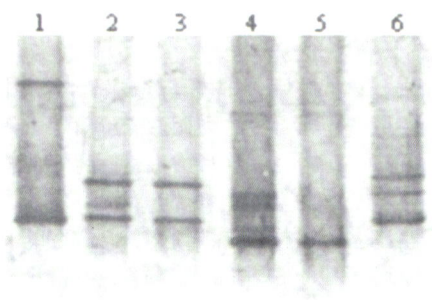

图7-28 不同样本中提取产物的DGGE电泳结果

泳道1：不同藻种扩增产物混合物（上带：粘球藻。下带：铜绿微囊藻、水华鱼腥藻和梅尼小环藻）。泳道2、4、6：墨水湖、东湖和月湖水样扩增产物。泳道3、5：墨水湖和东湖溺死动物肺组织浮游生物扩增产物。

资料来源：何方刚，黄代新，刘良，等.PCR-DGGE法检测浮游生物16S rDNA在溺死鉴定中的应用［J］.中国法医学杂志，2008（4）：234-237.

通过对产物DGGE电泳条带的多样性分析表明：①不同水域水样扩增产物存在明显差异（图7-28中的2、4和6泳道）；②溺死动物肺组织与相应溺死地点水样中的产物有显著的相似性（图7-28中的泳道2和3，4和5），与非溺死地点水样中的产物差异显著。

结果表明，用PCR-DGGE技术检测浮游生物16S rDNA不仅有助于定性鉴定溺死，而且通过比较可以推断溺死地点。

五、PCR-DHPLC法检测硅藻SSU基因以鉴定溺死

随机分为溺死组（水中溺毙）、死后浸泡组（空气栓塞致死后入水）、对照组（空气栓塞致死后不作处理）的60只实验兔的肺、肝、肾组织，溺死人体器官组

织，从各组织检材中提取硅藻DNA，PCR扩增硅藻特异的SSU基因片段，用琼脂糖凝胶电泳检测、DHPLC检测分析。结果显示，6份硝酸消化法检测为阴性的溺死人体器官组织检材经PCR及琼脂糖凝胶电泳检出5例阳性。溺死组肺、肝、肾硅藻检出率分别为100%、90%、85%，死后浸泡组仅肺检出硅藻（15%），对照组各组织均为阴性；溺死组检出率明显高于死后入水组（$P<0.05$）。10份溺死人体器官组织检材采用DHPLC法检出的硅藻种类明显多于微波消解-扫描电镜法（$P<0.05$）。脏器检出硅藻种类与溺死点水样一致。这表明采用PCR-DHPLC法检测硅藻SSU基因，有助于溺死鉴定和溺死地点的推断，具有法医学应用价值。

（一）材料

1. 试剂

强力土壤DNA提取试剂盒，蛋白酶K，Premix Taq酶，5×TBE缓冲液，琼脂糖，溴化乙锭。

2. 样本

（1）60只实验兔分为生前溺死组、死后浸泡组和对照组，每组均20只，提取各组兔子肺、肝、肾边缘部位组织各3 g，置于-40 ℃冰箱保存。

（2）6份硝酸消化法检测硅藻为阴性的溺死人体肾组织检材，由广州市刑事科学技术研究所及南方医科大学司法鉴定中心提供。

（3）10份溺死人体肝、肾组织检材，由广州市刑事科学技术研究所提供。

（4）对照样本：广州珠江段5种最常见硅藻样本，即直链藻（*Melosira* sp.）、小环藻、舟形藻、菱形藻、针杆藻（*Synedra radians*）由中国科学院水生生物研究所提供；3种海水中常见非硅藻藻类，即椎状斯克里普藻（*Scrippsiella trochoidea*）、椭圆扁藻（*Platymonas elliptica*）、原甲藻目（Prorocentrales）由暨南大学赤潮与海洋生物学研究中心提供；人基因组DNA、兔基因组DNA由南方医科大学医学遗传学教研室提供；提取溺死地点水样、3种非硅藻藻类水样各5 mL。

（二）方法

1. DNA的提取

取水样2 mL，12 000 r/min离心10 min，组织样本各取0.5 g，剪碎备检。使用强力土壤DNA提取试剂盒提取DNA（无须纯化）。

2. PCR扩增

采用Laura等人报道的引物扩增硅藻SSU基因，引物序列见表7-20。

表7-20 硅藻SSU基因引物

引物名	序列	产物大小/bp
Dia-516R	CTCATTCCAATTGCCAGACC	380
A145f	CCGTAGTAATTCTAGAGCTAATA	

资料来源：余政梁，刘超，胡孙林，等.PCR-DHPLC法检测硅藻SSU基因在溺死鉴定中的应用[J].中国法医学杂志，2013，28（6）：457-460.

引物由上海生工生物工程技术服务有限公司合成。

PCR反应总体积为50 μL，内含0.2 mmol/L dNTPs，3 mmol/L $MgCl_2$，两条引物浓度均为10 μmol/L，0.1 U/μL Taq DNA 聚合酶，2× PCR buffer，模板DNA 1 μL（模板浓度为10 μg/mL）。PCR热循环参数：94 ℃预变性2 min；94 ℃变性30 s，53 ℃退火45 s，72 ℃延伸45 s，共35个循环；最后，72 ℃再延伸15 min。

3. PCR产物检测

所有扩增产物均用2%琼脂糖凝胶分离后溴化乙锭显色。其中生前溺死组大白兔与溺死点水样扩增产物结果再使用DHPLC法检测。

（二）结果

各对照样本经本文方法进行PCR扩增，产物经电泳和溴化乙锭显色，结果如图7-29所示，硅藻SSU基因扩增产物大小为380 bp。非硅藻类及实验兔、人基因组DNA未检出扩增产物。

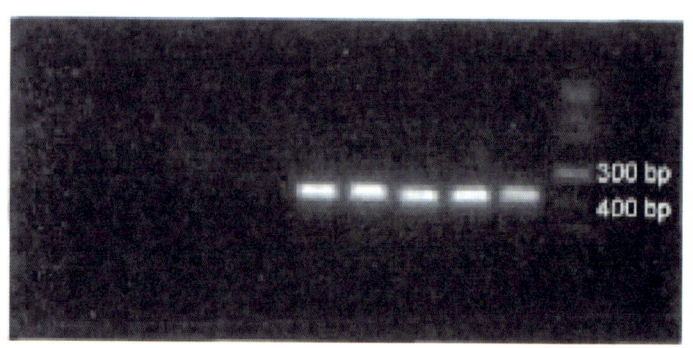

图7-29 各对照样本检测PCR产物电泳结果

从右至左依次为：舟形属藻、针杆藻、菱形藻、直链藻、小环藻、原甲藻、椭圆扁藻、甲藻、兔基因组DNA，人基因组DNA。

资料来源：余政梁，刘超，胡孙林，等.PCR-DHPLC法检测硅藻SSU基因在溺死鉴定中的应用[J].中国法医学杂志，2013，28（6）：457-460.

6份经硝酸消化法检测硅藻为阴性的溺死人体器官组织检材中，有5份检出硅藻SSU基因扩增产物（380 bp），结果如图7-30所示。

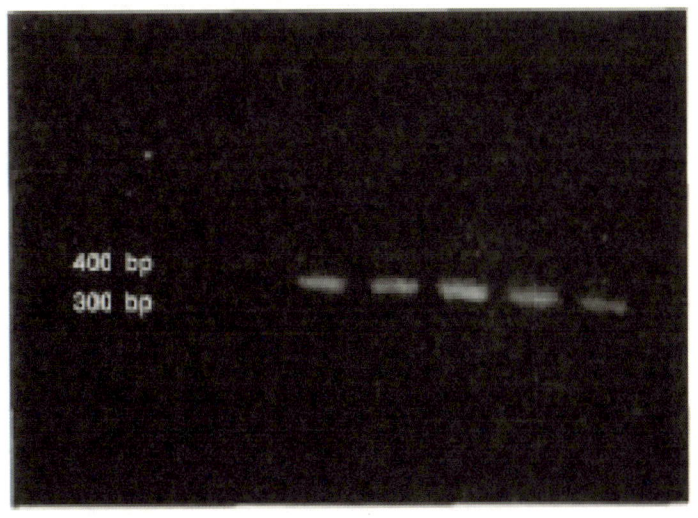

图7-30 6份经硝酸消化法检测为阴性结果的溺死者器官组织检材PCR产物电泳结果

资料来源：余政梁，刘超，胡孙林，等.PCR-DHPLC法检测硅藻SSU基因在溺死鉴定中的应用［J］.中国法医学杂志，2013，28（6）：457-460.

溺死组、死后浸泡组和对照组兔的肺、肝、肾边缘部位组织检材，经本文方法进行PCR扩增，产物经电泳和溴化乙锭显色，结果硅藻SSU基因检出率见表7-21。

表7-21 各组实验兔不同组织器官的硅藻检出率

组织器官	检出例数（%）		
	溺死组	死后浸泡组	对照组
肺	20（100）	3（15）	0（0）
肝	18（90）	0（0）	0（0）
肾	17（85）	0（0）	0（0）

资料来源：余政梁，刘超，胡孙林，等.PCR-DHPLC法检测硅藻SSU基因在溺死鉴定中的应用［J］.中国法医学杂志，2013，28（6）：457-460.

经卡方检验，肺、肝、肾硅藻检出率分别为29.57%、32.73%、29.58%，P值均小于0.05。其中生前溺死组肺、肝、肾硅藻检出率明显高于死后浸泡组，且有统计学差异（$P<0.05$）。

以参数优化的DHPLC法对广州珠江段5种最常见硅藻PCR产物进行检测，结果见图7-31。生前溺死组实验兔与溺死点水样对比检测结果可见图7-32、图7-33。10份溺死人体器官组织检材用DHPLC法可检出多种检验硅藻。

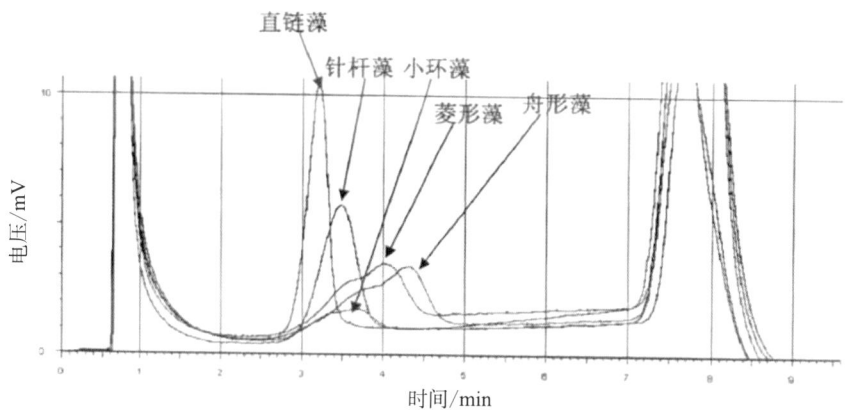

图7-31 广州珠江段常见5种硅藻DHPLC峰图

资料来源：余政梁，刘超，胡孙林，等.PCR-DHPLC法检测硅藻SSU基因在溺死鉴定中的应用[J].中国法医学杂志，2013，28（6）：457-460.

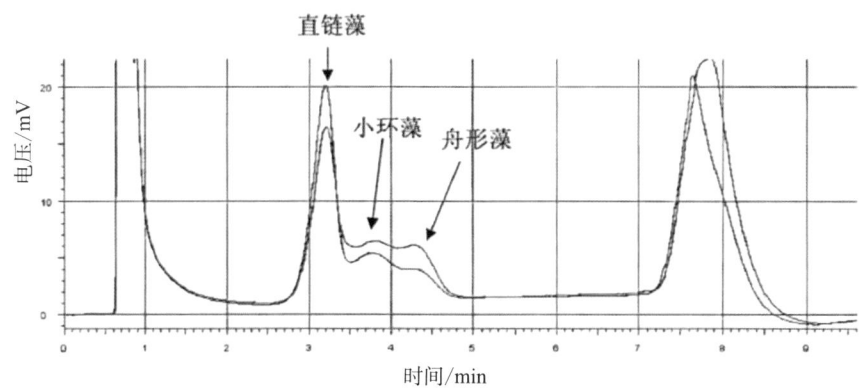

图7-32 生前溺死组实验兔肺脏与溺死地点水样检出硅藻DHPLC峰图

资料来源：余政梁，刘超，胡孙林，等.PCR-DHPLC法检测硅藻*SSU*基因在溺死鉴定中的应用[J].中国法医学杂志，2013，28（6）：457-460.

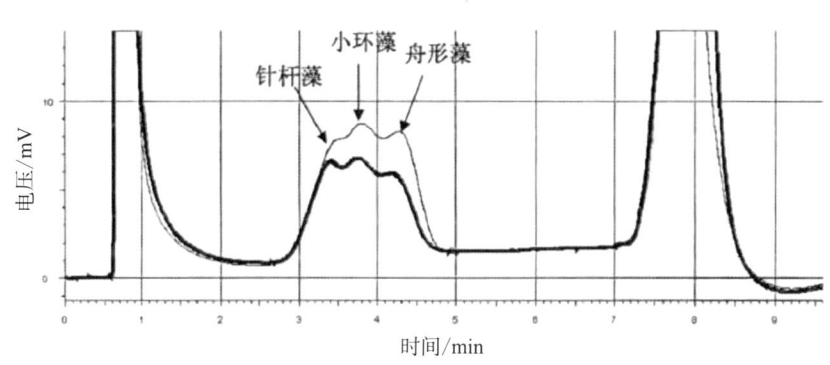

图7-33 生前溺死组实验兔肺脏与溺死地点水样检出硅藻DHPLC峰图

资料来源：余政梁，刘超，胡孙林，等.PCR-DHPLC法检测硅藻SSU基因在溺死鉴定中的应用[J].中国法医学杂志，2013，28（6）：457-460.

六、制备硅藻18S rDNA基因芯片用于溺死鉴定

首先,利用制备好的基因芯片对单一藻种进行杂交,以验证其特异性和灵敏度。其次,构建体外溺死模型,从组织中提取硅藻DNA,PCR,Bst DNA大片段聚合酶扩增与标记,沉淀与杂交。最后,通过采集自然环境水体,提取硅藻DNA,PCR,Bst DNA大片段聚合酶扩增与标记,沉淀与杂交,以验证芯片的可行性。

(一)材料

1. 硅藻样本

19种硅藻标准纯培养物,分别为星杆藻(*Asterionella hassall*)、小环藻、三角褐指藻、针杆藻、湖北小环藻(*Hubei cyclotella*)、谷皮菱形藻(*Nitzschia palea*)、舟形藻、旋链角毛藻、骨条藻(*Skeletonema* sp.)、细柱藻(*Cylindrothecafusciformis*)、脆杆藻、窄异极藻(*Gomphonema angustatum*)、双尖菱板藻(*Hantzschia amphioxys*)、变异直链藻、圆筛藻(*Coscinodiscus* sp.)、曲舟藻(*Pleurosigma* sp.)、菱形藻、海链藻(*Thalassiosira* sp.)、盒形藻(*Biddulphia* sp.)。

2. 动物样本

制备猪肺匀浆:称取猪肺30 g,加入硫氰酸胍粉末28 g、ddH$_2$O 10 mL,使用匀浆机匀浆至液体中无肉眼可见固体团块;取1 mL猪肺匀浆于离心管,分别加入自然环境水体(纯化水)0 μL、10 μL、100 μL、10 000 μL,混匀。

3. 尸体样本

6例溺死者组织样本,包括白云湖环境水样。

(二)方法

1. 硅藻基因组DNA提取及扩增

取硅藻培养物约15 mL,10 460 r/min离心5 min;加入1 mL ddH$_2$O,吹打混匀后,转移至1.5 mL的离心管;1400 r/min离心3 min,弃上清液;加入50 μL 0.5×TE,90 ℃加热30 min,冰水浴2 min后,取上清液5 μL直接作为PCR的基因组模板。基因组模板混合扩增引物及其他PCR体系(表7-22、表7-23),共计50 μL后,放入PCR仪,按照表7-24的程序进行扩增。

表7-22　硅藻 18S rDNA扩增引物

引物名称	引物序列（5′—3′）
DtmFⅠ1	GAGAGGGAGCCTGAGAGA
DtmRⅤ1	CTAAGGGCATCACAGACCTGT
DtmRⅢ1	CACTCCTGGTGGTGCCCTTC
DtmFⅠ2	CTGAGAGACGGCTACCACA
DFouter	ACACAGGGAGGTAGTGAC
DFinner	TGCCCTATCAGCTTTGGA
DRinner	TTCTTTAAGTTTCAGCCTTG
DRouter	AGTTTTCCCGTGTTGAGT

资料来源：姜霖.硅藻类基因芯片的研制与应用［D］.福州：福州大学，2019.

表7-23　硅藻 18S rDNA 扩增体系

体系	用量
10×PCR buffer	5 μL
引物 Dtm FⅠ1（10 μmol/L）	1.25 μL
引物 Dtm RⅤ1（10 μmol/L）	1.25 μL
硅藻基因组 DNA	10 ng
Taq DNA 聚合酶（5 U/μL）	0.5 μL
ddH$_2$O	补至 50 μL
2.5 mM dNTP	4 μL（93 ℃下加入）

资料来源：姜霖.硅藻类基因芯片的研制与应用［D］.福州：福州大学，2019.

表7-24　硅藻 18S rDNA扩增程序

步骤	温度	时长	循环数
预变性	93 ℃	3 min	1
变性	93 ℃	20 s	
退火	55 ℃	30 s	30
延伸	72 ℃	30 s	
终延伸	72 ℃	5 min	1

资料来源：姜霖.硅藻类基因芯片的研制与应用［D］.福州：福州大学，2019.

2. 大片段Bst DNA聚合酶扩增与标记

（1）以 PCR 扩增后的产物为扩增模板，加入10% Triton X-100、2.5×Bst Mix、ddH$_2$O、PCR 产物等，50 μL的反应体系见表7-25，将混合溶液（仅Bst DNA聚合酶暂不加入）置于100 ℃，5 min。

（2）立刻将混合溶液置于冰水浴中，5 min后取出加入 6 μL Bst DNA聚合酶，继续放入冰水浴 30 min。

（3）置于45 ℃恒温培养箱中等温扩增3.5 h或过夜。

（4）用荧光光度计TKO 100测量扩增后双链DNA浓度，数值应大于30 ng/μL。

表7-25 等温扩增体系

体系	用量
PCR 产物	约 300 ng
2.5 × BstMix	20 μL
10%Triton X-100	0.5 μL
ddH$_2$O	补足至 44 μL
Bst DNA 聚合酶	6 μL

资料来源：姜霖.硅藻类基因芯片的研制与应用［D］.福州：福州大学，2019.

3. 沉淀与染色

（1）加入5 μL 0.5 mol/L EDTA·2Na（pH为8.0）混匀，静止2 min，加入125 μL 1 mol/L NaOH混匀，100 ℃消化20 min，冰水浴5 min，加入250 μL异丙醇，混匀10 min，14 000 r/min离心5 min，弃上清液。

（2）加入400 μL 70%异丙醇含20 mmol/L EDTA·2K的混合溶液，重悬，旋转洗涤10 min，14 000 r/min离心2 min，弃上清液。

（3）加入1 mL 80%异丙醇洗涤3次，14 000 r/min离心2 min，弃上清液，晾干。

（4）加入20 μL，0.2 mol/L NaHCO$_3$（pH为9.6），45 ℃，助溶。

（5）加入1 μL 1 mol/L Vc，4 μL（5 μg/μL）Cy5，45 ℃染色30 min，冰水浴5 min。

（6）加入65 μL SST（1 μg/μL）。

（7）加入10 μL 5 mol/L NaCl，加入等量的异丙醇，14 000 r/min离心10 min，弃上清液。

（8）加入400 μL 80%异丙醇含5 mmol/L ME的混合溶液，14 000 r/min离心2 min，弃上清液；重复1次，晾干。

（9）加入适量 0.1 mol/L ME，标记产物终浓度为100 ng/μL。

4. 杂交与扫描

将有Cy5荧光标记的硅藻18S rDNA与内参等，按表7-26配成探针混合液后加至由盖片和芯片构成的夹层中进行芯片杂交，操作流程如下。

表 7-26　基因芯片杂交体系

体系	用量
杂交缓冲液	120 μL
标记产物	100 ng/μL
内参	50 ng
SST（1 μg/μL）	16 μg
0.1 mmol/L ME	12 μL

资料来源：姜霖.硅藻类基因芯片的研制与应用［D］.福州：福州大学，2019.

（1）100 ℃金属浴 5 min，冰水浴 5 min，再次充分混匀后转移到杂交芯片上，芯片盒加湿。

（2）37 ℃杂交3.5 h。

（3）用 3 mmol/L ME，于50 ℃恒温清洗仪中清洗 30 min。

（4）用 3 mmol/L ME 清洗4次。

（5）用荧光扫描仪Genepix 4000B捕获杂交信号并分析。

（三）结果

1. 硅藻标准纯培养物18S rDNA目的片段扩增电泳检测

设计PCR引物对硅藻标准纯培养物进行18S rDNA扩增，第一轮PCR均得到预计的1.2 kb 18S rDNA片段。经过35次PCR循环之后，有少量的引物二聚体存在，PCR扩增产物的主带在1 000～2 000 bp（图7-34），符合实验预期设定的1.2 kb的结果。部分样本在PCR过程中有一定的非特异性结合，但不影响后续的Bst大片段聚合酶等温扩增与标记实验。主带条带亮度较好，说明产物质量满足下游实验要求。

2. 硅藻标准纯培养物18S rDNA目的片段经Sanger双脱氧核苷酸链终止法测序验证

为了鉴定扩增得到的目的产物是否是硅藻的18S rDNA片段，我们将9个硅藻纯

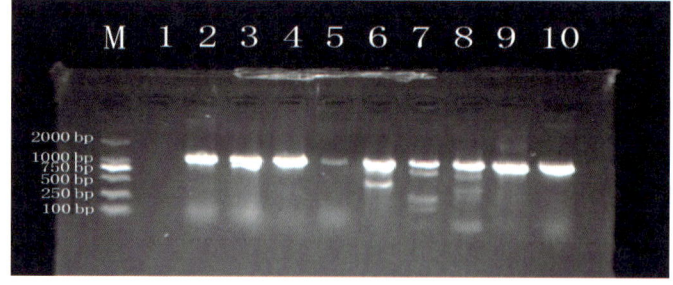

图7-34　硅藻基因组DNA 18S rDNA PCR扩增

从左往右依次是：Marker D，阴性对照，小环藻样品，细柱藻样品，窄异极藻样品，骨条藻样品，直链藻样品，谷皮菱形藻样品，变异直链藻样品，角毛藻样品，三角褐指藻样品。

资料来源：姜霖.硅藻类基因芯片的研制与应用［D］.福州：福州大学，2019.

培养物PCR扩增产物进行Sanger双脱氧核苷酸链终止法测序，以证明运用设计的引物，通过PCR扩增，能得到完全正确的18S rDNA的目的条带。硅藻纯培养物之一的角毛藻的测序结果如图7-35所示，比对结果如图7-36所示。测序结果显示，波峰较为单一，测序信号较强，不存在杂峰或者双峰等无效测序结果。通过测序进一步验证扩增的PCR产物与从中国科学院水生生物研究所藻种库购买的藻种标签标示一致。用局部序列比对检索基本工具（basic local alignment research tool，BLAST）进行序列比对，结果显示，角毛藻18S rDNA覆盖率达98%。Sanger双脱氧核苷酸链终止法测序与序列比对结果更进一步证实了得到的18S rDNA的PCR扩增产物就是来自角毛藻基因组DNA。测序结果符合预期实验设定。

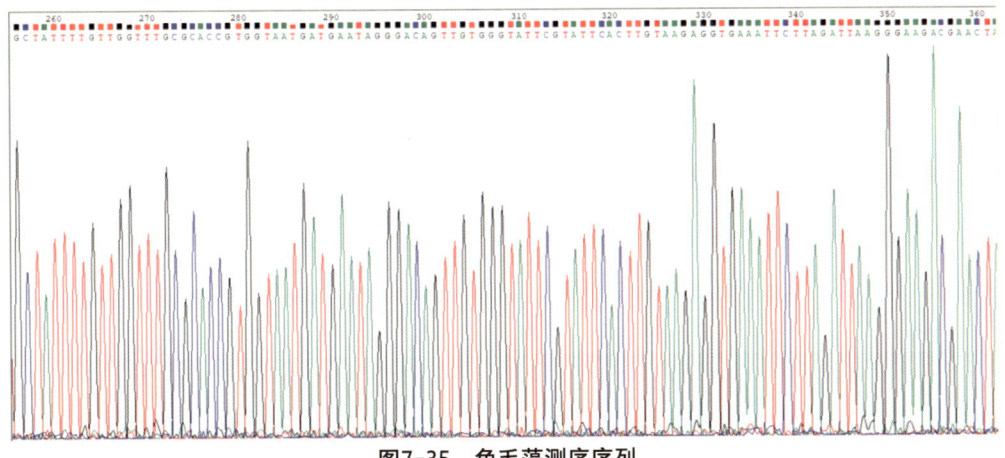

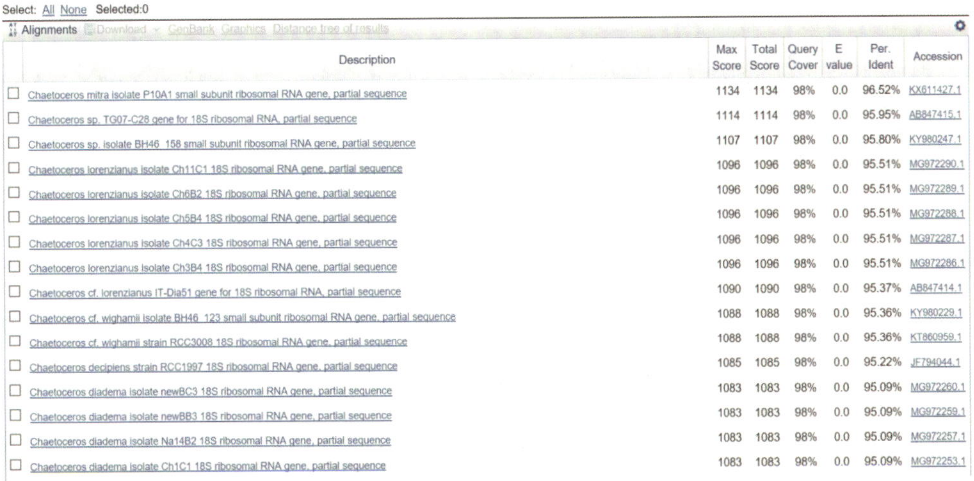

图7-35　角毛藻测序序列

资料来源：姜霖.硅藻类基因芯片的研制与应用［D］.福州：福州大学，2019.

Select: All None Selected:0

Alignments Download GenBank Graphics Distance tree of results

Description	Max Score	Total Score	Query Cover	E value	Per. Ident	Accession
Chaetoceros mitra isolate P10A1 small subunit ribosomal RNA gene, partial sequence	1134	1134	98%	0.0	96.52%	KX611427.1
Chaetoceros sp. TG07-C28 gene for 18S ribosomal RNA, partial sequence	1114	1114	98%	0.0	95.95%	AB847415.1
Chaetoceros sp. isolate BH46_158 small subunit ribosomal RNA gene, partial sequence	1107	1107	98%	0.0	95.80%	KY980247.1
Chaetoceros lorenzianus isolate Ch11C1 18S ribosomal RNA gene, partial sequence	1096	1096	98%	0.0	95.51%	MG972290.1
Chaetoceros lorenzianus isolate Ch6B2 18S ribosomal RNA gene, partial sequence	1096	1096	98%	0.0	95.51%	MG972289.1
Chaetoceros lorenzianus isolate Ch5B4 18S ribosomal RNA gene, partial sequence	1096	1096	98%	0.0	95.51%	MG972288.1
Chaetoceros lorenzianus isolate Ch4C3 18S ribosomal RNA gene, partial sequence	1096	1096	98%	0.0	95.51%	MG972287.1
Chaetoceros lorenzianus isolate Ch3B4 18S ribosomal RNA gene, partial sequence	1096	1096	98%	0.0	95.51%	MG972286.1
Chaetoceros cf. lorenzianus IT-Dia51 gene for 18S ribosomal RNA, partial sequence	1090	1090	98%	0.0	95.37%	AB847414.1
Chaetoceros cf. wighamii isolate BH46_123 small subunit ribosomal RNA gene, partial sequence	1088	1088	98%	0.0	95.36%	KY980229.1
Chaetoceros cf. wighamii strain RCC3008 18S ribosomal RNA gene, partial sequence	1088	1088	98%	0.0	95.36%	KT860959.1
Chaetoceros decipiens strain RCC1997 18S ribosomal RNA gene, partial sequence	1085	1085	98%	0.0	95.22%	JF794044.1
Chaetoceros diadema isolate newBC3 18S ribosomal RNA gene, partial sequence	1083	1083	98%	0.0	95.09%	MG972260.1
Chaetoceros diadema isolate newBB3 18S ribosomal RNA gene, partial sequence	1083	1083	98%	0.0	95.09%	MG972259.1
Chaetoceros diadema isolate Na14B2 18S ribosomal RNA gene, partial sequence	1083	1083	98%	0.0	95.09%	MG972257.1
Chaetoceros diadema isolate Ch1C1 18S ribosomal RNA gene, partial sequence	1083	1083	98%	0.0	95.09%	MG972253.1

图7-36　BLAST比对结果

资料来源：姜霖.硅藻类基因芯片的研制与应用［D］.福州：福州大学，2019.

3. 硅藻标准纯培养物杂交反应

经Cy5染色完毕的样本DNA与Cy3染色的内参DNA按照4∶1混合均匀，经100 ℃变性、冰水浴点样于硅藻类基因芯片，37 ℃杂交3.5 h后，用WB洗液清洗至玻璃片疏水性良好。使用双通道激光共聚焦扫描仪GenePix 4000B对芯片进行扫描。按照两者信号强度的强弱，当Cy5占据优势，则表现出绿色信号；当Cy5信号强度很弱或者杂交的样本中无该探针点所代表的硅藻物种，就表现为红色信号；当Cy5和Cy3信号强度较为接近，则此探针点表现为黄色的信号，当探针点信号饱和则表现为白色。整张基因芯片图的背景较为洁净，没有肉眼可见的杂质背景干扰，探针点圆润，每张芯片扫描对应一个样本结果，得到图像。扫描电镜分析委托广州刑事科学技术研究所完成，实验结果如图7-37所示。在左侧的基因芯片杂交图中的第5个矩阵中可以看到5个探针点呈现出的黄色信号，经过查阅基因芯片定位文件，黄色信号代表着小环藻属的信号，其余红色的点代表着内参Cy3染料的信号。通过查阅《法医硅藻学扫描电镜图谱》（胡孙林、刘超、温锦锋编著，中山大学出版社2013年版），比对右侧扫描电镜图谱，证实培养物归属于小环藻属。扫描电镜与基因芯片的结果可以相互验证，在研究方法上互为补充。验证了该基因芯片可以用于后续的法医学样本检测。硅藻类基因芯片具有一定的特异性。

图7-37　硅藻类基因芯片杂交反应，小环藻杂交Cy3/Cy5信号和扫描电镜结果示例

资料来源：姜霖.硅藻类基因芯片的研制与应用［D］.福州：福州大学，2019.

4. 自然环境水体混入动物组织的杂交结果

基因芯片杂交结果清晰地表明：只使用纯化水的时候，没有杂交信号；使用的环境水体用量越多，杂交信号越强。例如，羽纹藻属的杂交信号从无环境水体杂交的2.00%（非特异性结合）增加到1 000 μL环境水体混入猪肺组织的17.57%（表7-27）。从基因芯片杂交图谱上来看，也能得到与硅藻标准纯培养物杂交实验相同的实验结论。基因芯片输出结果如图7-38所示。无论是在猪肺组织中加入硅藻纯培养物还是在猪肺组织中加入环境水体的实验都说明硅藻类基因芯片具有高特异性和高灵敏度的特点。

5. 尸体组织样本检验

将广州市刑事科学技术研究所提供的扫描电镜结果与《法医硅藻学扫描电镜图谱》比对，发现在3号样本肺组织中检出短缝藻属、小环藻属；肝脏中检出直链藻属；肾脏中检出海链藻属；在现场水样中检出布纹藻属、海链藻属、桥弯藻属、双眉藻属、小环藻属、圆筛藻属、直链藻属、舟形藻属（图7-39）。

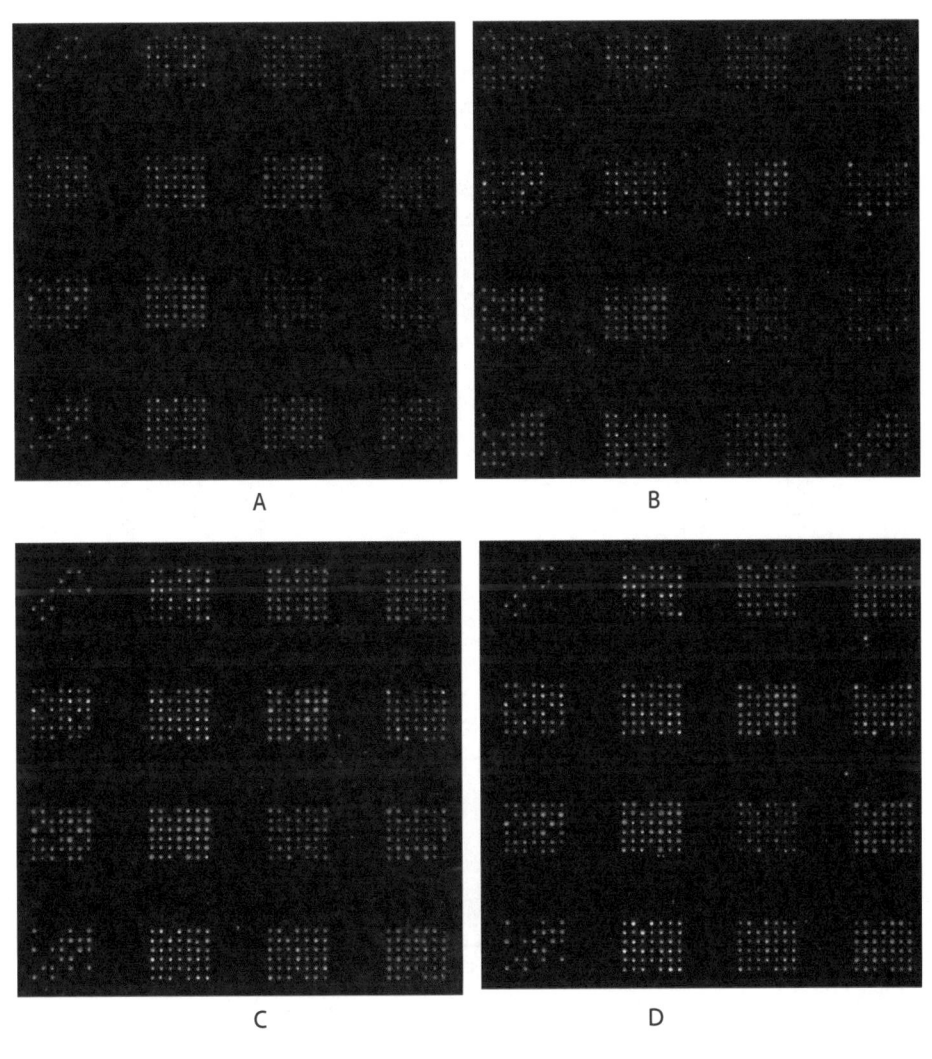

图7-38　环境水体混入猪肺的杂交实验

A：1 mL猪肺匀浆+纯化水。B：1 mL猪肺匀浆+10 μL 环境水。C：1 mL猪肺匀浆+100μL 环境水。D：1 mL猪肺匀浆+1 000 μL 环境水。

资料来源：姜霖.硅藻类基因芯片的研制与应用［D］.福州：福州大学，2019.

表7-27 自然环境水体混入猪肺组织杂交实验结果

猪肺环境水 (0 μL)			猪肺环境水 (10 μL)			猪肺环境水 (100 μL)			猪肺环境水 (1 000 μL)		
名称	百分比	硅藻	名称	百分比	硅藻	名称	百分比	硅藻	名称	百分比	硅藻
A4	25.59%	辐裥藻属	G4	13.46%	羽纹藻属	A4	17.07%	辐裥藻属	G4	17.57%	羽纹藻属
B8	10.40%	小环藻属	A4	12.53%	辐裥藻属	A12	13.32%	扁圆卵形藻	B4	13.83%	辐射圆筛藻
K10	5.26%	四环藻属	B4	8.47%	辐射圆筛藻	K10	7.35%	四环藻属	A8	13.60%	四棘藻属
F4	3.17%	碎片菱形藻	A12	6.43%	扁圆卵形藻	G4	6.97%	羽纹藻属	A4	11.68%	辐裥藻属
A7	2.54%	星杆藻属	K10	5.63%	四环藻属	A8	6.20%	四棘藻属	A12	10.07%	扁圆卵形藻
G10	2.00%	羽纹藻属	A8	4.27%	四棘藻属	B4	5.65%	辐射圆筛藻	K10	6.97%	四环藻属
A11	1.06%	角毛藻属	A7	2.20%	星杆藻属	F4	3.16%	碎片菱形藻	K6	3.75%	尖针杆藻
A12	1.02%	扁圆卵形藻	F4	1.80%	碎片菱形藻	B8	2.17%	小环藻属	F4	1.76%	碎片菱形藻
			G10	1.26%	羽纹藻属	A7	1.41%	星杆藻属	A7	1.00%	星杆藻属
			B7	1.09%	科曼小环藻	G10	1.35%	羽纹藻属			
			A10	1.04%	牟氏角毛藻						

资料来源：姜淼. 硅藻类基因芯片的研制与应用 [D]. 福州：福州大学, 2019.

通过比对基因芯片定位文件（图7-40）与基因芯片相对定量数据（表7-28），对于1号样本肾脏（图7-40A），基因芯片检出菱形藻属、舟形藻属、羽纹藻属等硅藻种属，其相对定量百分比分别为 30.60%、27.20%、22.92%；对于2号样本肝脏（图7-40B），基因芯片检出菱形藻属、羽纹藻属、舟形藻属、短缝藻属等硅藻种属，其相对定量百分比分别为30.49%、30.24%、18.26%、4.84%；对于3号样本肝脏（图7-40C），基因芯片检出菱形藻属、羽纹藻属、舟形藻属、直链藻属等硅藻种属，其相对定量百分比分别为29.33%、28.88%、19.97%和1.59%。对于白云湖环境水样（图7-40D），基因芯片检出海链藻属、桥弯藻属、小环藻属、菱形藻属和舟形藻属等硅藻种属，其相对定量百分比分别为3.48%、5.16%、29.82%、14.83%和6.30%；从现场水样基因芯片杂交结果与扫描电镜结果来看，两者能够相互印证。对于3号样本肾脏（图7-40E），基因芯片检出菱形藻（30.20%）、羽纹藻（22.57%）等硅藻种属，3号样本肺组织（图7-40F）检出菱形藻属（27.82%）、舟形藻属（25.07%）、羽纹藻属（24.10%）、短缝藻属（9.66%）等硅藻种属。在本

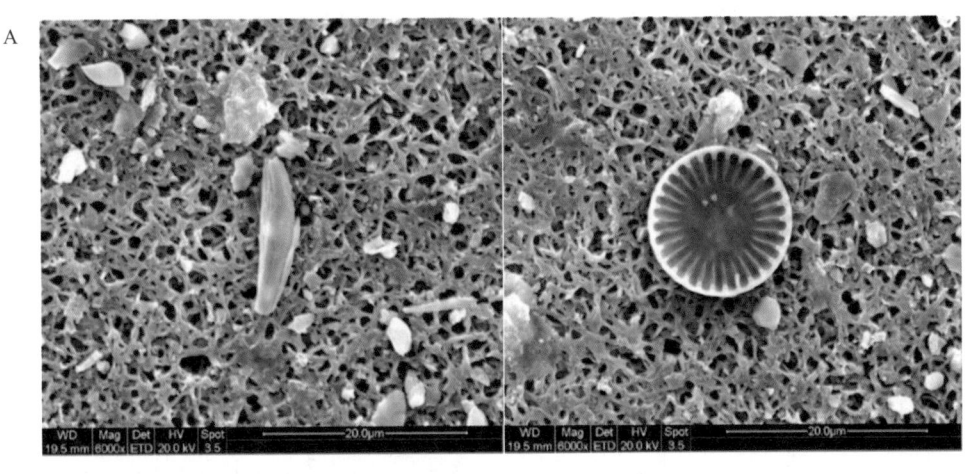

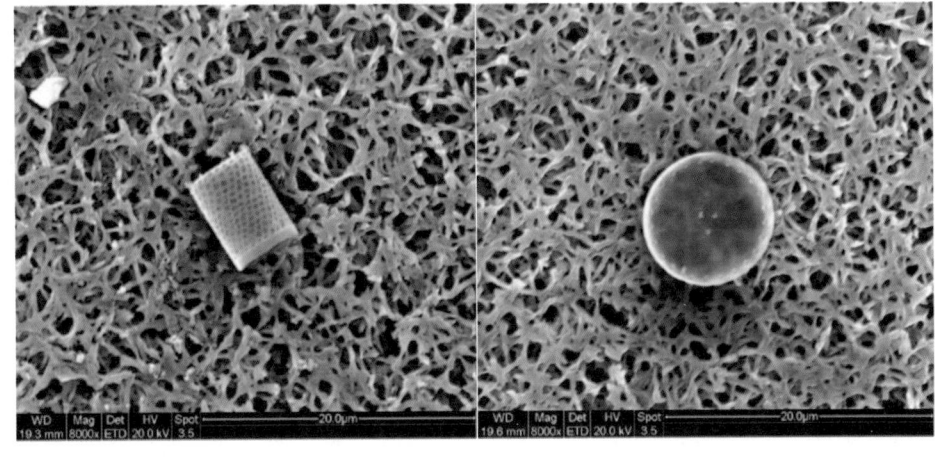

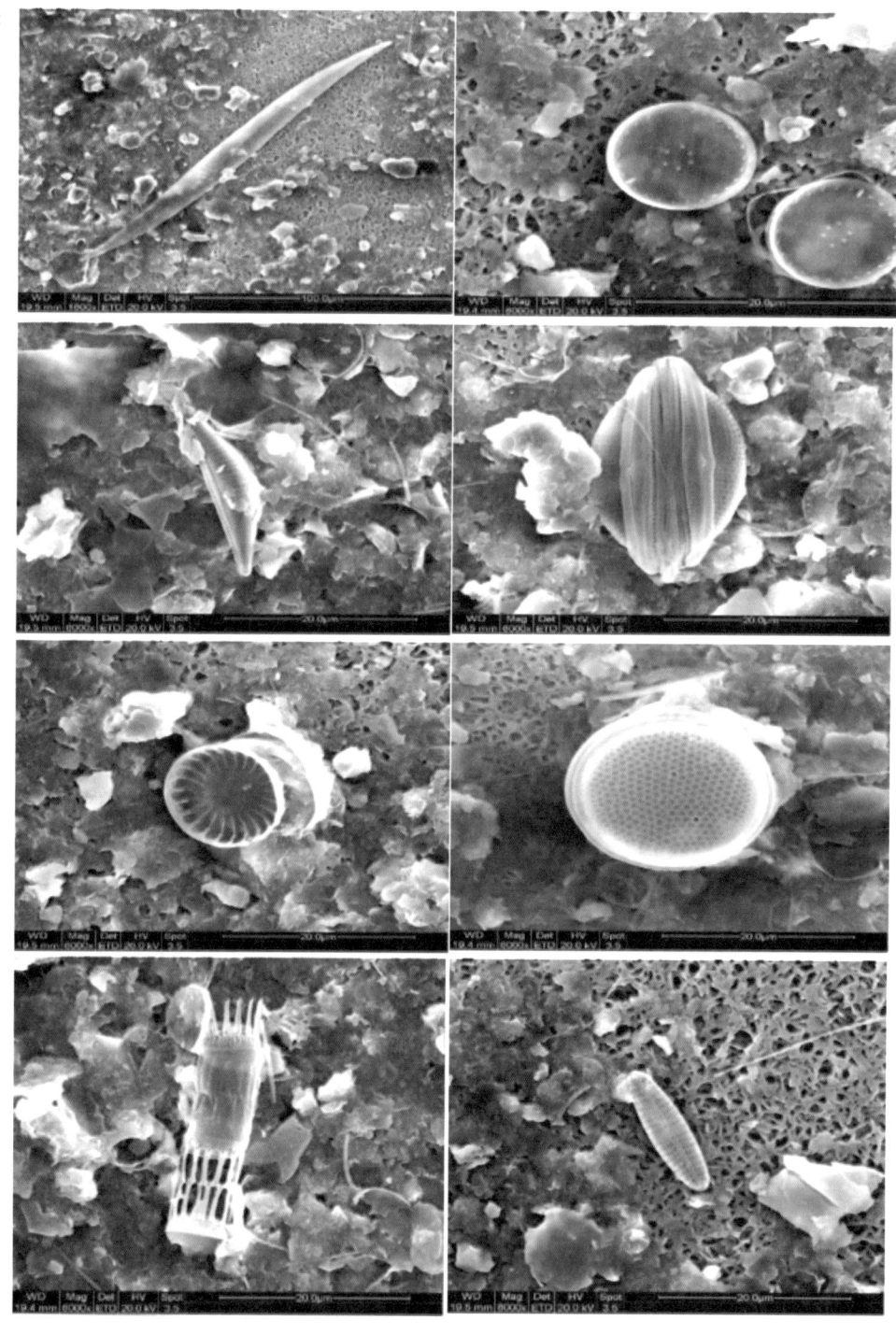

图 7-39 硅藻检验扫描电镜图谱

A：肺组织扫描电镜图谱，10 g肺脏样本中检出95个硅藻。B：肝脏和肾脏硅藻电镜图谱，10 g肝脏、10 g肾脏样本中各检出2个硅藻。C：法医现场采集的白云湖水样硅藻电镜图谱，10 mL水样检出19 941个硅藻。

资料来源：姜霖.硅藻类基因芯片的研制与应用［D］.福州：福州大学，2019.

实验中，扫描电镜能够观察到的硅藻种属，通过基因芯片分子杂交同样也能检出。通过数据分析得到的绝大多数相对定量荧光信号百分比值中，这些硅藻种属占比较高，相对定量数据具有一定的置信度，可认定两者数据结果能相互验证。基因芯片相对定量数据如表7-28所示。

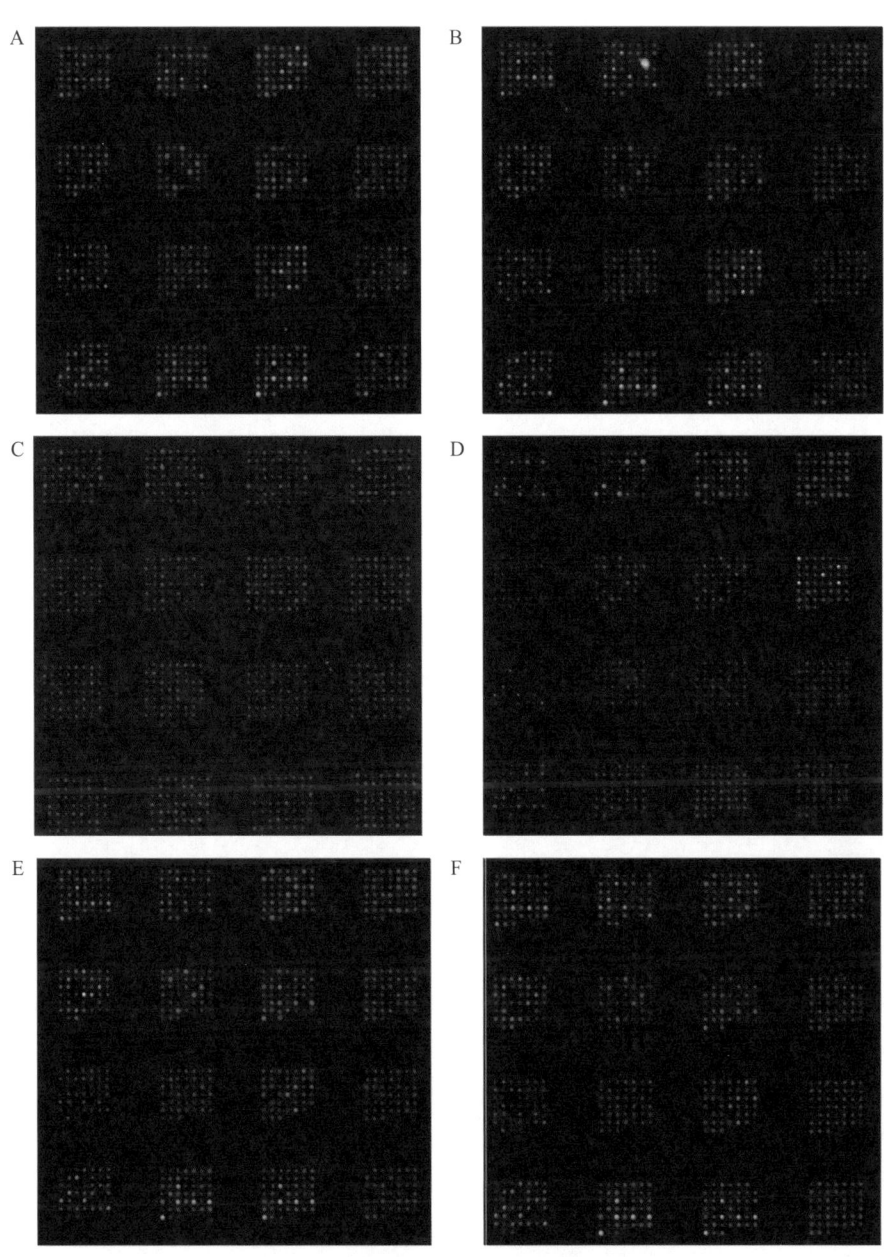

图7-40　硅藻类基因芯片检验法医学样本

A：1号样本肾脏。B：2号样本肝脏。C：3号样本肝脏。D：白云湖环境水样。E：3号样本肾脏。F：3号样本肺。

资料来源：姜霖.硅藻类基因芯片的研制与应用［D］.福州：福州大学，2019.

表7-28 尸检样本使用硅藻类基因芯片杂交结果示例

1号样本肾脏		2号样本肝脏		3号样本肝脏		3号样本肾脏		3号样本肺		白云湖现场水样	
硅藻	百分比	硅藻	百分比	硅藻	百分比	硅藻	百分比	硅藻	百分比	硅藻	百分比
菱形藻属	30.60%	菱形藻属	30.49%	菱形藻属	29.33%	菱形藻属	30.20%	菱形藻属	27.82%	小环藻属	29.82%
舟形藻属	27.20%	羽纹藻属	30.24%	羽纹藻属	28.88%	羽纹藻属	22.57%	舟形藻属	25.07%	菱形藻属	14.83%
羽纹藻属	22.92%	舟形藻属	18.26%	舟形藻属	19.97%	舟形藻属	22.18%	羽纹藻属	24.10%	星形藻属	7.04%
鞍形藻属	3.79%	短缝藻属	4.84%	菱板藻属	4.29%	辐节藻属	4.99%	短缝藻属	9.66%	骨架藻属	6.32%
短缝藻属	3.73%	鞍形藻属	4.40%	针杆藻属	4.29%	菱板藻属	3.26%	鞍形藻属	4.46%	舟形藻属	6.30%
辐节藻属	2.25%	波缘藻属	2.84%	短缝藻属	2.93%	Pseudopediastrum	2.88%	针杆藻属	2.71%	Pseudopediastrum	5.55%
直链藻属	2.17%	脆杆藻属	1.99%	鞍形藻属	2.67%	针杆藻属	2.64%	辐节藻属	1.87%	盘星藻属	5.30%
针杆藻属	1.91%	针杆藻属	1.99%	辐桐藻属	2.19%	脆杆藻属	2.41%	直链藻属	1.56%	桥弯藻属	5.16%
脆杆藻属	1.87%	菱板藻属	1.88%	辐杆藻属	2.08%	星形藻属	2.17%	脆杆藻属	1.23%	海链藻属	3.48%
圆筒藻属	1.37%	辐节藻属	1.54%	脆杆藻属	1.76%	直链藻属	2.13%	桥弯藻属	0.76%	Monactinus	3.25%
桥弯藻属	1.27%	直链藻属	1.54%	直链藻属	1.59%	短缝藻属	2.07%	长篦藻属	0.76%	羽纹藻属	3.13%
肋缝藻属	0.90%					鞍形藻属	1.72%			微芒藻属	2.51%
						桥弯藻属	0.78%			Pinnulariatilis	2.07%
										环冠藻属	1.65%
										团藻属	1.41%
										角毛藻属	1.41%
										四棘藻属	0.78%

资料来源：姜燕. 硅藻类基因芯片的研制与应用 [D]. 福州: 福州大学, 2019.

（徐曲毅 吴伟斌 刘超）

参考文献

［1］杜宇坤，刘景建，康晓东，等.硅藻通过消化道淋巴系统进入实验兔体内的途径［J］.法医学杂志，2022，38（1）：67-70，76.

［2］杜宇坤，张天叶，刘景建，等.硅藻定量分析在溺死鉴定中的应用［J］.法医学杂志，2022，38（1）：110-113.

［3］傅润熹，应捷，邢景军，等.宁波甬江水域夏冬季节溺死兔内脏硅藻16S rDNA的鉴定［J］.中国法医学杂志，2018，33（1）：62-64.

［4］苟万里.rDNA序列在几种浮游植物的分类和中肋骨条藻定量检测中的应用［D］.青岛：中国海洋大学，2003.

［5］胡蝶，皮之云，张志荣，等.运用18S rDNA克隆文库检测滇池硅藻种群多样性［J］.法医学杂志，2019，35（4）：444-447.

［6］胡远花，曾最，武博，等.伪装牙齿新鲜脱落损伤程度鉴定1例［J］.法医学杂志，2019，35（5）：640-641.

［7］李欢，肖成，余仲昊，等.绿藻 $ChlB$ 基因和蓝藻 $NIES$ 基因在溺死相关浮游生物检测中的应用［J］.法医学杂志，2021，37（1）：58-64.

［8］刘景建，张书睿，康晓东，等.陆地发现戴口罩溺死1例分析［J］.中国法医学杂志，2022，37（1）：99-100.

［9］余丹媛，刘景建，刘超，等.基于扫描电子显微镜硅藻人工智能搜索系统检验效能评估［J］.法医学杂志，2022，38（1）：40-45.

［10］余政梁，刘超，胡孙林，等.PCR-DHPLC法检测硅藻SSU基因在溺死鉴定中的应用［J］.中国法医学杂志，2013，28（6）：457-460.

［11］赵建，杜宇坤，牛勇.虚拟解剖在法医学死亡原因鉴定中的应用［J］.刑事技术，2023，48（5）：531-536.

［12］赵建，胡孙林，刘超，等.硅藻检验方法综述［J］.刑事技术，2012（2），44-47.

［13］赵建，罗银洲，王玉仲，等.肺组织硅藻定量分析在实验动物溺死鉴定中的研究［J］.法医学杂志，2019，35（6）：706-709.

［14］赵建，马雁兵，石河，等.水中尸体硅藻检验污染1例［J］.法医学杂志，2017，33（5），554-555.

［15］赵建，牛勇.传染病疫情下法医学尸体解剖检验室建设展望［J］.中国法医学杂志，2020，35（2）：150-152.

［16］赵建，牛勇.刑事技术实验室潜在生物安全风险分析与应对建议［J］.刑事技

术，2020，45（4）：412-415.

［17］赵建，徐伦武，康晓东，等. 溺死地点推断的研究进展［J］. 法医学杂志，2018，34（1）：55-59.

［18］赵建，袁自闯，张彦吉，等. 两种硅藻检验方法的比较［J］. 中国法医学杂志，2015，30（1）：62-65.

［19］周圆圆，曹永杰，杨越，等. 基于人工智能硅藻自动化识别系统的实际案例应用［J］. 法医学杂志，2020，36（2）：239-242.

［20］朱晓琳.PCR-CE检测浮游生物DNA用于诊断溺死的研究［D］.广州：广东工业大学，2019.

［21］AOYAGI M，IWADATE K，FUKUI K，et al.A novel method for the diagnosis of drowning by detection of *Aeromonas sobria* with PCR method［J］.Legal medicine，2009，11（6）：257-259.

［22］AUER A. Qualitative diatom analysis as a tool to diagnose drowning［J］. The American journal of forensic medicine and pathology，1991，12（3）：213-218.

［23］AUER A，MÖTTÖNEN M. Diatoms and drowning［J］. International journal of legal medicine，1988，101（2）：87-98.

［24］BERGLUND J，JÜRGENS K，BRUCHMÜLLER I，et al.Use of group-specific PCR primers for identification of chrysophytes by denaturing gradient gel electrophoresis［J］.Aquatic microbial ecology，2005，39（2）：171-182.

［25］BORTOLOTTI F，DEL B G，CALZA R，et al. Testing the specificity of the diatom test：search for false-positives［J］. Medicine，science and the law，2011，51（suppl 1）：S7-S10.

［26］DENG J，GUO W，ZHAO Y，et al. Identification of diatom taxonomy by a combination of region-based full convolutional network，online hard example mining，and shape priors of diatoms［J］. International journal of legal medicine，2021，135（6）：2519-2530.

［27］DU Y，LIU J，LI Q，et al. Concordance analysis of diatom types and patterns in lung tissue and drowning medium in laboratory animal model［J］. International journal of legal medicine，2022，136（3）：911-917.

［28］EHARA M，WATANABE K I，OHAMA T .Distribution of cognates of group II introns detected in mitochondrial cox1 genes of a diatom and a haptophyte［J］. Gene，2000，256（1-2）：157-167.

［29］EPP L S，STOOF-LEICHSENRING K R，TRAUTH M H，et al.Molecular profiling of diatom assemblages in tropical lake sediments using taxon-specific PCR and Denaturing High-Performance Liquid Chromatography（PCR-DHPLC）［J］.Molecular ecology resources, 2011, 11（5）: 842–853.

［30］GU G, GAN S, DENG J, et al. Automated diatom detection in forensic drowning diagnosis using a single shot multibox detector with plump receptive field［J］. Applied soft computing, 2022, 122: 108885.

［31］HURLIMANN J, FEER P, ELBER F, et al. Diatom detection in the diagnosis of death by drowning［J］. International journal of legal medicine, 2000, 114（1–2）: 6–14.

［32］HÜRLIMANN J, FEER P, ELBER F, et al. Diatom detection in the diagnosis of death by drowning［J］. International journal of legal medicine, 2000, 114（1–2）: 2–14.

［33］JIANG L, XIAO C, ZHAO J, et al. Development of 18S rRNA gene arrays for forensic detection of diatoms［J］. Forensic science international, 2020（317）: 110482.

［34］JIANG L, XIAO C, ZHAO J, et al. Development of 18S rRNA gene arrays for forensic detection of diatoms［J］. Forensic science international, 2020, 317: 110482.

［35］KAKIZAKI E, OGURA Y, KOZAWA S, et al. Detection of diverse aquatic microbes in blood and organs of drowning victims: first metagenomic approach using high-throughput 454-pyrosequencing［J］. Forensic science international, 2012, 220(1–3): 135–146.

［36］LI H, KANG X, ZHENG D, et al. Are diatom types or patterns in the organs and water samples of drowning cases always consistent?［J］. Australian journal of forensic sciences, 2022, 54（3）: 376–385.

［37］LI Z, LIU X, YU Y, et al.Barcoding for diatoms in the Yangtze River from the morphological observation and 18S rDNA polymorphic analysis［J］.Forensic science international, 2019, 297: 81–89.

［38］LI Z, WU B, CHENG X, et al. Evaluation of L/D Ratio in a water-related case for the differentiation of drowning and postmortem immersion［J］. Forensic science international: synergy, 2019, 1: 68–70.

［39］LIANG Y, LIU H, GAO Z, et al. Ocular phenotype related SNP analysis in Southern Han Chinese population from Guangdong province［J］. Gene, 2022, 826: 146458.

[40] LOWE D G. Distinctive image features from scale-invariant keypoints [J]. International journal of computer vision, 2004, 60 (2): 91-110.

[41] LUCCI A, CAMPOBASSO C P, CIRNELLI A, et al. A promising microbiological test for the diagnosis of drowning [J]. Forensic science international, 2008, 182 (1-3): 20-26.

[42] LUCCI A, CIRNELLI A. A microbiological test for the diagnosis of death by drowning [J]. Forensic science international, 2007, 168 (1): 34-36.

[43] LUDES B, COSTE M, NORTH N, et al. Diatom analysis in victim's tissues as an indicator of the site of drowning [J]. International journal of legal medicine, 1999, 112 (3): 162-166.

[44] LUDES B, QUANTIN S, COSTE M, et al. Application of a simple enzymatic digestion method for diatom detection in the diagnosis of drowning in putrified corpses by diatom analysis [J]. International journal of legal medicine, 1994, 107 (1): 37-41.

[45] LUNETTA P, MIETTINEN A, SPILLING K, et al. False-positive diatom test: a real challenge? a post-mortem study using standardized protocols [J]. Legal medicine, 2013, 15 (5): 229-234.

[46] LUNETTA P, MODELL J. Macroscopical, microscopical, and laboratory findings in drowning victims [J]. Forensic pathology reviews, 2005, 3: 3-77.

[47] LUNETTA P, PENTTILÄ A, HÄLLFORS G. Scanning and transmission electron microscopical evidence of the capacity of diatoms to penetrate the alveolo-capillary barrier in drowning [J]. International journal of legal medicine, 1998, 111 (5): 229-237.

[48] Neilan B A. Identification and phylogenetic analysis of toxigenic cyanobacteria by multiplex randomly amplified polymorphic DNA PCR [J]. Applied and environmental microbiology, 1995, 61 (6): 2286-2291.

[49] PIETTE M, LETTER E. Drowning: still a difficult autopsy diagnosis [J]. Forensic science international, 2006, 163 (1-2): 1-9.

[50] POLLANEN M S. Diatoms and homicide [J]. Forensic science international, 1998, 91 (1): 29-34.

[51] POLLANEN M S. Forensic diatomology and drowning [M]. Amsterdam and New York: Elsevier, 1998.

[52] POLLANEN M S. The diagnostic value of the diatom test for drowning, II.

Validity: analysis of diatoms in bone marrow and drowning medium [J]. Journal of forensic sciences, 1997, 42 (2): 286-290.

[53] POLLANEN M S, CHEUNG C, CHIASSON D A. The diagnostic value of the diatom test for drowning, I. Utility: a retrospective analysis of 771 cases of drowning in Ontario, Canada [J]. Journal of forensic sciences, 1997, 42 (2): 281-285.

[54] REVENSTORF V. Der Nachweis der aspirierten Ertränkungs Flüssigkeit als Kriterium des Todes durch Ertrinken [J]. Vierteljahresschrift gerichtliche medicin, 1904, 28: 274-279.

[55] RIEMANN L, WINDING A. Community dynamics of free-living and particle-associated bacterial assemblages during a freshwater phytoplankton bloom [J]. Microbial ecology, 2001, 42 (3): 274-285.

[56] RUTTY G N, BRADLEY C J, BIGGS M J, et al. Detection of bacterioplankton using PCR probes as a diagnostic indicator for drowning; the Leicester experience [J]. Legal medicine, 2015, 17 (5): 401-408.

[57] SHEN X, LIU Y, XIAO C, et al. Analysis of false-positive results of diatom test in the diagnosis of drowning-would not be an impediment [J]. International journal of legal medicine, 2019, 133: 1819-1824.

[58] SUTO M, KATO N, ABE S, et al. PCR detection of bacterial genes provides evidence of death by drowning [J]. Legal medicine, 2009, 11 (Suppl 1): S354-S356.

[59] TENGS T, DAHLBERG O J, SHALCHIAN-TABRIZI K, et al. Phylogenetic analyses indicate that the 19' hexanoyloxy-fucoxanthin-containing dinoflagellates have tertiary plastidsof haptophyte origin [J]. Molecular biology and evolution, 2000, 17 (5): 718-729.

[60] TERAZAWA K, TAKATORI T. Isolation of intact plankton from drowning lung tissue by centrifugation ina colloidal silica gradient [J]. Forensic science international. 1980, 16 (1): 63-66.

[61] UCHIYAMA T, KAKIZAKI E, KOZAWA S, et al. A new molecular approach to help conclude drowning as a cause of death: simultaneous detection of eight bacterioplankton species using real-time PCR assays with TaqMan probes [J]. Forensic science international, 2012, 222 (1-3): 11-26.

[62] VAN DER GUCHT K, SABBE K, DE MEESTER L, et al. Contrasting

bacterioplankton community composition and seasonal dynamics in two neighbouring hypertrophic freshwater lakes [J]. Environmental microbiology, 2001, 3(11): 680-690.

[63] World Health Organization. Global report on drowning: preventing a leading killer [M]. World Health Organization, 2014.

[64] XIANG Q, SU Q, LI Q, et al. Microbial community analyses provide a differential diagnosis for the antemortem and postmortem injury of decayed cadaver: an animal model [J]. Journal of forensic and legal medicine, 2023, 93: 102473.

[65] XUE Y, LAI L, LIU C, et al. Perspectives on the death investigation during the COVID-19 pandemic [J]. Forensic science international: synergy, 2020, 2: 126-128.

[66] YU W M, XUE Y, KNOOPS R, et al. Automated diatom searching in the digital scanning electron microscopy images of drowning cases using the deep neural networks [J]. International journal of legal medicine, 2021, 135(2): 497-508.

[67] YU W, XIANG Q, HU Y, et al. An improved automated diatom detection method based on YOLOv5 framework and its preliminary study for taxonomy recognition in the forensic diatom test [J]. Frontier in microbiology, 2022, 13: 963059.

[68] YU W, XUAN Y, KNOOPS R, et al. Automated diatom searching in the digital scanning electron microscopy images of drowning cases using the deep neural networks [J]. International journal of legal medicine, 2021, 135(2): 497-508.

[69] ZHANG P, KANG X, ZHANG S, et al. The length and width of diatoms in drowning cases as the evidence of diatoms penetrating the alveoli-capillary barrier [J]. International journal of legal medicine, 2020, 134: 1037-1042.

[70] ZHAO J, LIU C, BARDEESI A S A., et al. The diagnostic value of quantitative assessment of diatom test for drowning: an analysis of 128 water-related death cases using microwave digestion-vacuum filtration-automated scanning electron microscopy [J]. Journal of forensic sciences, 2017, 62(6): 1638-1642.

[71] ZHAO J, LIU C, HU S, et al. Microwave digestion-vacuum filtration-automated scanning electron microscopy as a sensitive method for forensic diatom test [J]. International journal of legal medicine, 2013, 127(2): 459-463.

[72] ZHAO J, LIU C, SHI H, et al. Diatom test is still a reliable method for the

diagnosis of drowning [J]. Forensic science international, 2017, 277: 153-154.

[73] ZHAO J, LIU C, WEN J, et al. A custom-designed membrane filter for enriching diatoms in forensic diatom test [J]. Forensic science international, 2017, 277: 197-197.

[74] ZHAO J, LIU C, WEN J, et al. The sources of contamination in the forensic diatom test [J]. Forensic science international, 2017, 277: 130-130.

[75] ZHAO J, MA Y, LIU C, et al. A quantitative comparison analysis of diatoms in the lung tissues and the drowning medium as an indicator of drowning [J]. Journal of forensic and legal medicine, 2016, 42: 76-78.

[76] ZHAO J, NIU Y. Perspectives on the construction of forensic autopsy laboratories designed to handle infectious diseases [J]. Journal of forensic science and medicine, 2020, 6(2): 62-64.

[77] ZHAO J, WANG Y, LIU C, et al. Detection of diatoms by a combination of membrane filtration and transparentness [J]. Journal of forensic sciences, 2016, 61(6): 1643-1646.

[78] ZHAO J, WANG Y, WANG G, et al. Application of the microwave digestion-vacuum filtration-automated scanning electron microscopy method for diatom detection in the diagnosis of drowning [J]. Journal of forensic and legal medicine, 2015, 33: 125-128.

[79] ZHAO J, WANG Y, ZHANG Y, et al. Types of diatoms in China's three major rivers and the possible application for an automatic forensic diatom test [J]. Australian journal of forensic sciences, 2015, 47(3): 268-274.

[80] ZHAO J, ZHANG P, XUE Y, et al. Correlation analysis of diatom content in the organs and drowning mediums for the drowning death cases [J]. Australian journal of forensic sciences, 2021, 53(2), 191-198.

[81] ZHAO Y, CHEN X, YANG Y, et al. Potential forensic biogeographic application of diatom colony consistency analysis employing pyrosequencing profiles of the 18S rDNA V7 region [J]. International journal of legal medicine, 2018, 132(6): 1611-1620.

[82] ZHOU Y, ZHANG J, HUANG J, et al. Digital whole-slide image analysis for automated diatom test in forensic cases of drowning using a convolutional neural network algorithm [J]. Forensic science international, 2019, 302: 109922.

第八章 人体微生物与组织体液类型鉴识

第一节

概　述

　　犯罪现场遗留的生物痕迹蕴含了对案件侦查极其关键的信息，充分挖掘并有效利用这些信息以确定生物证据的存在和来源至关重要。生物痕迹的组织体液来源鉴别对于重建犯罪现场、揭示犯罪经过与性质、推断损伤部位及程度等尤为重要，在犯罪现场发现的不同组织或细胞可能成为揭示案件真实性质的关键线索。短串联重复序列检测技术被广泛用于生物痕迹的个体识别和亲子鉴定，但目前常用的DNA分析技术无法为体液鉴识提供足够的信息。

　　随着犯罪分子反侦查意识的增强，他们通常会刻意破坏或清理现场痕迹，这导致仅有微量生物样本遗留在犯罪现场。因此，合理利用生物物证十分重要，在满足体液识别的基础上，还需要基于DNA分析进行个体识别。法医学传统的组织体液来源鉴定方法主要有血清学、细胞学、免疫学和生物化学方法，例如，利用细胞染色和显微镜观察识别精子和阴道上皮细胞、通过淀粉消化实验和口腔黏膜脱落上皮细胞镜检法识别唾液斑等。然而，上述方法的灵敏度低，对检材消耗量大，样品被破坏并对后续DNA分析产生干扰，无法与下游的个体识别技术兼容，限制了它们在法医实践中的应用。因此，可实现组织体液类型鉴识和个体识别共检测的技术是更理想的鉴定方法。

　　法医科学工作者一直在探索用于组织体液识别的分子标记，如DNA甲基化、mRNA、miRNA、piRNA等。mRNA分子是DNA的转录产物，是最早被应用于体液溯源的分子标记物，但强紫外光、高温、潮湿等因素都会加速mRNA的降解，其不稳定性限制了其在法医检案中的实际应用。miRNA属于一类小的非蛋白质编码RNA分子，不易发生降解，具有组织特异性表达，也存在于各种组织体液中，可作为一种法医体液鉴识的分子工具。DNA甲基化作为常见的表观遗传学修饰之一，在转录调控中起到重要作用，筛选不同组织体液的差异甲基化区域也是研究者感兴趣的领域。此外，DNA甲基化分析也可以与法医常用的以DNA为基础的实验方法（如DNA提取、PCR及DNA分型）相兼容。然而，无论是基于转录水平还是DNA甲基化水平遗传标记的检测结果，均易受环境、年龄、疾病与生活方式等因素的显著影响，所筛选的用于体液识别的分子标记的稳定性和特异性仍需进一步验证。此外，还可能由于留在现场的斑迹中人类DNA含量太低（即低拷贝模板），导致无法进行依赖人类DNA的检测和数据分析。近年来，法医研究者提出利用人体微生物进行现场生物样本的组织体液溯源，微生物标记被认为是一种具有良好应用前景的法医体液识别的新工具。最初，法医微生物学领域更侧重于生物恐怖主义和生物犯罪行为，然而，鉴于微生物在法医学领域内展现出广泛而深远的应用潜力，目前普遍认为，法医微生物学是一门表征微生物证据，为刑事和民事案件提供关键线索的学科，包括组织体液识别、个体识别等。进一步探索关于人体微生物群落的组成概况、宿主和环境之间的交互作用等将为组织体液类型鉴识提供诸多新的可能性。

第二节

人体常见组织体液的微生物群落特征

由于解剖学特性和局部微环境组成成分不同，定居于人体常见组织体液如阴道分泌物、精液、唾液等的微生物群落也有所差异（图8-1）。这些丰度较高的特征性微生物即各组织体液中独特的优势菌群，为法医学组织体液鉴识提供了新的思路。

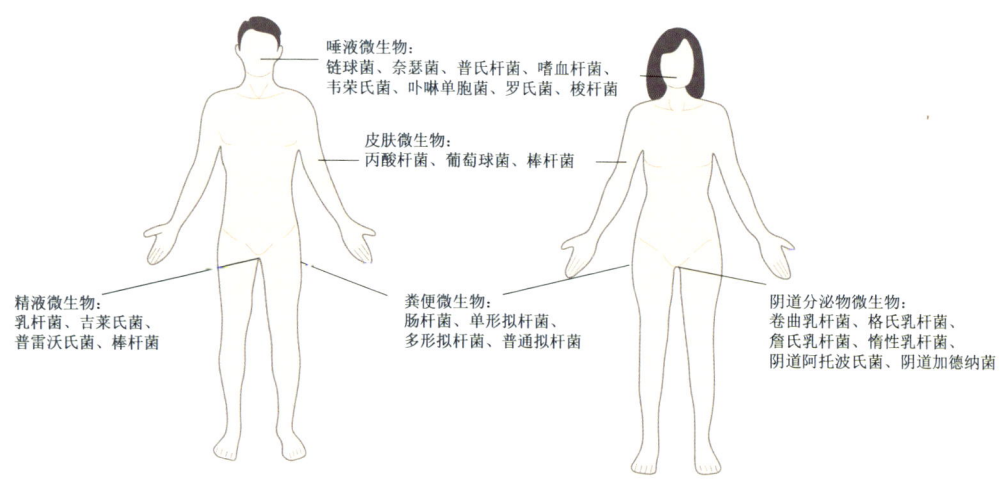

图8-1　人体不同组织体液中的优势菌群

一、人体阴道分泌物的微生物群落特征

在性侵案件中，对阴道分泌物的识别至关重要。人体阴道分泌物由阴道黏膜渗出物、宫颈腺体、前庭大腺及子宫内膜分泌物组成，含阴道上皮脱落细胞、白细胞等，俗称"白带"。女性生殖道微生物通过上行主要定殖于阴道、子宫颈阴道部、子宫颈内口三个区域，其中阴道是定殖微生物最多的女性生殖器区域。尽管阴道的微生物生态系统受激素水平、免疫反应、营养状况、疾病状态、环境暴露和卫生条件等各种内源性或外源性因素的影响，一直处于一种动态变化的状态，但乳杆菌属仍是阴道分泌物的优势菌属。阴道乳杆菌通过产生乳酸来促进自身存活，同时维持阴道的酸性环境以保护女性免受病原体和机会性感染的侵害。一般来说，女性个体无论是处于月经周期还是处于怀孕阶段，阴道样本中的微生物组成都相对稳定，但阴道疾病则可对正常阴道微生物群产生较大的影响，甚至导致阴道菌群失调。

Berti等人使用卷曲乳杆菌（*Lactobacillus crispatus*）、格氏乳杆菌、唾液链球菌（*Streptococcus salivarius*）、变形链球菌、金黄色葡萄球菌（*Staphylococcus aureus*）和肠球菌（*Enterococcus* spp.）的DNA特异性引物和探针进行多重PCR扩增以分析阴道拭子DNA，结果表明大多数阴道拭子检出卷曲乳杆菌和格氏乳杆菌，其中，少数阴道拭子检出2种乳杆菌。有趣的是，他们在1例来自法医案例的肛门拭子DNA中也检测到了卷曲乳杆菌DNA的强扩增信号，本应在粪便样本中显示高信号的肠球菌属DNA反而显示出弱的扩增信号，他们认为此现象的出现可能因为同时存在经阴道和经肛门的两种类型的性侵犯。Fleming等人基于16S—23S rRNA基因间隔区（intergenic space region，ISR）检测卷曲乳杆菌和格氏乳杆菌DNA，发现两者可在阴道分泌物与部分经血样本中检测出，但在精液、血液和唾液中无法检出。Zou等人检测阴道分泌物、唾液和粪便的菌群组成，结果显示，卷曲乳杆菌、格氏乳杆菌、詹氏乳杆菌（*Lactobacillus jensenii*）、惰性乳杆菌和阴道阿托波氏菌（*Atopobium vaginae*）在16份阴道分泌物样本中的检出率分别为15/16、5/16、8/16、14/16和3/16。其中，卷曲乳杆菌在阴道分泌物和女性个体尿液中均特异性检出，詹氏乳杆菌在阴道分泌物中特异性检出，他们认为这两者可能是鉴定阴道分泌物的特异性微生物标志物。综上，并非所有阴道核心菌种都能在阴道分泌物样本中检出，而且因为相邻的人体生理解剖位置或体液相互接触后的微生物转移导致阴道核心菌种可能在其他体液中检出。

二、人体精液的微生物群落特征

在性侵案件中，精液也是一种具有重要证据价值的生物物证检材。近年来，多

种鉴别精液的分子标记物发展迅速，如mRNA、miRNA、DNA甲基化以及一种新型的mtDNA拷贝数和端粒重复长度标记。但是此类标记物容易受降解、未成熟的精子细胞及无精症等因素的限制。

男性生殖器区域的微生物群主要存在于下生殖道即尿道和冠状沟，除了感染的情况，男性上生殖道一般是无菌的。健康男性的精液微生物组丰富多样，往往夹杂着来源于尿道的低浓度微生物群落。健康男性个体的精液微生物群落在门水平以厚壁菌门、放线菌门、拟杆菌门、变形杆菌门为主，在属水平以拟杆菌属（*Bacteroides*）、乳杆菌属、吉莱氏菌属（*Gillisia*）、普雷沃菌属、棒杆菌属为主。已有研究表明，性交会导致精液和阴道分泌物的微生物发生交换。Eren等人测序分析了阴道加德纳菌16S rDNA基因片段上的低水平序列变异，发现伴侣间共享有相似序列类型的阴道加德纳菌（*Gardnerella vaginalis*），指出伴侣间可能发生细菌群落转移并定殖。Mändar等人基于Illumina HiSeq2000测序对23对夫妇的精液和阴道分泌物微生物组（性交前和性交后）的16S rDNA基因V6区域进行分析，结果观察到尽管大多数精液样本中没有优势微生物，细菌总浓度低于阴道分泌物，但精液微生物群落的多样性明显高于阴道微生物群落。Yao等人使用16S rDNA测序并利用主成分分析能够清楚地将精液、唾液、阴道分泌物区分开来，其中的精液样本在暴露15 d后依然可用于体液鉴定。虽然女性和男性生殖系统微生物组之间如何相互影响仍需要进一步研究，但是这些研究表明根据微生物群落特征识别男性精液样本是可行的。

三、人体唾液的微生物群落特征

唾液是一种常见的体液类型，常以斑迹、吻痕和咬痕的生物物证形式从犯罪现场或受害人身上获取，特别是在某些特殊的性侵案例中，在发生接吻和其他与口腔接触有关的活动时，微生物群落可能有助于识别现场可疑的唾液斑迹。

人体口腔为微生物定殖提供了一个独特的环境，其解剖结构通过为微生物提供黏附受体和调节唾液流速等方式影响微生物群落的构成。唾液是下颌下腺、舌下腺和腮腺分泌液体的混合物。（图8-2）在正常唾液流速

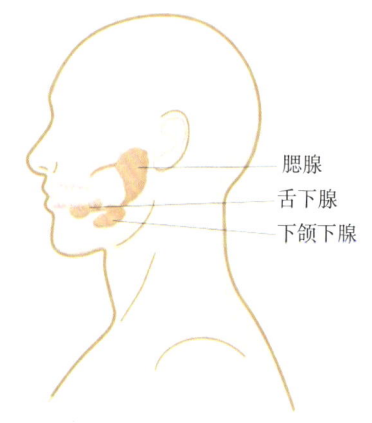

图8-2 唾液主要由腮腺、舌下腺和下颌下腺3对大唾液腺共同分泌

（750 mL/d）下，每24 h约有$8×10^{10}$个细菌从口腔表面脱落，相当于湿重为5~10 g的细菌细胞。口腔经常受外部环境和食物的影响，其微生物群落具有较高的多样性。多项研究表明，唾液优势微生物的核心菌属为链球菌属（*Streptococcus*）、奈瑟菌属（*Neisseria*）、普雷沃菌属、嗜血杆菌属（*Haemophilus*）、韦荣氏球菌属（*Veillonella*）、卟啉单胞菌属（*Porphyromonas*）、罗氏菌属（*Rothia*）和梭杆菌属（*Fusobacterium*）。

口腔微生物群落的组成和特征因生理解剖位置的不同而不同，唾液的流动会影响口腔微生物群落的空间分布梯度。Wang等人将唾液与口腔黏膜的微生物群落组成进行比较发现，厚壁菌门是唾液与口腔黏膜中最丰富的门，但唾液中厚壁菌门的平均相对丰度显著低于口腔黏膜（$P < 0.0001$）。此外，在属水平上，唾液中的链球菌属、韦荣氏球菌属和奈瑟菌属的比例分别为20%、15%、16%；口腔黏膜中的链球菌属丰度最高，平均相对丰度达49.61%。总体而言，唾液中微生物群落比口腔黏膜具有更高的物种丰度和多样性，且使用基于差异微生物种类与丰度信息的随机森林模型，能够实现唾液样本和口腔黏膜样本的区分。

Huang H等人通过对唾液样本进行16S rDNA高通量测序、LEfSe分析，结果表明唾液特异微生物为副流感嗜血杆菌（*Haemophilus parainfluenzae*）、小韦荣氏球菌（*Veillonella parvula*）和惰性凝聚杆菌（*Aggregatibacter segnis*）。其中，惰性凝聚杆菌是人类口咽部的共生菌，有研究认为其黏附能力和细胞结构会导致矿物质积累，且它能与其他细菌共存，是引起牙菌斑的部分原因。Jung等人利用3种口腔细菌（唾液链球菌、血链球菌和黄链球菌），开发了一种基于多重实时定量PCR的快速鉴定唾液的方法，此方法可在91.4%的唾液样本中检测出上述3种口腔细菌，可用于检测DNA总量非常低（0.13 ng）的样本。Jung等人运用此方法，仅在1个粪便样本中检测到其中1种口腔细菌，并且发现刷牙对上述3种口腔特异性细菌的存在基本没有影响。此外，有研究表明，吸烟可能会暂时降低唾液微生物组成的多样性，戒烟后可有所恢复。Liang等人基于PCoA和ANOSIM分析可观察到唾液样本与阴道分泌物、精液、皮肤样本间存在显著差异，用构建的随机森林模型识别上述4种体液的共50个检测样本，结果显示49个样本被正确分类，仅有1个精液样本被误判为阴道样本。此外，该课题组还开发了1个多重PCR体液识别系统，该系统包含3种唾液核心菌种和2种粪便核心菌种，可用于唾液和粪便的识别，且上述菌种未在血液、经血、精液、阴道分泌物、皮肤、鼻涕、汗液、眼泪和尿液样本中检出，表明此检测系统具有高度的特异性。上述研究结果支持了微生物群落在体液识别中的应用潜力，但仍需进行更大规模的研究来证实该工具的价值。

四、人体粪便的微生物群落特征

粪便样本是肠道微生物群落的代表,与其他类型体液样本相比,其细菌更丰富。肠道细菌主要由拟杆菌门和厚壁菌门组成,微生物群落相对稳定,可形成肠道核心微生物组。单形拟杆菌（*Bacteroides uniformis*）、多形拟杆菌（*Bacteroides thetaiotaomicron*）和普通拟杆菌（*Bacteroides vulgatus*）是粪便样本中最常分离出的细菌。Nakanishi等人收集了日本成年人的不同组织体液类型样本（粪便、血液、唾液、精液、尿液、阴道分泌物和皮肤）,通过检测上述细菌的种类和丰度来识别粪便。在粪便样本中,单形拟杆菌、普通拟杆菌和多形拟杆菌的检出率分别为95%（19/20）、85%（17/20）和60%（12/20）,并且除在1例（1/6）阴道分泌物样本中检出普通拟杆菌外,其余样本均没有检出上述3种细菌,这为粪便斑迹识别提供了新的思路和工具。此外,Zou等人基于PCR检测技术对中国汉族个体的粪便微生物特征进行了研究,16个粪便样本中肠球菌属、单形拟杆菌、普通拟杆菌和多形拟杆菌的检出比例分别为100%（16/16）、75%（12/16）、93.75%（15/16）和68.75%（11/16）。在阴道分泌物、唾液中也可检测到肠球菌属和普通拟杆菌的存在,单形拟杆菌和多形拟杆菌只在粪便样本中检测到,两者可能为粪便样本中的特异性菌种。因此,单形拟杆菌和多形拟杆菌可用作法医鉴定粪便样本的潜在标记物。

五、人体皮肤的微生物群落特征

皮肤接触类检材是一种常见的检材类型,通过与人接触或皮肤细胞脱落产生,因此可以在犯罪现场的许多物品表面采集。皮肤是人体与外界环境接触的主要部位,皮肤屏障的完整性可保护机体免受致病性微生物的侵袭。皮肤微生物群落主要由细菌组成,病毒、真菌以及尘螨也会定殖于人体皮肤上。皮肤上存在的化学物质为微生物群提供营养和代谢底物,但反过来,微生物的活动也会改变人体皮肤的化学环境。例如,面部、头皮、胸部和背部的皮脂腺会产生大量的油性皮脂,是亲脂性厌氧痤疮内酸杆菌主要的定殖部位；同时皮肤痤疮丙酸杆菌会将皮脂中的甘油三酯分解成游离脂肪酸用于酸化皮肤,并可能促进细菌对皮肤的黏附。

迄今为止,对皮肤微生物的研究较为广泛。多项研究结果表明,人体皮肤微生物群落的主要菌门为厚壁菌门、变形菌门、放线菌门和拟杆菌门,痤疮丙酸杆菌与表皮葡萄球菌（*Staphylococcus epidermidis*）为皮肤上常见的细菌菌种。基于人体不同皮肤部位的16S rDNA基因序列分析表明,在生理特征上类似的皮肤部位具有相似的细菌群落组成：皮脂腺较丰富的皮肤部位如眉间、鼻翼、外耳道、胸前和后背，其微生物主要以丙酸杆菌属（*Propionibacterium*）和葡萄球菌属为主；较湿润的皮肤部位主要以棒杆菌属和葡萄球菌属为主，如鼻腔、腋窝、腘窝、腹股沟附近等；手掌、前臂等干燥的皮肤部位以链球菌属和棒杆菌属为主。人体皮肤微生物群落具有时间稳定性，且其稳态很大程度上是通过稳定、丰富的物种来维持。Schmedes等人通过使用目标片段测序体系（hidSkinPlex）来区分来自不同个体的皮肤微生物组，这种基于皮肤微生物进化枝特异性标记的新型靶向测序方法还可以区分手、足、胸骨柄等不同身体部位的皮肤，预测准确率高达86%。此外，在手机、键盘、鼠标上能检测出与皮肤相关的微生物群落，其组成与使用者的手指皮肤微生物群落相似。Quaak等人研究了手部皮肤和口腔、阴道、肠道和阴茎等部位的体液样本，结果显示皮肤微生物多样性低于口腔和粪便样本，并表明基于每种体液或每个身体部位的核心微生物组可推断组织体液类型。综上，皮肤微生物群落在推断法医检案中检材的组织体液类型中具有巨大的应用潜力。

六、人体毛发的微生物群落特征

毛发样本在犯罪现场较为常见。传统法医毛发检查依赖于显微镜下基于颜色和色素沉着等形态学特征的比较。处于生长期的毛发存在核DNA，可以用于STR分型。然而，在法医调查中发现的大部分毛发是脱落的毛发（即处于休止期的毛发），这些毛发已经停止生长，往往由于核DNA太少而无法进行STR分型。

人体毛发具有独特的微生物群落特征，来自身体不同部位的毛发的微生物群落存在着明显的差异。Tridico等人提出可以通过微生物群落将头发与阴毛区分开。同时基于不同性别个体的阴毛微生物群，可将男性阴毛与女性阴毛区分开。男女个体的阴毛之间微生物组成差异较大的为乳杆菌，它对于男性阴毛和女性阴毛具有显著区分作用。与阴毛相反，头发微生物群与供体的性别没有相关性，人体头发微生物群落与人体皮肤微生物群落组成相似，如厌氧球菌属（*Anaerococcus*），以及与环境衍生的类群相似，如地下诺尔氏菌（*Knoellia subterranea*）。

七、人体血液的微生物群落特征

人体血液斑迹是犯罪现场中最常见的生物检材之一。在许多情况下，确定血液斑迹的组织来源可以为案件提供关键信息，例如在性侵犯案件中需区分月经血和静脉血，以及在暴力袭击案件中需区分鼻血和静脉血。Díez López等人使用16S rDNA

扩增子测序进行血液微生物分析，在确定样本均是血液的前提下，可通过深度神经网络区分4种类型的血液：月经血、静脉血、鼻血和指尖血。其中，由于健康人群血液的无菌性质，检测到的细菌数量较少；月经血样本则呈现出以乳杆菌属为主的菌群特征。

八、人体混合斑的微生物群落特征

性侵案件中的生物检材往往是多种组织体液混杂的混合检材，例如精液与阴道分泌物的混合斑、唾液与皮肤的混合斑等。Gill在提出"关联谬误"时提及一个冤假错案，即一名男子被错误指控强奸罪的案件。该案在精液确证试验阳性的样本中检出了这名男子的DNA，因此判定为检出他的精液DNA。而实际上，这份检材为该男子唾液样本和嫌疑人精液样本的混合样本，该男子DNA来源于其唾液而非精液。因此，正确解析混合斑对于案件定性和现场重建尤为重要。然而，目前对混合斑的组成成分进行解析仍然是一个待攻克的难题。尤其是在没有性器官接触、使用安全套、体外射精或缺乏精子的情况下，目前无法证明是否发生了性侵犯行为。尽管Y染色体短串联重复序列检测结果可在混合斑中提示男性DNA的存在与否，但由于无法提供有关男性DNA的组织体液来源信息，案件定性和侦查可能缺少一定的证据力度。

已有研究表明，微生物标志物在推断混合斑的组织体液来源方面具有潜在价值。Hanssen等人基于16S rDNA扩增子测序检测了沉积在皮肤上的痕量唾液样本，交叉验证结果表明，在94%的情况下能够成功地对沉积在皮肤上的唾液样本和纯皮肤样本进行分类。纯唾液样本和纯皮肤样本的菌群组成具有显著差异，皮肤上沉积的唾液样本具有皮肤和唾液样本共有的菌群组成。Yao等人的研究确定了唾液、面部皮肤和两者混合样本的微生物组，并通过比较样本之间的微生物组成得出结论，唾液与面部皮肤的混合样本包含有唾液和皮肤样本二者的微生物群落。尽管纯唾液样本和纯皮肤样本的微生物群具有各自独特的微生物群落特征，但从混合样本中鉴别二者并不容易。Karadayi等人进行了模拟性侵案件的研究，通过比较嫌疑人唾液样本与模拟性侵后48 h内死者乳房皮肤上的唾液-皮肤混合样本的微生物群落特征，结果表明，从死者身上采集的混合样本中获得的微生物组信息对于识别嫌疑人具有很大的潜力。然而，仅从死者身上获得的混合斑样本的菌群特征还不能为直接识别嫌疑人提供充分的证据，但是可以用来排除性侵犯案件中的无关嫌疑人。

第三节
利用人体微生物进行组织体液鉴识的优势

在高通量测序技术出现之前，微生物分析受限于测序技术和微生物可培养技术。随着PCR、qPCR、DNA测序等分子生物学技术的发展，特别是高通量测序和生物信息学技术的引入，科学家可以准确、快速地确定样品中大部分微生物的DNA，并避免了培养微生物时所引起的实验污染和数据偏差，极大地促进了微生物组学的发展。在过去的十几年中，这一领域引起了法医工作者极大的兴趣，人体微生物与环境微生物在法医学应用中得到了更深层次的探索。

扩增子测序和鸟枪法宏基因组学是目前分析微生物组组成的两种主流方法。扩增子测序靶向标记基因或感兴趣的基因区域，是目前法医微生物组分析中最流行的高通量测序技术。在大多数研究中，微生物群落分类分析的常用遗传标记是小亚基核糖体RNA基因，即16S rDNA，其高变区测序是进行原核微生物分类组成的主要方法，且已广泛应用于体液微生物的分类。16S rDNA的大型数据存储库现已公开，例如SILVA数据库（https://www.arb-silva.de/）、Ribosomal Database Project（https://rdp.cme.msu.edu/）和Greengenes数据库（http://greengenes.lbl.gov/）。相比之下，鸟枪法宏基因组测序可提供菌株水平的分辨力和功能性基因信息。宏基因组测序技术最初用于分析环境中的微生物群落，但它同样适用于探索人体微生物组。然而，宏基因组测序技术价格相对昂贵且在低生物量或人体宿主基因组严重污染的样本上表现不佳等限制了其在法医学上的应用。随着微生物组技术的发展，以及高通量、低成本、强大的生物信息学技术的持续发展，高通量测序技术成为法医微生物全基因组测序（或靶向测序）的可行技术。

随着基因组测序技术的进步以及处理复杂微生物群落数据集的新方法的出现，微生物组研究结合宏基因组扩展了微生物法医工具包的功能边界。因此，有大量的研究工作调查了个体间微生物群落的分类组成和丰度、功能基因表达水平、系统发育多样性和时间稳定性等特征。研究发现，现场遗留斑迹中微生物的数量通常超过人体细胞数量，且细菌DNA呈环状，受到细菌细胞壁所含肽聚糖的良好保护，这使得细菌DNA比人类DNA更难降解，因此，在人类DNA降解的情况下，人体微生物标记在生物样本的体液鉴识和个体识别方面具备独特的优势。人类微生物组计划第一阶段对242个健康个体的口腔、皮肤、阴道、肠道、呼吸道的微生物组进行研究，发现人体内外存在大量的微生物参与调节个体的一系列代谢、生理生化过程，人体不同部位具有各自特异的微生物群落组成，而不同个体间同一身体部位的微生物群落组成差异往往小于同一个体内不同身体部位之间的微生物群落组成差异。此外，可通过同时提取人体DNA和微生物DNA，进行个体识别及体液类型鉴定。因此，人体微生物标记在解决法医学组织体液类型鉴别难题方面展现出了良好的应用潜力。

第四节
利用人体微生物进行组织体液鉴识的基本思路

人体被大量微生物定殖，体内和体表都蕴藏着各种各样的微生物，包括肉眼看不见或无法清晰观察的细菌、病毒、真菌等。其中细菌遍布人体，几乎存在于人体的每个部位，人体微生物数量和人体细胞数量相当。人体微生物组具有高丰度和DNA不易降解的特点，其群落组成与不同身体位置相关。人体微生物可以被转移到人体接触的物体或其他个体上并留下痕迹。当现场生物样本中的人源性DNA或RNA因降解无法检测时，样本中的细菌DNA仍然可被检出。因此，人体不同部位的细菌可以用于组织体液来源识别。

人体微生物组计划获得了健康人体皮肤、鼻腔、呼吸道、口腔、肠道和泌尿生殖道等身体部位的大型微生物数据集，表明人体不同部位的微生物群落在物种组成和丰度上存在着很大的差异。人体微生物群落从出生时开始定殖，当新生儿经过产道时，不可避免地会接触到母亲的阴道微生物并受其影响。婴儿早期的微生物群落主要来自母体的皮肤与阴道；到6周龄时，婴儿微生物群落结构发生显著变化，微生物多样性显著增加，不同身体部位的微生物群落开始具有各自的独特性。

人体不同身体部位具有不同的微生物群落特征，这是利用微生物进行组织体液识别的基础。对于大多数法医鉴定相关的人体组织体液，如犯罪现场的唾液斑、粪便斑迹或阴道分泌物斑迹等，基于观察到的特定物种及其丰度特征可以识别特定的体液。值得注意的是，用于体液鉴别的微生物标记通常不是指单一的微生物标志物，而是一组具有鉴别作用的微生物，因为使用一个微生物标记仍不足以确定样本的身体部位来源。对不同身体部位存在的微生物群落分析表明，应考虑基于对多个不同属（可称作每个身体部位的核心微生物组）的检测来进行组织体液来源识别。总的来说，基本思路为两种：一是基于高通量测序获得的人体微生物群落结构（微生物种类和丰度）进行组织体液识别，二是基于一组核心微生物标记的定性检测进行组织体液识别。

第五节
利用人体微生物进行组织体液鉴识的影响因素

人体不同组织体液的微生物群落结构在一段时间内具有一定的稳定性，但年龄、地理、饮食、卫生、疾病和药物等各种体内外因素会导致个体间存在差异。了解这些可能影响组织体液识别的因素，是将微生物标记用于法医实践之前需要解决的问题。

一、时间因素

尽管多项研究均表明，不同身体部位的微生物群落具有差异，这使微生物在法医体液溯源方面具有良好的应用潜力，但若要将微生物群落真正用于法医实践，仍有许多难题需要解决，例如人体微生物组随时间变化的稳定性、离体样本储存的稳定性、个体之间的微生物转移等。已有学者研究人体不同部位的微生物组在时间与空间上的变化特征，认为微生物群落组成主要由身体栖息地决定，并随着时间的推移保持相对稳定。Lauber等人评估了短期储存条件的差异是否影响样品细菌群落组成和多样性，结果显示粪便微生物群落在不同的储存条件下没有明显变化，即使在储存14 d后仍保持其独特组成；皮肤样本按供者而不是温度或存储时间进行聚类。事实上，皮肤样本如储存在一定温度范围内，其特征性微生物群落在14 d后仍很明显，储存条件对皮肤微生物群落组成或多样性的影响相对较小。粪便和皮肤样本可以在室温下储存和运输，储存的条件并不会对样本整体微生物群落组成的评估或大多数微生物的相对丰度产生重大影响。Tridico等人分析了在3个不同时间点来自7名志愿者的头皮和阴毛样本，发现阴毛微生物组随时间保持稳定。Williams等人调查了法医实验室常见的储存温度：室温（~20 ℃）、冷藏（4 ℃）和冷冻（−20 ℃）下储存1周、2周、4周和6周对人类阴毛微生物组的影响，结果表明短期储存时间（≤6周）和温度对阴毛微生物组没有明显影响，在统计学上无显著差异。Karadayi等人的研究结果证实了来自不同个体的唾液、皮肤和混合样本的微生物多样性彼此不同，并且提出每个个体的唾液、皮肤样本微生物组在短期内（48 h）可保持相对稳定的观点。综上所述，各体液的微生物组在短期内具有一定的稳定性，这是案发现场发现的检材中的微生物组能够用于体液溯源的理论基础之一。

二、环境暴露因素

室内环境的微生物群落受到多种因素影响，如温度、湿度、通风情况等。目前，各体液中的微生物群落研究多数基于新鲜体液样本，然而在法医实践中，犯罪现场的生物检材在采集之前或进行实验室分析之前，通常会暴露在人体外的环境中。Dobay等人侧重于研究人体离体样本随时间的稳定性，将从6个不同的身体部位收集的唾液、皮肤、外周血、阴道分泌物、月经血和精液样本，暴露于室内环境30 d，结果显示体液样本微生物仍然表现出其身体来源部位的微生物特征，这提示暴露30 d内的体液样本微生物依然具有体液识别的潜力。此外，Yao等人将同一批次收集的精液样本在实验室中暴露15 d，结果表明葡萄球菌的相对丰度显著增加，成为优势微生物，而其他不适应环境的细菌则几乎无法检测。微生物群落无法区分暴露前后的精液样本，但是能将暴露前后的精液样本与阴道分泌物、唾液区分开，这表明于室内暴露后的精液样本的微生物群落仍具有一定的稳定性和用于鉴别体液来源的能力。

三、族群与生物地理因素

族群与生物地理因素对各体液微生物群落组成也有所影响，例如，不同族群的女性阴道微生物组存在一定差异。研究报告称，欧洲和亚洲血统的女性个体的阴道微生物主要为以卷曲乳杆菌为主导的低多样性阴道微生物群，非裔美国女性个体的阴道微生物主要为以乳杆菌或阴道加德纳菌为主的阴道微生物群。Yao等人对河南、广东和新疆3个地区的中国汉族人群的阴道样本中16S rDNA的V3—V4区域进行了高通量测序，结果表明，生物地理因素可能影响部分阴道微生物的相对丰度，低丰度的阴道菌群在不同生物地理区域存在差异，采用随机森林机器学习算法的模型预测，成功实现基于低丰度的物种水平OTU将不同区域的阴道菌群区分开来。此外，Liang等人的研究表明广东、河南、浙江、青海和吉林5个地区人群的唾液微生物群主要由链球菌属、奈瑟菌属和罗氏菌属等组成。各地区之间的唾液微生物群落的差异主要反映在丰度而非组成上，并基于丰度差异可区分5个地区人群的唾液样本。综上，基于优势微生物与低丰度物种的联合分析将有助于为法医学推断组织体液来源，为个体地理起源方面提供启发性的信息。

四、年龄因素

Huang S等人发现年轻人的肠道和口腔细菌比老年人的更为丰富；随着宿主年龄的增长，男性和女性的微生物物种相对丰度均下降。例如，在口腔微生物群落中，乳杆菌属、拟杆菌属和梭杆菌属等的相对丰度随着宿主年龄的增加而减少。因此，基于微生物组特征（即微生物的种类和丰度）进行组织体液识别还须考虑实际案件的多种影响因素，并通过研究获得更多情形的动态的微生物组数据，以建立更为全面的基于微生物组进行组织体液识别的方法。

第六节

利用微生物进行组织体液类型鉴识的方法

一、利用人体微生物群落结构进行组织体液鉴识

(一) 微生物DNA测序

16S rDNA是编码原核生物核糖体小RNA亚基的基因，由10个保守区和9个高变区组合而成，全长约1 542 bp，普遍存在于原核生物中，被视为细菌系统分类研究中的分子钟。16S rDNA扩增子测序是分析微生物最常用的方法，通过PCR扩增引物与16S rDNA的高度保守区域结合，扩增一个或多个高变区，然后对扩增产物进行测序。细菌通常采用扩增子测序方法对16S rDNA的V3—V4区域进行分析，真菌DNA则通过使用通用引物扩增内部转录间隔区（ITS）区域进行分析。宏基因组测序是利用非靶向测序来测定样品中所有微生物的基因组，能将细菌类群注释到种、亚种，甚至菌株水平，同时可鉴定出真菌、寄生虫等。Devittorie等人采用鸟枪法宏基因组测序识别5个阴道分泌物样本和5个阴茎皮肤样本，指出宏基因组测序可作为协助工具深入挖掘微生物群落信息。

Giampaoli等人在特异性扩增6种目标细菌的DNA后，使用多重实时定量PCR检测，结果显示阴道拭子、口腔拭子、粪便样本具有特异性扩增信号。此后该研究团队在阴道拭子、口腔拭子、粪便样本、酸奶样本中提取DNA，同时采用实时定量PCR检测技术与高通量测序技术进行分析，结果表明，相对于传统的实时定量PCR检测技术，高通量测序技术能够揭示更多关键细菌物种的信息，可提供更有证据力度的结果，同时能从更具有挑战性的样本中正确识别阴道分泌物。Quaak等人设计了一个靶向检测16S rDNA、*groEL*和18S rDNA基因的微阵列，并设计了2种普通细菌的探针（检测实验的所有样本均获得阳性结果）和其他可靶向检测已知存在于粪便、唾液、皮肤或阴道样本中的微生物的探针，并对所选探针覆盖的部分微生物群进行分析。其微阵列分析结果表明，微阵列能够获得支持粪便来源的证据，可对口腔和阴道样本进行明显区分。上述研究结果表明微生物群分析是识别现有组织体液

的重要补充方法。

（二）生物信息分析

"大数据之父"舍恩伯格认为，大数据的核心价值在于预测功能。在大数据的驱动下，法庭科学思维逐渐由传统的人工比对向数据模型算法比对转型。目前，运用微生物测序数据识别体液类型是一个经典的模式识别问题。模式识别是机器学习的一个分支，利用训练数据集中的规律性对新的测试数据集中的样本进行分类。现已有许多用于分析16S rDNA扩增子测序数据的工具和方法。

Hanssen等人使用PCA分析的标准模式结合线性判别分析（LDA）进行体液类型的模式识别，144个样本中有135个被正确识别，准确率达到94%，并表明此模式识别方法还可进一步优化。在后续的研究中，Hanssen采用两种广泛使用的监督学习方法（偏最小二乘法和LDA）的组合优化体液识别模型以鉴别来自口腔、鼻腔、阴道、皮肤和粪便的样本。从体液识别的初始交叉验证结果来看，最佳总体准确率接近98%。

随机森林为一种基于决策树优势的监督机器学习模型，现已被广泛用于体液识别。Liang等人构建的随机森林模型在识别唾液、阴道分泌物、精液和皮肤方面表现良好，AUC值均为1。4种体液的50个测试样本中有49个被正确分类，只有1个精液样本被误认为是阴道样本。López采用基于大规模平行测序的深度神经网络（deep neural network，DNN）方法对与法医学相关的血液样本［月经血（$n=23$）、鼻血（$n=16$）、指尖血（$n=30$）和静脉血（$n=25$）］进行检测，结果显示模型在分类准确性上达到很高的水平，血液样本能够提供确切的身体部位来源信息。

综上所述，在获得微生物高通量测序信息之后，如何有效地进行深度挖掘和生物信息学层面的解析，进而构建预测组织体液来源的模型尤为重要。人工智能是被开发用于模拟、延伸和扩展人的智能的理论、方法、技术及应用系统的一门新的技术科学，可为解决法医学传统难题提供更多新思路。

二、利用人体微生物核心菌种组合进行组织体液鉴识

不同类型组织体液具有各自特异的核心菌种组合，这是基于核心菌种组合进行人体组织体液溯源的基础。Benschop等人用389种微生物序列制作成基因芯片对43份阴道分泌物进行研究，发现没有一种微生物序列存在于所有阴道分泌物中，表明并非所有个体都共享某一种乳杆菌。这提示，往往需要通过一组核心菌种来识别体液类型。

Lewis等人采用实时定量PCR技术针对单形拟杆菌、唾液链球菌和卷曲乳杆菌的16S rDNA进行靶向扩增,用于区分粪便、唾液和阴道分泌物,分类准确率为96.5%。Liang等人在唾液识别研究中选取了3种唾液核心菌种[唾液链球菌、微黄奈瑟菌（*Neisseria subflava*）和变形链球菌]和2种粪便核心菌种（多形拟杆菌和单形拟杆菌），通过对这5种核心菌种进行联合分析,能提高唾液样本识别的准确性,并有效地规避因粪便、唾液共享某些菌种所导致的误判问题。选取的粪便核心菌种能够克服由粪便中共享唾液细菌引起的唾液识别错误。此外,还使用了其他体液样本验证5种核心菌种的体液特异性,结果表明该唾液识别系统具有高准确度和灵敏度。

第七节

展　望

尽管时间变化、抗生素的使用、外界接触等各种因素会影响微生物群落结构,从而使得微生物指纹无法达到与人类DNA同等的独特性与稳定性,但不可否认的是,人体微生物所携带的身体部位特征信息为组织体液鉴识开辟了新的道路,是一种具有法医学应用潜力的工具。与此同时,人体微生物体液鉴识在应用于法庭科学这条道路上仍存在着一定的困难与挑战。

一、建立可靠的标准化的实验方法

若要使用微生物组作为证据,必须采用可靠的统计方法以获得准确的结果。目前的主要问题是微生物组学检测方法的稳定性、灵敏度和可重复性如何,为了回答这些问题,必须制定指导方针和标准,例如,取样方法、样本数量、储存要求、阳性对照设置、检验流程,以及监测的参数、数据分析模型的构建等。因此,人体微生物组用于法医实践仍存在着一定的挑战,需要在理论与技术上不断提高,建立用于组织体液鉴识的统一规范的法医微生物组检测流程和判定标准,以提高人体微生物证据在法庭审判中的可信度和可解释性。

二、建立全面的法医微生物数据库

法医微生物数据库是针对微生物证据进行数据分析和精准鉴定的核心工具，涵盖了从样本采集到分析整个环节的关键步骤。在实际应用中，不仅需要通过对现场提取的微生物样本进行测序比对，以确定微生物的具体种类，还需要评估所采用的微生物检测体系的系统效能与微生物证据的个案效能。因此，一个适应法庭科学严格要求的法医微生物数据库及配套的统计分析工具亟待建立开发。鉴于微生物群落结构受宿主环境暴露、生活习惯、饮食模式、健康状态等多种复杂因素影响，单纯提供细菌的丰度及分类信息已经不能满足现代法医学鉴定的精细化需求。为了确保数据库的全面性和实用性，应当进一步纳入与微生物组构成密切相关的个体生活习性、膳食结构以及健康状况等数据，从而为微生物证据的解读提供更多维度的支持。同时，数据库的建设和优化也是一个动态过程，应当与时俱进，不断纳入新的微生物种属信息、微生物表型与基因型数据，以及与微生物相关案件处理的经验，以促进法医微生物学领域的科学发展和实践水平的提升。

此外，目前混合斑解析仍是一个待攻克的重点与难点。在法医实践中，现场检材可能存在多个个体体液混合的问题，现场提取的体液既可能来源于案件相关人员，也可能来源于案发现场人群流动留下的日常社交活动痕迹。显然，法医学需要灵敏度和特异性高、快速简便并能够在单个反应中测试多种体液的组织体液鉴定方法。近年来，微生物群落特征应用于个体识别的方面也被不断探索，这为混合斑解析难题的突破提供了新的方向。如何从混合斑中区分不同的组织体液成分，并且识别出不同组织体液分别来自两个或多个个体中的哪个个体，这一直是法医学鉴定的瓶颈。法医微生物学为上述难题的突破提供了一种潜在的工具，值得深入研究探索。

总之，随着科学研究不断深入，人体微生物在法医学组织体液鉴识中的应用正日趋完善，前景日益明朗。未来可联合多种分析手段进行组织体液鉴识，充分挖掘人体微生物的应用潜能，建立一套行之有效的检测流程和判定标准，为法医微生物学的应用开辟更为广阔的前景。

（叶林英　梁晓敏　陈玲）

参考文献

[1] 李梅, 郭映辉, 张文超, 等. VITEK MS鉴定惰性凝聚杆菌2例报道[J]. 检验医学, 2021, 36（1）: 114-116.

[2] 刘志勇, 沈雪枫, 陈慧, 等. 法医微生物学研究进展[J]. 中国法医学杂志, 2022, 37（3）: 223-227.

[3] 石珂, 李淑瑾, 付丽红, 等. 法医体液溯源的分子生物学技术研究进展[J]. 中国法医学杂志, 2019, 34（3）: 285-288.

[4] 王沙骋. 基于数据挖掘的情报主导反恐[J]. 情报杂志, 2011, 30（5）: 1-5.

[5] 张迪迪, 杨军. 大数据驱动下法庭科学思维变革与转型[J]. 云南警官学院学报, 2018（2）: 87-90.

[6] AL-ZYOUD W, HAJJO R, ABU-SINIYEH A, et al. Salivary microbiome and cigarette smoking: a first of its kind investigation in Jordan[J]. International journal of environmental research and public health, 2019, 17（1）: 256.

[7] BARBERAN A, DUNN R R, REICH B J, et al. The ecology of microscopic life in household dust[J]. Proceedings of the royal society B: biological sciences, 2015, 282（1814）: 2151139.

[8] BARIS O, DEMIR T, GULLUCE M. Investigation of In vitro mineral forming bacterial isolates from supragingival calculus[J]. Niger journal of clinical practice, 2017, 20（12）: 1571-1575.

[9] BENSCHOP C C, QUAAK F C, BOON M E, et al. Vaginal microbial flora analysis by next generation sequencing and microarrays: can microbes indicate vaginal origin in a forensic context?[J]. International journal of legal medicine, 2012, 126（2）: 303-310.

[10] CHABAN B, LINKS M G, JAYAPRAKASH T P, et al. Characterization of the vaginal microbiota of healthy Canadian women through the menstrual cycle[J]. Microbiome, 2014, 2: 23.

[11] CHRISTENSEN B C, HOUSEMAN E A, MARSIT C J, et al. Aging and environmental exposures alter tissue-specific DNA methylation dependent upon CpG island context[J]. PLoS genetics, 2009, 5（8）: e1000602.

[12] CHU D M, MA J, PRINCE A L, et al. Maturation of the infant microbiome community structure and function across multiple body sites and in relation to mode of delivery[J]. Nature medicine, 2017, 23（3）: 314-326.

[13] COSTELLO E K, LAUBER C L, HAMADY M, et al. Bacterial community variation in human body habitats across space and time [J]. Science, 2009, 326 (5960): 1694-1697.

[14] CURTIS M A, ZENOBIA C, DARVEAU R P. The relationship of the oral microbiotia to periodontal health and disease [J]. Cell host & microbe, 2011, 10 (4): 302-306.

[15] DE BEIJER R P, DE GRAAF C, VAN WEERT A, et al. Identification and detection of protein markers to differentiate between forensically relevant body fluids [J]. Forensic science international, 2018, 290: 196-206.

[16] DÍEZ LÓPEZ C, MONTIEL GONZÁLEZ D, HAAS C, et al. Microbiome-based body site of origin classification of forensically relevant blood traces [J]. Forensic science international: genetics, 2020, 47: 102280.

[17] DOBAY A, HAAS C, FUCILE G, et al. Microbiome-based body fluid identification of samples exposed to indoor conditions [J]. Forensic science international genetics, 2019, 40: 105-113.

[18] EREN AM, ZOZAYA M, TAYLOR CM, et al. Exploring the diversity of Gardnerella vaginalis in the genitourinary tract microbiota of monogamous couples through subtle nucleotide variation [J]. PLoS One, 2011, 6 (10): e26732.

[19] FETTWEIS J M, BROOKS J P, SERRANO M G, et al. Differences in vaginal microbiome in African American women versus women of European ancestry [J]. Microbiology (reading), 2014, 160 (Pt 10): 2272-2282.

[20] FIERER N, HAMADY M, LAUBER C L, et al. The influence of sex, handedness, and washing on the diversity of hand surface bacteria [J]. Proceedings of the National Academy of Science of the United States of America, 2008, 105 (46): 17994-17999.

[21] FIERER N, LAUBER C L, ZHOU N, et al. Forensic identification using skin bacterial communities [J]. Proceedings of the National Academy of Science of the United States of America, 2010, 107 (14): 6477-6481.

[22] FLEMING R I, HARBISON S. The use of bacteria for the identification of vaginal secretions [J]. Forensic science international: genetics, 2010, 4 (5): 311-315.

[23] FORAT S, HUETTEL B, REINHARDT R, et al. Methylation markers for the identification of body fluids and tissues from forensic trace evidence [J]. PLoS

One, 2016, 11(2): e147973.

[24] FOULONGNE V, SAUVAGE V, HEBERT C, et al. Human skin microbiota: high diversity of DNA viruses identified on the human skin by high throughput sequencing [J]. PLoS One, 2012, 7(6): e38499.

[25] GHEMRAWI M, TORRES A R, DUNCAN G, et al. The genital microbiome and its potential for detecting sexual assault [J]. Forensic science international: genetics, 2021, 51: 102432.

[26] GIAMPAOLI S, BERTI A, VALERIANI F, et al. Molecular identification of vaginal fluid by microbial signature [J]. Forensic science international: genetics, 2012, 6(5): 559-564.

[27] GIAMPAOLI S, DEVITTORI E, VALERIANI F, et al. Informativeness of NGS analysis for vaginal fluid identification [J]. Journal of forensic sciences, 2017, 62(1): 192-196.

[28] GILL P. A Deep Analysis of the basic causes of interpretation errors [M] // Misleading DNA Evidence. San Diego: Academic Press, 2014: 21-65.

[29] GOUELLO A, DUNYACH-REMY C, SIATKA C, et al. Analysis of microbial communities: an emerging tool in forensic sciences [J]. Diagnostics (basel), 2021, 12(1): 1.

[30] GRIBBON E M, CUNLIFFE W J, HOLLAND K T. Interaction of *propionibacterium acnes* with skin lipids in vitro [J]. Journal of general microbiology, 1993, 139(8): 1745-1751.

[31] GRICE E A, KONG H H, CONLAN S, et al. Topographical and temporal diversity of the human skin microbiome [J]. Science, 2009, 324(5931): 1190-1192.

[32] GRICE E A, KONG H H, RENAUD G, et al. A diversity profile of the human skin microbiota [J]. Genome research, 2008, 18(7): 1043-1050.

[33] HANSSEN E N, AVERSHINA E, RUDI K, et al. Body fluid prediction from microbial patterns for forensic application [J]. Forensic science international: genetics, 2017, 30: 10-17.

[34] HANSSEN E N, LILAND K H, GILL P, et al. Optimizing body fluid recognition from microbial taxonomic profiles [J]. Forensic science international: genetics, 2018, 37: 13-20.

[35] HUANG H, YAO T, WU W, et al. Specific microbes of saliva and vaginal fluid of Guangdong Han females based on 16S rDNA high-throughput sequencing [J].

International journal of legal medicine, 2019, 133 (3): 699-710.

［36］HUANG S, HAIMINEN N, CARRIERI A P, et al. Human skin, oral, and gut microbiomes predict chronological age [J]. mSystems, 2020, 5 (1): e00630-19.

［37］JUNG J Y, YOON H K, AN S, et al. Rapid oral bacteria detection based on real-time PCR for the forensic identification of saliva [J]. Scientific reports, 2018, 8 (1): 10852.

［38］KARADAYI S, ARASOGLU T, AKMAYAN I, et al. Assessment of the exclusion potential of suspects by using microbial signature in sexual assault cases: a scenario-based experimental study [J]. Forensic science international, 2021, 325: 110886.

［39］LAUBER C L, ZHOU N, GORDON J I, et al. Effect of storage conditions on the assessment of bacterial community structure in soil and human-associated samples [J]. FEMS microbiology, 2010, 307 (1): 80-86.

［40］LEWIS C, SEASHOLS-WILLIAMS S J. Design and optimization of a 16S microbial qPCR multiplex for the presumptive identification of feces, saliva, vaginal and menstrual secretions [J]. Journal of forensic sciences, 2022, 67 (4): 1660-1667.

［41］LIANG X, HAN X, LIU C, et al. Integrating the salivary microbiome in the forensic toolkit by 16S rRNA gene: potential application in body fluid identification and biogeographic inference [J]. International journal of legal medicine, 2022, 136 (4): 975-985.

［42］LUONGO J C, BARBERAN A, Hacker-Cary R, et al. Microbial analyses of airborne dust collected from dormitory rooms predict the sex of occupants [J]. Indoor air, 2017, 27 (2): 338-344.

［43］MÄNDAR R, PUNAB M, BOROVKOVA N, et al. Complementary seminovaginal microbiome in couples [J]. Research in microbiology, 2015, 166 (5): 440-447.

［44］MANDAR R, PUNAB M, KORROVITS P, et al. Seminal microbiome in men with and without prostatitis [J]. International journal of urology, 2017, 24 (3): 211-216.

［45］MATHIEU A, DELMONT T O, VOGEL T M, et al. Life on human surfaces: skin metagenomics [J]. PLoS One, 2013, 8 (6): e65288.

［46］MEADOW J F, ALTRICHTER A E, GREEN J L. Mobile phones carry the personal microbiome of their owners [J]. PeerJ, 2014, 2: e447.

[47] METZKER M L. Sequencing technologies-the next generation [J]. Nature reviews genetics, 2010, 11 (1): 31-46.

[48] NAKANISHI H, SHOJO H, OHMORI T, et al. Identification of feces by detection of *bacteroides* genes [J]. Forensic science international: genetics, 2013, 7 (1): 176-179.

[49] NASIDZE I, LI J, QUINQUE D, et al. Global diversity in the human salivary microbiome [J]. Genome research, 2009, 19 (4): 636-643.

[50] OH J, BYRD A L, DEMING C, et al. Biogeography and individuality shape function in the human skin metagenome [J]. Nature, 2014, 514 (7520): 59-64.

[51] OH J, BYRD A L, PARK M, et al. Temporal stability of the human skin microbiome [J]. Cell, 2016, 165 (4): 854-866.

[52] PROCTOR D M, FUKUYAMA J A, LOOMER P M, et al. A spatial gradient of bacterial diversity in the human oral cavity shaped by salivary flow [J]. Nature communications, 2018, 9 (1): 681.

[53] QUAAK F, VAN DUIJN T, HOOGENBOOM J, et al. Human-associated microbial populations as evidence in forensic casework [J]. Forensic science international: genetics, 2018, 36: 176-185.

[54] SANSCHAGRIN S, YERGEAU E. Next-generation sequencing of 16S ribosomal RNA gene amplicons [J]. Journal of visualized experiments, 2014 (90): 51709.

[55] SCHMEDES S E, WOERNER A E, BUDOWLE B. Forensic human identification using skin microbiomes [J]. Applied and enviromental microbiology, 2017, 83 (22): e01672-17.

[56] SCHMEDES S E, WOERNER A E, NOVROSKI N, et al. Targeted sequencing of clade-specific markers from skin microbiomes for forensic human identification [J]. Forensic science international: genetics, 2018, 32: 50-61.

[57] STAHRINGER S S, CLEMENTE J C, CORLEY R P, et al. Nurture trumps nature in a longitudinal survey of salivary bacterial communities in twins from early adolescence to early adulthood [J]. Genome research, 2012, 22 (11): 2146-2152.

[58] TRIDICO S R, MURRAY D C, ADDISON J, et al. Metagenomic analyses of

bacteria on human hairs: a qualitative assessment for applications in forensic science [J]. Investigative genetics, 2014, 5 (1): 16.

[59] WANG S, SONG F, GU H, et al. Comparative evaluation of the salivary and buccal mucosal microbiota by 16S rRNA sequencing for forensic investigations [J]. Frontiers in microbiology, 2022, 13: 777882.

[60] WILLIAMS D W, GIBSON G. Individualization of pubic hair bacterial communities and the effects of storage time and temperature [J]. Forensic science international: genetics, 2017, 26: 12-20.

[61] WU J, PETERS B A, DOMINIANNI C, et al. Cigarette smoking and the oral microbiome in a large study of American adults [J]. The ISME journal, 2016, 10 (10): 2435-2446.

[62] YAO T, HAN X, GUAN T, et al. Effect of indoor environmental exposure on seminal microbiota and its application in body fluid identification [J]. Forensic science international, 2020, 314: 110417.

[63] YAO T, HAN X, GUAN T, et al. Exploration of the microbiome community for saliva, skin, and a mixture of both from a population living in Guangdong [J]. International journal of legal medicine, 2021, 135 (1): 53-62.

[64] YAO T, WANG Z, LIANG X, et al. Signatures of vaginal microbiota by 16S rRNA gene: potential bio-geographical application in Chinese Han from three regions of China [J]. International journal of legal medicine, 2021, 135 (4): 1213-1224.

[65] YOU H S, LEE S H, LEE Y J, et al. Microbial analyses of blood spot surfaces collected from a laboratory and the bathroom of a female single-person household under different environmental conditions [J]. FEMS microbiology, 2021, 368 (5): fnab023.

[66] YU G, PHILLIPS S, GAIL M H, et al. The effect of cigarette smoking on the oral and nasal microbiota [J]. Microbiome, 2017, 5 (1): 3.

[67] ZOU K N, REN L J, PING Y, et al. Identification of vaginal fluid, saliva, and feces using microbial signatures in a Han Chinese population [J]. Journal of forensic and legal medicine, 2016, 43: 126-131.

[68] ZUBAKOV D, CHAMIER-CIEMINSKA J, KOKMEIJER I, et al. Introducing novel type of human DNA markers for forensic tissue identification: DNA copy number variation allows the detection of blood and semen [J]. Forensic science international genetics, 2018, 36: 112-118.

第九章 人体微生物与个体识别

第一节 概　述

个体识别是法医学的重要任务之一，确定犯罪现场检材DNA的供者来源是法医学的重要目标。用于个体识别的分子遗传标记主要包括STR、SNP和插入/缺失突变等。荧光标记STR复合扩增CE分型是目前法医DNA分析的主要手段，被广泛应用于个体识别和亲子鉴定。STR基因分型比对是目前国内外个体识别的"金标准"。随着犯罪分子反侦查能力的提高，微量生物检材在案件破获中的作用愈来愈重要。由于目前的检测方法难以检测现场遗留的痕量生物检材中的DNA，基于人类基因组DNA的个体识别受到限制，因此难以为案件侦破提供线索和证据。探索并利用非人类基因组来源的其他生物标志物进行个体识别和物证溯源成为近年来法庭科学家关注的热点之一。

HMP研究显示，人体微生物数量丰富且在不同个体之间存在显著差异，这引起了法医研究者的广泛关注。人体微生物基因组构成了一个庞大的基因库。1977年，Savage等人的数据表明人体微生物细胞与人体细胞数量比约为10∶1。2016年，Sender等人整合了人体细胞和细菌的数量，结果显示人体细胞与人体细菌的数量相当，比例接近1∶1。不同生存环境与生活方式等可能会导致不同个体之间的微生物群落组成存在明显差异，同一个体不同身体部位拥有不同的微生物群落组成，不同个体间同一身体部位的微生物群落组成也复杂多变。随着高通量测序技术和生物信息学分析方法的迅速发展，法医个体识别相关的微生物标志物被不断报道。个体独特的微生物类群可以被用来识别其来源宿主，这在法医个体识别中具有巨大潜力。

第二节

利用人体微生物进行个体识别

皮肤、口腔、肠道等人体微生态系统具有明显的微生物群落多样性和个体差异性,基于人体微生物图谱进行个体识别是一种有潜力的新方法。

一、利用皮肤微生物进行个体识别

人体皮肤是一个复杂的生态系统,由无数的皮肤褶皱和特殊的生态环境组成。皮肤微生态环境是指由皮肤表面各种微生物、组织细胞及其各种分泌物、外部环境等共同组成的生态系统。在正常的外部环境下,定殖在皮肤表面的微生物能与宿主细胞交流产生各类分泌物,形成稳定的微生态环境。人体皮肤部位根据其生理特征,分为油性区域、湿润区域、干燥区域和足部区域。不同部位的皮肤微生物组成不同,其中,群落组成结构最稳定的部位是外耳道、鼻和腹股沟。与皮肤细胞一样,皮肤微生物很容易在触摸时脱落并转移,从而沉积到其他个体和物品的表面。许多微生物对湿度、温度和紫外线辐射等具有很强的抵抗力,因此在被触摸的物体表面,可能会长期存在沉积的个体皮肤相关的微生物"痕迹"。综上,由于皮肤微生物具有数量大、易脱落、对环境抵抗力强以及个体特异性等特征,其在法医学个体识别方面具有良好的应用前景。

(一)利用人体皮肤微生物群落结构进行个体识别

皮肤微生物的种类和丰度具有显著的个体间差异。例如,Fierer等人对51名健康个体的手掌微生物进行分析,结果发现不同个体之间仅共享13%的细菌类群,同一个体左、右手掌共享17%的细菌类群。此外,随着时间的推移,皮肤微生物群落结构基本是稳定的。Fierer等人发现手掌表面的细菌群落在洗手后的数小时内就能恢复。同时,他还发现暴露于外界环境中的皮肤仍表现出宿主特异性、皮肤部位特异性和时间稳定性,皮肤微生物群落的这些特性使利用其进行个体识别成为可能。人体皮肤微生物可通过触摸转移到被接触物体上,并能在环境中稳定地保持较长时间。类似于人体指纹,相对稳定且具有特异性的皮肤"微生物指纹"可能可以作为法医中的一种个体识别工具。

有研究通过对电脑键盘、鼠标、手机、织物等物品和物品使用者皮肤的微生物群落特征进行关联分析，从而达到了"以物找人"的目的。另有研究应用无监督机器学习方法对样本进行聚类分析，结果表明从触摸物体表面与相应供者皮肤收集到的样本显示出相似的微生物群落特征，聚类形成一簇。Fierer等人发现被触摸的鼠标和键盘上收集的样本与电脑使用者呈现强相关性。Meadow等人研究发现受试者手指上约22%的细菌类群也存在于受试者的手机上，个人与其常用物品之间的共享微生物比与其他人的物品之间的共享微生物多5%。Goga的研究表明，从鞋子中收集到的微生物群落与鞋子使用者的足部皮肤微生物群落组成相似，通过比较鞋子内的微生物与疑似鞋主足底的皮肤微生物，可以推测出鞋子主人。这些发现提示微生物对个人物品的归属推断以及个体识别具有一定价值。

人与人之间的每一次接触都可以转移数百万个微生物细胞，尽管这种转移后的微生物组成相似性可能是短暂的，但有望通过人与人接触后的皮肤微生物群落转移来对个体进行识别，以达到"以菌找人"的目的。微生物组分析可能作为一种新的工具来评估犯罪者和死者之间是否有过身体接触等过程，以协助案件调查。比如在性侵犯案件中，通过分析死者和犯罪嫌疑人之间是否存在隐私部位皮肤如腹股沟处等的接触和细菌转移，可能为是否存在性侵犯行为提供支持性证据。在一项对滚轮运动员的研究中，发现敌对双方运动员皮肤的微生物组在比赛后更相似，这表明人与人在短暂的皮肤接触后，会发生皮肤微生物类群的交换。但也有研究表明，即使是在性行为高度活跃的夫妇中，他们特有的皮肤微生物也不会发生完全转移，因此可能无法基于单次短暂接触实现准确的个体识别。对评估人与人之间不同皮肤部位微生物组发生转移需要多长时间、多大面积的接触，或在什么样的条件下可以发生明显转移的研究方法，仍需要进一步探索。

综上，皮肤微生物群落用于法医学个体识别的研究虽已取得一些进展，但实际应用仍有其局限性。与指纹和人体DNA不同，宿主的皮肤微生物群落和在物体表面留下的微生物均会随时间的推移而变化。Wilkins等人分析了一年内4个季节的居住者皮肤和家庭物品表面的微生物群，结果显示皮肤在物品表面留下的微生物痕迹会随着时间的推移而发生变化，低丰度类群及在个体识别时显示出高度重要性的微生物群落变化更为显著。此外，当先采集居住者皮肤样本，而后在一个季节甚至更长时间间隔后再采集家庭物品表面样本时，居住者与家庭物品表面样本的匹配准确率大幅下降。对菌群测序分析发现，大多数OTU在人体皮肤或物品表面上稳定存在的时间小于一个季度，这表明OTU损失是导致匹配准确率下降的主要原因。在案发现场发现的物品表面提取的皮肤样本的证据效力将随着时间的推移不断地降低，这表明后续需进一步研究以更好地量化皮肤微生物群的时间稳定性，以及阐释环境因素对微生物群落组成的影响。人体皮肤微生物组的昼夜变化也会降低个体识别的准确率。Wilkins等人发现在昼夜不同时段所采集的同一受试者皮肤、家庭物品以及公共设施表面样本之间有160个微生物类群存在丰度的显著差异，人体皮肤微生物群中的一些菌群似乎存在昼夜丰度变化模式，其相对丰度在早晨或晚上呈现较高的趋势。他们认为，这种昼夜差异可能与人类日出而作、日落而息的生活习性有关。

上述结果表明，将皮肤微生物组用于个体识别时，应充分考虑微生物群的时间衰变特征和昼夜变化模式。尽管在理想的实验条件下，人体的皮肤微生物群落大致是稳定的，但在实际应用中皮肤微生物群落可能受到多种因素的影响，这需要我们结合实际情形，分层次研究，以提高应用人体微生物群落特征进行个体识别的准确性。

（二）利用皮肤微生物特异性分子标记进行个体识别

目前的研究主要使用16S rDNA扩增子测序法来检测皮肤微生物群落结构，但该方法在菌种和菌株水平的分辨能力有限，且受到多种因素影响，应用皮肤微生物组进行个体识别具有一定的局限性。有研究开始探索利用皮肤核心菌种的基因进行个体识别。2017年，Schmedes等人基于皮肤微生物组开发了一种靶向测序面板HidSkinPlex，该体系包含286个进化枝特异性标记，可用于在科、属、种、亚种水平区分细菌及噬菌体，验证实验结果显示该体系个体识别准确率达94%。2019年，Yang等人发现痤疮丙酸杆菌16S rDNA的基因型组成具有个体特异性，通过结合痤疮丙酸杆菌16S rDNA基因型和皮肤微生物组图谱数据构建的随机森林模型，结果显示其用于个体识别的准确率约90%。同时还发现，随着时间的推移，痤疮丙酸杆菌16S rDNA基因型比皮肤微生物组图谱更稳定，且其个体识别准确率更高。2022年，Sherier等人在Schmedes的研究基础上优化标记的数量和信息量以及减小扩增子大小，改进后的标记集（hidSkinPlex+）包含135个标记中的365个SNP，比原始标记集更小、更稳健，可以用于准确地识别个体，该体系的个体识别准确率为95%。上述研究表明，基于靶向分析皮肤核心菌种中多态性遗传标记的新型方法，更有希望准确地进行检材来源的个体识别，这为皮肤微生物组用于法医个体识别提供了一种全新的研究思路。

有研究者指出，与仅基于细菌的微生物标记相比，人体皮肤病毒组比皮肤细菌具有更独特的优势，如免受抗生素干预或抗菌洗手液使用等的影响。目前，针对人体皮肤病毒组进行个体识别的研究和应用处于探索阶段。2022年，为识别人类皮肤病毒组中独特且稳定的病毒亚群，并评估病毒多样性以筛选可用于个体识别的靶标，Graham等人从42名无关个体中筛选出59个适合于个体识别的人体皮肤病毒生物标记，其中7个标记存在于所有受试者中，Graham等人认为可以从7个标记中筛选出目标病毒SNP和遗传变异的靶点以用于个体识别研究。

综上，皮肤细菌和病毒组在个体识别中显示出良好的应用潜力，但研究尚处于起步阶段，有待基于广泛人群微生物组的研究数据，挖掘细菌和病毒的SNP标记及其他类型的分子遗传标记用于法医个体识别。

二、利用肠道微生物进行个体识别

人体肠道微生物组是一个复杂的生态系统，从出生时定殖于肠道，并在整个生命周期中不断改变和适应。人体肠道是一个营养丰富的微环境，承载着约100万亿的微生物，包括细菌、病毒、酵母原生动物、真菌和古菌，是人类宿主中最大的微生物库。肠道微生物很大一部分通过粪便排泄，30%~50%的粪便干重由微生物组成。结肠菌群是肠道中的主要细菌，非侵入性方法获取的粪便样本常被认为是结肠微生物的代表性样本。利用特定分子标记对粪便进行研究发现，人与人之间的粪便细菌组成存在显著差异，使得肠道菌群对每个人来说都像指纹一样具有特异性。

人体粪便检材可在各种犯罪现场中被发现，比如入室盗窃案、抢劫案和性侵犯案件。特别是在肛门性侵犯案件中，死者的粪便可能会遗留在犯罪现场的避孕套上。但在实际法医调查中，微量粪便样本可能因抑制剂、DNA降解或DNA模板量过低等而无法用于检测人体DNA。Quaak等人利用35名不同年龄的健康志愿者的粪便样本的微生物谱进行个体识别，发现肠道微生物图谱与人类STR图谱相结合具有明显的应用价值，当粪便样本未检出或检出部分STR分型结果时，可以通过粪便微生物图谱来增加样本的证据价值，将样本与其捐赠者联系起来从而实现样本的个体识别。因此，有望通过粪便微生物组将犯罪现场的粪便检材与嫌疑人建立高度联系。

同卵双胞胎的个体识别一直是法医鉴识的难点，肠道微生物群落在区分同卵双胞胎方面显示出良好的潜力。研究显示，具有相同STR分型结果的同卵双胞胎的肠道微生物群落具有显著差异。对同卵双胞胎和异卵双胞胎及其生母的粪便微生物组进行研究，发现家庭成员之间存在共享的肠道菌群，但每个个体都具有特定的肠道菌群谱系。Reyes等人基于人肠道病毒组对同卵双胞胎的粪便进行研究也得出相同的结论。虽然目前尚未有将肠道微生物应用于同卵双胞胎个体识别的案例报道，但有望基于同卵双胞胎肠道微生物的个体特异性，来解决同卵双胞胎个体识别这一法医鉴识难题。

三、利用唾液微生物进行个体识别

人体口腔微生物是仅次于胃肠道的第二丰富的微生物群落，研究发现健康个体的口腔微生物群落主要由6个门的细菌组成，分别为厚壁菌门、拟杆菌门、变形菌门、放线菌门、螺旋体门和梭杆菌门。唾液微生物主要来源于口腔软组织表面脱落的微生物，每毫升唾液含有多达5亿个细菌和至少700多种细菌。唾液微生物群以奈瑟菌属、普雷沃菌属等革兰氏阴性菌为主，同时含有大量唾液链球菌等革兰氏阳性菌。最近发现，与革兰氏阴性菌、α-淀粉酶和人体DNA相比，唾液中的革兰氏阳性菌对各种降解因素（例如热变性、微生物分解和紫外线照射）具有更强的抵抗力，可作为高度降解的唾液样本的可靠微生物标志物。

唾液微生物群落结构整体是相对稳定的。由于受遗传背景、饮食、卫生等多种因素的影响，人体口腔微生物群的组成在个体中具有特异性，这为其应用于法医个体识别提供了理论基础。Stahringer等人分析了264份唾液样品，发现个体间唾液微生物群落组成存在差异。Leake等基于Illumina高通量测序测定2个个体的唾液样本，表明基于唾液微生物组可区分不同个体的唾液样本。在这项研究中，研究人员选择了2种不同的遗传标记（16S rDNA和*rpoB*基因）来最大限度地检测唾液微生物群，16S rDNA的分析结果显示，可以在属水平表征链球菌；通过分析*rpoB*基因可以在菌株水平上检测到链球菌，联合使用16S rDNA和*rpoB*基因可以进行个体识别。Wang等人从5名健康志愿者中分别收集了1份唾液样本和1份口腔拭子样本，通过设计针对细菌16S rDNA V4区的通用引物，采用高分辨率熔解曲线（high resolution melting，HRM）分析技术对5名志愿者的口腔微生物组进行检测，表明基于16S rDNA的HRM检测结果可以区分不同个体的口腔微生物群。他们认为人类口腔微生物具有成为个体识别标记的潜力，但在后续研究中需要采用更准确的方法，更深入地分析不同样本之间的口腔微生物组成差异。2022年，Wang等人又采集了50个个体的唾液和颊黏膜样本，基于16S rDNA基因扩增子测序，研究了颊黏膜和唾液中的细菌群落组成。该研究表明每个个体都具有独特的口腔细菌群落结构，特异性细菌的存在与否以及核心口腔微生物群的组成差异是区分不同个体的关键。

唾液样本也是法医案件中较为常见的物证之一，咬、舔和亲吻等行为通常伴随唾液转移，在虐待和性侵犯案件中采集的皮肤咬痕可作为重要的痕迹物证，为案件定性和案发现场重建提供重要依据。传统的咬痕分析依赖于形态测量，例如将嫌疑人牙齿的特征与咬痕的形态进行比对，但该判断方式较为主观，缺乏可信度。从咬痕或唾液样本中提取的人体DNA具有更高的证据价值，而从咬痕样本中扩增出的细菌DNA序列也可能作为一种法庭证据。有研究采集了16名志愿者的咬痕样本和牙齿拭子，针对链球菌16S rDNA基因可变区序列、16S—23S rDNA基因间隔区（ISR）序列和 *rpoB* 基因序列进行高通量测序分析，成功将咬痕样本与对应牙齿的链球菌序列相匹配。分别基于16S rDNA、ISR序列、*rpoB* 基因构建的logistic回归模型能够正确匹配咬痕和牙齿样本的概率分别为99%、0.92%和100%。可见，唾液微生物具有重要的法医学应用价值，当人类DNA分型无法提供有效信息时，分析唾液微生物组个体间的差异有助于实现个体识别。

四、利用毛发微生物进行个体识别

毛发在身体接触中容易发生脱落和转移，这使得毛发成为法医调查中常见的生物痕迹证据之一。人类的毛发含有不同数量的细胞核DNA，能否从毛发中获得完整的STR分型图谱取决于毛发发根的生长阶段。毛发的生长周期分为生长期、退行期、休止期3个阶段。可获得具有判别能力的STR分型图谱的主要为富含核DNA的生长期和退行期早期的毛发。然而，实际案件现场发现的毛发大多数是处于休止期的毛发，这类毛发的毛根萎缩，会导致细胞核DNA的损失。对于这类毛发样本，尽管可进行mtDNA分析，但由于mtDNA母系遗传和单倍体特征，利用mtDNA分型进行个体识别的能力有限。因此，在实际案件中，当毛发中核DNA或mtDNA分析不能提供足够的证据时，毛发的微生物群落组成分析可以辅助法医学调查。毛发微生物应用于法医个体识别的相关研究较少，但目前的研究结果显示其具有一定的应用潜力。Tridico等人研究发现阴毛微生物群落组成不易波动，比头发微生物群落更稳定。人类阴毛有可能成为独立的证据或作为其他结果的佐证，尤其是在性侵犯相关案件中，当其他证据不足时，可以通过分析犯罪嫌疑人或死者的阴毛微生物组得到有用信息。

五、利用阴道微生物进行个体识别

阴道菌群主要存在于阴道周围的侧壁黏膜，对维持阴道微生态的平衡起着重要作用。阴道分泌物由女性的前庭大腺、子宫颈腺体、子宫内膜的分泌物，阴道黏膜的渗出液，脱落的阴道上皮细胞，以及微生物菌群混合而成。在性侵犯案件中，犯罪嫌疑人与被性侵者在发生性行为的过程中，参与性行为的器官可通过接触发生物质交换和转移，如发生与生殖器官相关物质（精液、阴道分泌物、阴毛、病原微生物等）的交换。阴道分泌物是性侵犯案件中常见的法医生物检材之一。

一般来说，在女性阴道分泌物中获得男性DNA对于确定案件性质以及锁定犯罪嫌疑人至关重要。被性侵犯者通常在案件发生后的几天内进行法医检查，可从被侵犯者身体采集相关样本，如衣服、头发、体液样本等，这些样本通常被称为"性侵犯工具包"。有研究报告显示，超过60%的"性侵犯工具包"中不包含男性DNA，或者包含的男性DNA不能够被检测出来。性接触可以导致生殖系统细菌的转移，在未射精的性侵犯案件中，在被侵犯者阴道中没有男性DNA或男性DNA难以检出的情况下，阴道分泌物微生物组可以作为另一种形式的证据。

淋病奈瑟球菌感染引起的泌尿生殖系统感染被认为是性侵犯案件的证据。淋病奈瑟球菌可以通过性传播感染，也是从被性侵犯者阴道分泌物中分离出来的最常见病原体。研究人员用被性侵犯者的阴道拭子培养淋病奈瑟球菌，使用脉冲场凝胶电泳技术进行菌株分型，与施暴者的尿道拭子分离出的菌株进行比较，结果显示，通过对淋病奈瑟球菌菌株进行分型和比较有助于识别施暴者。

第三节
利用居住环境的人体微生物进行个体识别

研究建筑环境微生物、微生物云的分布与构成规律，有望为个体识别提供支持性证据。

目前人类已经进化成了一个室内物种。在发达国家中，人们至少有85%的时间是在室内度过，如家庭、办公室等。近些年的研究揭示人类对其居住的建筑物微生物群的影响很大，人体皮肤和呼吸道是建筑环境微生物的主要来源之一。基于个体与周围环境微生物群之间连续交换的原理，Meadow等人提出了"微生物云"的概念，即人体释放到环境的微生物，可在人体周围形成一个"微生物云"。他们认为，每个人都携带着独一无二的混合细菌群，并散发至空气中，形成独特的个人微生物云。在受控条件下的无菌室中，研究人员通过过滤设备收集试验对象释放的所有微生物并进行宏基因组学分析，结果显示通过"微生物云"可以辨别绝大多数试验对象。他们还发现空气中的颗粒微生物比沉积到物体表面的颗粒微生物更能体现个体特征。尽管这种方法受参与者数量、分析颗粒的数量、环境条件以及房间的微生物背景等限制，但该方法已显示出微生物运用于个体识别的潜力。

人体微生物会经过皮肤细胞脱落、呼吸活动和皮肤表面接触等途径转移到室内环境中。研究表明，从同一个家庭的不同物品表面采集的样本的微生物群落比从不同家庭的相同物品表面采集的样本更相似，这提示在塑造家庭微生物群落方面，居住者微生物群落比建筑材料或其表面的微生物产生更大的作用。居住者可以影响环境中的微生物，环境中的微生物也可以改变居住者的微生物群。在家庭微生物组计划（Home Microbiome Project）中，居住在同一家庭的个体之间的手、脚和鼻子的微生物群比居住在不同家庭的个体之间的微生物群更相似，这种影响在鼻腔微生物群落中尤其明显。另一项研究表明，当人们暂时居住在同一空间时，鞋子和手机等个人物品上的微生物群落也会变得更加相似。还有一项对3个不同地点的会议参与者的鞋子和手机的微生物群进行的研究，结果显示，在同一次会议上采集的样本的微生物群比来自不同会议的样本的微生物群更相似。这提示，在未来工作中，可利用建筑环境与居住者之间共享微生物的特点，将人与建筑环境、人与人进行匹配，这将为利用建筑环境微生物进行法医个体识别提供新思路。

第四节

展 望

"微生物指纹"是法医学个体识别中极具潜力的遗传标记。人类微生物组在个体中不仅具有长期的时间稳定性和较高的个体特异性，而且具有较强的抗降解能力。虽然，目前人体微生物组的法医学应用研究主要集中于人体细菌层面，但病毒也已显示出个体识别的潜力。人体肠道病毒组因具有"高度个体特异性和时间稳定性"的特征，有潜力作为个体识别的标记。

目前，利用微生物组进行个体识别尚处于初步研究阶段，将微生物标记转化为法医学标准化的个人识别工具的过程将漫长而艰难。但现有研究已显示出微生物用于法医个体识别的良好前景，法医微生物学为法医学发展提供了新的研究方向与技术支撑。随着法医微生物学领域深入且系统地发展，微生物检测必将成为法医学个体识别的新方法。

（黄黎涛 刘宏 刘超）

参考文献

[1] BACH M H, AHRENS C, HOWARD R, et al. Hope shattered: an interpretive phenomenological analysis of survivors' experiences with untested rape kits [J]. Violence against women, 2022, 28 (15-16), 3886-3909.

[2] BÄCKHED F, LEY R E, SONNENBURG J L, et al. Host-bacterial mutualism in the human intestine [J]. Science, 2005, 307 (5717): 1915-1920.

[3] BOUSLIMANI A, MELNIK A V, XU Z, et al. Lifestyle chemistries from phones for individual profiling [J]. Proceedings of the National Academy of Science of the Unites of America, 2016, 113 (48): E7645-E7654.

[4] BROOKE J S, ANNAND J W, HAMMER A, et al. Investigation of bacterial pathogens on 70 frequently used environmental surfaces in a large urban U.S. university [J]. Journal of environmental health, 2009, 71 (6): 17-22.

[5] BYRD A L, BELKAID Y, SEGRE J A. The human skin microbiome [J]. Nature reviews: microbiology, 2018, 16 (3): 143-155.

[6] COSTELLO E K, LAUBER C L, HAMADY M, et al. Bacterial community variation in human body habitats across space and time [J]. Science, 2009, 326 (5960): 1694-1697.

[7] COSTELLO E K, LAUBER C L, HAMADY M, et al. Bacterial community variation in human body habitats across space and time [J]. Science, 2009, 326 (5960): 1694-1697.

[8] DAWSON P, HAN I, COX M, et al. Residence time and food contact time effects on transfer of *Salmonella typhimurium* from tile, wood and carpet: testing the five-second rule [J]. Journal of applied microbiology, 2007, 102 (4): 945-953.

[9] DING T, SCHLOSS P D. Dynamics and associations of microbial community types across the human body [J]. Nature, 2014, 509 (7500): 357-360.

[10] FERNANDO P, VIDYA T N, RAJAPAKSE C, et al. Reliable noninvasive genotyping: fantasy or reality? [J]. The journal of heredity, 2003, 94 (2): 115-123.

[11] FIERER N, HAMADY M, LAUBER C L, et al. The influence of sex, handedness, and washing on the diversity of hand surface bacteria [J]. Proceedings of the National Academy of Science of the United States of America,

2008, 105（46）：17994-17999.

[12] FIERER N, LAUBER C L, ZHOU N, et al. Forensic identification using skin bacterial communities [J]. Proceedings of the National Academy of Science of the United States of America, 2010, 107（14）：6477-6481.

[13] FLORES G E, CAPORASO J G, HENLEY J B, et al. Temporal variability is a personalized feature of the human microbiome [J]. Genome biology, 2014, 15（12）：531.

[14] GOGA H. Comparison of bacterial DNA profiles of footwear insoles and soles of feet for the forensic discrimination of footwear owners [J]. International journal of legal medicine, 2012, 126（5）：815-823.

[15] GRAHAM E H, CLARKE J L, FERNANDO S C, et al. The application of the skin virome for human identification [J]. Forensic science international：genetics, 2022, 57：102662.

[16] JOHNSON D J, MARTIN L R, ROBERTS K A. STR-typing of human DNA from human fecal matter using the QIAGEN QIAamp stool mini kit [J]. Journal of forensic sciences, 2005, 50（4）：802-808.

[17] KAPOOR P, CHOWDHRY A. Salivary signature in forensic profiling：a scoping review [J]. Journal of forensic dental sciences, 2018, 10（3）：123-127.

[18] KENNEDY D M, STANTON J A, GARCÍA J A, et al. Microbial analysis of bite marks by sequence comparison of streptococcal DNA [J]. PLoS One, 2012, 7（12）：e51757.

[19] KNIGHTS D, COSTELLO E K, KNIGHT R. Supervised classification of human microbiota [J]. FEMS microbiology reviews, 2011, 35（2）：343-359.

[20] KONG H H, SEGRE J A. Skin microbiome：looking back to move forward [J]. The journal of investigative dermatology, 2012, 132（3 Pt 2）：933-939.

[21] LAX S, HAMPTON-MARCELL J T, GIBBONS S M, et al. Forensic analysis of the microbiome of phones and shoes [J]. Microbiome, 2015, 3：21.

[22] LAX S, SMITH D P, HAMPTON-MARCELL J, et al. Longitudinal analysis of microbial interaction between humans and the indoor environment [J]. Science, 2014, 345（6200）：1048-1052.

[23] LEAKE S L, PAGNI M, FALQUET L, et al. The salivary microbiome for differentiating individuals：proof of principle [J]. Microbes and infection, 2016, 18（6）：399-405.

［24］LEE S Y, WOO S K, LEE S M, et al. Forensic analysis using microbial community between skin bacteria and fabrics［J］. Toxicology and environmental health sciences, 2016, 8: 263-270.

［25］LI J, JIA H, CAI X, et al. An integrated catalog of reference genes in the human gut microbiome［J］. Nature biotechnology, 2014, 32（8）: 834-841.

［26］MARTÍNEZ I, MULLER C E, WALTER J. Long-term temporal analysis of the human fecal microbiota revealed a stable core of dominant bacterial species［J］. PLoS One, 2013, 8（7）: e69621.

［27］MEADOW J F, ALTRICHTER A E, BATEMAN A C, et al. Humans differ in their personal microbial cloud［J］. PeerJ, 2015, 3: e1258.

［28］MEADOW J F, ALTRICHTER A E, GREEN J L. Mobile phones carry the personal microbiome of their owners［J］. PeerJ, 2014, 2: e447.

［29］MEADOW J F, BATEMAN A C, HERKERT K M, et al. Significant changes in the skin microbiome mediated by the sport of roller derby［J］. PeerJ, 2013, 1: e53.

［30］OHTA J, SAKURADA K. Oral gram-positive bacterial DNA-based identification of saliva from highly degraded samples［J］. Forensic science international: genetics, 2019, 42: 103-112.

［31］PROCOPIO N, LOVISOLO F, SGUAZZI G, et al. "Touch microbiome" as a potential tool for forensic investigation: a pilot study［J］. Journal of forensic and legal medicine, 2021, 82: 102223.

［32］QUAAK F C, DE GRAAF M M, WETERINGS R, et al. Microbial population analysis improves the evidential value of faecal traces in forensic investigations［J］. International journal of legal medicine, 2017, 131（1）: 45-51.

［33］RASIAH I A, WONG L, ANDERSON S A, et al. Variation in bacterial DGGE patterns from human saliva: over time, between individuals and in corresponding dental plaque microcosms［J］. Archives of oral biology, 2005, 50（9）: 779-787.

［34］REYES A, HAYNES M, HANSON N, et al. Viruses in the faecal microbiota of monozygotic twins and their mothers［J］. Nature, 2010, 466（7304）: 334-338.

［35］ROSS A A, DOXEY A C, NEUFELD J D. The skin microbiome of cohabiting couples［J］. mSystems, 2017, 2（4）: e00043-17.

[36] SATHIRAREUANGCHAI S, PHUANGPHUNG P, LEELAPORN A, et al. The usefulness of *Neisseria gonorrhoeae* strain typing by pulse-field gel electrophoresis (PFGE) and DNA detection as the forensic evidence in child sexual abuse cases: a case series [J]. International journal of legal medicine, 2015, 129 (1): 153-157.

[37] SAVAGE D C. Microbial ecology of the gastrointestinal tract [J]. Annual review of microbiology, 1977, 31: 107-133.

[38] SCHMEDES S E, WOERNER A E, BUDOWLE B. Forensic human identification using skin microbiomes [J]. Applied and environmental microbiology, 2017, 83 (22): e01672-17.

[39] SCHMEDES S E, WOERNER A E, NOVROSKI N M M, et al. Targeted sequencing of clade-specific markers from skin microbiomes for forensic human identification [J]. Forensic science international: genetics, 2018, 32: 50-61.

[40] SCHMEDES S E, WOERNER A E, NOVROSKI N M M, et al. Targeted sequencing of clade-specific markers from skin microbiomes for forensic human identification [J]. Forensic science international: genetics, 2018, 32: 50-61.

[41] SENDER R, FUCHS S, MILO R. Are we really vastly outnumbered? Revisiting the ratio of bacterial to host cells in humans [J]. Cell. 2016, 164 (3): 337-340.

[42] SENDER R, FUCHS S, MILO R. Revised estimates for the number of human and bacteria cells in the body [J]. PLoS biology, 2016, 14 (8): e1002533.

[43] SHERIER A J, WOERNER A E, BUDOWLE B. Determining informative microbial single nucleotide polymorphisms for human identification [J]. Applied and environmental microbiology, 2022, 88 (7): e0005222.

[44] SHKOPOROV A N, CLOONEY A G, SUTTON T D S, et al. The human gut virome is highly diverse, stable, and individual specific [J]. Cell host & microbe, 2019, 26 (4): 527-541.

[45] SMITH S M, ENG R H, PADBERG JR F T. Survival of nosocomial pathogenic bacteria at ambient temperature [J]. Journal of medicine, 1996, 27 (5-6): 293-302.

[46] SONG S J, LAUBER C, COSTELLO E K, et al. Cohabiting family members share microbiota with one another and with their dogs [J]. eLife, 2013, 2: e00458.

[47] STAHRINGER S S, CLEMENTE J C, CORLEY R P, et al. Nurture trumps nature in a longitudinal survey of salivary bacterial communities in twins from early adolescence to early adulthood [J]. Genome research, 2012, 22 (11): 2146-2152.

[48] TAKAYASU L, SUDA W, TAKANASHI K, et al. Circadian oscillations of microbial and functional composition in the human salivary microbiome [J]. DNA research, 2017, 24 (3): 261-270.

[49] TRIDICO S R, MURRAY D C, ADDISON J, et al. Metagenomic analyses of bacteria on human hairs: a qualitative assessment for applications in forensic science [J]. Investigative genetics, 2014, 5 (1): 16.

[50] TURNBAUGH P J, HAMADY M, YATSUNENKO T, et al. A core gut microbiome in obese and lean twins [J]. Nature, 2009, 457 (7228): 480-484.

[51] VANDENBERG N, VAN OORSCHOT R A. Extraction of human nuclear DNA from feces samples using the QIAamp DNA stool mini kit [J]. Journal of forensic sciences, 2002, 47 (5): 993-995.

[52] WANG S, SONG F, GU H, et al. Comparative evaluation of the salivary and buccal mucosal microbiota by 16S rRNA sequencing for forensic investigations [J]. Frontiers in microbiology, 2022, 13: 777882.

[53] WANG S, SONG F, WANG Y, et al. High resolution melting analysis (HRM) based on 16S rRNA as a tool for personal identification with the human oral microbiome [J]. Forensic science international: genetics, 2019, 7 (1): 161-163.

[54] WATANABE H, NAKAMURA I, MIZUTANI S, et al. Minor taxa in human skin microbiome contribute to the personal identification [J]. PLoS One, 2018, 13 (7): e0199947.

[55] WILKINS D, LEUNG M H, LEE P K. Microbiota fingerprints lose individually identifying features over time [J]. Microbiome, 2017, 5 (1): 1.

[56] WILKINS D, TONG X, LEUNG M H Y, et al. Diurnal variation in the human skin microbiome affects accuracy of forensic microbiome matching [J]. Microbiome, 2021, 9 (1): 129.

[57] WILLIAMS D W, GIBSON G. Classification of individuals and the potential to detect sexual contact using the microbiome of the pubic region [J]. Forensic

science international: genetics, 2019, 41: 177-187.

[58] WILLIAMS D W, GIBSON G. Individualization of pubic hair bacterial communities and the effects of storage time and temperature [J]. Forensic science international: genetics, 2017, 26: 12-20.

[59] YANG J, TSUKIMI T, YOSHIKAWA M, et al. Cutibacterium acnes (*Propionibacterium acnes*) 16S rRNA genotyping of microbial samples from possessions contributes to owner identification [J]. mSystems, 2019, 4(6): e00594-19.

第十章
人体微生物与个体特征刻画

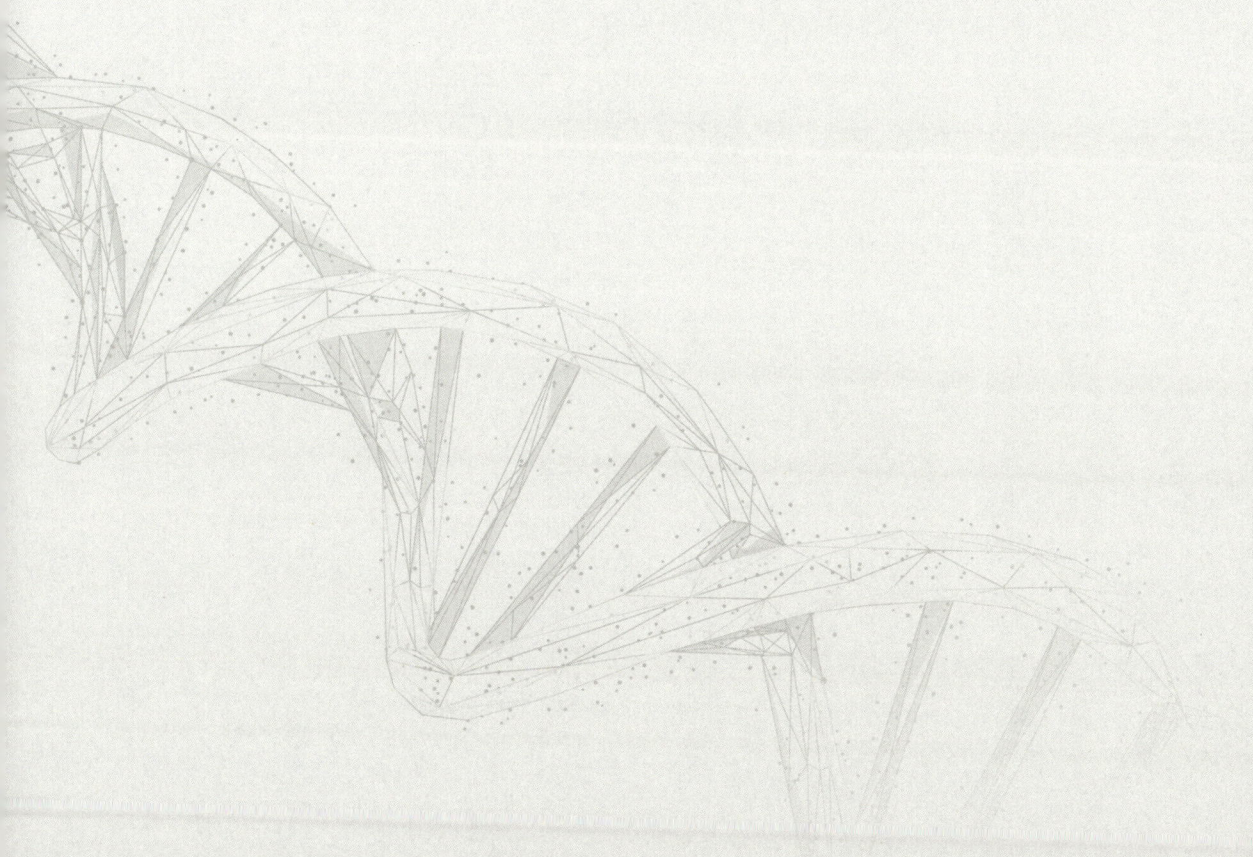

第一节
概　述

　　DNA分型技术自1985年应用于法庭科学领域至今，已成为公安系统打击犯罪的强有力武器。目前主要利用DNA分型技术进行个体识别和亲权认定。由于目前DNA数据库中的数据具有局限性，例如，案件中的未知来源DNA可能无法与DNA数据库中的数据进行比对，或无法关联具有亲缘关系的个体。因此，未来将在现有的基础上挖掘和揭示更多生物信息，使DNA分型技术的应用逐步拓展至对犯罪嫌疑人的特征进行刻画与精准查找等方面。犯罪嫌疑人的个体特征刻画，是指在无法获取更多有效信息进行个体识别的情况下，利用生物物证对犯罪嫌疑人的性别、年龄、族群、居住地特征、健康状况、疾病特征和生活习惯等个体特征进行推测，从而刻画出犯罪嫌疑人的身份特征，划定犯罪嫌疑人的人群范围，为案件侦查提供方向。

　　近年来，DNA特征刻画技术是法庭科学领域的研究热点，其目的是甄选与人体表型特征相关的分子遗传标记及应用疾病相关的生物标志物，精准刻画现场检材来源个体的生物地理祖先、年龄、身高、外貌特征。通过对检材DNA序列信息的深度挖掘，推断与刻画检材来源个体的生理、病理和表型信息，所在族群、地域等特征，从而缩小犯罪嫌疑人的查找范围，为侦查提供线索。已有多项研究致力于寻找揭示个体特征的生物标志物，例如利用SNP、插入/缺失多态性等遗传标记进行祖源推断，利用与发育、衰老相关的分子标志物（端粒DNA长度、线粒体DNA片段缺失等）进行个体年龄推断。

　　研究显示，微生物DNA可以用于指示个体的生活方式和行为模式。因此，在法医学领域，微生物不仅有希望作为个体识别的工具，在个体特征刻画方面也有良好的应用潜力。尽管人体微生物群落有着相对稳定的结构，但其仍受族群、性别、年龄、疾病等宿主自身因素的影响，以及地域、环境、饮食、药物使用等外部因素影响，具有很强的个体特异性。理论上可以通过人体微生物信息对个体的特征进行推测，在实际案件中，有望通过分析现场遗留的人体微生物痕迹，获取供者的年龄、族群、生活方式等信息，刻画未知样本来源个体的特征，为案件调查指导侦察方向，缩小嫌疑人范围。

第二节

利用人体微生物进行个体特征刻画的研究进展

个体特征刻画技术目前主要包括三大研究方向：一是族群和居住地特征推断，二是个体生理特征和病理特征推断，三是个体生活习惯推断。利用微生物进行个体特征刻画的研究也主要围绕这三个方向展开。

一、利用人体微生物进行个体族群来源刻画的研究进展

对人体微生物组进行高通量测序的研究结果表明许多微生物类群可能与族群背景相关。对居住在同一城市、具有不同遗传背景的个体的粪便微生物进行研究，发现居住在同一城市的相同遗传背景的个体具有相似的肠道微生物特征。因此，通过分析微生物组数据结合法医调查可对个体的族群信息进行追溯，以指导警方对嫌疑人群体进行调查。

（一）不同洲际族群的人体微生物差异

关于阴道微生物组的人群规模性研究已表明，非裔美国女性个体与欧裔美国女性个体的阴道微生物群落特征存在显著差异，非裔美国女性阴道菌群的平均α多样性显著高于欧裔美国女性阴道菌群，但两组间的平均β多样性无显著差异。Ravel等人研究了北美女性个体的396份阴道分泌物的微生物组成，并首次提出将阴道微生物群落划分为5种不同的群落类型，其中4种以乳杆菌为主：Ⅰ型以卷曲乳杆菌为主；Ⅱ型以格氏乳杆菌为主；Ⅲ型以惰性乳杆菌为主；Ⅴ型以詹氏乳杆菌为主；Ⅳ型则以非乳杆菌为主（典型特征是专性厌氧菌的比例较高），混合4种乳杆菌。此外，阴道加德纳菌是阴道中常见的非乳杆菌种，它在患有细菌性阴道炎（bacterial vaginosis，BV）的女性个体阴道分泌物中的丰度比正常女性个体更高。部分种族之间的阴道微生物群落类型存在差异。其中，以乳杆菌［群落状态类型（community-state types，CST）Ⅰ、Ⅱ、Ⅲ和Ⅴ］为主的阴道微生物群落主要存在于亚裔和白种

人女性个体中，而西班牙裔和黑种人女性个体的阴道微生物群落类型以CST Ⅳ为主。（表10-1）Zhou等认为，相较于宿主遗传因素，性伴侣数量、个人卫生和避孕措施等族群之间的文化和行为差异在塑造个体的阴道微生物群方面可能更为重要。然而，不同族群阴道微生物差异的产生是以遗传因素为主还是以环境因素为主，仍然是一个需要探索研究的问题。

表10-1　不同族群女性阴道微生物CST

族群	主要阴道微生物 CST
白种人	Ⅰ、Ⅱ、Ⅲ、Ⅴ
亚裔	Ⅰ、Ⅱ、Ⅲ、Ⅴ
西班牙裔	Ⅳ
黑种人	Ⅳ

资料来源：RAVEL J, GAJER P, ABDO Z, et al. Vaginal microbiome of reproductive-age women［J］.Proceedings of the National Academy of Sciences，2011，108（Suppl 1）：4680-4687.

肠道微生物群落是人类微生物组中多样性程度最高的复杂生态系统，不同遗传背景的族群可能是肠道微生物群落的重要影响因素。2016年，Chen L等人对来自亚洲、欧洲和美洲3个族群个体的肠道微生物组进行了一项大规模研究，通过分析所有个体的肠道微生物组和肠道微生物基因的表达水平，证实肠道微生物基因表达具有族群特异性。例如，仅在欧洲人肠道中发现的施氏假单胞菌（*Pseudomonas stutzeri*）中特异性表达的功能性基因为*ppsA*基因。*AhpC*是亚洲人肠道微生物组的独特基因，在幽门螺杆菌中表达，这可能与胃炎在亚洲国家的发病率较高相关。*TVAG_129840*是阴道毛滴虫G3株（*Trichomonas vaginalis* strain G3）的一个独特基因，在美洲人的肠道微生物中特异性表达。同时，除了族群特异性基因外，他们还发现一些基因在2个或3个族群中共同表达。例如，来自欧洲、美洲2个族群的肠道微生物有*CyB1400*和*SNAS0276*两个共同的基因，来自亚洲、欧洲、美洲3个族群共同享有*AZC_1524*基因。这项研究分析的人类肠道细菌基因谱的多样性反映了族群之间可能存在的差异，表明了可以根据肠道微生物群组基因的不同表达来区分来自亚洲、欧洲、美洲3个族群的个体。现有研究显示，即使是针对长期共同居住的人群，仍揭示出族群背景对肠道微生物组的影响。Dwiyanto等人利用16S rDNA扩增子测序分析了共同生活在马来西亚的3个主要族群的肠道微生物群落类型，这些族群数据来源于16项研究，覆盖了来自4个国家（中国、印度、印度尼西亚和马来西亚）的636名华裔、248名印度裔和123名马来裔，结果显示族群与肠道微生物群显著相关；构建的SPLS-DA模型表明，可以根据肠道微生物群区分华裔、印度裔和马来裔3个族群个体。

在皮肤微生物方面，Phan等人分析了45个无关个体手部皮肤接触形成的微生物痕迹样本，发现来自亚洲个体的皮肤痕迹样本中只存在38%的差异球菌属（*Alloiococcus*），而来自高加索个体和混血个体样本的差异球菌属分别占比75%和88%，以差异球菌属为标记物构建的族群预测模型的准确率为56%。因此，Phan等人提出，差异球菌属是预测个体族群特征的一个潜在标记。

口腔微生物组也表现出了族群差异。Mason等人比较了居住在美国的非西班牙裔黑种人、非西班牙裔白种人、华裔和拉丁裔的健康人群的口腔微生物组，发现口腔微生物群落在族群特征上呈现出特异性聚类的特点。使用随机森林机器学习分类器可以从口腔微生物特征中识别出个体的族群特征，此分类器能够以100%的灵敏度和74%的特异度预测非西班牙裔黑种人，预测拉丁裔人的灵敏度和特异度分别为67%和80%，预测高加索人的灵敏度和特异度则分别为50%和91%。这项研究为揭示族群因素对口腔微生物群的影响提供了新的见解，尝试根据口腔微生物特征对不同族群的人群进行分类。

（二）中国不同民族的人体微生物差异

我国是一个由汉族和55个少数民族组成的多民族国家，民族分布特点为大杂居、小聚居，相互交错居住，现仍有一些民族保有其独特的遗传背景和生活方式。Liao等人通过对在广西同一个农村地区的瑶族、壮族和汉族人群的粪便进行采样，使用16S rDNA高通量测序发现，与其他两个民族相比，巨单胞菌属（*Megamonas*）可能是瑶族人肠道中的独特菌属。Zhang等人对内蒙古呼和浩特市和锡林郭勒盟牧区共48例健康蒙古人的肠道优势菌进行了研究。与类似研究中其他民族的结果相比，该研究指出蒙古人肠道菌群的组成在属水平上存在差异，其中考拉杆菌属（*Phascolarctobacterium*）、乳杆菌属和双歧杆菌属（*Bifidobacterium*）的数量较多，乳杆菌在所研究的蒙古族受试者肠道中占主导地位。

然而，目前多数研究将采集样本的族群限制在相同的国家、地区或地理环境中，以消除或减轻混杂的地理等因素对人体微生物群的影响。不同族群的皮肤微生物群落在组成上存在差异，同一个皮肤部位的微生物群落组成在不同地理位置的同一族群间的差别可能比同一地理位置的不同族群之间的差别大。研究表明，地理环境因素对人体肠道微生物组的影响可能更具主导地位，即地理环境对人体肠道微生物组的影响可能远大于宿主的遗传背景。除此之外，不同族群之间人体微生物组的差异可能由不同地理区域人群的生活方式和饮食等因素决定。由此可知，族群差异因素可能是影响人体微生物组的一个重要因素，但目前的研究无法明确该因素对人体微生物组的影响程度。在法医实际应用中，使用人体微生物组进行族群和民族分类时，需考虑环境、饮食和生活方式等因素的影响。

二、利用人体微生物进行个体居住地特征刻画的研究进展

人体微生物组成受到地理纬度、海拔、气候、降雨、土壤、居住地的工业化情况等环境因素的影响，研究认为，居住在不同地理位置的人体微生物群落表现出组成的差异。理论上，利用某个地理位置的特定微生物组成和分布特征可以将存在该微生物特征的人或物品与该地域联系起来。因此，了解环境如何塑造人体微生物群、探索人体和环境中的特定微生物组成之间的关系，有助于利用人体微生物组数据来确定宿主的地理位置，为案件侦查提供线索。

（一）不同纬度地域群体的人体微生物差异

生活在不同纬度的人群的微生物群落有差异，其中，肠道菌群中厚壁菌门和拟杆菌门的比例呈现出与纬度相关联的模式。Suzuk等人对多个国家多个人群的健康个体肠道微生物与地理位置的关系进行研究，发现厚壁菌门的丰度与纬度呈正相关，而拟杆菌门的丰度与纬度呈负相关，他们推测这与自然环境和人的体型差异有关。人肠道微生物与体型具有相关性，人体体重的增加伴随着肠道厚壁菌门比例的增加和拟杆菌门比例的减少。目前普遍认为，人类在某种程度上遵循"伯格曼法则"（Bergmann's rule），即与低纬度地区的人群相比，高纬度地区的人群往往具有更大的体型。纬度地理因素与人体肠道微生物之间的相关性仍值得进一步验证。

（二）不同海拔地域群体的人体微生物差异

高海拔地区的极端环境会影响人体皮肤微生物群的组成分布，比如生活在青藏高原上的个体的皮肤暴露在各种极端条件下，包括低压、缺氧、高紫外线辐射以及寒冷干燥的环境，会对人体皮肤微生物施加选择压力。在一项研究中发现，一些极端微生物可以适应这种高海拔环境，对寒冷和干旱表现出高度适应性，如节肢杆菌属（*Arthrobacte*）、类芽孢杆菌属（*Paenibacillus*）和肉食杆菌属（*Carnobacterium*）在生活于高海拔地区的人和猪的皮肤中富集。此外，人体皮肤微生物群的α多样性会随海拔升高而降低，但β多样性呈现相反的模式。Li L等人研

究了高海拔生活对藏族个体和汉族个体粪便微生物组的影响，发现藏族个体、居住在西藏（高海拔）的汉族个体和居住在陕西省（低海拔）的汉族个体的粪便微生物组成存在显著差异；与陕西省的汉族个体相比，西藏汉族个体肠道细菌总数显著减少；高海拔生活环境的个体显示出更高丰度的厚壁菌门，低海拔生活环境的个体则显示出更高丰度的拟杆菌门。他们认为，这种差异可能归因于居住地海拔高度，也可能与藏族人群和汉族人群的饮食习惯、族群等因素有关。

（三）不同国家地域群体的人体微生物差异

国家地理环境的差异也会影响居住者微生物的组成。Cho等人分析了法医微生物组数据库（Forensics Microbiome Database，FMD）中35个国家的人体皮肤、唾液、阴道分泌物和粪便微生物组数据，发现居住于不同国家人群的微生物组特征不同。与美国人相比，亚洲人群皮肤样本的葡萄球菌属的丰度高于棒杆菌属；韩国人和日本人唾液中的霍尔德曼氏菌（*Holdemanella*）和梭杆菌具有特异性；与日本人相比，韩国人的唾液微生物群中奈瑟菌属、嗜血杆菌属和卟啉单胞菌属的比例更高，普雷沃菌属和韦荣氏球菌属的比例更低；沙雷氏菌属（*Serratia*）和肠杆菌属分别是玻利维亚和刚果人群阴道分泌物中特有的细菌属。另一项对美国和坦桑尼亚妇女手部微生物的研究显示，美国人群手部菌群中丙酸杆菌科（Propionibacteriaceae）、葡萄球菌科（Staphylococcaceae）和链球菌科（Streptococceacea）的丰度较高，坦桑尼亚妇女手部菌群中与土壤相关的红杆菌科和类诺卡氏菌科（Nocardioidaceae）的丰度较高。这种地理多样性可能归因于两国不同的环境和生活方式，美国人口大部分时间都在室内活动，与干燥的空气接触，而坦桑尼亚人口多数时间在露天活动，接触土壤、水等环境。总之，由于不同国家生活环境不同，人体微生物群落在不同国家族群间会表现出不同的组成分布，这种多样性可能归因于地理因素和环境因素的共同作用。

Nagasawa等人在177具来自不同国家的法医尸检尸体中抽取5具尸体进行幽门螺杆菌*vacA*基因多态性的检测，对幽门螺杆菌*vacA*区域的扩增片段进行测序，利用这些结果与28个先前报道的幽门螺杆菌菌株序列构建的系统发育树显示了3个主要的基因簇，包括东亚Ⅰ型（日本、韩国和中国）、西方Ⅱ型和东南亚Ⅲ型。该研究开发了一种通过确定幽门螺杆菌的基因型来确定不明尸体的地理来源的方法。该研究还发现这些尸体的死亡原因和PMI都不会影响幽门螺旋杆菌DNA的检出，这些结果表明幽门螺旋杆菌基因组可为追踪不明尸体的地理来源提供有价值的信息。

(四)农村和城市不同群体的人体微生物差异

借助人体微生物组可在一定程度上区分农村人群和城市人群,甚至可能推断个体生活环境的城市化程度。一项研究分析了生活在中国上海城市和农村的71名健康个体的7个部位的皮肤细菌群落,结果显示:根据与皮肤相关的细菌群落结构,可对皮肤样本是来自城市居民还是农村居民进行预测,预测准确率比随机预测高出约4.7倍;与农村居民相比,城市居民的特拉布斯氏菌属(*Trabulsiella*)的相对丰度显著增加,尤其在前臂掌侧、眉间和手背等部位的皮肤。同时,城市居民的指间隙上的丙酸杆菌丰度明显高于农村居民,而农村居民背部的丙酸杆菌明显比城市居民更丰富。研究人员认为,这可能归因于参与该研究的农村成年人都是农业工人,经常暴露于土壤、水等田地环境中,这些环境的微生物可改变他们的皮肤微生物组;另一方面,大多数城市受试者从事室内职业,他们的皮肤微生物组主要是来自室内微生物群。另一项研究发现了农村居民与城市居民肠道真菌之间的差异。Sun等人分析了中国城乡6个民族中健康个体的粪便真菌菌群,结果指出,与农村居民相比,酿酒酵母(*Saccharomyces cerevisiae*)在城市居民肠道中高度丰富,而杜氏假丝酵母(*Candida dubliniensis*)在城市居民肠道中的丰度较低。他们认为城市化程度相关因素对肠道真菌群的影响最大,其次是地理、饮食习惯和族群等因素的影响。

(五)中国不同地区的人体微生物差异

国内研究者进行了利用人体微生物组进行个体常居地位置溯源的相关研究。2021年,Yao等人收集了居住在中国3个地区(河南、新疆和广东)的汉族人群的阴道分泌物样本,对16S rDNA的V3—V4高变区进行高通量测序和分析,构建了基于低丰度物种OTU训练的随机森林预测模型,该模型可以区分上述3个地区人群的阴道分泌物,准确率为76%。2022年,Huang L等人采用高通量测序方法,分析了广东省3个地区(广州、梅州和汕头)健康汉族个体的粪便微生物群落特征,结果显示3个地区的人群表现出不同的肠型分类,提示粪便中的微生物群落信息具有地域推断的潜力。

目前,虽然微生物组推断地理起源还未应用于法医实际案件中,但是研究表明人体微生物可提供个体的地理分布信息,指出了人体微生物在法医学地理位置推断方面的应用前景。因此,微生物组分析结果作为法医学证据是必不可少的,将微生物组的地理位置分析与人类祖先信息标记相结合,有望提供更为准确的生物地理信息。

三、利用人体微生物进行个体生理特征刻画的研究进展

（一）不同性别个体的微生物差异

男性和女性个体的皮肤环境受汗液、皮脂和激素等影响，定殖于皮肤表面的微生物也因宿主的性别不同而产生差异。因此，性别与人体某些微生物组的特征的建立和维持可能密切相关。

Tridico等对男性个体和女性个体的阴毛微生物进行比较，发现二者的阴毛存在明显的微生物差异。这可能主要归因于女性阴毛样本中富含乳杆菌属，男性阴毛样本中缺乏乳杆菌属。但若在阴毛采集前发生过性行为，则男性阴毛样本中能够观察到与其性伴侣相似的乳杆菌群落。由此可见，不能仅依据乳杆菌的存在与否对阴毛所有者的性别进行判断。

有研究尝试利用室内环境微生物群落对居住者性别进行预测。Luongo等人收集了91个房间空气样本进行微生物群落分析，结果显示，根据空气微生物群落的相对丰度预测房间居住者性别的准确率为79%。不同性别个体的房间具有各自独特的微生物群落特征，差异最大的细菌属是乳杆菌。乳杆菌在女性个体居住的房间中相比于男性个体居住的房间始终更加丰富，而人皮肤杆菌属（*Dermabacter hominis*）、费克蓝姆菌属（*Facklamia*）和棒杆菌属则在男性个体居住的房间中更为常见。这种差距可能是因为乳杆菌属在女性阴道菌群中相对丰富，而在男性居住的房间中更常见的菌属在男性泌尿生殖系统的微生物群中丰度较高。

Meadow等人通过对教室桌椅上留下的皮肤微生物进行分析，可以较准确地判断出桌椅主人的性别。Phan等人也对皮肤微生物的性别特异性进行了研究，他们分析了来自两性个体的手部皮肤的微生物痕迹样本，发现差异球菌属可能是男性个体的潜在微生物标志物。

性别因素也是肠道微生物群落的重要影响因素。性激素与肠道微生物群具有相互影响作用。一方面，性激素通过调节肠道屏障通透性和完整性以及调节性激素受体、胆汁酸、肠道免疫等，进而影响肠道微生物群的组成；另一方面，肠道微生物群也会影响性激素的分泌。一项针对1 135名成年个体的粪便微生物研究显示，女性个体和男性个体的肠道微生物组成显著不同，其中，女性个体肠道中表现出更高的微生物多样性，女性个体肠道的嗜黏蛋白阿克曼菌（*Akkermansia muciniphila*）的丰度远远高于男性个体。肠道微生物的性别差异亦体现在婴儿身上。一项研究显示，相比于男婴，女婴肠道中表现出更高的微生物多样性。男婴肠道微生物特点表现为梭菌属（*Clostridium*）的丰度较高，肠杆菌目的丰度较低。

不同性别尸体样本的微生物也存在差异。一项研究分析了27具刑事案件尸体的

大脑、心脏、肝脏、脾脏、血液和口腔拭子等66个样本的微生物群落特征，结果显示除口腔拭子之外，其余样本的微生物均存在显著性别差异。女性尸体的假单胞菌属和梭菌目（Clostridiales）的相对丰度较高，最丰富的属是有氧革兰氏阴性假单胞菌属；男性尸体的梭菌属、梭菌目和链球菌属的相对丰度较高，并且仅男性尸体检出兼性厌氧革兰氏阳性罗氏菌属。Bell人等也得到类似的研究结果，他们从10具不同死亡时间（6～58 h）的尸体调查心脏组织的微生物组，结果显示女性尸体心脏中的梭菌属和假单胞菌属的丰度更高，而链球菌属仅在男性心脏样本中被发现。然而，微生物特征是否可用于对碎尸进行性别推测，仍有待深入探索。

（二）不同年龄段个体的微生物差异

年龄可能是影响人体微生物组成的重要因素。有报道显示，婴儿、幼儿、成人和老年人的肠道微生物组成存在明显差异，从出生到成年期再到老年期，个体的年龄和肠道微生物群α多样性之间呈正相关，但成年期的α多样性指数保持相对稳定。此外，Mariat等人对3个年龄组的人体粪便微生物群进行了比较评估，发现人类肠道微生物群的厚壁菌门/拟杆菌门比例随年龄增长而变化，在婴儿、成人和老年人中的比值分别为0.4、10.9和0.6。对口腔微生物组来说，微生物多样性随着年龄的增长可发生显著变化，其中0～3岁的微生物多样性显著增加。Murugesan等人对997名志愿者的唾液微生物组进行分析，发现与65岁以下的成年人相比，65岁以上的老年人具有较低的细菌丰度和多样性。

Huang S等人根据多项公开研究的健康个体的16S rDNA基因测序数据构建年龄预测模型，评估了口腔、肠道和皮肤微生物组用于预测成年人年龄的效能。其中，皮肤微生物组预测年龄的准确性最高，平均绝对误差为3.8年；而肠道微生物组预测年龄效能最差，平均绝对误差为11.5年。最近一项研究尝试使用来自28个不同国家的31个队列中收集的近4 500个粪便样本宏基因组数据开发了一种多视图集成机器学习的年龄预测方法。在考虑地理因素的影响后，基于微生物物种及其功能通路组合的年龄预测模型对年龄预测的平均绝对误差为8.33岁。目前使用人体微生物标记进行年龄预测仍存在较大的偏差，缺乏对影响因素进行分层的大样本研究。

（三）不同体型个体的微生物差异

在法医实践中，个体体型特征也是帮助警方缩小嫌疑人范围的一项重要指征。有研究报道不同体型的个体的肠道微生物群落组成存在差异。例如，Ley等人发现与体型较瘦者相比，肥胖者肠道的拟杆菌门与厚壁菌门丰度的相对比例更低，并且在低热量饮食下，两者的比例随着肥胖者体重的减轻而增加。此外，Turnbaugh等对

54对成年双胞胎的肠道微生物进行研究，发现肥胖会导致肠道微生物的α多样性和β多样性降低。

还有一项研究对313名肥胖女性个体和232名健康女性个体的唾液菌群进行分析，发现仅根据肠道微生物群中是否含有有害新月形单胞菌（Selenomonas noxia）就能够将98.4%的超重妇女与健康对照个体区别开来，表明有害新月形单胞菌与肥胖存在潜在的关联。

Wang等人认为不同体型特征的受试者具有特定的肠道微生物群，可以通过生物信息学方法进行区分。他们在2022年的一项研究表明，肠道菌群组成在不同身体质量指数（body mass index，BMI）组中显示出显著统计学差异，44个属在不同BMI组中的丰度显著不同。通过Fisher线性判别分析，94%的原始BMI分组对象被正确分类，线性回归分析模型预测体型准确率为74%。

四、利用人体微生物进行个体病理特征刻画的研究进展

利用现场斑迹的人体微生物推断犯罪嫌疑人的健康状态对于案件调查具有重要作用。个体病理特征刻画对公安工作的意义包括：一可推断犯罪嫌疑人的疾病状态特征，二可推断其用药情况，三可推测其诊疗信息。刻画犯罪人员的健康状态并结合医院的就诊信息，可缩小侦查范围，为案件侦破提供帮助。

（一）疾病对人体微生物的影响

多项研究表明，糖尿病、心血管疾病、细菌性阴道炎、肠应激综合征、感染、癌症等疾病均会导致人体微生物组的改变。Larsen等人以18个2型糖尿病患者与18个非糖尿病个体为研究对象，采用高通量测序技术对粪便样本进行检测，发现与对照组相比，糖尿病组厚壁菌门和梭菌门的丰度显著降低，拟杆菌门/厚壁菌门的丰度与血糖浓度呈正相关，且β变形菌纲（Betaproteobacteria）的丰度在糖尿病患者中比在非糖尿病患者中高，且与血糖呈正相关。

有研究者采用16S rDNA基因扩增子测序比较了骨关节炎患者和健康受试者的口腔微生物组，发现骨关节炎患者比健康受试者拥有更多的口腔机会致病菌如链球菌属、放线菌属、韦荣氏球菌属、梭杆菌属等，它们的存在可能与骨关节炎的发生发展有关。

此外，研究发现与犯罪高度关联的抑郁症、躁狂症、焦虑症等精神类疾病会导致肠道微生物组的变化。一项对59名精神病患者的研究发现，精神病患者粪便菌群中的球孢子菌属（Coccidioides）丰度较低，伊格尔兹氏菌（Eggerthella）丰度较

高，总体趋势为抗炎细菌减少和促进炎症作用的细菌增多。

（二）药物对人体微生物的影响

抗生素的使用不仅影响它们所针对的病原体，还可能影响人体微生物组的其他成员。例如，有研究对比了环丙沙星治疗前后3个健康个体的远端肠道细菌群落，发现环丙沙星治疗影响了肠道中约1/3的细菌的丰度，降低了菌群的分类丰度和多样性。另一项研究发现经克林霉素治疗后的患者的粪便样本中拟杆菌属多样性降低，耐药拟杆菌属克隆富集，特别是多形拟杆菌增加。Jakobsson等人对6例克拉霉素和甲硝唑短期治疗后的受试者的咽拭子和粪便样本进行分析，发现不同受试者对抗生素反应各异，受试者喉咙和粪便中的放线菌门丰度均急剧下降。Lazarevic等人描述了急性中耳炎儿童接受阿莫西林处理后，其唾液菌群在物种丰度和多样性方面都发生了变化，在门水平上，糖菌门（Saccharibacteria）和放线菌门的丰度在治疗结束时下降，而变形菌门在治疗后相对丰度较高。

抗生素对人体微生物群产生的影响可能在很长时间内持续存在。在前述Jakobsson等人的研究中，他们还对抗生素治疗后4年内受试者的咽拭子和粪便样本进行分析，发现尽管微生物群的多样性在治疗后可恢复到类似于治疗前的状态，但抗生素治疗对微生物群的干扰在治疗后长期持续存在。例如，粪便样本中大环内酯类耐药基因*ermB*水平在治疗结束后显著增加，并持续长达4年。

根据现场沉积的唾液斑迹或者粪便样本推断嫌疑人近期是否使用过抗生素及其种类，有助于一些特殊案件的侦破。然而，由于宿主之间微生物组成、免疫水平以及药物动力学等差异，个体对药物的反应存在差异性。因此，将使用药物引起的微生物群落的变异应用于法医学的个体特征刻画时存在一定局限，仍有待探索。

五、利用人体微生物进行个体行为习惯刻画的研究进展

利用现场斑迹的人体微生物推断犯罪嫌疑人的个体行为习惯可为案件调查提供线索。个体行为习惯特征的刻画即推断个体饮食习惯，以及吸烟、饮酒、运动、睡眠、洗手等生活习惯，有助于缩小侦查范围。

（一）饮食习惯对人体微生物的影响

肠道微生物群与特定的饮食习惯等有着密切关系。研究表明，饮食结构是影响肠道微生物群落组成的重要因素，不同的饮食习惯可影响肠道菌群组成。在生活环境、遗传背景等其他因素相似的情况下，饮食是塑造肠道菌群结构的主要因素。有

学者提出：与族群、环境卫生、地理和气候等影响因素相比，饮食在塑造肠道微生物群方面更具主导作用。

2011年的一项研究对来自3个大洲的人体粪便样本进行宏基因组分析，表明肠道微生物群可细分为不同的肠型，每种肠型都由特定的优势细菌组成。目前将肠道微生物群分为3种肠型：拟杆菌型、普雷沃菌型和瘤胃球菌型。长期以动物蛋白和脂肪为主要膳食的人群，肠道微生物以拟杆菌属为主；以碳水化合物为主，低动物蛋白、低脂肪膳食的人群，肠道微生物以普雷沃菌属为主；长期摄入抗性淀粉的人群，肠道微生物中瘤胃球菌属（*Ruminococcus*）的比例显著增加。

肠型的概念可以更好地帮助我们理解宿主饮食对肠道菌群的调节。De Fillipo等人比较了饮食中富含糖、淀粉和动物蛋白的欧洲儿童和饮食以淀粉、纤维和植物多糖为主的布基纳法索儿童的粪便菌群，两者可代表现代西方饮食和非洲农村饮食的儿童的肠道菌群，研究发现两组的肠道菌群存在显著差异。其中，非洲农村儿童的肠道微生物群中的放线菌门和拟杆菌门相对丰度高，分别为10.1%和57.7%，而这两个菌门在欧洲儿童肠道中的相对丰度仅为6.7%和22.4%；同时，非洲儿童肠道的厚壁菌门和变形菌门显著低于欧洲儿童，前者两个细菌门的相对丰度分别为27.3%和0.8%，后者两个细菌门的相对丰度则为63.7%和6.7%。此外，值得注意的是，普雷沃菌属、木聚糖原小单胞菌属（*Xylanibacter*）和密螺旋体属（*Treponema*）只存在于非洲农村儿童菌群中，这可能与非洲儿童日常饮食中的纤维摄入量高有关，这些微生物能水解纤维素和木聚糖，可最大限度地从摄入的植物多糖中提取代谢能量。Martínez等人也发现类似的肠道微生物差异模式，以红薯、芋头和车前草为主要食物，且肉类蛋白质的摄入量较少的巴布亚新几内亚土著的粪便中富含普雷沃菌属、丙酸杆菌属、史雷克菌属（*Slackia*）等，而在西化饮食的美国居民的粪便微生物则以拟杆菌属、卟啉单胞菌属、理研菌属（*Rikenella*）以及嗜胆菌属（*Cholerophilic*）等细菌属为主。在这项研究中，布基纳法索儿童和巴布亚新几内亚土著在一定程度上代表了经济较为落后的非工业化社会的低蛋白、高碳水化合物和膳食纤维的饮食结构特征，欧洲儿童和美国居民则代表了经济较发达的工业化社会的高蛋白、高脂肪饮食结构特征。上述研究结果表明了不同的饮食习惯造就了不同的肠道微生物群落特征。

素食个体与杂食个体的肠道微生物群落结构也存在差异。食用较少动物食品和较多植物食品的人群中，普雷沃菌存在的可能性更高。素食饮食可能与普雷沃菌的高丰度相关。研究者分析泰国素食者与非素食者肠道菌群中的普雷沃菌的丰度，发现素食者的普雷沃菌丰度比非素食者显著增加。此外，以素食饮食为主的宗教人群（如佛教），其肠道微生物也表现出普雷沃菌肠型特征，而其他以非素食为饮食特征的宗教人群（如基督徒）的肠道微生物则具有拟杆菌肠型特征。此外，中国的一项研究通过对海南省白沙地区的黎族健康人肠道菌群进行分析，发现黎族人的肠道菌群以厚壁杆菌和拟杆菌门丰度最高；在属水平上，普雷沃菌属为优势菌属。结合黎族人群的饮食情况，可发现黎族人的肠道菌群特点可能与日常饮食以素食为主、脂肪摄入较少有关。

部分具有特殊饮食习惯的国家或地区的人群可表现出特异的肠道菌群。Hehemann等人发现，由于日本居民长期食用海藻类植物，其肠道中含有能分泌降解海洋性植物酶的微生物菌株——平常拟杆菌（Bacteroide splebeius），该菌株是日本人肠道中特有的微生物。有研究提出了乳酸菌属（Lactococcus）与食用奶制品有关。在Phan等人的研究中，45名志愿者用手触摸无DNA的扑克牌，研究人员擦拭卡片上的触摸痕迹并对其进行16S rDNA测序，结果显示擦拭痕迹中不存在乳球菌的供者近期很少食用乳制品。以中国饮食为主的个体的擦拭痕迹中有25%的样本存在乳酸菌属，而以多样化饮食或西方化饮食为主的个体的擦拭痕迹中，含有乳酸菌属的样本的比例分别为61%、70%。上述研究为利用人体微生物刻画饮食特征提供了思路。

综上所述，饮食习惯对人体微生物具有重要影响。法医工作者如何利用人体微生物特别是肠道微生物的特点对犯罪嫌疑人的饮食习惯进行刻画，仍需要更深入地研究。

（二）生活习惯对人体微生物的影响

众多研究显示生活习惯会改变人体微生物群落特征。比如，吸烟会改变口腔的微生物群落特征，包括共生微生物的种群减少、致病微生物增加。长期吸烟创造的口腔环境有利于厌氧菌或兼性厌氧菌的生存，因此吸烟者比不吸烟者的口腔微生物组具有更多的厌氧菌，比如链球菌属、放线菌属（Actinomyces）。在美国的一项大型队列研究中，对吸烟者和非吸烟者的唾液微生物组组成进行比较，发现吸烟者唾液中的变形菌门、嗜碳菌属（Capnocytophaga）、消化链球菌属（Peptostreptococcus）、纤毛菌属（Leptotrichia）的丰度低于非吸烟者；而阿托波氏菌属（Atopobium）和链球菌属丰度高于不吸烟者。Al-Zyoud等发现吸烟行为可导致个体唾液微生物组的变化，吸烟个体的唾液以链球菌属、普雷沃菌属和韦荣氏球菌属为优势菌属，而奈瑟菌属等口腔健康菌属显著减少；可基于唾液菌属水平通过LEfSe分析对吸烟者和非吸烟者进行分类。

长期饮酒可改变肠道微生物的群落特征。酒精及其降解产物会导致肠道壁变薄，增加肠道通透性，改变肠道菌群。Leclercq等对酒精依赖患者的肠道微生物进行分析，酒精依赖个体会表现出瘤胃球菌科（Ruminococcaceae）丰度的明显下降，毛螺菌科的多尔氏菌属（*Dorea*）、布劳特氏菌属（*Blautia*）的丰度增加。

宠物也可改变主人皮肤甚至肠道内的微生物组。Song等人研究发现狗主人与自己的宠物狗之间的微生物群落的相似性大于与非自己饲养的宠物狗的微生物群落的相似性，结果表明宠物可能是宠物主人皮肤微生物群的来源之一。因此，宠物微生物可能是潜在的法医学标记。

运动、睡眠、洗手习惯等生活习惯对人体微生物结构也有一定影响，各种生活习惯如何影响人体微生物仍需大量的基础研究。

第三节

展　望

对于法医工作者来说，仅了解微生物组与个体特征之间的关联性是远远不够的，还需要通过甄选具有关联性的分子标记，对其进行测算，以实现通过检材中的微生物DNA推测其供体的生理病理、生活习惯等特征。虽然已有研究利用人体肠道微生物建立年龄预测模型，但如何在实际应用中建立一套基于微生物刻画个体特征的标准体系仍是一个难题。此外，法医微生物组分析技术在具有一定应用潜力的同时，也面临着许多困难和挑战。

第一，同一个体在不同时间点的微生物群落可发生变化，人体微生物群落随时间推移发生的变化在法医微生物学的应用中不容忽视。例如，24 h昼夜周期节律可能会影响人体微生物组构成并使犯罪现场痕迹和参考样本之间的比较变得困难或不可靠。因此，在依赖微生物绝对丰度或相对丰度的量化方法中，应谨慎考虑个体内微生物群落的动态变化。

第二，在犯罪现场，人体生物痕迹通常会在从样品沉积到样品收集之间的不同时间段内暴露于各种环境因素中。人体微生物组离体后的不稳定性，使得现场和参考样品之间的比较具有挑战性，并可能造成误导性结果。然而，关于暴露环境中微生物组的时间稳定性以及暴露因素对微生物群落的影响至今仍较少被研究。

第三，宿主自身和外部环境等多种因素的共同影响导致人体微生物组具有个体特异性。微生物群落受到多种因素共同影响，且各个因素之间密不可分，具体何种因素对人体微生物组的影响最大，这仍需要通过进一步的研究来解释。各因素间相互影响、共同作用的特点也使得在实际应用中准确推断个体特征极具挑战性。

第四，利用微生物组推测个体特征存在相关伦理问题。性别、年龄、族群、地域来源、健康状况、生活习惯等相关信息的采集和推断不仅具有侵犯个人隐私的风险，同时应用这些信息进行刑事调查，可能会使社会对与嫌疑人具有共同地理区域、习惯习俗、经济水平等背景的人群产生不利影响。因此，目前仍需要完善相关研究的法律法规以规避伦理风险，以及加强个人隐私的保护。

高通量测序技术，在过去二十年中显著推进了微生物学的发展，使得人体微生物组更有希望应用于法医领域，为解决法医学实践中的疑难问题提供了新的思路和途径。若考虑将微生物用于法医学个体特征刻画，未来应重点关注微生物用于个体特征刻画的特异性和稳定性，以及进一步研究犯罪现场痕量沉积检材与从已知嫌疑人身上收集的参考样本之间的时间跨度对微生物组分析结果的影响。

（何美云　刘长晖　陈玲）

参考文献

［1］谌秀仪，褚旭峰，段伟成，等.饮酒对健康成年男性肠道菌群的影响［J］.中国微生态学杂志，2021，33（9）：1009-1015，1020.

［2］雷梵章，陈曼，梅书燕，等.微生物组学的法医学应用新进展、挑战和机遇［J］.法医学杂志，2022，38（5）：625-639.

［3］林仁斌.吸烟和饮酒对健康人群肠道菌群的影响［D］.浙江：浙江大学，2020.

［4］彭倩楠，霍冬雪，徐传标，等.黎族人肠道微生物群落结构特征及其与饮食关联性［J］.微生物学通报，2017，44（11）：2624-2633.

［5］孙启凡，赵蕾，江丽，等.DNA来源人特征刻画的法庭科学应用研究［J］.刑事技术，2015，40（3）：232-235.

［6］赵立平，费娜.肠道菌群与肥胖症的关系研究进展［J］.微生物与感染，2013，8（2）：67-71.

［7］AL-ZYOUD W，HAJJO R，ABU-SINIYEH A，et al. Salivary microbiome and cigarette smoking: a first of its kind investigation in Jordan［J］. International journal of environmental research and public health, 2019, 17(1): 256.

[8] ALBENBERG L G, WU G D. Diet and the intestinal microbiome: associations, functions, and implications for health and disease [J]. Gastroenterology, 2014, 146(6): 1564–1572.

[9] ARUMUGAM M, RAES J, PELLETIER E, et al. Enterotypes of the human gut microbiome [J]. Nature, 2011, 473(7346): 174–180.

[10] BARBERÁN A, DUNN R R, REICH B J, et al. The ecology of microscopic life in household dust [J]. Proceedings of the royal society B: bioloical science, 2015, 282(1814): 20151139.

[11] BELL C R, WILKINSON J E, ROBERTSON B K, et al. Sex-related differences in the thanatomicrobiome in postmortem heart samples using bacterial gene regions V_{1-2} and V_4 [J]. Letters in applied microbiology, 67(2): 144–153.

[12] BENEDICT C, VOGEL H, JONAS W, et al. Gut microbiota and glucometabolic alterations in response to recurrent partial sleep deprivation in normal-weight young individuals [J]. Molecular metabolism, 2016, 5(12): 1175–1186.

[13] BRINKAC L, CLARKE T H, SINGH H, et al. Spatial and environmental variation of the human hair microbiota [J]. Scientific reports, 2018, 8(1): 9017.

[14] CHASE J, FOUQUIER J, ZARE M, et al. Geography and location are the primary drivers of office microbiome composition [J]. mSystems, 2016, 1(2): e00022-16.

[15] CHASE J, FOUQUIER J, ZARE M, et al. Geography and location are the primary drivers of office microbiome composition [J]. mSystems, 2016, 1(2): e00022-16.

[16] CHEN B, ZHAO Y, LI S, et al. Variations in oral microbiome profiles in rheumatoid arthritis and osteoarthritis with potential biomarkers for arthritis screening [J]. Scientific reports, 2018, 8(1): 17126.

[17] CHEN L, ZHANG Y H, HUANG T, et al. Gene expression profiling gut microbiota in different races of humans [J]. Scientific reports, 2016, 6: 23075.

[18] CHEN Y, WANG H, LU W, et al. Human gut microbiome aging clocks based on taxonomic and functional signatures through multi-view learning [J]. Gut

microbes, 2022, 14（1）：2025016.

[19] CHO H W, EOM Y B. Forensic analysis of human microbiome in skin and body fluids based on geographic location [J]. Frontiers in cellular and infection microbiology, 2021, 11：695191.

[20] CONG X, XU W, JANTON S, et al. Gut microbiome developmental patterns in early life of preterm infants：impacts of feeding and gender [J]. PLoS One, 2016, 11（4）：e0152751.

[21] COOK M D, ALLEN J M, PENCE B D, et al. Exercise and gut immune function：evidence of alterations in colon immune cell homeostasis and microbiome characteristics with exercise training [J]. Immunology and cell biology, 2016, 94（2）：158-163.

[22] DE FILIPPO C, CAVALIERI D, DI PAOLA M, et al. Impact of diet in shaping gut microbiota revealed by a comparative study in children from Europe and rural Africa [J]. Proceedings of the National Academy of Science of the United States of America, 2010, 107（33）：14691-14696.

[23] DE LA CUESTA-ZULUAGA J, KELLEY S T, CHEN Y, et al. Age-and sex-dependent patterns of gut microbial diversity in human adults [J]. mSystems, 2019, 4（4）：e00261-19.

[24] DESCHASAUX M, BOUTER K E, PRODAN A. et al. Depicting the composition of gut microbiota in a population with varied ethnic origins but shared geography [J]. Nature medicine, 2018, 24（10）, 1526-1531.

[25] DETHLEFSEN L, HUSE S, SOGIN M L, et al. The pervasive effects of an antibiotic on the human gut microbiota, as revealed by deep 16S rRNA sequencing [J]. PLoS biology, 2008, 6（11）：e280.

[26] Díez LÓPEZ C, VIDAKI A, KAYSER M. Integrating the human microbiome in the forensic toolkit：current bottlenecks and future solutions [J]. Forensic science international：genetics, 2022, 56：102627.1

[27] DWIYANTO J, AYUB Q, LEE S M, et al. Geographical separation and ethnic origin influence the human gut microbial composition：a meta-analysis from a Malaysian perspective [J]. Microbial genomics, 2021, 7（8）：000619.

[28] FETTWEIS J M, BROOKS J P, SERRANO M G, et al. Differences in vaginal microbiome in African American women versus women of European ancestry [J]. Microbiology research, 2014, 160（Pt 10）：2272-2282.

[29] FIERER N, HAMADY M, LAUBER C L, et al. The influence of sex, handedness, and washing on the diversity of hand surface bacteria [J]. Proceedings of the National Academy of Science of the United States of America, 2008, 105 (46): 17994-17999.

[30] GOMEZ A, LUCKEY D, TANEJA V. The gut microbiome in autoimmunity: sex matters [J]. Clinical immunology, 2015, 159 (2): 154-162.

[31] GOODSON J M, GROPPO D, HALEM S, et al. Is obesity an oral bacterial disease? [J] Journal of dental research, 2009, 88 (6): 519-523.

[32] HARE J M, BRADLEY J A, LIN C L, et al. Diverse responses to UV lght exposure in *Acinetobacter* include the capacity for DNA damage-induced mutagenesis in the opportunistic pathogens *Acinetobacter baumannii* and *Acinetobacter ursingii* [J]. Microbiology (reading), 2012, 158 (Pt 3): 601-611.

[33] HEHEMANN J H, CORREC G, BARBEYRON T, et al. Transfer of carbohydrate-active enzymes from marine bacteria to Japanese gut microbiota [J]. Nature, 2010, 464 (7290): 908-912.

[34] HEWITT K M, GERBA C P, MAXWELL S L, et al. Office space bacterial abundance and diversity in three metropolitan areas [J]. PLoS One, 2012, 7 (5): e37849.

[35] HOPKINS M J, SHARP R, MACFARLANE G T. Variation in human intestinal microbiota with age [J]. Digestive and liner disease, 2002, 34 (Suppl 2): S12-S18.

[36] HOSPODSKY D, PICKERING A J, JULIAN T R, et al. Hand bacterial communities vary across two different human populations [J]. Microbiology (reading), 2014, 160 (Pt 6): 1144-1152.

[37] HUANG L, DENG L, LIU C, et al. Fecal microbial signatures of healthy Han individuals from three bio-geographical zones in Guangdong [J]. Frontiers in microbiology, 2022, 13: 920780.

[38] HUANG S, HAIMINEN N, CARRIERI A P, et al. Human skin, oral, and gut microbiomes predict chronological age [J]. mSystems, 2020, 5 (1): e00630-19.

[39] JAKOBSSON H E, JERNBERG C, ANDERSSON A F, et al. Short-term antibiotic treatment has differing long-term impacts on the human throat and gut

microbiome [J]. PLoS One, 2010, 5(3): e9836.

[40] JAVAN G T, FINLEY S J, CAN I, et al. Human thanatomicrobiome succession and time since death [J]. Scientific reports, 2016, 6: 29598.

[41] JERNBERG C, LÖFMARK S, EDLUND C, et al. Long-term ecological impacts of antibiotic administration on the human intestinal microbiota [J]. The ISME journal, 2007, 1(1): 56-66.

[42] KARLSSON F H, FÅK F, NOOKAEW I, et al. Symptomatic atherosclerosis is associated with an altered gut metagenome [J]. Nature communications, 2012, 3: 1245.

[43] KASSINEN A, KROGIUS-KURIKKA L, MÄKIVUOKKO H, et al. The fecal microbiota of irritable bowel syndrome patients differs significantly from that of healthy subjects [J]. Gastroenterology, 2007, 133(1): 24-33.

[44] KOSTIC A D, GEVERS D, SILJANDER H, et al. The dynamics of the human infant gut microbiome in development and in progression toward type 1 diabetes [J]. Cell host and microbe, 2015, 17(2): 260-273.

[45] LAMBERT J A, JOHN S, SOBEL J D, et al. Longitudinal analysis of vaginal microbiome dynamics in women with recurrent bacterial vaginosis: recognition of the conversion process [J]. PLoS One, 2013, 8(12): e82599.

[46] LARSEN N, VOGENSEN F K, VAN DEN BERG F W J, et al. Gut microbiota in human adults with type 2 diabetes differs from non-diabetic adults [J]. PLoS One, 2010, 5(2): e9085.

[47] LAZAREVIC V, MANZANO S, GAÏA N, et al. Effects of amoxicillin treatment on the salivary microbiota in children with acute otitis media [J]. Clinical microbiology and infection, 2013, 19(8): E335-342.

[48] LECLERCQ S, MATAMOROS S, CANI P D, et al. Intestinal permeability, gut-bacterial dysbiosis, and behavioral markers of alcohol-dependence severity [J]. Proceedings of the National Academy of Science of the United States of America, 2014, 111(42): E4485-E4493.

[49] LEUNG M H, WILKINS D, LEE P K. Insights into the pan-microbiome: skin microbial communities of Chinese individuals differ from other racial groups [J]. Scientific reports, 2015, 5: 11845.

[50] LEUNG M H, WILKINS D, LEE P K. Insights into the pan-microbiome: skin microbial communities of Chinese individuals differ from other racial groups [J].

Scientific reports, 2015, 5: 11845.

[51] LEY R E, TURNBAUGH P J, KLEIN S, et al. Microbial ecology: human gut microbes associated with obesity [J]. Nature, 2006, 444 (7122): 1022-1023.

[52] LI H, WANG Y, YU Q, et al. Elevation is associated with human skin microbiomes [J]. Microorganisms, 2019, 7 (12): 611.

[53] LI J, QUINQUE D, HORZ H P, et al. Comparative analysis of the human saliva microbiome from different climate zones: Alaska, Germany, and Africa [J]. BMC microbiology, 2014, 14: 316.

[54] LI L, ZHAO X. Comparative analyses of fecal microbiota in Tibetan and Chinese Han living at low or high altitude by barcoded 454 pyrosequencing [J]. Scientific reports, 2015, 5: 14682.

[55] LIAO M, XIE Y, MAO Y, et al. Comparative analyses of fecal microbiota in Chinese isolated Yao population, minority Zhuang and rural Han by 16sRNA sequencing [J]. Scientific reports, 2018, 8 (1): 1142.

[56] LUONGO J C, BARBERÁN A, HACKER-CARY R, et al. Microbial analyses of airborne dust collected from dormitory rooms predict the sex of occupants [J]. Indoor air, 2017, 27 (2): 338-344.

[57] MARIAT D, FIRMESSE O, LEVENEZ F, et al. The Firmicutes/Bacteroidetes ratio of the human microbiota changes with age [J]. BMC microbiology, 2009, 9: 123.

[58] MARTÍNEZ I, STEGEN J C, MALDONADO-GÓMEZ M X, et al. The gut microbiota of rural papua new guineans: composition, diversity patterns, and ecological processes [J]. Cell reports, 2015, 11 (4): 527-538.

[59] MASON M R, NAGARAJA H N, CAMERLENGO T, et al. Deep sequencing identifies ethnicity-specific bacterial signatures in the oral microbiome [J]. PLoS One, 2013, 8 (10): e77287.

[60] MATIJAŠIĆ B B, OBERMAJER T, LIPOGLAVŠEK L, et al. Association of dietary type with fecal microbiota in vegetarians and omnivores in Slovenia [J]. European journal of nutrition, 2014, 53 (4): 1051-1064.

[61] MEADOW J F, ALTRICHTER A E, KEMBEL S W, et al. Bacterial communities on classroom surfaces vary with human contact [J]. Microbiome, 2014, 2 (1): 7.

[62] METCALF J L, XU Z Z, BOUSLIMANI A, et al. Microbiome tools for forensic science [J]. Trends in biotechnology, 2017, 35(9): 814-823.

[63] MURUGESAN S, AL AHMAD S F, SINGH P, et al. Profiling the salivary microbiome of the Qatari population [J]. Journal of translational medicine, 2020, 18(1): 127.

[64] NAGASAWA S, MOTANI-SAITOH H, INOUE H, et al. Geographic diversity of Helicobacter pylori in cadavers: forensic estimation of geographical origin [J]. Forensic science international, 2013, 229(1-3): 7-12.

[65] NAM Y D, JUNG M J, ROH S W, et al. Comparative analysis of Korean human gut microbiota by barcoded pyrosequencing [J]. PLoS One, 2011, 6(7): e22109.

[66] NASIDZE I, LI J, SCHROEDER R, et al. High diversity of the saliva microbiome in Batwa Pygmies [J]. PLoS One, 2011, 6(8): e23352.

[67] NIKOLOVA V L, SMITH M R B, HALL L J, et al. Perturbations in gut microbiota composition in psychiatric disorders: a review and meta-analysis [J]. JAMA psychiatry, 2021, 78(12): 1343-1354.

[68] ODAMAKI T, KATO K, SUGAHARA H, et al. Age-related changes in gut microbiota composition from newborn to centenarian: a cross-sectional study [J]. BMC microbiology, 2016, 16: 90.

[69] PHAN K, BARASH M, SPINDLER X, et al. Retrieving forensic information about the donor through bacterial profiling [J]. International journal of legal medicine, 134(1): 21-29.

[70] QIN J, LI Y, CAI Z, et al. A metagenome-wide association study of gut microbiota in type 2 diabetes [J]. Nature, 2012, 490(7418): 55-60.

[71] RAVEL J, GAJER P, ABDO Z, et al. Vaginal microbiome of reproductive-age women [J]. Proceedings of the National Academy of Science of the United States of America, 2011, 108(Suppl. 1): 4680-4687.

[72] RUENGSOMWONG S, LA-ONGKHAM O, JIANG J, et al. Microbial community of healthy Thai vegetarians and non-vegetarians, their core gut microbiota, and pathogen risk [J]. Journal of microbiology and biotechnology, 2016, 26(10): 1723-1735.

[73] RYAN F J. Application of machine learning techniques for creating urban microbial fingerprints [J]. Biology direct, 2019, 14(1): 13.

[74] SALONEN A, LAHTI L, SALOJÄRVI J, et al. Impact of diet and individual variation on intestinal microbiota composition and fermentation products in obese men [J]. The ISME journal, 2014, 8 (11): 2218-2230.

[75] SHANAHAN E R, SHAH A, KOLOSKI N, et al. Influence of cigarette smoking on the human duodenal mucosa-associated microbiota [J]. Microbiome, 2018, 6 (1): 150.

[76] SONG S J, LAUBER C, COSTELLO E K, et al. Cohabiting family members share microbiota with one another and with their dogs [J]. eLife, 2013, 2: e00458.

[77] STEWART C J, AUCHTUNG T A, AJAMI N J, et al. Effects of tobacco smoke and electronic cigarette vapor exposure on the oral and gut microbiota in humans: a pilot study [J]. PeerJ, 2018, 6: e4693.

[78] SUN Y, ZUO T, CHEUNG C P, et al. Population-level configurations of gut mycobiome across 6 ethnicities in urban and rural China [J]. Gastroenterology, 2021, 160 (1): 272-286.

[79] SUZUKI T A, WOROBEY M. Geographical variation of human gut microbial composition [J]. Biology letters, 2014, 10 (2): 20131037.

[80] SYROMYATNIKOV M, NESTEROVA E, GLADKIKH M, et al. Characteristics of the gut bacterial composition in people of different nationalities and religions [J]. Microorganisms, 2022, 10 (9): 1866.

[81] TURNBAUGH P J, HAMADY M, YATSUNENKO T, et al. A core gut microbiome in obese and lean twins [J]. Nature, 2009, 457 (7228): 480-484.

[82] WANG S, SONG F, GU H, et al. Assess the diversity of gut micro biota among healthy adult s for forensic application [J]. Microbial cell factories, 2022, 21(1): 46.

[83] WU GD, CHEN J, HOFFMANN C, et al. Linking long-term dietary patterns with gut microbial enterotypes [J]. Science, 2011, 334 (6052): 105-108.

[84] WU J, PETERS B A, DOMINIANNI C, et al. Cigarette smoking and the oral microbiome in a large study of American adults [J]. The ISME journal, 2016, 10 (10): 2435-2446.

[85] WU Y, PENG X, LI X, et al. Sex hormones influence the intestinal microbiota composition in mice [J]. Frontiers in microbiology, 2022, 13: 964847.

[86] YANG Y, YU X, LIU X, et al. Altered fecal microbiota composition in individuals who abuse methamphetamine [J]. Scientific reports, 2021, 11 (1): 18178.

[87] YANG Y, YU X, YANG X, et al. Oral microbiota profile of individuals who abuse methamphetamine [J]. Frontiers in cellular and infection microbiology, 2021, 11: 706961.

[88] YAO T, WANG Z, LIANG X, et al. Signatures of vaginal microbiota by 16S rRNA gene: potential bio-geographical application in Chinese Han from three regions of China [J]. International journal of legal medicine, 2021, 135 (4): 1213-1224.

[89] YATSUNENKO T, REY F E, MANARY M J, et al. Human gut microbiome viewed across age and geography [J]. Nature, 2012, 486 (7402): 222-227.

[90] YING S, ZENG D N, CHI L, et al. The influence of age and gender on skin-associated microbial communities in urban and rural human populations [J]. PLoS One, 2015, 10 (10): e0141842.

[91] YU G, PHILLIPS S, GAIL M H. et al. The effect of cigarette smoking on the oral and nasal microbiota [J]. Microbiome, 2017, 5: 3.

[92] ZENG B, ZHAO J, GUO W, et al. High-altitude living shapes the skin microbiome in humans and pigs [J]. Frontiers in microbiology, 2017, 8: 1929.

[93] ZHANG J, ZHENG Y, GUO Z, et al. The diversity of intestinal microbiota of Mongolians living in Inner Mongolia, China [J]. Beneficial microbes, 2013, 4 (4): 319-328.

[94] ZHOU X, BROWN C J, ABDO Z, et al. Differences in the composition of vaginal microbial communities found in healthy caucasian and black women [J]. The ISME journal, 2007, 1 (2): 121-133.

第十一章

食品安全的微生物鉴识

自古以来，我国的饮食文化就十分发达，早在唐朝，就有关于食品安全问题的立法。我国在2016年审议通过了《"健康中国2030"规划纲要》，旨在加快推进健康中国建设，提高全体公民的身体健康素质。食品安全作为与公民身体健康素质息息相关的议题，对维护国家政治稳定、经济发展和社会和谐有着重要作用。近年来，频发的食品安全事故对食品安全的刑事规制能力提出了严峻挑战。2003年暴发的严重呼吸综合征引起了人们对非法猎捕和食用野生动物犯罪的思考。总体来看，食品安全刑事案件总体呈"案数增多、人数攀升、领域扩大、处理轻缓"的趋势。

法医微生物学可通过对食品中的微生物进行鉴识来遏制事故和犯罪的发生，同时对食品中检出的病原体进行全基因组测序分析以判断食品污染的来源。另外，在打击野生动物犯罪中，可通过检测涉案动物的肠道或皮肤微生物群来区分圈养动物和野生动物，为捕食野生动物等刑事案件的侦破提供证据或线索。

第一节

食源性疾病微生物

食品安全问题作为一项民生议题，一直受到广泛关注，国内外目前已经达成一个共识：食源性疾病才是食品安全的头号杀手。世界卫生组织（World Health Organization，WHO）对食源性疾病的定义是：通过摄取携带传染性病原体或天然毒素的食物而引起的疾病。食品安全专家认为食源性疾病对公共卫生安全的危害远超滥用添加剂、农药残留等食品化学性污染。

据统计，全球每年发生的食源性疾病达40亿～60亿例，即使是在发达国家，亦有1/3以上的人群患过食源性疾病，发展中国家每年死于食源性疾病的人口数达1 800万。食源性疾病的致病因素主要有致病微生物、天然毒素、寄生虫和有毒有害化学物质、不明致病因子等。其中，致病微生物引起的食源性疾病最常见。食品从源头到餐桌，要经历生产、加工和销售流通等多个环节，在此过程中可受到许多不确定因素的影响，食品在加工、包装、运输、储存等多个环节中均有可能受到微生物污染。在我国，致病微生物引起的食品安全问题也屡见不鲜。2018年，桂林帝禾国际大酒店发生由沙门氏菌感染引发的食源性疾病事件，500余人在酒店参加晚宴后陆续出现腹泻、呕吐、发烧等症状。2020年，广州市黄埔区发生了一起副溶血性弧菌食物中毒事件，共48人发病。2024年，临沧市某小学因诺如病毒感染事件，累计有121名学生发生腹痛、恶心、呕吐等症状。

目前，食品微生物安全问题的监控、管理等工作主要由国家以及各级食品安全监督部门和疾病预防控制中心负责。随着我国经济发展和人民生活水平的提高，越来越多的展览、体育盛事等大型活动在全国各地举办。大型活动的承办方需提供大量人员的餐饮，常常会采用预制菜或半成品食物进行加工，稍有不慎就可能引起群体性中毒事件等食品安全问题，进而发展成为公共安全事件。对此，法医微生物学的一个任务就是制订针对此类事件的预警机制和应对方案，当此类案件发生时可快速、准确地做出反应，做好病原体和毒素的鉴识、食品溯源、事故定性分析等工作，保障人民的生命安全，将事故损失减到最低。此外，法医微生物学的任务包括打击食品安全犯罪，协助检测被致病微生物污染的劣质食品，阻止此类劣质食品流入市场，避免食品安全事故的发生。

一、食源性疾病的常见致病微生物及其检测方法

根据统计，全球每年超过数十亿人会发生食源性疾病。从污染动物性食品的微生物种类来看，常见的食源性疾病病原体主要为沙门氏菌、大肠埃希菌、金黄色葡萄球菌、李斯特菌、致病性弧菌、志贺氏菌、蜡样芽孢杆菌、急性胃肠炎病毒等。

（一）沙门氏菌

沙门氏菌（*Salmonella*）是重要的人类肠道致病菌，也可在动物肠道中繁殖或引起疾病。常见含有沙门氏菌的食物主要为畜、禽肉类食品，其次为蛋类、奶和奶制品，可为动物生前感染或加工处理过程中污染所致。沙门氏菌为革兰氏阴性杆菌，大小（0.6~1.0）μm×（2~4）μm，有菌毛，个别有周身鞭毛，一般无荚膜，均无芽孢。目前已知的沙门氏菌有2 500多个血清型，在中国发现了200多个血清型。沙门氏菌所致疾病包括伤寒、副伤寒、胃肠炎以及败血症。其中，急性胃肠炎主要是由摄入大量被鼠伤寒沙门氏菌（*Salmonella typhimurium*）、肠炎沙门氏菌（*Salmonella enteritidis*）、汤卜逊沙门氏菌（*Salmonella thompson*）等致病性沙门氏菌污染的食品引起。另一类重要疾病是伤寒和副伤寒（统称肠热症），主要由伤寒沙门氏菌（*Salmonella typhi*）及甲型、乙型和丙型副伤寒沙门氏菌（*Salmonella paratyphi*）引起，其中最常见的引发伤寒疾病的是伤寒沙门氏菌，与食物中毒有直接关系。败血症则由猪霍乱沙门氏菌（*Salmonella choleraesuis*）等引起。

目前沙门氏菌的鉴定主要是依靠传统培养方法，即选择性增菌培养、生化鉴定、血清分型等方法，这些传统鉴定方法花费的时间较长。曹冬梅等人利用实时定量PCR（TaqMan探针法）和焦磷酸测序技术对沙门氏菌进行快速检测，该方法检测灵敏度可达到4 CFU/mL，特异性检测结果完全准确，经过验证与传统方法的结果一致，但比传统方法的检测周期更短、操作更简便，因此具有特异性好、便捷性高的特点，在快速诊断病原、控制病情等方面具有很好的应用前景。

（二）大肠埃希菌

大肠埃希菌为人体内和自然界中十分常见的革兰氏阴性杆菌，大小为（0.4～0.7）μm×（1～3）μm，多数菌株有周身鞭毛，有菌毛，无芽孢。多数大肠埃希菌在肠道内不致病，但是部分毒力基因菌株可导致人体发生腹泻等消化道疾病，引起流行性疾病和地方性疾病发生。根据不同的生物学特性可将致病性大肠埃希氏菌分为6类：肠致病性大肠埃希菌、肠产毒性大肠埃希菌、肠侵袭性大肠埃希菌、肠出血性大肠埃希菌、肠聚集性大肠埃希菌和弥散黏附性大肠埃希菌。

对于致病性大肠埃希菌的检验，常用方法是将采集的粪便、食物等可疑标本接种于鉴别培养基，挑选可疑菌落并鉴定为大肠埃希菌后，再分别用ELISA、核酸杂交、PCR等方法检测不同类型致胃肠炎大肠埃希菌的肠毒素、毒力因子和血清型等特征。

此外，多重实时定量 PCR 技术能够在单个 PCR 反应中完成对多个目标基因的检测，在实现菌种鉴定的同时，还能有效监测多种毒力基因类型。李迎慧等人利用多重荧光PCR法检测5种致泻性大肠埃希菌，该方法具有较高的灵敏度和特异性，缩减了检测所需时间，从DNA提取到最终得到结果所需的时间不到90 min。

（三）金黄色葡萄球菌

金黄色葡萄球菌是一种严重危害人类健康的食源性致病菌，是革兰氏阳性菌的典型代表菌，无芽孢和鞭毛，大多数无荚膜。在一定的生长条件下，金黄色葡萄球菌会合成肠毒素且具有较强的菌膜形成能力，广泛地存在于自然界的空气、污水等环境中。金黄色葡萄球菌通过在宿主体内的增殖、扩散和产生有害的胞外物质（酶和毒素）引起宿主疾病。摄入被金黄色葡萄球菌肠毒素污染的食物后，经1～6 h的潜伏期，可出现恶心、呕吐、腹泻等急性胃肠炎症状，即食物中毒。金黄色葡萄球菌引起的食物中毒是夏秋季节常见的胃肠道疾病。

《食品安全国家标准 食品微生物学检验 金黄色葡萄球菌检验》（GB 4789.10—2016）规定了食品中金黄色葡萄球菌的检验方法。该标准中主要采用增菌分离培养、染色镜检等方法对金黄色葡萄球菌进行定性检验。此外，PCR技术、环介导等温扩增技术、重组酶聚合酶扩增技术、实时荧光核酸恒温扩增检测技术可为金黄色葡萄球菌的检验提供更快速和多样化的检测手段。

（四）单核细胞增生李斯特菌

李斯特菌属（Listeria）中仅单核细胞增生李斯特氏菌（Listeria monocytogenes，简称单增李斯特菌）对人类致病。单增李斯特菌是革兰氏阳性短杆菌，兼性厌氧，有鞭毛，无芽孢，可产生荚膜，对营养要求不高，能使人和牲畜患病，在血平板上培养可产生β-溶血素，单增李斯特菌在绝大多数食品中均可检出。感染后，可导致败血症、脑膜炎的发生以及婴儿的死胎等。此菌在自然界中广泛存在，对外界环境耐受性强，其理化性质稳定，在4 ℃的环境中仍然可繁殖。

《食品安全国家标准 食品微生物学检验 单核细胞增生李斯特氏菌检验》（GB 4789.30—2016）详细叙述了传统方法的检测流程，包括增菌、分离、初筛、生理生化反应实验以及溶血实验、协同溶血实验等鉴定流程。传统检测方法中增菌和选择性增菌是必须进行的流程，而增菌的常用方法为常温增菌法，培养时间需要24 h至7 d，所需时间较长，不利于对病原体的快速检出。免疫学的方法有免疫磁性分离、酶联荧光分析、ELISA、免疫层析等，这些方法操作更加简便，可有效缩短检测时间，但是部分技术存在稳定性不高、灵敏度低的缺点。随着技术的进步，分子生物学检测方法如探针检测技术、PCR、实时定量PCR、环介导等温扩增法、基因芯片等也开始逐步应用到单增李斯特菌的检测当中，把检测推进到分子水平，极大地提高了单增李斯特菌的检测灵敏度和效率。此外，振动光谱学检测方法如红外光谱技术、拉曼光谱技术，不需要添加试剂和指示剂即可进行检测，不会对待测的样本造成破坏，可最大程度保存样本原貌，被广泛应用到微生物检测中。另外，代谢组学检测法、生物传感器检测法、可视化跨越式滚环等温扩展技术、CRISPR-Cas系统和Broccoli适配体的RNA均相检测技术、GDS系统自动检测技术等均把单增李斯特菌的检测技术推进到新的层次，这些新方法各有优缺点，在选用时需具体问题具体分析，将不同的方法合理搭配，将技术优点最大化。

（五）致病性弧菌

弧菌是人类和海洋动物的重要病原微生物之一，广泛存在于河口、港湾和近海水域等生态系统中。目前已有超过120多种弧菌属被报道过，其中已知对人类致病的至少有12种，包括霍乱弧菌（Vibrio cholerae）、副溶血性弧菌（Vibrio parahaemolyticus）、创伤弧菌（Vibrio vulnificus）、溶藻弧菌（Vibrio *alginolyticus*)、辛辛那提弧菌（*Vibrio cincinnatiensis*）、海鱼弧菌（*Vibrio damsela*）、河流弧菌（*Vibrio fluvialis*）、菲尼斯氏弧菌（*Vibrio furnisii*）、麦氏弧菌（*Vibrio metschnikovii*）、拟态弧菌（*Vibrio mimicus*）、霍利斯弧菌（*Vibrio hollisae*）、鲨鱼弧菌（*Vibrio carchariae*）等。这类病原体有不同的毒力因子，可以引发人类疾病，相关疾病临床表现主要有3种：胃肠炎、伤口感染和败血症。其中最常见的是自限性胃肠炎。在这里，我们重点介绍副溶血性弧菌。

副溶血性弧菌是目前报道的最常见的能引起人类感染的非霍乱弧菌，食用未加工或未煮熟的贝类等水产食品易导致副溶血性弧菌感染。副溶血性弧菌大多呈弧状、棒状、卵圆状等多形性，革兰氏染色呈阴性，可形成端鞭毛和侧鞭毛，无芽孢。副溶血性弧菌可产生黏附素、Ⅲ型分泌系统、直接耐热溶血素（thermostable direct haemolysin，TDH）和相关耐热溶血素（thermostable related haemolysin，TRH）等毒力因子，这些毒力因子作用于人体可使机体致病，主要表现为胃肠炎，偶尔也会引起伤口感染。进食烹饪不当的被本菌污染的海产品（包括螃蟹、虾、贝类、牡蛎和蛤类等）、腌制品或者使用因生熟不分而被本菌污染的食物容器或砧板，均可经口感染致病，引发食物中毒。经口感染副溶血性弧菌是东南亚国家、日本以及我国沿海和海岛地区细菌性胃肠炎的主要病因。

致病性弧菌的检测通常采集腹泻患者的粪便、肛拭子或剩余食物，对伤口感染者和败血症患者采集伤口分泌物和血液进行检测。上述标本经过接种增菌、鉴别培养基后，可将菌落进行嗜盐性试验与生化反应，最后用诊断血清进行鉴定。此外还可用基因探针杂交及PCR检测*tdh*和*trh*基因，对副溶血性弧菌进行快速鉴定。

（六）志贺氏菌

志贺氏菌（*Shigella* sp.）是引起人类肠道疾病的主要致病菌之一，大小为（0.5~0.7）μm×（2~3）μm，革兰氏阴性短小杆菌，无芽孢，无鞭毛，无荚膜，有菌毛，具有很强的感染力和致病力，严重危害人们的身体健康。志贺氏菌存在于乳制品、肉制品和蔬菜瓜果中，食用被志贺氏菌污染的食物或水可导致腹泻、发热、呕吐以及脱水等临床症状，甚至会导致死亡。志贺氏菌是人类细菌性痢疾的病原菌，俗称痢疾杆菌（dysentery bacterium）。细菌性痢疾是一种常见病，主要流行于发展中国家，全世界年病例数超过2亿例，其中500万例需住院治疗，年死亡病例达65万例。

《食品安全国家标准 食品微生物学检验 志贺氏菌检验》（GB 4789.5—2012）明确阐述了志贺氏菌的检测方法，包括前增菌、选择性分离、生化鉴定和血清学鉴定，整个过程需要4~5 d，检测限为$1×10^4$ CFU/mL。近些年，许多新兴的检测技术应用于志贺氏菌的检验，这些新型技术具有高灵敏度、高特异性、简便快速的特点。分子生物学方法包括变温扩增技术（如PCR及其衍生技术）、等温扩增技术（如滚环扩增技术、环介导等温扩增技术和单引物等温扩增技术）等已经被广泛应用于志贺氏菌快速检测。另外，生物传感器技术也在志贺氏菌检测中表现出广阔的应用前景，该技术将生物感应元件和物理化学检测器结合，通过信号传导和信号扩大使志贺氏菌检测的结果以具体、形象的方式展现出来。新兴的检测技术还包括无酶信号放大技术和适配体技术。以上提及的这些方法各有特点，各个方法可以互相结合，弥补各自的不足。如实时定量PCR简化了检测步骤，缩短了检测的时间；适配体与实时定量PCR联用降低了志贺氏菌的检出限，提高了检测的灵敏度；生物传感器技术让设备趋向于小型化，令检测更加灵活——这些技术为包括志贺氏菌在内的人体致病菌的检测技术的发展提供了参考方向。

（七）蜡样芽孢杆菌

蜡样芽孢杆菌（*Bacillus cereus*）是一种产芽孢的革兰氏阳性杆菌，无荚膜，可运动，是一种条件致病菌，在自然界中广泛存在，其产生的内生孢子对外界不良环境有很强的抵抗力，对高温、酸碱不敏感。在腐乳、婴幼儿食品、蜂蜜、湿粉类制品、米饭和肉制品等食品中均检出过蜡样芽孢杆菌。蜡样芽孢杆菌分为产毒株和不产毒株，产毒株按照食物中毒症状分为呕吐型和腹泻型两种，其分泌的毒素耐高温、耐高压，在食品加工过程中不能被分解，人们误食被其污染的食品会引起呕吐或者腹泻，严重者还会死亡。2017年，中国疾病预防控制中心卫生应急中心发布的食物中毒事件数据显示，由蜡样芽孢杆菌引起的食物中毒事件的数量和人数分别占食物中毒事件总数和中毒总人数的1.72%（6/348）和3.63%（268/7 389），仅次于细菌性食物中毒，以及沙门氏菌肠毒素、副溶血性弧菌肠毒素和金黄色葡萄球菌肠毒素引起的食物中毒，位列第五。

蜡样芽孢杆菌传统病原体培养检测周期长，检验过程复杂烦琐，且对检验员的能力与经验要求高，限制了食源性疾病病例与食物链的同时收集、同步快速有效检测，不利于证据的锁定。曹霞等人通过多重PCR、飞行时间质谱技术与传统致病菌培养相结合的方法检测食源性疾病突发样品，全自动医用PCR分析系统的使用将检测时间缩短至4 h，飞行时间质谱技术鉴定将可疑菌株的鉴定时间缩短至5 min。这证明这些技术可以快速锁定突发公共卫生事件中的检测方向，令食源性疾病的检测更快速高效。此外，还有ELISA、实时定量PCR、多重PCR、环介导等温扩增法、基质辅助激光解吸电离飞行时间质谱（MALDI-TOF MS）等方法，其各有优缺点，我们要结合实际选择方法对蜡样芽孢杆菌进行检测。

(八)急性胃肠炎病毒

急性胃肠炎病毒（acute gastroenteritis virus）是指经消化道感染和传播，主要引起急性肠道内感染性疾病的胃肠道感染病毒，包括轮状病毒（rotavirus，RV）、杯状病毒、星状病毒和肠道腺病毒。其中，90%以上的非细菌性急性胃肠炎是由诺如病毒（noroviruses，NV）和轮状病毒所造成。急性胃肠炎病毒主要通过食源性传播，可由病毒污染的水、食物或者患者排泄物传播，感染易感人群。近年来，我国因NV引起的非细菌性胃肠炎的报道呈现逐年增多的趋势，国内开展的流行病学研究显示，我国成人感染NV的比例高达90%。RV则是引起5岁以下婴幼儿非细菌性胃肠炎的最常见的病原体。

急性胃肠炎病毒的传统检测方法主要为病毒颗粒检测（电镜观察）、病毒核酸检测、病毒抗原检测和病毒分离培养。2022年，安微等人建立了一种能同时检测GⅠ型NV、GⅡ型NV和A群RV的三重定量PCR检测方法，可将3种病毒特异区分出来且与其他病原无交叉反应。该方法构建了含有3种病毒的保守序列的重组质粒标准品，检出限低至$1×10^2$ copies/μL，检测结果的变异系数均低于5%，说明该方法敏感性高、重复性好。

(九)其他

除了以上8类常见的食源性疾病病原体，溶血性链球菌（*Streptococcus hemolyticus*）、铜绿假单胞菌、甲型肝炎病毒等病原体也可引发疾病。

溶血性链球菌也叫β溶血性链球菌或乙型溶血性链球菌，在自然界中分布较广，在水、尘埃、动物体表、口腔黏膜、消化道、乳汁等中均存在，尤其容易在高蛋白质的食品（如牛奶）中存活。β溶血性链球菌形态呈球形或椭圆形，直径为0.6~1.0 μm，无芽孢，无鞭毛。在培养早期（2~4 h）形成透明质酸的荚膜，随着培养时间的延长，细菌自身可产生透明质酸酶，使得荚膜消失。在血琼脂平板上，由于大多数菌株菌落周围形成较宽的透明溶血环（β溶血现象），所以这种细菌被称为β溶血性链球菌；其致病力较强，可引起人类和多种动物的疾病。β溶血性链球菌食物中毒患者会出现不同程度的恶心、呕吐、腹痛、发热等急性胃肠道症状。此外，β溶血性链球菌可引起皮肤和皮下组织的化脓性炎症、呼吸道感染、猩红热、流行性咽炎的暴发和流行。《食品安全国家标准　食品微生物学检验　β型溶血性链球菌检验》（GB 4789.11—2014）规定通过增菌、镜检或触酶试验、生化鉴定来完成对β型溶血性链球菌的检验。周勇等人建立荧光环介导等温扩增检测方法用于β溶血性链球菌的快速检测，该检测方法的β溶血性链球菌DNA的最低检测浓度为100 pg/μL，菌检测限低至9.8 CFU/mL，检测结果与传统国标检测方法一致，且把检测时间从4 d缩短至1 d，实现了β溶血性链球菌的检测技术的优化。

铜绿假单胞菌也叫绿脓杆菌，为革兰氏染色阴性杆菌，一般为（0.5～1.0）μm×（1.5～3.0）μm大小的直或微弯小杆菌，无芽孢，有荚膜，单端有1～3根鞭毛，属丛毛菌，运动活泼。铜绿假单胞菌广泛存在于土壤、水和空气以及人的皮肤、肠道、呼吸道中。有学者研究发现熟肉制品、凉拌即食食品两类产品容易受铜绿假单胞菌的污染。有案例报道在食物中毒的标本中检出铜绿假单胞菌，患者主要表现为腹痛、腹泻、头晕、发热等。姚丽锋等人建立重组酶介导等温扩增法来实现对食品中铜绿假单胞菌的快速检测，此方法的检测结果和检出限与行业标准《进出口食品中绿脓杆菌检测方法》（SN/T 2099—2008）的检测结果一致，检出限为$1.0×10^3$ CFU/mL。传统方法检测时间需要1 d以上，此方法仅需20 min。

甲型肝炎病毒（hepatitis A virus，HAV）是甲型肝炎的病原体，小RNA病毒科（Picornaviridae）嗜肝病毒属（*Hepatovirus*）。HAV主要通过粪口途径传播，饮用或者食用受污染的水源、海产品，使用受污染的餐具均能感染HAV。甲型肝炎患者有明显的肝脏炎症，主要表现为发热乏力、厌食、恶心、呕吐、腹痛、肝脾大、血清中谷丙转氨酶升高等典型肝脏炎症的临床特征。《贝类中甲型肝炎病毒检测方法 普通 RT-PCR方法和实时荧光 RT-PCR方法》（GB/T 22287—2008）、《出口食品中食源性病毒定量检测 数字PCR法 第2部分：甲型肝炎病毒》（SN/T 5325.2—2020）分别规定了贝类中甲型肝炎病毒的普通RT-PCR和实时荧光RT-PCR（即实时定量PCR）检测方法，以及贝类、硬质表面食品、生食蔬菜、软质水果等食品中甲型肝炎病毒的数字PCR检测方法。病毒RNA的提取是病毒检测的一个关键步骤，所提取的RNA的质量决定了能够转录到cDNA上的序列信息量的最大值，目前市场上也有很多商业提取RNA的试剂盒可使用。

二、病原体的溯源技术

微生物溯源（microbial source tracking，MST）分型是根据微生物的生化特征或基因特征，对不同来源微生物进行分型溯源。食源性致病菌的溯源分型是食品安全防控和现代公共卫生传染病监测领域的重要组成部分。通过对事件中食源性致病菌的相似性研究，可以确定引起感染的细菌菌株种类和来源，从而制订正确的治疗及预防方案，以防止疾病的暴发。

最早的细菌溯源分型方法包括血清分型、噬菌体分型、脉冲场凝胶电泳分型、细菌基因组重复序列 PCR 等，随着分子生物学及测序技术的发展，食源性致病菌分型溯源技术获得了很大进展。我国于2013年建立了全国食源性疾病分子追踪网络（TraNet），TraNet最初基于脉冲场凝胶电泳技术对食源性病原体进行分子亚型分析。2019年，基于全基因组测序（WGS）技术的食源性疾病分子溯源网络建成并投入使用，该网络提供了多位点序列分型和核心基因组多位点序列分型的标准化方法。此外，诸如SNP及MALDI-TOF MS等在细菌鉴定分型领域都已得到了广泛应用。

随着高通量测序技术的发展，WGS已应用于食源性病原体的来源跟踪，以弥补现有的分型工具的不足。WGS技术可在几天内确定病原，为及时控制并召回病因食品、有效诊治患者提供强有力的技术支持。WGS主要用于病原体表征，以及对临床、食品和环境分离株之间的近期的共同祖先的基因组进行聚类。重建相关的病原体分离株的进化历史，可以识别其共同祖先，并且可以追溯食品污染事件的根本原因。这些WGS系统发育方法具有较好的可重复性和较高的准确性，可为显示流行病学调查中分离株之间的联系提供法医学证据。

美国食品药品监督管理局（Food and Drug Administration，FDA）开发的GenomeTrakr数据库已经实时公开，以支持全球公共卫生和食品安全监督和调查，FDA和许多GenomeTrakr成员组成食品应急响应网络的一部分，该网络能够响应涉及食品生物、化学或放射性污染的紧急情况，其目标是预防、准备和响应。该数据库位于美国国家生物技术信息中心（National Center of Biotechnology Information，NCBI）的病原体检测网站上，病原体检测网站每天更新，以提供WGS联系和系统发育树的信息。此外，PulseNet网络还将WGS数据上传到NCBI的序列读取存档，这些数据共同构成了维护公共健康导向的集成数据库，内含临床、家畜、食品和环境WGS数据，用于调查食源性病原体之间的新联系。1984年，在俄勒冈州达勒斯暴发的沙门氏菌疫情最初被认为是自然暴发，直到证人出面举报，人们才发现这是一起为了影响选举而人为制造的污染事件。这次生物恐怖袭击中使用的食源性病原体菌株是从美国模式培养物集存库获得的实验室菌株。有学者认为，如果此类案件再次发生，我们可以通过GenomeTrakr对其进行溯源，证明该菌株为实验室菌株，将案件定性为故意污染。2012年，赵宏等人测算出大肠埃希菌12个SNP位点，并利用该位点组合分析了多个国家和地区的大肠埃希菌，得到其特异性地理标记，并证明了这些SNP位点组合具有追溯大肠埃希菌地理来源的能力。2022年，英国暴发了一组由来源不明的单相鼠伤寒沙门菌引发的食源性疾病，随后欧洲多个国家陆续出现了相关病例。通过流行病暴发溯源调查，利用WGS技术确定了该病原体来源于某比利时工厂生产的巧克力。

第二节
变质腐败食品微生物及其检测方法

近年来，为了追逐经济效益，一些不法商家通过涂改生产日期、更换包装等方式把即将过期和已过期的食品"改头换面"重新出售。此外，一些商家在食品生产加工中使用过期、变质原料，再将这类食品出售获利，使这类不合格食品流入市场。食品腐败变质后不仅降低了营养价值，还会产生腐败微生物及其毒素等多种有毒有害物质，对食品安全带来严重威胁，危及消费者的身体健康和生命安全。变质食品流入餐桌后，消费者并不具备专业识别能力，很难从表面鉴别出食品的质量。而且，食用变质食品对身体的危害往往不能当场表现出来，导致这类案件不能得到及时处理。此外，由于缺乏专门的食品鉴定机构，往往致使该类案件的鉴定工作无法顺利开展。

食品的腐败变质与微生物的生长密切相关，其中细菌以及霉菌、酵母等真菌是引起食品腐败变质的主要微生物。在贮藏过程中由于微生物耐受能力的差异，会导致食品中微生物的变化。比如特定腐败微生物在初期所占比例很小，在贮藏过程中逐步适应、迅速繁殖，并产生腐败和有异味的代谢产物。微生物检验通常是检测食品中菌落总数、大肠菌群数、霉菌酵母数和致病菌的数量，当活菌数达 10^8 CFU/g 以上时，可初步判定食品处于腐败变质的阶段。研究各类型食品腐败变质过程中的微生物水平，将对腐败变质食品的鉴识具有重要参考价值，可为调查由腐败变质食品引起的食品安全刑事案件提供证据。

一、变质腐败食品的常见细菌

引起食品腐败变质的细菌主要为芽孢杆菌属和非芽孢杆菌属两类。

（一）芽孢杆菌属

芽孢杆菌属主要包括嗜热脂肪地芽孢杆菌、脂环酸芽孢杆菌、脱氧芽孢杆菌、地衣芽孢杆菌、梭状芽孢杆菌和杆状芽孢杆菌等。嗜热脂肪地芽孢杆菌可耐受70 ℃的高温，常见于腐败变质的肉制品中；嗜酸芽孢杆菌常见于罐头类食品中；枯草芽孢杆菌常见于奶油和烘焙食品中；短小芽孢杆菌在烘焙类食品中也有发现；蜡状、地衣芽孢杆菌主要存在于牛奶中；脂环酸芽孢杆菌常见于果汁中；莓实假单胞菌常见于冷冻肉中；巴氏梭菌常在桃子罐头或梨罐头等水果罐头中被发现。

（二）非芽孢杆菌属

非芽孢杆菌属主要包括希瓦氏菌、假单胞菌、乳杆菌、热杀索丝菌和李斯特菌等。肉、奶和水产品等动物性食品在有氧冷藏过程中发生的腐败变质主要与具有蛋白分解能力的嗜冷性革兰氏阴性菌有关，包括假单胞菌属、希瓦氏菌属（*Shewanella*）和肠杆菌科（Enterobacteriaceae）成员。希瓦氏菌是低温储藏海产品中重要的腐败菌，常见于腐败虾中，其可在海产品加工过程中形成生物膜，从而加剧海产品的腐败变质。莓实假单胞菌（*Pseudomonas fragi*）和嗜冷假单胞菌（*Pseudomonas psychrophila*）是有氧条件下冷藏海鲜类中常见的腐败菌。Sterniša等人发现，腐败鱼肉中常存在莓实假单胞菌，铜绿假单胞菌主要存在于各种腐败变质的牛奶和肉制品中。有研究发现，肉类、家禽和鱼类产品的腐败与含氮化合物的增加密切相关，比如蛋白质类食品中常见的腐败微生物——荧光假单胞菌，其调控子RpoN不仅能够调控病原菌的氮同化水平和毒力，还参与多糖代谢、氨基酸转运与代谢等腐败相关活动的调节。

（三）食品细菌的检测方法

食品细菌检测的传统方法主要有形态结构观察法、细胞培养法、生理生化鉴定实验法、血清学分型法、噬菌体分型法、毒性毒理实验法及血清试管凝集实验法等，随着现代分子生物学技术的快速发展，变性梯度凝胶电泳、实时定量PCR和高通量测序已被广泛应用于食品细菌多样性的研究。甄宗圆等人在肉类腐败微生物多样性的研究中，通过对不同的微生物检验方法的优缺点进行比较，发现高通量测序技术能够在更深的层次上研究微生物种群的复杂关系，将变性梯度凝胶电泳技术、实时定量PCR技术和高通量测序技术等多种方法联用，能够更好地监测食品腐败变质过程中微生物的动态变化，能较为客观全面地反映微生物种类、相对丰度和动态变化的真实信息。

近几年，用于食品腐败变质中微生物检测的新型纳米材料传感器逐步兴起，相较于传统的检测技术，生物传感器具有高特异性、高效率、高灵敏度等优势。生物传感器利用固定化的生物物质作为敏感材料（如酶、微生物、细胞等生物活性物质）并进行识别，将所需感受的生物参数信息转换为电信号，从而进行检测。Shaibani等人采用聚乙烯醇/聚丙烯酸水凝胶的便携式纳米纤维可寻址电位传感器

（nanofiber-light addressable potentiometric sensor，NF-LAPS）检测橙汁中的大肠埃希菌，该方法的检出限可达10^2 CFU/mL。Jin等人开发了一种基于荧光共振能量转移的新型检测平台检测牛奶中的大肠埃希菌，检出限低至10^3 CFU/mL。此外，Ledlod等人开发了一种可用作直接检测多重食源性病原体的即时检测方法，即结合金纳米颗粒和适配体，同时检测火腿中的李斯特菌、大肠埃希菌和沙门氏菌，该传感器的检出限为10^5 CFU/mL。

二、变质腐败食品的常见真菌

引起食品腐败变质的主要微生物还有霉菌和酵母这两类真菌。在我国，霉菌和酵母的检测被列入GB 4789系列食品安全微生物常规检测项目之一。

（一）霉菌

霉菌广泛分布在自然界中，是可以将食品组织软化和解体的丝状真菌，它可以形成各种微小的孢子，从而污染食物。常见的霉菌有毛霉菌、根霉菌、曲霉、青霉等。霉菌有特定的生长环境，在pH低、湿度低、含盐和含糖量高的食品中更容易生长。霉菌具有抗热、抗冷冻、抗辐射、抗菌的特点，一旦食品出现霉变，热或冷冻等方法都无法将霉菌灭杀。霉菌污染食物之后还会产生霉菌毒素，霉菌毒素是一种有毒的次生代谢产物。Biango等人通过模拟水分较低的腌制食品培养基中的真菌活性，发现海盐中存在着可致食品腐败变质的真菌，且部分具有毒性作用。周文化等人对室温下存放48 h的生鲜湿面进行菌相分析，发现引起生鲜湿面腐败的微生物主要是毛霉和青霉。

（二）酵母菌

酵母菌有1 000多种，与食品有关的酵母菌主要是假丝酵母、啤酒酵母、面包酵母等。与霉菌不同的是，酵母是一种可耐受高盐和高糖的兼性厌氧真菌，它能够引起果汁、葡萄酒、蛋黄酱、巧克力和饮料等高糖食品的腐败变质，其中大多数果汁和蔬菜汁变质的主要因素是原料中存在天然酵母。Kesmen等人发现腐败水果中的酵母数量在log（3.53 ± 0.26）~log（5.90 ± 0.13）CFU/g。不同类型水果中的腐败酵母也有所不同，孢汉逊酵母一般存在于草莓、橙子、杏、苹果和桃子等水果中，克鲁维毕赤酵母一般存在于枇杷、草莓、橙子和桃子等水果中。发酵乳是通过乳酸菌发酵或者乳酸菌、酵母菌共同发酵制成的一类乳制品，其变质主要由酵母菌和霉菌引起。

（三）食品真菌的检测方法

目前，国内对霉菌和酵母菌的计数检测仍采用国标的平板检测法，虽然检测结果准确，但程序复杂、检测周期长。国内外对霉菌和酵母菌的检查方法还有显色培养基计数法、WKJ-Ⅱ型微生物快速检测系统、流式细胞仪计数法和测试片法。其中，测试片法是一项微生物快速检测方法，该方法操作简便、检测时间短。然而，霉菌和酵母菌测试片法存在霉菌菌丝的蔓延和显色效果的不稳定影响计数准确性等问题，需进一步优化检验方法。

近年也有研究报道了新的针对食品真菌的鉴定方法。2018年，Kesmen等人开发了一种多片段熔解分析（multifragment melting analysis，MFMA）方法，该方法能同时分析多个DNA片段的熔解特性，用于从变质水果中分离的酵母进行种水平的鉴识。MFMA能够快速准确地分析出与食品变质相关的酵母群落，在确定来源途径和防治污染方面具有巨大潜力。Quéro等人在2019年建立的MALDI-TOF MS也成功用于丝状真菌鉴识。该方法可替代传统检测技术，且快速、可靠地鉴识食品和工业环境中的腐败丝状真菌。

第三节

食品安全问题中人工圈养动物和野生动物的鉴识

我国是世界上野生动物种类最丰富的国家之一，然而随着人类文明和经济的不断发展，野生动物及其制品的非法贸易活动越来越猖獗，严重威胁野生动物的生存，保护野生动物资源和严厉打击野生动物的非法贸易迫在眉睫。《中华人民共和国刑法》第三百四十一条第三款规定："违反野生动物保护管理法规，以食用为目的非法猎捕、收购、运输、出售第一款规定以外的在野外环境自然生长繁殖的陆生野生动物，情节严重的，依照前款的规定处罚。"

《中华人民共和国野生动物保护法》指出，该法规保护的野生动物是指珍贵、濒危的陆生、水生野生动物和有重要生态、科学、社会价值的陆生野生动物。目前，我国在对野生动物进行人工繁育方面发展迅速，形成了巨大的野生动物消费市场，增加了野生动物保护的难度。对人工繁育野生动物的法律界定是目前司法界极具争议的话题之一，目前的许多观点倾向于对野外生存的野生动物和人工繁育的野生动物采取差别性保护措施。在实践中对于野生动物的鉴定大多停留在利用形态学或DNA分析技术鉴别物种的阶段，且依靠现有技术手段难以鉴别野生动物的人工繁育种群与野外生存种群。人工圈养动物和野生动物的鉴定技术在惩治野生动物犯罪、保护野生动物方面具有很大的应用价值，研究野生和圈养动物皮肤或肠道微生物的区别有望为该项技术提供科学依据。

目前已有野生动物肠道微生物的研究。Jiang等人发现绿尾虹雉野生组和圈养组的核心细菌类群在门、纲、目、科水平上均存在显著差异，这可能与不同的生存状态下的动物在饮食组成、地理范围、能源利用、气候条件和压力暴露等方面存在差异有关。了解野生动物和圈养动物的微生物组的差异，进而利用微生物分析方法鉴定野生动物和圈养动物，可为执法机关提供证据支撑。

一、圈养动物和野生动物肠道微生物多样性差异

相比起圈养动物，野生动物肠道微生物往往具有更高的多样性。McKenzie等人比较了野生条件和圈养条件下的动物的肠道微生物，发现相较于野生条件，圈养条件下的宿主（犬类、灵长类和马科动物）的肠道细菌的α多样性更低。除偶蹄类动物（如牛和长颈鹿等）外，所检测的大多数动物在圈养状态和野生状态下的肠道细菌β多样性也存在差异。野生与圈养岩羊肠道菌群α多样性分析表明野外组的物种数、Shannon指数和Simpson指数均显著地高于圈养组。San Juan等人发现，与野生褐几维鸟相比，圈养褐几维鸟的微生物组成不同、细菌和真菌α多样性更低。

但Bornbusch等人研究发现野生环尾狐猴的肠道微生物多样性并不总是比圈养环尾狐猴的微生物多样性高。因此，仅从肠道微生物的多样性来鉴定动物是圈养或野生的是不科学的，我们需要结合动物肠道微生物更多的特征信息来进行判断。

二、圈养动物和野生动物肠道代谢相关微生物的差异

在圈养动物和野生动物的肠道菌群中，与代谢相关的微生物的相对丰度存在差异。野生动物肠道中与营养物质代谢相关的微生物拥有更高的丰度，这与野生动物饮食更复杂多样相关。Sun等人发现与圈养的马麝相比，野生马麝肠道中富含厚壁菌而拟杆菌丰度低，圈养马麝肠道中蛋白杆菌和广古菌的丰度更高。野生马麝肠道

中富含厚壁菌，使个体能够最大限度地从纤维素中摄取能量，确保它们适应野生环境。迟翔文分析了野生与圈养岩羊肠道菌群的组成和结构，他指出食物是导致野生和圈养岩羊肠道菌群产生差异的主要原因，菌群的差异与纤维素、半纤维素等粗纤维以及蛋白质和脂肪等营养物质的消化代谢密切相关。

由此可知，食物差异会导致动物肠道出现不同的优势微生物群，可以通过检测动物肠道中与营养代谢相关的微生物基因来鉴定此动物是野生的还是圈养的。

三、圈养动物和野生动物肠道中致病菌与益生菌的差异

野生动物肠道微生物中的病毒和致病性细菌的丰度比圈养动物更高，同时其肠道含有更多的可以抑制致病菌的益生菌，这与野生动物需要适应更复杂的野生环境有关，这种差异也可以应用于圈养动物和野生动物的鉴别中。Hua通过对华北豹的肠道菌群进行分析，发现野生豹肠道中的乳杆菌和双歧杆菌等益生菌的相对丰度高于圈养豹。双歧杆菌和乳杆菌可以抑制有害细菌的生长，抵抗葡萄球菌、志贺氏菌和沙门氏菌等致病菌的感染，分解致癌物质，提高抗病性。这些能力很大程度上与野生华北豹适应野外复杂的生活有关。另一方面，野生华北豹肠道微生物群中的志贺氏菌、不动杆菌、假单胞菌等致病菌的相对丰度高于圈养豹。Fu等人发现圈养反刍动物和自由放养反刍动物的肠道微生物组成存在显著差异，圈养牦牛和圈养山羊共有的优势科为琥珀酸弧菌科，放养山羊和放养牦牛共有的优势科为颤螺菌科（Oscillospiraceae）。颤螺菌科的代表菌颤杆菌（*Oscillibacter valericigenes*）具有合成丁酸和降解苯甲酸的能力，与反刍动物的抗寄生性呈显著正相关；而琥珀酸菌科的代表菌嗜淀粉瘤胃杆菌具有很强的合成内毒素的潜力，这种潜力与圈养动物的疾病易感性显著相关。

某些圈养动物常存在一些易感疾病，这是由圈养动物中存在某种特定的致病菌或者合成某种毒素的微生物引起的疾病，同时这类致病菌在野生动物肠道微生物中丰度较低，因此可以考虑将这类微生物作为圈养动物的标记。Sun等人发现了圈养马麝的一个重要生物标志物——密螺旋体，这是一种螺旋形细菌，其亚种导致梅毒、贝耶尔和雅司病等疾病的高发；变形杆菌在圈养马麝体内显著富集，这些微生物是圈养马麝肠道疾病的标志。

四、圈养动物和野生动物肠道微生物的抗生素抗性基因的差异

由于圈养动物暴露在抗生素环境中的风险更高，有研究发现圈养动物肠道微生物中出现的抗生素抗性基因更多，这一特点也可以用于鉴别动物是否为圈养动物。Liu Y等人发现长期的驯养条件已经影响了狗的肠道微生物，导致其肠道微生物中淀粉消化和抗生素耐药性编码基因的数量增加。Guo等人发现圈养熊猫显著降低了其肠道微生物多样性，但提高了其抗生素抗性基因、重金属抗性基因和毒力因子的数量。Tang等人发现驯养马的微生物群富含对四环素产生抗药性的基因，可能与驯养这些动物时曾使用四环素有关。

综上所述，圈养和野生两种生存状态会导致动物体内微生物产生差异，我们可以通过比较动物肠道的微生物多样性、相关营养代谢基因组成、抗生素抗性基因的差异，以及以某些特异的致病菌或益生菌来鉴别动物的生存状态。虽然目前尚未发现将微生物方法用于鉴别圈养动物与野生动物的案例报道，但目前对野生和圈养动物胃肠道和皮肤微生物的研究表明微生物用于圈养动物和野生动物鉴识的研究价值和应用潜力较大。

第四节
研究热点和发展趋势

食品安全是关乎民生福祉的重要问题，食品安全犯罪屡禁不止，法医微生物学的任务包括为食品安全事故和案件侦破提供有力的技术支持和证据线索。本章介绍了常见的食源性疾病病原体的特点及其检测技术，全基因组测序在食源性疾病病原体溯源方面的应用，常见的引起食品腐败变质的微生物种类及其检测方法，以及微生物在鉴别野生动物和圈养动物方面的应用潜力等。

常见的食源性疾病病原体主要包括沙门氏菌、大肠埃希菌、金黄色葡萄球菌、李斯特菌、致病性弧菌、志贺氏菌、蜡样芽孢杆菌、急性胃肠炎病毒等，传统检验方法主要为病原体分离培养、免疫学方法等。随着分子生物学技术的进步，越来越

多的研究致力于提升食源性疾病病原体检测的效率和准确性，实时定量PCR、环介导等温扩增法、MALDI-TOF MS等技术被用于病原体检测，大大提高了食源性疾病病原体检测的速度和准确性。

随着测序技术的发展，全基因组序列分析在食源性致病菌溯源分析及流行病学监控方面有着不可比拟的优势。与此同时，全基因组数据的分析与处理成为致病菌溯源的关键，其中包括原始数据的处理、全基因组信息的挖掘、数据库的完善等。未来食源性致病菌的溯源分析一定会趋于标准化、规范化，在具有合适分型依据的基础上，实验流程的标准化以及数据的可视化和兼容性对于溯源分型技术的推广极其重要。

目前针对野生动物和圈养动物的鉴别难点，可以从两者间肠道微生物多样性、肠道代谢相关的菌群、致病菌与益生菌的相对丰度和肠道微生物抗性基因的差异进行探索。未来，微生物检测有望成为圈养动物和野生动物鉴识的工具，为打击野生动物犯罪提供有力武器。

（伦妙锖　何美云　陈玲）

参考文献

［1］安朝霞，苗雨阳，杜玉婉，等.食品腐败变质生物因素相关机制研究进展［J］.食品安全质量检测学报，2022，13（1）：86-93.

［2］包丽娟.国内外微生物源食源性疾病监测及其防控进展［J］.食品安全质量检测学报，2016，7（7）：2990-2994.

［3］蔡双福，张琴，黄耀雄.食品中铜绿假单胞菌的监测分析［J］.中国卫生检验杂志，2015，25（6）：875-876，905.

［4］曹冬梅，袁慕云，史媛媛，等. 食品中伤寒沙门氏菌TaqMan探针实时PCR检测方法［J］.检验检疫学刊，2014（3）：32-36，10.

［5］曹霞，巴莹莹，王燕华.蜡样芽孢杆菌引起的食源性疾病检测方法研究［J］.现代医药卫生，2022，38（20）：3522-3525.

［6］陈静，祁露，郑雅露，等. 致病性弧菌及其噬菌体防治研究进展［J］.食品安全质量检测学报，2020，11（24）：9288-9294.

［7］陈志敏. 散装即食食品中金黄色葡萄球菌检测方法研究进展［J］.现代食品，2022，28（7）：116-118.

［8］程鸣，邹书珍，廖梓彤，等.野生和圈养大熊猫肠道微生态环境特征及其差异性分析［J］.西华师范大学学报（自然科学版），2020，41（2）：117-124.

［9］迟翔文.基于16S rRNA基因的野生和圈养岩羊（Pseudois nayaur）肠道微生物研究［D］.北京：中国科学院大学，2019.

［10］贾倩倩，李宏铎，白福军，等.霉菌酵母快速检测测试片的优化［J］.食品安全导刊，2021（31）：37-39.

［11］韩栋，万金萍.生物传感器及其在食品安全检测方面的应用［J］.食品安全导刊，2021（26）：147-148.

［12］李凡，徐志凯.医学微生物学［M］.9版.北京：人民卫生出版社，2018.

［13］李楠.食品微生物检验的方法及质量控制措施［J］.食品安全导刊，2022（21）：44-46.

［14］李迎慧，邱亚群，冼慧霞，等.深圳市腹泻人群致泻性大肠埃希菌流行及病原特征研究［J］.中华流行病学杂志，2016，37（1）：115-118.

［15］刘培海，王凯，雷质文，等.环介导等温扩增技术在致病性弧菌检测中应用的研究进展［J］.食品安全质量检测学报，2024，15（12）：10-19.

［16］刘桐，刘爽，司南，等.霉菌和酵母菌检测技术的研究进展［J］.农产品加工，2018（12）：73-75.

［17］卢鑫，王立娟，郭威，等.食品中志贺氏菌检测技术研究进展［J］.食品工业科技，2022，43（1）：410-416.

［18］宋宏新，马娜.食品中病原微生物快速检测方法研究进展［J］.食品研究与开发，2005，26（2）：127-130.

［19］王护民，何明田.使用过期变质食品原料案件刑事规制难点剖析［J］.人民检察，2014（18）：57-59.

［20］王帅，陈贺，康露，等.乳品中微生物多样性分析方法研究进展［J］.新疆农业科技，2017（5）：48-50.

［21］王霄晔，任婧寰，王哲，等.2017年全国食物中毒事件流行特征分析［J］.疾病监测，2018，33（5）：359-364.

［22］牙伟民.食品风险监测致泻大肠埃希氏菌致病性分析［J］.中国保健营养，2019，29（21）：387，389.

［23］姚丽锋，冯家望，张娟，等.重组酶介导等温扩增法检测食品中铜绿假单胞菌［J］.食品安全质量检测学报，2022，13（17）：5695-5701.

［24］姚瑶，李秋阳.试析食源性疾病微生物检验与控制［J］.现代食品，2018，5（10）：110-112.

［25］尤祯丹,陈传君,蒋玉涵,等.即食食品中单增李斯特氏菌快速检测技术的研究进展［J］.食品工业科技,2020,41(10):358-362.

［26］于泽,张凯淇,肖洋洋,等.食品中单增李斯特菌检测进展［J］.中国食品添加剂,2021,32(8):151-160

［27］张聪.高通量基因测序技术将如何在食品微生物鉴定和溯源领域持续发力?看看专家怎么说［J］.食品安全导刊,2022(31):9-13.

［28］张慧玲,姚宏青.乙型溶血性链球菌在不同食品中存活期及检测方法研究［J］.安徽预防医学杂志,2005,11(6):350-351.

［29］张朝正,闫晓,薛建杰,等.食源性疾病暴发事件的多尺度空间预警分析［J］.数理统计与管理,2022,41(6):951-958.

［30］赵宏,尹静,曲鹏,等.应用单核苷酸多态性技术对食品中大肠埃希氏菌的地理溯源［J］.解放军预防医学杂志,2012,30(6):394-397.

［31］甄宗圆,胡雪洁,徐留艳,等.肉类微生物多样性分析方法的研究进展［J］.生物加工过程,2020,18(3):381-385.

［32］种婷.食品中蜡样芽孢杆菌检测技术应用进展［J］.现代食品,2022,28(7):28-30.

［33］中国食品科学技术学会秘书处.中国的食品安全应高度关注微生物引起的食源性疾病 2012年ICMSF中国国际食品安全研讨会在厦门召开［J］.食品与机械,2012,28(6):2-3.

［34］周文化,郑仕宏,唐冰.生鲜湿面菌相分析及腐败菌分离［J］.粮食与油脂,2010(4):45-47.

［35］周勇,周臣清,张娟,等.一种检测β溶血性链球菌的荧光环介导等温扩增方法的建立［J］.食品安全质量检测学报,2021,12(10):3936-3941.

［36］ANDRÉ S, VALLAEYS T, PLANCHON S. Spore-forming bacteria responsible for food spoilage［J］. Research in microbiology, 2017, 168(4): 379-387.

［37］ANG L, VINDEROLA G, ENDO A, et al. Gut microbiome characteristics in feral and domesticated horses from different geographic locations［J］. Communication biology, 2022, 5(1): 172.

［38］BIANGO-DANIELS M N, HODGE K T. Sea salts as a potential source of food spoilage fungi［J］. Food microbiology, 2018, 69: 89-95.

［39］BORNBUSCH S L, GREENE L K, RAHOBILALAINA S, et al. Gut microbiota of ring-tailed lemurs (*Lemur catta*) vary across natural and captive populations and correlate with environmental microbiota［J］. Animal microbiome, 2022, 4 (1): 29.

[40] CHEN Q, SHI X, LI Y, et al. Rapid genetic typing of diarrheagenic *Escherichia coli* using a two-tube modified molecular beacon based multiplex real-time PCR assay and its clinical application [J]. Annals of clinical microbiology and antimicrobials, 2014, 13: 30.

[41] DALLAS J W, WARNE R W. Captivity and animal microbiomes: potential roles of microbiota for influencing animal conservation [J]. Microbial ecology, 2023, 85 (3): 820-838.

[42] DILLARD B A, CHUNG A K, GUNDERSON A R, et al. Humanization of wildlife gut microbiota in urban environments [J]. Elife, 2022, 11: e76381.

[43] EISENHOFER R, HELGEN K M, TAGGART D. Signatures of landscape and captivity in the gut microbiota of Southern Hairy-nosed Wombats (*Lasiorhinus latifrons*) [J]. Animal microbiome, 2021, 3 (1): 4.

[44] FU X, ZHANG Y, SHI B, et al. Benzoic acid metabolism and lipopolysaccharide synthesis of intestinal microbiome affects the health of ruminants under free-range and captive mode [J]. Life (basel), 2022, 12 (7): 1071.

[45] GRAM L, RAVN L, RASCH M, et al. Food spoilage: interactions between food spoilage bacteria [J]. International journal of food microbiology, 2002, 78 (1-2): 79-97.

[46] GREENE L K, BLANCO M B, RAMBELOSON E, et al. Gut microbiota of frugo-folivorous sifakas across environments [J]. Animal microbiome, 2021, 3 (1): 39.

[47] GUO W, MISHRA S, WANG C, et al. Comparative study of gut microbiota in wild and captive giant pandas (*Ailuropoda melanoleuca*) [J]. Genes (basel), 2019, 10 (10): 827.

[48] HERNÁNDEZ-GÓMEZ O, BRIGGLER J T, WILLIAMS R N. Captivity-induced changes in the skin microbial communities of hellbenders (*Cryptobranchus alleganiensis*) [J]. Microbial ecology, 2019, 77 (3): 782-793.

[49] HIANG E, DEBLOIS C L, CAREY H V, et al. Characterization of captive and wild 13-lined ground squirrel cecal microbiotas using Illumina-based sequencing [J]. Animal microbiome, 2022, 4 (1): 1.

[50] HUA Y, CAO H, WANG J, et al. Gut microbiota and fecal metabolites

in captive and wild North China leopard (*Panthera pardus japonensis*) by comparsion using 16S rRNA gene sequencing and LC/MS-based metabolomics [J]. BMC veterinary research, 2020, 16 (1): 363.

[51] JIANG D, HE X, VALITUTTO M, et al. Gut microbiota composition and metabolomic profiles of wild and captive Chinese monals (*Lophophorus lhuysii*) [J]. Frontiers in zoology, 2020, 17 (1): 36.

[52] JIN B, WANG S, LIN M, et al. Upconversion nanoparticles based FRET aptasensor for rapid and ultrasenstive bacteria detection [J]. Biosensors & bioelectronics, 2017, 90: 525-533.

[53] KESMEN Z, ÖZBEKAR E, BÜYÜKKIRAZ M E. Multifragment melting analysis of yeast species isolated from spoiled fruits [J]. Journal of applied microbiology, 2018, 124 (2): 522-534.

[54] LIU X, YE Y, ZHU Y, et al. Involvement of rpon in regulating motility, biofilm, resistance, and spoilage potential of *Pseudomonas fluorescens* [J]. Frontiers in microbiology, 2021, 12: 641844.

[55] LIU Y, LIU B, LIU C, et al. Differences in the gut microbiomes of dogs and wolves: roles of antibiotics and starch [J]. BMC veterinary research, 2021, 17 (1): 112.

[56] MCKENZIE V J, SONG S J, DELSUC F, et al. The effects of captivity on the mammalian gut microbiome [J]. Integrative and comparative biology, 2017. 57 (4): 690-704.

[57] MOHAMMADI Z, JAFARI S M. Detection of food spoilage and adulteration by novel nanomaterial-based sensors [J]. Advances in colloid and interface science, 2020, 286: 102297.

[58] NISHIDA A H, OCHMAN H. Captivity and the co-diversification of great ape microbiomes [J]. Nature Communications, 2021, 12 (1): 5632.

[59] QUÉRO L, GIRARD V, PAWTOWSKI A, et al. Development and application of MALDI-TOF MS for identification of food spoilage fungi [J]. Food microbiology, 2019, 81: 76-88.

[60] SAN JUAN P A, CASTRO I, DHAMI M K. Captivity reduces diversity and shifts composition of the Brown Kiwi microbiome [J]. Animal microbiome, 2021, 3 (1): 48.

[61] SHAIBANI P M, ETAYASH H, JIANG K, et al. Portable nanofiber-light

addressable potentiometric sensor for rapid *Escherichia coli* detection in orange juice [J]. ACS sensors, 2018, 3 (4): 815-822.

[62] STERNIŠA M, KLANČNIK A, SMOLE MOŽINA S. Spoilage *Pseudomonas* biofilm with *Escherichia coli* protection in fish meat at 5 °C [J]. Journal of the science of food and agriculture, 2019, 99 (10): 4635-4641.

[63] SUN Y'SUN Z'LIU Z, et al, Gut microbiota of wild and captive alpine musk deer (*Moschus chrysogaster*) [J]. Frontiers in microbiology, 2020, 10: 3156.

[64] TANG L, LI Y, SRIVATHSAN A, et al. Gut microbiomes of endangered przewalski's horse populations in short-and long-term captivity: implication for species reintroduction based on the soft-release strategy [J]. Frontiers microbiology, 2020 (11): 363.

[65] UREN WEBSTER T M, RODRIGUEZ-BARRETO D, CASTALDO G, et al. Environmental plasticity and colonisation history in the Atlantic salmon microbiome: a translocation experiment [J]. Molecular ecology, 2020, 29 (5): 886-898.

[66] WEN Y, LI S, WANG Z, et al. Intestinal microbial diversity of free-range and captive yak in Qinghai province [J]. Microorganisms, 2022, 10 (4): 754.

[67] ZHOU S, RAJPUT A P, MAO T, et al. Adapting to novel environments together: evolutionary and ecological correlates of the bacterial microbiome of the world's largest cavefish diversification (Cyprinidae, *Sinocyclocheilus*) [J]. Frontiers in microbiology, 2022, 13: 823254.

[68] ZHU S, WU H, ZHANG C, et al. Spoilage of refrigerated *Litopenaeus vannamei*: eavesdropping on *Acinetobacter* acyl-homoserine lactones promotes the spoilage potential of *Shewanella baltica* [J]. Journal of food science and technology, 2018, 55 (5): 1903-1912.

第十二章 环境微生物鉴识的司法应用

微生物是生态系统的重要组成部分，它与外界环境进行物质循环和能量流动，对环境持续产生作用。环境微生物数量庞大，种类繁多，通常包括病毒、亚病毒、细菌、古菌、真菌、原生动物和单细胞藻类等。它们体积小、比表面积大，有利于营养物质吸收及环境信息交换；结构简单、生长繁殖与变异速度快，能快速适应环境的改变。研究环境微生物及其代谢产物，不仅可以为环境监测提供新的检测标志物与检测方法，还可以为环境损害司法鉴定及法医地点鉴识提供新的解决方案，帮助查明引起污染的微生物种群及其来源，并与特定地点进行匹配。近年来，随着分子生物学、生物信息学的发展，环境微生物的研究方法不断创新，研究内容不断深化，逐渐显示出了环境微生物鉴识在法医学应用中的可行性与可靠性。

第一节
环境损害司法鉴定中的微生物溯源

环境损害司法鉴定是指在诉讼活动中鉴定人运用环境科学的技术或者专门知识，采用监测、检测、现场勘察、实验模拟或者综合分析等技术方法，对环境污染或者生态破坏诉讼涉及的专门性问题进行鉴别和判断并提供鉴定意见的活动。其解决的专门性问题包括确定污染物的性质，确定生态环境遭受损害的性质、范围和程度，评定因果关系，评定污染治理与运行成本以及防止损害扩大、修复生态环境的措施或方案等。根据《环境损害司法鉴定执业分类目录》，目前的环境损害鉴定主要包括污染物性质鉴定、地表水与沉积物环境损害鉴定、空气污染环境损害鉴定、土壤与地下水环境损害鉴定、近岸海洋与海岸带环境损害鉴定、生态系统环境损害鉴定，以及噪声损害、电磁损害等鉴定。其中，在《环境损害司法鉴定执业分类规定》（以下简称《规定》）第八条明确说明含传染病病原体的废物（不包括医疗废物）鉴定包括认定待鉴定物质是否含有细菌、衣原体、支原体、立克次氏体、螺旋体、放线菌、真菌、病毒、寄生虫等传染病病原体；确定含传染病病原体废物的合法、科学、合理的处置方式，制订处置方案建议，按照处理成本、收费标准等评估处置费用；等等。并在《规定》第十三条、第十六条、第二十九条等提及应用指示物种、特征污染物等作为鉴定指标。因此，判断污染样品与污染源之间的联系，准确进行微生物溯源,是环境损害司法鉴定中的关键环节之一。环境损害司法鉴定中的微生物溯源往往与环境退化、公共卫生事件等相关,如水体污染和食品污染中的肠道微生物溯源,空气污染中的呼吸道微生物溯源、生物气溶胶溯源,等等。在这些情况下,微生物作为有效指标,能够帮助鉴定人阐述环境损害与污染物之间的关系,为司法审判提供佐证。

一、环境损害常见类型

(一)水体微生物污染

水体环境保护与污染治理一直是世界各国关注的环境问题之一。水体微生物污染可损害水生态系统、动植物、人体健康,严重污染甚至可引起大范围的公共卫生事件,带来巨大的损失,触发相关的司法调查与鉴定。1988年,上海甲肝大流行造成30万人感染,起因为启东海区被大量人畜粪便污染。2009年,赤峰水污染事件致4 000余人患病,直接原因为沙门氏菌通过水体感染人体。除此之外,水体也是霍乱、伤寒和副伤寒、感染性腹泻、阿米巴痢疾、钩端螺旋体病、血吸虫病的病原微生物传播途径。目前,水环境污染主要以物理化学污染为主(如放射性物质、有机毒物等),但生物性污染的危害仍不容忽视。在我国法定的40种传染病中,有8种疾病可以通过水源传播。地表水体中的病原微生物主要包括细菌、病毒、原生动物和病原蠕虫,可通过消化道传播、接触传播、呼吸道传播、虫媒传播等多种途径感染人体,引起多个系统的相关疾病。2021年,全国共报告法定传染病发病人数623.3万,其中,通过水源传播的疾病发病人数为256.3万,达到41.1%。生物性污染对水体环境及人类健康造成极大威胁。为了防治水体污染,保障用水安全,维护公众健康,我国先后发布了《中华人民共和国环境保护法》《中华人民共和国水污染防治法》等相关法律法规,并制定了《地表水环境质量标准》(GB 3838—2002)用于进行水质评价,以及《生活饮用水卫生标准》(GB 5749—2022)等用于保障公共健康。

根据《地表水环境质量标准》,地表水域标准分为5类:Ⅰ类主要适用于源头水、国家自然保护区;Ⅱ类主要适用于集中式生活饮用水地表水源地一级保护区、珍稀水生生物栖息地、鱼虾类产卵场、仔稚幼鱼的索饵场等;Ⅲ类主要适用于集中式生活饮用水地表水源地二级保护区、鱼虾类越冬场、洄游通道、水产养殖区等渔业水域及游泳区;Ⅳ类主要适用于一般工业用水区及人体非直接接触的娱乐用水区;Ⅴ类主要适用于农业用水区及一般景观要求水域。地表水环境质量标准基本项目标准限值相关评估项目共24项,与水体微生物相关的项目有1项——

粪大肠菌群（个/升）。该项目对应5类水域的标准值依次为≤200、≤2 000、≤10 000、≤20 000、≤40 000，分析方法为多管发酵法和滤膜法。根据《生活饮用水卫生标准》，水体微生物可以用作水质检测常规指标、扩展指标及参考指标，其中，总大肠菌群（MPN/100 mL或CFU/100 mL）和大肠埃希氏菌（MPN/100 mL或CFU/100 mL）均不应检出，菌落总数（MPN/100 mL或CFU/100 mL）应限制在100以内；贾第鞭毛虫（个/10升）和隐孢子虫（个/10升）的限值均应<1；肠球菌（MPN/100 mL或CFU/100 mL）和产气荚膜梭状芽孢杆菌（CFU/100 mL）均不应检出。

依据现有技术，主要通过两种方式对水体病原微生物进行评价：一是直接检测水体病原微生物。其优点是能够发现特定病原微生物的浓度变化，检测结果可靠；缺点是检测烦琐。二是检测指示微生物。其优点是简单便捷；缺点是不能反映出特定病原微生物的浓度变化，特别是病毒指示能力较差。由于地表水中病原微生物种类繁多，且特定种类的浓度较低，应用指示微生物是比较经济的选择。目前常用的细菌指示物包括细菌总数、总大肠菌群、大肠埃希菌、粪大肠菌群、粪链球菌、肠球菌、沙门氏菌、志贺氏菌等，常用的病毒指示物包括噬菌体、F-RNA噬菌体、脆弱拟杆菌噬菌体等，常用的原生动物指示物包括贾第鞭毛虫和隐孢子虫等。

总大肠菌群与粪大肠菌群被很多国家用作粪便污染指示菌。粪便污染是水体病原污染的重要来源之一。这主要是基于粪便中含有大量对人体有害的病原微生物，能够引起腹泻和急性胃肠炎等疾病，且许多粪源性病原体可以在体外环境的水体中大量生长繁殖，导致病原微生物的水源性传播，给大范围人群的健康带来威胁。粪便随污水排放进入环境的模式主要分为两种：一种为点源性污染，由一个独立的排放源进行污水排放，如下水道、废水处理厂、工厂的排放等；另一种为非点源性污染，即无固定污水排放点，如农林、城市污水泄流，降雨后地表径流等。点源性污染往往污染源单一，易于识别、监控和调节；而非点源性污染往往混杂多个污染源（如宠物粪便、漏水的排污管道、当地鸟类粪便等），难以进行区分、识别及有效的管理，因此检测人员通常用总大肠菌群与粪大肠菌群评估地表水体的粪便污染整体水平。但有研究表明，总大肠菌群与粪大肠菌群的宿主特异性较差，不能提供有关污染源的信息，且在生态、流行程度和抵抗外界刺激等方面与粪便污染指示菌指示的很多病原微生物与粪便污染的关联度不高，评价效果有限，美国环境保护局、欧洲联盟及WHO等基于流行病学研究结果已将其用其他指示菌替代，但由于其历史悠久，我国目前依然在使用该指标。大肠埃希菌与肠球菌也是目前应用较多的指示菌，且二者与人在淡水中游泳引发的胃肠疾病之间的关联已得到证实。产气荚膜梭菌常用于寄生虫感染的检测，其与致病性贾第虫的感染数量呈正相关。F-RNA噬菌体主要用于模拟水源肠道病毒、甲型肝炎病毒和轮状病毒的存活与截留规律，SC噬菌体则主要用于检测污水处理工艺的去病毒效果。鉴于以上各种指示微生物在应用中均有明确的局限性，因此急需加强新型指示微生物的研究。

我国城市建设状况公报数据显示，至2021年末，我国城市污水处理率达97.89%，城市生活污水集中收集率达68.6%。随着水体治理效果的显现，人们的居住环境有望逐渐改善，并减少因水体微生物污染而造成的公共卫生事件。而随着水体微生物检测技术的发展，有望在未来突破依赖总大肠菌群与粪大肠菌群等单一指标进行水体微生物溯源的现状，采用多种指示微生物对细菌、病毒、原生动物和病原蠕虫等进行更加全面、精确的溯源。

（二）食品微生物污染

食品污染问题虽然没有包含在《规定》中，但由于食品微生物的污染往往与环境，尤其是与水、空气、土壤微生物污染息息相关，因此在本章加以叙述。食品污染主要包括生物性污染（如微生物、虫类污染）、化学性污染（如农药、添加剂污染等）和杂质污染（如金属屑污染等），其中，食品的微生物污染是食品污染的主要因素之一。无论是食品自带的细菌、真菌及其产生的毒素，还是在加工、运输中受到的污染，均属于食品微生物污染。

通常将食品微生物污染的途径划分为内源性污染途径和外源性污染途径。内源性污染途径又称为第一次污染，是作为食品的动植物在其生活、生长过程中本身带有的微生物及有害代谢产物；外源性污染途径又称为第二次污染，是空气、水、设备等在食品加工、运输、贮藏等过程中对食品造成的污染。

水是微生物污染食品的主要介质。各种天然水源是微生物污染食品的天然介质，而自来水由于经过消毒杀菌，正常情况下含菌量较少。如果自来水管道渗漏或被粪便污染时，则会使水中微生物数量急剧增加。水体中的细菌、病毒、真菌、钩端螺旋体等微生物均可对食品造成严重的生物污染，且相当数量的食源性疾病的暴发可追溯到动物养殖场和农产品农场。未经有效处理或处理后受污染的肉类、受污染的家禽及蛋制品、未经严格消毒的牛奶等皆是食源性疾病暴发的潜在隐患。在某些情况下，农产品也可能会被在农场上或附近活动的非食物生产动物排出的粪便污染。因此，与水质评估一样，往往需要检测食品中的粪便细菌指标以此确保食品安全。但这种方法通常无法在污染溯源方面提供关键信息，因此仍需要探索可用于追踪微生物污染的分子标记。

空气、动物、加工设备和包装材料也是食品污染的重要介质。空气中的微生物种类较多，既有来自土壤、水体的微生物，也有来自呼吸道、消化道等的排泄物，这些微生物随着灰尘、气溶胶等可以直接污染暴露在空气中的食品；动物的皮肤、毛发，人类的衣物常常附着大量的微生物，如大部分的苍蝇肠道中带有痢疾杆菌，而鼠类粪便中带有沙门氏菌、钩端螺旋体等病原微生物，当食品接触到这些动物时即有可能会被污染；食品的加工设备和包装材料如不经消毒灭菌，也会造成食品微生物污染。

食品微生物的检验范围主要有生产环境的检验，原辅料的检验，食品加工、储藏、销售环节的检验，成品食品的检验。《食品安全国家标准 食品微生物学检验》（GB 4789—2022）是现行的对食品微生物污染最全面细致的标准，其中规定了大肠埃希菌、双歧杆菌、沙门氏菌、唐菖蒲伯克霍尔德氏菌（椰毒假单胞菌酵米面亚种）、创伤弧菌、金黄色葡萄球菌、蜡样芽孢杆菌、β型溶血性链球菌、肉毒梭菌及肉毒毒素、诺如病毒、空肠弯曲菌、克罗诺杆菌属（阪崎肠杆菌）、志贺氏菌检验、小肠结肠炎耶尔森氏菌、产气荚膜梭菌、副溶血性弧菌等几十种常见食品污染微生物的检验方法和指标限值。而对于散装食品等，另外还有一些具有针对性的标准，如《食品安全国家标准 散装即食食品中致病菌限量》（GB 31607—2021）。

病原微生物导致的食品安全问题具有群发、暴发、宿主范围广、传播速度快和社会影响与控制难度大等特点，严重时会引起社会恐慌，危及社会安定，造成恶劣后果。如1985年加州李斯特菌奶酪污染事件造成52人死亡，2014年嘉兴市桶装饮用水事件造成511人感染诺如病毒。在我国，微生物性食物中毒人数多年来居总中毒人数的首位，在部分年份甚至高达70%；病原性微生物污染也是造成食品安全事故的主要原因之一。对白云机场航空食品微生物污染情况的调查显示，热食食品、凉拌菜、冷加工食品合格率逐年升高，但即食类航空食品有检出食源性致病菌；宝鸡铁路地区散装自制食品的微生物指标平均合格率为82.10%，12 h后平均合格率降至50.00%，而这些食品往往存放超过12 h，安全风险很高。对近年爆炸式发展的外卖食品进行监测发现，广州120份外卖食品中不合格率达39.17%，且其中3份致病菌指标不合格。对105份超市速冻食品进行微生物污染情况分析，沙门氏菌、大肠埃希菌等均有不同程度的超标。对5家湖南预制菜公司的蔬菜制品进行检测，菌落总数较高（$P<0.05$），过程产品大肠菌群、菌落总数均高于成品（$P<0.05$），差异均有统计学意义。

近年来，我国食品问题屡见不鲜，微生物污染相关的事件也常常成为公共卫生热点，并牵涉司法诉讼与司法鉴定。由于目前尚无专门针对食品微生物污染方面的鉴定指南，专家证人出具的专家证据主要依据相关的国家、行业标准。食品微生物污染相关的诉讼根据情节不同，涉及行政处罚、民事诉讼、刑事诉讼，其中，食品药品、工商、农业、质检等相关行政执法机关担负着主要的食品安全监管职责，是行政处罚的主体。在食品安全的行政处罚中，微生物相关的食物中毒案件数量在食物中毒的各种类型中占比并不高，但处罚额度却普遍高于其他类型食物中毒。相比行政处罚，进入刑事司法的食品安全案件总量较少，但这些案件往往具有极恶劣的社会影响。2021年，最高人民检察院发布了危害食品安全刑事典型案例，案例涉及桶装饮用水、过期奶粉、注水肉、工业明胶生产皮冻、保健品诈骗等各方面，涉及罪名有：生产、销售不符合安全标准的食品罪，生产、销售伪劣产品罪，生产、销售有毒、有害食品罪，诈骗罪。相关人员刑期在1年2个月至15年不等，并处罚金5 000元至4 200万元。其中，张某无证生产、销售不符合食品安全标准的鹌鹑蛋致百余人患食源性疾病一案中，对各种鹌鹑蛋制品进行大肠菌群、沙门氏菌等的检验是该案定罪量刑的重要依据，这也是食品微生物在法医学中的重要应用方向。

（三）空气污染

空气污染物包括固态、气态和生物性污染物，而生物性污染物包括细菌、霉菌、放线菌、病毒、孢子和尘螨等。空气中的微生物常常附着在灰尘粒子上，或形成气溶胶，与空气质量、人体健康密切相关，在自然生态平衡和物质循环中起着非常重要的作用。长期以来，我国空气污染的研究主要集中在理化性质方面，如$PM_{2.5}$、光化学烟雾等，对微生物研究较少，如《环境空气质量标准》（GB 3095—2012）中并未提及微生物污染，在《室内空气质量标准》（GB/T 18883—2022）中仅有1项生物性指标：细菌总数≤1 500 CFU/cm^3。近年来，随着经空气传播的传染性疾病在全球的大流行，造成公共健康危机及巨大的经济损失，使得空气微生物污染的研究日益得到重视。

土壤、水体、动植物相关的微生物均可成为空气中微生物的来源。已知空气中的细菌及放线菌约有1 200种，真菌约有4万种，其中大部分是非病原性的腐生菌，还有少量的放线菌、真菌、病毒、藻类、孢子和花粉等，这些微生物常随着纬度、温度、季节、环境等的变化而改变，其传播速度与大气理化污染有关，这主要是由于粉尘、气溶胶等污染物可以为微生物提供载体，扩大其传播范围。与人类疾病有关的空气微生物的传播范围主要取决于其所依附的空气中的固体颗粒大小以及微生物气溶胶在空气中停留的时间长短。微生物气溶胶是指悬浮于空气中的微生物所形成的胶体体系，与人类疾病有关的微生物气溶胶粒子直径一般为4～20 μm，随空气传播的多种微生物（如假单胞菌属、棒杆菌属等）气溶胶具有潜在致病性，长期接触致病性病原体会增加人体及伤患处感染风险。研究表明，污水处理厂曝气池中病毒粒子的气溶胶释放速率大于马桶和实验室规模模型的释放率，而废水中固体的存在并不能缓解病毒形成气溶胶；此外，利用废水喷灌和利用废物施肥也可能产生微生物气溶胶。近年来全球流行的新型冠状病毒是典型的空气传播致病微生物，SARS-CoV-2在气溶胶中的传染性可保持16 h，具有传染性的气溶胶可威胁相关工作人员和附近居民的健康。因此，有必要开展对气溶胶微生物的风险评估，为空气污染鉴识提供更多的支持。

不同环境中的空气微生物污染显示出了不同的特征。与人类生产生活相关的场所，如养殖场、屠宰场、垃圾处理厂、污水处理厂等的空气中的微生物分布浓度相对较高。遗体防腐整容间是殡仪场所污染最严重的区域；城市黑臭水体离岸20 m范围内存在浓度聚集现象，且水体断面宽度与细菌、真菌、总微生物浓度有显著相关性。在同等离岸距离，儿童的健康风险最大，女性次之，男性短期暴露风险最小；而这些健康风险包括并不限于呼吸道疾病、变态反应等。研究显示，绿化带对细菌和真菌等微生物具有显著的屏障作用，在绿化带40 m以内，往往有较好的净化空气效果，这主要归功于绿化带能够吸附、隔离悬浮颗粒，抑制甚至是杀死部分病菌，如碧桃、云杉等可以抑制黄曲霉、绿脓杆菌的生长。

现阶段我国对空气微生物进行的研究主要是调查研究，空气微生物采样方法主要包括自然沉降法和气流撞击法。自然沉降法是在重力作用下，让所处区域的空气微生物颗粒在一定时间内逐渐沉降到培养皿内的采样方法；气流撞击法是利用采样器的抽气动力来完成采样，而检验指标主要依据的是菌落计数。该种方法检测手段单一，检测项目较少，并不能有效对空气中的微生物进行系统监测，至于空气微生物的污染到底达到何种范围和程度，环境恶化天气对人体健康造成的具体危害，都尚待进一步研究。

二、环境污染微生物溯源技术

随着微生物检测技术的发展，有望利用微生物溯源技术，逐步满足环境损害司法鉴定中微生物溯源的需求。微生物溯源（MST）技术是一种通过比较污染样品与污染源中存在的指示微生物的差异或其生物标记的有无来判断污染样品与污染源之间的联系，从而确定可能的污染来源的技术。由于宿主摄食习惯及其体内环境等因素的差异，生活在不同宿主体内的微生物在环境胁迫因子的作用下，产生特异环境适应，并将特性遗传给后代，从而使这类微生物带有标志其宿主或生存环境的特异性指纹图谱（即特殊的核酸序列或代谢物质）。通过分析这些宿主或环境特异性微生物指纹图谱，能够达到识别粪便污染源的目的。法医微生物学中的MST是利用微生物检测、遗传和生物化学技术，分析和评估环境损害、食品安全或相关刑事案件中的样本中细菌和病毒的来源，为回答微生物污染相关的法律问题提供有力证据。无论是病原体的来源、生物恐怖主义散播的污染源，还是潜在的环境污染等相关问题，MST技术都可以协助确定所观察到的环境污染损害的来源及不同污染来源在环境损害中的主次地位，这对认定和分配污染事件的法律和财务责任具有重要意义。

但是，目前若要将MST技术用于司法鉴定领域还有诸多问题。比如必须综合考虑和制定检材提取、保存和送检、方法选择和验证、结果解释、质量保证的一整套标准化体系，确保溯源信息的可靠性。MST技术目前已被广泛用在地表水体的粪便污染鉴识及溯源，然而，目前广泛使用的实时定量PCR法尚未标准化，使其在公共卫生水体管理、刑事追查以及法庭质证等方面受到了极大的局限。

如今，如何将MST技术应用到刑事侦查及法庭科学领域是亟待解决的难题。法医微生物学及MST科学技术有待基础知识、应用方法及程序规范等多方面的全面发展，该技术的发展有望在犯罪学、医学、法庭科学、食品和产品安全、环境评估以及污染管理或监管方面取得长足的进展。

三、展望

我国环境损害现状依旧严峻，随着《生态环境损害鉴定评估技术指南》《规定》的发布，环境损害鉴定评估得到迅速发展并逐渐规范化。目前，我国对于环境损害问题的重心主要在物理化学污染的环境损害上，对生物源性污染仍需加强重视。病原微生物通过工厂气溶胶、污水排放等多个途径对空气、水体、土壤等环境造成损害，长期接触病原体会增加人体感染风险；同时，水源及土壤作物、食品的病原体污染亦可造成传染性疾病的暴发。因此，生物性污染的溯源与防治是环境保护和人类健康安全的重要一环。

通过MST技术追溯生物性污染源，有利于为刑侦人员及环境损害鉴定人员追查及认定生物犯罪事实及环境损害行为提供线索。目前，尚未有一种MST技术作为微生物溯源的标准，其方法与效力并未得到统一的规范与验证。随着法医微生物学及MST科学技术的进一步发展，微生物污染溯源未来将有希望于犯罪学、医学、法庭科学等领域进一步发挥作用。

第二节

环境微生物用于地点鉴识的研究进展

微生物群落的相似性随着地理距离的增加而衰减，表现出一定的生物地理学特征，使之可以应用于案件相关的地理位置推断，同时由于这种地域间的差异往往低于动植物所表现出的差异，导致了微生物在地理位置推断方面的应用长久以来并未得到足够的重视。

近年来，微生物检测分析技术的发展以及对微生物地理分布特性认识的逐步深入为利用微生物进行法医地理位置推断提供了可行性。为了使微生物在未来的法医应用中发挥出更大的作用，必须在样本提取、检测方法、生物信息学分析等方面做更多的工作，以充分发挥微生物群落在案件相关地理位置推断方面的常规应用潜力。

一、利用土壤微生物群进行地点鉴识

土壤的成分十分复杂，通常由矿物质、动植物残体腐败分解产生的有机质、微生物等组成。每一块土壤都具有其独特的物理、化学、生物性质，理论上来说，没有一块土壤是相同的。同时，土壤所具有的普遍性、异质性和可转移性，使之可以应用于刑事侦查当中。

土壤在证据科学中最开始的应用是基于其物理、化学性质的，主要通过对外观、颜色、元素组成、矿物学、杂物等的比对检验获得与地点相关的线索。近年来，通过土壤微生物群落之间的差异或特殊的"指纹"来获取地点相关线索，丰富了土壤证据的内容。兴起于20世纪80年代的MST技术最开始应用在水源污染调查中，依据的是不同污染水系里的微生物群所具有的特殊遗传序列和代谢产物等。而随着微生物检测技术及分析技术的进步，通过土壤微生物证据识别特定地点也逐渐具有了可行性，目前逐渐成为法医土壤学研究的热点，并显示出了巨大的应用潜力。近年来，与土壤、地质相关的法医学应用的国外相关报道逐渐增多，国内也日益重视其在案件侦破中的应用。2019年，发生在我国的一起谋杀案中土壤证据成为最为关键的线索和专家证据。Guo等人通过比较尸体衣服上粘有的泥土与尸体所在地的土壤，发现尸体可能是从另一地点转移过来的，并根据DNA条形码证据搜寻到了尸体最初埋葬的地方。

（一）土壤中微生物群落的分布特征及研究进展

由于自然条件和知识背景不同，目前全球尚无统一的土壤分类系统，我国的土壤分类体系属于土壤发生学分类体系，目前包括12个土纲32个亚纲61个土类200多个亚类。而另一个主要的土壤分类体系为美国的诊断土壤分类体系。由于现有的土壤分类系统并不能作为反映土壤微生物分布特征的依据，因此，必须从土壤微生物本身的分布特征去探寻与地点推断相关的证据。

早在1990年，土壤微生物的研究者就发现了土壤细菌基因组的异质性，并区分出了约4 000个完全不同的土壤细菌基因组。随着宏基因组技术的发展，将土壤微生物证据应用于案件地理位置推断有了技术上的可行性。为了增加土壤微生物在地理位置推断方面的证据效力，必须了解土壤微生物群落随着距离、季节、气候、土壤质地和其他环境参数而变化的自然分布特征。

土壤虽然种类众多，但是其微生物DNA图谱与地理位置的相关性却大于与土壤类型的相关性：来自同一地点但来自不同类型的土壤的微生物群落，尽管彼此之间存在显著差异，但仍然比来自同一类型的土壤、不同地点的微生物群落更为相似。以色列的研究显示，在25～1 000 m的范围内，两个微生物群落距离越远，它们之间的差异也越大，即使它们来自同一类型的土壤；而在1～260 km范围内时，微生物群落之间的差异与距离和土壤类型均无关，而主要由物理、化学环境决定，如年降雨量、钠和铵离子水平等。基于以上研究，在使用土壤微生物识别地点时，其精确度可达到25 m。但该研究结果的适用性尚有待在不同地区进行检验。

另有一项对细菌、古生菌和真菌的研究发现，在0.01～500 m的范围内，大部分细菌群落的分布在所有地区都有差异，而α变形菌（Alphaproteobacteria）群落仅在一些地区之间有差异，放线菌群落在所有地区之间无明显差异。在局部地区，古生菌和真菌群落差异性并没有随着地理距离的增加而增加。细菌群落的地区差异还体现在季节性上，夏季与地理距离相关的差异不明显，而冬季这种差异随着地理距离的增加而显著增加。同时该研究还显示，微生物群落结构以及微生物丰度均与降水量和土壤特征（质地、有机质和含水量）显著相关，且总体而言，土壤中的微生物的生物地理学特征更多地取决于特定的环境因素，而不是地理距离和空间分布模式。

β多样性是指一定取样单位内的物种多样性，使用这个参数可以在一定程度上反映不同地区微生物群落结构的差异，土壤纬度效应和环境因素是影响微生物β多样性的两个主要因素。

　　土壤微生物β多样性在总体上符合随纬度升高而下降这一最普遍的生物地理学规律，但是在具体环境中有更为复杂的表现。例如，海洋细菌的分布区宽度随着纬度增高而增大，符合拉波波特法则（Rapoport's rule），即热带细菌具有较窄的纬度范围，温带细菌具有较广的纬度范围，呈现出与温度相关的分布模式。陆地微生物的多样性受到微生物区域多样性的影响，以链霉菌为例，其多样性随距离而变化，较高纬度的链霉菌具有较低的系统发育多样性、较高的系统发育聚集性，以及较广的纬度范围等特征。同一纬度不同地貌其生物多样性也不同，典型的如沙漠地区的微生物多样性较低。

　　环境因素中，pH是一个重要的微生物多样性预测指标。2006年的一项研究通过对南美洲、北美洲98份土壤样本的细菌群落进行检测，发现土壤细菌群落的多样性和丰度因生态系统类型而异，且这些差异在很大程度上可以用土壤pH来解释。细菌的多样性在中性土壤中最高，在酸性土壤中较低，例如来自亚马逊的土壤酸性最强，其细菌多样性是最低的。对我国东北地区盐碱地的研究显示，细菌多样性在纬度梯度上存在显著差异，土壤因子占细菌群落组成总变异的58.58%。在所有样本中，变形杆菌、放线菌、双歧杆菌、氯仿杆菌和拟杆菌较多。放线菌和双歧杆菌在高盐度土壤中显著富集，而酸性细菌和变形杆菌在高pH下受到抑制。土壤的高pH降低了细菌物种的丰度和多样性。以上研究显示，土壤pH不单影响OTU多样性、丰度，也影响了菌群的组成和部分细菌的相对丰度。虽然pH以及与其相关的变量可能会影响菌群结构，但pH不一定是细菌多样性的第一驱动因素，其作用可能主要是土壤含水量及土壤中阳离子浓度差异产生的。

　　影响土壤微生物β多样性的其他环境因素还包括温度，氮、碳的含量等。根据生态学的代谢理论，环境温度的变化比pH的变化能够更好地预测土壤细菌、真菌和固氮剂的分类和系统发育多样性。对全球20项研究中的325个土壤微生物群落进行的Meta分析显示，微生物群落多样性或丰度与土壤参数（环境温度、土壤表面的土壤容重、土壤表面有机碳含量和土壤表面的pH）之间缺乏明确的关系，在给定温度梯度和pH时，细菌和真菌的分类群表现出了多种模式（线性增加、线性减少、驼峰模式等），显示这些粗略测量的环境因素均不能很好地解释土壤微生物群落的结构与分布模式。结合气候、历史背景等因素的影响，土壤微生物群落多样性研究还需要更全面和深入地探讨，这也是土壤微生物证据作为法医学证据提交时必须说明的问题，也是土壤微生物用于法医学的难点。

(二)利用土壤微生物进行地点鉴识的技术

在高通量测序出现之前,已有诸多方法应用于土壤微生物检测,如扩增核糖体DNA限制性分析(amplified ribosomal DNA restriction analysis,ARDRA)、末端限制性片段长度多态性技术、核糖体基因间隔区分析、DGGE、长度异质性PCR、微阵列芯片等。16S rDNA是最常用的标记,贝叶斯、随机森林等机器学习的方法均能够分析土壤类型之间指纹或序列数据的可重复性差异。这些检测技术的发展均提示,土壤微生物在法医学中的应用已初步具备了可行性。

在标记物选择方面,通过比较细菌16S rDNA、真核生物18S rDNA、植物trnL内含子和真菌内部转录间隔区1(ITS1)rDNA发现,真菌可以提供最大的位置分辨能力,因此Young等人认为非细菌标记最有希望被用于法医土壤鉴别。

使用目前的技术采取10 g土壤样本DNA进行高通量测序即能够获得较好的土壤细菌、真菌群落的多样性数据,并且能够捕获稀有类群,同时减少复制变异。但由于在法医学应用中,这些样本可能是血迹上的泥土痕迹,也可能是鞋底的土块,或是车辆上的泥垢,依赖现有的技术,可能会出现部分样本中微生物基因组总量不足以支持获得全面的微生物群组数据的情况,有研究建议通过添加BSA的方法提高DNA提取效率。

通常1 g土壤可能含有1×10^{10}个微生物,用于微生物分析的土壤取样重量一般在一百毫克到数百克之间,体积一般在一立方厘米到数百立方厘米之间。研究显示,在土壤样本的采集中,0.25 g土壤样本即可以覆盖优势细菌种群,但不足以覆盖真菌种群,检测真菌至少需要1 g土壤样本。样本量能够显著影响所检测的细菌和真菌群落的结构、OTU、丰度、均匀度和多样性,使用强力土壤DNA提取试剂盒在0.25 g土壤中提取DNA,可以获取的DNA量在(7.9 ± 1.8) ng/mg(湿地土壤)至(4.5 ± 2.7) ng/mg(海岸土壤)。可以看出,不同土壤类型使用同样重量样本时获得的基因组总量也是不一样的,其基因组总量差异至少接近2倍。因此,在法医学应用时,除了考虑到采样量以外,也必须考虑到不同的土壤环境对微生物基因组的影响。

(三)利用土壤微生物进行地点鉴识的困难和挑战

区分或匹配土壤是法医土壤微生物检验的目的。2008年,Sensabaugh等人在*Criminal and Environmental Soil Forensics*一书中展望了微生物技术应用于土壤法医分析所需满足的标准:①使用的技术能够区分不同地区来源的样品;②分析方法可靠、分辨力强;③数据统计方法能够客观地评估样本之间的相似性和差异性。

目前开展的大量研究显示土壤微生物具有法医学应用潜力，但依然存在着一些局限。首先是混合样本的问题。许多案件中往往包含不同地区的土壤，遗憾的是目前的技术尚无法对混合来源的土壤样本进行溯源。其次是样本比对具有时间的限制。同一采样地点的微生物群落可能会随着时间推移发生波动，或因气候原因发生较大改变，使得无法进行样本比较，因此，土壤微生物检测具有一定的时间窗口。但是随着研究的逐渐深入，我们相信土壤微生物将会逐渐突破应用瓶颈，成为法庭科学新的应用领域。

二、利用灰尘微生物进行地点鉴识

灰尘无处不在，它们飘浮在空气中，黏附在物体上；它们成分复杂，既含有土壤、矿物质等无机成分，也含有细菌、真菌、孢子、虫卵等生物体。分析灰尘的来源以及成分，可以很好地协助法医对犯罪相关地点进行调查。

灰尘在司法鉴定中应用已久。犯罪心理画像的奠基人，奥地利著名刑事学家汉斯·古斯塔夫·阿道夫·格罗斯（Hans Gustav Adolf Gross，1847—1915年）在1893年出版的著作 *Criminal Investigations, a Practical Textbook* 中即描述了灰尘证据的应用。1930年，埃德蒙·洛卡尔，著名"罗卡定律"（the Locard exchange principle, or the Locard's theory）的提出者，在其著作 *The analysis of dust traces* 的一章中详细介绍了灰尘的收集和检验方法。灰尘证据常常能够指示在特定环境中的暴露史，将人或物体与特定位置相匹配，因此在识别犯罪相关地理位置方面具有其独特优势。

使用现代刑事技术对灰尘证据进行检验已经历时一个多世纪，但是灰尘微生物的检验是近年才兴起的方向。鉴于灰尘中包含除微生物以外的多种生物，采用核酸分析的方式可以同时获取除微生物以外的其他有用信息。

（一）利用灰尘微生物进行地点鉴识

无机物与生物颗粒共同组成灰尘。显而易见，通过无机物探索法医地理来源可行性并不高，因此，生物颗粒中的微生物，尤其是细菌、真菌成为法医灰尘最主要的研究对象。微生物在大气中无处不在，在近地表大气中，细菌的密度是陆地细菌密度的成千上万倍。人们在呼吸的过程中，会吸入成千上万的微生物细胞，灰尘微生物对公共卫生以及呼吸系统疾病等方面的影响已经得到了充分的认知。但灰尘微生物在法医学中的应用还处于起步阶段，这主要是由于灰尘微生物能够远距离进行传播，导致了应用中的不确定性；同时由于目前研究水平所限，人们对这些空气传播群落在不同地理区域之间的差异了解有限，无法在较大的时空范围内描述这些微生物群落的构成。随着技术水平的提高与理论基础的夯实，近年来人们对灰尘微生物在法医调查中的应用有了逐渐深入的认知。

1. 灰尘微生物分布呈现出非随机的地理格局

在一个相当大的范围内，不同地区的灰尘微生物群落组成差异很大，但是，在拥有相似地理格局的地方，灰尘微生物可能会有相似的空气微生物群落，如美国沿海地区就显示出了相似的微生物结构。灰尘微生物同时显示出了城市和农村的差异。与农村地区相比，城市微生物群落与距离相关的差异较小，具有同质化倾向。每份灰尘样品平均含有4 700种细菌、1 200种真菌，α变形菌纲根瘤菌目的变形杆菌、煤炱目（Capnodiales）和格孢腔菌目（Pleosporales）的子囊菌是美国大气微生物中最常见的种类，但是还有88%和94%的细菌和真菌种类仅在10%的样品中检测到，这也就是说，大气中的细菌与真菌分布并不是均匀的。这为法医地理位置推断提供了可行性。

2. 人的活动影响室内空间微生物群落的特征

每个人都有一个独特的微生物"指纹"，高达数百万个微生物细胞伴随着表皮细胞脱落、呼吸和皮肤表面接触分布到室内的各个角落。研究显示，不同家庭的微生物群落差异很大，人类手、鼻和脚部的微生物群落与家庭表面的微生物群落相似。每个家庭的微生物群落都可以通过家庭识别，即使是新搬迁的房屋，也很快表现出该家庭的微生物群落特征。在不同类型的活动场所，微生物的表现也不同，部分场所有其特征性的高度富集的菌群，如假单胞菌在日托机构中高度富集，分枝杆菌在淋雨设施上高度富集。医院是微生物群落研究重点关注的室内场所。对病房的研究显示，起初患者可以获得病房的细菌群落，但随着患者入住时间的延长，患者的微生物特征也会影响病房的微生物群落结构。居住人口数量也会对家庭灰尘微生物特征产生影响，研究显示人数超过3人的家庭细菌丰度更高。此外，同一家庭不同家具附近的灰尘微生物也有一定差异，如床尘样品的真菌微生物群组成主要由子囊菌门和担子菌门真菌组成，细菌微生物群主要以与人类来源相关的葡萄球菌、链球菌和棒杆菌等革兰氏阳性细菌为主。

综上所述，灰尘中的微生物具有地点识别的潜力，其中，相比室外微生物，室内灰尘微生物能够将具体的人、家庭与行为活动联系起来，并且有较强的指向性，在证据力度方面可能具有更高的可靠性。

（二）利用灰尘中的真菌孢子进行地点鉴识

灰尘中的生物颗粒有多种成分，真菌孢子是其中主要的信息来源之一。几十年来，真菌孢子证据一直用于刑事调查，并被司法系统认定为可接受的证据。在许多案件中，通过比对嫌疑人和相关物证中的真菌孢子，能够将嫌疑人与犯罪现场联系起来，提供关键证据。

在以往的法医学应用中，主要依赖形态学对真菌孢子进行溯源，复杂的样本制备流程及庞杂的分类鉴别系统限制了其在法医学中的广泛应用。同时，鉴于形态学证据往往受鉴定人的主观认知的影响，在对证据进行质证时，往往面临着较多的质疑。目前，利用沉降粉尘中的环境DNA宏条形码技术，可以无须分离灰尘中的生物样本，直接对采集到的灰尘样品进行测序。获得的条形码可以直接用于识别物种，并对样本来源进行地理溯源。同时，测序能够比显微观察发现更多物种。虽然采用环境DNA宏条形码技术能够获得更为客观的结果，但其数据准确度受到技术方面的影响，因此在法医中的应用必须注意其标准化问题。

（三）利用灰尘微生物进行地点鉴识的困难和展望

在法医学的大部分历史中，灰尘都是通过显微镜进行形态学鉴定的。随着测序技术的进步，尤其是宏条形码技术，能够通过协助推断灰尘样品中存在哪些类群，进而推断地理区域的生物多样性以及估计样本来源，甚至可能用于个体识别。目前，法医灰尘微生物的研究主要集中于解决以下两个问题：①将人或物体与特定区域或栖息地（地理位置和/或样品来源）联系起来；②根据"微生物指纹"识别接触过特定物体的个人。虽然使用测序方法来鉴定灰尘中的细菌、真菌具有良好的法医学应用前景，但是为了降低应用中的错误率，还需要对实验的各个环节进行精确设计。虽然细菌在很多情况下有助于识别地理来源，但是真菌在灰尘中的地理分布更窄，且随着气候的变化更容易预测，因此，真菌可能是更有效的地理推测工具。

虽然灰尘DNA证据比形态学证据更加客观，但是必须注意到，使用高通量测序技术得到的数据可能受到所选择分子标记的影响，目前的许多测序方法依赖于参考数据库，灰尘DNA高通量测序数据的可靠性也受到这些参考数据库的影响，因此，规范并验证相关方法是在灰尘DNA证据成为法庭证据之前必须要实施的步骤。然而，由于灰尘微生物受到时间和环境影响极大，其在法庭中的应用还需要继续研究，以增加此类证据的可靠性、可采性。

三、城市与交通微生物特征与地点鉴识

城市微生物组是城市不同环境介质中多种土著微生物和瞬态微生物的集合，这些微生物栖息在城市生态系统中的自然环境和建成环境中，包括大气、绿化植物、土壤、水体、建筑物表面、室内环境、人体以及城市基建环境（如医院、污水处理

厂、下水管道、道路和地铁系统等）等。交通微生物组是指在公共交通系统中，尤其是地铁、公交车等交通工具内部环境中存在的微生物群落。这些微生物包括细菌、病毒、真菌等，它们可以通过接触客舱表面或呼吸气溶胶传播。交通微生物组的研究涉及微生物群落的组成、分布特征、影响因素以及对人类健康的潜在影响。目前，全球超过一半的人口生活在城市当中，根据2021年国民经济和社会发展统计公报，我国的城镇化率也已达到64.72%。城市及交通相关的微生物生态系统与人相互作用，是影响公共健康的重要元素，也是司法证据的潜在提供者。

城市与交通微生物群落生物地理特征与其他动植物的生物地理特征既有其相似性，也有其特殊性。两者共有的特征包括：物种多样性随纬度增高而逐渐降低，随着陆地海拔的增高而逐渐降低，随着水体深度的增加而逐渐降低。城市与交通微生物群落生物地理特征的特殊性表现为：相较于其他动植物，城市与交通微生物群落受人类活动影响较大，常常与人口密度、社会活动、地表物质等相关。

近年来，基于全球疫情的发生及微生物检测分析技术的进步，城市与交通微生物潜在的公共卫生及法医学应用价值逐渐被人们发现。研究表明，不同城市和交通工具通常有着不同的微生物分布特征，使得应用城市和交通微生物进行法医地理位置推断具有了可行性。但是由于微生物容易与其他来源微生物发生混合，且常随着气候、城市建设等发生变化，也为城市和交通微生物在法医学中的应用增加了难度。

（一）国际主要城市与交通微生物群落的特征

城市环境中存在着大量微生物，但城市微生物宏基因组研究是近年才兴起的热点。2015年7月，微生物学家第一次用宏基因组学对城市进行了整体研究。该项研究对纽约市地铁系统、戈瓦努斯运河和公园表面的DNA进行了测序，发现48%的DNA与任何已知的生物体都不匹配，而已鉴定的生物包含了1 688个细菌、病毒、古细菌和真核生物分类群。这些DNA不但可以协助进行城市人口族源推断，还可进行历史事件推断（飓风淹没车站中的海洋相关细菌），显示出了城市微生物群落研究在法医学应用中的巨大潜力。

国际MetaSUB（the Metagenomics and Metadesign of Subways and Urban Biomes）联盟即地铁和城市微生物群落的元基因组学和元设计国际联盟，成立于2015年，是一个由临床医生、科学家、生物信息学家、工程师和设计师组成的跨学科团队及全球联盟，该联盟通过研究公共交通系统、建筑环境和医院来完善城市微生物群落的知识。2021年6月，国际MetaSUB联盟报告了迄今为止规模最大的全球城市微生物宏基因组学研究结果。来自美国康奈尔医学研究院的研究人员从全球60个城市采集了城市公共交通系统和医院共4 728个样本并对其进行宏基因组测序分析,绘制了全球的城市微生物图谱,并发现了城市微生物的分布特征。该项目鉴定了10 928种病毒、1 302种细菌、2种古细菌和838 532个CRISPR阵列,其中,31种微生物(30种细菌和1种真菌)在97%的样本中均有发现,被称为城市核心微生物群。城市核心微生物群能在大部分样本中检出,但是其在不同地区的相对丰度也是不同的。该研究还发现,不同城市核心微生物群的抗生素耐药性基因的类型和密度差异很大。这些结果构成了一个高分辨率的全球宏基因组图谱,在法医学地理位置推断方面有很大的应用价值。

在该研究中,虽然微生物耐药性基因数量的分布在不同洲际间显示出了巨大的差距,在不同城市之间也有不同的表现,但通过微生物耐药性基因数据,使用随机森林的方法预测城市来源的准确率为37.6%,所以微生物耐药性基因在法医地理推断中的应用可能并不如分类学数据可靠。耐药性基因地域间较大的流动性和变异性,兼之丰度低可能是它们并不具有较高城市特异性的原因。此外,核心微生物群不包含病毒,这提示大多数病毒并不在全球广泛分布,而是聚集在一个地点或附近,且部分病毒极易受到物理、化学及气候等各种因素的影响,很难形成稳定的全球分布。

除核心微生物群外,城市和交通样本中其他微生物也表现出了地域差异。从分类学上来说,综合考虑所有微生物,以门为单位,中东和大洋洲的厚壁菌门细菌所占比例高于其他地区,而拟杆菌在大洋洲的分布又明显高于中东,这提示通过使用恰当的分析方式,城市和交通微生物完全可以在洲际水平上进行地理来源追溯。而使用随机森林的方法,通过微生物分类学数据,对样本的城市来源预测准确率可以达到88%。地方性指数(endemicity score,ES)可通过识别某一微生物分类单元而推断特定城市。ES通过计算词频-逆向文档频率(term frequency-inverse document frequency,TF-IDF)表征分类单元分布特征,其中"文档"指代来自城市或地区等分组的样本集合。高ES物种可能反映城市独特的环境选择压力(如污染、气候)或与宿主关联性,而低ES物种往往指代核心微生物组。诸如里斯本、香港等蕴含大量本土特有微生物分类单元的城市,其ES值通常显著偏高。需要特别说明的是,该指数须与其他生物地理指标联合使用,不宜作为独立评价标准。

Ryan等人基于311个城市微生物组(MetaSUB)样本的初始数据集,使用机器学习技术构建的随机森林分类器能够将83.3%的未知样本正确分类到其所在地城市。随机森林分析还确定了空肠弯曲杆菌和金黄色葡萄球菌等细菌物种具有最高鉴别能力,将其列为能高度预测起源城市的物种。这项研究表明,使用公共数据库中每个序列的分类种群和人工智能分析方法,或可为世界各地的城市和城市地区创建独特的微生物指纹。

（二）我国城市与交通微生物群落的特征

我国城市与交通微生物的研究最初主要集中于环境和公共卫生领域，全国主要城市均有对城市与交通微生物的监测报道，但其在法医学应用方面的研究尚处于起步阶段。这些报道表明，不同城市与不同交通工具的微生物分布存在着差异，为我们通过分析群落特征推断地理位置提供了依据。

李丽在2012年描述了上海地铁的微生物状况。地下车站站台区和高架站台区的细菌和真菌总数分别显著高于站厅区，且在中午时段显著低于早高峰与高峰时段。地面站台和高架站台的细菌总数在7月份最高，真菌总数在1月份最低；不同地铁线路之间的细菌总数与真菌总数未见明显差异。

李新等人在2016年通过采集长春市公共交通工具空气环境、车体物品表面的微生物样本，发现长途客运的车内空气细菌污染程度高于公交车与出租车，而且这3类车的车内空气细菌总数随着乘客出行人数、季节、时间有显著性差异：夏秋季车内细菌总数少于冬春季，在人口密度低的区域细菌总数较低。

余韵等人在2020年采集了广州地铁车厢拉手、座椅及扶梯扶手表面的微生物样本，并对样本的16S rDNA测序及纯培养结果进行分析。结果显示，不同地铁线路间微生物群落的聚集特征呈现出明显的差异，而且这种现象不会随着采样地点为室内或室外环境而改变。相比其他线路，人流量最高的地铁3号线具有更高比例的院内感染细菌，而来自环境的细菌比例降低。这与上海各条地铁线路间微生物无明显差异的研究结果不一致，但是考虑到该研究使用了不同的技术与统计方式，因此地铁线路间微生物是否具有差异还需要继续研究。此外，对我国某特大城市轨道交通环境微生物的研究显示，不同车站之间的环境微生物水平有明显差异，且其菌落总数分布特征受到外部环境、运行时间、人流量等因素的影响。

（三）根据城市微生物群落识别特定地点所面临的问题

若要将微生物检验结果作为证据，就必须确定其科学性、错误率、认可度及可复查性。目前，使用城市微生物群落进行法医生物地理推断尚面临着诸多困难，例如，虽然每个城市都有自己的"微生物指纹"，但由于这些微生物时刻处在变化当中，因此需要法庭科学家特别关注导致这些变量的因素，以获得更加科学准确的结论。

第一，需要考虑的是气候与地理因素对检测结果的影响。研究显示气候和地理差异是不同城市显示不同微生物分布特征的主要影响因素。对于城市与交通微生物来说，不同季节的气候差异即可使微生物群落表现出不同的分布模式。城市设施的材料、交通工具的种类也都是微生物分布模式的重要影响因素，对于沿海城市来说，还要考虑潮汐等的影响。

第二，需要考虑到样本相似性存在"邻域效应"（neighborhood effect），虽然这种效应比较小。邻域（neighborhood）是指生物个体相互之间能够造成显著影响的局域性空间，是个体生存竞争或种群消长动态的最直接尺度。邻域效应主要体现在已建成个体在一定距离内会降低其他个体出现或者长期存活的概率，这个距离即具有排他性的"最小隔离距离"。邻域效应在同种内比异种间更为明显。

第三，需要考虑人类及其他生物活动造成的影响。研究显示，地理位置不同的列车线和服务于不同人口的车站其表面微生物都是人和环境共生微生物的集合群，且富集程度与人类在环境中暴露的部位有关，主要是皮肤和口腔微生物。同时检测城市微生物群、土壤微生物群、人体皮肤微生物群，结果显示城市微生物群与土壤微生物群之间的差异大于城市微生物群与人体皮肤微生物群之间的差异。这也证明了人类活动对城市微生物群结构模式的巨大影响。

第四，采样误差。与护柱、窗户和地板等相比，从门把手、按钮、栏杆和触摸屏等与人体皮肤高频接触的表面采集的微生物样本更类似于人体皮肤微生物组。这也提示着在使用城市和交通微生物群落进行地理来源推断时，相较于人体和动植物样本的采集，微生物样本需要更复杂、更全面、更精确的采样，以免由于采样误差而误导案件侦查方向，或提供效力不足的证据。

第五，时间因素。在未发生大环境变化或生态变迁的情况下，城市微生物群落特征在短期内的波动相对有限。尽管同一城市的微生物群落结构在1年内的变异幅度显著小于不同城市间微生物群落结构之间的差异，但随着时间跨度的延长（如5年或更长时间），这种累积性变化可能逐渐演变为影响城市微生物特征的关键因素之一。

第六，微生物数量庞大，能够检测并识别的微生物可能因测序深度、分析方法等的不同，影响其在法医地理位置推断方面的应用。

（四）利用城市微生物进行地点鉴识的展望

在目前的文献当中，尚未发现城市微生物群在案件当中应用的报道，但是，随着测序技术的发展以及分析方法的进步，通过检验未知样本的微生物来定位其来源的城市具有了可行性。在应用中，鉴于城市交通微生物本身的不确定性以及检测技术方法方面的不统一性，将城市交通微生物群落证据应用于法庭还有许多问题有待解决，如标准化问题、混合物问题等。同时，由于城市交通微生物在环境监测、公共卫生等方面也有极高的应用价值，有望在法医学与其他学科的交叉领域为法医地理位置推断带来更多的思路。

（李双琳　陈晓晖　朱波峰）

参考文献

[1] 安婧，丁子明，高程程，等.畜禽粪便污染的环境风险与资源化处理技术分析［J］.环境科学，2023，44（8）：4764-4774.

[2] 边凤兰.食品微生物污染基本知识［J］.黑龙江科技信息，2007（12）：21.

[3] 陈锷，万东，褚可成，等.空气微生物污染的监测及研究进展［J］.中国环境监测，2014，30（4）：171-178.

[4] 陈力，卢嘉明，曾玉梅，等.2017年广州市越秀区网络外卖餐饮食品微生物污染状况分析［J］.中国食品卫生杂志，2018，30（5）：514-518.

[5] 陈亚楠，王亚炜，魏源送，等.不同功能地表水体中病原微生物指示物的标准比较［J］.环境科学学报，2015，35（2）：337-351.

[6] 陈志强.超市速冻食品微生物污染状况分析［J］.中国食品工业，2022（22）：28-29.

[7] 邓怡，段梦婕，郭建国，等.基于呼吸系统健康效应的室内空气微生物研究现状与展望［J］.科学通报，2023，68（6）：656-670.

[8] 国家环境保护总局，国家质量监督检验检疫总局.地表水环境质量标准：GB 3838—2002［S/OL］.［2024-05-06］.https://www.mee.gov.cn/ywgz/fgbz/bz/bzwb/shjbh/shjzlbz/200206/t20020601_66497.shtml.

[9] 国家市场监督管理总局，国家标准化管理委员会.生活饮用水卫生标准：GB 5749—2022［S/OL］.［2024-05-06］.https://www.ndcpa.gov.cn/jbkzzx/c100201/common/content/content_1665979083259711488.html.

[10] 国家市场监督管理总局，国家标准化管理委员会.室内空气质量标准：GB 18883—2022［S/OL］.［2024-05-06］.https://dghb.dg.gov.cn/zsjg/dzsjbyfkzzx/zxgk/jsfw/zlgl/content/post_4004017.html.

[11] 国家统计局.中华人民共和国2021年国民经济和社会发展统计公报［EB/OL］.（2022-02-28）［2022-12-30］.http：//www.stats.gov.cn/tjsj/zxfb/202202/t20220227_1827960.html.

[12] 郭洪玲，王萍，朱军，等.法庭地质学与泥土物证检验［J］.刑事技术，2019，44（1）：53-59.

[13] 何淑华，黄燕琼，幺晓燕，等.2013—2015年白云机场航空食品微生物污染情况调查［J］.实用预防医学，2017，24（7）：772-775.

[14] 环境保护部，国家质量监督检验检疫总局.环境空气质量标准：GB 3095—2012［S/OL］.［2024-05-06］.https://www.mee.gov.cn/ywgz/fgbz/bz/

bzwb/shjbh/shjzlbz/200206/t20020601_66497.shtml.

［15］李广荣，柳武英，侯会珍.宝鸡铁路地区散装自制食品微生物污染状况调查［J］.现代预防医学，2014，41（4）：748-750.

［16］李丽.上海市轨道交通系统空气质量调查及其影响因素研究［D］.上海：复旦大学，2011.

［17］李新，田小海，王瑞，等.公共交通工具生物安全水平监测与分析［J］.中国卫生工程学，2016（3）：4.

［18］刘建福，陈敬雄，辜时有.城市黑臭水体空气微生物污染及健康风险［J］.环境科学，2016，37（4）：1264-1271.

［19］史玲，王玉营，董淑琴.市内公共交通车内微生物监测调查报告［J］.社区医学杂志，2003（6）：29-30.

［20］司法部，生态环境部.环境损害司法鉴定执业分类规定［EB/OL］.（2019-05-06）［2024-11-25］.https://www.gov.cn/gongbao/content/2019/content_5428467.htm.

［21］田旭朝，翟美珠.城市绿化带对空气微生物污染的屏障作用［J］.江苏农业科学，2018，46（15）：248-253.

［22］王刚，李芳菲.1988年上海成功应对甲肝疫情的措施与经验［J］.上海党史与党建，2020（4）：34-39.

［23］王纪川，任国峰，侯震，等.预制菜企业微生物污染状况及影响因素分析［J］.中国食品卫生杂志，2020，32（6）：664-669.

［24］吴文杰，毛冠男，齐静，等.拉萨市不同季节空气微生物浓度及影响因素分析［J］.微生物学通报，2023，50（3）：954-968.

［25］徐桂芹，王涛.中国大学校园空气质量典型参数分析［J］.中国学校卫生，2022，43（3）：455-458.

［26］许敏敏，时玉，刘洋，等.土壤微生物在法庭科学领域中的应用研究进展［J］.微生物学通报，2021，48（10）：3823-3834.

［27］许又分，李宗，刘如铟，等.水环境微生物溯源技术的研究和应用进展［J］.生物技术通报，2019，35（9）：35-44.

［28］余韵，郑钟黛西，盛华芳，等.广州地铁环境微生物组分布规律及其潜在影响因素分析［J］.现代医院，2020，20（1）：103-106.

［29］张国玉.食品微生物污染途径［J］.民营科技，2009（6）：21.

［30］张秋佳.新公共管理理论对赤峰市政府治理的启示和借鉴［D］.北京：中央民族大学，2010.

[31] 张霞, 侯雪波, 高剑晖, 等. 某特大城市轨道交通环境微生物污染调查[J]. 环境与健康杂志, 2020, 37(2): 139-142.

[32] 张志诚, 冯锦姝, 周国宏, 等. 地铁站公共区室内空气微生物污染状况评价[J]. 中国公共卫生管理, 2010, 26(3): 328-329.

[33] 郑前兴, 张杨, 于晓巍, 等. 微生物污染源解析技术研究进展[J]. 中国环境科学, 2021, 41(7): 3333-3342.

[34] 中华人民共和国国家卫生和计划生育委员会, 国家食品药品监督管理总局. 食品安全国家标准 食品微生物学检验 总则: GB 4789.1—2016[S/OL]. [2024-05-06].https://www.gdifi.org.cn/spbz/469.jhtml.

[35] 中华人民共和国国家卫生健康委员会, 国家市场监督管理总局. 食品安全国家标准 散装即食食品中致病菌限量: GB 31607—2021[S/OL]. [2024-05-06].extension://ngbkcglbmlglgldjfcnhaijeecaccgfi/http://www.nhc.gov.cn/ewebeditor/uploadfile/2014/01/20140110084705736.pdf.

[36] 中华人民共和国住房和城乡建设部. 2021年城乡建设统计年鉴[EB/OL]. (2022-10-12)[2022-12-30]. https://www.mohurd.gov.cn/gongkai/fdzdgknr/sjfb/index.html.

[37] AFSHINNEKOO E, MEYDAN C, CHOWDHURY S, et al. Geospatial resolution of human and bacterial diversity with city-scale metagenomics[J]. Cell systems, 2015, 1(1): 72-87.

[38] ALLWOOD J S, FIERER N, DUNN R R. The future of environmental DNA in forensic science[J]. Applied and environmental microbiology, 2020, 86(2), e01504-19.

[39] ANDAM C P, DOROGHAZI J R, CAMPBELL A N, et al. A latitudinal diversity gradient in terrestrial bacteria of the genus Streptomyces[J]. mBio, 2016, 7(2): e02200-15.

[40] BAHRAM M, HILDEBRAND F, FORSLUND S K, et al. Structure and function of the global topsoil microbiome[J]. Nature, 2018, 560: 233-237.

[41] BARBERÁN A, LADAU J, LEFF J W, et al. Continental-scale distributions of dust-associated bacteria and fungi[J]. Proceedings of the National Academy of Science of the United State of America, 2015, 112(18): 5756-5761.

[42] BELL K L, BURGESS K S, OKAMOTO K C, et al. Review and future prospects for DNA barcoding methods in forensic palynology[J]. Forensic science international: genetics, 2016, 21: 110-116.

[43] BICKEL S, OR D. Soil bacterial diversity mediated by microscale aqueous-phase processes across biomes [J]. Nature communications, 2020, 11 (1): 116.

[44] BRYANT V M, JONES G D. Forensic palynology: current status of a rarely used technique in the United States of America [J]. Forensic science international, 2006, 163 (3): 183-197.

[45] BUDOWLE B, CONNELL N D, BIELECKA-ODER A, et al. Validation of high throughput sequencing and microbial forensics applications [J]. Investigative genetics, 2014, 5: 9.

[46] BURROWS S M, ELBERT W, LAWRENCE M G, et al. Bacteria in the global atmosphere-Part 1: review and synthesis of literature data for different ecosystems [J]. Atmospheric chemistry and physics, 2009, 9 (23): 9263-9280.

[47] CONCHERI G, BERTOLDI D, POLONE E, et al. Chemical elemental distribution and soil DNA fingerprints provide the critical evidence in murder case investigation [J]. PLoS One, 2011, 6 (6): e20222.

[48] DANKO D, BEZDAN D, AFSHIN E E, et al. A global metagenomic map of urban microbiomes and antimicrobial resistance [J]. Cell, 2021, 184 (13): 3376-3393. e17.

[49] DAWSON P, HAN I, COX M, et al. Residence time and food contact time effects on transfer of *Salmonella typhimurium* from tile, wood and carpet: testing the five-second rule [J]. Journal of applied microbiology, 2007, 102 (4): 945-953.

[50] FEAZEL L M, BAUMGARTNER L K, PETERSON K L, et al. Opportunistic pathogens enriched in showerhead biofilms [J]. Proceedings of the National Academy of Science of the United States of America, 2009, 106: 16393-16399.

[51] FIERER N, JACKSON R B. The diversity and biogeography of soil bacterial communities [J]. Proceedings of the National Academy of Science of the United States of America, 2006, 103 (3): 626-631.

[52] FINLAY B J. Global dispersal of free-living microbial eukaryote species [J]. Science, 2002, 296: 1061-1063.

[53] GREEN J L, HOLMES A J, WESTOBY M, et al. Spatial scaling of microbial eukaryote diversity [J]. Nature, 2004, 432: 747-750.

[54] GRICE E A, SEGRE J A. The skin microbiome [J]. Nature reviews microbiology, 2011; 9: 244-253.

[55] GUO H, YAO Y, LI Y, et al. A case study in forensic soil comparison [J]. Journal of forensic sciences, 2022, 67 (2): 766-774.

[56] GUPTA S, HJELMSØ M H, LEHTIMÄKI J, et al. Environmental shaping of the bacterial and fungal community in infant bed dust and correlations with the airway microbiota [J]. Microbiome, 2020, 8 (1): 115.

[57] HABTOM H, PASTERNAK Z, MATAN O, et al. Applying microbial biogeography in soil forensics [J]. Forensic science international: genetics, 2019, 38: 195-203.

[58] HAWKSWORTH D L, WILTSHIRE P E J. Forensic mycology: current perspectives [J]. Research and reports on forensic medical science, 2015, 5: 75.

[59] HENDERSHOT J N, READ Q D, HENNING J A, et al. Consistently inconsistent drivers of microbial diversity and abundance at macroecological scales [J]. Ecology, 2017, 98 (7): 1757-1763.

[60] HEWITT K M, GERBA C P, MAXWELL S L, et al. Office space bacterial abundance and diversity in three metropolitan areas [J]. PLoS One, 2012, 7 (5): e37849.9

[61] HIRASHIMA H, HISAZUMI R, MASON M, et al. Development of an effective method of human DNA extraction from soil as forensic evidence [J]. Forensic science international, 2022, 335: 111284.

[62] HSU T, JOICE R, VALLARINO J, Urban transit system microbial communities differ by surface type and interaction with humans and the environment [J]. mSystems, 2016, 1 (3): e00018-16.

[63] KANG K, NI Y, LI J, et al. The environmental exposures and inner-and intercity traffic flows of the metro system may contribute to the skin microbiome and resistome [J]. Cell reports, 2018, 24 (5), 1190-1202. e5.

[64] KRAAIJEVELD K, DE WEGER L A, VENTAYOL GARCÍA M, et al. Efficient and sensitive identification and quantification of airborne pollen using next-generation DNA sequencing [J]. Melecular ecology resources, 2015, 15 (1): 8-16.

[65] LAX S, SANGWAN N, SMITH D, et al. Bacterial colonization and succession in a newly opened hospital [J]. Science translational medicine, 2017, 9 (391): eaah6500.

[66] LAX S, SMITH D P, HAMPTON-MARCELL J, et al. Longitudinal analysis of microbial interaction between humans and the indoor environment [J]. Science, 2014, 345: 1048-1052.

[67] LEE L, TIN S, KELLEY S T. Culture-independent analysis of bacterial diversity in a child-care facility [J]. BMC microbiology, 2007, 7: 27.

[68] LENNARTZ C, KURUCAR J, COPPOLA S, et al. Geographic source estimation using airborne plant environmental DNA in dust [J]. Scientific reports, 2021, 11 (1): 16238.

[69] LENNARTZ C, KURUCAR J, COPPOLA S, et al. Geographic source estimation using airborne plant environmental DNA in dust [J]. Scientific reports, 2021, 11 (1): 16238.

[70] LIANG X, WANG X, ZHANG N, Li, B. Biogeographical patterns and assembly of bacterial communities in saline soils of northeast China [J]. Microorganisms, 2022, 10 (9): 1787.

[71] LOCARD E. The analysis of dust traces [J]. American journal of police science, 1930, 1: 276.

[72] MEADOW J F, ALTRICHTER A E, KEMBEL S W, et al. Indoor airborne bacterial communities are influenced by ventilation, occupancy, and outdoor air source [J]. Indoor air, 2014, 24 (1): 41-48.

[73] MEYER K M, MEMIAGHE H, KORTE L, et al. Why do microbes exhibit weak biogeographic patterns? [J]. The ISME journal, 2018, 12 (6): 1404-1413.

[74] O'HARA N B, REED H J, AFSHINNEKOO E, et al. Metagenomic characterization of ambulances across the USA [J]. Microbiome, 2017, 5: 125.

[75] PASTERNAK Z, AL-ASHHAB A, GATICA J, et al. Spatial and temporal biogeography of soil microbial communities in arid and semiarid regions [J]. PLoS One, 2013, 8 (7): e69705.

[76] PASTERNAK Z, PIETROKOVSKI S, ROTEM O, et al. By their genes ye shall know them: genomic signatures of predatory bacteria [J]. The ISME jonrnal, 2013, 7 (4): 756-769.

[77] PENTON C R, GUPTA V V, YU J et al. Size matters: assessing optimum soil sample size for fungal and bacterial community structure analyses using high

throughput sequencing of rRNA gene amplicons［J］. Frontiers in microbiology, 2016, 7: 824.

[78] RAJU S C, LAGSTRÖM S, ELLONEN P, et al. Gender-specific associations between saliva microbiota and body size［J］. Frontiers in microbiology, 2019, 10: 767.

[79] RANJARD L, LEJON D P H, MOUGEL C, et al. Sampling strategy in molecular microbial ecology: influence of soil sample size on DNA fingerprinting analysis of fungal and bacterial communities［J］. Enviromental microbiology, 2003, 5（1）: 1111-1120.

[80] REESE A T, SAVAGE A, YOUNGSTEADT E, et al. Urban stress is associated with variation in microbial species composition-but not richness-in Manhattan［J］. The ISME journal, 2016, 10（3）: 751-760.

[81] RICHARDSON R T, LIN C-H, SPONSLER D B, et al. 2015. Application of ITS2 metabarcoding to determine the provenance of pollen collected by honey bees in an agroecosystem［J］. Applications in plant science, 2015, 3（1）: 1400066.

[82] SENSABAUGH G F. Microbial community profiling for the characterisation of soil evidence: forensic considerations［M］//RITZ K, DAWSON L, MILLER D. Criminal and environmental soil forensics. Dordrecht: Springer Netherlands, 2009: 49-60.

[83] SHELTON B G, KIRKLAND K H, FLANDERS W D, et al（2002）. Profiles of airborne fungi in buildings and outdoor environments in the United States［J］. Applied and environmental microbiology, 68（4）: 1743-1753.

[84] SUL W J, OLIVER T A, DUCKLOW H W, et al. Marine bacteria exhibit a bipolar distribution［J］. Proceedings of the National Academy of Sciences of the United States of America, 2013, 110（6）: 2342-2347.

[85] TORSVIK V, GOKSØYR J, DAAE F L. High diversity in DNA of soil bacteria［J］. Applied and environmental microbiology, 1990, 56（3）: 782-787.

[86] TRINGE S G, ZHANG T, LIU X, et al. The airborne metagenome in an indoor urban environment［J］. PLoS One, 2008, 3（4）: e1862.

[87] WALSH K A J, HORROCKS M. Palynology: its position in the field of forensic science［J］. Journal of forensic science, 2008, 53（5）: 1053-1060.

[88] WEIKL F, TISCHER C, PROBST A J, et al. Fungal and bacterial communities

in indoor dust follow different environmental determinants [J]. PLoS One, 2016, 11 (4): e0154131.

[89] WILTSHIRE P E J. Mycology in palaeoecology and forensic science [J]. Fungal biology, 2016, 120: 1272-1290.

[90] WOMACK A M, BOHANNAN B J M, GREEN J L. Biodiversity and biogeography of the atmosphere [J]. Philosophical transations of the Royal Society of London. Series B, biological sciences, 2010, 365: 3645-3653.

[91] WOODCOCK S, CURTIS T P, HEAD I M, et al. Taxa-area relationships for microbes: the unsampled and the unseen [J]. Ecology letters, 2006, 9 (7): 805-812.

[92] YOUNG J M, WEYRICH L S, COOPER A. Forensic soil DNA analysis using high-throughput sequencing: a comparison of four molecular markers [J]. Forensic science international: genectics, 2014, 13: 176-184

[93] ZHOU J, DENG Y, SHEN L, et al. Temperature mediates continental-scale diversity of microbes in forest soils [J]. Nature communications, 2016, 7: 12083.

第十三章 生物反恐的微生物鉴识

生物恐怖主义是指利用细菌、病毒、原生动物、真菌等，将其制成各种生物制剂，发动攻击，致使人、动物或农作物大量感染，甚至死亡，造成较大的人员、经济损失或引起社会恐慌、动乱。《中华人民共和国生物安全法》对生物恐怖的定义是：故意使用致病性微生物、生物毒素等实施袭击，损害人类或者动植物健康，引起社会恐慌，企图达到特定政治目的的行为。

人类使用微生物（或其毒素）作为武器可追溯到古罗马和古希腊时期，当时就有使用毒飞镖以及利用尸体污染泉水或水井的记载。微生物具有致病性强、污染面积大、传染途径多、制造成本低的特点，作为具有大规模杀伤能力的生物武器而被运用在战争中，如14世纪的塔塔尔人利用尸体传播鼠疫、第一次世界大战的德军率先研制生物武器并投放使用、第二次世界大战期间日军组建的细菌作战部队（731部队），这些生物武器都给人类带来了恐怖的灾难和不可磨灭的创伤。生物恐怖主义具有实施成本低廉、实施隐蔽且突然、控制困难、扩散迅速、影响深远的特点，因而成为恐怖组织和极端势力的重要工具。即使在没有发生大规模世界大战的和平年代，生物恐怖主义依旧活跃在世界的各个角落。据统计，在1960—1999年的40年间，全世界发生的约415起恐怖事件中，生物恐怖事件就占了121起；1984年以来生物恐怖活动呈急剧上升的趋势，如2001年美国的"炭疽信件事件"、20世纪70年代以后欧美地区发生的多起蓖麻毒素案件等生物恐怖案件，这些触目惊心的生物恐怖主义活动不仅带来了人员伤亡和经济损失，还造成了人民的恐慌，对世界各族人民的生命安全、国际社会的和平稳定带来严重威胁，使世界笼罩在恐怖主义的阴霾之下。

法医微生物学是在传统的法庭科学、流行病学、微生物学和分子生物学等学科基础上发展起来的。本章讨论的生物反恐是传统法医微生物学的重要内容。在应对生物恐怖主义的研究和应用中，法医微生物学的任务是识别生物恐怖犯罪，并以科学的和符合法律程序的方式进行证据的收集、保存和鉴定，确定生物恐怖犯罪的微生物病原体来源和锁定犯罪嫌疑人。

第一节

法医微生物学在生物反恐中的任务

法医微生物学可以通过微生物表型、免疫学、分子生物学和分析化学等各种分析手段检测相近微生物株间的变异，来推测特定微生物来源、亲缘关系或传播途径，追踪生物恐怖活动的实施者，为案件定性、处置、诉讼审判提供科学依据。在生物反恐中，法医微生物学的主要任务是对能够威胁社会和人类安全的微生物及其各种包装载体进行调查取证、识别鉴定、追踪溯源，确定犯罪分子的作案手段、作案过程，以及评估危害等，具体包括以下5个方面。

（一）鉴识微生物病原体的类型

当疑似生物恐怖活动发生时，及时、快速、准确地查明微生物病原体的种类有利于国家及相关职能部门及时启动应急预案，精准部署反制方案，最大限度减少对国家安全、生命安全、生态安全等造成的损失。鉴识需要对微生物病原体进行详细、系统的生物学鉴定，包括分析明确其种类，是否涉及毒素，生物制剂的毒力、传染性等信息。

（二）追踪微生物病原体的来源

除了需要完成对微生物病原体的鉴识，还需要调查微生物病原体的来源。当疑似生物恐怖活动发生或疫情暴发时，分析微生物病原体的生物进化过程，确定其传播来源，明确微生物病原体是否经过基因编辑或化学处理，有利于国家及相关职能部门对微生物病原体的传播源头进行精准封锁，及时有效地控制生物恐怖活动的扩散和最大限度降低其对人民生命健康、经济社会稳定、国家政治安全的负面影响。此外，追踪微生物病原体的来源是判断这起生物恐怖事件是自然发生还是人为制造的关键，对案件的定性、嫌疑人的追踪、事件责任人的认定有着重要的影响，可为后续司法程序的执行提供科学有效的证据。病原体追踪的主要方法包括流行病学调查、利用DNA序列信息进行系统发育分析等。

(三）确定生物犯罪的实施者

应对生物恐怖活动和疫情暴发的重要任务之一就是确定生物恐怖犯罪的实施者，只有查明生物恐怖活动的实施者并对其依照法律进行处理，才能有效打击这一类犯罪事件，维护社会的稳定和群众的生命财产安全。

（四）评估生物恐怖活动的危害

当疑似生物恐怖活动发生或疫情暴发时，对生物恐怖制剂的威胁和破坏性进行分析和评估是制订应急响应方案的第一步。危害评估包括以微生物恐怖制剂的传播特点、生物恐怖袭击的目标、是否对抗生素敏感或耐药情况等信息为基础，对事件造成的人员伤亡、国家经济损失、生态环境损害以及对国家政治安全的影响进行预判和评估，以便国家及相关职能部门更好地制订下一步作战计划。

（五）制订应急管控方案

法医学专家常出现于生物恐怖第一案发现场，因此必须具备识别生物恐怖犯罪的专业素养和自我保护意识，并及时汇报给国家及相关职能部门，积极协助制订应急响应方案并采取快速、精准的应对措施，完成包括识别、监测、救援、隔离和检疫、通告等工作。

第二节

微生物恐怖制剂的主要类型

2001年9月18日，即纽约世界贸易中心双子塔遭到袭击一周后，有人把含有炭疽杆菌的信件寄给数个新闻媒体办公室以及两名民主党参议员，这个事件导致22人感染，其中5人死亡，部分患者留下残疾或毁容的后遗症。在以细菌为生物制剂的生物恐怖犯罪中，这是最典型和轰动的案件。

微生物体积小、易储存、易携带，部分人类致病性微生物经过基因编辑或者修饰后可具有很强的传染能力，是恐怖分子非常理想的生物武器。法医工作者必须熟悉生物恐怖犯罪中常用的生物制剂及其特点，才能更好地进行生物恐怖犯罪的识别，以更科学、合理的方式应对生物恐怖犯罪，维护社会繁荣稳定。生物恐怖分子在实施生物恐怖主义袭击时，常用的生物制剂主要有细菌、真菌、病毒和毒素。

一、细菌

炭疽杆菌是炭疽病的致病菌，是第一种被证明与疾病有因果关系的微生物（1877年）。炭疽杆菌的致病性被发现，拉开了法医微生物研究的序幕。此后，罗伯特·科赫（Robert koch）分离出了结核病和霍乱的致病菌（结核分枝杆菌和霍乱弧菌），推动了微生物致病机制的研究。1887年，戴维·布鲁斯（David Bruce）证明了羊种布鲁氏菌和布鲁氏菌病的疾病因果关系。1849年，亚历山大·耶尔森（Alexandre Yersin）证明了鼠疫耶尔森氏杆菌和鼠疫疾病的疾病因果关系。考虑到食源和水源是重要的生物恐怖污染途径，下面对食源性致病菌和水污染源性致病菌进行简述。

（一）食源性致病菌

随着全球食品进口和出口的不断增加，与食源性疾病有关的病原体对公共卫生安全的影响也在不断扩大。常见的食源性致病菌为沙门氏菌、大肠埃希菌、金黄色葡萄球菌、单核细胞增生李斯特菌、致病性弧菌、志贺氏菌及蜡样芽孢杆菌等，其特点及其检测方法详见本书第十一章第一节。

（二）水污染源性致病菌

未经处理的人体粪便含有细菌、病毒等微生物病原体，受人体粪便污染的水进入饮用水供应系统可对公众的生命安全造成危害。台风、海啸、极端降雨事件和洪水等灾害的发生，可导致病原体直接进入饮用水供应系统，对社会公共健康构成威胁。

霍乱弧菌是引起霍乱的病原体。霍乱发病急，传播迅速，属《中华人民共和国传染病防治法》规定的甲类传染病。自1817年以来，已发生7次世界性霍乱大流行。引发前六次霍乱大流行的病原体为古典生物型霍乱弧菌，该菌于1883年被罗伯特·科赫从患者的粪便中分离出来。引发第七次霍乱大流行的病原体为埃尔托生物型霍乱弧菌，于1905年从埃及西奈半岛埃尔托检疫站被检测出来。1992年，首个由非O1/O139群霍乱弧菌引起的霍乱疫情在印度和孟加拉等国家出现，并在亚洲的多个国家和地区流行。在自然情况下，人体是霍乱弧菌的唯一易感者。患者和无症状带菌者是主要传染源。霍乱弧菌以单独或生物膜形式存在于感染者粪便中。传播途径主要是食用被污染的水源或食物、日常生活接触以及以苍蝇为媒介的机械性传播。个人饮食卫生习惯、自然因素（如泥石流、地震等）和社会经济发展水平等均可影响霍乱的流行，如2010年海地地震后出现霍乱大流行。

二、真菌

真菌是一大类真核细胞型微生物。真菌细胞核高度分化，有核膜和核仁，胞质内有完整的细胞器；细胞壁由几丁质或纤维素等组成；不含叶绿素，不分化根、茎、叶。真菌少数为单细胞，多数为多细胞结构。真菌是异养生物，不能生产自身需要的营养物质，多以腐生或寄生的方式生存，它们通过向细胞外基质分泌酶来消化和吸收食物，获得营养。真菌的形态多样，大小不一，按形态、结构分为单细胞真菌和多细胞真菌两类。单细胞真菌呈圆形或椭圆形，多细胞真菌由菌丝和孢子组成。

在法医微生物学和生物恐怖主义防御的研究中，真菌往往容易被忽视。大多数真菌可以产生大量能在苛刻环境中存活的孢子，并且能广泛地散布到环境中，这会给法医和生物恐怖主义防御带来重大挑战。此外，与其他病原体相比，真菌具有独特的生物学、繁殖和进化特征，这也给法医和流行病学调查的取样、基因分型以及系统发育分析等带来一定的困难和挑战。而且，部分真菌可以产生具有潜在的致命和致癌作用的真菌毒素，这使得真菌可以通过实验诱导成为生物武器，对公共卫生安全造成威胁。

据估计，自然界可能存在150万种真菌，迄今已经被发现的约有10万种。在已经被发现的真菌中，只有不到200种能够引起人类全身系统性疾病。尽管如此，侵袭性真菌病仍旧是一个严重的公共卫生问题，免疫力低下的人群（包括艾滋病患者、器官移植或造血干细胞移植受者、血液病患者以及接受免疫抑制疗法的患者）的发病率显著高于普通人群的发病率。大部分的真菌感染是由一种或多种耐药性真菌引起的，传统的鉴定方法很难查明其耐药机制，例如最近全球出现的耐多种药物的耳道假丝酵母菌和耐三唑类的烟曲霉。近年来，一些真菌疾病暴发事件对公共卫生和生态环境产生了重大影响，这使真菌进一步进入公众视野，改进检测方法的需求显得愈发迫切。

三、病毒

病毒是形态最微小、结构最简单的微生物，无细胞结构，仅由一种类型核酸

（DNA或RNA）组成遗传物质。病毒因体积微小，必须用电子显微镜放大几万至几十万倍后方可观察。病毒外围有蛋白衣壳，保护其核酸不被核酸酶等破坏，某些病毒在衣壳外还有包膜。病毒自身缺少编码能量代谢或蛋白质合成所需元件（线粒体、核糖体）的遗传信息，因此只有在活细胞内才可进行生命活动。在微生物感染引发的疾病中，由病毒引起的疾病约占75%。常见的病毒性疾病有肝炎、流行性感冒（简称流感）、脑炎、腹泻和艾滋病等。病毒性疾病不仅传染性强、流行广，而且有效药物少。

流感病毒能够不断发生变异并在不同的病毒株之间交换基因片段。全球每年都出现不同程度的流感暴发，流感是威胁世界公共卫生安全的一个重大问题。最著名的流感大流行是1918年的"西班牙流感"，它造成了多达4 000万人的死亡。令人遗憾的是，目前的季节性流感疫苗既不能有效地阻止每年流感疫情的暴发，也不能预防潜在的病毒感染。流感病毒除了能感染人类之外，还可以感染动物，特别是家禽和猪。

流感病毒可经飞沫传播和接触传播，引起呼吸系统疾病。该病毒属于正黏病毒科，可分为A、B、C和D 4种类型。流感病毒包含一个分段的、单链的、负义的RNA基因组。目前认为D型流感病毒只感染猪和牛，尚未在人体发现。

此外，全球范围内还发生了许多由病毒感染引起的疾病。2014年，埃博拉病毒病在西非暴发流行，截至2014年12月17日，WHO发布的数据显示，埃博拉出血热疫情肆虐的利比里亚、塞拉利昂和几内亚等西非三国的感染病例（包括疑似病例）达19 031人，其中死亡人数达到7 373人。寨卡病毒于1947年在非洲的猕猴身上首次被发现；到2007年，寨卡病毒已经传播到太平洋；到2015年，它传播到南美洲，巴西暴发寨卡疫情。2007年，基孔肯雅病毒（非洲和亚洲的地方性疾病）首次在意大利暴发，随后2010年和2014年法国南部也暴发了基孔肯雅热疫情。2015年，基孔肯雅热病在美国正式被列为国家法定传染病。

四、微生物毒素

部分微生物除其本身对人体有致病性外，还能代谢产生某些对宿主细胞具有毒性作用的物质，这就是微生物毒素。细菌主要产生外毒素和内毒素这两类毒素，其在细菌致病作用中能发挥重要作用。真菌毒素是真菌在代谢过程中产生的物质，可污染农作物、食物或饲料。真菌毒素中毒后极易引起肝、肾、神经系统功能障碍以及造血机能损伤。

(一)肉毒杆菌神经毒素

肉毒杆菌神经毒素由肉毒杆菌在厌氧环境下产生,是人类已知的毒性最强的生物毒素之一。目前,肉毒杆菌神经毒素分为7种血清型,共40多个亚型,除从血清型鉴识肉毒杆菌之外,区分肉毒杆菌神经毒素类型或亚型对肉毒杆菌的鉴识也具有重要的意义。

(二)真菌毒素

由真菌产生的有毒的代谢产物称为真菌毒素,当其被人和动物摄取或吸入时,会造成中毒。目前真菌毒素已经被开发并用作生物武器。20世纪80年代和90年代,伊拉克政府生产了来自曲霉菌的黄曲霉毒素,并放置在弹头中。

美国疾病控制和预防中心(Centers for Disease Control and Prevention,CDC)战略规划小组对能够诱发人类疾病的潜在生物恐怖制剂(细菌、病毒、原生动物和毒素)进行了分类(表13-1)。

表13-1 生物恐怖制剂分类

类别	特点	微生物病原体和疾病
A	一级优先处理 高传染性 高死亡率 可对公共卫生产生严重损害 造成公众恐慌和社会混乱 需要采取特别公共卫生防范准备	炭疽杆菌(炭疽) 肉毒杆菌(肉毒杆菌毒素中毒) 土拉热弗朗西丝菌[土拉菌病(又称兔热病)] 鼠疫耶尔森菌(鼠疫) 天花病毒(天花) 丝状病毒、沙粒病毒、布尼亚病毒、黄病毒(病毒性出血热)
B	二级优先处理 传染性较强 发病率中等,死亡率低 需要特别提高疾病的诊断能力和疾病预防监测水平	布鲁氏菌属(布鲁氏菌病) 产气荚膜梭菌(坏疽和食物中毒) 沙门氏菌属(沙门氏菌病) 大肠埃希菌 O157:H7(出血性结肠炎) 痢疾志贺氏菌(痢疾) 鼻疽伯克霍尔德菌(鼻疽) 类鼻疽伯克霍尔德菌(类鼻疽) 鹦鹉热衣原体(鹦鹉热) 贝纳柯克斯体(Q热) 霍乱弧菌(霍乱) 微隐孢子虫(隐孢子虫病) 金黄色葡萄球菌(食物中毒) 普氏立克次氏体(斑疹伤寒) 甲病毒(脑炎) 杯状病毒(胃肠炎)

续表 13-1

类别	特点	微生物病原体和疾病
C	三级优先处理 可设计用于大规模传播的新发病原体 容易获取 易于生产和传播 高发病率和死亡率 可对公共卫生产生严重损害	多重耐药结核分枝杆菌（结核） 尼帕病毒（脑炎） 汉坦病毒（肾综合征出血热、心肺综合征） 基孔肯雅病毒（关节炎和皮疹） SARS 相关冠状病毒（呼吸综合征） 高致病性流感病毒（呼吸综合征） 黄热病毒（黄热病）

第三节

微生物恐怖犯罪证据的收集和保存

Budowle等人最初在2003年将法医微生物学定义为"一门致力于分析来自生物恐怖主义行为、生物犯罪或出于归因目的的意外微生物和毒素释放证据的科学学科"。2005年，美国国土安全部在冷泉港实验室的班伯里中心召开了一次会议，重点讨论法医微生物样本的收集、处理和储存。该会议小组发表了一篇题为《有效的微生物取证程序——高质量样品收集、处理和保存》的文章，指出成功调查生物恐怖犯罪的一个关键因素是收集和保存重要的微生物证据。

一、证据样本类型

法医微生物证据样本类型包括空气、泥土、水源、动物、植物、食品、人体代谢物、个人物品或接触物表面。

（一）空气

1993年，东京龟户当地环境卫生部门收到了臭味投诉。该气味来源于奥姆真理教总部大楼。一些接触者出现了食欲下降、恶心和呕吐的症状。环境卫生官员要求检查总部大楼，但被现场的奥姆真理教成员拒绝，于是官员们检查了大楼的外观，收集了空气样本，并开始监视大楼内人员的活动。1996年5月，日本政府首次向公众披露了龟户异臭事件的调查结果。奥姆真理教的成员承认，这些气味是由炭疽杆菌孢子悬浮液雾化而产生的，他们企图引发一场吸入性炭疽疫情及世界大战。

2001年，"9·11"事件发生后，美国担心会再次发生生物恐怖袭击事件，能源部在华盛顿特区周围部署了生物气溶胶哨兵和信息系统（biological aerosol sentry and information system，BASIS），对空气中的生物气溶胶进行采样，炭疽杆菌是他们的首要检测目标。

在生物恐怖犯罪的案件中，必须对病原体进行鉴识，这对疾病的快速检测和及时应对有至关重要的作用。基于病原体特异性核酸序列和对病原体表面特定目标抗原的抗体亲和力，美国已开发出几代生物传感器并将其与空气采样和过滤装置结合起来，在敏感和安全区域采样，对环境进行长时间的连续监测，并自动向当地或国家机构报告。

（二）泥土

泥土中富含微生物，其中部分真菌吸入肺部可以造成感染，引发肺部疾病。

粗球孢子菌（*Coccidioides immitis*）和波萨达西球孢子菌（*Coccidioides posadasii*）是两个与吸入性肺炎密切相关的菌种，它们可以造成人类和其他哺乳动物的严重肺炎和其他侵入性疾病。这些真菌主要分布在美国西南部的沙漠地区，它们能在干旱、高温的土壤中旺盛繁殖，可以形成关节孢子被动物吸入，引起肺部疾病。球孢子菌属被认为是在人类和动物中毒性最强的真菌病原体，但目前仍未发现将球孢子菌用于生物犯罪。这些土栖真菌是美国西南部和拉丁美洲部分地区的特有物种，其中，粗球孢子菌主要分布于美国加利福尼亚和墨西哥下加利福尼亚；波萨达西球孢子菌主要分布在北美洲美国亚利桑那州、得克萨斯州，墨西哥以及南美洲和中美洲。

基利恩寻枝霉属真菌（*Sarocladium kiliense*）是一种在土壤和水中发现的丝状真菌，可引起人体皮肤、肺部等各组织器官感染。2014年拉丁美洲暴发的多国血流感染事件被证明与这种真菌有关，该事件影响到智利和哥伦比亚几家医院的66名儿童和2名成人癌症患者。

（三）水源

人的日常生活离不开清洁安全的水资源，人体粪便污染水源后会损害公众健康，并给社会带来经济损失。人体粪便可通过各种途径进入环境水域，如泄漏的下水道管道、有问题的化粪池系统和联合下水道溢流等。人体血液中的水含量占90%以上，新陈代谢功能也需要以水为载体来维持，如果长期饮用被污染的水，会使人体的免疫力、抵抗力整体下降，各种疾病的发病率上升。全球每年因为饮用被污染的饮用水而引发传染病的人数高达600多万，且呈逐年递增的趋势。

（四）动物

研究表明，大多数感染人类的病毒是人畜共患病原体。目前检出的586种哺乳动物病毒中，有263种在人体中被检测到，如狂犬病毒等。此外，部分细菌感染也可以导致人畜共患病，如由布鲁氏菌感染导致的布鲁氏菌病，在我国的主要传染源为羊，其次为牛和猪。

（五）植物

植物也可受各种微生物病原体的感染，这些病原体在植物表面定居，侵入植物组织内部，与植物竞争营养物质，破坏植物生长激素的平衡，微生物病原体生产的毒素可污染植物组织并干扰植物正常的生长活动。农业恐怖主义，即为推进政治或社会目标而对一个国家的农业系统进行攻击。如果对一个国家的农业实施农业恐怖主义袭击，通过引入外来病原体感染农作物，可以令公众丧失对粮食稳定供应的信心，并引起经济损失和公众恐慌。

植物病害的暴发最初是通过症状的出现来识别的。根据植物宿主的种类和病原体的性质，这些症状可能包括植物发育不良、枯萎、萎缩、坏死、软腐、畸形、组织增生，开花、种子或果实生产受阻或减少等现象。

在过去的几十年，基于血清学和核酸的检测方法可以对植物病害进行推定诊断，该推定诊断能将病原体与疾病联系起来，结合植物和微生物的生长情况和症状、土壤和水等环境条件、季节性、宿主和病原体多样性信息、流行病学数据，可为农业恐怖主义袭击的侦查提供线索。

（六）食品

过去20年，人类食品供应愈发全球化，随着全球食品进口和出口的不断增加，以前与某些商品有关的食源性疾病的病原体的影响也在不断扩大，食品安全已经成为一个集体关注的问题，预防和应对食源性疾病已经成为社会关注的焦点。2000年6月，日本乳品生产商"雪印乳业"生产的低脂奶存在质量问题，1.4万人在饮用后出现呕吐、腹泻和腹痛等中毒症状。2011年5月，在日本的几个都道府县暴发肠出血性大肠埃希菌O111：H8食源性疾病，造成5人死亡，118人患病，政府花费了大量时间精力调查此事。2012年10月22—23日，ICMSF中国国际食品安全研讨会上的报告指出，在工业化国家，每年罹患食源性疾病的人口百分比高达30%。根据WHO提供的数据，全球食源性疾病患者数以亿计，平均每年发生上亿的腹泻病例，其中超过70%的腹泻病例是由于食用了被微生物污染的食品，超过300万名5岁以下儿童因此丧命。由此可见，全球的食品安全问题仍非常严峻，加强法医学在此方面的鉴识研究有着重要价值。

（七）人体代谢物

1952年，WHO建立了全球流感监测和应对系统（Global Influenza Surveillance and Response System，GISRS）。这是一个全球卫生网络，包括6个合作中心、143个国家流感中心、13个H5参考实验室和4个重点监管实验室。每年数以千计的临床患者的样本从每个国家流感中心采集然后被送往流感合作中心，并在那里对病毒分离物进行抗原和遗传特征分析。现有几种诊断试验可用于检测甲型流感病毒和乙型流感病毒。这些测试包括病毒培养、反转录PCR、快速抗原测试和免疫荧光测试。样品从鼻咽或咽喉拭子、支气管洗液、鼻腔或气管内吸液或痰中收集。

人体代谢物的产生与自身新陈代谢有着密切联系，当人体在患病状态下，人体生理系统为维持机体稳态会激活或抑制某些代谢通路从而产生相应的化学物质。例如，肺部疾病或者感染会导致患者产生异常的挥发性有机物（volatile organic compound，VOC），并通过血气屏障进入肺泡中，然后通过呼吸呼出。近年来，呼出气VOC监测技术作为一种新型标志物分析方法，在临床研究与应用中蓬勃发展。呼出气VOC检测技术主要通过质谱技术检测患者呼出的不同种类的VOC来进行疾病诊断。有研究者利用气相色谱质谱联用仪检测肺部感染患者呼出气VOC，发现呼出气VOC能有效区分肺部感染患者与非感染者。在一项包含226例活动性肺结核患者的研究中，Phillips等人鉴定出了10种标志性呼出气VOC，并基于这10种呼出气VOC构建了诊断模型，该模型用于诊断活动性肺结核的准确率达到85%、敏感度和特异度分别为84%和64.7%。虽然目前大部分感染的诊断还是依赖细菌培养法等"金标准"，但因为呼出气VOC检测法具有无创、取样简单、检测快速等优点，在临床诊断中展现出巨大的应用前景。

（八）个人物品或接触物表面

2001年9月11日，美国"9·11"恐怖袭击发生后不久，美国发生了利用炭疽杆菌孢子进行的生物恐怖主义袭击。此事件造成22人感染，11人患吸入性炭疽病，5人死亡。在此事件中，一名康涅狄格州老年妇女因吸入性炭疽病而死亡。由于她没有职业暴露，也没有证据证明她曾与任何患有炭疽的人接触，侦查人员推断她可能接触了交叉污染的邮件，于是对她的旅行史、工作史进行调查，查明她是否收到或使用了来自炭疽流行区的被炭疽杆菌孢子污染的产品。同样，针对纽约市死于吸入性炭疽病的越南女性病例也进行了相似的调查。侦查人员通过检查和死者密切接触过的人员，从而获得炭疽病流行病学的证据。此外，侦查人员还对死者的工作场所、居住公寓和公寓楼栋（尤其是相邻的邻居）均进行了微生物的收集培养。这起事件清楚地表明，炭疽杆菌孢子可以在不使用复杂设备的情况下完成传播，造成人员感染并严重损害公共卫生安全。可见，在生物恐怖犯罪的调查中，应重视个人物品或接触物表面的样本采集和微生物的鉴识。

二、样本的取样策略

取样地点、取样对象、取样设备以及收集方法的选择均由调查目的决定。在发生疑似生物恐怖犯罪事件后，需要快速确定生物恐怖制剂的存在及种类。根据不同的调查目的，将采取不同的采样方案。具体取样策略如下。

（一）样本收集要求

样本必须适当包装、标识，进行表面去污，并以安全、科学的方式保存，最后运输至安全的储存场所或分析实验室。样本的收集信息应包括取样日期和时间信息、在场人员的姓名、位置、当事人或动物的文字描述和照片、当前的环境条件、样本的数量等，必须确保样本证据链的完整性。

（二）样本收集方法

法医对生物恐怖犯罪样本通常通过以下3种方法进行收集：

1. 批量收集整件样本

此方法适用于容易从现场设施或现场区域移除的样本。对这些物品经过适当包装后，运输到可处理有害生物或毒素的实验室，并在受控的实验室条件下进行处理。

2. 收集部分样本

此方法适用于难以整件收集的样本，可对样本有代表性的部分进行收集检验。

3. 擦拭或吸附物品表面

如果需处理的位置包含许多不可移动的物品表面，可在这些表面通过使用擦拭、真空吸附等多种方法获取微生物。

在2001年美国炭疽邮件案件中，科学家们对微生物样本收集的设备和技术进行了长时间的研究。研究表明，在多孔和无孔表面上使用预湿拭子或湿性擦拭材料收集样本比使用干拭子或干性擦拭材料更有效。在平坦的无孔、非吸收性以及多孔物品表面上，接触板和胶带的性能优于拭子和刷子。拭子采集法最适合用于小面积（10~25 cm²）且药剂浓度高的采样场景，但不适合用于大面积且低药剂浓度的采样场景。增强型收集装置，如BiSKit生物取样试剂盒，已被证明是有效的大型表面样品收集器，用于案发现场表面的细菌、病毒和毒素的采样。在BiSKit中，一种泡沫材料被集成到一个旋盖中，可进行湿式或干式取样。测试表明，使用BiSKit对湿样和干样的收集同样有效。真空吸附作为一种有效的环境样本收集方法，在采集大面积表面样本时非常有用，避免了多次使用拭子进行擦拭，可以防止交叉污染。

三、样本的运输和保存

样本的运输和储存方式可能影响微生物的分析结果。样本中细菌的生存力和病毒的完整性会受到保存条件的影响，因此应将样本保存在合适的培养基或存储装置中，并在合适的温度下保存。此外侦查人员必须考虑样品运输的方式，严格遵守运输生物危害物质的法规要求。

美国《支持微生物法医归因调查和国家安全研究的国家战略》（*National Strategy to Support Research in Microbial Forensics Attribution Investigations and National Security*）提供了关于样品收集、处理、保存，以及微生物病原体回收和富集的指南。

生物样本的保存，需要考虑维护其遗传和其他理化性能的稳定。微生物样本可以通过专门的设备（如液氮罐和冷冻冰箱）进行低温保存，许多样本也可以通过冷冻干燥进行保存，这种保存方式允许样本在环境温度下保存和运输。样本保存所选择的方法取决于样本的类型和检测样本的方法。

样本长期保存的首选方法是低温保存。为了在冷冻过程中保护细胞，我们可将适当浓度的化学添加剂（如二甲基亚砜或甘油）添加到细胞悬浮液中。尽管许多微生物能在不太严苛的条件下存活，但对大多数细胞来说，缓慢、受控的冷却仍是首选的保存方法。这种冷却方法是以每分钟温度下降约1 ℃的速度将标本冷却到 −40 ℃，再快速冷却到所需的储存温度，然后在保持该温度的条件下将样本转移到储存容器中。样本的理想储存温度是 −130 ℃或以下，此时微生物所有的代谢活动都会停止，可确保样本的长期稳定性。

第四节

微生物恐怖犯罪证据的鉴定分析方法

当样本采集完成，利用现有的技术手段对样本进行有效的分析，从体积微小的微生物中挖掘庞大的信息，是对法医工作者提出的针对微生物恐怖犯罪证据的鉴定需求。唯有尽快查明微生物的特征、致病能力、来源等信息，才能有效降低生物恐怖犯罪行为带来的负面影响。微生物恐怖犯罪证据的鉴定分析方法主要分为：直接镜检法、病原体分离培养法、免疫学检测技术、分子生物学技术、毒素分析方法、探测犬等。

一、直接镜检法

样本完成收集后，可制成涂片标本，置于显微镜下观察细菌和真菌形态、结构特征。该方法根据染色与否分为不染色样本和染色样本两种检查方法。不染色样本主要用于镜下观察病原微生物正常活动下的运动状态。染色样本则主要用于观察病原微生物的形态、大小、排列方式和染色性。染色方法多种多样，包括革兰氏染色法、抗酸染色法、荧光染色法等。

二、病原体分离培养法

1993年发生的日本龟户炭疽事件中，调查人员把从奥姆真理教总部大楼收集的液体储存在4℃环境中，并于2000年1月对其细菌进行了检查。用孔雀绿和藏红花染色后，将液体置于显微镜下观察，发现有孢子、非特异性碎片和除大型杆菌外的其他细菌细胞。将液体涂布在羊血琼脂平板上，并在适宜二氧化碳浓度、37℃环境下培养。根据在培养皿中观察到的菌落数量，每毫升培养液中含有约4×10^4 CFU。病原体分离培养是对生物恐怖事件收集标本进行鉴定的一项重要技术，在此，我们主要介绍细菌、真菌、病毒的传统分离培养技术。

（一）细菌的分离培养

细菌培养时应选择适宜的培养基，提供特定细菌生长所需的必要条件，例如，适宜的营养成分和pH、培养的时间、温度、氧气等。通过分离培养获得单个菌落进行纯培养，然后根据菌落的大小、形态、颜色、表面性状、透明度和溶血性等对细菌作出初步的鉴别。最终判断还须依据后续的生化反应和血清学鉴定等试验结果。使用传统的细胞分离培养技术对细菌进行鉴识不仅耗时长，而且不能同时批量处理样本。全自动微生物鉴定仪弥补了传统技术的缺陷，它采用灵敏的荧光增强法与传统酶、底物生化显色反应结合对细菌进行鉴定。另外，采用传统比浊法和专利性的氧化还原指示技术相结合，可对多种细菌抗生素敏感性与耐药机制进行测定与分析。

（二）真菌的分离培养

当直接镜检不能确定或需要鉴定感染真菌的种类时需进行真菌培养。一般常用含抗生素和放线菌酮（抑制细菌、放线菌的生长）的沙氏葡萄糖琼脂培养基（Sabouraud dextrose agar，SDA）或马铃薯葡萄糖琼脂培养基（potato dextrose agar，PDA），培养温度以25 ℃（丝状真菌）或37 ℃（酵母型和类酵母型真菌）为宜。还可根据实际需要选用其他特殊培养基，如利用科玛嘉显色培养基分离、鉴定假丝酵母属的常见菌种。

对于酵母型和类酵母型真菌，可经革兰氏染色后观察孢子、芽生孢子或假菌丝等形态特征进行鉴定；对于丝状真菌，可进行小琼脂块培养后，经乳酸酚棉蓝染色后观察菌丝、孢子的结构特征，结合菌落形态特征作出鉴定。

（三）病毒的分离培养

病毒缺乏完整的细胞结构和独立完整的酶系统，这使病毒不能通过没有生命的培养基增殖，需要在活体组织细胞中繁殖生长。传统的病毒分离方法主要分为3种：动物试验、鸡胚接种和细胞培养。绝大部分的禽源病毒均可以在鸡胚中增殖。除了病毒的分离培养，鸡胚接种还可以进行立克次氏体和衣原体的分离培养、病毒抗原制备、疫苗生产。目前，细胞培养技术广泛应用于病毒研究，传统细胞培养技术主要分为：原代细胞培养、二倍体细胞培养、传代细胞培养。但这些方法具有耗时长、效率低、易污染等缺点。随着技术的创新进步，离心培养、混合培养、转基因培养等实验技术出现，极大地改善了传统病毒培养技术的缺点，提高了培养效率。

三、免疫学检测技术

免疫系统对被入侵微生物的体液或抗体应答可以为法医学鉴定提供有价值的信息，在识别特定的微生物抗原方面，它们作为免疫指标提示某种特定微生物近期或既往的存在。

美国"9·11"事件发生后3周，美国媒体国际有限公司的一名收发室工作人员感到头晕不适，随后到迈阿密的雪松医疗中心进行检查。医疗中心实验室采用时间分辨荧光免疫分析技术在此工作人员的胸腔积液中检出高水平的惰性炭疽抗原，确认此工作人员患有吸入性炭疽病。

抗原和相应抗体在体外相遇可发生特异性结合，根据这一原理我们可以用已知的抗原（或抗体）来检测未知的抗体（或抗原）。由于抗原物理性状或参加反应的其他成分的差异，抗原与抗体的结合可出现不同类型的反应，根据反应类型，免疫检测技术分为凝集反应、沉淀反应、免疫标记及中和试验等技术。

（一）凝集反应

凝集反应是指在电解质环境中，颗粒性抗原（细菌、细胞或表面包被抗原的颗粒）与相应的抗体发生结合，形成肉眼可见的凝集团块的现象，主要分为直接凝集反应和间接凝集反应。根据这一原理延伸出的免疫学检测方法还有间接凝集抑制试验、协同凝集试验、微粒捕获酶免疫分析技术。

（二）沉淀反应

沉淀反应是指在特定电解质存在的条件下，可溶性抗原与相应抗体结合，出现肉眼可见的沉淀物。沉淀反应可在液体或半固体琼脂凝胶中进行，主要分为双向免疫扩散法、免疫电泳法、免疫比浊法，主要应用于抗体效价和血清球蛋白的测定。

（三）免疫标记技术

免疫标记技术是将抗原-抗体反应与标记技术相结合，将已知的抗体或抗原标记上示踪物质，通过检测标记物，间接测定抗原-抗体复合物的一类试验方法。常用的标记物包括酶、荧光素、放射性核素、化学发光物质及胶体金等。该技术具有灵敏度高，快速，可定性、定量等优点。此类技术包括酶免疫测定法、蛋白质印迹技术、免疫荧光技术、放射免疫测定法、发光免疫分析、免疫胶体金技术等。

酶免疫测定法是一种用酶标记一抗或二抗检测特异性抗原或抗体的方法。本法将抗原-抗体反应的高度特异性与酶对底物的高效催化作用结合起来，酶标记后的已知抗体与待测抗原或抗体结合，经过洗涤后加入反应底物，酶分解底物释放出的有色物质或者荧光，通过酶标仪测量光密度值来计算抗原或抗体的浓度。这项技术可用于大分子蛋白质、病毒和细胞性抗原成分的检测。常用方法包括ELISA和酶免疫组化技术。ELISA方法简单、特异性强，是酶免疫技术中应用最广泛的技术。此外，还有酶联免疫斑点试验、生物素-亲和素系统酶联免疫吸附试验。

（四）中和试验

中和试验是指特异性抗病原微生物的免疫血清与该病原体作用后使病原微生物失去感染能力。一般认为可能是病原体表面抗原和其他结构蛋白被抗体作用后改变了原来的结构，影响病毒对敏感细胞的吸附、穿入和脱壳，从而阻止病毒的增殖。中和试验是一种特异性较高的血清学方法，用于检查中和抗体，或采用已知抗体鉴定新分离的病原体，或测定病原体感染力，常用于回顾性诊断、流行病学调查和免疫学研究。

四、分子生物学技术

（一）分子杂交和印迹技术

若将两条存在着一定程度的碱基互补关系的核酸单链混合在同一溶液中，它们就有可能形成杂化双链，这种现象称为核酸分子杂交。核酸分子杂交是一项被广泛应用在分子生物学和医学中的技术，Southern blot、Northern blot、斑点杂交、原位杂交、PCR扩增、基因芯片等核酸检测方法都利用了核酸分子杂交的原理。

印迹技术分析原理是将载有核酸单链分子的硝酸纤维素膜放在核酸杂交反应溶液中，让溶液中互补的DNA或RNA单链分子结合到硝酸纤维素膜上的核酸分子上。这一技术类似于用吸墨纸吸收纸张上的墨迹，因此称之为"blot"，译为印迹技术。

探针技术是指将放射性核素、生物素或荧光物质与特定已知序列的核酸片段结合，当其与待测的核酸片段互补结合时能够被检测识别。

核酸分子杂交、印迹技术和探针技术原理的结合诞生出了以DNA印迹、RNA印迹和蛋白质印迹为主的印迹技术，这种技术已广泛用于DNA、RNA和蛋白质的检测。以DNA印迹为例，把经过电泳分离的待测DNA片段固定到硝酸纤维素膜上，再将其放入带有标记探针的反应溶液中，经过杂交反应，待测的核酸片段能够被识别，这一技术常用于基因组DNA的定性和定量分析。

（二）PCR

1983年，凯利·穆利斯发明了聚合酶链反应（PCR）技术，其基本工作原理是在体外模拟体内DNA复制的过程。该技术可将微量DNA片段大量扩增，在生物犯罪调查中，是法医获得目的基因片段、进行DNA序列分析的重要方法，具有高敏感、高特异、高产率、可重复、快速简便等优点。目前，PCR还衍生出RT-PCR、原位PCR、定量PCR等技术。

实时定量PCR是目前为止在病原核酸扩增方面最为成熟的技术，可以用于检测细菌和病毒的DNA，也可通过反转录检测RNA病毒。人类特异性拟杆菌HF183 16S rDNA遗传标记可用于检测水环境中的人类粪便污染。Seurinck等人使用SYBR Green Ⅰ检测开发了一种实时定量PCR检测系统，用于量化粪便和环境样品中人类特异性拟杆菌HF183的16S rDNA遗传标记，以测定水污染源是否来自人类粪便。随着实时定量PCR的成功应用，HF183实时定量PCR方法很快成为水质管理和公共卫生保护的有力工具。

（三）DNA测序技术

DNA测序的目的是分析DNA片段中4种碱基（A、G、C、T）的排列顺序。在生物犯罪的识别中，它负责阐明和理解生物恐怖武器的基因结构、基因功能、基因变异、基因表达调控，确定病原微生物的分子分型，为法医生物恐怖犯罪的调查提供依据，也可为疫情暴发等公共卫生安全事故提供重要的分子层面预测、预防、疾病诊治的技术支撑。

1979年的俄罗斯炭疽病暴发是由斯维尔德洛夫斯克市苏联炭疽孢子生产设施的工业事故引起的。研究人员利用高通量测序技术通过对两个尸检样本进行基因组测序，获得了苏联斯维尔德洛夫斯克炭疽菌株的基因组草图和系统发育的位置。现在，通过利用斯维尔德洛夫斯克菌株的全基因组SNP基因特征可以鉴定该菌株及其近缘物种，并可在全球范围内对这类生物恐怖主义武器材料进行法医学追踪，并用于对未来与炭疽病相关的调查。

目前，自动激光荧光DNA测序仪（又称第一代测序仪）采用4种不同荧光染料标记4种不同的可终止DNA延伸反应的底物ddNTP，经Sanger双脱氧核苷酸链终止法测序后，得到一系列不同长度且带有4种不同的颜色荧光的DNA片段。待测的反应产物在同一个泳道内依照片段大小电泳分离并依次经过荧光检测装置，其发出的荧光信号由检测装置自动连续采集并转化为数字信号，数据经过电脑自动分析后可直接得到待测DNA的碱基序列。它可实现制胶、进样、电泳、检测、数据分析全自动化。第一代测序技术的读长可以超过1 000 bp，原始数据的准确率可高达99.999%。

随着科学研究对基因组序列分析技术要求的进一步提高，第二代测序技术及分析仪器应运而生，随后，第三代、第四代测序技术相继出现。第二代测序技术具有微量化、高通量并行化和成本相对较低的特点，这极大推进了法医学鉴定的进步。第二代测序技术可以在一次反应中同时分析多个DNA小片段从而快速测得这些DNA片段的序列信息，经过生物信息学整合分析，得出个体的基因组序列，在超高通量测序时，甚至可并行百万个测序反应。

（四）生物芯片技术

基因芯片是将数以上万甚至是百万的序列已知的DNA探针紧密且规律地固定排列于1 cm^{2}的支持物上，让待测的荧光标记DNA分子与基因芯片中的探针发生杂交反应，通过激光扫描系统获取荧光信号，经过计算机系统对每一位点的荧光信号作出检测、比较和分析，完成对待测样品定性和定量的检测，这一技术能在同一时间内对大量的基因进行分析，亦称为DNA微阵列。

五、微生物毒素分析方法

微生物毒素是由微生物产生的一类有毒物质，它们以多种形式存在，具有各种各样的化学结构和生物活性。检测毒素时，我们需要从其化学结构和稳定性特征出发，制订不同的样品制备和分析方法。

毒素分析的主要目的是确定毒素的种类、样品中存在的毒素量以及毒素是否仍具有生物活性。在实际工作中常用的法医毒物仪器分析方法有光谱分析法、色谱分析法、质谱分析法和两谱联用技术，比如紫外分光光度法、原子光谱法、气相色谱法、高效液相色谱法、薄层色谱法、毛细管电泳法、质谱法及多级色-质联用法等。

六、探测犬

犬类因其拥有灵敏的嗅觉常被训练用于物质探测，其探测范围广泛，包括麻醉品、爆炸物、货币、枪支、人体气味、人类遗骸和可燃液体残留物等，最近也应用于医疗和环境方面的检测。探测犬能够在纳克每升的水平上识别挥发性化合物，经过训练，它们可以迅速识别与特定化合物有关的任何物体。在环境检测中，探测犬已被用于识别霉菌、臭虫、白蚁、野生动物粪便、植物和农产品，以及濒危和入侵物种。目前，美国农业部动植物检疫局（Animal and Plant Health Inspection Service，APHIS）利用探测犬在入境口岸对进口植物进行监测。

第五节

微生物反恐的未来发展

近年世界政治格局的剧烈变化，使恐怖主义产生并迅速蔓延，世界范围"暴恐活动"的多发、频发正替代战争演变成威胁人类和平发展的主要形式。与传统的生物性危害相比，现代生物性危害在形成结构、作用机制、表现形态等方面均已发生了重大变化，其复杂程度、影响范围远胜以往，短短几年时间就覆盖了人类社会所有层面、所有角落。如今生物安全问题已经成为全世界、全人类面临的重大生存和发展威胁之一。生物安全关乎国家经济贸易利益、生态安全、生态系统平衡、国民身体健康和生物技术健康发展的方方面面，保障国家生物安全意义重大。提高生物安全治理能力，维护国家利益，保障国家安全，接受新挑战，是新形势下最大的国家需求。生物恐怖作为我国当前生物安全领域存在的主要风险之一，法医研究者必须努力提高生物恐怖防御能力，为加强国家生物安全风险防控和治理体系建设，提高国家生物安全治理能力，切实筑牢国家生物安全屏障的事业添砖加瓦。

随着生物技术的进步，生物恐怖犯罪的形式将越来越多样化和复杂化。面对生物恐怖犯罪，法医学须为公安实践需求制订一套严密、精准、有效的处置流程和方法，在做好系统防护工作的前提下，抢救生命，控制案发现场，防止生物恐怖犯罪的扩散和蔓延、完成隔离和相关检验工作，最大限度地消除生物恐怖对人民、社会、国家造成的损害。

一、制订生物恐怖的应对处置流程

生物恐怖的应对处置流程内容应该包括程序启动判断标准、生物恐怖威胁评估、生物恐怖活动现场管控方法、流行病学调查的方法规范、现场勘验和生物恐怖犯罪证据的样本收集方法、生物恐怖犯罪证据的鉴识标准、人员的隔离和检验方法规范、处置流程的终止标准、实验室的分级和标准、处理效果的评估总结和后续工作的规划建议。

生物恐怖活动往往是悄然发生的，通常具有隐匿性高、调查难度大、影响范围广的特点。生物恐怖犯罪的处置事关人民生命安全、经济社会稳定和国家政治安全，应与各级政府管理部门、医疗卫生部门、公安执法部门等协调合作，从国家安全、人民健康、社会舆情等各角度综合考量，以严谨、精准、全面、科学的方法完成生物恐怖应对处置流程的制订和实施。不打无准备之仗，不打无把握之仗，当今和平年代的战场早已不像过去那样充满硝烟和战火，生物恐怖主义者潜伏在世界的各个角落，伺机而动，唯有做好应对生物恐怖犯罪的准备工作，各级职能部门才能更科学、更合理、更从容地处理和应对生物恐怖犯罪的发生。

二、完善生物恐怖的防护对策

当疑似生物恐怖活动发生时，案件是否涉及生物恐怖制剂以及生物恐怖制剂的种类都是未知的，因此，调查人员需要做好防护工作，保证自己的生命健康不受损害，避免人员伤亡。

生物恐怖防护对策分为物理防护和医学防护。

（一）物理防护

物理防护主要包括防护装备、实验室防护系统。

1. 防护装备

（1）呼吸道防护装备：防护口罩、防护面罩、自给式呼吸器等。

（2）皮肤、黏膜防护装备：防护服、防护眼罩、防护靴、防护手套等。

2. 实验室防护系统

实验室防护系统包括空气过滤净化装置、负压防护系统、洗消设备等。

（二）医学防护

1. 提前接种疫苗

提前接种疫苗如灭活疫苗、减毒疫苗、核酸活疫苗等。

2. 注射或服用免疫预防制剂

注射或服用免疫预防制剂如免疫球蛋白、抗血清、抗毒素、干扰素等。

3. 注射或服用预防性药物

注射或服用预防性药物如抗生素、抗病毒药物等。

此外，生物恐怖袭击实施后通常有一段潜伏期，还需密切关注生物恐怖袭击区域的暴露人群和调查人员后续的观察隔离和检验，预防性地进行管理和处置，防止感染进一步扩大。

三、制定法医微生物学实验室质量保证指南

基于目前已有的质量保证（quality assurance，QA）与质量控制（quality control，QC）标准（如 ISO 9000 和 ISO/IEC 17025），应建立一套确保法医微生物学调查结果可靠性的准则。2003年，美国联邦调查局牵头成立了一个微生物遗传与法医学科学工作组（Science Working Group on Microbial Genetics and Forensics，SWGMGF），它为进行微生物法医个案分析的实验室制定了一个质量保证指南，其内容涵盖了整个实验室基础设施和实施过程，包括组织、管理、人员教育和培训、设施、安全、文件编制、数据分析、试剂和设备的质量控制、技术控制、验证、能力测试、结果报告、实验室程序审计和安全。

四、制定法医微生物学方法验证标准

作为为法庭提供证据的法医学工作者，我们出具的每一份鉴定意见都有可能影响案件的判决，因此必须制定一套科学的法医微生物学方法验证标准。未能被科学验证的方法或错误的分析结果可能会导致案件的判决出现严重错误。因此，布鲁斯·卜道尔于2008年提出了在制定法医微生物学方法验证时应考虑的最低标准。这些标准适用于样本采集、运输和储存、实验室检验和结果解释。应用这些标准也将有助于全面提高法医微生物学研究工作的质量，并为法医微生物学领域的发展奠定坚实的基础。

（杨幸怡　杜蔚安　朱波峰）

参考文献

［1］安志远，张埕砜，叶振，等. 法医微生物学在应对生物犯罪中的研究及应用进展［J］. 中国法医学杂志，2019，34（2）：173-176.

［2］曹雪涛. 医学免疫学［M］. 7版. 北京：人民卫生出版社，2018.

［3］陈钊铭，李征途，叶枫. 呼出气挥发性有机物检测应用于诊断肺部感染的研究进展［J］. 中国感染与化疗杂志，2022，22（1）：109-112.

［4］杜新安，曹务春. 生物恐怖的应对与处置［M］. 北京：人民军医出版社，2005.

［5］龚非力. 医学免疫学［M］. 3版. 北京：科学出版社，2012.8.

［6］李凡，徐志凯. 医学微生物学［M］. 9版. 北京：人民卫生出版社，2018.

［7］廖林川. 法医毒物分析［M］. 5版. 北京：人民卫生出版社，2016.

［8］刘海洪，杨瑞馥. 微生物法医学及其在反生物恐怖中的作用［J］. 军事医学科学院院刊，2004（6）：578-581.

［9］刘杰，任小波，姚远，等. 我国生物安全问题的现状分析及对策［J］. 中国科学院院刊，2016，31（4）：387-393.

［10］温关常. 水污染的危害与防治措施探讨［J］. 低碳世界，2019，9（8）：18-19.

［11］吴超玲，邓国防，付亮，等. 呼出气挥发性有机物在肺部感染性疾病诊断中的研究进展［J］. 中国防痨杂志，2022，44（5）：505-511.

［12］赵书民，李成涛. 微生物法医学的研究现状与进展［J］. 微生物与感染，2012，7（3）：170-173.

［13］赵云，张明，吕建. 生物安全战略论［M］. 湖南：湖南科学技术出版社，2022.

［14］中华人民共和国国务院. 突发公共卫生事件应急条例［EB/OL］.（2003-05-09）［2023-10-23］. http：//www.gov.cn/zhengce/2020-12/26/content_5574586.htm.

［15］中华人民共和国生态环境部. 中华人民共和国生物安全法［EB/OL］.（2020-10-17）［2023-10-23］. http：//beijing.customs.gov.cn/haikou_customs/jzkjjdyc/zcfg784/4691071/index.html.

［16］周春燕，药立波. 生物化学与分子生物学［M］. 9版. 北京：人民卫生出版社，2018.

［17］BUDOWLE B, SCHUTZER S E, MORSE S A. Microbial forensics［M］. 3rd ed. London：Academic Press，2020.

［18］BUDOWLE B, SCHUTZER S E, EINSELN A, et al. Public health. Building microbial forensics as a response to bioterrorism［J］. Science，2003，301（5641）：1852-1853.

［19］BUDOWLE B, SCHUTZER S E, MORSE S A, et al. Criteria for validation of methods in microbial forensics［J］. Applied and environmental microbiology，2008，74（18）：5599-5607.

［20］OLIVEIRA M, MASON-BUCK G, BALLARD D, et al. Biowarfare, bioterrorism and biocrime：a historical overview on microbial harmful applications

[J]. Forensic science international, 2020, 314: 110366.

[21] PHILLIPS M, BASA-DALAY V, BOTHAMLEY G, et al. Breath biomarkers of active pulmonary tuberculosis [J]. Tuberculosis, 2010, 90 (2): 145-151.

[22] SAHL J W, PEARSON T, OKINAKA R, et al. A bacillus anthracis genome sequence from the Sverdlovsk 1979 autopsy specimens [J]. mBio, 2016, 7 (5): e01501-16.

[23] SEURINCK S, DEFOIRDT T, VERSTRAETE W, et al. Detection and quantification of the human-specific HF183 *Bacteroides* 16S rRNA genetic marker with real-time PCR for assessment of human faecal pollution in freshwater [J]. Environmental microbiology, 2005, 7 (2): 249-259.